POSSE E USUCAPIÃO
EFEITOS MATERIAIS E PROCESSUAIS (ANÁLISE PELO DIREITO BRASILEIRO E DIREITO COMPARADO)

Editora Appris Ltda.
1.ª Edição - Copyright© 2025 dos autores
Direitos de Edição Reservados à Editora Appris Ltda.

Nenhuma parte desta obra poderá ser utilizada indevidamente, sem estar de acordo com a Lei nº 9.610/98. Se incorreções forem encontradas, serão de exclusiva responsabilidade de seus organizadores. Foi realizado o Depósito Legal na Fundação Biblioteca Nacional, de acordo com as Leis nos 10.994, de 14/12/2004, e 12.192, de 14/01/2010.

Catalogação na Fonte
Elaborado por: Dayanne Leal Souza
Bibliotecária CRB 9/2162

O488p
2025
	Oliveira, Cláudio Teixeira de
	    Posse e usucapião: efeitos materiais e processuais (análise pelo direito brasileiro e direito comparado) / Cláudio Teixeira de Oliveira. – 1. ed. – Curitiba: Appris, 2025.
	    431 p. ; 27 cm. – (Coleção Direito e Constituição).
	
	    Inclui referências.
	    ISBN 978-65-250-7323-1
	
	    1. Posse. 2. Usucapião. 3. Proteção possessória. 4. Direito brasileiro. 5. Direito comparado. 6. Juízes. 7. Tribunais. I. Oliveira, Cláudio Teixeira de. II. Título. III. Série.
	
	                                                                    CDD – 340

Livro de acordo com a normalização técnica da ABNT

Appris
editorial

Editora e Livraria Appris Ltda.
Av. Manoel Ribas, 2265 – Mercês
Curitiba/PR – CEP: 80810-002
Tel. (41) 3156 - 4731
www.editoraappris.com.br

Printed in Brazil
Impresso no Brasil

Cláudio Teixeira de Oliveira

POSSE E USUCAPIÃO

EFEITOS MATERIAIS E PROCESSUAIS (ANÁLISE PELO
DIREITO BRASILEIRO E DIREITO COMPARADO)

Appris
editora

Curitiba, PR
2025

FICHA TÉCNICA

EDITORIAL
Augusto Coelho
Sara C. de Andrade Coelho

COMITÊ EDITORIAL
Ana El Achkar (Universo/RJ)
Andréa Barbosa Gouveia (UFPR)
Antonio Evangelista de Souza Netto (PUC-SP)
Belinda Cunha (UFPB)
Délton Winter de Carvalho (FMP)
Edson da Silva (UFVJM)
Eliete Correia dos Santos (UEPB)
Erineu Foerste (Ufes)
Fabiano Santos (UERJ-IESP)
Francinete Fernandes de Sousa (UEPB)
Francisco Carlos Duarte (PUCPR)
Francisco de Assis (Fiam-Faam-SP-Brasil)
Gláucia Figueiredo (UNIPAMPA/ UDELAR)
Jacques de Lima Ferreira (UNOESC)
Jean Carlos Gonçalves (UFPR)
José Wálter Nunes (UnB)
Junia de Vilhena (PUC-RIO)

Lucas Mesquita (UNILA)
Márcia Gonçalves (Unitau)
Maria Aparecida Barbosa (USP)
Maria Margarida de Andrade (Umack)
Marilda A. Behrens (PUCPR)
Marília Andrade Torales Campos (UFPR)
Marli Caetano
Patrícia L. Torres (PUCPR)
Paula Costa Mosca Macedo (UNIFESP)
Ramon Blanco (UNILA)
Roberta Ecleide Kelly (NEPE)
Roque Ismael da Costa Güllich (UFFS)
Sergio Gomes (UFRJ)
Tiago Gagliano Pinto Alberto (PUCPR)
Toni Reis (UP)
Valdomiro de Oliveira (UFPR)

SUPERVISORA EDITORIAL
Renata C. Lopes

PRODUÇÃO EDITORIAL
Adrielli de Almeida

REVISÃO
Ana Lúcia Wehr

DIAGRAMAÇÃO
Jhonny Alves dos Reis

CAPA
Cristiano da Silva Moraes

REVISÃO DE PROVA
Daniela Nazario

COMITÊ CIENTÍFICO DA COLEÇÃO DIREITO E CONSTITUIÇÃO

DIREÇÃO CIENTÍFICA Antonio Evangelista de Souza Netto (PUC-SP)

CONSULTORES
Ana Lúcia Porcionato (UNAERP)

Arthur Mendes Lobo (UFPR)

Augusto Passamani Bufulin
(TJ/ES – UFES)

Carlos Eduardo Pellegrini (PF - EPD/SP)

Danielle Nogueira Mota Comar(USP)

Domingos Thadeu Ribeiro da Fonseca
(TJ/PR – EMAP)

Elmer da Silva Marques (UNIOESTE)

Georges Abboud (PUC/SP)

Guilherme Vidal Vieira (EMPAP)

Henrique Garbelini (FADISP)

José Laurindo de Souza Netto
(TJ/PR – UFPR)

Larissa Pinho de Alencar Lima (UFRGS)

Luiz Osório de Moraes Panza (Desembargador TJ/PR, professor doutor)

Luiz Rodrigues Wambier (IDP/DF)

Marcelo Quentin (UFPR)

Mário Celegatto (TJ/PR – EMAP)

Mário Luiz Ramidoff (UFPR)

Maurício Baptistella Bunazar (USP)

Maurício Dieter (USP)

Ricardo Freitas Guimarães (PUC/SP)

HOMENAGEM

Como reconhecimento pela digna postura que sempre tiveram e, ainda, pelos ensinamentos, dentre outros, de honradez, probidade e ética que me transmitiram, é que dedico esta obra, em primeiríssimo plano, *in memoriam*, à minha mãe, Marina, e ao meu pai, Nicanor.

Ainda, para: Jean Cláudio (advogado, OAB-SC: 21.083), Marcus Vinicius (advogado, OAB-SC: 28.647) e Rosana Vanessa, (psicóloga, CRP-12/SC-09343), meus filhos, profissionais dedicados, competentes, probos e extremamente éticos, o que muito me orgulha.

Para: Carmen Maria (artista plástica), esposa e companheira de jornada de vida, pelo permanente incentivo em relação ao desenvolvimento de minhas atividades, tanto no campo particular, como no profissional, mormente àquelas relacionadas à área jurídica; Cristiano (bacharel em Design Industrial) e Adriane Cristhine (arquiteta e urbanista), meus filhos/enteados, sempre presentes e participativos nas atividades do meu dia a dia, com o reconhecimento em razão de nossa convivência sempre saudável e harmoniosa.

Também dedico, com muito orgulho e carinho, às minhas noras: Alexandra Dagostim (corretora de imóveis), Sabrina Moraes (fonoaudióloga), Fernanda Adelita Pereira (analista de sistemas) e ao meu genro: Luiz Lenzi (engenheiro mecânico), como prova maior de nossa salutar convivência em família; e ao amigo, colega e sócio do BV,T&S (Beltrão de Vargas, Teixeira & Salvi – Advogados Associados), profissional probo, competente e extremamente ético, Rodrigo Batista Salvi (OAB-SC: 20.465), e aos amigos: Américo Ortega Júnior (advogado), compadre e colega de mais de quatro décadas de "concretizações e projetos para o futuro"; e Marco Antônio de Vargas Sandi (promotor Público, concursado, aguarda nomeação para integrar a carreira do MPSC), que contam com a minha amizade e, do mesmo modo, dos membros da minha família; registrando, pelos longos anos de salutar convivência com minha família (em razão de "parentesco afetivo"), minha homenagem à Adriana Regina Germano (administradora de empresas) e à sua filha Marina Germano Gomes (acadêmica de Medicina, na UFSC – Araranguá).

Por fim: aos meus netos, Maria Júlia (MaJu), Manuela (Manu), Antônio e seu irmão, Joaquim, os quais renovam e revigoram meu vigor físico e intelectual para continuar a "caminhar pelas estradas da vida", sempre com probidade, honestidade e ética, somados com a busca, de forma permanente e incessante, dos aprimoramentos dos saberes, em todos os campos do conhecimento, e assim tornando possível, de forma especial, meu contínuo aprimoramento do conhecimento jurídico!

LISTA DE ABREVIATURAS

CC	–	Código Civil
CC/2002	–	Código Civil de 2002
CC/1916	–	Código Civil de 1916
CPC	–	Código de Processo Civil
CPP	–	Código de Processo Penal
Art.	–	Artigo
Arts.	–	Artigos
Inc.	–	Inciso
Incs.	–	Incisos
Al.	–	Alínea
§	–	Parágrafo
§§	–	Parágrafos
Parág. único	–	Parágrafo único
S.	–	Seguinte
Segs.	–	Seguintes
Coord.	–	Coordenador
Coords.	–	Coordenadores
CF	–	Constituição da República Federativa do Brasil de 1988
Ha.	–	Hectare
Obs.:	–	Observação

SUMÁRIO

CONSIDERAÇÕES INICIAIS...19

DO TRATAMENTO DA POSSE E DO USUCAPIÃO MATÉRIAS OBJETO DO LIVRO E MATÉRIAS

CORRELATAS 19

CONSIDERACIONES INICIALES...24

EL TRATAMIENTO DE LAS CUESTIONES DE POSESIÓN Y USUCAPION OBJETO DEL LIBRO Y ASUNTOS

CONEXOS..24

CAPÍTULO I...29

1. ASPECTOS HISTÓRICOS DA POSSE NO DIREITO BRASILEIRO.................................29

1.1. Introdução 29

1.2. A posse em razão das conquistas das coroas portuguesa e espanhola 29

1.3. As sesmarias e a colonização do Brasil 32

1.4. A regularização das posses imobiliárias no Brasil 35

1.5. Implantação do registro de terras (registro paroquial ou do vigário[20]) no Brasil 36

1.5.1. "SÍNTESE HISTÓRICA DA FORMAÇÃO TERRITORIAL DO BRASIL" 37

1.6. Apontamentos complementares sobre a questão fundiária no direito brasileiro 38

1.7. Breves apontamentos sobre a situação das terras devolutas em relação à União 40

1.8. Alguns apontamentos sobre a atual questão fundiária no Brasil....................42

1.9. Explicações finais sobre os tópicos abordados no capítulo 46

CAPÍTULO II 49

2. NOÇÕES INTRODUTÓRIAS SOBRE DIREITOS REAIS E POSSE E SUAS CONTROVÉRSIAS JURÍDICAS E

DOUTRINÁRIAS..49

2.1. Apresentação da posse em consonância com a análise feita pela Comissão Revisora, do Congresso

Nacional, do anteprojeto do Código Civil de 2002....................................49

2.2. Direitos reais e à posse 50

2.2.1. Direitos reais apresentação resumida 52

2.2.2. Questão conceitual dos direitos reais e seu campo de abrangência...............53

2.2.3. Considerações pontuais sobre o instituto da propriedade........................54

2.2.4. Considerações de ordem geral sobre o instituto da propriedade na visão de Miguel Reale,

supervisor da Comissão Revisora e Elaboradora do Código Civil (de 2002)..............57

2.2.5. Bens de natureza imaterial, ou incorpóreos 59

2.3. Controvérsias doutrinárias em relação à posse (pelo prisma do possuidor, do detentor e, ainda, se a posse é poder fático ou jurídico, ou ambos) 61

2.4. Tipos de sujeição da coisa à pessoa e à posse 63

2.5. Consequências jurídicas da posse em relação ao possuidor efetivo e o fâmulo da posse 63

2.6. Conceituação doutrinária da posse 65

2.7. Natureza jurídica da posse (se se trata de mero fato, ou se se trata de direito, ou, ainda, se se trata de direito e fato) 66

2.7.1. Natureza jurídica da posse (direito pessoal, ou direito real) 69

2.8. Teorias, Subjetiva e Objetiva, relativas à posse 71

2.8.1. Teoria Subjetiva 72

2.8.1.1. Questão da posse derivada em face da Teoria subjetiva 73

2.8.2. Teoria Objetiva 74

2.8.3. Linha teórica seguida pelo Código Civil 75

2.9. Função social da posse no direito positivo brasileiro 76

2.9.1. Síntese sobre as Teorias relativas à posse e a necessidade da mesma cumprir com sua função de ordem social. 81

CAPÍTULO III 84

3. EFEITOS ADVINDOS DA POSSE EM RAZÃO DE SUA CLASSIFICAÇÃO LEGAL E DOUTRINÁRIA 84

3.1. Introdução 85

3.2. Classificação pelo exercício 85

3.2.1. Posse direta 85

3.2.2. Posse indireta 86

3.3. Classificação pela aquisição 87

3.3.1. Posse justa 88

3.3.2. Posse injusta 88

3.3.2.1. Simbiose da posse justa e da posse injusta 88

3.3.2.1.1. Intervenção possesória 89

3.4. Classificação pela virtude e pelos vícios 92

3.4.1. Boa-fé *(bona fides)* 92

3.4.2. Má-fé *(mala-fides)* 92

3.4.3. Destaque da boa e da má-fé em relação aos frutos *(fructos)*, com a diferença em relação aos produtos e às benfeitorias *(impensa)* 93

3.4.3.1. Modalidades de frutos 94

3.4.3.2. Direitos que assistem ao possuidor de boa-fé 95

3.4.3.3. Direitos e obrigações do possuidor de má-fé 95

3.4.3.4. Direitos em relação à indenização por benfeitorias...95

3.4.3.4.1. Possuidor de boa-fé tem direito 96

3.4.3.4.2. Possuidor de má-fé...96

3.5. Classificação pelo tempo 96

3.5.1. Posse nova..97

3.5.2. Posse velha..97

3.5.3. Prova da posse em razão do tempo 97

3.5.3.1. Esclarecimento sobre o tratamento processual da posse em razão do tempo (idade)..............99

3.6. Classificação pelo número de pessoas (composse) 100

3.6.1. *Pro diviso* 101

3.6.2. *Pro indiviso* 101

3.6.3. Composse em relação aos interditos possessórios 102

3.6.3.1. Divisão de direito...103

3.6.3.2. Posse exclusiva 103

3.7. Classificação pelos efeitos: *ad interdicta e ad usucapionem*........................103

3.8. Análise geral sobre o tratamento do Usucapião pelo Direito Material (Código Civil de 2002, em vigor, e Código Civil de 1916, revogado) e pelo Direito Adjetivo (Código de Processo Civil de 2015, em vigor, e Código de Processo Civil de 1973, revogado), e (de forma bem pontual, objetivando comparação com o disciplinado pelo Direito Brasileiro) com o disciplinado pelo Direito Estrangeiro (Direito Comparado) ..105

3.8.1. Apontamentos sobre o instituto do Usucapião – que é matéria específica do direito de propriedade ..107

3.8.1.1. Considerações gerais e conceito de Usucapião...108

3.8.1.2. Possibilidade de Usucapião sobre bem furtado ou roubado 110

3.8.2. Posse originária e posse derivada. Posse que gera direito ao Usucapião. Direito do usucapiente (prescribente) de alegar o direito de Usucapião como matéria de defesa. Sentença declaratória de Usucapião 111

3.8.3. Modalidades de Usucapião disciplinadas pelo direito positivo brasileiro e a possibilidade da *accessio possessionis* 113

3.8.4. Contagem do tempo para fins de Usucapião 117

3.8.5. Aplicação ao Usucapião das causas que obstam, suspendem e interrompem a prescrição 117

3.8.5.1. Adendo Especial em relação ao tópico 3.8.5: a) interrupção de contagem de prazo para todas as modalidades de Usucapião e b) renúncia ao Usucapião 118

3.8.6. Bens que não podem ser usucapidos 120

3.8.7. Regras processuais civis aplicáveis às diversas modalidades de Usucapião, inclusive como matéria de defesa 122

3.8.7.1. Da participação do Ministério Público e das Fazendas (Federal, Estadual e Municipal) no Processo de Usucapião 124

3.8.8. Síntese dos requisitos e/ou pressupostos para a concretização do Usucapião 124

3.8.8.1. Destaque em relação ao Usucapião extrajudicial, em face da Lei n.º 13.465/2017, e apanhado geral sobre algumas modalidades de Usucapião 128

3.8.8.1.1. Necessidade de observância das regras processuais no Usucapião judicial......................129

3.8.9. Usucapião extrajudicial, pontos de destaque e provimento do Conselho Nacional de Justiça – CNJ n.º 65...................131

3.8.9.1. Adendo especial com referência ao Usucapião extrajudicial 133

3.8.10. Aplicação do Usucapião no Direito estrangeiro (Direito Comparado) 137

3.8.10.1. Disciplinamento do instituto do Usucapião pelo Direito de Portugal 137

3.8.10.1.1. Destaques do Código Civil português sobre o instituto do Usucapião 138

3.8.10.2. Disciplinamento do instituto do Usucapião pelo Direito dos Estados Unidos da América – USA...139

3.8.10.3. Disciplinamento do instituto do Usucapião pelo Direito da Itália...................140

3.8.10.4. Disciplinamento do instituto do Usucapião pelo Direito da Argentina 141

3.8.10.5. Disciplinamento do instituto do Usucapião pelo Direito da Alemanha 143

3.8.10.6. Disciplinamento do instituto do Usucapião pelo Direito da Espanha..................144

3.8.10.7. Disciplinamento do instituto do Usucapião pelo Direito da França..................144

3.8.10.8. Disciplinamento do instituto do Usucapião pelo Direito de Honduras 144

3.8.10.8.1. Pontos de destaques da Lei de Propriedade de Honduras 145

3.8.10.8.2. Pontos de destaques sobre Usucapião no Código Civil e no Código de Processo Civil de Honduras 146

3.8.10.9. Disciplinamento do instituto do Usucapião pelo Direito do México 149

3.8.10.9.1. Considerações gerais sobre a prescrição para fins de Usucapião no Direito do México 151

3.8.10.10. Tópico conclusivo sobre o instituto do Usucapião, tanto, de regra, no Direito Brasileiro, como, no geral, no Direito Comparado...................153

CAPÍTULO III-A 155

3.A. NOVAS MODALIDADES DE DIREITOS REAIS E SUA REPERCUSSÃO NO CAMPO POSSESSÓRIO.....155

3.1.A. Introdução...................155

3.2.A. Direito de laje – Aspectos históricos e atuais...................158

3.2.1.A. Pontos de destaque da Lei n° 13.465/2017...................159

3.3.A. Destaques doutrinários...................159

3.3.1.A. Conceituação ampla do Direito de Laje...................160

3.3.1.1.A. Conceituação compacta do Direito de Laje...................160

3.3.2.A. Resumo da matéria tomando por base entendimento Doutrinário...................161

3.3.3.A. Resumo da matéria tomando por base entendimento Jurisprudencial...................161

3.4.A. Direito de Propriedade Compartilhada (Multipropriedade). Aspectos Gerais...................162

3.4.1.A. Direito de Propriedade Compartilhada (Multipropriedade), matéria de Direitos Reais e o time-sharing (ou Timeshare), matéria de Direito Obrigacional. 162

3.4.2.A. Conceito extraído da Doutrina. 164

3.4.2.1.A. Conceito extraído da Lei (Dispõe o Código Civil). 164

3.4.3.A. Síntese Comparativa entre Multipropriedade e Time-Sharing. 165

3.4.3.1.A. Multipropriedade. 165

3.4.3.2.A. Time-Sharing. 165

3.4.4.A. . Antagonismo entre a interpretação da Multipropriedade (matéria de direitos reais) e o Time-sharing (matéria de direito Obrigacional). 165

3.4.5.A. Síntese da matéria referente a Multipropriedade. 166

3.4.5.1.A. A Proteção ao Consumidor no Sistema de Multipropriedade 166

3.5.A. Solo Criado. Aspectos gerais e razão de colocá-lo no rol dos Direitos Reais. 167

3.5.1.A. Tópicos Doutrinários e Conceito. 167

3.5.1.1.A. Conceito. 168

3.5.2.A. Tópico Jurisprudencial. 169

CAPÍTULO IV 171

4. A AQUISIÇÃO E PERDA DA POSSE E DOS EFEITOS DA POSSE 171

4.1. Introdução 171

4.2. Modos de aquisição da posse 173

4.2.1. A enumeração do Código Civil 173

4.2.2. Quem pode adquirir a posse 174

4.2.3. Como se transmite a posse 175

4.2.4. União, ou não, de posses anteriores. 176

4.2.5. Atos que não induzem posse. 177

4.2.6. A posse do principal em razão do acessório 178

4.3. Da perda da posse 179

4.3.1. Dispositivos sobre a perda da posse 179

4.3.2. Modos em que ocorre a perda da posse 179

4.3.2.1. Abandono 180

4.3.2.2. Tradição 181

4.3.2.3. Perda da própria coisa 181

4.3.2.4. Destruição da coisa 181

4.3.2.5. Extracomercialidade (coisa fora do comércio) 182

4.3.2.6. Constituto possessório 183

4.3.3. Como é considerada perdida a posse para o possuidor que não presenciou o esbulho 184

4.4. Dos efeitos da posse 185

4.4.1. Disciplinamento da matéria 185

4.4.1.1. Tratamento jurídico da posse e sua proteção 186

CAPÍTULO V 189

5. AÇÕES PARA DEFESA DA POSSE 189

5.1. Análise comparativa, de modo sintético, de comentários doutrinários referentes às ações possessórias tratadas pelos Códigos Civis de 1916 (revogado) e 2002 (em vigor) e pelos Códigos de Processo Civil de 1973 (revogado) e 2015 (em vigor) 191

5.1.1. Introdução 193

5.2. A defesa judicial da posse em face das ações típicas 193

5.2.1. Antecedentes históricos das ações típicas de defesa da posse 193

5.2.2. A defesa da posse, por meio das ações possessórias típicas, no Direito Processual Civil brasileiro ...196

5.2.3. As ações possessórias típicas e sua inserção nos procedimentos de natureza especial do Código de Processo Civil Brasileiro de 1973 e incluídas, hibridamente, no procedimento comum e especial (este último quando se tratar de posse nova – menos de ano e dia) pelo Código de Processo Civil de 2015 196

5.2.3.1. Posse e Ações Possessórias no Direito Material e Processual estrangeiro (Direito Comparado) 196

5.2.3.1.1. Posse pelo Direito Material e Proteção possessória pelo procedimento comum no Direito Processual de Portugal 197

5.2.3.1.1.1. Da Posse e suas Modalidades 198

5.2.3.1.1.2. Da Proteção da Posse e suas Modalidades, pelo Direito Material 201

5.2.3.1.1.3. Da Proteção Possessória e suas Modalidades, pelo Direito Adjetivo 203

5.2.3.1.1.4. Dos Procedimentos Cautelares 203

5.2.3.1.1.4.1 Resenha dos Procedimentos Cautelares 205

5.2.3.1.1.5. Do Disciplinamento dos Embargos de Obra Nova 205

5.2.3.1.1.6. Apontamentos sintetizados sobre Ações Possessórias decorrentes do Disciplinamento do Direito Brasileiro e o Direito de Portugal 206

5.2.3.1.2. Posse no Direito Material e Proteção possessória pelo procedimento comum no Direito Processual do Uruguai 207

5.2.3.1.2.1. Posse no Direito Material do Uruguai 207

5.2.3.1.2.2. Ações possessórias no Direito Material do Uruguai 209

5.2.3.1.2.3. Ações Possessórias e Ação de Obra Nova no Direito Adjetivo do Uruguai 212

5.2.3.1.2.4. Resumo da posse e ações possessórias no Direito Substantivo e no Direito Adjetivo do Uruguai, com amparo na lei, na doutrina e na jurisprudência 213

5.2.3.1.3. Posse no Direito Material e proteção possessória pelo procedimento especial no Direito Processual da Argentina 216

5.2.3.1.3.1. Atualizações do Código Civil e do Código Processual da Argentina...........................216

5.2.3.1.3.2. Metodologia utilizada para abordagem dos tópicos selecionados do Direito Civil e Processual da Argentina...........................217

5.2.3.1.3.3. Código Civil Argentino em vigor (Ações Possessórias e Ações Reais)...........................218

5.2.3.1.3.4. Apontamentos sobre o Código Procesal Civil y Comercial de la Nación Argentina relativos à Posse e às Ações Possessórias...........................226

5.2.3.1.3.5. Código Civil Argentino revogado (Ações possessórias e ações reais)...........................231

5.2.3.1.3.6. Considerações finais com relação à nossa linha de ação relativa ao Direito Comparado entre o Brasil e a Argentina em matéria de POSSE e AÇÕES POSSESSÓRIAS...........................239

5.2.3.1.4. Posse no Direito Material e proteção possessória pelo procedimento sumário no Direito Processual de Honduras...........................243

5.2.3.1.4.1. Breves apontamentos em relação à POSSE E às AÇÕES POSSESSÓRIAS no Direito Civil de Honduras...........................247

5.2.3.1.5 Posse no Direito Material e proteção possessória no Direito Civil do México...........................248

5.2.3.1.5.2. Comentários pontuais sobre posse e ações possessórias no Direito Civil do México...........................256

5.2.3.1.6. Posse no Direito Material e proteção possessória no Direito Processual de Macau (China)....260

5.2.3.1.6.1. Síntese do tratamento da posse no Direito Material de Macau...........................261

5.2.3.1.6.2. Tratamento das ações possessórias no Direito Adjetivo de Macau...........................263

5.2.3.1.6.3. Disposições finais em relação ao tratamento da posse e das ações possessórias no Direito Material e Adjetivo de Macau...........................264

5.2.4. Razão mais plausível que justifica a proteção judicial da posse por meio das ações típicas...........265

5.2.4.1. Breve apontamento sobre a possiblidade de as partes adotarem o pacto *de non petendo*...........267

5.3. Modalidades de ações possessórias típicas no Direito Civil brasileiro...........................267

5.3.1. Ação de reintegração de posse...........................268

5.3.1.1. Embargos de retenção em razão de benfeitorias realizadas pelo demandado de boa-fé...........268

5.3.2 Ação de manutenção de posse...........................272

5.3.2.1. Contagem do tempo quando continuada a turbação, ou pela prática de reiterados atos turbativos...273

5.3.2.2. Ocorrência de novo esbulho ou turbação à posse que, após sentença — envolvendo a mesma matéria e as mesmas partes — foi apreciada de forma favorável...........................274

5.3.3. Ação de interdito proibitório...........................275

5.4. As ações possessórias típicas e seu caráter dúplice...........................278

5.4.1. Liminares nas ações possessórias típicas e seus desdobramentos jurídicos...........................279

5.4.1.1. Turbação e esbulho, desde que se trate de força nova...........................279

5.4.1.2. Contagem do prazo...........................280

5.4.1.3. Liminar *initio litis* ou após justificação prévia...........................282

5.4.1.4. Agravo de instrumento contra a concessão de liminar...........................283

5.4.1.5. Possibilidade de o juiz rever, fora do juízo de retratação, a liminar concedida 285

5.4.1.6. Prestação de caução 286

5.4.1.7. Liminar no interdito proibitório 288

5.4.1.8. Resumo relativo à tutela cautelar 288

5.4.1.8.1. Prazo para formulação do pedido principal em cautelar antecedente 290

5.5. Perdas e danos nas ações possessórias típicas 290

5.6. Proteção das servidões por meio das ações possessórias típicas 292

5.7. Proteção possessória, nas ações típicas, dos direitos imateriais ou incorpóreos 294

5.8. Aplicação das ações possessórias típicas em relação às coisas de natureza móvel 296

5.8.1. NOTA ESPECIAL: Aplicação do procedimento comum como regra pelo Código de Processo Civil de 2015 297

5.9 Modalidades de ações possessórias atípicas 300

5.9.1 Ação de nunciação de obra nova 300

5.9.2. Ação de dano infecto 300

5.9.3. Ação de embargos de terceiros 302

5.9.3.1. Ação de embargos de terceiro e sua aplicação contra os atos de apreensão determinados pelo juiz criminal 304

5.10. Exceção de domínio (*exceptio proprietatis*) considerando o Art. 505 do Código Civil de 1916 e o Art. 923 do Código de Processo Civil 306

5.11. Exceção de domínio (*exceptio proprietatis*) em face do Art. 1.210, §2º, do Código Civil de 2002 307

5.12. Partes, foro competente, ação rescisória, juizado especial e valor da causa nas ações possessórias típicas e atípicas 308

5.12.1. Partes (polos ativo e passivo) 308

5.12.2. Litisconsórcio (ativo e passivo), participação de ambos os cônjuges nas ações possessórias típicas, substituição processual, oposição, nomeação à autoria, denunciação à lide, assistência e intervenção do Ministério Público 310

5.12.2.1. Litisconsórcio (ativo e passivo) 310

5.12.2.2. Participação de ambos os cônjuges nas ações possessórias (típicas) de natureza imobiliárias 311

5.12.2.3. Substituição processual 315

5.12.2.4. Oposição 315

5.12.2.5. Nomeação à autoria 316

5.12.2.6. Denunciação à lide 317

5.12.2.7. Assistência 318

5.12.2.8. Intervenção do Ministério Público em matéria possessória e Usucapião 318

5.12.2.9. Participação da Advocacia Pública em demandas possessórias e de Usucapião 322

5.12.2.9.1. Advocacia Geral da União (AGU) em matéria possessória e de Usucapião 322

5.12.2.10 Participação da Defensoria Pública em matéria possessória e de Usucapião 325

5.12.3. Foro competente 326

5.12.4. Ação rescisória em relação às demandas possessórias (típicas e atípicas)........................327

5.12.5. Juizado especial 328

5.12.5.1. Juizado Especial Estadual Cível.. 330

5.12.5.2. Juizado Especial Federal Cível...331

5.12.5.3. Competência do Juizado Especial Estadual e Federal Cível em relação às demandas possessórias típicas sobre bens móveis...333

5.12.5.4. Possibilidade de opção do autor da demanda possessória pelo Juizado Especial Cível ou pelo juizado comum...335

5.12.5.5. Litisconsórcio no Juizado Especial Cível em relação às demandas possessórias e o não cabimento de ação rescisória (sendo esta última com DECISÃO DO STF, que entendeu pelo cabimento)........... 336

5.12.5.6. Intervenção do Ministério Público no Juizado Especial Cível em relação às demandas possessórias 337

5.12.5.7. Agravo de instrumento no Juizado Especial Cível em relação às demandas possessórias 338

5.12.5.8. Medidas cautelares e antecipação de tutela no Juizado Especial Cível em relação às demandas possessórias 339

5.13. Valor da causa 341

5.14. Desforço pessoal.. 342

5.15. A fungibilidade das ações possessórias... 346

5.16. A ação de imissão de posse e sua controvérsia de ordem doutrinária................................ 347

5.16.1. Concluindo a posição adotada em relação à ação de imissão de posse 350

5.17. A antecipação de tutela e a questão da ação possessória de força velha............................ 351

5.17.1. Análise relativa ao tratamento resultante da interpretação do Art. 273, do CPC/1973 (revogado, mas com efeitos práticos no CPC/2015) 351

5.17.1.1. Síntese sobre a liminar possessória.. 356

CAPÍTULO VI 359

6. DIREITO PROCESSUAL CIVIL – PROCESSO DE CONHECIMENTO (= RITO) 359

6.1. Compilação de tópicos relativos à parte processual civil, tomando por base as disposições do Código de Processo Civil de 2015 (em vigor) e, desde que pertinente, do Código de Processo Civil de 1973 (revogado) 359

6.2. Outros esclarecimentos relativos a pontos de destaque do Código de Processo Civil de 2015 e da Petição Inicial (requisitos) 364

6.3. Destaques especiais do Código de Processo Civil de 2015 e da Petição Inicial (requisitos) 368

CONSIDERAÇÕES FINAIS 371

CONSIDERACIONES FINALES..373

REFERÊNCIAS 379

ANEXO A

TEXTOS COMPARADOS, ALUSIVOS AOS ARTIGOS DO CÓDIGO CIVIL DE 2002 (EM VIGOR) E DO CÓDIGO CIVIL DE 1916 (REVOGADO), SOBRE A POSSE COMO MATÉRIA DE DIREITOS REAIS.... 391

ANEXO B

DESTAQUES DE ARTIGOS DO CÓDIGO CIVIL DE 1916 NÃO REPETIDOS PELO CÓDIGO CIVIL DE 2002... 397

ANEXO C

DESTAQUES DE ARTIGOS DO CÓDIGO DE PROCESSO CIVIL (2015, EM VIGOR, E 1973, REVOGADO) EM MATÉRIA DE AÇÕES POSSESSÓRIAS..399

ANEXO D

DESTAQUES DE ARTIGOS DO CÓDIGO CIVIL (2002, EM VIGOR), QUE FORAM ACRESCENTADOS POR MEIO DA LEI N.º 13.777, DE 20 DE DEZEMBRO DE 2018, SOBRE A PROPRIEDADE COMPARTILHADA (MULTIPROPRIEDADEDE) E SOBRE TIME-SHARING (TIMESHARE – LEI N.º 11.771, DE 17 DE DEZEMBRO DE 2008 (VER: ART. 23, § 2°) REGULAMENTADA PELO DECRETO N.º 7.381, DE 2 DE DEZEMBRO DE 2010 (VER: ART. 28, § 2º).....................................405

ANEXO E

PROVIMENTO DA CORREGEDORIA NACIONAL DE JUSTIÇA – CNJ N.º 65, DE 14.12.2017........ 415

ANEXO F

CONSIDERAÇÕES VIA LEGISLAÇÃO DE REGÊNCIA: CÓDIGO CIVIL E PONTOS DE DESTAQUE DO DECRETO N.º 9.310/2018 (QUE REGULAMENTOU A LEI N.º 13.465/2017)....................... 427

CONSIDERAÇÕES INICIAIS

DO TRATAMENTO DA POSSE E DO USUCAPIÃO MATÉRIAS OBJETO DO LIVRO E MATÉRIAS CORRELATAS

POSSE – A posse é, reconhecidamente – tanto pela doutrina pátria, como de resto pela doutrina do direito estrangeiro (Direito Comparado), principalmente daqueles países que seguiram os princípios do Direito Romano (*Civil Law*) –, como um dos institutos de direito dos mais debatidos e controvertidos, mesmo porque ela nasce de uma relação de natureza fática, embora, logicamente, com repercussões de natureza jurídica. A própria inserção da posse no campo dos direitos reais também é objeto de calorosas discussões doutrinárias.

Para dar um norte à matéria é que, pontuando, em parte, trilha semelhante a seguida por outros doutrinadores, procedemos no presente estudo do instituto da posse, objetivando torná-lo mais claro e conciso. Assim sendo, para o desenvolvimento pleno da matéria, centramos o estudo, de forma primordial, nos regramentos contidos no Código Civil de 2002 (Lei n.º 10.406, de 10 de janeiro de 2002, em VIGOR) e no Código Civil de 1916 (Lei n.º 3.071, de 1º. de janeiro de 1916, REVOGADO), bem como, no que diz respeito à questão puramente processual, pelo Código de Processo Civil de 2015 (Lei n.º 13.105, de 16 de março de 2015, EM VIGOR) e pelo Código de Processo Civil de 1973 (Lei n.º 5.869, de 11 de janeiro de 1973, REVOGADO).

No estudo levado a cabo, conforme poderá ser aquilatado no desenrolar desta obra, tivemos o cuidado de apontar as diversas nuances relativas às questões legais, doutrinárias e jurisprudenciais de como se apresenta o instituto da posse e, do mesmo modo, do instituto do Usucapião, que, na redação do Código Civil de 2002, é grafado no feminino: a Usucapião; preferimos, no entanto, até mesmo pela tradição sobre o tema, continuar usando a grafia pelo masculino: o Usucapião[1]. Embora tenhamos optado em desenvolver os tópicos com a aplicação de metodologia bem diferente, em grande parte, de outras obras do gênero, **não nos descuidamos de enfrentar todas as questões, complexas ou não, que envolvem o instituto da posse e do Usucapião.**

USUCAPIÃO – Aqui cabe uma breve digressão sobre o instituto do Usucapião, que é um instituto de natureza jurídica complexo e de natureza polêmica; trata-se de matéria do conhecimento, quase geral, da população, embora sem que tenham, via de regra, a plena ciência do alcance e da profundidade da matéria, assim como de seus desdobramentos; mas, gizamos, também a doutrina e a jurisprudência tratam o instituto do Usucapião como sendo assunto polêmico e conturbado.

Como o Usucapião (*usucapio*) é, conceitualmente, o modo de adquirir a propriedade de modo não derivado (trata-se de aquisição originária) e que deve atender às condições e aos requisitos previstos/definidos em Lei, ele suscita controvérsias/polêmicas, mormente em razão de seu fundamento e ao fato de ser meio originário (e não derivado) de adquirir a propriedade. É a posse se transmudando para propriedade, ou, como diz a doutrina italiana: *"[...] la usucapione fa si che il possesso diventi proprietà"* (a Usucapião faz com que a posse se torne propriedade). Por ora, **só noticiamos sobre a matéria**; sobre sua complexidade e seus efeitos jurídicos e práticos,

---

[1] Consta de comentário, inserido nos anais do Congresso Nacional, sobre o Código Civil de 2002: "O novo Código Civil adotou a palavra "usucapião no gênero feminino, que não é usual, mas também correta, já que são admitidas as duas formas no vernáculo".

discorreremos no curso desta obra jurídica, quando todos os pontos e ângulos serão devidamente tratados/trabalhados.

DA TÉCNICA EMPREGADA PARA O DESENVOLVIMENTO DA PRESENTE OBRA – Tendo em conta que esta obra teve por base, em parte, estudos que desenvolvemos no curso de pós-graduação, *lato sensu*, de Direito Empresarial em relação à questão possessória e aos seus desdobramentos, também com viés focado no instituto do Usucapião, é que, para elaborá-la, nos valemos da técnica da pesquisa legislativa e bibliográfica, principalmente dos dispositivos legais dos Códigos Civis de 2002 (em vigor) e o de 1916, que, embora revogado, ainda projetou os seus efeitos em razão do contido no Art. 2.028, do atual Código Civil; também alicerçamos o estudo da posse e do Usucapião, tomando por base os Códigos de Processo Civil de 2015 e de 1973, quando pertinentes ao tópico desenvolvido e, arrematando, calcados nos dispositivos da legislação infra-constitucional e em pesquisa desenvolvida tanto no campo doutrinário, como no jurisprudencial.

Além de todos os meios apontados anteriormente, de que nos valemos para a realização desta obra, outro fator que contribuiu, e muito, para a realização desta foi o nosso conhecimento teórico e prático da matéria, pois trabalhamos com a matéria de Direito de Propriedade, Posse e Usucapião há vários anos, isto tanto como advogado público (no caso como Advogado da União, integrante da Carreira Jurídica da Advocacia Geral da União (AGU), e na condição de Procurador (chefe)-Seccional da União), assim como professor de magistério superior (atividade exercida em duas faculdades de Direito de universidades de Santa Catarina) e, presentemente, na condição de advogado privado em Florianópolis-SC, sendo sócio-fundador do Escritório Beltrão de Vargas, Teixeira & Salvi – Advogados Associados (www.bvtsadvogados.com.br).

DO GRAU DE COMPLEXIDADE DA MATÉRIA RELATIVA À POSSE E AO USUCAPIÃO – A questão da posse sempre foi tratada pelos doutrinadores como sendo matéria extremamente árdua e complexa, e sua análise demandou, como de resto ainda demanda, questionamentos variados e, de outra banda, variados efeitos. Os efeitos que a posse gera e seus mecanismos de proteção são fundamentais para o perfeito entendimento e a aplicação, inclusive prática, da matéria.

Saber se a posse é ou não matéria de direito e, mais, se de direito real é tema que diz respeito aos próprios efeitos da posse e foram objeto de análise acurada no desenrolar desta obra. Não perdemos de vista, por outro lado, a precisa noção (e compreensão) do que a posse redunda em prol da comunidade, haja vista que ela funciona como um instrumento modelador da paz social, na medida em que possibilita a regularização legal de questões nascidas tão somente de situações fáticas.

Destacamos, na presente obra, as questões como a posse se apresenta e quais os efeitos jurídicos que decorrem de cada situação e, ao mesmo tempo, como ela marca – embora não inserida formalmente no Código Civil de 2002 – o rol dos direitos reais, capitaneados pela Propriedade, que é o Direito Real por, Excelência.

Mesmo sem figurar expressamente como direito real, a posse gravita em torno dele, e isso desponta do tratamento dispensado pelo Código Civil de 2002 (vigente), assim como também ocorria por meio do Código Civil de 1916 (revogado), o que é "percebido" até pelo leigo em matéria de direito que, como apregoava Ihering, repercute na "visibilidade da propriedade", pois o possuidor é visto como se proprietário fosse do bem (móvel ou imóvel) que se acha consigo.

Ainda, no campo das "controvérsias" envolvendo a natureza da posse, abordamos, com ênfase, três questões ainda geradoras de entendimentos dissonantes por parte dos estudiosos do direito, quais sejam: **(a) o cumprimento de função social da posse**, em igual medida com função social que a propriedade deve cumprir, o que decorre de mandamento esculpido na Constituição Federal de 1988 e na legislação infraconstitucional; **(b) o cabimento da antecipação de tutela em matéria possessória**, desde que não mais esteja amparada pelo rito especial das ações possessórias: e **(c)** a questão relativa à **ação de imissão de posse**, que, ao contrário do que pregam alguns juristas, não é matéria com tramitação no campo das ações possessórias, e sim ação de cunho petitório, portanto de natureza comum.

Procedemos, por outro lado, numa análise completa de todo os artigos do atual Código Civil de 2002, assim como, comparativamente (quando o caso), dos artigos do derrogado Código Civil de 1916, e, com isso, fizemos com que esta obra tivesse um alcance de ordem geral sobre todos os comandos da lei material que digam respeito à posse. Neste mesmo caminho, enveredamos pelos artigos do Código de Processo Civil de 2015 (como, também, no de 1973), no que tange às ações para defesa da posse.

No entanto, ao focarmos na aplicação do Código de Processo Civil, também deixamos acentuados os pontos fundamentais que podem ser usados para ações que não sejam exclusivamente de ordem possessória. Neste particular, aspecto procedemos, na verdade, em uma análise geral, ainda que não exaustiva, da utilização do Código de Processo Civil (com foco no vigente de 2015, mas fazendo remissão ao revogado de 1973) para outras demandas – não necessariamente possessórias. Inobstante a abertura da análise processual, que realizamos nesta obra jurídica, mantivemos o enfoque principal e primordial, quais sejam: **(a)** tratar da **POSSE** e das AÇÕES POSSESSÓRIAS, e **(b)** do INSTITUTO DO USUCAPIÃO, este em suas duas vertentes: **1)** USUCAPIÃO JUDICIAL e **2)** USUCAPIÃO EXTRAJUDICIAL.

Mais uma vez, (re)lembramos que as considerações que apontamos em relação ao tratamento da POSSE também são atinentes ao **Usucapião**, pois o tratamos com pontos de destaques nesta obra jurídica, o que ficará claro quando da abordagem própria da matéria, inclusive em relação à possibilidade de ser manejado em duas vertentes: **(a) Usucapião Judicia**l e **(b) Usucapião Extrajudicial**, pois são modalidades aplicáveis a todas espécies, inclusive em relação à propriedade compartilhada/multipropriedade e na propriedade referente ao Direito de Laje, que são modalidades novas inseridas no rol dos Direitos reais.

A amplitude e o real alcance do Usucapião toma por base a existência da posse, pois ela transforma de forma originária (pela **prescrição aquisitiva**), mediante o preenchimento de determinados requisitos, uma posse em propriedade, ou, como diz a doutrina italiana: *"L'usucapione è un istituto giuridico che consente a un individuo di acquisire la proprietà di un bene (solitamente un bene immobile o mobile) attraverso il possesso continuato e ininterrotto di quel bene per un periodo di tempo specifico, definito dalla legge"*.[2]

DA FORMA RELATIVA À DIVISÃO DA MATÉRIA TRATADA NESTA OBRA JURÍDICA – De outra banda, para ampliar e facilitar mais o entendimento do consulente sobre o **instituto da posse**, apresentamos, por meio de **ANEXOS**, quadros comparativos de artigos do Código Civil de 2002 e do Código Civil de 1916, atinentes ao instituto da posse. Inserimos, também, por meio de **ANEXOS**, quadro dos artigos do Código de Processo Civil (tanto o de 2015, como o de 1973) com relação à **matéria possessória** e matéria referente ao **instituto do Usucapião**. No que diz

---

[2] Tradução livre. A Usucapião é uma instituição jurídica baseada na posse contínua e pacífica de bens alheios por determinado período de tempo, após o qual o possuidor adquire o direito de propriedade sobre esses bens.

respeito ao **instituto do Usucapião,** fizemos uma abordagem ampla e consistente, inclusive, tecendo considerações sobre o Direito Comparado (Direito Estrangeiro). A abordagem pode ser verificada pelo **Capítulo III**, que optamos, para manter uma melhor sintonia com o objetivo da obra, por dividir entre os Institutos de **POSSE** e do **USUCAPIÃO**.

A presente obra jurídica foi trabalhada/desenvolvida de forma a torná-la de fácil consulta e com abrangência geral sobre os tópicos pesquisados/estudados. **A obra é desenvolvida por meio de seis capítulos (e mais dois complementares: Capítulo III-A e Capítulo V-B, assim como vários ANEXOS)**, os quais estão assim distribuídos:

No **Capítulo I**, apontamos e estudamos os aspectos históricos da posse no Brasil. Este capítulo teve por escopo apontar os principais marcos históricos da posse nos primórdios do Brasil até o advento do Código Civil de 1916, quando a matéria passou a ser tratada pelo campo dos direitos reais. Inegavelmente, o conhecimento histórico relativo, especificamente às questões possessórias, é de suma relevância para o conhecimento do desenvolvimento da evolução da POSSE e do USUCA-PIÃO, tanto no DIREITO BRASILEIRO, como no DIREITO COMPARADO (DIREITO ALIENÍGENA).

No **Capítulo II**, tecemos considerações sobre a posse e os direitos reais e a posse e suas controvérsias jurídicas. Dessa forma, neste capítulo, o assunto posse terá vários desdobramentos, partindo da questão conceitual até as Teorias da Posse e, ainda, sobre a função social que deve ter a posse, principalmente em razão da Constituição Federal de 1988, bem como o enfoque dado pela legislação extravagante. No que diz respeito ao cumprimento de uma **função social,** é em decorrência de que tal condição é exigida da propriedade e isto é, inclusive, condição imposta por meio de dispositivo constitucional.

No **Capítulo III**, desenvolvemos o estudo da posse e sua classificação doutrinária e legal. Destacamos, neste capítulo, a posse e os efeitos que ela produz em relação aos frutos e às benfeitorias. Ainda, abrimos o **Capítulo III-A**, para tratar dos seguintes institutos de Direitos Reais: propriedade compartilhada – multipropriedade (e incluímos o *time-sharing*, ou *timeshare*); Direito de Laje e Solo Criado.

No **Capítulo IV**, apresentamos uma análise completa e sistemática sobre os meios da aquisição e, na contrapartida, de perda da posse e, por derradeiro, os efeitos que a posse gera.

No **Capítulo V**, desenvolvemos alentado estudo sobre as mais diversas ações destinadas à proteção da posse, com forte embasamento no pensamento doutrinário e, pontualmente, com reforço jurisprudencial em relação ao assunto em comento. Com o estudo realizado neste capítulo, completamos a análise de ordem doutrinária dos institutos jurídicos da **POSSE** e do **USUCAPIÃO**.

No **Capítulo VI**, compilamos importantes informações concernentes à aplicação prática do Código de Processo Civil de 2015 (e, quando o caso, também o de 1973), tudo com o escopo de possibilitar ao consulente uma rápida e direta consulta/pesquisa sobre variados itens processuais abordados nesta obra jurídica, mais precisamente, sobre o **Processo de Conhecimento**.

Pontualmente, quando o caso, com referência a cada capítulo citado, também trabalhamos com matéria relativa aos institutos do Usucapião e, do mesmo modo, fizemos um **estudo/apresentação do tratamento que a Posse e o Usucapião gozam no Direito Brasileiro e no Direito Comparado**; deste último tópico, buscamos apresentar, ainda que pontualmente, como a matéria é tratada nos seus aspectos materiais e processuais.

Por fim, com o firme propósito de tornar esta obra uma referência para todos que buscam o conhecimento sobre os institutos jurídicos relativos à matéria atinente à **POSSE** e, do mesmo modo, à matéria atinente ao **USUCAPIÃO**, é que destacamos, de forma bem pontual, por meio do **Capítulo VI**, vários itens relativos ao Direito Processual Civil (CPC de 2015), mais precisamente sobre o Processo de Conhecimento.

No **ANEXO A**, apresentamos um quadro comparativo dos artigos do Código Civil de 2002 e do Código Civil de 1916, todos atinentes à parte específica da matéria possessória, o que facilitará sobremaneira a compreensão do consulente sobre a matéria.

Ainda, tomando por base o contido no mesmo **ANEXO A**, procedemos numa fragmentação, via dos **ANEXOS B, C e D**, nos quais destacamos, respectivamente (**ANEXOS B e C**), os artigos do Código Civil de 1916 (sobre matéria possessória) que não foram acolhidos pelo Código Civil de 2002, como também destacamos os artigos do Código de Processo Civil (tanto o de 2015, como o de 1973), relativos às ações de cunho possessório, inclusive aquelas que, embora não específicas, também podem ser utilizadas pelo possuidor para defesa de sua posse, desde que violada ou com veementes indícios de que será violada.

Por derradeiro, ainda com o firme propósito de apontar matéria atinente aos Direitos Reais, procedemos na inclusão dos **ANEXOS E e F**, respectivamente, tratando da legislação sobre multipropriedade e do *time-sharing*, e, por fim, do Provimento do Conselho Nacional de Justiça – CNJ n.º 65, tratando do Usucapião Extrajudicial; e, para compor a análise completa de novos institutos de Direitos Reais, que poderão ser objetos de ações possessórias e até mesmo de ações de Usucapião, procedemos nos seguintes enfoques: a) propriedade compartilhada; b) *time-sharing*; c) direito de lage; d) solo criado.

DA FORMA RELATIVA À DIVISÃO DO TRABALHO E DO ALCANCE DAS MATÉRIAS TRATADAS NESTA OBRA – Em cada momento, e no devido tempo, a **POSSE** e o **USUCAPIÃO** serão apresentados e estudados naquilo que tem de maior relevância e de consequência prática e jurídica. Os capítulos desenvolvidos (bem como os Anexos) englobam a matéria possessória e o Usucapião de forma integral, o que torna esta obra (pelo menos é o que almejamos) de grande valia para todos aqueles que buscam estudar/conhecer os principais efeitos e consequências jurídicas advindas dos institutos jurídicos da posse e do Usucapião.

Deixamos, por oportuno, registrado que nosso propósito com a presente obra jurídica foi o de proceder numa abordagem do modo mais abrangente e coerente possível em relação a cada um dos tópicos destacados e abordados nesta obra e assim procedemos para torná-la mais versátil e, ao mesmo tempo, útil para todos aqueles que queiram conhecer (e aplicar nas questões práticas) os institutos da posse e do Usucapião em todos os seus contornos legais, doutrinários e jurisprudencial.

CONSIDERACIONES INICIALES[3]

EL TRATAMIENTO DE LAS CUESTIONES DE POSESIÓN Y USUCAPION OBJETO DEL LIBRO Y ASUNTOS CONEXOS

POSESIÓN – La posesión es reconocida – tanto por la doctrina nacional, como por la doctrina del derecho extranjero (Derecho Comparado), principalmente en aquellos países que siguieron los principios del Derecho Romano (Derecho Civil) –, como una de las instituciones de Derecho de los más debatidos y controvertidos, máxime porque surge de una relación de carácter fáctico, aunque, lógicamente, con repercusiones de carácter jurídico. La propia inclusión de la posesión en el ámbito de los derechos reales es también objeto de acaloradas discusiones doctrinales.

Para orientar la cuestión, siguiendo en parte un camino similar al seguido por otros estudiosos, se procedió en el presente estudio del instituto de la posesión con el objetivo de hacerlo más claro y conciso y, por tanto, para el pleno desarrollo de la Al respecto, centramos el estudio, principalmente, en las normas contenidas en el Código Civil de 2002 (Ley nº 10.406, de 10 de enero de 2002, VIGENTE) y en el Código Civil de 1916 (Ley nº 3.071, de 1 de enero de 1916 – REVOCADO), así como, en lo que respecta a cuestiones puramente procesales, por el Código de Procedimiento Civil de 2015 (Ley nº 13.105, de 16 de marzo de 2015, VIGENTE) y por el Código de Procedimiento Civil de 1973 (Ley Nº 5.869, 11 de enero de 1973, REVOGADO).

En el estudio realizado, como se comprobará a lo largo de este trabajo, tuvimos cuidado de señalar los diversos matices relativos a las cuestiones jurídicas, doctrinales y jurisprudenciales de cómo funciona el instituto de posesión y, asimismo, el instituto de posesión adversa. son presentados. Si bien optamos por desarrollar los temas con la aplicación de una metodología muy diferente a otras obras del género, no dejamos de abordar todas las cuestiones, complejas o no, que involucran el instituto de la posesión y la posesión adversa.

USUCAPION – He aquí una breve digresión sobre el instituto de USUCAPION, que es un instituto jurídico complejo y de naturaleza controvertida; se trata de un conocimiento, casi general, de la población, aunque ésta, por regla general, no sea plenamente consciente del alcance y profundidad del asunto, así como de sus consecuencias; pero, digamos, la doctrina y la jurisprudencia también tratan el instituto de la posesión adversa como un tema controvertido y turbulento.

Como la USUCAPION usucapio es, conceptualmente, la forma de adquirir un bien en forma no derivativa (es una adquisición originaria) y que debe cumplir con las condiciones y requisitos previstos/definidos en la Ley, es por ello que suscita controversias/controversias, principalmente por su fundamento y por ser un medio original (y no derivado) de adquirir bienes. Es posesión que se transmuta en propiedad, o como dice la doctrina italiana: "[...] la usucapione fa si il posesión diventi proprietà" (La posesión adversa convierte la posesión en propiedad). Por ahora sólo informamos sobre el asunto, su complejidad y efectos jurídicos y prácticos serán discutidos en el transcurso de este oba legal, cuando todos los puntos y ángulos sean debidamente abordados/trabajados.

LA TÉCNICA UTILIZADA PARA DESARROLLAR ESTE TRABAJO – Teniendo en cuenta que este trabajo se basó, en parte, en estudios que desarrollamos en el Postgrado, lato sensu, de Derecho Empresarial en relación con la cuestión posesoria y sus consecuencias, también con sesgos centrados. sobre el instituto de USUCAPION, es que para elaborarlo utilizamos la técnica de la investigación legislativa y

---

[3] Tradução livre.

bibliográfica, principalmente las disposiciones legales de los Códigos Civiles de 2002 (vigente) y el de 1916, que, aunque derogados, aún diseñaban sus efectos debidos. a lo contenido en el artículo 2.028, del vigente Código Civil; También fundamentamos el estudio de la posesión y USUCAPION en los Códigos Procesales Civiles de 2015 y 1973, cuando son relevantes para el tema desarrollado y, finalmente, en las disposiciones de la legislación infraconstitucional y en las investigaciones desarrolladas tanto en el ámbito doctrinal como en el ámbito jurisprudencial.

Además de todos los medios mencionados anteriormente que utilizamos para realizar este trabajo, otro factor que contribuyó en gran medida a su realización fue nuestro conocimiento teórico y práctico del tema, ya que trabajamos con la materia de Derecho de Propiedad, Posesión y USUCAPION durante varios años, tanto como abogado público (en este caso como Abogado del Unión, parte de la Carrera Jurídica de la Procuraduría General de la República -AGU-, y en su carácter de Procurador (jefe) – Seccional de la Unión), así como Profesor de Educación Superior (actividad realizada en dos Facultades de Derecho de Universidades de Santa Catarina) y, actualmente, como abogado privado en Florianópolis-SC, siendo socio fundador de la Oficina Beltrão de Vargas, Teixeira & Salvi – Abogados Asociados (www.bvtsadvogados.com.br).

EL GRADO DE COMPLEJIDAD DE LA MATERIA RELATIVA A LA POSESIÓN Y LA USUCAPION – La cuestión de la posesión siempre ha sido tratada por los estudiosos como una cuestión sumamente ardua y compleja y su análisis exigía, como todavía lo exige, preguntas variadas y, por otra parte, efectos variados. Los efectos que genera la posesión y sus mecanismos de protección son fundamentales para la perfecta comprensión y aplicación, incluida la práctica, de la materia.

Saber si la posesión es o no cuestión de derecho y más aún, si es cuestión de derecho real, es un tema que concierne a los efectos de la posesión misma y esto fue objeto de un cuidadoso análisis en el transcurso de este trabajo. No perdemos de vista, por otra parte, la noción (y comprensión) precisa de lo que resulta la propiedad en beneficio de la comunidad, dado que funciona como un instrumento para modelar la paz social, en tanto permite la regularización jurídica de Cuestiones que nacen únicamente de situaciones fácticas.

Destacamos, en este trabajo, cuestiones como la propiedad y qué efectos jurídicos se derivan de cada situación y, al mismo tiempo, como el mismo marca —aunque no incluido "formalmente" – la lista de Derechos Reales, encabezada por la Propiedad, que es Derecho Real por Excelencia.

Aún sin aparecer expresamente como un Derecho Real, la POSESIÓN gravita en torno a él y esto se desprende del tratamiento que le da el Código Civil de 2002 (vigente), como también ocurrió a través del Código Civil de 1916 (derogado), y esto se "percibe" " incluso por el profano en materia de derecho, lo que, como proclamó Ihering, repercute en la "visibilidad de la propiedad", ya que el POSEDOR es visto como si fuera dueño del bien (mueble o inmueble) que se encuentra en su poder.

Además, en el campo de las "controversias" que involucran la naturaleza de la posesión, abordamos, con énfasis, tres cuestiones que aún generan entendimientos disonantes por parte de los juristas, a saber: (a) El cumplimiento de la función social de la posesión, en igualdad de condiciones. medida con una función social que debe cumplir la propiedad, que surge de un mandamiento plasmado en la Constitución Federal de 1988 y en la legislación infraconstitucional; b) La procedencia de la protección anticipada en materia posesoria, siempre que ya no se apoye en el rito especial de las acciones posesorias; y c) La cuestión relativa a la acción por inmisión de posesión, que, contrariamente a lo que algunos predican juristas, no se trata de un asunto tramitado en el ámbito de las acciones posesorias sino de una acción de carácter petitorio, por tanto de carácter común.

Realizamos, por otra parte, un análisis completo de todos los artículos del vigente Código Civil de 2002, así como, comparativamente (cuando corresponda), de los artículos del derogado Código Civil de 1916, y con ello logramos que este trabajo tuviera un alcance general sobre todos los mandamientos del derecho sustantivo que conciernen a la posesión. En este mismo camino, seguimos los artículos del Código de Procedimiento Civil de 2015 (así como del Código de 1973), en materia de acciones de defensa de posesión.

Sin embargo, al centrarnos en la aplicación del Código de Procedimiento Civil, destacamos también los puntos fundamentales que pueden ser utilizados para acciones que no sean exclusivamente posesorias. En este aspecto particular procedemos, de hecho, en un análisis general, aunque no exhaustivo., el uso del Código de Procedimiento Civil (centrándose en el vigente en 2015, pero haciendo referencia al derogado de 1973) para otras demandas –no necesariamente posesorias. A pesar de la apertura del análisis procesal que realizamos en este trabajo jurídico, mantuvimos el enfoque principal y primario, a saber: (a) Tratar de la POSESIÓN y ACCIONES POSSESORIAS, y (b) El INSTITUTO USUCAPION, esto en sus dos vertientes.: 1) USUCAPION JUDICIAL y 2) USUCAPION EXTRAJUDICIAL.

Una vez más (re)recordamos que las consideraciones que señalamos en relación al tratamiento de la POSESIÓN también están relacionadas con la USUCAPION, ya que tratamos las mismas con puntos destacados en este trabajo jurídico, que quedarán claros al abordar el asunto en sí, incluyendo en cuanto a la posibilidad de ser tratados en dos vertientes: (a) USUCAPION Judicial y (b) USUCAPION Extrajudicial, por ser modalidades aplicables a todas las especies, incluso en relación con la Propiedad Compartida/ Multipropiedad y, también, en la propiedad referida a la Derecho de Losa, que son nuevas modalidades incluidas en la lista de Derechos Reales.

La amplitud y el alcance real de la prescripción adquisitiva se funda en la existencia de la posesión, ya que se transforma de manera originaria (por prescripción adquisitiva), mediante el cumplimiento de ciertos requisitos, una posesión en propiedad, o como dice la doctrina italiana: L'usucapione è un istituto giuridico che consente a un individuo di acquisire la proprietà di un bene (solitamente un bene immobile o mobile) attraverso il possesso continuato e ininterrotto di quel bene per un La prescripción adquisitiva es una institución jurídica basada en la posesión continua y pacífica de los bienes ajenos durante un cierto período de tiempo, transcurrido el cual el poseedor adquiere el derecho de propiedad sobre estos bienes.

RELATIVA A LA DIVISIÓN DE LA MATERIA TRATADA EN ESTE TRABAJO JURÍDICO – Por otro lado, para ampliar y facilitar la comprensión del consultor sobre el instituto de la posesión, presentamos, a través de ANEXOS, cuadros comparativos de artículos del Código Civil de 2002 y del Código Ley Civil de 1916, relativa a la institución de la posesión. También insertamos, a través de ANEXOS, un cuadro de artículos del Código de Procedimiento Civil (tanto de 2015 como de 1973) en relación con la materia posesoria y la materia referida al instituto de prelación. En lo que respecta al instituto de posesión adversa, adoptamos un enfoque amplio y consistente, incluyendo consideraciones sobre el Derecho Comparado (Derecho Extranjero). El enfoque puede ser verificado por el Capítulo III (que elegimos, para mantener una mejor armonía con el objetivo de la Obra), dividido entre los Institutos de POSSE y USUCAPION.

Este Trabajo Jurídico fue diseñado/desarrollado con el fin de que sea de fácil consulta y con una cobertura general de los temas investigados/estudiados. El trabajo se desarrolla a través de 6 (seis) Capítulos (y 2 adicionales: Capítulo III-A y Capítulo V-B, así como varios ANEXOS), los cuales se distribuyen de la siguiente manera:

En el Capítulo I señalamos y estudiamos los aspectos históricos de la propiedad en Brasil. Este Capítulo tuvo como objetivo señalar los principales hitos históricos de la propiedad en los inicios de Brasil hasta la aparición del Código Civil de 1916, donde la cuestión pasó a ser tratada en el campo de los derechos reales.

Sin lugar a dudas, el conocimiento histórico relacionado, específicamente, con las cuestiones posesorias, es de suma relevancia para comprender el desarrollo de la evolución de la POSESIÓN y la USUCAPION, tanto en el DERECHO BRASILEÑO como en el DERECHO COMPARADO (LEY ALIENIGINA). En el Capítulo II, hacemos consideraciones sobre la propiedad y los derechos reales y también la propiedad y sus controversias jurídicas. Así, en este Capítulo, el tema de la posesión tendrá varios desarrollos, partiendo de la cuestión conceptual hasta las Teorías de la Posesión y, también, de la función social que debe tener la posesión, principalmente debido a la Constitución Federal de 1988, así como a el foco dado por una legislación extravagante. En lo que respecta al cumplimiento de una función social, es porque tal condición se exige a la propiedad y ésta es incluso una condición impuesta mediante una disposición constitucional.

En el Capítulo III desarrollamos el estudio de la posesión y su clasificación doctrinal y jurídica. En este Capítulo destacamos la propiedad y los efectos que produce en relación a frutos y mejoras.

Además, abrimos el Capítulo III-A, para tratar de los siguientes institutos de Derechos Reales: Propiedad Compartida – Multipropiedad (e incluimos el Tiempo Compartido, o Tiempo Compartido); Derecho a Losa y Suelo Creado.

En el Capítulo IV presentamos un análisis completo y sistemático de los medios para adquirir y, a cambio, perder la posesión y, finalmente, los efectos que genera la posesión.

En el Capítulo V desarrollamos un extenso estudio sobre las más diversas actuaciones encaminadas a proteger la posesión, con una fuerte base en el pensamiento doctrinal y, en ocasiones, con refuerzo jurisprudencial en relación con el tema en discusión. Con el estudio realizado en este Capítulo completamos el análisis doctrinal de los institutos jurídicos de POSSE y USUCAPION.

En el Capítulo VI, recopilamos información importante sobre la aplicación práctica del Código de Procedimiento Civil de 2015 (y, en su caso, también el de 1973), todo con el objetivo de que el consultor pueda consultar/investigar de forma rápida y directa sobre diversos puntos procesales. abordado en este trabajo jurídico, más precisamente sobre el Proceso del Conocimiento.

Ocasionalmente, cuando corresponde, con referencia a cada Capítulo mencionado anteriormente, también trabajamos con cuestiones relativas a los institutos de USUCAPION y, de la misma manera, hicimos un estudio/presentación del tratamiento que la Posesión y la USUCAPION gozan en el Derecho brasileño y en Ley comparativa; En este último tema buscamos presentar, aunque puntualmente, cómo se trata el asunto en sus aspectos materiales y procesales.

Finalmente, con el firme propósito de hacer de esta obra una referencia para todos aquellos que buscan conocimiento sobre los institutos jurídicos relacionados con la materia relativa a la POSESIÓN y, asimismo, con la materia relativa a la USUCAPION, destacamos, de manera muy específica, a través del Capítulo VI, varios artículos relacionados con el Derecho Procesal Civil (CPC 2015, más precisamente sobre el Proceso de Conocimiento).

En el ANEXO A presentamos un cuadro comparativo de los artículos del Código Civil de 2002 y del Código Civil de 1916, todos ellos relativos a la parte concreta de la materia posesoria, lo que facilitará enormemente la comprensión de la materia por parte del consultor.

Además, a partir de lo contenido en el mismo ANEXO A, se procede de forma fragmentada, a través de los ANEXOS B, C y D, donde destacamos, respectivamente (ANEXOS B y C), los artículos del Código Civil de 1916 (sobre posesión materias) que no fueron aceptadas por el Código Civil de 2002, como también destacamos los artículos del Código de Procedimiento Civil (tanto de 2015 como de 1973), relativos a las acciones posesorias, incluidas aquellas que, aunque no específicas, también pueden ser utilizadas por el poseedor defender su posesión, siempre que sea violada o haya indicios vehementes de que será violada.

Finalmente, aún con el firme propósito de señalar cuestiones relativas a los Derechos Reales, se procede a la inclusión de los ANEXOS E y F, que tratan respectivamente de la legislación sobre Multipropiedad y Tiempo Compartido, y, finalmente, la Disposición del Derecho Nacional. Consejo de Justicia – CNJ nº 65, sobre Usucapión Extrajudicial; y, para componer el análisis completo de las nuevas instituciones de Derechos Reales, que pueden ser objeto de acciones posesorias e incluso de USUCAPION, procedemos con los siguientes enfoques: a) Propiedad Compartida; b) Tiempo Compartido; c) Derecho de Lage, y, d) Suelo Creado.

RELACIONADOS CON LA DIVISIÓN, TRABAJO Y ALCANCE DE LAS MATERIAS TRATADAS EN ESTE TRABAJO – En cada momento, y en su momento, POSESIÓN y USUCAPION serán presentadas y estudiadas en los términos de lo más relevante y de consecuencia práctica y jurídica. Los Capítulos desarrollados (así como los Anexos) cubren íntegramente la materia de posesión y usucapencia, lo que hace que este trabajo (al menos eso esperamos) de gran valor para todos aquellos que busquen estudiar/ conocer los principales efectos jurídicos y consecuencias derivadas de las instituciones jurídicas de posesión y posesión adversa.

Hacemos constar que nuestro propósito con este trabajo jurídico fue abordar de la manera más integral y coherente posible cada uno de los temas resaltados y abordados en este trabajo y lo hemos hecho para hacerlo más versátil y, al mismo tiempo, útil para todos aquellos que quieran conocer (y aplicar en materia práctica) los institutos de posesión y posesión adversa en todos sus contornos jurídicos, doctrinales y jurisprudenciales.

CAPÍTULO I

Ingressar no complexo campo do direito transmite a sensação de que estamos numa praia vazia, embora lá estejamos protegidos pela presença permanente de um farol!...
(Cláudio Teixeira de Oliveira)

1. ASPECTOS HISTÓRICOS DA POSSE NO DIREITO BRASILEIRO

Sumário: 1.1 Introdução. 1.2. A posse em razão das conquistas das coroas portuguesa e espanhola 1.3. As sesmarias e a colonização do Brasil. 1.4. A regularização das posses imobiliárias no Brasil. 1.5. Implantação do registro de terras (registro paroquial ou do vigário) no Brasil. 1.5.1. "Síntese histórica da formação territorial do Brasil". 1.6. Apontamentos complementares sobre a questão fundiária no direito brasileiro. 1.7. Breves apontamentos sobre a situação das terras devolutas em relação à União. 1.8. Alguns apontamentos sobre a atual questão fundiária no Brasil. 1.9. Explicações finais sobre os tópicos abordados no capítulo

1.1. Introdução

O conhecimento, ainda que perfunctório, de pontos históricos da matéria possessória torna-se necessário para que, acompanhando a evolução, tenhamos o necessário discernimento para fins de verificação daqueles tópicos que foram pinçados pelo legislador por ocasião da elaboração do Código Civil (tanto o de 1916, como o atual, de 2002), assim como do Código de Processo Civil (no caso, o de 1939, o de 1973 e o de 2015).

Sabido é, hodiernamente, que as terras do Brasil decorreram de apossamento, por meio de ocupação originária, como *res nullius* – já que não tinham qualquer dono,[4] salvo os povos primitivos habitantes da terra, no caso os índios, o que não foi considerado pelos conquistadores portugueses, assim como também era o que ocorria com outros povos conquistadores em relação aos "conquistados", tudo em razão do *ius ocupandi agrum publicum*, isto é, **o direito de posse das terras conquistadas**.

O enfoque a ser tratado neste capítulo é o de possibilitar um estudo das situações fáticas e jurídicas, sob o prisma dos direitos reais imobiliários, da questão da ocupação e das concessões de posse das terras brasileiras, as quais pertenciam à coroa portuguesa e, após a Proclamação da Independência do Brasil, ao governo imperial do Brasil. Assim era em razão do apossamento ("descobrimento") levado a cabo por Portugal.

1.2. A posse em razão das conquistas das coroas portuguesa e espanhola

Portugal e Espanha partiram, especialmente no século XV, para conquistas de além-mar, e com isso se fez necessário que adotassem algumas regras para se protegerem, mutuamente, na tomada de posse – com direitos originários – sobre as novas terras ocupadas por seus prepostos,

---

[4] As propriedades decorrentes de apossamento, considerando que não tinham dono, e aquelas provindas de conquistas, as quais passaram a fazer parte da propriedade real, chamavam-se de presúria.

isto é, pelos denominados capitães, os quais tomavam posse das terras "descobertas" em nome dos seus soberanos.

Antes da chegada efetiva dos portugueses em solo brasileiro, quando vieram tomar posse das terras em nome do rei de Portugal,[5] os espanhóis passaram a ter uma marcante influência no continente americano, graças ao aporte de Cristóvão Colombo à América, que historicamente consta como tendo sido "descoberta" em 12 de outubro de 1492, quando, do alto da caravela Pinta, Rodrigo de Triana, que fazia parte da expedição de Colombo, avistou terra.

Portugal, por sua vez, não podia ficar inerte e possibilitar que a Espanha se apossasse todas as terras do novo Continente e, por isso, mandou sua expedição para o Brasil – que, logicamente, e assim retrata a história, ainda não era "apossado", ou, em outros termos, "descoberto" – e, sob o comando de Pedro Álvares Cabral, a nova terra foi devidamente conquistada em razão de sua "descoberta" em 22 de abril de 1500.

Portugueses e espanhóis já tinham suas preferências sobre as novas conquistas de territórios, e a prova disto é a bula papal, conhecida como *bula inter-coetera*, de 1493, e, após, o Tratado de Tordesilhas[6], elaborado em 1494.

Os chamados impérios coloniais – e este foi o caso do Brasil – surgiram desses "descobrimentos", embora, como se deu com o Brasil, não tenha ocorrido um descobrimento na acepção lata da palavra, e sim uma simples tomada de posse e respectiva ocupação das terras, já habitadas pelos silvícolas, em nome da coroa portuguesa.

Desse "descobrimento", originou-se o surgimento de uma nova colônia para a coroa portuguesa; inegavelmente os "descobrimentos" foram, por assim dizer, de fundamental consequência política e de ordem financeira, e, a partir deles, a história passou a tomar outro curso, haja vista que novas rotas marítimas foram descobertas e, com isso, o antigo Império Romano do Oriente – que tinha por capital Constantinopla, que, em 1453, foi conquistada pelos turcos otomanos, liderados por Maomé II – perdeu sua importância como sendo a única rota que possibilitava o comércio pelo Mediterrâneo.

---

[5] Marcos Alcino de Azevedo Torres, anota: "Em Portugal vigia, como de regra noutras nações, desde a Idade Média, o princípio de que pertenciam ao rei, juridicamente por título originário, as terras conquistadas dos infiéis, a propriedade territorial abandonada, aquelas consideradas sem dono efetivo e terrenos baldios [...]" (TORRES, Marcos Alcino de Azevedo. A propriedade e a posse: um confronto em torno da função social. Rio de Janeiro: Lumen Juris, 2007. p. 18).

[6] ALVES, Heitor. *História das américas*. Rio de Janeiro: Editora do Brasil, 1954. p. 46-47. Registra, ainda que: "Temos que lembrar que a Espanha e depois Portugal, – como iniciantes dos movimentos marítimos, de que resultaram tão grandes descobrimentos, – transformam-se em Impérios Coloniais". Convém destacar, também, aqui, uma consequência política de larga repercussão: Em 1493, o Papa Alexandre VI, Bórgia, baixou a *bula inter-coetera*", a qual, para fins de catequeses, dividiu as terras descobertas ou a descobrir, entre Portugal e a Espanha, assim fixando 'tudo o que estivesse aquém de uma linha passaria a 100 léguas a oeste das Ilhas de Cabo verde, seria de Portugal; tudo o que estivesse além dessa linha seria da Espanha". Dessa ´bula inter-coetera" resultou em 1494, o Tratado de Tordesilhas que dilatou de 100 para 370 léguas, o meridiano que limitaria as possessões espanholas e portuguesas".

Adverte, finalmente, o autor: "Para evitar uma guerra entre Portugal e Espanha, por mediação do Papa, foi feito, em Tordesilhas, na Espanha, um tratado que estabelecia, como possessão portuguesa, tudo o que estivesse aquém de uma linha que passaria a 370 léguas, a oeste das Ilhas de Cabo-Verde, e pertenceria à Espanha, tudo quanto se encontrasse além desse meridiano. No Brasil, na ocasião ainda não descoberto, a linha de Tordesilhas passaria, conforme posterior verificação, ao norte mais ou menos em Belém do Pará, enquanto no sul atravessaria Laguna, em Santa Catarina".

De registrar, ainda, sobre o Tratado de Tordesilhas: "Por ele se buscou traçar uma linha imaginária entre o Polo Ártico e o Antártico, situado a 370 léguas das ilhas de Cabo Verde em direção ao poente. Seriam portuguesas as terras à direita de tal linha imaginária (meridiano) e espanholas aquelas situadas à esquerda. Dele consta: 'E tudo o que até aqui tenha achado e descoberto e daqui em diante se achar e descobrir pelo dito Senhor Rei de Portugal e por seus navios, tanto ilhas como terra firme, desde a dita raia e linha dada na forma supracitada indo pela dita parte do Levante ou do Norte e do Sul dele, contanto que não seja atravessando dita raia, que tudo seja, e fique e pertença ao dito Senhor Rei de Portugal, e aos seus sucessores, para sempre'".

Foi com a queda de Constantinopla que as navegações passaram, principalmente as portuguesas e espanholas, a ter novo curso, haja vista a necessidade de uma nova rota alternativa para a navegação com destino ao Oriente.

A mudança de percurso sofrida pelas novas descobertas, ou simples tomada e ocupação de terras – como se deu com o Brasil –, mudou as feições do mundo até então dominado pelos povos da Antiguidade, e os novos rumos tiveram como marcos o descobrimento, por Bartolomeu Dias, do chamado "Cabo das Tormentas", em 1488, e, por outro lado, com Vasco da Gama, que, em 1498, chegou até Calicut, na Índia, o que possibilitou o conhecimento de uma nova rota de navegação; com isso, ficou em plano secundário Constantinopla, antes Bizâncio e atual Istambul[7] – cidade que é "frente e fundo" de dois continentes, de um lado o Continente Ocidental e de outro o Continente Oriental, pois parte fica na Europa e parte fica na Ásia.

O Brasil despontou dessa "turbulência", e, desde o início, suas terras foram ocupadas de forma originária pela coroa portuguesa, haja vista que não foram respeitados nem reconhecidos os direitos imemoriais dos índios sobre elas. Aliás, os povos indígenas eram tidos como primitivos e hereges e, em razão disso, necessitavam ser evangelizados para terem suas almas salvas e, assim, poderem ingressar nos reinos do céu. "Eram, na visão da época, gentios, incrédulos e, portanto, indignos da posse da terra dada por Deus aos homens de bem",[8] em razão dos dogmas da Igreja Católica Apostólica Romana.

A primeira fase de ocupação das terras do Brasil deu-se em caráter público, pois tinha como destinatário a figura do soberano, que se "confundia", na propriedade e posse dos bens, com o próprio reino, e, somente mais tarde, é que passaram – pelas sesmarias[9] e capitania hereditárias – a ter o caráter de terras privadas, mas isso somente se dava com a "graça" do soberano. Essas modalidades de "transferência" das propriedades e posse, representavam, na verdade, no início, no "surgimento" de pequenos feudos instituídos em solo brasileiro, objetivando a colonização e o desenvolvimento da nova terra.

Aliás, com relação ao apontado na parte final do anterior parágrafo, aponta Marcos Alcino de Azevedo Torres: "Interessante apontar que todas as atrocidades realizadas contra os povos (inclusive contra os nativos 'selvagens' para a cultura predominante) das terras conquistadas, por vezes até dizimando-os, e todas as apropriações que daí resultavam, tinham como sustentáculo uma Bula (título, no sentido de instrumento e também no sentido de modo de aquisição) da Igreja Católica, através de sua autoridade máxima, o Papa, considerado como representante de Deus na Terra. Para a Igreja – sob a justificativa de catequização e conversão dos gentios (nativos ou não) ao cristianismo – e para os reis, o domínio da terra conquistada através da outorga que a Igreja concedia, era uma verdadeira troca de favores."[10]

---

[7] Em 74 a.C., é Bizâncio incorporada ao Império Romano; em 330, tem o nome mudado para Nova Roma, o que é feito por Constantino, e torna-se a capital do Império; em 395, ocorre a divisão do Império e, agora, já com o nome de Constantinopla, em homenagem a Constantino, torna-se a capital do Império Romano do Oriente e, por fim, em 1453, é renomeada como Istambul.

[8] TORRES, Marcos Alcino de Azevedo. A propriedade..., *op. cit.* p. 5-6.

[9] Sesmaria era uma medida agrária. Na conversão da medida agrária linear de comprimento para o sistema métrico decimal, temos: Braça = 2,20 m.; Légua = 6.000 m.; Légua de Sesmaria = 6.600 m (seria: 1 Légua de Sesmaria = 6.600 m X 6.600 m = 4.356,00 hectares (ha.) e Braça de Sesmaria = 6.600 m (seria: 2,20 m X 6.600 m = 1,45 hectare (ha.).
A carta sesmarial, por sua vez, era de 14.400 hectares, registrando, neste sentido, Altim de Souza Maia: "Na área do Distrito Federal, chagamos a conhecer pelo menos três dessas famosas cartas, medidas, confirmadas e aproveitadas, medindo exatos 14.400 hectares que sempre se admitiu como a medida correta de uma carta sesmarial" (MAIA, Altim de Souza. *Discriminação de terras*. Brasília: Fundação Petrônio Portela, 1982. p. 14).

[10] TORRES, Marcos Alcino de Azevedo. A propriedade..., *op. cit.* p. 9.

A bem da verdade, registramos, toda conquista do solo americano motivou a tomada das terras dos habitantes primitivos em prol do império do conquistador. O que aconteceu, entretanto, no Brasil, é que a resistência contra o apossamento das terras praticamente não existiu, pois os índios não tinham a ideia de uma posse própria e exclusiva das terras, mesmo porque, via de regra, não se fixavam muito tempo num só lugar, ainda que permanecessem localizados dentro da mesma área geográfica.

Os portugueses fizeram, então, à época do "descobrimento do Brasil", o que era praxe entre os conquistadores, isto é, o apossamento das terras – e demais riquezas – em favor do imperador ou rei. Assim, pois, "nasceu" o Brasil.

1.3. As sesmarias[11] [12] [13] e a colonização do Brasil

O começo da história da posse de terras no Brasil ocorreu, originariamente, em forma de **ocupação**. Tal modalidade de ocupação tanto decorre de uma relação puramente originária, ou seja, a aquisição da posse, como, até mesmo, da propriedade, em relação àquelas coisas que nunca tiveram donos, no caso as denominadas *res nullius*, como, em situações outras, em razão do abandono, formal e intencionalmente, pelo seu anterior possuidor, podendo ser tão somente possuidor, ou, também, possuidor e proprietário, o que decorre da denominada *res derelicta*.

Para os portugueses, como visto, as terras apossadas eram *res nullius* e, assim sendo, realizaram uma ocupação de forma originária, o que foi feito em nome do rei D. Manuel I, que reinava, à época do "descobrimento" do Brasil, em Portugal.

Sabemos, e disso também nos dá conta a doutrina sobre questões agrárias, como bem retratam Paulo Tadeu Haendchen e Remôlo Letteriello, que – em síntese ao que aludimos alhures –, "a história da propriedade imobiliária brasileira tem seu ponto primordial com a posse da terra pelo descobridor, em 1500, o que equivale dizer que todas as terras da nação eram de *domínio público*".

---

[11] As Ordenações Manoelinas e Philippinas consideravam as sesmarias como sendo dadas (eram doações feitas pelos Municípios de terrenos de cidades e vilas e destinavam-se as edificações de construções por particulares) de terras que foram ou são de alguns senhorios. É de salientar que o instituto das sesmarias teve seu início com os romanos e, após, pelos idos do ano de 1375, foi incorporada ao direito lusitano. A origem, portanto, da Sesmaria é que ela representava, para o beneficiário, numa obrigação de pagar uma renda, ou sesma, atinente a sexta parte sobre os frutos colhidos na gleba.
Nota: Registramos que, a <u>Capitania do Rio Grande de São Pedro</u> (atual Rio Grande do Sul), originou-se em 1737, por <u>José da Silva Pais</u>, 60 léguas acima da foz da <u>Lagoa dos Patos;</u> por vez a <u>Capitania de Santa Catarina</u>, foi criada 1738 estando situada nos territórios mais meridionais da <u>capitania de São Paulo.</u>

[12] As Ordenações Philippinas, segundo leciona PORCHAT, Reynaldo. *Curso elementar de direito romano*. São Paulo: Duprat & Cia., 1909. p. 48, foram "inspiradas no direito romano, cujas instituições foram fartamente adotadas, ainda determinaram, por expressa disposição contida no liv. 3º., tit. 64 que esse direito fosse invocado como subsidiário, recorrendo-se na falta dele, as opiniões dos célebres romanistas Accurcio e Bartolo". **É de lembrar, por outro lado, que as Ordenações anteriores, Manuelinas e Affonsinas, disciplinavam da mesma maneira, em razão, respectivamente, do constante no Livro 2º, Título 5, e Livro 2, Título 2. O que, por si mesmo, faz prova irrefutável da influência do direito romano no direito lusitano e, por via de consequência, no próprio direito brasileiro, além disto, não custa lembrar (ou relembrar), o direito romano é fonte para todo o direito ocidental, exceto, em parte, em relação ao *common law*.**

[13] Waldemar Ferreira, *História do direito brasileiro: as capitanias coloniais de juro e herdade*. São Paulo: Saraiva, 1962. p. 62-63), esclarece que as capitanias "se concederam por cartas de doação, passadas quase nos mesmos termos. Daí o terem-se chamado — de Capitanias donatárias; ou, simplesmente — as donatárias.
Doou-as El-Rei, não somente à mercê de seus poderes majestáticos ou reais, senão ainda na qualidade de Governador e administrador perpétuo da Ordem e Cavalaria do Mestrado de Cristo, investido, que foi, por bula do Papa Júlio III, em 1551, *in perpetuum*, para si e os reis seus sucessores, na dignidade de Grão-Mestre das Ordens Militares.
Fez ele mercê a cada donatário 'de uma Capitania na costa do Brasil com cinquenta léguas de extensão pela mesma costa, com todas as ilhas que se acharem dez léguas ao mar, fronteira a ela; e pelos sertões adentro com a extensão que se achar'. As capitanias eram inalienáveis; mas se transmitiam por herança. Por isso, se houveram como Capitanias Hereditárias".

Destacando, ainda, os autores, "que o domínio privado, por seu turno, constituiu-se inicialmente pelas doações e benemerências da Coroa Portuguesa àqueles que primeiro por aqui aportaram. Essas doações visavam, sobretudo, interessar os súditos Ada Coroa para a ocupação da terra recém-descoberta. Contudo, eram reguladas por leis portuguesas, de onde se tira a conclusão que a *história legal* da nossa propriedade retrocede à época anterior ao descobrimento, que, como muitos autores registram, não passou de ocupação efetiva da terra que já se sabia existente, tanto que foi objeto de divisão entre Portugal e Espanha, pelo Tratado de Tordesilhas de 1494. Ocorre que pela ocupação portuguesa resultou a aplicação em nosso território apenas de leis lusitanas, definitivamente efetivadas após a nossa independência".[14]

Pertencentes, como de fato pertenciam, as terras do Brasil à coroa portuguesa, havia, no entanto, urgência de colonizar as terras de além-mar; para isso, tinha que ocorrer uma forma *sui generis* de entregá-las à exploração privada, sem que o rei viesse a perder o direito a elas, muito embora os "administradores" pudessem exercer total poderio sobre as glebas recebidas, inclusive as dividindo em pequenos feudos. Daí, pois, o surgimento das sesmarias e das capitanias hereditárias.

Neste contexto, o donatário, embora tivesse a posse plena da terra, estava sujeito à reversão dela, por ordem do rei, à coroa portuguesa. A reversão podia ocorrer a qualquer tempo. Em princípio era, então, o donatário, na verdade, um "administrador" das terras recebidas, ainda que com bastante poder exercido sobre sua capitania, que foi implantada no Brasil, em 1532, e que vigorou até 17 de julho de 1822, quando, ao que consta, por meio de uma Resolução – de n.º 76, atribuída a José Bonifácio de Andrade e Silva – passou a vigorar, para esse regime, uma nova sistemática de apropriação de terras, tendo esta se estendido até o advento da Lei de Terras de 1850, que reconheceu os sistemas antigos e, também ratificou formalmente o regime da terra, inclusive sendo instituído que a forma de aquisição de terra somente se daria por meio de compra.

As capitanias eram, nas palavras de Darcy Ribeiro, "distribuídas a grandes senhores, agregados ao trono e com fortunas próprias para colonizá-las, constituíram verdadeiras províncias. Eram imensos quinhões com dezenas de léguas encrestadas sobre o mar e penetrando terra adentro até onde topassem com a linha das Tordesilhas".[15]

Embora continuasse a pertencer à coroa portuguesa o verdadeiro domínio sobre as terras dadas em sesmaria, os possuidores,[16] no caso os denominados sesmeiros, acharam meios de ampliar seus "feudos", pois, com amparo em brechas legais, ampliavam consideravelmente suas glebas

---

[14] HAENDCHEN, Paulo Tadeu; LETTERIELLO, Rêmolo. *Ação reivindicatória*. 4. ed. São Paulo: Saraiva, 1988. p. 2.

[15] RIBEIRO, Darcy. *O povo brasileiro*: a formação e o sentido do Brasil. São Paulo: Companhia das Letras, 1995. p. 86. Destaca, por outro lado, o autor (p. 87): "O donatário era um grão-senhor investido de poderes feudais pelo rei para governar sua gleba de trinta léguas de cara. Com o poder político de fundar vilas, conceder sesmarias, licenciar artesãos e comerciantes, e o poder econômico de explorar diretamente ou através de intermediários suas terras e até com o direito de impor a pena capital".

[16] No Brasil a questão da propriedade fundiária, isto no sentido *lato*, pois, *stricto senso*, também se incorpora a questão possessória, decorre ou de doações relativas às sesmarias, ou então de ocupação primária. Sobre a questão de que as sesmarias não passavam de posse, transcrevemos, em parte, o contido em ação relativa a uma ação demarcatória. Desse modo: "Trata-se de ação demarcatória na qual os autores, ora recorrentes, na qualidade de sucessores, pleiteiam a demarcação e imissão na posse de área de sesmaria concedida segundo a legislação anterior ao regime da Lei n. 601/1850. A sentença lançada nos autos em 1959 deixou clara a inexistência de posse anterior sobre a área, com base na qual se poderia, eventualmente, implementar a aquisição da propriedade decorrente de carta de sesmaria. Sem a posse, não havia como adquirir propriedade naquelas condições. E sem propriedade dos antecessores, não havia propriedade a transmitir aos recorrentes. Sem esta, não há direito à ação demarcatória nos termos do Art. 422 do CPC/1939 e, atualmente, do Art. 950 do CPC/1973 [fora do texto, corresponde ao Art. 574, do CPC de 2015, com a seguinte redação: *Na petição inicial, instruída com os títulos da propriedade, designar-se-á o imóvel pela situação e pela denominação, descrever-se-ão os limites por constituir, aviventar ou renovar e nomear-se-ão todos os confinantes da linha demarcanda*]. Pela tradição histórica da *actio finium regundorum* (ação de demarcação de confins), necessária é a exigência de prova documental da propriedade com histórico das transmissões até os promoventes, prova, aliás, que sempre foi exigida tanto sob a legislação atual como sob a legislação anterior.

com base nos chamados "testas-de-ferro", os quais recebiam concessões de terras públicas que, na verdade, se destinavam para integrar a posse de um único senhor que já possuía vasta extensão de terras públicas. Esse era um dos "artifícios" dos quais se valia o sesmeiro para aumentar suas posses sobre as terras tupiniquins.

Por fim, arrematando, para deixar sedimentado o que representou (e, transpondo a barreira do tempo, ainda continua) a questão inicial fundiária das posses no Brasil, consoante estudo levado a cabo, decorrente de rigorosa pesquisa comparativa, por Warren Dean, "o tamanho da sesmaria fora em geral limitado a não mais que uma légua quadrada (43,56 km²) em regiões adequadas à agricultura. Para os notáveis rurais, isso parecia uma benesse insignificante e frequentemente reivindicavam direitos sobre diversas sesmarias mediante testas-de-ferro ou parentes. A prática era comum também entre funcionários da Coroa, que não estavam qualificados a solicitar concessões mas consideravam natural valer-se de seus cargos para obtê-las".[17]

Assim se deu o início da posse (e até mesmo o início da propriedade) sobre bens imóveis no direito brasileiro, situação que perdurou por longos anos em decorrência da falta de uma legislação específica que tratasse, objetivamente, sobre a questão fundiária. Tudo isso representou o verdadeiro caos que imperou (e, o que é pior, ainda impera, principalmente na região amazônica, em decorrência de "grilagem"![18]) em relação à questão fundiária no Brasil.

Para regularizar, de forma geral, a situação caótica que imperava em relação à questão fundiária brasileira é que o governo imperial impôs a todos os súditos uma legislação disciplinadora da matéria, o que veremos logo a seguir.

Nos autos, não está demonstrado o domínio dos antecessores, sendo insuficiente a configurá-lo o direito de sesmeiro, especialmente quando desacompanhado da posse, integrativa da própria sesmaria. O recebimento de sesmaria jamais se equiparou, por si só, à propriedade no Direito brasileiro. Sempre teve reconhecimento como justo título para a posse que, se longeva, podia e pode amparar pretensão de usucapião, mas nunca tendo constituído, por si só, título de propriedade apto à transcrição no registro de imóveis, como é a essência dos títulos de propriedade. Os autores tiveram titulação que vem do sistema de carta de sesmaria, mas não tiveram a posse sobre a área em causa, tanto que a pleiteiam na presente ação demarcatória. Na petição inicial, não fazem menção à posse anterior, nem expuseram circunstâncias fáticas em que ela possa ser vista em favor deles, não tiveram jamais título transcrito anteriormente à propositura da demarcatória, de modo que falta requisito essencial à pretensão demarcatória. As provas testemunhal e pericial jamais poderiam suprir a falta de título de propriedade, não havendo como deduzir propriedade da antiga carta de sesmaria, que legitimaria a posse, que os antecessores dos autores, contudo, nunca tiveram ou perderam, tanto que, na inicial, pretendem a imissão. Assim, a Turma não conheceu do recurso quanto à letra c do Art. 105 da CF/1988 e negou provimento quanto à letra a do mesmo artigo" (REsp n.º 926.755-MG, Rel. Min. Sidnei Beneti, julgado em 12.05.2009).

[17] DEAN, Warren. *A ferro e fogo:* a história e a devastação da mata atlântica brasileira. São Paulo: Companhia das Letras, 1996. p. 163.

[18] Em conformidade com pesquisas históricas, verificamos que o termo "grilagem" encontra respaldo, na sua origem, da prática que era utilizada para proceder no envelhecimento de documentos, e, com isto, permitir, de forma fraudulenta, a obtenção de posse de determinada gleba de terra, considerando que estes papéis envelhecidos davam, falsamente, a determinada pessoa o direito à posse de uma referida gleba fundiária. Consta que "os papéis eram colocados em uma caixa com grilos. Com o passar do tempo a ação dos insetos dava aos documentos uma aparência antiga e com uso", e, desse modo, faziam que a mera aparência de legalidade se constituísse numa verdadeira legalidade e o "grileiro" passava, ardilosamente, a ser o efetivo possuidor da terra, considerando que o documento apresentado passava, via de regra, a ter reconhecimento legal.

Nota: mesmo nos dias atuais as modalidades de aquisição de terras, principalmente, na região amazônica, ainda ocorrem por meio de "grilagem", só que agora por meio de uso de outras técnicas. Destacamos: "A ocupação ilegal de terras públicas continua fundamentada na falsificação de papéis e documentos. Muitas vezes, o grileiro sequer conhece a terra pretendida. Atualmente, artifícios mais sofisticados, como mapas baseados em imagens de satélite e GPS, substituem a ação dos grilos no processo de apoderação de terras públicas. Com o registro no cartório de títulos de imóveis, o grileiro repete o mesmo procedimento nos órgãos fundiários do governo (Incra, na esfera federal, e órgãos de controle estaduais) e perante a Receita Federal. Através do cruzamento de registros, o grileiro tenta dar uma aparência legal à fraude, imitando a ação dos grilos dentro da caixa" (Disponível em: http://www.mst.com.br. Acesso em: 15 jan. 2009).

1.4. A regularização das posses imobiliárias no Brasil

Com a Independência, ocorrida em 7 de setembro de 1822, o Brasil teria que ter uma legislação própria que viesse a regularizar a situação *fundiária*, todavia isso somente ocorreu em 1850,[19] com a promulgação da **Lei n.º 601, de 18 de setembro.** Até a edição da Lei n.º 601/1850, continuava o possuidor da terra como mero posseiro, embora dessa posse é que passou para a condição, legal, de possuidor qualificado (o que poderia dar margem a se tornar, *lato sensu*, proprietário), e tudo isso em razão daquela lei, na qual as posses passaram a contar com mecanismos jurídicos próprios e específicos, objetivando suas regularizações perante o poder público.

Em face de tão longo hiato, da Independência do Brasil até a edição da Lei n.º 601/1850, ocorreu, como registram os doutrinadores Paulo Tadeu Haendchem e Rêmolo Letteriello, "de um lado, a incerteza dominial, e de outro, favorecendo o regime da posse, caracterizando uma etapa histórica".[20] Esse período, como registra Altim de Souza Maia, "chamado por Paulo Garcia, de 'a fase áurea do posseiro',[21] caracteriza-se como sendo aquele que 'a ocupação primária se firmou como modo originário da aquisição do domínio de imóveis'".[22]

A Lei n.º 601/1850, primeira legislação efetiva editada com o escopo de disciplinar, objetivamente, a que posse tinham condições de regularizá-las e, ainda, tinham questão fundiária no Brasil, não resolveu definitivamente o problema das posses (e, por via de consequência, da própria propriedade), pois nem sempre aqueles que estavam na efetiva que enfrentar "especuladores" poderosos, que, na grande maioria dos casos, acabavam ficando com as terras de forma totalmente fraudulenta.

Mesmo com todos os percalços iniciais, constituiu-se a Lei n.º 601/185023 como sendo o marco inicial da regularização fundiária no Brasil. Foi a partir da referida lei que passamos a contar com um efetivo — embora nem sempre, do ponto de vista jurídico, confiável — registro de terras, o que será visto infra.

---

[19] Ementa da Lei n.º 601/1850: dispõe sobre as terras devolutas no Império, e acerca das que são possuídas por título de sesmaria sem preenchimento das condições legais, bem como por simples título de posse mansa e pacífica; e determina que, medidas e demarcadas as primeiras, sejam elas cedidas a título oneroso, assim para empresas particulares, como para o estabelecimento de colônias de nacionais e de estrangeiros, autorizado o Governo a promover a colonização estrangeira na forma que se declara.
Oportuno, ainda, destacar o contido no Art. 1º da aludida lei: *ficam proibidas as aquisições de terras devolutas por outro título que não seja o de compra. Excetuam-se as terras situadas nos limites do Império com países estrangeiros em uma zona de 10 léguas, as quais poderão ser concedidas gratuitamente.*

[20] HAENDCHEN, Paulo Tadeu; LETTERIELLO, Rêmolo. *Ação reivindicatória*. 4. ed. São Paulo: Saraiva, 1988. p. 5.

[21] Fora do texto do autor registramos, tomando por base a lição de Marcos Alcino de Azevedo Torres: "Posseiro, naquele tempo, segundo o magistério de Fernando Sodero, era o cultivador ou criador que se mantinha com o seu trabalho e da sua família, elemento de poucos haveres ou mesmo nenhum, fosse qual fosse o tipo de exploração e, por tais motivos, 'cuidava de pouca terra, apenas daquela onde morava e cultivava o que fosse normal para a força de trabalho familiar'" (TORRES, Marcos Alcino de Azevedo. *A propriedade e a posse*: um confronto em torno da função social. Rio de Janeiro: Lumen Juris, 2007. p. 61-62).

[22] MAIA, Altim de Souza. *Discriminação de terras*. Brasília: Fundação Petrônio Portela, 1982. p. 15.

[23] Aponta Dirley da Cunha Júnior: "Os pontos básicos da Lei 601 foram: a proibição de doações de terras devolutas, exceto as situadas nas zonas de dez léguas limítrofes com países estrangeiros; a conceituação de terras devolutas, conceito este que até hoje serve de base para as legislações estaduais; a revalidação das sesmarias ou outras concessões do Governo Geral ou Provincial, que se achassem cultivadas ou com princípios de cultura e morada habitual do sesmeiro ou concessionário ou algum representante; a legitimação das posses mansas e pacíficas, adquiridas por ocupação primária, ou havidas do primeiro ocupante, que se achassem cultivadas ou com princípio de cultura, e morada habitual do posseiro ou representante; o usucapião nas sesmarias ou outras concessões do Governo; a discriminação das terras devolutas; a reserva de terras devolutas; o registro paroquial; as formas de venda de terras devolutas etc." (CUNHA JÚNIOR, Dirley da. Terras devolutas nas constituições republicanas. *Justiça Federal em Sergipe – JFSE*. Disponível em: http://www.jfse.jus.br/obras%20mag/artigoterrasdevdirley.html. Acesso em: 5 fev. 2009.)

1.5. Implantação do registro de terras (registro paroquial ou do vigário[20]) no Brasil

Com a Lei n.º 601/1850, Art. 13,[24] [25] foi instituído o registro das terras possuídas pelos posseiros, sendo que tal registro, conhecido como registro paroquial ou do vigário, deveria ser feito ante o vigário responsável. A denominação, de registro do vigário, decorre do fato de que deveria ser feito perante o vigário da paróquia que tinha a responsabilidade por determinada região (freguesia), onde estava, obviamente, situada a terra a ser registrada.

Não tinha, contudo, o registro a função de transferir ou dar surgimento à aquisição da propriedade, haja vista que seu objetivo era de simples controlador da relação de todas as terras e de seus possuidores.

Tratava-se, na verdade — o registro paroquial —, de simples forma de cadastro de terras e tão somente isso, mesmo porque não conferia e nem gerava qualquer direito de domínio; mantinha, e não mais do que isso, um controle das terras e a relação de seus possuidores. Dava, todavia, mais segurança ao possuidor em razão de que, a partir do registro, ele tinha como provar a existência de sua posse sobre a terra ocupada.

Em face da relevância, para melhor entendimento da matéria até aqui explanada, transcrevemos os Arts. 93 e 94 do **Decreto n.º 1.318/1854**. Assim:

Art. 93. *As declarações para o registro serão feitas pelos possuidores, que as escreverão, ou farão escrever por outrem, em dois exemplares iguais, assinando-os ambos, ou fazendo-os assinar pelo indivíduo que os houver escrito, se os possuidores não souberem escrever.*

Art. 94. *As declarações para o registro das terras possuídas por menores, índios, ou quaisquer Corporações, serão feitas por seus Pais, Tutores, Curadores, Diretores, ou encarregados da administração de seus bens e terras. As declarações de que tratam este e o artigo antecedente, não conferem algum direito aos possuidores.*

Em que pese às falhas existentes, o que sempre ocorre em qualquer legislação, principalmente em decorrência das novas interpretações dadas ao assunto, como de resto pela "astúcia" dos que buscam suas imperfeições para tirarem proveito próprio, como ocorreu, e muito, com a aludida lei e seu decreto regulamentador, não resta dúvida de que tais institutos jurídicos se constituíram como verdadeiros marcos na história do direito de posse, e por via de consequência, da propriedade imobiliária no Direito brasileiro.[26]

Por outro lado, como bem acentua Marcos Alcino de Azevedo Torres: "Na Lei de Terras o legislador protegeu sobremodo a *posse com função social*, em razão do reconhecimento do seu valor, não para o indivíduo como pessoa, mas também pelo interesse econômico e social da nação com a produção e o povoamento".[27] Foi, inegavelmente, com a Lei n.º 601/1850 e com o Decreto

---

[24] Redação do Art. 13, da Lei n.º 601/1850: *O mesmo Governo fará organizar por freguesias o registro das terras possuídas, sobre as declarações feitas pelos respectivos possuidores, impondo multas apenas àqueles que deixarem de fazer nos prazos marcados as ditas declarações, ou as fizerem inexatas.*

[25] Foi, todavia, pelo Decreto n.º 1.318, de 30 de janeiro de 1854 (com a seguinte ementa: Manda executar a Lei n.º 601, de 18 de setembro de 1850), que ficou devidamente caracterizado onde deveria ser efetuado o registro. Desta forma, consoante o preconizado pelo Art. 97 do Decreto n.º 1.318: *Os vigários de cada uma das Freguesias do Império são os encarregados de receber as declarações para o registro das terras, e os incumbidos de proceder a esse registro dentro de suas Freguesias, fazendo-o por si, ou por escreventes, que poderão nomear e ter sob sua responsabilidade.*

[26] Pinto Ferreira segue, em parte, esta mesma linha de entendimento. Declina o aludido autor: "Uma outra grande etapa na história da propriedade rural foi a Lei n.º 601, de 18 de setembro de 1850, regulada pelo Decreto n.º 1.318, de 30 de janeiro de 1854. A finalidade dessa lei, que realmente assinala um grande marco, era a de definir o que se encontrava na propriedade ou na posse dos particulares e, mediante exclusão, determinar o que era de domínio público" (*Curso de direito agrário*. 2. ed. São Paulo: Saraiva, 1995. p. 4).

[27] TORRES, Marcos Alcino de Azevedo. *A propriedade e a posse*: um confronto em torno da função social. Rio de Janeiro: Lumen Juris, 2007. p. 77.

n.º 1.318/1854, que a posse — na sua acepção lata — teve efetiva regularização e proteção.[28] Não quer, contudo, isso dizer que todas as mazelas envolvendo questões possessórias em matéria de natureza fundiária foram resolvidas, ou mesmo totalmente pacificadas, pois ainda, nesse limiar do século XXI, continuam dando margem aos mais variados processos de apossamento — principalmente de terras públicas — por meio de documentos fraudulentos.

1.5.1. "SÍNTESE HISTÓRICA DA FORMAÇÃO TERRITORIAL DO BRASIL"

Registramos posicionamento em que a abordagem da matéria relativa aos primórdios (e, em parte, ainda nos dias atuais) da formação do Brasil, incluindo a **questão fundiária**, coaduna-se com o que apontamos e comungamos, considerando o primoroso (e árduo) trabalho de pesquisa que realizamos.

DESTAQUE: A matéria que tratamos com riqueza de detalhes é relevantíssima para o estudo da POSSE, pois, sem o conhecimento inicial de como se deu a ocupação das terras no Brasil, seria dificílimo entender o estudo da POSSE e, no mesmo patamar, de manejamento das AÇÕES POSSESSÓRIAS e do USUCAPIÃO. Dito isso, apontamos uma SÍNTESE da matéria já abordada e que terá repercussão de ordem geral na presente obra jurídica:

"Antes mesmo de ser descoberto o Brasil, houve a partilha do Novo Mundo, por meio do **Tratado de Tordesilhas,** assinado em 1494, depois confirmado pela Bula Papal **Inter Coetera** ("bula dos mais ou menos"), definindo a área pertencente a Portugal e à Espanha no Novo Mundo. Em 1750, foi assinado outro tratado, chamado **Tratado de Madrid**, por meio do qual Portugal ampliou suas fronteiras, utilizando-se do "*uti possidetis*". Graças à diplomacia de Barão do Rio Branco, hoje, o Brasil tem suas dimensões atuais consolidadas. A partir do Brasil Colônia, houve o processo de ocupação territorial de forma efetiva mediante doação e concessão de Cartas de Sesmaria, na verdade, grandes áreas superiores a 10 mil ha cada uma, sendo que o donatário ou concessionário da Carta de Sesmaria era obrigado a medir e demarcar o seu imóvel e explorá-lo, devendo pagar uma contribuição à Coroa de Cristo, pela união, então, reinante, entre Igreja e Estado. A propósito, cumpre destacar o trabalho publicado por Albenir Querubini sobre o Regramento Jurídico das Sesmarias, em que assinala "ao estabelecer na prática a obrigação do cultivo como condição legitimadora do domínio e posses sobre a terra". É evidente que na exploração foram utilizados os escravos. Todavia, em 17 de julho de 1822, foi suspensa a possibilidade de doação e concessão de sesmarias, forma de passar da coroa ao particular terras agricultáveis. A partir dessa data, começou a vigorar o Regime da Posse até a edição da Lei n.º 601, de 1850, que estabeleceu como regra o processo de venda pública. A primeira Constituição Republicana de 1891, por sua vez, transferiu ao domínio dos Estados Federados as terras devolutas, reservando-se à União uma faixa de fronteira de 66 Km, passando depois para 100 Km e, finalmente, de 150 Km que perdura até hoje.

É de se imaginar a balbúrdia e a confusão jurídica e social criada e a grilagem oficializada que foi se arrastando ao longo do tempo, até a expedição do Estatuto da Terra, em 1964, que foi taxativo e peremptório em seu **Art. 10**, ao estabelecer que o Poder Público somente poderia explorar

---

[28] Registra Paulo Garcia *apud* Thales Brognoli: "De uma leitura atenta da Lei n.º 601 e do Decreto n.º 1.318, de 30 de janeiro de 1954, que a regulamentou, o que se pode deduzir é que ela teve como preocupação constante proteger e amparar a posse firmada na terra, quer essa posse fosse estabelecida em virtude de um título, quer não o fosse. Quer a posse fosse jurídica, quer fosse mesmo contrária ao direito, a lei procurou proteger o seu titular, reconhecendo-lhe o direito de obter o domínio da terra" (BROGNOLI, Thales. *Das terras nas ilhas e do dos terrenos de marinha.* Florianópolis, 2001. p. 38).

direta ou indiretamente qualquer imóvel rural de sua propriedade única e exclusivamente para fins de pesquisa, experimentação, demonstração, fomento e fins educativos. Convém lembrar que, originariamente, todas as terras brasileiras eram "públicas da Coroa", até o Regime Imperial (12/10/1822) e do Poder Público no Regime Republicano, implantado em 15 de novembro de 1889 e regulado pela primeira Carta Política da Nação de 1891".

Trata-se de síntese perfeita e totalmente coerente com os nossos registros apontados na presente obra jurídica.[29]

1.6. Apontamentos complementares sobre a questão fundiária no direito brasileiro

Embora os registros feitos anteriormente, no que tange à evolução da legislação sobre a questão das terras no Brasil, principalmente no que diz respeito à regularização fundiária, a situação ainda não está de toda pacificada, e as práticas de "grilagem",[30] estas com maior intensidade na Região da Amazônia Legal[31], continuam a desafiar uma regulamentação eficaz e que venha a dar, de uma vez por todas, um basta no caos em que se constituiu tal matéria.

Buscando normatizar de forma mais consistente a questão das terras no Brasil, no que diz respeito ao aspecto de natureza fundiária, foi editada a **Lei n.º 4.504, de 30 de novembro de 1964** (**Estatuto da Terra**), em que foi definida nova sistemática para decretação das áreas prioritárias da Reforma Agrária com fins de desapropriação por interesse social.

O fato é que a Lei n.º 4.504, de 1964, ao inovar em matéria de política agrária, procurou uma solução democrática para os problemas fundiários, na medida em que, estimulando a criação de propriedade privada e garantindo aos pequenos agricultores o fruto de seu trabalho, condicionou a existência dessa propriedade à atividade econômica e a sua função social.

A partir do Estatuto da Terra, apareceram novos instrumentos legais, representados por decretos, regulamentadores de suas disposições básicas, leis complementares e outros documentos, que vêm permitindo corrigir as distorções do sistema de posse e uso da terra, visando, sobretudo, à extinção gradual dos latifúndios improdutivos e de minifúndios antieconômicos.[32]

Não há como desconhecermos o papel preponderante que o Estatuto da Terra – Lei n.º 4.504, de 30 de novembro de 1964 — representa na história moderna do país, no que se refere à

---

[29] Disponível em: https://www.jusbrasil.com.br/artigos/a-importancia-e-relevancia-da-criacao-do-direito-agrario-e-da-edicao-do-estatuto-da-terra/925433909. Acesso em: 8 abr. 2024.

[30] A posse de terras por meio de "grilagem" é uma prática perniciosa, viciosa e ilegal, mas que tem, em grande escala, a convivência de Cartório de Registro de Imóveis, de órgãos públicos e servidores públicos. "A grilagem de terras acontece normalmente com a conveniência de serventuários de Cartórios de Registro Imobiliário que, muitas vezes, registram áreas sobrepostas umas às outras — ou seja, elas só existem no papel. Há também a convivência direta e indireta de órgãos governamentais, que admitem a titulação de terras devolutas estaduais ou federais a correligionários do poder, laranjas ou mesmo a fantasmas — pessoas fictícias, nomes criados apenas para levar a fraude a cabo nos cartórios".(MINISTÉRIO DA POLÍTICA FUNDIÁRIA E DO DESENVOLVIMENTO AGRÁRIO. Instituto Nacional de Colonização e Reforma Agrária *O livro branco da grilagem de terra no Brasil*. p. 12. Disponível em: http://www.mst.org.br/mst/pagina.php?cd=5700. Acesso em: 22 jul. 2024).

[31] Registramos o teor principal de Ato Normativo baixado pela AGU, a saber: PORTARIA NORMATIVA AGU Nº 116, DE 6 DE NOVEMBRO DE 2023: Art. 1º Esta Portaria Normativa institui, no âmbito da AGU, Grupo de Atuação Estratégica em Matéria Fundiária (G-Fundiário) com a finalidade de promover atuação planejada em processos judiciais prioritários ou estratégicos que versem sobre terras afetadas a políticas públicas ambientais ou agrárias na Amazônia Legal, compreendendo a destinação à criação de unidades de conservação, à reforma agrária e à regularização fundiária de terras de comunidades de remanescentes de quilombos.

[32] Extraído do artigo Os dez anos de atividade do INCRA, publicado no Jornal do Comércio, em 15.07.80. p. 2, onde consta, ainda, que: *O INCRA já identificou que a origem da maioria dos conflitos pela disputa da posse da terra tem sido a ocupação indiscriminada das terras públicas que, desde a suspensão das concessões de sesmarias ficaram à mercê de quantos as quisessem ocupá-las. Esta situação se agrava pela precariedade da documentação de presumíveis proprietários. Esses documentos têm as mais variadas origens, tais como os registros paroquiais, títulos de posse, títulos outorgados pelos Governos Estaduais, pelo Governo Federal e, até mesmo, por Governo de outros países quando se trata de imóveis localizados nas regiões de fronteiras.*

tentativa da regularização efetiva das terras rurais, quer públicas, especificadas no Art. 9º, incs. I, II e III,[33] quer privadas, conforme Art. 12.[34]

Embora o preconizado pelo Estatuto da Terra, no que tange à busca de regularização das terras públicas e privadas, não há como desconhecer que muito há de ser feito para a perfeita harmonização da questão fundiária no Brasil, pois, mesmo modernamente, como já apontado alhures, a matéria ainda continua a desafiar a criação de mecanismos legais que ponham — de uma vez por todas — fim aos "apossamentos" de terras públicas e, do mesmo modo, que erradique, em definitivo, a questão da "grilagem", mormente aquela reinante na Região da Amazônia Legal.[35] Por meio da Lei n.º 11.952, de 25 de junho de 2009 (que se acha, presentemente, regulamentada pelo Decreto n.º 7.348, de 22 de outubro de 2010), o governo federal busca melhorar a questão fundiária, no que diz respeito às terras públicas da União, reinante na Amazônia Legal.

Registrando, como esforço de cunho governamental em relação à matéria aqui tratada: Decreto n.º 1.995, de 15 de abril de 2024, que institui o Programa Terra da Gente e dispõe sobre a incorporação de imóveis rurais no âmbito da Política Nacional de Reforma Agrária. Destacamos de seu conteúdo: **a)** Tem ligação com a Lei n.º 4.504, de 30 de novembro de 1964 (Estatuto da Terra); **b)** O seu objetivo maior e alcance estão contidos no seguinte dispositivo: **Art. 1º** [...]. **Parágrafo único.** *O Programa Terra da Gente tem como finalidade dispor sobre as alternativas legais para a aquisição e a disponibilização de terras para a reforma agrária, de forma a promover o acesso à terra, a inclusão produtiva e o aumento da produção de alimentos;* **c) Art. 8º** *A doação de imóvel rural que contenha eventualmente benfeitorias úteis e necessárias de terceiros poderá compreender apenas a terra nua e o pagamento dessas benfeitorias deverá observar o disposto na Lei n.º 10.406, de 10 de janeiro de 2002 – Código Civil.* e, **d) Art. 41.** *Caberá ao INCRA regulamentar os procedimentos administrativos de obtenção dos imóveis rurais no âmbito do Programa Terra da Gente para a Política Nacional de Reforma Agrária, por meio de: I – arrecadação de bens vagos; II – permuta; III – herança*

---

[33] Lei n.º 4.504, de 30 de novembro de 1964 (Estatuto da Terra):

Art. 9º. *Dentre as terras públicas, terão prioridade, subordinando-se aos itens previstos nesta Lei, as seguintes:*

I – *as de propriedade da União, que não tenham outra destinação específica;*

II – *as reservadas pelo Poder Público para serviços ou obras de qualquer natureza, ressalvadas as pertinentes à segurança nacional, desde que o órgão competente considere sua utilização econômica compatível com a atividade principal, sob a forma de exploração agrícola;*

III – *as devolutas da União, dos Estados e dos Municípios.*

[34] Lei n.º 4.504, de 30 de novembro de 1964 (Estatuto da Terra):

Art. 12. *À propriedade privada da terra cabe intrinsecamente uma função social e seu uso é condicionado ao bem-estar coletivo previsto na Constituição Federal e caracterizado nesta Lei.*

Nota: Como abordamos nesta obra, Capítulo 2, tópico 2.9, a posse também tem de cumprir com sua função social.

[35] Ariovaldo Umbelino de Oliveira, ao tratar de questão envolvendo a atividade do INCRA e da "grilagem" de terras na Amazônia Legal, onde a situação é — modernamente — mais caótica, aponta várias considerações sobre o tema, inclusive no que diz respeito às terras devolutas. Destacamos, a título de ilustração, considerando a atualidade do tema "para manter o controle destas terras que não lhes pertencem, os grileiros atuaram de modo a impedir politicamente que os governos estaduais e a União fizessem as ações discriminatórias das terras sob sua jurisdição. É neste particular também que está a resistência da maioria dos proprietários de terra à reforma agrária. Ou seja, a luta pela reforma agrária desencadeada pelos movimentos socioterritoriais colocou a nu esta estratégia ilegal das elites agrárias da apropriação privada do patrimônio público. Dessa forma, a grilagem das terras públicas na Amazônia revela apenas uma das dimensões do problema fundiário nacional, pois nesta região brasileira estão mais de 168 milhões de hectares de terras públicas, devolutas ou não. A sua apropriação privada foi estimulada pelas políticas públicas da 'Marcha para o Oeste' de Getúlio Vargas, dos incentivos fiscais da Sudam durante o regime militar e, na atualidade, pelo estímulo à rápida expansão do agronegócio, da madeira, pecuária e soja nesta região", situação que continua ainda nesta primeira década do século XXI gerando inúmeros conflitos e variadas tentativas do Governo Federal em criar os meios adequados de pacificação a fim de levar a denominada "paz ao campo" e proporcionar, de forma sustentada, a continuidade da exploração agrícola, pecuária, extrativa de madeira e de exploração mineral (MINISTÉRIO DA POLÍTICA FUNDIÁRIA E DO DESENVOLVIMENTO AGRÁRIO. Instituto Nacional de Colonização e Reforma Agrária *O livro branco da grilagem de terra no Brasil*. p. 12. Disponível em: http://www.mst.org.br/mst/pagina. php?cd=5700 Acesso em: 20 jan. 2009).

e legado; IV – dação em pagamento; V – expropriação de imóveis rurais em que forem localizadas culturas ilegais de plantas psicotrópicas ou exploração de trabalho em condições análogas à escravidão; e VI – aquisição mediante autorização judicial de imóveis rurais penhorados em execuções em trâmite na Justiça do Trabalho.

Arrematando:

Em termos de Direito Agrário Comparado, o estudioso da matéria percebe, claramente, que só existem, praticamente, no Brasil, questões fundiário-agrárias, hoje, previstas na <u>Carta Política</u> do País, como, regulação de terras indígenas, áreas quilombolas, de parte ainda existente de terras devolutas, em especial, de regularização de terras na Amazônia prevista na Lei <u>11.952</u>, de 25 de junho de 2009, possibilidade de expropriação de áreas com cultivo de plantas psicotrópicas, prevista no artigo <u>243</u> da <u>CF/88</u> e possibilidade de eventual desapropriação de áreas improdutivas a teor do artigo <u>186</u> da <u>Constituição</u> de 1988, o qual estabelece os requisitos para *cumprimento da função social da propriedade, em termos econômicos, sociais e ambientais).*[36]

1.7. Breves apontamentos sobre a situação das terras devolutas em relação à União

No que diz respeito às terras públicas, vem se perpetuando no tempo as tentativas de regularização, as quais antecedem, inclusive, a independência do Brasil em relação a Portugal. Trata-se de matéria mais afeta à questão de direito público e de direito agrário. Desse modo, não aprofundaremos o tema, e sim apontaremos alguns balizamentos sobre a questão, considerando nosso objetivo de dar uma visão ampla sobre a questão possessória no Direito brasileiro.

A classificação das terras públicas engloba tanto aquelas que já integram o patrimônio público como bem de uso especial ou patrimonial,[37] que são terras já discriminadas (*stricto sensu*), e, de outro lado, terras devolutas, que são terras que ainda deverão ser discriminadas. Embora a distinção entre terras discriminadas e terras a serem discriminadas, ambas são terras pertencentes ao patrimônio público, estando englobadas na conceituação genérica (*lato sensu*) de terras públicas, consoante desponta do comando do Art. 188, *caput*, da Constituição Federal de 1988.[38]

No que diz respeito particularmente à questão das terras devolutas, merece registro que se trata de matéria que encontra várias vertentes conceituais pela doutrina, contudo nos colocamos de comum acordo com o pontuado nas considerações de Dirley da Cunha Júnior, podendo, desse modo, em aglutinação das várias nuances conceituais da matéria, ser estabelecido que são terras devolutas aquelas adquiridas pelo Estado brasileiro por sucessão à Coroa portuguesa tendo em vista os fatos históricos do descobrimento e da independência, e por compra ou permuta a outros Estados, que não foram alienadas, por qualquer forma admitida à época, aos particulares, ou que por estes não foram adquiridas por Usucapião, assim como aquelas que, transmitidas aos

---

[36] Disponível em: https://www.jusbrasil.com.br/artigos/a-importancia-e-relevancia-da-criacao-do-direito-agrario-e-da-edicao-do-estatuto-da-terra/925433909. Acesso em: 8 abr. 2024.

[37] **Código Civil de 2002, Art. 99 (Art. 66 do CC de 1916):** *São bens públicos:*
II – *os de uso especial, tais como edifícios ou terrenos destinados a serviço ou estabelecimento da administração federal, estadual, territorial ou municipal, inclusive os de suas autarquias.*

[38] Constituição Federal de 1988, Art. 188 (*caput*): A destinação de terras públicas e devolutas será compatibilizada com a política agrícola e com o plano nacional de reforma agrária.

particulares, retornaram ao patrimônio do Poder Público por terem caído em comisso ou por falta de revalidação ou cultura, não se destinando a algum uso público, encontrando-se, atualmente, indeterminadas.[39]

As terras arrecadadas de antigos senhores, sesmeiros e posseiros, ou herdadas da Coroa, ou, ainda, adquiridas por permuta, por compra, doação etc., e que não foram devidamente passadas para os Estados, em conformidade com a Constituição Federal de 1891,[40] permaneceram na posse da União na condição de terras devolutas,[41] o que perdura até os dias atuais. As terras devolutas devem ser arrecadadas por meio de **ação discriminatória,** quer por meio administrativo, quer por meio judicial,[42] para fins de separar as terras públicas das terras de particulares. Os Estados--Membros são titulares de terras devolutas que lhe pertençam, excluídas as que são da União (Art. 26, da Constituição Federal de 1988[43]).

Os Estados-Membros da federação brasileira somente podem legislar sobre as terras que efetivamente lhes pertence, não podendo adentrar em questões que envolvam terras que pertencem à União, ainda que devolutas, e disso já cuidou de dizer o Supremo Tribunal Federal, o qual, ao apreciar questão envolvendo terras devolutas que continuavam com a União, deixou sedimentado, tomando por base, em citação da obra de Paulo Garcia, que: *Os Estados-membros, em suas leis, não podem se arrogar o direito de conceituar e definir, a seu talante, o que sejam terras devolutas, emitindo conceitos amplos e ilimitados. Têm os Estados o direito de legislar sobre o que lhes pertence. Podem legislar sobre aquelas terras que passaram a integrar o seu patrimônio, em 1891, em virtude de disposição constitucional. Não podem, porém, forçar conceitos e definições novas, para trazer terras ao seu patrimônio.*[44]

Mesmo posicionamento ainda continua a ser perfilhado, ainda que sob outras vertentes, pelo Supremo Tribunal Federal, sendo, a título de ilustração, de destacar: O Supremo Tribunal,

---

[39] CUNHA JÚNIOR, Dirley da. Terras devolutas nas constituições republicanas. *Justiça Federal em Sergipe – JFSE.* [201-]. Disponível em: http://www.jfse.jus.br/obras%20mag/artigoterrasdevdirley.html. Acesso em: 5 fev. 2009.

[40] Constituição de 1891, Art. 64. Pertencem aos estados as minas e terras devolutas situadas nos seus respectivos territórios, cabendo à União somente a porção de território que for indispensável para a defesa das fronteiras, fortificações, construções militares e estradas de ferro federais. Parágrafo único – Os próprios nacionais, que não forem necessários para serviços da União, passarão ao domínio dos estados, em cujo território estiverem situados.

[41] "Compõem a categoria das devolutas, em princípio, as terras que uma vez foram repassadas a particulares, como sesmarias ou concessões de outra espécie, e que, por haverem caído em comisso, foram devolvidas (ou deveriam ter sido devolvidas) ao patrimônio da Coroa Portuguesa. Entretanto, na verdade, o conceito veio a abranger também aquelas que nunca vieram a ser repassadas ao domínio particular [e] nem foram objeto de ocupação primária".

[42] Lei n.º 6.383, de 7 de dezembro de 1976: Disciplina sobre a discriminação, administrativa ou judicial, de terras devolutas. Art. 1º – O processo discriminatório das terras devolutas da União será regulado por esta Lei. Parágrafo único. O processo discriminatório será administrativo ou judicial.[...] Art. 13 – Encerrado o processo discriminatório, o Instituto Nacional de Colonização e Reforma Agrária – INCRA providenciará o registro, em nome da União, das terras devolutas discriminadas, definidas em lei, como bens da União. Parágrafo único. Caberá ao oficial do Registro de Imóveis proceder à matrícula e ao registro da área devoluta discriminada em nome da União.

[43] Constituição Federal de 1988: Art. 26. Incluem-se entre os bens dos Estados: IV – as terras devolutas não compreendidas entre as da União. Nota de Destaque: DISCRIMINAÇÃO DE TERRAS DEVOLUTAS – Lei 6.383, de 7 de dezembro de 1976 regula a discriminação de terras devolutas. O DL 9.760, de 5 de setembro de 1046 que dispõe sobre bens imóveis da União, previa, de forma elementar, a discriminação administrativa e judicial das terras devolutas. Todavia, a Lei 3.081, de 22 de novembro de 1956 só permitiu a discriminação judicial. Embora o artigo 11 do Estatuto da Terra tenha restabelecido a instância administrativa, foi importante a expedição da Lei 6.383, de 7 de dezembro de 1976 que norteou a processualística administrativa e judicial prevendo o procedimento edital e a citação editalícia, normas processuais, embutidas no direito material). Disponível em: https://www.jusbrasil.com.br/artigos/a-importancia-e-relevancia-da-criacao-do-direito-agrario-e-da-edicao-do-estatuto-da-terra/925433909. Acesso em: 8 abr. 2024.

[44] *Revista Trimestral de Jurisprudência*, v. 115, do Supremo Tribunal Federal, março de 1986. p. 992, em decisão do Tribunal Pleno, na Representação n.º 1.100-AM.

julgando procedente ação cível originária ajuizada pelo INCRA contra o Estado do Tocantins em que se discutia se as terras sob litígio eram do referido Estado ou da União, declarou a nulidade de títulos de propriedade rural expedidos em favor de particulares pelo Instituto de Terras do Estado do Tocantins – ITERTINS, bem como o cancelamento de suas matrículas e respectivos registros, por serem as glebas em causa patrimônio da União. Reconhecendo a constitucionalidade do Decreto-Lei 1.164/71, que declarou indispensáveis à segurança e ao desenvolvimento nacionais as terras devolutas situadas na área em questão, o Tribunal entendeu que as glebas em causa não passaram para o domínio do Estado-membro com a edição do Decreto-Lei 2.375/87 — que passara a incluir tais terras entre os bens do Estado —, uma vez que foram exceptuadas de sua incidência aquelas terras que já estivessem registradas em nome de pessoa jurídica pública e configurassem objeto de situação jurídica constituída (na espécie, a área estava registrada em nome da União e era objeto de projeto de loteamento).[45]

1.8. Alguns apontamentos sobre a atual questão fundiária no Brasil

Em se tratando de matéria relativa à **questão fundiária envolvendo terras públicas**, principalmente da União, a situação ainda continua bastante densa e geradora de conflitos no Brasil. Como esta obra jurídica não tem por escopo a discussão pormenorizada de matéria de direito público, mormente no campo do Direito Agrário, é que, como foi feito no tópico relativo às terras devolutas, somente faremos breves apontamentos sobre aspectos da regularização (ou pelo menos da tentativa!) da questão envolvendo terras públicas federais.

Os apontamentos que se seguem são mais para pontuar o conhecimento da legislação regedora da matéria e, com isso, possibilitar um conhecimento e/ou aprimoramento mais amplo e coerente sobre o tema tratado.

Desse modo:

a. Para fins de consulta histórica da evolução da legislação agrária no Brasil: Lei n.º 601, de 18 de setembro de 1850, e sua regulamentação, por meio do Decreto n.º 1.318, de 30 de janeiro de 1854. Legislação concernente à primeira tentativa de disciplinar de forma efetiva sobre terras no Brasil, já que antes a matéria decorria, basicamente, do que era disciplinado pelas Ordenações do Reino (Portugal);

b. Modernamente, como fonte principal de consulta: Lei n.º 4.504, de 30 de novembro de 1964 (Estatuto da Terra), que teve pela Lei n.º 4.947, de 6 de abril de 1966, fixadas normas de Direito Agrário e de ordenamento, fiscalização e controle de atos administrativos, no que diz respeito ao planejamento de reforma agrária;[46]

---

[45] Conforme desponta do: ACO 477-TO, rel. Min. Moreira Alves, 27.6.2002. Disponível em: http://www.notadez.com.br/content/noticias.asp?id=10130. Acesso em: 6 fev. 2009.

[46] Lei n.º 4.947/1966: Art. 1º – *Esta Lei estabelece normas de Direito Agrário e de ordenamento, disciplinação, fiscalização e controle dos atos e fatos administrativos relativos ao planejamento e à implantação da Reforma Agrária, na forma do que dispõe a Lei n.º 4.504, de 30 de novembro de 1964.*
Parágrafo único. Os Atos do Poder Executivo que na forma da Lei n.º 4.504, de 30 de novembro de 1964, aprovarem os Planos Nacional e Regionais de Reforma Agrária, fixarão as prioridades a serem observadas na sua execução pelos órgãos da administração centralizada e descentralizada.

c. sobre <u>bens imóveis da União: Decreto-Lei n.º 9.760, de 5 de setembro de 1946</u> (basicamente: **Art. 1º**);[47]

d. ainda sobre imóveis da União: <u>Constituição Federal de 1988</u> (basicamente: **Art. 20**);[48]

Aqui (neste **tópico "d"**) é feito um adendo especial em relação à matéria para fins de marcar a posição histórica adotada pelo STF em relação ao marco temporal, alusivo ao direito dos indígenas às terras ocupadas de forma tradicional (aproveitando, ainda, para <u>destacar,</u>

---

[47] Estabelece o Decreto-Lei n.º 9760/1946:

Art. 1º *Incluem-se entre os bens imóveis da União:*

a) os terrenos de marinha e seus acrescidos;

b) os terrenos marginais dos rios navegáveis, em Territórios Federais, se, por qualquer título legítimo, não pertencerem a particular;

c) os terrenos marginais de rios e as ilhas nestes situadas na faixa da fronteira do território nacional e nas zonas onde se faça sentir a influência das marés;

d) as ilhas situadas nos mares territoriais ou não, se por qualquer título legítimo não pertencerem aos Estados, Municípios ou particulares;

e) a porção de terras devolutas que for indispensável para a defesa da fronteira, fortificações, construções militares e estradas de ferro federais;

f) as terras devolutas situadas nos Territórios Federais;

g) as estradas de ferro, instalações portuárias, telégrafos, telefones, fábricas oficinas e fazendas nacionais;

h) os terrenos dos extintos aldeamentos de índios e das colônias militares, que não tenham passado, legalmente, para o domínio dos Estados, Municípios ou particulares;

i) os arsenais com todo o material de marinha, exército e aviação, as fortalezas, fortificações e construções militares, bem como os terrenos adjacentes, reservados por ato imperial;

j) os que foram do domínio da Coroa;

k) os bens perdidos pelo criminoso condenado por sentença proferida em processo judiciário federal;

l) os que tenham sido a algum título, ou em virtude de lei, incorporados ao seu patrimônio.

[48] Constituição Federal de 1988 Art. 20. São bens da União:

I – os que atualmente lhe pertencem e os que lhe vierem a ser atribuídos;

II – as terras devolutas indispensáveis à defesa das fronteiras, das fortificações e construções militares, das vias federais de comunicação e à preservação ambiental, definidas em lei;

III – os lagos, rios e quaisquer correntes de água em terrenos de seu domínio, ou que banhem mais de um Estado, sirvam de limites com outros países, ou se estendam a território estrangeiro ou dele provenham, bem como os terrenos marginais e as praias fluviais;

IV – as ilhas fluviais e lacustres nas zonas limítrofes com outros países; as praias marítimas; as ilhas oceânicas e as costeiras, excluídas, destas, as que contenham a sede de Municípios, exceto aquelas áreas afetadas ao serviço público e a unidade ambiental federal, e as referidas no Art. 26, II; (Redação dada pela Emenda Constitucional n.º 46, de 2005)

V – os recursos naturais da plataforma continental e da zona econômica exclusiva;

VI – o mar territorial;

VII – os terrenos de marinha e seus acrescidos;

VIII – os potenciais de energia hidráulica;

IX – os recursos minerais, inclusive os do subsolo;

X – as cavidades naturais subterrâneas e os sítios arqueológicos e pré-históricos;

XI – as terras tradicionalmente ocupadas pelos índios. <u>Destaque Especial</u>: Considerando a decisão do Supremo Tribunal Federal – STF – (RE 1017365) em não reconhecer (em tese de repercussão geral) o MARCO TEMPORAL, achamos prudente apontar, no corpo do texto principal, os pontos fixados na Decisão. Neste tópico, em razão de histórica Decisão do Superior Tribunal Federal – STF (adotada em 27 de setembro de 2023) quando ao apreciar a questão relativa ao direito das comunidades indígenas de terem direito à posse da terra "desde sempre", ou seja, por *posse imemorial*,[*] **não se limitando até a Constituição de 1988. Houve, na denominada questão do <u>marco temporal</u> para a demarcação de terras indígenas, uma mudança de entendimento, pois a interpretação vigente era de que demarcação estava restrita às terras já ocupadas por esses povos em 5 de outubro de 1988.**

(*) Nota: "Para a prescrição imemorial, fazia-se apenas necessário provar uma posse de cujo começo não houvesse memória entre os vivos. A posse imemorial fazia presumir, *iuris et de jure*, a existência de justo título e boa-fé; e todas as coisas, ainda as imprescritíveis segundo as regras gerais de direito, mas que não fossem absolutamente inalienáveis, podiam ser assim adquiridas, salvo, é claro, se a lei estabelecesse exceção expressa."

Nota: "Marco temporal é uma tese jurídica segundo a qual os povos indígenas têm direito de ocupar apenas as terras que ocupavam ou já disputavam na data de promulgação da Constituição de 1988. Ela se contrapõe à teoria do indigenato, segundo a qual o direito dos povos indígenas sobre as terras tradicionalmente ocupadas é anterior à criação do Estado brasileiro, cabendo a este apenas demarcar e declarar os limites territoriais".

§1º *– É assegurada, nos termos da lei, aos Estados, ao Distrito Federal e aos Municípios, bem como a órgãos da administração direta da União, participação no resultado da exploração de petróleo ou gás natural, de recursos hídricos para fins de geração de energia elétrica e de outros recursos minerais no respectivo território, plataforma continental, mar territorial ou zona econômica exclusiva, ou compensação financeira por essa exploração.*

§2º *– A faixa de até cento e cinquenta quilômetros de largura, ao longo das fronteiras terrestres, designada como faixa de fronteira, é considerada fundamental para defesa do território nacional, e sua ocupação e utilização serão reguladas em lei.*

por meio de nota de rodapé, tópicos da Lei n.º 14.701, 20 de outubro de 2023[49]). Vejamos, na linha da Decisão histórica adotada pelo Supremo Tribunal Federal com suporte na tese de repercussão geral fixada no Tema 1.031[50] *(Tema 1031 – **Definição do estatuto jurídico-constitucional das relações de posse das áreas de tradicional ocupação indígena à luz das regras dispostas no Art. 231 do texto constitucional),** que servirá de parâmetro para julgamentos de casos de igual natureza:*

I. *A demarcação consiste em procedimento declaratório do direito originário territorial à posse das terras ocupadas tradicionalmente por comunidade indígena;*

II. *A posse tradicional indígena é distinta da posse civil, consistindo na ocupação das terras habitadas em caráter permanente pelos indígenas, das utilizadas para suas atividades produtivas, das imprescindíveis à preservação dos recursos ambientais necessários a seu bem-estar e das necessárias à sua reprodução física e cultural, segundo seus usos, costumes e tradições, nos termos do §1º do artigo 231 do texto constitucional;*

III. *A proteção constitucional aos direitos originários sobre as terras que tradicionalmente ocupam independe da existência de um marco temporal em 5 de outubro de 1988 ou da configuração do renitente esbulho, como conflito físico ou controvérsia judicial persistente à data da promulgação da Constituição;*

IV. *Existindo ocupação tradicional indígena ou renitente esbulho contemporâneo à promulgação da Constituição Federal, aplica-se o regime indenizatório relativo às benfeitorias úteis e necessárias, previsto no Art. 231, §6º, da CF/88;*

V. *Ausente ocupação tradicional indígena ao tempo da promulgação da Constituição Federal ou renitente esbulho na data da promulgação da Constituição, são válidos e eficazes, produzindo todos os seus efeitos, os atos e negócios jurídicos perfeitos e a coisa julgada relativos a justo título ou posse de boa-fé das terras de ocupação tradicional indígena, assistindo ao particular direito à justa e prévia indenização das benfeitorias necessárias e úteis, pela União; e quando inviável o reassentamento dos particulares, caberá a eles indenização pela União (com direito de regresso em face do ente federativo que titulou a área) correspondente ao valor da terra nua, paga em*

---

[49] LEI Nº 14.701, DE 20 DE OUTUBRO DE 2023 – Regulamenta o Art. 231 da Constituição Federal, para dispor sobre o reconhecimento, a demarcação, o uso e a gestão de terras indígenas; e altera as Leis n.º 11.460, de 21 de março de 2007, 4.132, de 10 de setembro de 1962, e 6.001, de 19 de dezembro de 1973. Destacamos, para fins de consulta, os tópicos referentes a: Das Modalidades de Terras Indígenas (Destacamos: Art. 3º São terras indígenas: I – *as áreas tradicionalmente ocupadas pelos indígenas, nos termos do § 1º do Art. 231 da Constituição Federal;* [...].
Das Terras Indígenas Tradicionalmente Ocupadas (Destacamos (São apontados os §§ do Art. 4º que foi vetado): **§ 5º** *O procedimento demarcatório será público e seus atos decisórios serão amplamente divulgados e disponibilizados para consulta em meio eletrônico. § 6º É facultado a qualquer cidadão o acesso a todas as informações relativas à demarcação das terras indígenas, notadamente quanto aos estudos, aos laudos, às suas conclusões e fundamentação, ressalvado o sigilo referente a dados pessoais, nos termos da Lei n.º 13.709, de 14 de agosto de 2018 (Lei Geral de Proteção de Dados Pessoais).*
Das Áreas Indígenas Reservadas (Destacamos: Art. 16. São áreas indígenas reservadas as destinadas pela União à posse e à ocupação por comunidades indígenas, de forma a garantir sua subsistência digna e a preservação de sua cultura. [...] § 2º As reservas, os parques e as colônias agrícolas indígenas constituídos nos termos da Lei n.º 6.001, de 19 dezembro de 1973, serão considerados áreas indígenas reservadas nos moldes desta Lei. **§ 3º** *As áreas indígenas reservadas são de propriedade da União e a sua gestão fica a cargo da comunidade indígena, sob a supervisão da Funai).*
[...].
Art. 17. Aplica-se às terras indígenas reservadas o mesmo regime jurídico de uso e gozo adotado para terras indígenas tradicionalmente ocupadas, nos moldes do Capítulo III desta Lei.
Do Uso e da Gestão das Terras Indígenas (Destacamos: Art. 19. Cabe às comunidades indígenas, mediante suas próprias formas de tomada de decisão e solução de divergências, escolher a forma de uso e ocupação de suas terras.
Art. 20. O usufruto dos indígenas não se sobrepõe ao interesse da política de defesa e soberania nacional.

[50] Tópico exclusivamente referente ao contido no Art. 20, Inc. XI, da Constituição Federal de 1988. Disponível em: https://portal.stf.jus.br/jurisprudenciaRepercussao/verAndamentoProcesso.asp?incidente=5109720&numeroProcesso=1017365&classeProcesso=RE&numeroTema=1031. Acesso em: 19 out 2023.

dinheiro ou em títulos da dívida agrária, se for do interesse do beneficiário, e processada em autos apartados do procedimento de demarcação, com pagamento imediato da parte incontroversa, garantido o direito de retenção até o pagamento do valor incontroverso, permitidos a autocomposição e o regime do Art. 37, §6º da CF;

VI. *Descabe indenização em casos já pacificados, decorrentes de terras indígenas já reconhecidas e declaradas em procedimento demarcatório, ressalvados os casos judicializados e em andamento;*

VII. *É dever da União efetivar o procedimento demarcatório das terras indígenas, sendo admitida a formação de áreas reservadas somente diante da absoluta impossibilidade de concretização da ordem constitucional de demarcação, devendo ser ouvida, em todo caso, a comunidade indígena, buscando-se, se necessário, a autocomposição entre os respectivos entes federativos para a identificação das terras necessárias à formação das áreas reservadas, tendo sempre em vista a busca do interesse público e a paz social, bem como a proporcional compensação às comunidades indígenas (Art. 16.4 da Convenção 169 OIT);*

VIII. *A instauração de procedimento de redimensionamento de terra indígena não é vedada em caso de descumprimento dos elementos contidos no artigo 231 da Constituição da República, por meio de procedimento demarcatório até o prazo de cinco anos da demarcação anterior, sendo necessário comprovar grave e insanável erro na condução do procedimento administrativo ou na definição dos limites da terra indígena, ressalvadas as ações judiciais em curso e os pedidos de revisão já instaurados té a data de conclusão deste julgamento;*

IX. *O laudo antropológico realizado nos termos do Decreto n.º 1.775/1996 é um dos elementos fundamentais para a demonstração da tradicionalidade da ocupação de comunidade indígena determinada, de acordo com seus usos, costumes e tradições, na forma do instrumento normativo citado;*

X. *As terras de ocupação tradicional indígena são de posse permanente da comunidade, cabendo aos indígenas o usufruto exclusivo das riquezas do solo, dos rios e lagos nelas existentes;*

XI. *As terras de ocupação tradicional indígena, na qualidade de terras públicas, são inalienáveis, indisponíveis e os direitos sobre elas imprescritíveis;*

XII. *A ocupação tradicional das terras indígenas é compatível com a tutela constitucional ao meio ambiente, sendo assegurados o exercício das atividades tradicionais dos indígenas;*

XIII. *Os povos indígenas possuem capacidade civil e postulatória, sendo partes legítimas nos processos em que discutidos seus interesses, sem prejuízo, nos termos da lei, da legitimidade concorrente da FUNAI e da intervenção do Ministério Público como fiscal da lei.*

e. <u>Lei n.º 10.267, de 28 de agosto de 2001 (alterou dispositivos das Leis n.º 4.947, de 6 de abril de 1966, 5.868, de 12 de dezembro de 1972, 6.015, de 31 de dezembro de 1973, 6.739, de 5 de dezembro de 1979, e 9.393, de 19 de dezembro de 1996)</u>. Importante destacar que, por meio desta Lei n.º 10.267/2001, é criado o Cadastro Nacional de Imóveis Rurais (CNIR).[51] Com relação à mesma Lei, deve ser consultada a sua regulamentação, a qual se deu por meio do Decreto n.º 4.449, de 30 de outubro de 2002;

---

[51] Lei n.º 10.2667/2001:

Art. 2º. Os Arts. 1º, 2º e 8º da Lei n.º 5.868, de 12 de dezembro de 1972, passam a vigorar com as seguintes alterações:

[...]

f. <u>Lei n.º 11.763, de 1º de agosto de 2008, estabelece novo regramento para o disciplinado pelo Art. 17, §2º-B, inc. II, da Lei n.º 8.666, de 21 de junho de 1993 (que trata sobre licitação e contrato da administração pública)</u>, ao preconizar que é dispensada a licitação para áreas de até 15 módulos fiscais, limitados a 1,5 mil ha;[52]

g. <u>Lei n.º 11.952, de 25, de junho de 2009,[53] por meio desta lei ficou estabelecido mais um regramento para o Art. 17 da Lei n.º 8.666, de 21 de junho de 1993 (que trata sobre licitação e contrato da administração pública)</u>, que estabelece, por meio do inc. I, alínea "i", a alienação e concessão de direito real de uso, gratuita ou onerosa, de terras públicas rurais da União na Amazônia Legal onde incidam ocupações até o limite de 15 módulos fiscais ou 1,5 mil ha, para fins de regularização fundiária.

Merece, por outro lado, registro o fato de que, <u>por meio da Lei apontada (Lei n.º 11.952/2009), a União pode, em razão da redação dada ao Art. 17, inc. II, da Lei n.º 8.666/1993, conceder à pessoa natural, na forma da lei, regulamento ou ato normativo do órgão competente, a concessão de título de propriedade ou de uso sem necessidade de licitação,</u> bastando que a pessoa natural a ser beneficiada comprove que preenche os requisitos mínimos de cultura, ocupação mansa e pacífica e exploração direta sobre área rural situada na Amazônia Legal, desde que tal área seja superior a um **módulo fiscal e limitada a 15 módulos fiscais, e, ainda, desde que não exceda a 1,5 mil ha.**

A <u>matéria tratada por meio da Lei n.º 11.952, de 25 de junho de 2009, foi regulamentada por meio do Decreto n.º 6.992, de 28 de outubro de 2009, que deverá ser observado,</u> salvo quando se tratar de situação preconizada pelo Art. 28, que disciplina: O disposto neste Decreto não se aplica às alienações ou concessões de direito real de uso precedidas de processo licitatório ocorrido após a edição da Lei n.º 11.952, de 2009.

1.9. Explicações finais sobre os tópicos abordados no capítulo

O principal objetivo deste capítulo foi alinhavar algumas considerações sobre as múltiplas e intrincadas questões que envolvem a matéria de natureza possessória pela própria história do Brasil, o que se reflete até o tempo presente.

Neste primeiro momento, à guisa de esclarecimento, não nos ativemos sobre a questão possessória disciplinada pelo Código Civil de 2002 (em vigor) e pelo Código Civil de 1916 (revogado), assim como, quando o caso, pelo Código de Processo Civil de 2015 (em vigor, com cruzamento de informações, quando o caso, dos Códigos de Processo Civil de 1939 e do de 1973, revogados), e assim procedemos pela simples razão de que **<u>o tratamento, específico e de forma consistente sobre as questões envolvendo matéria possessória, consta do estudo levado a cabo por meio dos Capítulos 2, 3 (+ 3.A) e 4, desta obra.</u>**

Dúvida não paira, contudo, que estudar o instituto da posse é uma tarefa bastante árdua, embora, indubitavelmente, também seja muito estimulante e gratificante. Outro, aliás, não é o

---

§2º *Fica criado o Cadastro Nacional de Imóveis Rurais – CNIR, que terá base comum de informações, gerenciada conjuntamente pelo INCRA e pela Secretaria da Receita Federal, produzida e compartilhada pelas diversas instituições públicas federais e estaduais produtoras e usuárias de informações sobre o meio rural brasileiro.*

[52] Decreto n.º 6.553, de 1º de setembro de 2008, limita em até 15 (quinze) módulos fiscais o direito de concessão de título de propriedade ou de direito real de uso, sobre área situada na Amazônia Legal (na forma da definida pelo Art. 2º, da Lei n.º 5.173, de 27 de outubro de 1966).

[53] Lei n.º 11.952/2009. Trata sobre a regularização fundiária das ocupações incidentes em terras situadas em áreas da União, no âmbito da Amazônia Legal e altera as Leis n.º 8.666, de 21 de junho de 1993 (Lei Geral relativa às Licitações), e 6.015, de 31 de dezembro de 1973 (Lei de Registro Público).

pensamento esposado por Washington de Barros Monteiro, quando diz que "o estudo da posse, conquanto atraente, é dos mais árduos de todo o direito civil".

Complementa o autor, aludindo sobre a dificuldade do estudo da posse: "Como diz CLÓVIS, dificilmente se encontrará tema que mais tenha cativado a imaginação dos juristas. Em compensação, dificilmente se encontrará outro que mais haja resistido à penetração da análise e às elucidações da doutrina".[54]

Embora não desconhecendo toda a complexidade — em razão da magnitude — que envolve o estudo atinente à matéria possessória, incluindo seus aspectos de ordem puramente material, como, de outro lado, seus aspectos de ordem processual, procuramos realizar estudo o mais coerente e detalhado possível sobre o assunto, sem, todavia, ignorarmos a dificuldade de análise já apontada pelo baluarte do Direito Civil pátrio, ou seja, o grande civilista Clóvis Beviláqua, pois, de fato, a posse é, de todos os institutos alusivos ao estudo do Direito Civil, aquele que se apresenta como o mais árduo e complexo de todos, o que, também, faz com que seja, na contrapartida, o instituto mais estimulante e desafiador para fins de estudo.

Aqui cabe fazer um breve registro que, em menor escala de dúvida e complexidade, também desponta o instituto do Usucapião, pois ele decorre da própria existência e/ou reconhecimento da posse. **Como aludimos, no que se refere à posse, registramos, com relação ao Usucapião, que ele recebe tratamento específico nesta obra jurídica por meio do Capítulo III e III-A.**

---

[54] MONTEIRO, Washington de Barros. *Curso de direito civil*: direito das coisas. 37. ed. Atualizado por Carlos Alberto Dabus Maluf. São Paulo: Saraiva, 2003. p. 16.

CAPÍTULO II

A posse é a visibilidade da propriedade.
(Rudolf von Ihering)

2. NOÇÕES INTRODUTÓRIAS SOBRE DIREITOS REAIS E POSSE E SUAS CONTROVÉRSIAS JURÍDICAS E DOUTRINÁRIAS

Sumário: – 2.1 Apresentação da posse em consonância com a análise feita pela Comissão Revisora, do Congresso Nacional, do anteprojeto do Código Civil de 2002 – 2.2 Direitos reais e a posse – 2.2.1 Direitos reais apresentação resumida – 2.2.2 Questão conceitual dos direitos reais e seu campo de abrangência – 2.2.3 Considerações pontuais sobre o instituto da propriedade – 2.2.4 Considerações de ordem geral sobre o instituto da propriedade na visão de Miguel Reale, Supervisor da Comissão Revisora e Elaboradora do Código Civil (de 2002) – 2.2.5 Bens de natureza imaterial ou incorpóreos – 2.3 Controvérsias doutrinárias em relação à posse (pelo prisma do possuidor, do detentor e, ainda, se a posse é poder fático ou jurídico, ou ambos) – 2.4 Tipos de sujeição da coisa à pessoa e à posse – 2.5 Consequências jurídicas da posse em relação ao possuidor efetivo e o fâmulo da posse – 2.6 Conceituação doutrinária da posse – 2.7 Natureza jurídica da posse (se se trata de mero fato, ou se se trata de direito, ou, ainda, se se trata de direito e fato) – 2.7.1 Natureza jurídica da posse (direito pessoal, ou direito real) – 2.8 Teorias, Subjetiva e Objetiva, relativas à posse – 2.8.1 Teoria Subjetiva – 2.8.1.1 Questão da posse derivada em face da Teoria subjetiva – 2.8.2 Teoria Objetiva – 2.8.3 Linha teórica seguida pelo Código Civil – 2.9 Função social da posse no direito positivo brasileiro – 2.9.1 Síntese sobre as Teorias relativas à posse e a necessidade da mesma cumprir com sua função de ordem social.

2.1. Apresentação da posse em consonância com a análise feita pela Comissão Revisora, do Congresso Nacional, do anteprojeto do Código Civil de 2002

Como esta obra jurídica guarda estreita correspondência com os dispositivos do Código Civil de 2002, optamos em fazer/apresentar um resumo, na matéria alusiva à posse, seguindo a mesma linha de abordagem feita pela Comissão Revisora do Anteprojeto do referido Código Civil. Desse modo, em transcrição literal [os destaques não são, necessariamente, iguais ao texto original]: *A posse é uma situação fática com carga potestativa que, em decorrência da relação sócio-econômica formada entre um bem e o sujeito, produz efeitos que se refletem no mundo jurídico. O seu primeiro e fundamental elemento é, portanto, o poder de fato, que importa na sujeição do bem à pessoa e no vínculo de senhoria estabelecido entre o titular e o bem respectivo. A posição de senhoria exterioriza-se através do exercício ou da possibilidade de exercício do poder, como desmembramento da propriedade ou outro direito real, no mundo fático. Por sua vez, o poder exteriorizado ou a possibilidade do seu exercício estará, via de regra, em consonância com o direito real que ele representa na órbita do mundo de fato. Em outras palavras, a situação potestativa do mundo fático corresponderá àquela pertinente ao mundo jurídico, dentro de suas limitações. Assim, por exemplo, todo aquele que possui, como se fosse dono, tem o poder de fato pertinente ao respectivo direito real de propriedade. A posse do exercício do poder mas sim o poder propriamente dito que tem o titular da relação fática sobre um determinado bem, caracterizando-se tanto pelo exercício como pela possibilidade de exercício. Ela é a disponibilidade e não a disposição; é a relação potestativa e não, necessariamente, o efetivo exercício. O Titular da posse tem o interesse potencial em conservá-la e protegê-la de qualquer tipo de modéstia que porventura venha a ser praticada por outrem, mantendo consigo o bem numa relação de normalidade capaz de atingir a sua efetiva função sócio-econômica. Os atos de exercício dos poderes do possuidor são meramente facultativos — com eles não se adquire nem se perde a senhoria de fato, que nasce e subsiste independentemente do exercício desses atos. Assim, a adequada concepção sobre o poder fático não pode restringir-se às hipóteses do exercício deste mesmo poder. O possuidor dispõe do bem, criando, em relação a ele, um interesse em conservá-lo. Por tudo isso, perdeu-se o momento histórico para corrigir um importantíssimo dispositivo que vem causando confusão entre os jurisdicionados e, como decorrência de sua aplicação incorreta, inúmeras demandas. Ademais, o dispositivo mereceria um ajuste em face das teorias sociológicas, tendo-se em conta que foram elas, em sede possessória, que deram origem à função social da propriedade. Nesse sentido, vale registrar que foram as teorias sociológicas da posse, a partir do início do século XX, na Itália, com Silvio Perozzi; na França, com Raymond Saleilles e, na Espanha, com Antonio Hemandez Gil, que não só colocaram por terra as célebres teorias objetiva e subjetiva de Ihering e Savigny como também tornaram-se responsáveis pelo novo conceito desses importantes institutos no mundo contemporâneo, notadamente a posse, como exteriorização da propriedade verdadeira 'função social'. Ademais, o conceito traz em seu bojo o principal elemento e característica da posse, assim considerado pela doutrina e jurisprudência o poder fático sobre um bem da vida, com admissibilidade de desmembramento em graus, refletindo o exercício ou possibilidade de exercício de um dos direitos reais suscetíveis de posse. Assim, evolui-se no conceito legislativo de possuidor, colocando-o em sintonia com o conceito de posse, em paralelismo harmonizado com o direito de propriedade, como sua projeção no mundo fatual. Por isso, afigura-se de bom alvitre uma nova redação para este dispositivo. Art. 1.197. A posse direta, de pessoa que tem a coisa em seu poder, temporariamente, em virtude de direito pessoal, ou real, não anula a indireta, de quem aquela foi havida, podendo o possuidor direto defender a sua posse contra o indireto. Histórico: O presente dispositivo não foi objeto de emenda, quer por parte do Senado Federal, quer por parte da Câmara dos Deputados, no período final de tramitação do projeto. A redação atual é a mesma do anteprojeto. Encontra disposição similar no CC de 1916.*

2.2. Direitos reais e à posse

Para adentrarmos, no que tange aos aspectos de ordem jurídica advindos da posse, temos que, preliminarmente, tecer algumas considerações sobre o próprio instituto dos direitos reais, caso contrário, a matéria ficará sem um eficaz suporte de sustentação, o que pode comprometer, pelos menos em parte, o entendimento do instituto da posse enquanto matéria relativa aos direitos reais (oportuno apontar que, no **Direito Civil de Cabo Verde,** a posse está elencada como sendo de Direito real, **Art. 46º** (Direitos reais). **1. O regime da posse, da propriedade e dos demais direitos reais** é definido pela lei do Estado em cujo território as coisas se encontrem situadas).

Sobre o instituto jurídico dos denominados direitos reais (disciplinado pelo Código Civil de 2002 – e pelo Código Civil de 1916 –, bem como por força de Lei[55]), parte da doutrina trata a matéria por meio da identificação terminológica de direitos reais (às vezes, com a primeira letra

---

[55] Exemplificativamente, apontamos a Lei n.º 9.514, de 30 de novembro de 1.997, que trata, dentre outras coisas, da Alienação Fiduciária de Imóveis, que consta do estudo que apresentamos por meio do CAPÍTULO III-A, relativo ao tópico "3.A. NOVAS MODALIDADES DE DIREITOS REAIS E SUA REPERCUSÃO NO CAMPO POSSESSÓRIO".

maiúscula. p. ex., Direitos Reais), assim como, por vezes outras, o trata sob a denominação de direito das coisas (também, às vezes, com a primeira letra maiúscula. p. ex., Direito das Coisas). Necessário, no entanto, que fique claro que tanto uma como a outra expressão usada (reais ou coisas) têm a mesma significação terminológica e pode, sem qualquer comprometimento da matéria, ser utilizada.

No que diz respeito ao uso dos dois vocábulos (reais e coisas), esclarece Sílvio de Salvo Venosa, "o vocábulo reais decorre de *res*, rei, que significa coisa. Desse modo, nada obsta que se denomine indiferentemente este compartimento do direito civil sob uma ou outra denominação".[56]

Em nosso entendimento, usamos, salvo quando prescindir de suporte em citação de algum autor, tanto com maiúsculas iniciais (= Direitos Reais) e/ou com minúsculas iniciais (= direitos reais). Isto posto, destacamos que direito real é o ramo do direito que regula as relações entre o indivíduo e os bens sobre os quais ele exerce o seu poder.[57] Os direitos reais, como alude Arnoldo Wald, "reflete a vida, política, social e econômica do tipo de sociedade em que impera. Tem assim características próprias em cada legislação e nele a tendência conservadora se mantém com maior vigor do que em outros ramos do direito civil".[58]

Nos direitos reais, não pode ser ignorada a vinculação estrita de suas características fundamentais, quais sejam: sequela e preferência, como de resto sua oponibilidade contra todos, *erga omnes*, sempre presente nos direitos de natureza real; por outro lado, também a aderência se insere neste rol das características fundamentais que tem o direito real.

Com relação ao direito de sequela e de preferência, é merecedor de destaque o fato de que o direito de sequela é o que possui o titular de direito real de seguir a coisa, incessantemente, em poder de todo e qualquer detentor ou possuidor, desde que ela esteja com ele de forma não respaldada por lei. Assim é, como assevera Orlando Gomes, *para significá-lo, em toda a sua intensidade, diz-se que o direito real adere à coisa como a lepra ao corpo (uti lepra cuti). Não importam usurpações; acompanhará sempre a coisa. Se grava determinado bem, como no caso de servidão, nenhuma transmissão o afetará, pois, seja qual for o proprietário do prédio serviente, terá de suportar o encargo. Enfim, a inerência do direito ao seu objeto é tão substancial que o sujeito pode persegui-lo seja qual for a pessoa que detenha o objeto.*[59]

Podemos, *a priori*, verificar que, na concepção do direito real (que se configura numa relação entre a pessoa e a coisa[60], isto no sentido de afastar qualquer terceiro de ingerência sobre ela), se

---

[56] VENOSA, Sílvio de Salvo. *Direito civil*: direitos reais. 3. ed. São Paulo: Atlas, 2003. p. 35.

[57] Este poder exercido sobre a coisa é o *rerum dominium*, fundamental nos direitos reais, como se extraí de HENRIQUE, João. *Direito romano*. Porto Alegre: Livraria do Globo, 1938. p. 11, do 2º. Tomo, quando ele pontua: "Os direitos reais nascem, das relações das pessoas com as coisas. Deles nascem poderes que lembram imediatamente um sujeito (*persona*) que domina um objeto (*res*). Vem daí o domínio sobre as coisas *rerum dominium*. Esse domínio sobre as coisas dá ao homem, como sujeito do direito, o título *dominus rei*, e o direito que ele tem sobre a coisa, dá-lhe poder chamado *jus in re*". Este mesmo autor define o direito real de forma bastante direta, desse modo: "Direito real é o poder jurídico que a pessoa exerce imediatamente sobre a coisa".

[58] WALD, Arnoldo. *Curso de direito civil brasileiro*: direito das coisas. 10. ed. São Paulo: Revista dos Tribunais, 1993. p. 15-16.

[59] GOMES, Orlando. *Direitos reais*. 6. ed. Rio de Janeiro: Forense, 1978. p. 17-18.

[60] O direito real representa um complexo de normas regulamentadoras das relações jurídicas correspondentes a coisas que o homem possa possuir, como um apartamento, por exemplo. Vale ressaltar que essas coisas são, de forma ordinária, tangíveis, para que se possa exercer domínio sobre elas. Pode-se dizer que, de forma resumida, que o direito real é aquele que cai sobre as posses.
Enquanto isso, o direito pessoal responde ao Direito das Obrigações numa forma que trata das relações dos sujeitos passivos e ativos. De forma mais simplificada, o direito pessoal atua necessariamente sobre uma pessoa (caso contrário inexistiria uma relação obrigacional), o devedor (ao contrário do direito real, que atua sobre as posses), que faz a prestação monetariamente.
A melhor e mais resumida forma de conceituá-los e diferenciá-los é "falar o que o nome já diz"; que o direito real se refere à relação do homem com o objeto, e o direito pessoal se refere à relação pessoal.

sobressaem a aderência, a preferência e, de forma intrínseca, o direito de sequela[61], que consiste na prerrogativa concedida ao titular do direito real de seguir a coisa nas mãos de quem quer que a detenha de forma injusta e de apreendê-la para sobre ela exercer seu direito real na plenitude.

Assim, em razão dos princípios do direito real, se, como acentua Silvio Rodrigues, *o proprietário dá seu imóvel em garantia hipotecária e depois aliena, o credor hipotecário pode apreender a coisa nas mãos do adquirente, ou dos eventuais subadquirentes, para sobre a mesma fazer recair a penhora, levando à praça, a fim de se pagar com o produto da arrematação. Seu direito real* dá-lhe legitimação para perseguir a coisa, onde quer que ela se encontre, pois o vínculo se prende de maneira indelével à coisa e dela não se desliga pelo mero fato de ocorrerem alienações subsequentes.[62]

2.2.1. Direitos reais apresentação resumida

Nos direitos reais, a coisa está para o sujeito, isto é, o titular do direito, de tal modo ligada que é, dado a ele o direito de sequela, de preferência e de reivindicação, o que representa, pelo próprio comando do Art. 524, do revogado CC/1916 e atual CC/2002, Art. 1.228, ele tem o direito de persecução e de reivindicar a coisa das mãos de quem quer que injustamente a detenha. O direito de sequela dá-se em face de que há uma obrigatoriedade (em razão da denominada passividade universal) de todos os terceiros, quando não titulares de direito real sobre a coisa, de respeitarem o direito daquele que detém o efetivo direito real sobre a coisa, seja como senhor, seja como senhor e possuidor.

Em face de tal poderio que goza o titular do direito real – possuidor e proprietário e/ou proprietário e possuidor – é que ele, pela oponibilidade contra todos (*erga omnes*), pode valer-se das ações possessórias (reintegração, manutenção e interdito proibitório) ou da correspondente ação petitória (via de regra, negatória, confessória, dano infecto, obra nova, desencravamento de imóvel, divisão de terra, declaratória e, principalmente, reivindicatória), conforme for o caso.

O direito real é, verdadeiramente, um direito da mais alta significação, haja vista que faz com que a própria coisa esteja ligada, de forma indelével, ao próprio titular do direito (que o exerce diretamente[63]), e com isso assegura-lhe a amplitude do direito de agir para a proteção desde seu direito, quando violado ou mesmo quando ameaçado de violência.

É da característica do direito real que seja limitado, ou seja, não permite a criação de novas figuras contratuais que não correspondam à legislação, e é regulado de forma expressa pela norma jurídica; muito ao contrário do direito pessoal, que não possui limites e permite novas criações das já citadas figuras contratuais não correspondentes à legislação.

[61] BITTAR, Carlos Alberto. *Direitos reais*. Rio de Janeiro: Forense Universitária, 1991. p. 17, diz: "As características básicas dos direitos reais são: oponibilidade *erga omnes*; aderência imediata ao bem, sujeitando-o diretamente ao titular; atribuição ao titular dos direitos de sequela, e, em alguns casos, o de preferência. Decorrem dessas qualidades atributos outros, que complementam a respectiva textura, a saber: a exclusividade e a conferência de ação real ao titular".

[62] RODRIGUES, Sílvio. Direito civil: direito das coisas. 27. ed., 5 v., em 7, São Paulo: Saraiva, 2002. p. 7.

[63] Cabe destacar, a título de melhor elucidação da relação que diferença efetivamente os direitos reais dos direitos obrigacionais, a observação de KELSEN: "*Sob a influência da antiga jurisprudência romana costuma distinguir entre o direito sobre uma coisa (jus in rem) e o direito em face de uma pessoa (jus in personam). Esta distinção induz em erro. Também o direito sobre uma coisa é um direito em face de pessoas. Quando, para manter a distinção entre direito real e direito pessoal, se define aquele como o direito de um indivíduo a dispor por qualquer forma de uma coisa determinada, perde-se de vista que aquele direito apenas consiste em que os outros indivíduos são juridicamente obrigados a suportar esta disposição, quer dizer: a não impedir ou por qualquer forma dificultar; que, portanto, o jus in rem é também um jus in personam. De primária importância é a relação entre indivíduos, a qual também no caso dos chamados direitos reais, consiste no dever de uma determinada conduta em face de um indivíduo determinado. A relação com a coisa é de secundária importância, pois apenas serve para determinar com mais rigor a relação primária. Trata-se da conduta de um indivíduo em relação a uma determinada coisa, conduta que todos os outros indivíduos são obrigados, em face do primeiro, a suportar*". In: KELSEN, Hans. *Teoria pura do direito*. 5. ed., São Paulo: Martins Fontes, 1997, pp.145-146.

2.2.2. Questão conceitual dos direitos reais e seu campo de abrangência

Pelos elementos anteriormente apresentados (conforme consta do **tópico 2.1**), está perfeitamente caracterizado o conceito do que venha a ser direito real, entretanto, para uma melhor compreensão da matéria, destacamos a clássica definição apregoada por Clóvis Beviláqua, quando assevera: "Direito das Coisas, na terminologia do Direito Civil, é o complexo de normas reguladoras das relações jurídicas referentes às coisas suscetíveis de apropriação pelo homem. Tais coisas são, ordinariamente, do mundo físico, porque sobre elas é que é possível exercer poder de domínio. Todavia há coisas espirituais, que também entram na esfera do direito patrimonial, como é o direito dos autores sobre as suas produções literárias, artísticas ou científicas".[64]

Já para Flávio Tartuce, conceitualmente, direitos reais são: "Conjunto de categorias jurídicas relacionadas à propriedade, descritas inicialmente no Art. 1.225 do Código Civil. Os Direitos Reais formam o conteúdo principal do Direito das Coisas, mas não exclusivamente, eis que existem institutos que compõem a matéria e que não são Direitos Reais"[65].

Fica claro, pelo contexto retro e, ainda, em razão do próprio conceito, no que também comunga integralmente Arone, de que compreendem os direitos reais "a relação entre os indivíduos e os bens da vida que o cercam, sejam corpóreos, incorpóreos, fungíveis, infungíveis, frugíferos, infrungíveros, e os demais, cobrindo a gama de possibilidades de bens, com os quais possa o indivíduo se relacionar em sua esfera dominial".[66]

Este direito real exercido sobre a coisa, conforme consta do exposto retro, é oponível contra todos (*erga omnes*), desde que se trate, especificadamente, de:

a. coisa apreensível,
b. que não exista em abundância na natureza;
c. que gere disputa entre os homens;
d. que tenha valor econômico.

São, inclusive, esses os elementos nucleares que qualificam a coisa como sendo objeto de direito real.

Cumpre delimitar, por outro lado, o campo dos direitos reais com os direitos pessoais (direito das obrigações), haja vista que ambos têm expressão econômica; sendo que os primeiros cuidam das relações estabelecidas entre o homem e o objeto (= indivíduo + objeto, objeto este que pode ser imóvel ou móvel, inclusive incorpóreo, como é o caso dos direitos autorais e dos direitos de marca e patente), e o segundo trata das relações entre pessoas (= pessoa + pessoa, ou seja, sujeitos ativos e passivos, podendo envolver ou não um determinado objeto).

Por fim, ainda no campo conceitual e de abrangência do instituto de direito real, temos que o bem, enquanto coisa,[67] deve despertar disputa entre os homens, ou seja, o interesse sobre o bem/coisa deve ser manifestado por mais de uma pessoa, o que significa dizer que o bem/coisa deve ter

---

[64] BEVILÁQUA, Clóvis. *Direito das coisas*. 2. ed., 1 v., em 2, Rio de Janeiro/São Paulo: Freitas Bastos, 1946. p. 9.

[65] TARTUCE, Flávio. *Direito Civil*: Direito das Coisas. v. 4. 12. ed. Rio de Janeiro: Forense, 2020. p. 671.

[66] ARONNE, Ricardo. *Propriedade e domínio*: reexame sistemático das noções nucleares de direitos reais. Rio de Janeiro: Renovar, 1999. p. 25.

[67] ALVES, Vilson Rodrigues. *Uso nocivo da propriedade*. São Paulo: Revista dos Tribunais, 1992. p. 78, doutrina: "Bem e Coisa – Bem, em estritíssimo sentido, é a coisa como objeto de direito, ainda que nem toda coisa possa ser objeto de direito, ainda que nem toda coisa seja objeto de direito. E, em amplo sentido, é o que, objeto de direito, coisa não é. A coisa insusceptível de ser objeto de direito é não bem.

valor econômico e se tratar de coisa passível de comercialização. Portanto, os bens inesgotáveis ou aqueles existentes em grande quantidade, como é o caso. p. ex., da luz solar e da água do mar, são "inaproveitáveis por sua natureza"[55] e, por isso, não dizem respeito aos direitos reais, haja vista que não têm valor econômico e não são passíveis de disputa entre os homens, bem com àqueles bens que estão fora do comércio (p. ex., praça pública).

2.2.3. Considerações pontuais sobre o instituto da propriedade

É, indubitavelmente, a propriedade o mais relevante dos direitos de cunho subjetivo. Trata-se de instituto de grande eficácia e consolidação no campo do direito, cuja importância é reconhecida como fundamental por todos aqueles que se dedicam ao estudo dos direitos reais. Trata-se, no que não há controvérsia doutrinária, do direito real por excelência.

Em síntese perfeita, para apresentar e facilitar a compreensão do direito de propriedade, destacamos, com amparo na doutrina, sempre magistral, de Washington de Barros Monteiro: "O direito de propriedade, o mais importante e o mais sólido de todos os direitos subjetivos, o direito real por excelência, é o eixo em torno do qual gravita o direito das coisas. Dele pode dizer-se, com SCUTO, ser a pedra fundamental de todo o direito privado. Sua importância é tão grande no direito, como na sociologia e na economia política. Suas raízes aprofundam-se tanto no terreno do direito privado como no direito público".[68] [69]

Mesmo sem adentrar aos meandros de ordem histórica do instituto da propriedade – por fugirem dos parâmetros estabelecidos nesta obra jurídica –, entendemos, no entanto, por bem abordar alguns pontos para melhor compreensão da matéria, já que a <u>propriedade é considerada como sendo o direito real por excelência</u> e, ainda, levando em conta que a presente obra jurídica trata de forma específica sobre a posse e o Usucapião.[70]

Vejamos, pois:

Quando se apresenta de forma plena (que é sua característica fundamental), a propriedade é ilimitada – Art. 1.231, do Código Civil de 2002 (em vigor e Art. 527, do Código Civil de 1916, revogado) – por outro lado, quando se apresenta de forma resolúvel ou tem ônus de natureza real, ela se apresenta de forma limitada – Como acentuava o Art. 525, do Código Civil de 1916 e sem igual disposição no Código Civil de 2002.

No Código Civil de 1916 (revogado), o vocábulo propriedade e domínio aprecem, às vezes (como consta do Art. 485), de forma simultânea; vezes outras (como consta do Art. 524), só pelo vocábulo propriedade e, por fim, noutras (como no Art. 527), só com o vocábulo domínio. O Código

---

[68] MONTEIRO, Washington de Barros. *Curso de direito civil: direitos reais.* 32. ed., v. III, São Paulo: Saraiva, 1995. p. 88.

[69] No mesmo sentido das colocações feitas por Washington de Barros Monteiro, ainda que com palavras outras, repete, sobre a grandiosidade do direito de propriedade, SANTIAGO JÚNIOR: "A propriedade é o direito real por excelência e dele partem todos os outros direitos reais elencados na legislação civil, previstos no Art. 674. Não seria errado asseverar que a propriedade é o centro irradiador de todos os outros direitos reais. A ela estão ligados uma gama de direitos que se formam pela possibilidade de movimentar, o seu titular, os poderes inerentes ao domínio". In: SANTIAGO JÚNIOR, Aluísio. *Direito de propriedade:* aspectos didáticos (doutrina e jurisprudência). Belo Horizonte: Inédita, 1997. p. 17.
Nota: As mesmas características descritas por SANTIAGO JÚNIOR atinente ao Art. 674, do Código Civil de 1916, também estão presentes no Art. 1.225, do Código Civil de 2002.

[70] "Há três grandes modos de aquisição da propriedade imóvel. Em primeiro lugar, a usucapião, consistente no exercício de posse durante certo tempo do bem, atendidas as condições da lei. Em segundo, o registro do título, que corresponde ao modo mais usual na atualidade. Por fim, a aquisição por acessão, que deriva de fatos jurídicos relacionados à transformação física do bem imóvel. A acessão pode derivar de fatores naturais ou de ação humana". *Fundamentos jurídicos da propriedade* – Publicado por Oziel Brito. Disponível em: https://www.jusbrasil.com.br/artigos/fundamentos-juridicos-da-propriedade/140562640. Acesso em: 17 nov. 2024).

Civil de (2002 (em vigor) procurou ser mais consistente e utilizar com mais ênfase o termo propriedade (como, exemplificativamente, nos Arts. 1.196, 1.228 e 1.231, os quais têm a mesma referência aos artigos anteriormente citados do revogado Código Civil de 1916).

Por não caber – como já esclarecemos – nos estreitos limites da proposta de enfoque doutrinário desta obra jurídica é que não faremos considerações mais abrangentes sobre a evolução da propriedade desde o direito romano, principalmente a partir da codificação de Justiniano, o que se deu por meio do *Corpus Juris Civilis*; também não discorreremos sobre a sua roupagem modernizadora sofrida a partir do Código Napoleônico (1804), quando a questão social, a qual deve atender à propriedade, passou a fazer parte dos modernos códigos, o que também ocorreu com o nosso Código Civil de 2002, assim como pelo de 1916, até mesmo em decorrência de preceito constitucional de que a propriedade deve atender ao fim social, isto é, ser devidamente aproveitada, e não prevalecer a vontade do proprietário contra a vontade, legítima, da coletividade.

Embora com toda a evolução sofrida, se modernizando e se adaptando aos novos anseios sociais, inclusive com a possibilidade de sofrer o proprietário o ato de império do Estado, via de regra do Poder Executivo, por meio. p. ex., de desapropriação (prevista no Art. 5º., inc. XXII, da Constituição Federal de 1988), assim mesmo a propriedade não perdeu a sua grandeza maior, qual seja, dar ao proprietário o direito de usar, gozar, dispor e de reivindicá-la de quem injustamente a detiver.

De maneira que, mesmo modernamente, tanto pelo Art. 1.228, do Código Civil 2002 (em vigor), como pelo Art. 524, do Código Civil de 1916 (revogado), os elementos nucleares que compõem a propriedade continuam a vigorar, ou seja, o uso, gozo, a disposição e a reivindicação.

Os elementos, como já destacados, são e se destinam, resumidamente:

a. *JUS UTENDI* = <u>USO</u> que vem a ser a utilização da coisa (dentro dos limites legais, para possibilitar a convivência harmônica com os direitos de outrem);

b. *JUS FRUENDI* = <u>GOZO/FRUIÇÃO</u> que vem a ser o direito de gozar e/ou fruir os frutos e produtos que a coisa possa produzir;

c. *JUS DISPONENDI)* = <u>DISPOR</u> da coisa da melhor maneira que lhe aprouver, sempre com a observância das limitações legais (que visam dar a propriedade um cunho de utilidade de ordem social);

d. *JUS REIVINDICANDI* = <u>DIREITO DE REIVINDICAR</u>, com relação à sequela *(jus persoquendi)* que se revestem todos os direitos reais. É a faculdade concedida ao titular de buscar a coisa onde e com quer que esteja, desde que de forma não regular.

Também, conjuntamente com os elementos nucleares mencionados, os quais compõem o direito de propriedade, deve ser destacado que a propriedade apresenta, como características essenciais, os seguintes pontos de sustentação como direito de cunho complexo; absoluto (ilimitado), perpétuo e exclusivo.

Destacadamente e de forma resumida, vejamos o que significam estes elementos:

a. COMPLEXO, significa que tem a forma una, ou seja, onde estão presentes, de forma aglutinada, todos os seus elementos nucleares, conforme disposto pelo Art. 1.228, CC de 2002, e Art. 524, do CC de 1916;

b. ABSOLUTO (ILIMITADO), representa a inexistência de qualquer outro direito exercido por terceiro, o que se configura com base no Art.1.231, do CC de 2002, e Art. 527, do CC de 1916;

c. PERPÉTUO, considerando que, via de regra, a propriedade tem duração permanente, isto é, pode ser transmissível por ato *inter vivos* (p. ex., alienação e doação) e *mortis causa* (transmissível por sucessão hereditária);

d. EXCLUSIVO, no sentido de que o direito é exercido de forma plena e exclusiva pelo proprietário; por tal exclusividade fica afastado o exercício de todos os terceiros, que não proprietários, salvo quando se dá uma das causas previstas no Art. 1.225, do CC de 2002, e Art. 674, do CC de 1916.

Na mesma linha do apontado anteriormente, embora com enfoque minimamente diferente, destacamos com relação as **"Características da propriedade":**[71]

a. **Absoluto:** diz-se absoluto ou pleno no sentido de poder usar, gozar e dispor da coisa da maneira que lhe aprouver, podendo dela exigir todas as utilidades que esteja apta a oferecer, sujeito apenas a determinadas limitações impostas no interesse público, tais como relacionados à função social e socioambiental da propriedade, ou ainda direito de vizinhança, direitos fundamentais etc.

b. **Direito exclusivo:** determinada coisa não pode pertencer a mais de uma pessoa, salvo s casos de condomínio ou copropriedade, hipótese que também não retira o seu caráter de exclusividade. Apenas o titular da coisa é quem pode usar, fruir e dispor do bem, quando julgar conveniente.

c. **Direito irrevogável ou perpétuo**: porque não se extingue pelo não uso. Não estará perdida enquanto o proprietário não a alienar ou não ocorrer nenhum dos modos de perda previstos em lei, como a desapropriação, o perecimento, a Usucapião etc.

d. **Direito elástico**: a propriedade se contrai e se dilata, é elástica; por exemplo, tenho uma fazenda e cedo em usufruto para José; eu perco as faculdades de uso e de fruição, minha propriedade, antes plena (completa), vai diminuir para apenas disposição e posse indireta; mas, ao término do usufruto, minha propriedade se dilata e se torna plena novamente.

e. **Direito complexo**: compreende a soma de três faculdades: o uso a fruição e a disposição. Uso ou *ius utendi*, que é o direito que o titular tem de se servir do bem para todas as finalidades para as quais ele se prestar; fruição ou *ius fruendi*, que é o direito de gozar da coisa, dela percebendo todos os frutos e rendimentos possíveis; *ius abutendi*, que é o direito de disposição, ou seja, o titular pode realizar o que desejar sobre o bem (alienar, dividir, desmembrar); *ius possidendi*, que é o direito que o proprietário tem de possuir a coisa; *ius vindicandi*, que é o direito de reaver a coisa junto a quem injustamente a possuir; *ius satisfiendi*, que é o direito à percepção de indenização pelo dano sofrido sobre a coisa, por causa da conduta de terceiro;

f. **Direito fundamental**: por fim, não se pode esquecer que a propriedade é um direito fundamental, pelo que consta do Art. 5.º, incs. XXII e XXIII, da Constituição Federal, os quais asseguram a garantia do direito de propriedade e que esta deverá atender à sua função social.

---

[71] Disponível em: Fundamentos jurídicos da propriedade – Publicado por Oziel Brito. https://www.jusbrasil.com.br/artigos/fundamentos-juridicos-da-propriedade/140562640. Acesso em: 17 nov. 2024.

2.2.4. Considerações de ordem geral sobre o instituto da propriedade na visão de Miguel Reale, supervisor da Comissão Revisora e Elaboradora do Código Civil (de 2002)

Para manter critério que adotamos, no que diz respeito à análise global sobre a posse, destacamos, na sequência, posicionamento adotado pelo Professor Miguel Reale, ao realçar os pontos relativos à propriedade incorporados pelo Código Civil de 2002.

Assim, registramos: *Pelo estudo realizado pela demonstração cabal da objetividade crítica, com que sempre procurou se conduzir na feitura do Anteprojeto, deu-a a Comissão ao restabelecer o Art. 485 do Código Civil atual em matéria de posse, não só para atender às objeções suscitadas pelo novo texto proposto, mas também para salvaguardar o cabedal da valiosa construção doutrinária e jurisprudencial resultante de mais de meio século de aplicação. Nos demais pontos foi mantida, porém, a orientação do Anteprojeto, o qual efetivamente dá contornos mais precisos e práticos a várias disposições sobre posse, inspirando-se na experiência das últimas décadas. A atualização do Direito das Coisas não é assunto opcional, em termos de mera perfectibilidade teórica, mas sim imperativo de ordem social e econômica, que decorre do novo conceito constitucional de propriedade e da função que a esta se atribui na sociedade hodierna. Por essa razão, o Anteprojeto, tanto sob o ponto de vista técnico, quanto pelo conteúdo de seus preceitos, inspira-se na compreensão solidária dos valores individuais e coletivos, que, longe de se conflitarem, devem se completar e se harmonizar reciprocamente, correspondendo, assim, ao desenvolvimento da sociedade brasileira, bem como às exigências da Ciência Jurídica contemporânea. Bastará, nesse sentido, atentar para o que o Anteprojeto dispõe sobre o exercício do direito de propriedade; o Usucapião; os direitos de vizinhança, ou os limites traçados aos direitos dos credores hipotecários ou pignoratícios, para verificar-se como é possível satisfazer aos superiores interesses coletivos com salvaguarda dos direitos individuais. Em complemento* às considerações expendidas pelo *ilustre professor EBERT VIANNA CHAMOUN, nas publicações anteriores, vou focalizar apenas alguns aspectos mais salientes da reforma: a) Em primeiro lugar, a substancial alteração feita na enumeração taxativa dos direitos reais, entre eles se incluindo a superfície e o direito do promitente comprador do imóvel. b) O reconhecimento do direito de propriedade, que deve ser exercido em consonância com as suas finalidades econômicas e sociais e de tal modo que sejam preservados, de conformidade com o estabelecido em lei especial, a flora, a fauna, as belezas naturais e o equilíbrio ecológico, bem como evitada a poluição do ar e das águas. São defesos os atos que não trazem ao proprietário qualquer comodidade, ou utilidade, e sejam animados pela intenção de prejudicar outrem. c) O proprietário também pode ser privado da coisa se o imóvel reivindicando consistir em extensa* área, *na posse ininterrupta e de boa-fé, por mais de cinco anos, de considerável número de pessoas, e estas nela houverem realizado, em conjunto ou separadamente, obras e serviços considerados pelo juiz de interesse social e econômico relevante. Nesse caso, o juiz fixará a justa indenização devida ao proprietário. Pago o preço, valerá a sentença como título para transcrição do imóvel em nome dos possuidores. Trata-se, como se vê, de inovação do mais alto alcance, inspirada no sentido social do direito de propriedade, implicando não só novo conceito desta, mas também novo conceito de posse, que se poderia qualificar como sendo de posse-trabalho, expressão pela primeira vez por mim empregada, em 1943, em parecer sobre projeto de decreto-lei relativo* às terras *devolutas do Estado de São Paulo, quando membro de seu Conselho Administrativo. Na realidade, a lei deve outorgar especial proteção* à *posse que se traduz em trabalho criador, quer este se corporifique na construção de uma residência, quer se concretize em investimentos de caráter produtivo ou cultural. Não há como situar no mesmo plano a posse, como simples poder manifestado sobre uma coisa, como se fora atividade do proprietário, com a posse qualificada, enriquecida pelos valores do trabalho. Este conceito fundante de posse-trabalho justifica e legitima que, ao invés de reaver a coisa, dada a relevância dos interesse sociais em jogo, o titular da propriedade reivindicada receba, em dinheiro, o seu pleno e justo valor, tal como determina a Constituição. Vale notar que, nessa hipótese, abre-se, nos domínios do Direito, uma via nova de desapropriação que se não deve considerar prerrogativa exclusiva dos Poderes Executivo ou Legislativo. Não há razão plausível para recusar ao Poder Judiciário o exercício do poder expropriatório em casos concretos, como o que se contém na espécie analisada. d) As mesmas razões determinantes do dispositivo supra mencionado levaram a Comissão a reduzir para quinze anos o Usucapião extraordinário se, durante esse tempo, o possuidor, houver pago os impostos relativos ao prédio, construindo no mesmo a sua morada ou realizando obras ou serviços de caráter produtivo. Pareceu mais conforme aos ditames sociais situar o problema em termos de posse trabalho, que se manifesta através de obras e serviços realizados pelo possuidor. O mero pagamento de tributos, máxime num país com áreas tão ralamente povoadas, poderia propiciar direitos a quem se não encontre em situação efetivamente merecedora do amparo legal. e) O mesmo se diga no concernente ao dispositivo que reduz a cinco anos o Usucapião fundado em justo título e boa-fé, quando o imóvel houver sido adquirido onerosamente, com base em transcrição constante do registro de imóveis. f) Por ter-se reconhecido o Território como pessoa jurídica de Direito Público interno, passam os imóveis urbanos abandonados a caber aos respectivos Municípios, tal como se dá quando estes integram os Estados. Exceção a essa regra geral é relativa a imóvel rústico abandonado, pois, nesse caso, é natural que seja destinado à União para fins de política agrária. g) A fim de dirimir dúvidas que têm causado graves danos, outorga-se ao proprietário do solo o direito de explorar recursos minerais de reduzido valor, independente de autorização in casu, salvo o disposto em lei especial. h) Tendo sido firmado o princípio da enumeração taxativa dos direitos reais foi mister atender à chamada concessão de uso, tal como já se acha em vigor, ex vi do Decreto-lei nº 271, de 28 de fevereiro de 1967, que dispõe sobre loteamento urbano. Trata-se de inovação recente de legislação pátria, mas com larga e benéfica aplicação. Como a lei estende a concessão de uso às relações entre particulares, não pode o Projeto deixar de contemplar a espécie. Consoante justa ponderação de JOSÉ CARLOS DE MOREIRA ALVES, a migração desse modelo jurídico, que passou da esfera do Direito Administrativo para a do Direito Privado, veio restabelecer, sob novo enfoque, o antigo instituto da superfície. i) Na mesma linha de idéias, foram reexaminadas algumas questões pertinentes ao direito de vizinhança, encontrando-se nova solução para o delicado problema das construções erguidas em terreno limítrofe, caso em que é mister conciliar o direito do proprietário, que sofreu a invasão, com o valor intrínseco do que se edificou. Pelas normas adotadas, o acréscimo, resultante da utilização da área ocupada, passa, em determinadas hipóteses, a ser computado no cálculo da indenização devida, distinguindo-se, outrossim, entre invasão de boa ou de má-fé. Pode dizer-se que, desse modo, se faz um balanço de bens, compondo-se o direito individual de propriedade com o valor econômico do que se construiu. j) Fundamentais foram também as alterações introduzidas no instituto que no Projeto recebeu o nome de condomínio edilício. Este termo mereceu reparos, apodado que foi de barbarismo inútil, quando, na realidade, vem de puríssima fonte latina, e é o que melhor corresponde à natureza do instituto, mal caracterizado pelas expressões condomínio horizontal, condomínio especial, ou condomínio em edifício. Na realidade, é um condomínio que se constitui, objetivamente, como resultado do ato de edificação, sendo, por tais motivos, denominado edilício. Esta palavra vem de aedilici (um), que não se refere apenas ao edil, consoante foi alegado, mas, como ensina o Mestre F. R. SANTOS SARAIVA, também às suas atribuições, dentre as quais sobrelevava a de fiscalizar as construções públicas e particulares. A doutrina tem salientado que a disciplina dessa espécie de condomínio surgiu, de início, vinculada à pessoa dos condôminos (concepção subjetiva) dando-se ênfase ao que há de comum no edifício, para, depois, evoluir no sentido de uma concepção objetiva, na qual prevalece o valor da unidade autônoma, em virtude da qual o condomínio se instaura, numa relação de meio a fim. Donde ser necessário distinguir, de maneira objetiva, entre os atos de instituição e os de constituição do condomínio, tal como se configura no Projeto. Para expressar essa nova realidade institucional é que se emprega o termo condomínio edilício, designação que se tornou de uso corrente na linguagem jurídica italiana, que, consoante lição de RUI BARBOSA, é a que mais guarda relação com a nossa. Esta, como outras questões de linguagem, devem ser resolvidas em função das necessidades técnicas da Ciência Jurídica, e não apenas à luz de critérios puramente gramaticais. Ainda no concernente a essa matéria, apesar de expressa remissão à lei especial, entendeu-se de bom alvitre incluir no Código alguns dispositivos regrando os direitos e deveres dos condôminos, bem como a competência das assembléias e dos síndicos. l) De grande alcance prático é o instituto da propriedade fiduciária, disciplinado consoante proposta feita pelo Prof. JOSÉ CARLOS MOREIRA ALVES, que acolheu sugestões recebidas do Banco Central do Brasil e analisou cuidadosamente ponderações feitas por entidades de classe. Passou a ser considerada constituída a propriedade fiduciária com o arquivamento, no Registro de Títulos e Documentos do domicílio do devedor, do contrato celebrado por instrumento público ou particular, que lhe serve de título. Note-se que, em se tratando de veículos, além desse registro, exige-se o arquivamento do contrato na repartição competente para o licenciamento, fazendo-se a anotação no certificado de propriedade. Os demais artigos, embora de maneira sucinta, compõem o essencial para a caracterização da propriedade fiduciária, de modo a permitir sua aplicação diversificada e garantida no mundo dos negócios. m) A igual exigência de certeza jurídica obedece a disposição segundo a qual o penhor de veículos se constitui mediante instrumento público ou particular, também inscrito no Registro de Títulos e Documentos, com a devida anotação no certificado de propriedade. n) Relativamente à proposta feita no sentido de se incluir no Código a normação das letras hipotecárias, entendeu a Comissão preferível deixar o assunto para a lei aditiva, tal como está previsto no Projeto. O mesmo deverá ocorrer, aliás, com as cédulas rurais pignoratícias, ou as de penhor industrial ou mercantil. o) Foi mantida entre os direitos reais de garantia a anticrese, mas devidamente atualizada e suscetível de servir como modelo jurídico de aplicação prática. p) Atualizado foi o instituto da hipoteca, acolhendo-se valiosas propostas feitas pelo Prof. CLOVIS DO COUTO E SILVA, consoante por mim lembrado na Exposição que acompanha o Anteprojeto de 1972. q) Finalmente, não se manteve o instituto da enfiteuse no que se refere aos bens particulares.*[72]

Não está, obviamente, a propriedade "engessada" somente dentro dos tópicos apontados; ficam, no entanto, os apontamentos mais elementares do que ela representa no campo dos direitos reais. Quando da análise, nesta obra, dos artigos comparativos, dos Códigos Civis (de 1916 e 2002), poderá ser perfeitamente compreendido e ampliado o raio de compreensão do que a propriedade e, por via de consequência, os direitos reais do proprietário representam no campo do direito privado.

2.2.5. Bens de natureza imaterial, ou incorpóreos

No que diz respeito aos bens de natureza incorpórea também constarem do mesmo rol daqueles que estão inseridos na proteção conferida aos direitos reais, a explicação mais plausível, como acentua Miguel Maria de Serpa Lopes, é no sentido de que *os bens imateriais podem ser de duas classes: a primeira, a daqueles bens incapazes de uma existência jurídica autônoma, por se encontrarem intimamente*

---

[72] Exposição de Motivos do Supervisor da Comissão Revisora e Elaboradora do Código Civil, Doutor Miguel Reale, datada de 16 de Janeiro de 1975. Disponível em: https://edisciplinas.usp.br/pluginfile.php/5106760/mod_resource/content/3/Exposi%C3%A7%C3%A3o%20de%20motivos.pdf. Acesso em: 17 nov. 2024.

ligados a uma pessoa, como é a vida, a honra ou a liberdade; a segunda, a dos bens imateriais de caráter patrimonial, suscetíveis de formarem um objeto jurídico. Só a estes últimos se dirigem às normas do Direito das Coisas. As categorias desses bens imateriais podem ser assim distribuídas: a) obras literárias, artísticas e científicas; b) as invenções industriais; c) as firmas comerciais, em seu sentido objetivo, destinadas à individuação de um estabelecimento mercantil; d) as insígnias de um estabelecimento mercantil, que são sinais distintivos e identificadores, de uso exclusivo pelo dono do estabelecimento; e) as marcas de fábrica, etc. [73]

A proteção dos direitos imateriais, ou incorpóreos, abre possibilidade jurídica do manejo, quando o caso, das ações possessórias típicas, basicamente a relativa ao interdito proibitório, o que veremos por meio do estudo desenvolvido no **Capítulo 5** desta obra.

A proteção dos bens de natureza incorpórea decorre de mandamento constitucional, em face do disciplinado pelo Art. 5º, incs. XXVII e XXVIII, da Constituição Federal de 1988. Também legislação extravagante cuida da matéria, como é o caso da Lei n.º 9.620, de 19 de fevereiro de 1998, que trata sobre direitos autorais[74]; Lei n.º 9.609, de 19 de fevereiro de 1998, que trata sobre a propriedade intelectual sobre programa de computador, e a Lei n.º 9.279, de 24 de maio de 1996, que trata sobre a propriedade industrial.

Com relação à **propriedade intelectual** anota Walter Brasil Mujalli: *Esta corresponde ao produto do pensamento e da inteligência humana, que também tornou-se com o passar dos tempos, objeto da propriedade industrial. A propriedade intelectual é o esforço dispendido pelo ser humano, voltado à realização de obras literárias, artísticas e científicas, como também é o direito autoral. Trata-se, 'in casu' de um direito pessoal, inerente ao próprio ser humano, afeto à sua própria inteligência e capacidade e porque não dizer, que reflete a sua própria personalidade. A propriedade intelectual, está voltada às necessidades espirituais do ser humano, e pode ser também concebida como propriedade imaterial, ou seja, aquela capaz de gerar direitos à seu criador intelectual sobre obras e realizações que o homem reproduziu através das artes, livros, conhecimentos científicos etc.*[75]

---

[73] LOPES, Miguel Maria de Serpa. Curso de Direito Civil.4.ed., Rio de Janeiro: Freitas Bastos, 1996, 6 v.. p. 49.

[74] A violação de direito autoral é crime previsto no Código Penal, Art. 184, tendo sido ampliado o leque de proteção penal em razão de alteração ocorrida pela Lei n.º 10.965, de 1º de julho de 2003.
<u>Nota:</u> 1) Dispõe o **Art. 184**, do Código Penal: Violar direitos de autor e os que lhe são conexos:
Pena – detenção, de 3 (três) meses a 1 (um) ano, ou multa.
§ 1o Se a violação consistir em reprodução total ou parcial, com intuito de lucro direto ou indireto, por qualquer meio ou processo, de obra intelectual, interpretação, execução ou fonograma, sem autorização expressa do autor, do artista intérprete ou executante, do produtor, conforme o caso, ou de quem os represente:
Pena – reclusão, de 2 (dois) a 4 (quatro) anos, e multa.
<u>Nota:</u> 2) Trata-se de matéria criminal decorrente da norma positivada proveniente da vontade do legislador, todavia sua aplicação não se dá pura e simplesmente e assim é haja vista que deve ser verificado se outros meios legais, que não pelo aplicação do Código Penal, não são capazes de sancionar o transgressor de forma suficiente. Sobre esta especifica consideração exposta nesta <u>nota</u>, adoto, por se configurar como pertinente, o posicionamento jurídico exposto pelo ilustre Magistrado integrante do Tribunal de Justiça do Rio Grande do Sul – TJRS –, o Excelentíssimo Victor Mateus Bevilaqua (que tenho a honra de tê-lo como sobrinho-neto), quando o mesmo aponta: *"A existência de um bem jurídico e, mesmo, a sua ofensa não são suficientes para a criminalização de uma conduta, sendo necessário, pois, que se constate que os outros meios jurídico-sancionatórios, tais como, o direito civil e, especialmente, o direito administrativo sancionador, sejam suficientes para a tutela do bem jurídico. De forma que, o direito penal constitui instrumento último estatal (ultima ratio) para a tutela de bens jurídicos. E isto pela singela razão de ele constituir o meio mais gravoso de intervenção na esfera de liberdade da pessoa. Nas palavras de Kaufmann, a subsidiariedade significa que 'o direito penal apenas poderá intervir, quando é absolutamente necessário tutelar a proteção da sociedade', isto é, exclusivamente para a tutela daqueles 'bens jurídicos que são indispensáveis para a vida dos homens e que de nenhum outro modo, a não ser através do direito penal, poderiam ser eficazmente protegidos'. Com isso, acrescenta o autor, se rejeita a ideia defendida de que o direito penal teria primeiramente de garantir os 'valores da consciência ético-social'. Enfim, o que se quer dizer, efetivamente, é que uma conduta somente poderá ser objeto de uma norma penal, ainda que revestida de inquestionável ilicitude material, quando os outros espaços de juridicidade não forem aptos e suficientes para tutelar o bem jurídico da agressão. De maneira que é possível afirmar que a subsidiariedade possui, ao fim e ao cabo, alcançar uma abstenção da intervenção jurídico-penal sempre que ela se mostrar, ainda que timidamente, desnecessária, aspirando, pois, à liberdade."* In: BEVILAQUA, Victor Matteus. *Legitimidade do direito penal contemporâneo: contributo para um conceito material de crime constitucional fundado onto-antropologicamente.* Bauru-SP, Editora Spessoto, 2023. p. 92-93.

[75] MUJALLI. Walter Brasil. *A propriedade industrial nova lei de patentes.* Leme-SP: Editora de Direito, 1997. p. 20 e 21.

2.3. Controvérsias doutrinárias em relação à posse (pelo prisma do possuidor, do detentor e, ainda, se a posse é poder fático ou jurídico, ou ambos)

O Código Civil de 2002 (assim como pelo revogado Código Civil de 1916) não define de forma direta o que venha a ser considerado posse, mesmo porque não é função primordial do código tratar de definição, papel esse reservado, via de regra, para a doutrina. Mesmo não definindo, formalmente, ele deixa antever, por via oblíqua, o delineamento dela, conforme desponta pelo **Art. 1.196** do Código Civil de 2002, em vigor (e Art. 485 do Código Civil de 1916, revogado), em que consta: *Considera-se possuidor todo aquele, que tem de fato o exercício, pleno, ou não, de algum dos poderes inerentes à propriedade.* [76] [77]

Pelo enunciado do artigo, conforme transcrição anterior, ficam destacadas as figuras do possuidor e da posse de determinada coisa. Parte, assim, o Código Civil (tanto o de 2002, como o de 1916) da relação de que a posse é representada pela figura de um possuidor que tem de fato o exercício, que pode ser pleno ou não, de determinada coisa e age como se proprietário dela fosse.

O possuidor age, em relação à posse, com base em poderes típicos do proprietário. Portanto, fica assegurado ao possuidor o exercício do poder de uso, gozo e disposição da coisa, que são, também, poderes inerentes e próprios da propriedade, conforme consta do **Art. 1.228** do Código Civil de 2002 (e Art. 524 do Código Civil de 1916), que diz: *O proprietário tem a faculdade de usar, gozar e dispor da coisa, e o direito reavê-la do poder de quem quer que injustamente a possua ou detenha.*

A posse tem dado margem, ao longo dos tempos, a inúmeras controvérsias de ordem doutrinária, e até mesmo sua definição enseja conflitos. Trata-se, como a doutrina reconhece, de instituto bastante controvertido em matéria de Direito, embora não chegue aos extremos do apontado pelo doutrinador Tito Lívio Pontes, quando ele afirma: "A posse é uma *vexata quoestio*, um assunto atormentado e extremamente difícil"; [78] ou, ainda, o que é pior, não reconhecer, como fazem alguns autores, dentre os quais se sobressai Silvio Rodrigues, [79] a posse como matéria de direito real.

---

[76] Não é só o Código Civil Brasileiro que não define a posse em si mesmo, pois outros Códigos Civis estrangeiros também não o fazem. Assim, exemplificativamente:
Código Civil do Chile, Art. 700: "La posesión es la tenencia de una cosa determinada con ánimo de señor o dueño, sea que el dueño o el que se da portal tenga la cosa por sí mismo, o por otra persona que la tenga en lugar y a nombre de él.
El poseedor es reputado dueño, mientras otra persona no justifica serlo".
Código Civil do Equador, Art. 734: "Posesión es la tenencia de una cosa determinada con ánimo de señor o dueño; sé que el dueño o el que se da por tal tenga la cosa por si mismo, o bien por otra persona en su lugar y a su nombre.
El poseedor es reputado dueño, mientras otra persona no justifica serlo".

[77] Outros Códigos Civis estrangeiros, no entanto, definem a posse. Assim, exemplificativamente:
Código Civil do Paraguai, Art. 1.909: "Poseedor es quien tiene sobre una cosa el poder físico inherente al propietario, o al titular de otro derecho real lo confiera".
Código Civil do Uruguai, Art. 646: "La posesión es la tenencia de una cosa o el goce de un derecho por nosotros mismo con ánimo de dueños o por otro en nombre nuestro".
Código Civil de Cabo Verde, Artigo 1251º – (Noção) Posse é o poder que se manifesta quando alguém actua por forma correspondente ao exercício do direito de propriedade ou de outro direito real.

[78] PONTES, Tito Lívio. *Da posse no direito civil brasileiro*. São Paulo: Juscrédi, [1961?]. p. 18.

[79] Silvio Rodrigues (*Direito civil: direito das coisas*. 22. ed. São Paulo: Saraiva, 1995. 5 v. em 7. p. 21), que afirma: "Aliás, não se pode considerar a posse direito real porque ela não figura na enumeração do Art. 1.225 do Código Civil, e, como vimos, aquela regra é taxativa, não exemplificativa, tratando-se ali, de *numerus clausus*. Esse o meu ponto de vista".
Nota: A posição de Silvio Rodrigues é a mesma que já manifestava em relação ao Art. 674 do Código Civil de 1916. O Art. 1.225, do Código Civil de 2002, e o Art. 674, do Código Civil de 1916, enumeram os direitos reais e no bojo não incluem a posse. Ora, sedimentando nosso posicionamento, embora não incluída naquele rol, dos artigos em referência, não deixa a posse de ser matéria de direito real em razão de que é tratada como tal pelo próprio Código Civil, tanto o de 2002, como o de 1916, no Livro que cuida do Direito das Coisas.

As dificuldades apontadas pela doutrina com relação à posse têm sua origem nos textos romanos, pois eles são, na maioria das vezes, contraditórios e interpolados. Na história romana, o próprio conceito de posse foi sendo alterado nas diversas épocas, recebendo influência do Direito Natural, Direito Canônico e Direito Germânico. Ademais, os ordenamentos jurídicos existentes não são homogêneos, tratando do tema com enfoques de diversos matizes.

Em razão de todas as controvérsias é que, por certo, a posse não encontra facilmente pensamento linear na doutrina, na jurisprudência e até mesmo pela própria legislação. Isso se deve à sua situação fática, embora também do fato decorra o direito, "pois todo o fato que tem efeito é fato jurídico". [80] [81] E disso se apercebeu Ihering, ainda que por linhas transversas, ao afirmar que "a posse é a exterioridade, a visibilidade da propriedade"; e tal afirmação, que se perpetuou no Direito brasileiro, era correta, segundo entendimento de Max Weber.[82]

O vocábulo posse, na concepção que é mais aceita e coerente, segundo Sílvio de Salvo Venosa, "provém de *possidere*; ao verbo *sedere* apõe-se o prefixo enfático por. Nesse sentido semântico, posse prende-se ao poder físico de alguém sobre a coisa".[83]

Em outra vertente doutrinária, conforme apregoa o doutrinador Ebert Chamoun[84] (que fez parte da Comissão do (agora) Código Civil de 2002) *a palavra possessio provém de potis, radical de potestas, poder, e sessio, do mesmo étimo que sedere, estar assente. Indica, portanto, um poder que se prende a uma coisa. Com efeito, já nas origens era a posse o exercício de uma senhoria, quer sobre a terra que o chefe da gens concedia aos seus clientes, com a obrigação de restituir logo que exigida (precarium), quer, depois da constituição da cidade, sobre o ager publicus, de que era titular a civitas e que era objeto de concessão aos cidadãos, quer, mais tarde ainda, sobre o solo provincial. Esse exercício se denominava usus, usufructus, possessio, e, nos dois primeiros casos, era essencialmente revogável.*

Na essência, portanto, a posse representa efetivamente o poder físico que determinada pessoa exerce sobre uma determinada coisa. De outra banda, deve ficar patente que se trata de poder físico em razão de que a relação do possuidor com o bem, enquanto coisa, é, exclusivamente, de ordem fática. Contudo, o possuidor age como se proprietário do bem fosse, o que redunda dizer que age com o respaldo do exercício jurídico que lhe é assegurado, pois, do contrário, se não tiver o exercício como se proprietário efetivamente fosse, agirá como simples fâmulo da posse, ou seja, como mero detentor da coisa.

O agir do possuidor é, dessa maneira, respaldado pelo próprio Direito, pois o Direito tem a função precípua da agasalhar/acolher os "interesses juridicamente protegidos" [85]; e tanto assim

---

[80] THEODORO JÚNIOR, Humberto. *Curso de direito processual civil*: procedimentos especiais. 28. ed. Rio de Janeiro: Forense, 2002. 3 v. p. 113. O autor, no entanto, busca, e reconhece isto na obra, inspiração em Pontes de Miranda, que dizia: "Os que dizem que a posse é fato, mas, por seus efeitos, direito..., não prestaram atenção a que não há direito sem ser efeito de fato jurídico e a que todo fato que tem efeitos é fato jurídico".

[81] Ao discorrer sobre o fato jurídico, assevera, a seu turno, Fábio Ulhoa Coelho: "Toda norma jurídica, inclusive a de direito civil, pode ser descrita como a indicação de um evento ao qual se liga uma consequência. O evento descrito como pressuposto é um fato jurídico. Se o fato jurídico é a conduta de direito, chama-se ato jurídico. Se o ato jurídico é praticado com a intenção de gerar a consequência prevista na norma jurídica (isto é, produzir efeitos), denomina-se negócio jurídico" (COELHO, Fábio Ulhoa. *Curso de direito civil*. São Paulo: Saraiva, 2003. v. 1. p. 278-279).

[82] WEBER, Max. *História agrária romana*. São Paulo: Martins Fontes, 1994. p. 80, escreveu o autor: "[...]. Sobre o tema da proteção para a aquisição de áreas, o ponto de vista de Ihering, referente à época mais antiga, é válido no sentido literal: a proteção da posse devia preceder a proteção da propriedade".

[83] VENOSA, Sílvio de Salvo. *Direitos reais*. São Paulo: Atlas, 1995. p. 37.

[84] CHAMOUN, Ebert. *Instituições de direito romano*. 4. ed. Rio de Janeiro: Forense, 1962. p. 218.

[85] IHERING, Rudolf von. *Teoria simplificada da posse*. Trad. Pinto Aguiar. 2. ed. Bauru: Edipro, 2002. p. 43.

é verdadeiro que a própria lei assegura ao possuidor igualdade de agir como se proprietário (quando não o é) do bem fosse.

2.4. Tipos de sujeição da coisa à pessoa e à posse

Em linhas gerais, o direito real sujeita a coisa à pessoa. Tal sujeição pode ser de direito ou de fato. Assim, pode haver o domínio sobre uma coisa (senhorio de direito) e estar ela nas mãos de outra pessoa (senhorio de fato). Essa noção é essencial para se compreender a posse. A sujeição de direitos estabelece-se de diversas formas: domínio ou propriedade e os outros direitos reais. A sujeição de fato pode ser compreendida, também, de diversas maneiras. Primeiro, há uma sujeição de fato, que é mero fato, reservando-se para ela o nome de detenção, onde está presente a figura do fâmulo da posse; segundo, há uma sujeição de fato, que depende de certas circunstâncias e que engendra consequências jurídicas relevantes, e é esta, no caso, a posse.

Existem, pois, na sujeição de uma coisa a uma pessoa, três graus plenamente distintos. A saber:

a. domínio e direitos reais vêm a ser a existência de uma efetiva sujeição de ordem jurídica, nascida e regulada pelo próprio Direito;

b. posse representada por uma situação de fato, mas que, entretanto, engendra consequências jurídicas tão importantes, que é, hoje, conceituada como sendo um direito;

c. detenção representa uma situação de fato, que os romanos, em certa época, designaram com a expressão *possessio naturalis,* e que nada mais é do que a relação material de dependência que se estabelece entre uma coisa e uma pessoa, sem qualquer consequência de relevância jurídica.

Os efeitos do domínio já são conhecidos: em primeiro lugar, as amplas faculdades que têm o proprietário de usar, gozar e de dispor da coisa e, por último, a faculdade de reivindicá-la das mãos de quem quer que a detenha. A reivindicação é o próprio poder de sequela representada pelo domínio.

É importante salientar que a posse de determinada coisa — que deve ser bem de natureza imóvel ou móvel — está no rol dos direitos reais e, embora nascendo de uma condição meramente fática, gera consequências jurídicas próprias e que gozam da proteção legal, o que será objeto, a seguir, de considerações no **tópico 2.5.**

2.5. Consequências jurídicas da posse em relação ao possuidor efetivo e o fâmulo da posse

As consequências jurídicas da posse são, principalmente, duas: (a) em primeiro lugar, conduz ao domínio, mediante o Usucapião; (b) em segundo, dá ao possuidor o direito aos interditos. Os interditos possessórios são, no caso, de manutenção de posse, de reintegração de posse e interdito proibitório.

De todos os <u>efeitos jurídicos engendrados pela posse</u>, o que tem consequência mais significativa é, via de regra, a condução do possuidor à condição de proprietário; e tal ocorre, não havendo outra relação jurídica distinta, pela <u>ocorrência do Usucapião</u>. Não deixa, todavia, de ter sua grandeza os meios de defesa da posse que são colocados à disposição do possuidor.

Pela posse, temos, além da figura de maior relevância representada pelo instituto do Usucapião — possibilidade que, quando ocorre, transforma o possuidor em proprietário da coisa sobre a qual mantinha posse —, as figuras dos interditos possessórios, dos quais se assegura o possuidor para defesa de sua posse, conforme Arts. 1.210 a 1.212 do Código Civil de 2002 (e Arts. 499 e 501 do Código Civil de 1916).

Relevante destacar que os interditos possessórios não são garantidos em prol do detentor, pois este age, sempre, em nome do verdadeiro possuidor. E assim é porque o detentor tem a posse sem que com ela possa consolidar direitos que o conduza à condição de proprietário, em razão de Usucapião, e não pode valer-se dos interditos possessórios; inclusive, é possível que a mesma coisa tenha mais de um detentor, de forma simultânea, o que não descaracteriza a figura da mera detenção, pois nenhum dos que figuram como detentores está consolidando posse sobre a coisa mantida em detenção, em que não está presente o *animus domini*.

Ainda, quanto a não ser o fâmulo da posse titular do direito de proteção com o devido amparo legal nas ações possessórias, alude Misael Montenegro Filho, "também não pode propor a ação possessória o detentor da coisa ou fâmulo da posse, geralmente um funcionário do possuidor, que exerce a posse em seu nome, e aquele que se encontra em contato físico com a coisa por permissão ou tolerância do possuidor. Há, na espécie, uma posse desqualificada, que não confere ao detentor o direito de se amparar na proteção possessória na busca da retomada do bem". [86] [87]

O próprio Código Civil, tanto o atual (de 2002) como o revogado (de 1916), deixa claro que o servidor da posse, que é o detentor, ou, ainda, fâmulo da posse, não exerce direitos possessórios próprios quando está em relação de dependência para com outro (que é o verdadeiro possuidor da coisa), pois é em nome deste e recebendo as devidas instruções que conserva a posse da coisa, conforme disposto no Art. 1.198 do Código Civil de 2002 (e Art. 487 do Código Civil de 1916).

Não há como ser feita qualquer confusão com a figura do detentor e a do possuidor direto, pois, neste último caso, ele (= possuidor direto[88]) estará amparado para manejar ação possessória, inclusive contra o próprio possuidor indireto, e este, salvo casos específicos, contra aquele. Neste mesmo sentido é a lição que se extrai da doutrina de Aluísio Santiago Júnior: "No relacionamento entre os dois possuidores qualquer um pode manejar ação possessória contra o outro, sem a conduta de um deles representar esbulho, turbação ou ameaça à situação do outro".[89]

Deflui isso, a questão da posse direta, do comando do Art. 1.197 do Código Civil de 2002 (e Art. 486 do Código Civil de 1916), em que desponta que a posse direta decorre de direito pessoal

---

[86] MONTENEGRO FILHO, Misael. *Ações possessórias*. São Paulo: Atlas, 2004. p. 42-43.

[87] O fâmulo da posse, como simples detentor físico da coisa, não tem direito aos interditos possessórios e quando demandado em nome próprio deve proceder a nomeação à autoria do titular da posse, em conformidade com o Art. 62 do Código de Processo Civil. Fâmulos da posse são, por exemplo, como aponta Arnoldo Wald: "O bibliotecário, em relação aos livros que guarda, o soldado, quanto às suas armas, o motorista de ônibus, quanto a este". São considerados, dentre outros, como simples detentores da posse em razão de "que exercem o seu poder em nome alheio, sem autonomia, de acordo com as instruções de terceiro" (WALD, Arnoldo. *Curso de direito civil brasileiro*: direito das coisas. 11. ed. São Paulo: Saraiva, 2002. p. 58).

[88] É de bom alvitre lembrar que na questão da posse direta e na figura do detentor, a causa pode decorrer da mesma coisa, só que na figura do possuidor está presente uma relação jurídica, enquanto na do detentor a mesma decorre de uma relação de dependência, de ordem econômica, deste para com o legítimo possuidor. Melhor explicando, tomando por base a doutrina de Marcus Vinicius Rios Gonçalves (*Dos vícios da posse*. São Paulo: Oliveira Mendes, 1998. p. 27): "Moreira Alves explica que o critério para distinguir uma da outra é que a relação entre o servidor e o possuidor possui uma forte carga de dependência de natureza social, e a relação na hipótese de posse direta é mais estritamente jurídica. Assim, na hipótese de posse direta, o vínculo jurídico é específico e circunscrito ao desdobramento da posse, o que não acontece com o servidor, que, por causa do vínculo, deve subordinar-se integralmente às decisões do possuidor, não podendo dar à coisa qualquer utilização ou destino sem que este determine".

[89] SANTIAGO JÚNIOR, Aluísio. *Posse e ações possessórias*: doutrina, prática e jurisprudência. Belo Horizonte: Mandamentos, 1999. p. 47.

ou real, donde podemos verificar que, embora não tendo sido repetido pelo Art. 1.197 do CC de 2002, continuam válidos os exemplos dados pelo Art. 486 do CC de 1916, no qual o usufrutuário, o credor pignoratício e o locatário são possuidores diretos; nesse rol também se encaixa a figura do depositário, pois é ele, também, possuidor direto, haja vista que detém a coisa em razão de direito pessoal ou obrigacional.

2.6. Conceituação doutrinária da posse

Por meio do Código Civil (tanto o de 2002, como o de 1916), somente é definida (como já apontamos alhures) a figura do possuidor e não da posse em si mesmo, situação e que leva o doutrinador civilista Renan Falcão Azevedo a dizer que, "em lugar de definir-se o direito, definiu-se o titular do direito"[90]. Inobstante tal situação, a falta de definição legal, por meio do Código Civil, em nada obsta que firmemos doutrinariamente o conceito de posse, mesmo porque é pela doutrina, e não, necessariamente, pela legislação, que o conceito em matéria jurídica deve ser formulado.

A doutrina acena com vários conceitos, todavia todos, ao fim e ao cabo, convergem para os mesmos elementos nucleares, o que é corretíssimo, pois o que não pode ficar de fora do conceito são, exatamente, os **elementos nucleares**. Destacamos, dentre os mais variados **conceitos** apontados pela doutrina: "Posse é o conjunto dos atos, não defesos em lei (posse justa), exercidos sobre a coisa pelo sujeito, ou por terceiros em seu nome (fâmulo da posse), tal como se dela fosse o proprietário, ou titular de algum respectivo direito real (quase-posse)".[91][92][93]

Pelo conceito transcrito está destacada a **<u>posse propriamente dita</u>**, que é aquela que pode conduzir o possuidor à condição de proprietário em razão de Usucapião, como também a posse decorrente de mera detenção, na qual o possuidor não se tornará proprietário da coisa possuída em razão de Usucapião; não é esquecida, por fim, no conceito, a figura da quase-posse, que é aquela exercida em direitos reais fracionados do direito maior, como. p. ex., a posse do usufrutuário, que tem, além da própria posse, o direito de uso e gozo da coisa recebida em usufruto, inclusive com possibilidade do manejo das ações possessórias típicas (manutenção de posse, reintegração de posse e interdito proibitório) contra terceiros e até contra o próprio nu-proprietário,[94] sem que tenha, no entanto, a disposição dela, conforme elementos nucleares provenientes do Art. 1.228, do Código Civil de 2002 (e Art. 524, do Código Civil de 1916).

Resumindo, em razão do conceito em comento, a **<u>posse decorre de três situações distintas</u>**, quais sejam: **(a) posse propriamente dita**, que é aquela que o possuidor possui a coisa como se sua realmente fosse (tem o *animus* de senhor e possuidor); **(b) posse impropriamente dita**, que é aquela que o possuidor possui a coisa sem que, no entanto, faça com a intenção de tê-la como

---

[90] AZEVEDO, Renan Falcão de. Posse: efeitos e proteção. 3. ed., Caxias do Sul: Universidade de Caxias do Sul (EDUCS), 1993. p. 36.

[91] AMARAL, Ricardo Rodrigues do. Direito das coisas. Presidente Prudente-SP: Data Juris, 1994. p. 31.

[92] De conformidade com a doutrina de HENRIQUE, João. *Direito...*, *op. cit..* p. 51, a posse é assim definida: "Posse é o poder físico que a pessoa tem sobre uma coisa corpórea com a intenção de exercer um direito".

[93] Por outro lado, ainda sobre o conceito de posse, diz Valência Zea, *apud* GONÇALVES, Marcus Vinicius Rios. *Dos vícios...*, *op. Cit.*, p. 23, que é *"toda relación material del hombre con las cosas que se traduce en la capacidad de influir con nuestra voluntad sobre ellas y da derecho al poseedor para defenderse por si, o por intermedio de la justicia, de los ataques que los demás dirijan a dicha relación".*

[94] Lecionam Ney Rosa Goulart e Paulo Eurides Ferreira Sefrin: "Como titular da posse, para bem poder gozar a coisa frutuária, o usufrutuário dispõe de todas as ações possessórias contra quem quer que a lese. Inclusive contra o nu-proprietário, se este lhe embaraçar o livre exercício do usufruto. Só não pode exercitar a ação de reivindicação, visto que não é proprietário, sendo ela, então, prerrogativa do nu-proprietário". In: GOULART, Ney Rosa e SEFFRIN, Paulo Eurides Ferreira. *Usufruto, uso e habitação: teoria e prática.* Rio de Janeiro: Forense, 1986. p. 19.

se sua efetivamente fosse (possui a coisa em nome de outrem e é, pois, mero fâmulo da posse); e **(c) posse derivada**, que é aquela que o possuidor possui a coisa em decorrência de tê-la recebida em razão de desdobramento de outra até então plena (no caso. p. ex., a posse decorrente de um contrato de aluguel, em que o locatário possui apenas a posse direta da coisa, pois a posse indireta continua com o locador).

<u>A posse propriamente dita é a que melhor se apresenta no quadro possessório</u>, pois é ela que guarda todos os requisitos para conduzir o possuidor à condição de proprietário, em razão da prescrição aquisitiva que está sendo formada, pelo decurso do tempo, em seu favor para usucapir a coisa, quer seja bem de natureza imóvel, quer seja bem de natureza móvel. Portanto, consolidado o tempo e as demais condições, inclusive a própria continuidade da posse, passará o possuidor, pela aquisição de forma derivada da coisa, em razão de Usucapião, à condição de proprietário.

2.7. Natureza jurídica da posse (se se trata de mero fato, ou se se trata de direito, ou, ainda, se se trata de direito e fato)

No que se refere à natureza jurídica da posse, a discussão entre os doutrinadores ainda é, mesmo nos tempos atuais, objeto de muita polêmica. Para uns, a posse é mero fato[95]; outros, entretanto, a tem como sendo um direito; outros, por fim, a tem como sendo um direito e um fato que agem simultaneamente. Assevera, neste sentido, Darcy Bessone: "Desde o Direito Romano controverte-se a questão de saber se a posse é fato ou é direito. Não se chegou, ainda, a um entendimento definitivo, no que toca a tal dissídio".[96] [97] [98]

Embora tais discordâncias doutrinárias, não há, contudo, modernamente, mais razão para a existência da polêmica, pois é inequívoco que a posse resulta de uma situação de fato. No entanto, isso somente quando de sua formação inicial, embora com todo os requisitos de proteção do direito. Melhor explicando, a posse decorre de uma situação inicial de fato em razão de que, se fosse, desde logo, decorrente de uma situação de direito, *lato sensu*, não estaríamos diante da posse, e sim, desde logo, de propriedade, a qual decorre de uma relação jurídica pura e simples, e não em razão de situação fática (mas geradora de relação jurídica), como acontece especificamente com a posse.

A situação dantes apontada também encontra controvérsia por meio da doutrina relativa ao disposto no Direito Civil de Portugal.

Releva, por outro lado, levar em consideração que a posse, por ser sempre proveniente de uma situação de fato, tem o seu cunho de direito; e tanto é verdade que os institutos de proteção

---

[95] Aponta Rodrigo Xavier Leonardo (In: *Código de Processo Civil Anotado* – OABPR – 2019): "A posse é um fato. Como fato, integra o suporte fático de alguns fatos jurídicos. Caso some-se a este fato outros componentes, integrará o suporte fático suficiente de diferentes fatos jurídicos (v.g., a usucapião, em suas diversas modalidades, o direito de retenção, o direito de percepção de frutos, entre outros)".

[96] BESSONE, Darcy. *Da posse*. São Paulo: Saraiva, 1996. p. 64.

[97] Na doutrina civilista de Portugal também a matéria – sobre a posse ser um direito ou um fato, basicamente, mas também se é simultaneamente direito e fato – é tratada com muita polêmica. Neste sentido, pela doutrina de ASCENSÃO, José de Oliveira. *Direito civil reais*. 5. ed., Coimbra-Portugal: Coimbra Editora, Limitada, 1993. p. 77-78: "Discute-se se a posse é um facto ou um direito. Excluindo entendimentos menos significativos, opõem-se os que afirmam que a posse é uma realidade extrajurídica, de que derivam efeitos jurídicos, àqueles que pretendem que a posse é ela própria uma situação jurídica, embora tenha o exercício fáctico de poderes na sua génese".

[98] Por outro lado, no direito civil brasileiro, já pontificava o entendimento do Conselheiro LAFAYETTE – sobre a questão de a posse ser direito ou fato (ou ambos, simultaneamente): "É, pois, força reconhecer que a posse é um fato e um direito: – um fato pelo que respeita à detenção, um direito por seus efeitos". In: PEREIRA, Rodrigues Lafayette. *Direito das coisas*. 5. ed., v. 1., em 2, Rio de Janeiro/São Paulo: Livraria Editora Freitas Bastos, 1943. p. 40.

em matéria possessória, que são de natureza de ordem jurídica, garantem-lhe a devida proteção, o que bem retrata o comando contido no Art. 1.210, do Código Civil, de 2002 (e Arts. 499 e 501, do Código Civil de 1916). Estabelece o **Art. 1.210** – *O possuidor tem direito a ser mantido na posse em caso de turbação, restituído no de esbulho, e segurado de violência iminente, se tiver justo receio de ser molestado.*

§ **1°.** *O possuidor turbado, ou esbulhado, poderá manter-se ou restituir-se por sua própria força, contanto que o faça logo; os atos de defesa, ou de desforço, não podem ir além do indispensável à manutenção, ou restituição da posse.*

§ **2°.** *Não obsta à manutenção ou reintegração na posse a alegação de propriedade, ou de outro direito sobre a coisa.*

A polêmica em matéria possessória é – e por certo continuará a ser por muito tempo ainda – por demais prolixa, contudo, em se analisando de forma criteriosa o Código Civil de 2002, assim como o revogado Código Civil de 1916, além do Código de Processo Civil, percebe-se, nitidamente, a proteção que é dada à posse.

Aliás, pelo revogado Código Civil de 1916, já se encontrava assentado de forma lapidar, no **Art. 75**: *A todo o direito corresponde uma ação, que o assegura.* E isto, via de regra, os autores ignoravam quando discutiam sobre a proteção da posse e não interpretavam que mesmo sendo um fato este tinha consequência jurídica e, como tal, era protegido por meio da competente ação judicial. ação. O fato que gera efeito é, logicamente, como já asseverava com justa razão Pontes de Miranda, de natureza jurídica; logo a posse como fato, do qual decorrem efeitos, é, indubitavelmente, fato de natureza jurídica e goza de proteção por meio das ações possessórias e pelo desforço pessoal.

Como o Código Civil de 2002 não reproduziu as normas referentes aos Arts. 75 e 76, do revogado Código Civil de 1916, é lícito questionar: "será que a figura da ação em sentido material continua presente, continua relevante, no ordenamento jurídico privado brasileiro?

A resposta é afirmativa e passa pela detecção, no ordenamento legal, de diversos casos em que a ação em sentido material não se exerce através de 'ação' em sentido processual, não se canaliza por meio de 'ação' processual, não dependendo de atuação do Poder Judiciário"[99].

Os exemplos expostos *infra* dão a real dimensão da matéria:

a. a figura da **<u>legítima defesa</u>** (artigo 188, I CC[100]), por meio da qual o titular de um direito subjetivo pode garantir, por seus próprios meios, a proteção desse direito ante uma agressão atual e contrária à lei;

b. o instituto do **<u>desforço imediato para a proteção do fato da posse</u>** (artigo 1.210, parágrafo 1° CC), através do qual o possuidor turbado ou esbulhado pode manter-se ou restituir-se pela sua própria força, desde que o faça logo e com proporcionalidade nos meios empregados;

---

[99] Disponível em: https://www.conjur.com.br/2016-mai-16/direito-civil-atual-acao-sentido-material-ainda-existe-nosso-sistema-parte/. Acesso em: 12 jun. 2024. <u>Nota</u>: os destaques e as adequações não guardam, necessariamente, a mesma forma contida no texto originário.

[100] Art. 188. *Não constituem atos ilícitos:*

I – *os praticados em legítima defesa ou no exercício regular de um direito reconhecido;*

II – *a deterioração ou destruição da coisa alheia, ou a lesão a pessoa, a fim de remover perigo iminente.*

Parágrafo único. *No caso do inciso II, o ato será legítimo somente quando as circunstâncias o tornarem absolutamente necessário, não excedendo os limites do indispensável para a remoção do perigo.*

c. o **cumprimento específico assinalado a terceiro**, em sede das dívidas de fazer e de não fazer, que em caso de urgência pode ser providenciado pelo credor independentemente de autorização judicial (artigo 249, parágrafo único e artigo 251, parágrafo único CC)[101];

d. a **compensação entre dívidas** (artigo 368 e ss. CC)[102].

Os exemplos expostos *supra* dizem respeito a tipos "de ação em sentido material que não envolvem ajuizamento de 'ação' em sentido processual, mostrando que o primeiro conceito permanece vivo dentro do nosso ordenamento jurídico (sendo, aliás, da maior importância compreender a sistemática própria, as características do regime jurídico comum subjacente a todas essas situações enumeradas)".

Por fim, se mostra "claro, assim, que a ação em sentido material é um daqueles elementos tão enraizados na própria estrutura do sistema jurídico que, por mais que se tente retirá-la pela porta, ela insiste em retornar pela janela..."[103]

De sorte que, e assim entendemos, a questão envolvendo a juridicidade da posse fica – em razão da proteção que recebe do próprio direito (decorrente dos efeitos produzidos pelo fato jurídico) – pacificada, haja vista que recebe a mesma proteção que é dada a qualquer outro direito, até mesmo porque é da essência processual civil que a lei assegura a todos o direito de ação[104] para proteção de seus direitos violados, ou que estejam na iminência de o sê-los, como acontece, exemplificativamente (em matéria possessória), com o instituto do interdito proibitório.

Se o direito positivo brasileiro assegura o direito do possuidor, como assegura concretamente, não persiste qualquer dúvida de que a posse (embora decorrente de uma situação fática, mas que adquire segurança num fato/ato de natureza jurídica) é protegida pelo direito, e tanto é verdade tal assertiva que ela goza dá competente proteção jurídica decorrente do direito material e do direito processual. E a proteção jurídica é assegurada para a proteção do direito, haja vista que, para cada direito, existe uma ação que assegura o seu exercício, desde que, logicamente, haja o efetivo interesse e legitimidade de que busca a garantia da aplicação da norma jurídica.

Sintetizando a questão relativa à natureza jurídica da posse, destacamos o abalizado ensinamento de Roberto Wagner Marquesi, quando ele aponta (no que se coaduna com que expusemos anteriormente): "Muito se discute sobre se a posse é um fato ou um direito, ou ambos os fatores reunidos. Não pairam dúvidas sobre constituir-se um fato, mas o dissenso doutrinário surge quanto a ser ela também um direito. A despeito de vozes autorizadas em sentido contrário, não

---

[101] Art. 249. *Se o fato puder ser executado por terceiro, será livre ao credor mandá-lo executar à custa do devedor, havendo recusa ou mora deste, sem prejuízo da indenização cabível.*

Parágrafo único. *Em caso de urgência, pode o credor, independentemente de autorização judicial, executar ou mandar executar o fato, sendo depois ressarcido.*
Art. 251. *Praticado pelo devedor o ato, a cuja abstenção se obrigara, o credor pode exigir dele que o desfaça, sob pena de se desfazer à sua custa, ressarcindo o culpado perdas e danos.*

Parágrafo único. *Em caso de urgência, poderá o credor desfazer ou mandar desfazer, independentemente de autorização judicial, sem prejuízo do ressarcimento devido.*

[102] Art. 368. *Se duas pessoas forem ao mesmo tempo credor e devedor uma da outra, as duas obrigações extinguem-se, até onde se compensarem.*

[103] Disponível em: https://www.conjur.com.br/2016-mai-16/direito-civil-atual-acao-sentido-material-ainda-existe-nosso-sistema-parte/. Acesso em: 12 jun. 2024.

[104] **Ação é, não custa relembrar, na preciosa e clássica definição de Celso:** "*Actio nihil aliud est quam jus persequendi in judicio quod sibi debentur*". Em livre tradução: Ação é o direito de alguém pleitear em juízo o que lhe é devido. É verdade, e isto é inegável, que a definição clássica de ação serve, presentemente, como mera referência histórica, haja vista que a ação envolve aspectos mais abrangentes do que os do conceito apontado. Sobre a ação dizem, modernamente, os doutrinadores Nelson Nery Junior e Rosa Maria Andrade Nery: "Sentido do termo ação. O vocábulo ação deve ser aqui entendido em seu sentido mais lato, ora significando o direito público subjetivo de pedir a tutela jurisdicional (*ação stricto sensu*), em todas as suas modalidades (ação, reconvenção, ação declaratória incidental, denunciação da lide, chamamento ao processo)".

há negar à posse o caráter de verdadeiro direito. Não se pode confundir o direito com o fato que lhe dá origem. Os direitos subjetivos, como se sabe, assentam-se num fato, oriundo ou da manifestação de vontade ou de um acontecimento natural. A posse manifesta-se através da vontade do titular de manter um bem para sua serventia. Mas, como seus atos ou sua vontade traduzem um interesse, quer dizer, uma aspiração à utilidade-valor da coisa, surge o direito subjetivo e, com ele, a proteção possessória".[105]

2.7.1. Natureza jurídica da posse (direito pessoal, ou direito real)

Sendo, como afirmado anteriormente, a posse um direito — como de fato é, no que comungamos plenamente —, deve ficar delimitado, por outro lado, se trata-se de um direito pessoal ou de um direito real. Eis, então, a questão: A posse é direito de cunho estritamente pessoal, ou é direito de natureza real?

A resposta demandaria algumas perquirições de ordem doutrinária, pois longa foi a controvérsia doutrinária em definir se a posse era de natureza real ou simplesmente de natureza pessoal. Não nos ateremos com muita amplitude sobre a questão, pois, modernamente, as divergências já estão superadas. Não há, via de regra, nenhum doutrinador civilista que comungue, presentemente, com a posição adotada no passado e que teve como expoente maior Rui Barbosa, que entendia que a posse se inseria no rol dos direitos pessoais.

A questão da proteção da posse em favor dos direitos pessoais não merece qualquer crédito, e, assim sendo, trataremos da posse pelo prisma de seu verdadeiro alcance como matéria de direito real, como de fato é, mesmo porque, como acentua acertadamente Humberto Theodoro Júnior, "não se pode, em consequência, utilizar os interditos possessórios para realizar a pretensão de tutela a direitos pessoais ou obrigacionais"; pensamento esse que se amolda com o ponto de vista que defendemos e que também encontra eco na lição de Roberto J. Pugliese, quando este acentua: "O instituto da posse, incluído no direito das coisas, por mais afinidade que venha a ter com direitos pessoais ou personalíssimo, torna inadmissível aplicação das regras que são àquelas pertinentes. O instituto objetiva tutela de direito sobre algo e não sobre a relação humana ou sobre emanações inerentes à pessoa humana".[106]

Isso era assim pelo Código Civil de 1916 e é assim pelo Código Civil de 2002, pois mesmo no Código Civil de 1916, quando havia a expressão relativa à posse de direitos (como é o caso dos Arts. 488; 490, 493 e 520, parágrafo único), tal expressão decorria, na verdade, dos direitos reais, "porque só estes proporcionam o poder físico do titular sobre a coisa".[107]

Como a expressão "posse de direitos" não significa posse de direitos pessoais — que não existe, pois o que existe, repetimos, é posse de direitos reais — é que o legislador do Código Civil de 2002, nos Arts. 1.199 (Art. 488 do CC de 1916) e Art. 1.201 (Art. 490 do CC de 1916), não utilizou a expressão "direito", e com isso afastou qualquer incorreção de linguagem ou interpretação dúbia. Os Arts. 493 e 520 do Código Civil de 1916 não foram repetidos pelo Código Civil de 2002.

---

[105] MARQUESI, Roberto Wagner. *Direitos reais agrários e função social.* Curitiba: Juruá, 2001. p. 45-46. Aponta, ainda, o autor: "Fora do campo dos direitos reais também é assim, os direitos nascem de um fato, dito jurídico. É o caso das uniões estáveis, previstas nas Leis 8.971/94 e 9.278/96. Embora a união seja um fato, dela decorrem os direitos dos companheiros, como os de alimentos e sucessão. Para a aquisição do direito foi necessário um fato que o gerasse. Assim ocorre na posse. Conquanto constitua um direito, não se pode esquecer que ela se manifesta no mundo dos sentidos. Por isso, como registra Ihering, fato e direito se conjugam na posse".

[106] PUGLIESE, Roberto J. *Summa da posse.* São Paulo: Livraria e Ed. Universitária de Direito – LEUD, 1992. p. 36.

[107] THEODORO JÚNIOR, Humberto. *Curso de direito processual civil:* procedimentos especiais. 28. ed. Rio de Janeiro: Forense, 2002. 3 v.. p. 125-126.

O doutrinador Adroaldo Furtado Fabrício (*apud* Humberto Theodoro Júnior) aponta que "soa absurda a própria expressão 'posse de direitos pessoais'. Isto porque 'é incabível sobre direitos. Não há poder fático sobre abstrações'".[108]

Não pode ser concebida, com o mínimo de razoabilidade, a possibilidade de ser utilizada a figura possessória para dar sustentação à questão de proteção de direitos pessoais, pois estes, quando existentes, são protegidos — e tratados — por meio de matéria própria.

Não foi da tradição do Direito português, que seguiu a mesma vertente do Direito Romano, tratar da questão possessória — que sempre envolveu coisa — com a questão de direitos pessoais. No Direito brasileiro, na mesma trilha perfilhada pelo Direito de Portugal, que serviu como fonte de inspiração para o nosso ordenamento jurídico, não houve qualquer tipo de previsão de ordem legal que matéria de direitos pessoais poderia receber tratamento pelo campo dos direitos possessórios.

A base do Direito brasileiro que norteou o Código Civil de 1916 foi de total separação dos direitos possessórios dos direitos de natureza pessoal. O ponto de vista defendido por Rui Barbosa, que admitia a proteção possessória para resguardo de direitos pessoais, e de posições doutrinária em contrário, que não admitiam, registramos, para fins de ilustração da matéria e pesquisa histórica, em notas de rodapé,[109] [110] [111] [112] o que possibilitará ao consulente tomar conhecimento, em maior profundidade, da questão. Rui Barbosa adotou, para a defesa dos direitos pessoais, critérios oriundos do Direito canônico, em face da *actio spolii*, matéria que será vista no **Capítulo 5**. Contudo merece registro, como assevera o doutrinador Ebert Chamoun, que "dentre as grandes codificações, apenas o Código Civil português insiste na posse de direitos. Na esteira do Código alemão e do suíço, o italiano (a posse é o poder sobre a coisa), o etíope (a posse consiste na senhoria efetiva que uma pessoa exerce sobre a coisa), o polonês (poder de fato sobre a coisa), o grego (poder de fato sobre a coisa) restringem a posse às coisas"[113].

---

[108] THEODORO JÚNIOR, Humberto. *Curso de direito processual civil*: procedimentos especiais. 28. ed. Rio de Janeiro: Forense, 2002. 3 v. p. 126.

[109] A defesa da posse como direito pessoal, feita por Rui Barbosa, decorreu dos estudos efetuados com base no Direito português (que vigia, à época, no Brasil), que teria recepcionado do Direito canônico a posse dos direitos pessoais, para sustentar uma ação de reintegração de 16 (dezesseis) professores que haviam sido demitidos da Escola Politécnica do Rio de Janeiro (isto em 1896). Não logrou, no entanto, êxito, pois a ação foi perdida. O relevante é que na condição de Senador da República, ele apresentou emenda ao Art. 485 do Anteprojeto do Código Civil (que mais tarde foi promulgado, isto em 1º de janeiro de 1916), onde foi inserida a palavra propriedade, enquanto na redação do projeto só figurava a palavra domínio.

[110] A posição de Rui Barbosa, em relação à posse de direitos pessoais, não logrou acolhida entre os juristas mais abalizados da época, dos quais merece destaque Clóvis Beviláqua, o idealizador do Código Civil de 1916. De fato, nas palavras de Clóvis Beviláqua: "Discutiu-se por algum tempo se o nosso direito civil, admitindo a posse de direitos, incluía nessa classe os direitos pessoais. Ficou, porém, assentado na jurisprudência, como na doutrina, que somente os direitos reais poderiam corresponder ao conceito de posse dado pelo Art. 485 do Código Civil: o exercício, de fato, de algum dos poderes inerentes ao domínio ou propriedade. Os direitos pessoais não são poderes componentes do domínio ou propriedade; portanto o seu exercício não pode ser defendido por ações possessórias. Outros são os remédios, que o direito oferece à sua garantia e proteção" (BEVILÁQUA, Clóvis. *Direito das coisas*. 2. ed. Rio de Janeiro: Freitas Bastos, 1946. 1 v. em 2. p. 48).

[111] Ainda, sobre a posição de Rui Barbosa, em querer que a proteção possessória se estendesse aos direitos pessoais, aduz, de forma mordaz, Pontes de Miranda: "A posse recai sobre a coisa. Uma das confusões mais graves, e ninguém errou mais a esse respeito do que Rui Barbosa, foi a de se falar da posse de direitos reais e posse de direitos pessoais" (MIRANDA, Pontes de. *Tratado das ações*: ações mandamentais. Atualizado por Vilson Rodrigues Alves. Campinas: Bookseller, 1999. v. 7, t. VI.. p. 104).

[112] À guisa de esclarecimento, os direitos pessoais são defendidos, via de regra, por meio da Ação de Mandado de Segurança, principalmente se objetivar a reintegração de alguém a algum cargo efetivo do qual foi demitido ou exonerado. O mandado de segurança tem amparo constitucional, em face do Art. 5º, inc. LXIX, da Constituição Federal de 1988. Atualmente, o mandado de segurança tem disciplinamento por meio da Lei n.º 12.016, de 7 de agosto de 2009 (anteriormente, a matéria era tratada por meio da Lei n.º 1.533, de 31 de dezembro de 1951, que tratava sobre o mandado de segurança, enquanto a Lei n.º 4.348, de 26 de junho de 1964, tratava das normas processuais relativas ao mandado de segurança, sendo que tais leis foram revogadas pelo Art. 29 da Lei n.º 12.016/2009). Estabelece a Lei n.º 12.016/2009: "Art. 1º. Conceder-se-á mandado de segurança para proteger direito líquido e certo, **não amparado por** *habeas corpus* ou habeas data, sempre que, ilegalmente ou com abuso de poder, qualquer pessoa física ou jurídica sofrer violação ou houver justo receio de sofrê-la por parte de autoridade, seja de que categoria for e sejam quais forem as funções que exerça".

[113] CHAMOUN, Ebert. Exposição de motivos do esboço do anteprojeto do Código Civil – Direito das coisas. *Revista Brasileira de Direito Civil – RBDCivil*, Belo Horizonte, v. 20. p. 225-239, abr./jun. 2019. DOI: 10.33242/rbdc.2019.02.013

Tendo em vista os seus aspectos intrínsecos e extrínsecos, não resta dúvida de que a posse é um direito de natureza real, haja vista que suas principais características são as mesmas, *lato sensu*, decorrentes do direito de propriedade, sem, obviamente, a figura do domínio em si mesmo, mas, como visto, com a possibilidade da utilização, por parte do possuidor, dos institutos possessórios, isto é, das ações interditais típicas (reintegração, manutenção e interdito proibitório).

A posse possibilita ao possuidor ser mantido ou até mesmo reintegrado e, em situações outras, resguardado no seu direito de não sofrer qualquer ameaça, e, finalmente, essa garantia que lhe é juridicamente assegurada pode ser utilizada até mesmo contra o próprio proprietário da coisa em litígio.

A doutrina moderna reconhece a posse como sendo um direito, embora, logicamente, decorrente de uma situação de fato; e além de ser direito, também a tem como sendo de direito real. Consolidando essa tomada de posição, encontramos eco no pensamento doutrinário de Ney Rosa Goulart, [114] o qual reconhece que tem a posse os mesmos corolários dos direitos reais, que são intrínsecos à propriedade, ou seja, ser oponível contra todos, com o correspondente direito de sequela, aderência e a característica básica de sua natureza *erga omnes*.

Não diverge desse modo de pensar o doutrinador processualista civil Celso Agrícola Barbi, ao dizer: "Antiga é a discussão acerca da natureza da posse e, portanto, das ações possessórias. Predomina hoje, entre nós, o entendimento de que a posse é um direito, e de natureza real". [115]

A colocação da posse como sendo um direito (e mais, como sendo de direito de natureza real), em que pese ter como nascimento uma questão meramente fática,[116] fica clara com os posicionamentos da doutrina moderna, no que, aliás, comunga do mesmo posicionamento o legislador civilista. E tal posição é, indubitavelmente, a mais sensata e coerente em relação à questão que envolve a posse como matéria inserida — e com a devida proteção — no campo dos direitos reais.

2.8. Teorias, Subjetiva e Objetiva, relativas à posse

Para explicar a existência da posse, em que pese divergências existentes de ordem histórica, existem algumas teorias sobre a matéria (que, para fins de consulta, procedemos em rápida indicação por meio de apontamentos lançados em nota de rodapé, o que possibilitará uma confron-

---

[114] GOULART, Ney Rosa. *Direito das coisas*. Santa Maria: Universidade Federal de Santa Maria, 1979. v. 1. p. 30-31.

[115] BARBI, Celso Agrícola. *Comentários ao Código de Processo Civil*. 2. ed. Rio de Janeiro: Forense, 1981. 1 v.. p. 130.

[116] Em outras obras jurídicas de nossa autoria (OLIVEIRA, Cláudio Teixeira de (coord.). *Manual do Servidor Público do Governo de Roraima*. Boa Vista-RR: Gráfica do Departamento de Imprensa Oficial, 1986. p. 123-125; OLIVEIRA, Cláudio Teixeira de. *Direitos Reais no Código Civil de 1916 e no Código Civil de 2002: anotações doutrinárias, textos legais e notas comparadas e remissivas*. Criciúma-SC: Unesc, 2003. p. 375. e OLIVEIRA, Cláudio Teixeira de. *Posse e Ações Protetivas: análise pelos códigos civis de 2002 e de 1916 e pelo código de processo civil*. Belo Horizonte: Fórum, 2011), anotamos, em relação à controvérsia da natureza jurídica da posse: O que importa, no entanto, é destacar que a posse, muito embora decorra de uma situação de fato, engendra consequências jurídicas relevantíssimas e, com isto, é modernamente conceituada como sendo um direito [direito no sentido de que a mesma goza de proteção que advém, ou não, de uma ação processual, levando em conta que o direito pode prescindir de uma ação judicial e sim decorrer de uma ação física, v.g., Desforço Pessoal]. As consequências da posse são de duas grandezas bem definidas, ou seja, a primeira delas é a de conduzir o possuidor à condição de proprietário em razão da ação de usucapião e, em segundo lugar, é que o possuidor pode utilizar-se, para fins de proteção da própria posse, das ações possessórias [interditos possessórios].

tação imediata com as teorias dominantes).[117] [118] Considerando, contudo, a sua aplicação prática e de maior destaque sobre as demais teorias, **destacamos** as duas principais, isto é, a **Teoria Subjetiva** e a **Teoria Objetiva**, pois foram elas que efetivamente deram o verdadeiro norte para o estudo da posse.

Nos estudos infra (**tópicos 2.8.1 e 2.8.2**), discorreremos, para melhor compreensão da matéria possessória, sobre as duas principais teorias, conforme alusão supra. Vejamos, então, cada uma de per si.

2.8.1. Teoria Subjetiva

Tem como seu expoente máximo Savigny (Friederich Carl von), que tinha a posse como sendo dependente do *corpus* (que é o objeto em si = a coisa/bem) mais (+) *animus domini* (que é a manifesta intenção de ter a coisa como sendo sua, ou seja, como sendo coisa própria). Em outras palavras: *corpus* = elemento material (físico) significa o contato de ordem material com a coisa (= bem/objeto) e (+) *animus* = o elemento subjetivo (de ordem espiritual) representa a intenção de ser dono, não sendo necessária a convicção de que é o proprietário.[119]

Dessa forma, pela linha seguida por Savigny, somente se configuraria a posse com a existência das duas figuras componentes, isto é: *corpus* e (+) *animus domini*, que sempre deveriam figurar de forma conjugada; caso contrário, não poderia haver posse, salvo a questão pertinente à posse derivada, também referida como quase-posse. A posse, para Savigny, dependia do poder físico, em razão da conjugação do *corpus et animus domini*, que era exercido sobre a coisa, e isso não pode servir como verdade absoluta. Aliás, sobre tal situação posicionou-se Ihering, quando ele aponta: "O erro fundamental de SAVIGNY consiste, a meu ver, na identificação da noção da posse com a do poder físico sobre a coisa, sem notar que esta última não passa de uma verdade relativa e limitada, pelo que chega a constrangê-la, de tal sorte, que perde afinal toda a verdade e fica reduzida a ser a negação de si mesma".[120]

Pela Teoria Subjetiva, não havia campo, todavia, para o entendimento da posse daquelas pessoas que tinham a coisa sem a configuração de senhor e possuidor, ou seja, tinham a coisa

---

[117] Eduardo Espíndola (*Posse, propriedade, compropriedade ou condomínio, direitos autorais.* Atualizado por Ricardo Rodrigues Gama. Campinas: Bookseller, 2002. p. 93), diz: "Rudolf von Ihering, passando em revista as teorias formuladas em torno do problema da proteção possessória, divide-as em absolutas e relativas, acrescentando alguns autores as teorias mistas e as histórico-negativas". Diz ainda o autor, com suporte no escrito por Edmundo Lins, que as teorias relativas, absolutas, mistas e negativas, decorrem de uma classificação que "é uma combinação da que faz Ihering com a de Dalman que as divide em filosófico-jurídicas e histórico-negativas; subdividindo as primeiras em relativas absolutas e mistas, e as segundas em meramente históricas e estritamente negativas".

[118] Pela compilação histórica, encontramos autores que dizem que antes dos estudos sobre a posse, levados a cabo por Savigny, existiam mais de 70 teorias que tentavam explicá-la e isto de modo totalmente dissonante e sem qualquer cunho de logicidade e plausibilidade. Coube, pois, a Savigny o mérito de dar nova luz sobre a questão possessória.

[119] Em relação ao *corpus* e ao *animus* anota SALEILLES apud Tito Lívio Pontes: "O *animus* e o *corpus*, em matéria possessória, não são mais do que os dois aspectos de uma mesma relação. O *animus* é o propósito de servir-se da coisa para suas necessidades, e o *corpus*, a exteriorização desse propósito. O *corpus* não é, portanto, uma simples relação material, a ter a coisa em seu poder real, mas a manifestação externa de uma vontade, e, por conseguinte, não se verifica sem o *animus*, que é o propósito exteriorizado, fato visível, mediante o *corpus*". In: PONTES, Tito Lívio. Da posse..., *op. cit.*. p. 24. SALEILLES, segundo anota Tito Lívio Pontes, foi autor de teoria bastante difundida sobre a posse, sendo que no seu modo de ver "o que caracteriza a posse, a relação possessória, é um vínculo econômico". Entendia, assim, SALEILLES, que "todas as coisas estão sempre a serviço de alguém, serviço econômico da posse, exceto apenas as *res nulliuns*. Assim, em cada caso particular, o que cumpre fazer é estabelecer esta identificação de relação econômica entre a coisa e a pessoa. Este o nó que não se desfaz, o vínculo que não se quebra, pois é da ordem daquelas coisas ligadas à própria subsistência e possibilidade de vida, a um tempo material e social". O ponto de vista teórico defendido por SALEILLES não logrou, no entanto, ofuscar as Teorias Subjetiva e Objetiva, pois SAVIGNY e IHERING é que tiveram (e ainda têm!) a primazia de merecerem a atenção dos codificadores dos Códigos Civis modernos, como se dá, do mesmo modo, no direito civil brasileiro.

[120] IHERING, Rudolf von. *Posse e interditos possessórios.* Trad. Adherbal de Carvalho. Salvador: Livraria Progresso Ed., 1959. p. 174.

sem o efetivo *animus* de proprietário (p. ex, comodatário). Para resolver (ou pelo menos tentar explicar) tal situação é que Savigny denominou aquelas situações em que o possuidor possuía a coisa sem o *animus* de senhor (proprietário) como sendo uma posse derivada (= quase-posse), o que será visto infra (**tópico 2.8.1.1**).

2.8.1.1. Questão da posse derivada em face da Teoria subjetiva

Pela Teoria Subjetiva, não havia campo para o reconhecimento da posse, por exemplo, do locatário, do depositário e do mandatário, considerando que nenhum deles tem, efetivamente, o *animus domini*. O reconhecimento, em casos tais, se dava no sentido de que eles eram, e somente isto, simples detentores (= fâmulos da posse).

Savigny, em sua Teoria Subjetiva, deixou muito a desejar na questão daqueles que detêm a coisa como precaristas, considerando que não entendia possível a posse sem a existência do *corpus* e do *animus domini*, do precarista ou servidor da posse. Nesse sentido, o credor pignoratício e o sequestrário não eram considerados por Savigny como possuidores, haja vista que não tinham a posse com o *animus domini*. Para resolver esse conflito, relacionado à posse exercida pelos detentores, denominou o exercício de posse deles como sendo de uma **posse derivada (= quase-posse)**, haja vista que a eles faltava o *animus domini* para que pudessem ser vistos como possuidores.

Nesse particular aspecto, da denominada posse derivada, também conhecida como quase--posse, é que a Teoria Subjetiva encontrou seu maior ponto de rejeição por parte da doutrina.[121] Percebemos, dessa maneira, que não havia uma base muito sólida na linha defendida pela Teoria Subjetiva, haja vista que necessitava, em determinadas situações, de uma subdivisão, que era a posse derivada, também conhecida como quase-posse. [122]

O próprio Ihering, ao se manifestar sobre Teoria Subjetiva de Savigny, ponderou em seus estudos: "Eu, entretanto, não posso atribuir-lhe importância maior que a passagem de um brilhante meteoro. Do ponto de vista da história do assunto, terá sempre o mérito de haver excitado e favorecido, poderosamente, a investigação científica no terreno da teoria possessória. Quanto aos seus resultados reais para a ciência, considero-os muito medíocres; ao meu ver Savigny não fez justiça nem ao Direito Romano nem à importância prática da posse, porque, por um lado, as idéias preconcebidas que tinha impediam-no de ter a necessária imparcialidade para reconhecer exatamente o Direito Romano, e por outro porque, quando empreendeu o seu trabalho, estava desprovido de toda e qualquer noção relativa à prática, defeito que devia ser duplamente perni-

---

[121] WALD, Arnoldo. *Curso...*, *op. cit.*, p. 35-36, refere que "[...] o elemento subjetivo faltava em outros casos, como os do credor pignoratício, do precarista e do sequestrário. Querendo manter a sua coerência, Savigny referiu-se nestes casos, à posse derivada, ou seja, a uma transferência da posse que seria feita do proprietário para estes três titulares de direitos. A teoria da posse derivada constitui inegavelmente o ponto mais controvertido da doutrina de Savigny". Diz, por outro lado, Arnoldo Wald: "Alegou-se que inexistia base para tal teoria no direito romano e que com ela se explicava a transferência da posse de certos casos determinados, quando a mesma não ocorria em casos análogos, como, por exemplo, em relação ao depositário que não era considerado possuidor pelo direito romano, embora fosse detentor do objeto em virtude de transferência que lhe fizera o seu legítimo proprietário".

[122] No nosso modo de ver, embora isto não conste de afirmação e ou menção consolidada por outros autores de obras jurídicas, Savigny tomou por parâmetro para a questão da quase-posse interpretação que fez de Celso, no *Digesto*, para o que apontamos: *Celsus, libro XXIII. Digestorum.* "*Quod meo nomine possideo, possum alieno nomine possidere; Nec enim muto mihii causam possessionis, sed desino possidere, et alium possessorem ministério meo facio; nec idem este, possidere, et alieno nomine possidere. Nam possidet, cujus nomine possidetur. Procurator alienae possessioni praestat ministerium*". Em livre tradução: Celso, *Digesto*, Livro XXIII. "Posso possuir em nome de outro, aquilo que possuo em meu nome. Porque, quando possuo por meio de outro, não perco o título de minha posse, mas cesso de possuir, e é por minha ação que outro possui por mim; e não é a mesma coisa possuirmos nós mesmos ou possuirmos em nome de outro; porque então possuímos de direito aquilo que esse outro possui de fato. O procurador presta o seu ministério para posse de outro".

cioso, sobretudo na teoria da posse, a qual não pode ser compreendida se não se leva em conta o seu lado prático".[123]

2.8.2. Teoria Objetiva

Tem como seu principal expoente Rodolf Von Ihering, cuja teoria, em matéria possessória, teve o acolhimento, na essência, pelo direito positivo brasileiro (assim como em vários países latino-americanos), conforme deflui do comando do Art. 1.196 do Código Civil de 2002 (e Art. 485 do Código Civil de 1916), o que se acha destacado infra (**tópico 2.8.3**).

Ihering partia da afirmação de que a posse era o resultado da existência, e não mais do que isso, da matéria, ou seja, do corpus (coisa/bem em si mesmo). Por meio de tal teoria, não há razão para a existência de perquirição sobre o elemento subjetivo (o *animus*). Para Ihering, o único elemento que se prova, e necessita para a configuração da posse, é o *corpus*, competindo à parte contrária provar, se o caso, que a aludida posse decorre "de uma causa jurídica com a qual é incompatível a possessio". Ihering não afastava, no entanto, a presença da existência do animus *domini*, só que este figura de forma implícita, e não como elemento norteador para a existência da posse.

Dessa maneira, sendo a posse mera representação da exterioridade da propriedade, o *corpus* se apresenta como sendo o modo pelo qual o proprietário usa, de fato, de sua propriedade. E aí se acham unidos os dois elementos, o físico e o moral: o estado de fato exterior e a vontade de se utilizar economicamente da coisa.[124]

Na sustentação da Teoria Objetiva, consoante posição firme da doutrina, verificamos que Ihering [125], como aponta Sílvio de Salvo Venosa [126], "principia por negar que o *corpus* seja a possibilidade material de dispor da coisa, porque nem sempre o possuidor tem a possibilidade física dessa disposição. Por outro lado, por vezes será impossível provar o *animus*, porque se trata de elemento subjetivo. Em razão disso, a teoria de Ihering é dita objetiva. Para ele o conceito de *animus* não é nem a apreensão física, nem a possibilidade material de apreensão. O importante é fixar o destino econômico da coisa. O possuidor comporta-se como faria o proprietário. O *animus* está integrado no conceito *corpus*.[127] É o ordenamento jurídico que discrimina o seu arbítrio, sobre as relações possessórias, criando assim artificialmente a separação da chamada detenção jurídica relevante de outras situações não protegidas". De modo que em decorrência da doutrina apregoada por Ihering, "um ponto ficou definitivamente claro na doutrina da posse, qual seja, a distinção entre esta e a detenção não pode depender exclusivamente do arbítrio do sujeito. Há que se examinar em cada caso se o ordenamento protege a relação com a coisa. Quando não houver proteção, o que existe é mera detenção. Como consequência, a posse deve ser a regra. Sempre que alguém tiver uma coisa sob o seu poder, deve ter direito à proteção. Somente por exceção o direito a priva de defesa, quando então se estará perante o fenômeno

---

[123] IHERING, Rudolf von. *Teoria simplificada da posse*. Trad. Pinto Aguiar. 2. ed. Bauru: Edipro, 2002. p. 78-78.

[124] Clóvis Beviláqua (*Direito das coisas*. 2. ed. Rio de Janeiro: Freitas Bastos, 1946. 1 v. em 2. p. 26), defende, *verbo ad verbum*, este entendimento.

[125] IHERING, Rudolf von. *Posse e interditos possessórios*. Trad. Adherbal de Carvalho. Salvador: Livraria Progresso Ed., 1959. p. 59.

[126] VENOSA, Sílvio de Salvo. Direitos reais. São Paulo: Atlas, 1995. p. 42.

[127] Afirmava Ihering: "A proteção da posse, como exterioridade da propriedade, é um complemento necessário da proteção da propriedade, uma facilidade de prova em favor do proprietário, que necessariamente aproveita também ao não proprietário". Aludindo, ainda: "A posse é exercício da propriedade, é a propriedade presumida, possível, em começo; está em relação constante com a propriedade: o próprio SAVIGNY, que afinal não perfilha esta doutrina, lhe reconheceu um certo grau de verdade; talvez mesmo não tenha ela deixado de influir sobre a sua descoberta do *animus domini*". (IHERING, Rudolf von. *Posse e interditos possessórios*. Trad. Adherbal de Carvalho. Salvador: Livraria Progresso Ed., 1959. p. 59).

da detenção. Ou seja, em cada caso deve ser examinado se a pessoa se comporta como dono, existindo *corpus* e *animus*". Toda vez que, "no caso concreto se prova que existe degradação nessa posse, e o ordenamento a exclui, ocorre uma *causa detentionis*, relação jurídica excludente da posse. Nesse sentido, devem ser lembrados dispositivos de nosso Código Civil que tipificam exclusão da posse em determinadas situações. A própria lei estabelece as *causae detentionis*, traçando perfil objetivo do qual não pode fugir o julgador". [128]

Neste contexto doutrinário, temos uma perfeita identificação da questão da posse em si mesmo e da questão que diz respeito não à posse como tal (com seus efeitos jurídicos próprios), e sim a uma mera detenção, esta decorrente do tipo da *causae detentionis*.

2.8.3. Linha teórica seguida pelo Código Civil

Em relação às Teorias Subjetiva e Objetiva, defendidas por Savigny e Ihering, respectivamente, foi, indiscutivelmente, a deste último que o nosso legislador deu preferência. De fato, consta do Art. 1.196, do Código Civil, de 2002: "Considera-se possuidor todo aquele que tem de fato o exercício, pleno ou não, de algum dos poderes inerentes à Propriedade". Tal linha de entendimento já era o perfilhado pelo legislador ordinário do Código Civil de 1916; tanto é verdade que dispunha o Art. 485 de 1916: "Considera-se possuidor todo aquele que tem de fato o exercício pleno, ou não, de algum dos poderes inerentes ao domínio, ou propriedade".

Essa preferência do legislador civilista brasileiro pela Teoria Objetiva em matéria de posse é fato incontroverso, e tanto é verdade que os próprios artigos transcritos anteriormente retratam tal verdade. Embora não deixando de lado, em menor escala, de adotar posição na qual a presença da Teoria Subjetiva também desempenha papel relevante (p. ex., Usucapião, em que um dos elementos presentes deve ser o da vontade do sujeito, em outras palavras, deve existir o *animus domini* = vontade de ser proprietário).

Na doutrina também desponta o entendimento anteriormente exposto quanto à prevalência da Teoria Objetiva. Desse modo, mais para fins de consideração de ordem histórica, pontuamos posição doutrinária que esclarece que "ao se elaborar o Projeto do Código Civil, a situação predominante em matéria de posse era caótica, dada a inexistência, no Direito então vigente, de qualquer disposição legal tendente a imprimir-lhe uma orientação concreta e definitiva. A posição de LAFAYETTE orientou-se na doutrina de SAVIGNY. CLÓVIS BEVILÁQUA, porém, o nosso insigne jurista, tomou um rumo definido em prol da concepção objetiva de IHERING; dela extraiu a noção de posse, consoante a vemos na definição contida no Art. 485 do Código Civil [Art. 1.196 do Código Civil de 2002, em vigor, com a mesma posição adotada pelo legislador do Código Civil de 1916, revogado, esclarecemos], na qual nenhuma alusão é feita ao requisito subjetivo do *animus sibi habendi*". [129] [130]

---

[128] VENOSA, Sílvio de Salvo. Direitos reais. São Paulo: Atlas, 1995. p. 42

[129] LOPES, Miguel Maria de Serpa. *Curso de direito civil*. 4. ed. Rio de Janeiro: Freitas Bastos, 1996. 6 v.. p. 149. Refere, ainda, o autor: "Sobrelevando esse fato, ASTOLFO REZENDE aplaudiu, com calor, a diretiva eleita por CLÓVIS, dizendo completo triunfo, porque a consciência jurídica do Brasil já estava amadurecida para repelir as idéias anacrônicas, ligadas à velha metafísica jurídica".

[130] Anota, por sua vez, Rodrigues de Meréje (*Teorias jurídicas da posse*. São Paulo: Edições e Publicações Brasil, 1942. p. 155): "Referindo-se ao livro máximo de Ihering, sobre a posse: O papel da vontade na posse — Guèrin disse: 'há nesse livro lampejos de gênio que projetam uma luz brilhante sobre os pontos escuros da ciência, e contribuem para fazer dessa obra uma das mais importantes dentre as que se tenham publicado sobre a ciência do direito'. E Bevilácqua, que introduziu a doutrina objetiva de Ihering em nosso Código Civil [de 1916, ora revogado pelo de 2002], reitera: 'É nesse livro genial, que a célebre teoria de Savigny sobre a posse é batida com uma cópia tão abundante de argumentos e com tão minucioso conhecimento das fontes romanas que o leitor sente a impressão de quem emerge das ilusões do sonho para a realidade da vida!'".

Entendemos, em reforço ao traçado retro, embora reconhecendo alguns pontos de vista doutrinários em contrário, que o legislador civilista deu preferência, em maior escala, ao tratar sobre a posse no Código Civil (tanto o atual, de 2002, como o revogado, de 1916), à Teoria Objetiva, de Ihering, sem que com isso tivesse deixado de lado, de todo, a aplicação da Teoria Subjetiva, de Savigny.

A posição do legislador civilista em ter adotado, com maior ênfase, a Teoria Objetiva, em detrimento da Teoria Subjetiva, não representa, como à primeira vista poderia parecer, nenhuma anomalia jurídica, pois, em determinadas situações, a posse deve ser encarada, pelo prisma do possuidor, em face do *jus possessionis* (direito de posse) e, por vezes outras, pelo *jus possidenti* (direito à posse). Em qualquer situação, no entanto, a existência do *corpus* e do *animus domini* estará presente, o primeiro, obrigatoriamente, e o segundo, como consequência lógica da existência daquele.

Não há contradição no tratamento da posse pelo Código Civil, quando trata como sendo possuidor aquele que tem a coisa como se proprietário fosse (Art. 1.196, do Código Civil de 2002, e Art. 485, do Código Civil de 1916), em que está presente a materialidade (*corpus*), com o tratamento dado ao possuidor que mantém a coisa em razão, por exemplo, de um contrato. Em ambas as situações, os interditos possessórios, que são efeitos da posse, estão presentes. Isso não quer representar, como numa leitura mais apressada poderia parecer — erro no qual incorrem alguns doutrinadores civilistas [131] [132] — que o Código Civil de 2002 (como já havia feito o Código Civil de 1916) não tem como pedra de toque a Teoria Objetiva em matéria possessória.

2.9. Função social da posse no direito positivo brasileiro

A inserção do estudo da posse em razão de *cumprimento de função social* é ponto de vista novo na ordem doutrinária, contudo não há como negar que também a posse, além da propriedade, deve cumprir com uma finalidade social.[133]

O legislador do novo Código Civil (de 2002) perdeu a oportunidade de aperfeiçoar mais o instituto da posse ao não tratar, especificamente, da matéria pelo seu lado de ordem social, o que leva, inclusive, Ricardo Aronne a dizer: "Sinto como ausência a função social da posse, que passou em branco em todo o direito possessório codificado, no meu sentir".[134] Tal constatação é

---

[131] No rol dos doutrinadores que se negam a reconhecer que o Código Civil, tanto o atual de 2002, como o revogado de 1916, tem nítida inclinação pela Teoria Objetiva, desponta Ricardo Aronne, que, ao comentar o Art. 1.196 do Código Civil de 2002, estabelece: "Colhe-se do dispositivo em apreço que a codificação não adota especificamente as teorias clássicas em matéria possessória. Afasta-se da Teoria Objetiva, na medida em que admite trânsito jurídico àquele que faticamente exerce a posse do bem, e tampouco adota a Teoria Subjetiva visto não chancelar através do *animus* a juridicidade do fenômeno possessório" (ARONNE, Ricardo. *Código Civil anotado*: direito das coisas: disposições finais e legislação especial selecionada. São Paulo: IOB Thomson, 2005. p. 54).

[132] Não é de todo equivocada a posição de Ricardo Aronne, como fizemos ver no corpo do texto, pois o legislador se mantém mais afeto a tratar a posse de forma geral e sem uma preocupação mais acentuada no que diz respeito ao cumprimento de sua efetiva função social, todavia isto, por si só, não quer dizer que a Teoria Objetiva deixou de nortear o posicionamento do Código Civil (tanto o atual de 2002, como o revogado de 1916). Aduz Sílvio de Salvo Venosa: "Seguindo a tradição romana e dentro da teoria exposta por Ihering, adotada como regra geral em nosso Direito, enfoca-se a posse como um postulado da proteção da propriedade. A proteção possessória, pelas vias processuais adequadas dentro do ordenamento, surge então como complemento indispensável ao direito de propriedade (VENOSA, Sílvio de Salvo. *Direitos reais*. São Paulo: Atlas, 1995. p. 57).

[133] Discorrendo sobre o então Projeto do Código Civil de 2002, acentuou o jurista Miguel Reale (que teve papel fundamental na nova codificação do direito civil): "Na realidade, a lei deve outorgar especial proteção à posse que se traduz em trabalho criador, quer este se corporifique na construção de residência, quer se concretize em investimento de caráter produtivo ou cultural. Não há como situar no mesmo plano a posse, como simples poder manifestado sobre uma coisa, 'como se' fora atividade do proprietário, com a 'posse qualificada', enriquecida pelos valores do trabalho" (REALE, Miguel. *O projeto do novo Código Civil*. 2. ed. refor. e atual. São Paulo: Saraiva, 1999. p. 82).

[134] ARONNE, Ricardo. *Código Civil anotado*: direito das coisas: disposições finais e legislação especial selecionada. São Paulo: IOB Thomson, 2005. p. 28.

verdadeira, pois não é dado um tratamento moderno à posse em relação ao papel que desempenha dentro do contexto de ordem social.

Embora tal omissão no Código Civil sobre o tratamento da posse em relação à sua função social não signifique que a matéria não tenha pontos de apoio para figurar no contexto do direito positivado brasileiro, o que encontramos pinçando enfoques legais dados pela legislação extravagante e até mesmo pelo Código Civil, ainda que não de forma direta e específica, como é o caso do tratamento do Usucapião decorrente da posse-trabalho.

A não menção de forma específica de que a posse deve cumprir com a finalidade social é irrelevante, pois, se ela (a posse) é, como já apontava Ihering, a visibilidade da propriedade, também é verdade que ela deve cumprir com o preceito da função social de forma isolada, isto é, sem necessidade de decorrer de propriedade. O atendimento da função social é dispositivo de alcance geral e não poderia estar — como de fato não está — adstrito tão somente à questão da propriedade, o que representaria um verdadeiro contrassenso quanto ao atendimento da questão primordial que é a do cumprimento da finalidade social que deve ter o bem, seja ele decorrente de propriedade ou de posse.

Pela Constituição Federal da República Federativa do Brasil de 1988, está patente que a propriedade deve cumprir com sua função social,[135] [136] conforme Art. 5º, inc. XXIII, e Art. 170, inc. III. Isso é fato incontroverso. No entanto, o que releva notar é que, por vias transversas, do próprio comando constitucional, em face, principalmente, dos Arts. 183 e 191, que tratam, respectivamente, sobre o Usucapião especial urbano e rural, a mesma Constituição Federal insere a posse no contexto da função social, mesma função, *mutatis mutandis*, que deve desempenhar a propriedade.

A doutrina, pelo menos a mais moderna e arejada pelos ventos da mudança de paradigmas, não diverge desse modo de pensar, como bem retrata Roberto Senise Lisboa, quando assevera que "não é apenas a propriedade que deve atender a sua função social. Como ensina Fachin, não se pode restringir a noção de posse à mera exteriorização da propriedade, noção estreita do liberalismo clássico, porque cronologicamente a propriedade começou pela posse. Além disso, a posse assumiu outra perspectiva, qual seja, a de uma concessão à necessidade da pessoa".

Registra, ainda, o autor em comento: "Lembra Hernández Gil que a posse possui uma função social que deve ser reconhecida pelo ordenamento jurídico porque a legislação tem de corresponder à realidade da sociedade e, quando possível, até mesmo modificar as suas estruturas. Assim, pode-se afirmar que há uma função social da posse, que não se confunde com a função social da propriedade, cujo tratamento legislativo deve compatibilizar-se com a outorga do patrimônio mínimo que possa garantir a dignidade humana".[137]

---

[135] A função social da propriedade — e que, por linhas transversas, também deve ser aplicada à posse — é que, pela Constituição Federal de 1988, "a função social da propriedade privada deve ser considerada em relação à propriedade urbana e à propriedade rural, classificando-se a propriedade privada urbana em edificada (= predial) e não-edificada (= territorial)". É o que assevera, e no que concordamos (CRETELLA JÚNIOR, José. *Comentários à Constituição brasileira de 1988*. Rio de Janeiro: Forense Universitária, 1993. v. 8. p. 3974. Art. 170 a 232.). No que tange à propriedade de terra rural, acrescenta o autor, à p. 3973-3974, tomando por base o Art. 2º da Lei n.º 4.504, de 30 de novembro de 1964 (Estatuto da Terra): "A propriedade da terra desempenha integralmente a função social, quando simultaneamente, favorece o bem-estar dos proprietários e dos trabalhadores que nela labutam, assim como o de suas famílias, mantém níveis satisfatórios de produtividade; assegura a conservação dos recursos naturais; observa as disposições legais que regulam as justas relações de trabalho entre os que a possuem e a cultivam".

[136] De tudo isto, como apontado na nota acima e, ainda, como consta do próprio corpo do texto, conclui-se, com suporte em Celso Ribeiro Bastos e Ives Gandra Martins (*Comentários à Constituição do Brasil*. São Paulo: Saraiva, 1989. v. 2. Art. 5º a 17) "que o núcleo fundamental do conceito de preenchimento da função social é dado pela sua eficácia atual quanto à geração de riqueza".

[137] LISBOA, Roberto Senise. *Manual elementar de direito civil*: direitos reais e direitos intelectuais. 2. ed. São Paulo: Revista dos Tribunais, 2003. 4 v. em 5. p. 42-43.

Por outro lado, o próprio Código Civil de 2002 adota a linha, embora sem um enfoque mais consistente e específico sobre o tema, de que a posse tem que cumprir com sua função social; e tanto isso é verdade que protege e concede maiores "regalias" aos possuidores que dão uma destinação social às suas posses, o que pode ser visto, dentre outros, pelos comandos dos Arts. 1.239 e 1.240[138] do Código Civil de 2002, que tratam do Usucapião, que é instituto que decorre exclusivamente da posse; também, em face do Art. 1.228, *caput*, do CC de 2002 (que pelo CC de 1916 correspondia ao Art. 524, *caput*), desponta pelos incs. 4º e 5º (sem correspondências pelo CC de 1916), que pode ocorrer desapropriação judicial em razão da denominada posse-trabalho.[139]

Nos aludidos artigos (no caso, 1.239 e 1.240 do CC de 2012), conforme anteriormente identificados, que guardam as mesmas feições dos Arts. 191 e 183, da Constituição Federal de 1988, respectivamente, é levada em conta a função social que o possuidor deu à sua posse, pois, em face do Art. 1.239 do Código Civil de 2002, deve tornar produtiva a terra por trabalho próprio e/ou trabalho conjugado com sua família e, além do mais, também deve ter residência no próprio imóvel objeto da posse que será objeto de Usucapião e/ou até mesmo ter realizado obras de relevante valor social e econômico no aludido imóvel.

Embora sem receber um tratamento mais consistente e abalizado por meio da doutrina, é inegável que a posse tem, de muito, sua proteção no direito positivo brasileiro. Essa afirmação encontra eco no próprio texto da Lei n.º 601, de 18 de setembro de 1851, posteriormente regulamentada pelo Decreto n.º 1.318, de 30 de janeiro de 1854, quando, inclusive, foi criado o primeiro sistema registral de terras no Brasil.[140]

De outra banda, a legislação agrária brasileira, em face da Lei n.º 4.504, de 30 de novembro de 1964, que instituiu o Estatuto da Terra, também teve a preocupação de deixar regrado que valorava a denominada posse *pro labore*, conforme o contido em seus Arts. 97 a 102, nos quais fica claro que a posse – assim como a propriedade – também deve cumprir com sua função social.[141] Mesmo decorrente de posse é inegável que a coisa tem de cumprir com a sua função social. Sendo assim, o direito agrário, especificamente, quer que a coisa possuída tenha por fim último o cumprimento de um papel socialmente relevante para a sociedade.

Após análise pormenorizada da posse agrária no direito positivo brasileiro, contextualizando a matéria em seus aspectos fáticos e jurídicos, Getúlio Targino Lima refere que a posse agrária "é o exercício direto, contínuo, racional e pacífico, pelo possuidor, de atividade agrária desempenhada sobre um imóvel rural, apto ao desfrute econômico, gerando a seu favor um direito de natureza

---

[138] Nota: Os artigos estão transcritos no Capítulo 4 desta obra.

[139] *Art. 1.228. O proprietário tem a faculdade de usar, gozar e dispor da coisa, e o direito de reavê-la do poder de quem quer que injustamente a possua ou detenha.*
[...].
§4º O proprietário também pode ser privado da coisa se o imóvel reivindicado consistir em extensa área, na posse ininterrupta e de boa-fé, por mais de cinco anos, de considerável número de pessoas, e estas nela houverem realizado, em conjunto ou separadamente, obras e serviços considerados pelo juiz de interesse social e econômico relevante.
§5º No caso do parágrafo antecedente, o juiz fixará a justa indenização devida ao proprietário; pago o preço, valerá a sentença como título para o registro do imóvel em nome dos possuidores."

[140] A matéria foi objeto de estudo no Capítulo 1 desta obra.

[141] É a posse agrária, portanto, uma posse qualificada por sua própria função de ordem social e econômica e isto faz com que ela difira "do mero apossamento, que tem natureza puramente fatual de exercício de alguma das faculdades/poderes dominiais". Sedimentado, então, fica que a posse agrária tem um cunho inconfundível de posse "no sentido publicístico que lhe confere o direito agrário, em relação à concepção privatística, própria do Código Civil, elemento de suporte fático da aquisição por usucapião".

real especial, de variadas conseqüências jurídicas e visando ao atendimento de suas necessidades socioeconômicas, bem como as da sociedade".[142]

De fato, é assim mesmo, como anteriormente exposto, e isso também verificamos na lição de Luciano Godoy de Souza, quando ele afirma que "é a promoção da produção, da produção agrária, que constitui o valor em destaque, importante elemento econômico e social, uma vez que patrocina os fatores de abastecimento de alimentos e matérias-primas, visando à manutenção de uma população, por meio de sua alimentação, e assim é expressão direta da concessão da dignidade humana e da cidadania às populações relacionadas com o campo. Nesse sentido, a Constituição federal de 1988 regulou nossa Política Agrária".[143]

Não pode, modernamente, pairar dúvida de que também a posse, pela figura do possuidor, tem de ter, e objetivar, uma efetiva destinação social. E isso é assim em decorrência de que a coisa possuída, embora sem o domínio em favor do possuidor, deve atentar para o preenchimento de sua finalidade social, isto é, deve, em última análise, servir não só ao possuidor, mas também à própria sociedade.

Não pode haver, presentemente, espaço para entendimento em que não se admita a posse como matéria inserida dentro do contexto da função social que deve desempenhar – no mesmo pé de igualdade com a propriedade[144] –, mesmo porque, além das legislações apontadas, inclusive da própria Constituição Federal de 1988, também a Lei n.º 10.257, de 10 de julho de 2001, que estatuiu o Estatuto da Cidade, dá o devido tratamento à matéria, conforme, especificamente, dispõe em seus Arts. 9º até 14, os quais tratam sobre o Usucapião urbano.

Pela Medida Provisória n.º 2.220, de 4 de setembro de 2001, que discorre sobre a concessão de uso especial, de que trata o § 1º., do Art. 183, da Constituição Federal de 1988, também aflora a presença da posse em razão de sua função social, pois é reconhecido o direito de concessão de uso especial para quem ocupava, na condição de possuidor, até 30 de junho de 2001, imóvel público em área urbana, em metragem de até 250m², para fins de moradia; com o requisito de que a posse já se prolongasse pelo prazo de cinco anos.

A Medida Provisória n.º 2.220/2001 **(alterada** pela Lei n.º 13.465, de 11 de julho de 2017)[145], reconhece, mediante outras condições especificadas em seu texto, a concessão de uso especial de

---

[142] LIMA, Getúlio Targino. *A posse agrária sobre bem imóvel*. São Paulo: Saraiva, 1992. p. 92.

[143] GODOY, Luciano de Souza. *Direito agrário constitucional: o regime da propriedade*. São Paulo: Atlas, 1998. p. 31.

[144] O cumprimento da função social é requisito para que um imóvel produtivo não possa ser desapropriado para fins de reforma agrária. Esse entendimento foi fixado pelo Supremo Tribunal Federal (STF), por unanimidade, no julgamento da Ação Direta de Inconstitucionalidade (ADI) 3865, na sessão virtual encerrada em 1º/09/2023. Nota: Conforme Decisão a Lei n.º 8.629/1993, que regulamenta dispositivos constitucionais relativos à reforma agrária, é constitucional ao dispor sobre a exigência simultânea dos requisitos da produtividade e da função social, considerando que " o artigo 184 da Constituição Federal autoriza a desapropriação por interesse social do imóvel rural que não esteja cumprindo sua função social. Por sua vez, o artigo 185 veda a desapropriação de propriedades produtivas e remete à lei a fixação de normas para o cumprimento dos requisitos relativos à função social. Ou seja, a própria Constituição exige o cumprimento da função social como condição para que a propriedade produtiva não possa ser desapropriada e delega à legislação infraconstitucional a definição do sentido e do alcance do conceito de produtividade, para que esse critério seja considerado".
Disponível em: https://portal.stf.jus.br/noticias/verNoticiaDetalhe.asp?idConteudo=513467&ori=1. Acesso: 19 out. 2023.

[145] Lei n.º 13.465, de 11 de julho de 2017(*): Dispõe sobre a regularização fundiária rural e urbana, sobre a liquidação de créditos concedidos aos assentados da reforma agrária e sobre a regularização fundiária no âmbito da Amazônia Legal; institui mecanismos para aprimorar a eficiência dos procedimentos de alienação de imóveis da União; altera as Leis n.º 8.629, de 25 de fevereiro de 1993, 13.001, de 20 de junho de 2014, 11.952, de 25 de junho de 2009, 13.340, de 28 de setembro de 2016, 8.666, de 21 de junho de 1993, 6.015, de 31 de dezembro de 1973, 12.512, de 14 de outubro de 2011, 10.406, de 10 de janeiro de 2002 (Código Civil), 13.105, de 16 de março de 2015 (Código de Processo Civil), 11.977, de 7 de julho de 2009, 9.514, de 20 de novembro de 1997, 11.124, de 16 de junho de 2005, 6.766, de 19 de dezembro de 1979, 10.257, de 10 de julho de 2001, 12.651, de 25 de maio de 2012, 13.240, de 30 de dezembro de 2015, 9.636, de 15 de maio de 1998, 8.036, de 11 de maio de 1990, 13.139, de 26 de junho de 2015, 11.483, de 31 de maio de 2007, e a 12.712, de 30 de agosto de 2012, a Medida Provisória n.º 2.220, de 4 de setembro de 2001, e os Decretos-Leis n.º 2.398,

imóvel público em favor de possuidor, tudo isso no sentido de implementar e valorizar a própria posse, pois se ele implementou todos os requisitos legais, a concessão de uso especial não poderá ser negada administrativamente; caso, por ventura, negada a concessão, o possuidor, que implementou todos os requisitos legais, terá esse direito garantido ao reconhecimento pela via judicial.

A posse, como de resto a própria propriedade[146], está submetida a normas próprias no ordenamento positivo, e ambas, posse e propriedade, devem cumprir, inapelavelmente, com a denominada função social em prol do bem-estar coletivo, pois devem atender aos anseios da coletividade como um todo.

A jurisprudência não destoa desse modo de ver a posse em razão de seu caráter de componente dos atributos do atendimento da função social a ser cumprido pela propriedade. O Superior Tribunal de Justiça, em uma decisão, deixou sedimentado:

RECURSO ESPECIAL. CIVIL. AUSÊNCIA DE PREQUESTIONAMENTO. DIREITO DE VIZINHANÇA. DIREITO À PASSAGEM FORÇADA. FUNDAMENTO. PRINCÍPIO DA SOLIDARIEDADE SOCIAL. PRINCÍPIO DA FUNÇÃO SOCIOECONÔMICA DA PROPRIEDADE E DA POSSE. FINALIDADE. GARANTIR O USO E A FRUIÇÃO DA COISA. TITULARIDADE. LEGITIMIDADE ATIVA. POSSUIDOR. CARACTERIZAÇÃO.

1. *Recurso especial interposto em 11/7/2022 e concluso ao gabinete em 5/10/2022.*

2. *O propósito recursal consiste em dizer se o possuidor tem direito à passagem forçada na hipótese de imóvel encravado.*

3. *No que diz respeito à tese calcada na suposta ofensa ao Art. 426 do CC/2002, tem-se, no ponto, inviável o debate, porquanto não se vislumbra o efetivo prequestionamento, o que inviabiliza a apreciação da tese recursal apresentada, sob pena de supressão de instâncias.*

4. *O direito à passagem forçada - que encontra fundamento nos princípios da solidariedade **social** e da **função** socioeconômica da propriedade e da **posse** - é o poder atribuído, pela lei, a determinado titular de, na hipótese de imóvel encravado, sujeitar o vizinho a lhe dar passagem até via pública, nascente ou porto, mediante pagamento de indenização.*

---

de 21 de dezembro de 1987, 1.876, de 15 de julho de 1981, 9.760, de 5 de setembro de 1946, e 3.365, de 21 de junho de 1941; revoga dispositivos da Lei Complementar n.º 76, de 6 de julho de 1993, e da Lei n.º 13.347, de 10 de outubro de 2016; e dá outras providências.

NOTA: A Lei n.º 13.465, de 11 de julho de 2017, passou a vigorar com as alterações previstas pela Lei n.º 14.620, de 13 de julho de 2003, conforme consta do Art. 35 *(Art. 35. A Lei n.º 13.465, de 11 de julho de 2017, passa a vigorar com as seguintes alterações:).* Lei n.º 14.620, de 13 de julho de 2023: Dispõe sobre o Programa Minha Casa, Minha Vida, altera o Decreto-Lei n.º 3.365, de 21 de junho de 1941 (Lei da Desapropriação), a Lei n.º 4.591, de 16 de dezembro de 1964, a Lei n.º 6.015, de 31 de dezembro de 1973 (Lei dos Registros Públicos), a Lei n.º 6.766, de 19 de dezembro de 1979, a Lei n.º 8.036, de 11 de maio de 1990 (Lei do FGTS), a Lei n.º 8.677, de 13 de julho de 1993, a Lei n.º 9.472, de 16 de julho de 1997, a Lei n.º 9.514, de 20 de novembro de 1997, a Lei n.º 10.188, de 12 de fevereiro de 2001, a Lei n.º 10.406, de 10 de janeiro de 2002 (Código Civil), a Lei n.º 10.931, de 2 de agosto de 2004, a Lei n.º 11.977, de 7 de julho de 2009, a Lei n.º 12.462, de 4 de agosto de 2011, a Lei n.º 13.105, de 16 de março de 2015 (Código de Processo Civil), a Lei n.º 13.465, de 11 de julho de 2017, a Lei n.º 14.063, de 23 de setembro de 2020, a Lei n.º 14.133, de 1º de abril de 2021 (Lei de Licitações e Contratos Administrativos), a Lei n.º 14.300, de 6 de janeiro de 2022, e a Lei n.º 14.382, de 27 de junho de 2022, e revoga dispositivos da Lei n.º 14.118, de 12 de janeiro de 2021.

[146] COSTA, Cássia Celina Paulo Moreira da. A constitucionalização do direito de propriedade privada. Rio de Janeiro: América Jurídica, 2003. p. 90, declina: "Assim, pelo aspecto principiológico da função social imbuída na propriedade privada atual, constata Osório Godinho que, sua natureza normativa se reveste de força e eficácia imediata em sua aplicabilidade, de modo que todo o ordenamento jurídico norteado pela essência dos princípios econômicos e sociais republicanos vigentes e dentre esses, o da função social da propriedade privada atual, direciona o encaminhamento de posturas por parte dos particulares, onde a finalidade econômica e especulativa do bem submete-se aos interesses da sociedade, em prol da realização de orientações primadas pela solidariedade política e social".

5. *A existência da **posse** ou do direito de propriedade sem a possibilidade real e concreta de usar e fruir da coisa em razão do encravamento, significaria retirar do imóvel todo o seu valor e utilidade, violando o princípio da **função social** que informa ambos os institutos.*

6. *O vizinho que recusa passagem ao possuidor do imóvel encravado, exerce seu direito de maneira não razoável, em desacordo com o interesse **social** e em prejuízo da convivência harmônica em comunidade, o que configura não apenas uso anormal da propriedade, mas também ofensa à sua **função social,** situação que não merece a tutela do ordenamento jurídico.*

7. *Partindo da interpretação teleológica do Art. 1.285 do CC/2002 e tendo em vista o princípio da **função social** da **posse,** é forçoso concluir que o direito à passagem forçada é atribuído também ao possuidor do imóvel.*

8. *Na hipótese dos autos, tendo em vista que, conforme se extrai do acórdão recorrido, restou comprovado que a autora, recorrida, é possuidora do imóvel em questão, não merece reforma o aresto estadual, pois, consoante já ressaltado, o possuidor também tem direito à passagem forçada na hipótese de imóvel encravado, nos termos do Art. 1.285 do CC/2002.*[147]

2.9.1. Síntese sobre as Teorias relativas à posse e a necessidade da mesma cumprir com sua função de ordem social.

*De acordo com a doutrina dominante, 'as **teorias explicativas** podem ser enquadradas em dois grupos: **a) absolutas; b) relativas'**. Para as teorias absolutas, a posse é juridicamente autônoma e a possibilidade de tutela jurisdicional por meio das ações possessórias deriva de tal característica. Para os teóricos responsáveis pela construção das teorias relativas, por seu turno, o fundamento da proteção possessória deriva de princípios estranhos a esta, tais como a proteção da propriedade, da pessoa humana e da sociedade. Dentro do grupo das teorias absolutas, destacam-se **duas subespécies: 'a da vontade e a da posse como categoria econômica independente'**. A teoria da vontade inspira-se no kantismo. A posse deve ser juridicamente protegida porque, sendo forma de apropriação de bens, assim como o é a propriedade, serve à satisfação de necessidades humanas. Por esse motivo, a ordem jurídica deve protegê-lo. A teoria da posse como categoria econômica independente, por sua vez, apregoa que 'a posse é uma forma de utilização dos bens que existem e, por isso, tem uma função útil em si mesma. Assim, a posse deve ser protegida pela ordem jurídica na medida em que satisfaz necessidades humanas'. Dentre as teorias relativas, destacam-se 'a) a teoria da interdição da violência; b) a teoria do respeito à personalidade humana; c) a teoria da defesa complementar da propriedade'. A primeira encontra em Savigny e Rudorff seus maiores expoentes. Tais autores, considerando a posse um simples fato, preconizam a sua defesa tendo em mira a pessoa do possuidor, e a repressão à violência ou ao delito contra a inviolabilidade deste, ínsita no ilícito que constitui a turbação ou o esbulho. Protege-se, assim, a posse pela necessidade de ser mantida a ordem social. Savigny apegou-se ao princípio geral de que o Estado não deve consentir a prática de atos de violência, admitindo que todo ato de turbação da posse constitui conduta anti-social. Na sua função se assegurar a ordem e a tranquilidade, o poder público protege a posse, impedindo desavenças e evitando que cada qual se defenda com suas próprias mãos. As ações possessórias, portanto, se apresentam como o substitutivo da violência privada pela tutela Estatal, figurando como 'os meios de defesa da posse do possuidor, no interesse da manutenção da paz e da ordem pública'. A teoria do respeito à personalidade humana deriva das lições de Bruns, para quem o fundamento da proteção da posse encontra-se*

---

[147] PROCESSO: REsp 2029511 / PR – RECURSO ESPECIAL 2022/0307179-3 – RELATORA Ministra NANCY ANDRIGHI. **ÓRGÃO JULGADOR** –T3 – TERCEIRA TURMA. DATA DO JULGAMENTO14/03/2023. DATA DA PUBLICAÇÃO – FONTE. DJe 16/03/2023

na defesa da pessoa humana. Para Bruns e seus seguidores, 'a necessidade de respeitar-se a personalidade do homem é princípio geral da ordem jurídica. O Direito não pode tolerar o desrespeito que toda lesão à posse implica. Por isso, a protege'. Não difere propriamente, no que toca à finalidade, da teoria de Savigny, visto que 'a violência contra a pessoa é interdita para proteção da pessoa como valor importante para a sobrevivência da própria sociedade', e sendo assim, as ações possessórias, sob essa concepção, também são 'os meios de defesa da posse do possuidor, no interesse da manutenção da paz e da ordem pública'.

*Por fim, coube a Ihering a construção da teoria da defesa complementar da propriedade. Em sua célebre obra 'Teoria Simplificada da Posse', o referido autor afirmou, em contraposição à teoria de Savigny e amparado no Direito Romano, que "la acción nace históricamente como una supresión de la violencia privada, sustituída por la obra de la colectividad organizada. [...] La acción em justicia es, em cierto modo, el sustitutivo civilizado de la venganza'. [O meio pelo qual se explica] este aspecto da proteção possessória [...] é afirmando que ela foi instituída com o objetivo de facilitar e aliviar a proteção da propriedade. Invés da prova da propriedade, que o proprietário deve fazer quando reclamar uma coisa em mãos de terceiros (reivindicatio), bastará exibir a prova da posse, em relação àquele que dela a privou. A respeito, diz Ihering: podemos designar o possuidor como proprietário presuntivo, e compreendesse muito bem, por um lado, que o Direito Romano tenha declarado esta presunção de propriedade [...] suficiente contra o querelado quando se trata apenas de repelir os ataques contra a propriedade. A ação possessória mostra-nos a propriedade da defensiva, e a reivindicação na ofensiva. Por essas razões, conclui: a proteção possessória aparece assim como um complemento indispensável da propriedade. <u>O direito de propriedade sem ação possessória seria a mais imperfeita coisa do mundo</u>, enquanto que a falta da reivindicação apenas a afetaria, considerando-se a questão apenas pelos seus aspectos práticos. Isto é, 'Ihering adota como fundamento da proteção possessória o seu conceito mesmo de posse, como exteriorização normal da propriedade. E argumenta que a ordem jurídica dá-lhe segurança como um complemento necessário à garantia que dá à propriedade'. A doutrina tradicional enuncia ser a posse relação de fato entre a pessoa e a coisa. A nós parece mais acertado afirmar que a posse trata de estado de aparência juridicamente relevante, ou seja, estado de fato protegido pelo direito. Se o direito protege a posse como tal, desaparece a razão prática, que tanto incomoda os doutrinadores, em qualificar a posse como simples fato ou como direito. Destarte, houvesse o possuidor, desapossado da coisa, que provar sempre, e a cada momento, sua propriedade ou outro direito real na pretensão de reaquisição do bem, a prestação jurisdicional tardaria e instaurar-se-ia inquietação social. Por essa razão, o ordenamento concede remédios possessórios, de efetivação rápida. Protege-se o estado de aparência, situação de fato, que pode não corresponder ao efetivo estado de direito, o qual poderá ser avaliado, com maior amplitude probatória e segurança, posteriormente. Assim, <u>**a situação de fato é protegida, não somente porque aparenta um direito, mas também a fim de evitar violência e conflito. A proteção da posse, é, portanto, complemento indispensável da proteção à propriedade.**</u> Decidir-se-á acerca da propriedade, no entanto, somente nas ações petitórias.*

Do mesmo modo retroexplanado, procedemos na sintetização da matéria sobre a inserção da posse dentro do rol dos direitos sociais e, por conseguinte, da necessidade de ela cumprir com uma função de ordem social. Anotamos, com embasamento na doutrina de Marcos Alcino de Azevedo Torres: "Pode-se dizer que no Brasil, de 1500 [ano do 'descobrimento'] a 2002 [ano da instituição do atual Código Civil], o exercício da posse através do cultivo e da moradia, pelo menos teoricamente, sempre gozou de proteção especial do sistema. Num primeiro momento, a partir da primeira concessão de terras, como condição de nascimento do direito de propriedade pela transformação da concessão de direito público em propriedade privada da terra. Depois, pelo reconhecimento da aquisição da propriedade pelo exercício da posse qualificada pela moradia e cultivo no período de legitimação das posses;

no primeiro código [Código Civil de 1916], através do reconhecimento do instituto do Usucapião e por último com a redução dos prazos de Usucapião e criação de novas modalidade de proteção da posse".[148]

Vistos os aspectos essenciais e fundamentais da posse, inclusive os que dizem respeito ao cumprimento de sua função social, o que deixa a posse em perfeita sintonia e igualdade de condições com a propriedade (que, inclusive, encontra eco na "Bula Papal" denominada de Encíclica *Rerum Novarum* – Das Coisas Novas)[149], partimos, pelas abordagens nos **Capítulos III e IV**, a tratar dos tópicos relativos à classificação; à forma de aquisição e, na contrapartida, de perda da posse e, ainda, dos efeitos que são gerados por ela.

---

[148] TORRES, Marcos Alcino de Azevedo. A propriedade..., *op. cit.*, p. 357.

[149] Encíclica: *Rerum Novarum* (Das Coisas Novas, datada de 15 de maio de 1891, de autoria do Papa Leão XIII), registra, em relação à propriedade e a posse, que é analisada como sendo de direito natural, destacando que "a propriedade privada, mesmo dos bens produtivos, é um direito natural que o Estado não pode suprimir". E, diz, "diferentemente dos animais destituídos de razão [...] dirigidos e governados pela natureza... o que nos faz homens... é a razão ou a inteligência; e em virtude desta prerrogativa deve reconhecer-se ao homem não só a faculdade geral de usar das coisas exteriores, mas ainda o direito estável e perpétuo de as possuir, tanto as que se consomem pelo uso, como as que permanecem de nos terem servido." LEÃO XIII, *RERUM NOVARUM* – QUESTÕES DE ÉTICA E DIREITOS HUMANOS NAS ENCÍCLICAS SOCIAIS DA IGREJA CATÓLICA Francisco Antônio de Andrade Filho. Disponível em: https://www.maxwell.vrac.puc-rio.br/2900/2900.PDF. Acesso em: 6 jun. 2024.

CAPÍTULO III

[...] efeito da posse é dar lugar ao direito aos interditos possessórios. A posse não sendo um direito, em si, qualquer violência, com efeito, é contrária ao direito, e é contra tal ilegalidade que é dirigido o interdito.
(Rodrigues de Méreje)

3. EFEITOS ADVINDOS DA POSSE EM RAZÃO DE SUA CLASSIFICAÇÃO LEGAL E DOUTRINÁRIA

Sumário: 3.1 Introdução – 3.2 Classificação pelo exercício – 3.2.1 Posse direta – 3.2.2 Posse indireta – 3.3 Classificação pela aquisição – 3.3.1 Posse justa – 3.3.2 Posse injusta – 3.3.2.1 Simbiose da posse justa e da posse injusta – 3.3.2.1.1 Interversão Possessória – 3.4 Classificação pelas virtudes e pelos vícios – 3.4.1 Boa-fé – 3.4.2 Má-fé – 3.4.3 Destaque da boa e da má-fé em relação aos frutos (*fructus*), com a diferença em relação aos produtos e às benfeitorias (*impensa*) – 3.4.3.1 Modalidades de frutos – 3.4.3.2 Direitos que assistem ao possuidor de boa-fé – 3.4.3.3 Direitos e obrigações do possuidor de má-fé – 3.4.3.4 Direitos em relação à indenização por benfeitorias – 3.4.3.4.1 Possuidor de boa-fé tem direito – 3.4.3.4.2 Possuidor de má-fé – 3.5 Classificação pelo tempo – 3.5.1 Posse nova – 3.5.2 Posse velha – 3.5.3 Prova da posse em razão do tempo – 3.5.3.1 Esclarecimento sobre o tratamento processual da posse em razão do tempo (idade) – 3.6 Classificação pelo número de pessoas (composse) – 3.6.1 *Pro diviso* – 3.6.2 *Pro indiviso* – 3.6.3 Composse em relação aos interditos possessórios – 3.6.3.1 Divisão de direito – 3.6.3.2 Posse exclusiva – 3.7 Classificação pelos efeitos: *ad interdicta* e *ad usucapionem* – 3.8 Análise geral sobre o tratamento do Usucapião pelo Direito Material (Código Civil de 1916, revogado, e Código Civil de 2002, em vigor) e pelo Direito Adjetivo (Código de Processo Civil de 1973, revogado, e Código de Processo Civil de 2015, em vigor), e pelo direito estrangeiro (Direito Comparado) – 3.8.1 Apontamentos sobre o instituto do Usucapião (que é matéria específica do direito de propriedade) – 3.8.1.1 Considerações gerais e conceito de Usucapião – 3.8.1.2 Possibilidade de Usucapião sobre bem furtado ou roubado – 3.8.2 Posse originária e posse derivada. Posse que gera direito ao Usucapião. Direito do usucapiente (prescribente) de alegar o direito de Usucapião como matéria de defesa. Sentença declaratória de Usucapião – 3.8.3 Modalidades de Usucapião disciplinadas pelo direito positivo brasileiro e a possibilidade da *accessio possessionis* – 3.8.4 Contagem do tempo para fins de Usucapião – 3.8.5 Aplicação ao Usucapião das causas que obstam, suspendem e interrompem a prescrição – 3.8.5.1 Adendo Especial em relação ao tópico 3.8.5: a) interrupção de contagem de prazo para todas modalidades de Usucapião e b) renúncia ao Usucapião – 3.8.6 Bens que não podem ser usucapidos – 3.8.7 Regras processuais civis aplicáveis às diversas modalidades de Usucapião, inclusive como matéria de defesa – 3.8.7.1 Da participação do Ministério Público e das Fazendas (Federal; Estadual e Municipal) no Processo de Usucapião – 3.8.8 Síntese dos requisitos e/ou pressupostos para a concretização do Usucapião – 3.8.8.1 Destaque em relação ao Usucapião extrajudicial, em face da Lei n.º 13.465/2017, e apanhado geral sobre algumas modalidades de Usucapião – 3.8.8.1.1 Necessidade de observância das regras processuais no Usucapião Judicial – 3.8.9 Usucapião extrajudicial, pontos de destaque e provimento do Conselho Nacional de Justiça – CNJ n.º 65. – 3.8.9.1 Adendo Especial com referência ao Usucapião Extrajudicial – 3.8.10 Aplicação do Usucapião no Direito Processual estrangeiro (Direito Comparado)

3.8.10.1 Disciplinamento do instituto do Usucapião pelo Direito de Portugal – 3.8.10.1.1 Destaques do Código Civil Português sobre o instituto do Usucapião – 3.8.10.2 Disciplinamento do instituto do Usucapião pelo Direito dos Estados Unidos da América – USA – 3.8.10.3 Disciplinamento do instituto do Usucapião pelo Direito da Itália – 3.8.10.4 Disciplinamento do instituto do Usucapião pelo Direito da Argentina – 3.8.10.5 Disciplinamento do instituto do Usucapião pelo Direito da Alemanha – 3.8.10.6 Disciplinamento do instituto do Usucapião pelo Direito da Espanha – 3.8.10.7 Disciplinamento do instituto do Usucapião pelo Direito da França – 3.8.10.8 Disciplinamento do instituto do Usucapião pelo Direito de Honduras – 3.8.10.8.1 Pontos de destaques da Lei de Propriedade de Honduras – 3.8.10.8.2 Pontos de destaques sobre Usucapião no Código Civil e no Código de Processo Civil de Honduras – 3.8.10.9 Disciplinamento do instituto do Usucapião pelo Direito do México – 3.8.10.9.1 Considerações gerais sobre a prescrição para fins de Usucapião no Direito do México – 3.8.10.10 Tópico conclusivo sobre o instituto do Usucapião, tanto, de regra, no Direito Brasileiro, como, no geral, no Direito Comparado.

3.1. Introdução

Vários são os desdobramentos sobre os efeitos gerados pela posse, e o estudo de sua classificação depende da análise individualizada de cada um deles. A posse tem, e gera, extraordinários efeitos, todos devidamente protegidos, e o entendimento deles, em face da classificação, se faz necessário para a perfeita compreensão de todos os seus contornos fáticos e jurídicos.

A classificação dos efeitos da posse gera algumas divergências de ordem doutrinária, contudo, no nosso modo de ver, as divergências são mais de estilo do que propriamente de fundo. De tal modo, deixando de lado as querelas sem maiores repercussões em matéria possessória, embora não desconhecendo a existência das mesmas (pelo menos na parte histórica), como faz a doutrinadora Cláudia Aparecida Simardi[150], é que apresentamos, infra, os efeitos gerados pela posse.

3.2. Classificação pelo exercício

Está prevista a classificação pelo Art. 1.196 do Código Civil de 2002 (e Art. 486 do CC de 1916), a qual tanto pode ser classificada como sendo direta ou indireta.

Vejamos de forma una cada uma das modalidades.

3.2.1. Posse direta

A posse direta também é denominada de imediata. Nasce do desdobramento da posse plena e é exercida pelo possuidor, que passa a manter materialmente a coisa. É derivada, porque cedida

---

[150] SIMARDI, Cláudia Aparecida. Proteção processual da posse. São Paulo: Revista dos Tribunais, 1997. p. 30-31, apresenta, na classificação, a posse natural e a posse civil, os quais não aduzimos à nossa classificação e não aduzimos em razão de que estas duas modalidades classificatórias não têm qualquer importância para os fins da proteção jurídica da posse.

Em relação à posse natural e a posse civil, diz a autora: "A posse civil (*possessio civilis*) é aquela fundamentada em uma causa que a tenha originado, isto é, num título decorrente de direito real ou pessoal. Por exemplo, são possuidores civis o proprietário de imóvel que tenha realizado contrato formal válido (escritura pública), o locatário assim considerado em função de contrato de locação válido em vigor.

A posse natural (*possessio naturalis*) é a decorrente do simples e puro estado de fato do exercício de poder sobre a coisa. Não se exige para a posse natural título algum".

pelo proprietário, geralmente. É temporária, porque a cedência nunca é definitiva. Em razão disso tudo, alguns autores preferem chamá-la de posse derivada. [151]

Embora seja a posse exclusiva, isto por força de sua própria natureza, haja vista que não há possibilidade da existência de mais de um possuidor sobre a mesma coisa, é possível o seu desdobramento, e isso não só no que diz respeito ao campo de seu exercício, como também no que concerne à simultaneidade daquele exercício. Quanto ao campo de seu exercício, admite-se a distinção entre a posse direta e a indireta; quanto à simultaneidade do exercício, o legislador permite a existência da composse. [152]

Assim, podemos ter a posse direta nas mãos de um possuidor, e a posse indireta nas mãos de outro; enquanto, por outro lado, é perfeitamente possível a posse simultânea em decorrência de uma composse. Na primeira situação, exemplificamos com a locação, na qual o proprietário, como locador, continua na posse indireta do bem, contudo a posse direta passa a ser exercida pelo inquilino, que é o locatário; na segunda situação, também exemplificando, aludimos a posse relativa a um bem que esteja em relação condominial, em que os condôminos, em razão de uma posse *pro indiviso*, estejam no exercício de posse direta e indireta sobre o aludido bem. Nesse último caso, ambos os compossuidores exercem, simultaneamente, uma posse comum (composse) sobre a mesma coisa/bem.

3.2.2. Posse indireta

A posse indireta também é denominada de mediata — é a posse que, originariamente plena, se desmembrou ou se bipartiu. É aquela cujo titular concedeu a outrem (possuidor direto) o poderio material sobre a coisa, ou seja, concede a faculdade de ele a usar diretamente.

Em linhas gerais, tanto o que detém a posse direta, como o que detém a posse indireta gozam da proteção dos interditos possessórios. A doutrina nos fornece os elementos para a identificação de cada uma das situações. Dessa forma é que, firme na lição de Arnoldo Wald, verificamos que tanto a posse direta como a indireta dão margem à proteção possessória contra terceiros, mas só o possuidor indireto pode adquirir a propriedade em virtude do Usucapião; jamais o possuidor direto, cuja posse se explica por relação jurídica com o proprietário ou com quem tem a posse derivada desse. No que diz respeito ao possuidor direto em relação ao Usucapião, remetemos o consulente para o **tópico 3.3.2.1.1 Interversão possessória**.

Pelos estudos desenvolvidos desponta que a *Teoria Subjetivista sofreu inúmeras críticas, quando os opositores relembravam que no direito romano existia a possibilidade de proteção possessória apesar da ausência do indispensável animus domini. Este era o caso do credor pignoratício, do precarista e do depositário de coisa litigiosa. Para escapar de tais críticas, Savigny buscou ajuda em um novo elemento teórico: a posse derivada. Não se tratava de posse em seu real sentido, mas era um termo que abarcava aqueles que, sem animus domini, possuíam a possibilidade de exercer os interditos. Era uma categoria intermediária entre a detenção e a posse; não era detenção, pois havia a possibilidade dos interditos; mas*

---

[151] GOULART, Ney Rosa (*Direito das coisas*. Santa Maria: Universidade Federal de Santa Maria, 1979. v. 1), adota esta mesma linha de entendimento.

[152] RODRIGUES, Silvio (RODRIGUES, Silvio. *Direito civil*: direito das coisas. 22. ed. São Paulo: Saraiva, 1995. 5 v. em 7. p. 24), adota, integralmente, tal entendimento.

também não era posse porque inexistia o animus domini. Foi uma forma de, através da teoria subjetivista, abarcar tais situações especiais que fugiam à organização teórica de Savigny.[153]

São possuidores indiretos, entre outros, o nu-proprietário, o enfeuticador, o locador, o comodante, o depositante. São possuidores diretos, em relação aos primeiros, o usufrutuário, o enfiteuta, o locatário, o comodatário, o depositário. O proprietário, não havendo direito real limitado ou obrigacional referente à coisa, é possuidor pleno. Tanto os possuidores indiretos como os diretos praticam sobre o objeto possuído atos que exteriorizam um dos poderes inerentes ao domínio, e como tais merecem a proteção interdital em caso de esbulho ou turbação.

Admite-se até que os interditos sejam utilizados pelo possuidor indireto contra o possuidor direto, e por este contra aquele, no caso em que um dos possuidores viola a posse do outro. Evidentemente, nesses casos, a parte pode optar entre a ação possessória e a *ação ex contractu*. Assim, o locatário, possuidor do objeto alugado, cuja posse tenha sido violada pelo locador, poderá, conforme preferir, utilizar os interditos ou, então, **a ação oriunda do contrato de locação.**[154]

Importante, no entanto, salientar que o locador somente pode manejar contra o locatário a *ação ex contractu.*[155] [156] Não pode, portanto, valer-se da ação possessória contra o locatário, pois com ele tem somente uma relação de ordem obrigacional decorrente do contrato de locação. Pode, no entanto, manejar os interditos possessórios contra terceiro que ofenda a locação, e assim é, pelo fato de que não estabeleceu qualquer relação jurídica contratual com este, isto é, o terceiro ofensor da posse.

No estudo da posse direta e da posse indireta, como se apresentam por meio da classificação, seguimos a metodologia predominante na doutrina, em razão de que ela é a que tem mais consistência com o Código Civil (tanto o atual, de 2002, como o revogado, de 1916). Isso não quer dizer que desconhecemos a existência do ponto de vista doutrinário defendido por Pontes de Miranda,[157] o qual, em certa medida, conflita com o nosso modo de ver a matéria sobre a posse imediata e a posse mediata. Fica o registro.

3.3. Classificação pela aquisição

---

[153] Disponível em: Teorias da posse nos códigos civis de 1916 e de 2002 –https://www.google.com/search?q=Jus.com.br+%7C+Jus+Navigandi&rlz=1C1CHBF_pt-. Acesso em 13 nov. 2024.

[154] WALD, Arnoldo (*Curso de direito civil brasileiro*: direito das coisas. 10. ed. São Paulo: Revista dos Tribunais, 1993), registra tal entendimento.

[155] MONTEIRO, Washington de Barros (MONTEIRO, Washington de Barros. *Curso de direito civil*: direito das coisas. 32. ed. São Paulo: Saraiva, 1995. 3 v. em 6. p. 28-29), faz ver: "O possuidor indireto, por seu turno, também goza de proteção possessória para defesa da posse direta. O locador, por exemplo, pode defender-se pelos interditos contra turbações de terceiros, mas não contra o próprio locatário".

[156] ESPÍNDOLA, Eduardo (*Posse, propriedade, compropriedade ou condomínio, direitos autorais*. Atualizado por Ricardo Rodrigues Gama. Campinas: Bookseller, 2002. p. 102-103), na mesma linha esboçada por Washington de Barros Monteiro, aduz: "Quanto à defesa possessória do possuidor direto contra o indireto, não há como desconhecer-lhe a procedência; não assim, em relação à do possuidor indireto contra o direto; não lhe cabe a ação possessória, podendo, por meio de ações que lhe são próprias, assegurar a integridade e conservação dos elementos integrantes de sua posse".

[157] No estudo procuramos levar em conta as questões com maior aproveitamento no campo prático-jurídico, embora não desconhecendo que a matéria recebe, mais pelo lado acadêmico, algumas restrições doutrinárias, como as encetadas por Pontes de Miranda, que não comunga que a posse imediata (direta) deva ter, em razão de desdobramento, uma vinculação jurídica com a posse mediata (indireta). Entende ele que nem sempre a posse imediata necessita da posse mediata, pois, como afirma, tomando por exemplo uma questão de posse imediata decorrente de locação, "o possuidor imediato só o é porque se porta como tal, e não porque exista a relação jurídica de locação: o limite da posse imediata está nela mesma. Por isso mesmo, turva o trato do problema dizer-se que a posse imediata deriva sempre do *ius possessionis* do dono, ou do que se mediatizou. O possuidor imediato pode ter recebido (e é provável que tenha recebido) de alguém, possuidor mediatizado, a posse, mas posse derivada e posse imediata nem sempre coincidem" (MIRANDA, Pontes de. *Tratado das ações*: ações mandamentais. Atualizado por Vilson Rodrigues Alves. Campinas: Bookseller, 1999. v. 7, t. VI. p. 113-114). Embora havendo campo para a discussão acadêmica, mantemos o entendimento doutrinário dominante sobre a matéria e, não só por isto, por ser o que encontra melhor ressonância pelo Código Civil, quando trata da posse direta e da posse indireta. Em favor de Pontes de Miranda, contudo, é de salientar que ele faz uma observação perfeita sobre a posse direta e indireta, quando assevera: "Posse imediata só há uma; posses mediatas podem coexistir, em graus diferentes (p. ex., dono-locador, locatário-sublocador)".

Deflui, este modo de classificação, do próprio ordenamento legal, conforme desponta do estabelecido pelo Art. 1.200 do Código Civil de 2002 (e Art. 489 do Código Civil de 1916) e desdobra-se em forma de dois comandos, um de ordem positiva, que vem a ser a posse justa, e outro de ordem negativa, que é a posse injusta.

3.3.1. Posse justa

A posse justa nada mais é do que aquela posse isenta dos vícios da violência, da clandestinidade e da precariedade. É, portanto, aquela posse na qual o possuidor possui a coisa sem a existência de qualquer mácula; é a posse adquirida às claras e de forma definitiva (*nec vi, nec clam, nec precario*).[158]

3.3.2. Posse injusta

A posse injusta nada mais é, em interpretação *a contrario sensu* da posse justa, do que aquela posse na qual esteja presente um dos elementos (ou mais de um, ou até todos) que a tornam injusta, ou seja, é a posse que tem a marca da violência, da clandestinidade e, até mesmo, da precariedade (*vi, clam, precario*).

3.3.2.1. Simbiose da posse justa e da posse injusta

A posse, para ser justa, tem que se caracterizar como sendo aquela posse não proibida pela lei. Desta forma, toda posse que for exercida com amparo na lei é justa. É aquela posse em que o possuidor está exercendo um direito legalmente protegido, tendo, inclusive, direito à proteção dos interditos possessórios, podendo, ainda, valer-se do <u>desforço pessoal ou imediato</u>, o qual se dá com a consumação do crime praticado contra a posse; já a <u>legítima defesa da posse</u> é contínua e permanece enquanto continuar a violência praticada contra a posse (Art. 1.210, §1º, do Código Civil de 2002 (e Art. 502 do Código Civil de 1916).

Por outro lado, a posse injusta é aquela contrária à lei, ou seja, aquela inquinada dos vícios da violência, da clandestinidade e da precariedade, que podem afigurar-se cada um de *per si*, ou mais de um, ou, até mesmo, todos de forma simultânea.

Pelo comando do Art. 1.200 do Código Civil de 2002 (e Art. 489 do Código Civil de 1916), vislumbramos o desdobramento da posse injusta, que vem a ser:

a. **posse violenta** – é a posse adquirida mediante violência física, ou coação moral, é a que não se apresenta como sendo mansa, pacífica e tranquila. Traz em seu âmago o vício da violência e da má-fé (*mala fides*). Com relação à violência física e à coação moral, há de ficar claro que, na primeira — violência física — ","não há qualquer manifestação de vontade, portanto o negócio jurídico é inexistente"; na segunda situação — coação moral —, "há opção, há manifestação de vontade, e o negócio jurídico é anulável".[159]

---

[158] O Código Civil da Argentina define a posse justa de bem móvel e de bem imóvel, conforme artículo 2364: *"La posesión será viciosa cuando fuere de cosas muebles adquiridas por hurto, estelionato, o abuso de confianza; y siendo de inmuebles, cuando sea adquirida por violencia o clandestinidad; y siendo precaria, cuando se tuviese por un abuso de confianza".*

[159] GONÇALVES, Marcus Vinicius Rios. *Dos vícios da posse.* São Paulo: Oliveira Mendes, 1998. p. 48.

b. **posse clandestina** – é a posse tomada às escondidas. Trata-se da posse adquirida furtivamente, de modo oculto, sem ciência dos interessados. É a posse que não é de conhecimento público. O que exige do intérprete um maior tirocínio é o de saber quando a clandestinidade deixa de existir, razão pela qual, dentre as variantes possíveis, nos afigura como viável aquela corrente doutrinária que entende que "é essencial que o esbulhado saiba — ou possa saber — que o esbulho foi perpetrado. Para essa doutrina, a cessação do esbulho não exige demonstração de que a vítima tenha efetivamente sabido. Exige tão só que o esbulhador não o oculte mais dela, tornando possível que a vítima venha a saber do ocorrido".[160]

c. **posse precária** – é a do fâmulo da posse, ou seja, daquele que recebe a coisa com a obrigação de devolvê-la e, abusando da qualidade de possuidor (mero detentor, ou servidor, ou servo da posse), se recusa a fazer a devolução ao proprietário. É, desse modo, a precariedade caracterizada como inversão da *causa possessionis* (em que o precarista passa, irregularmente, a agir como se efetivamente possuidor fosse).

Mesmo antes da "modificação da *causa possessionis* o esbulhador já tinha consigo a coisa, e a tinha com autorização do esbulhado. O vício da precariedade surge com o esbulho, ou seja, quando se torna inequívoca a recusa do esbulhador em restituir a coisa, a quem lhe entregou".[161] Dispõe o Código Civil de 2002, pelo **Art. 1203** (no Código Civil de 1916 era Artigo 492): *Salvo prova em contrário, entende-se manter a posse o mesmo caráter com que foi adquirida.*

Havendo recusa na entrega da coisa, que estava com possuidor em caráter precário, pratica o mesmo contra o verdadeiro possuidor esbulho possessório, pois se recusa a devolver bem/coisa que estava consigo em caráter precário.[162]

3.3.2.1.1. Interversão possessória

Em relação aos vícios da posse (violenta, clandestina e precária), é de notar que o vício da precariedade é o único que não cessa (isto para a doutrina e os posicionamentos tradicionais, mas, como apontaremos na sequência deste parágrafo, pode ocorrer a interversão (ou inversão) do caráter da posse, corrente na qual nos perfilhamos), pois se trata de vício que marca de forma indelével a coisa; e, portanto, como já apregoavam os Romanos: *Nemo sibi ipse causam possessionis mutare potest* (ninguém pode mudar por si mesmo a causa da posse). Já dizia Planiol, e ainda

---

[160] GONÇALVES, Marcus Vinicius Rios. *Dos vícios da posse.* São Paulo: Oliveira Mendes, 1998. p. 51. Acrescenta, ainda: "Em síntese, para cessar a clandestinidade não se exige a difícil prova de que a vítima tomou conhecimento, mas apenas de que tinha condições de tomar, porque o esbulhador não mais oculta a coisa". Arrematando: "Concordamos com Labori, quando afirma que a posse somente não se há de considerar clandestina quando o proprietário puder conhecer a usurpação cometida em seu bem".

[161] GONÇALVES, Marcus Vinicius Rios. *Dos vícios da posse.* São Paulo: Oliveira Mendes, 1998. p. 53.

[162] O Tribunal de Justiça do Distrito Federal e Territórios já se posicionou em matéria relativa à precariedade, tendo deixado plasmado, pelo aresto: ***DIREITO CIVIL E PROCESSUAL CIVIL – REINTEGRAÇÃO DE POSSE – RECURSO CONHECIDO E DESPROVIDO À UNANIMIDADE – I – Na hipótese em que restou provado que as partes receberam a posse do imóvel e que se recusaram, injustamente, a devolvê-lo, justifica-se a proteção possessória requerida e devidamente concedida, ante o esbulho verificado. Inteligência dos artigos 499 [o artigo apontado tem como referência o Código Civil de 1916, pelo Código Civil de 2002, a referência é o Art. 1.210, caput] do Código Civil e, 927 do Código de Processo Civil [Nota: Art. 561, CPC de 2015]. II – Recurso conhecido e desprovido à unanimidade (TJDF, APC n.º 20010810004383-DF. 3ª T. Cív. Rel. Des. Wellington Medeiros. DJU. p. 54, 30 out. 2002).***
NOTA: Art. 561. Incumbe ao autor provar:
I – *a sua posse;*
II – *a turbação ou o esbulho praticado pelo réu;*
III – *a data da turbação ou do esbulho;*
IV – *a continuação da posse, embora turbada, na ação de manutenção, ou a perda da posse, na ação de reintegração.*

continua atual para grande parte do entendimento doutrinário e jurisprudencial, sobre os vícios da posse, como aponta José Luiz Ribeiro de Souza: "Notaremos, finalmente, que a violência cessa, desde que cessem os atos de violência; que, uma vez pública a posse, cessa a clandestinidade, mas que a precariedade, como afirma Planiol, é perpétua por sua própria natureza". [163] Pode-se, em complemento, dizer que, como os bens dominiais da União ocupados por particulares são, sempre, de ordem precária[164], não tem, também, qualquer possibilidade de discussão, pelo particular, em matéria de ordem possessória, haja visto que a posse, nesta situação, é inerente ao domínio[165] da União sobre seus bens.

Como deixamos dito no parágrafo anterior, há correntes doutrinária e jurisprudencial que defendem o entendimento de que mesmo a posse precária cessa, e isso ocorre por meio da denominada **interversão possessória,** que faz cessar a precariedade em favor do possuidor. Neste sentido: "[...] Em outras palavras, uma posse injusta pela precariedade e, em princípio, inapta a gerar Usucapião, sofre o fenômeno da *interversão* e o possuidor adquire *animus domini*. O que começou como detenção ou posse direta transmuda-se e adquire autonomia, passando a contar prazo para aquisição da propriedade pela via da Usucapião.

Mesmo que o possuidor não concretize a Usucapião – v.g. por não ter alcançado o prazo previsto em lei – nada impede que a sua posse passe a se qualificar pela boa-fé, concedendo ao possuidor o direito aos frutos e posterior indenização e retenção por benfeitorias necessárias e úteis introduzidas na coisa (arts. 1.214 e 1.219 do CC)."[166]

Ainda sobre a **<u>INTERVERSÃO POSSESSÓRIA</u>**, destacamos, em complemento ao que apontamos retro, a lição do ilustre Jurista Marco Aurélio Bezerra de Melo: "Parece-nos que da mesma forma que acontece com o detentor, poderá o possuidor direto opor-se ao indireto desidioso na proteção do seu direito, desde que prove cabalmente que a relação jurídica inicial está extinta. Imagine-se a hipótese de um contrato de locação celebrado há mais de 30 anos sem que o locador ou seus sucessores cuidem de receber os alugueres".

Ainda, segundo o jurista em comento, mais conveniente que a lei estabelecesse critérios objetivos e seguros para a verificação da mudança unilateral do caráter da posse, porém preferiu o legislador entregar a questão para a matéria de prova por meio da expressão inicial 'salvo prova em contrário'.".

Concluindo: "De outro giro, não podemos nos olvidar de que cabe ao possuidor a prova da interversão unilateral do caráter de sua posse; interversão esta que deve ser externa e mate-

---

[163] SOUZA, José Luiz Ribeiro de. *Acções possessorias*: theoria e pratica. São Paulo: Typografia Condor, 1927. p. 16.

[164] Sobre a questão da precariedade em matéria possessória — no caso envolvendo bens dominiais da União —, apontamos o seguinte aresto proferido pelo Tribunal de Justiça do Distrito Federal e dos Territórios: *A mera tolerância do Poder Público na ocupação de bens dominiais, não gera direito aos interditos possessórios. Constitui pedido juridicamente impossível a proteção possessória deduzida por particular sobre bem público quando o poder físico exercido sobre a coisa constitui mera tolerância — Precária é a posse que se origina de abuso de confiança, ou seja, que resulta da retenção indevida de coisa que deve ser restituída. O vício da precariedade macula a posse, não permitindo que ela gere efeitos jurídicos (Apc n.º 42777/96, Reg Ac n.º 94320, 2ª Turma Cível, Rel. Des. Hermenegildo Gonçalves, DJU. p. 10150, 21 maio 97).*

[165] **Ementa:** *APELAÇÃO CÍVEL. POSSE (BENS IMÓVEIS). INTERDITO PROIBITÓRIO. O possuidor direto ou indireto, que tenha justo receio de ser molestado na posse, poderá impetrar ao juiz que o segure da turbação ou esbulho iminente, mediante mandado proibitório, em que se comine ao réu determinada pena pecuniária, caso transgrida o preceito. CARÁTER DÚPLICE. REINTEGRAÇÃO DE POSSE. BEM PÚBLICO. Nas ações possessórias, diante do seu caráter dúplice, é lícito ao réu, na contestação, alegando que foi o ofendido em sua posse, demandar a proteção possessória e pretensão indenizatória. Tratando-se de imóvel público, a posse é inerente ao domínio, razão pela qual não há necessidade de sua demonstração pelo ente público. A ocupação indevida de bem público configura mera detenção (Súmula n. 619 do STJ). Sentença mantida. APELAÇÃO DESPROVIDA. (Apelação Cível, Nº 70078732674, Décima Nona Câmara Cível, Tribunal de Justiça do RS, Relator: Marco Antonio Angelo, Julgado em: 13-12-2018).*

[166] https://www.emerj.tjrj.jus.br/serieaperfeicoamentodemagistrados/paginas/series/16/direitosreais4 12.pdf. Acesso em: 2 jun. 2024. Interversão do Caráter da Posse.

rializada por atos concretos e inequívocos, sob pena de cerceamento do direito de defesa do proprietário."[167]

---

[167] https://www.emerj.tjrj.jus.br/serieaperfeicoamentodemagistrados/paginas/series/16/direitosreasi42.pdf Acesso em: 2 jun. 2024. Interversão do Caráter da Posse.

3.4. Classificação pelas virtudes e pelos vícios

A classificação pelas virtudes e pelos vícios decorre, basicamente, da identificação da forma como se deu a aquisição da posse, se de boa ou se de má-fé. Em razão da forma de aquisição, portanto, é que se qualificam as virtudes, ou os vícios que a posse guarda. Conhecer os elementos é importante, pois deles decorrem direitos e obrigações, conforme apontaremos infra, de forma destacada.

3.4.1. Boa-fé (*bona fides*)

A posse de boa-fé é aquela em que a coisa é adquirida pelo possuidor na convicção inabalável de que realmente tal coisa lhe pertence. O possuidor tem a certeza de que praticou um ato com amparo na lei e que a coisa não contém nenhum vício que desvirtue a sua aquisição.

Toda a aquisição proveniente de justo título tem a favor do possuidor a presunção de que ele agiu de boa-fé; esta indução de ordem presuntiva, portanto subjetiva, é somente de caráter *juris tantum*, o que significa dizer que é vencível por prova mais robusta e convincente. A presunção da boa-fé em decorrência do justo título é comando legal que resulta do parágrafo único do Art. 1.201 do Código Civil de 2002 (e pelo Art. 490, parágrafo único, do Código Civil de 1916).

3.4.2. Má-fé (*mala fides*)

A posse de má-fé é aquela que o possuidor tem conhecimento do vício que lhe obstaculizava a aquisição. Assim, o possuidor adquire determinada coisa com a ciência, de forma antecipada, ou, então, posterior à aquisição, de que ela contém algum vício que lhe desvirtua da condição, essencial, de ser mansa, pacífica e justa.

A posse de boa-fé, como mencionado supra, poderá vir a se transformar em posse de má-fé a partir do momento em que o possuidor (que ignorava o vício, quando da aquisição) vier a tomar conhecimento da existência dele. Com relação ao assunto, o Art. 1.201 do Código Civil de 2002 (e Art. 491 do Código Civil de 1916) é bastante elucidativo.

Doutrinariamente, como pondera, a seu turno, Antônio José de Souza Levenhagen, a boa-fé e má-fé[168] "são qualidades que dependem de exame subjetivo, ao contrário do que se exige para a constatação da precariedade, da injustiça ou da violência, que objetivamente podem ser constatadas. Segundo o Art. 490 do Código [de 1916], será de boa-fé a posse se o possuidor ignora o vício ou o obstáculo que lhe impedem a aquisição da coisa, ou do direito. Ao contrário, portanto, a posse será de má-fé se o possuidor a exerce ciente de que o está fazendo por violência, por clandestinidade, por precariedade, ou que essa posse por ele exercida está comprometida por qualquer outro obstáculo que impeça sua legitimidade".[169]

A importância em sabermos se a posse é de boa ou de má-fé decorre das consequências jurídicas que advirão de cada um dos tipos de posse. A forma de aquisição da posse reflete no

---

[168] A classificação da posse de boa ou má-fé já constava do *Digestorum Justiniani, Libro XLI, De adquirenda, vel amittenda possessioni* (Digesto de Justiniano, Livro 41, De como se adquire e se perde a posse), cujo § 22 dispunha: "*Vel etiam potest dividi possessionis genus in duas species, ut possideatur aut bona fide, aut non bona fide*". Em livre tradução: "Pode-se ainda dividir a posse em duas espécies, de boa-fé e de má-fé".

[169] LEVENHAGEN, Antônio José de Souza. *Comentários didáticos*. 4. ed. São Paulo: Atlas, 1995. p. 29. Não custa registrar que o Art. 490 do Código Civil de 1916, referido na citação, corresponde ao Art. 1.201 do Código Civil de 2002, que se acha transcrito no ANEXO A, desta obra.

direito aos frutos e no que diz respeito às benfeitorias (o que pode, inclusive, gerar direito de retenção[170]). A doutrina tem posição firme, sem maiores discrepâncias, em relação à importância e repercussão de tais aspectos legais, aludindo, Silvio Rodrigues[171], que "a distinção entre posse de boa-fé e posse de má-fé é desmedida, pois variados são os efeitos, conforme se trate de uma ou de outra dessas espécies de posse".

Ainda conforme o autor citado, "um é o regime legal no que diz respeito às benfeitorias, aos frutos, ao prazo de prescrição aquisitiva, à responsabilidade pelas deteriorações, se se tratar de posse de boa-fé; outro se se tratar de má-fé. Para um rápido exame basta conferir e comparar os artigos 1.216 e 1.218 do Código Civil".[172] Pelo Código Civil de 1916, esses mesmos artigos, citados no Código Civil de 2002, são correspondentes aos Arts. 513 e 517.

3.4.3. Destaque da boa e da má-fé em relação aos frutos (*fructus*), com a diferença em relação aos produtos e às benfeitorias (*impensa*)[173]

Em face da relevância da repercussão da existência da boa ou da má-fé em matéria possessória, para fins de aquisição (considerando o estudo em sua classificação, **tópico 3, subtópicos 3.4.1 e 3.4.2**), destacamos, infra, cada uma das modalidades dos frutos que podem estar presentes; também destacamos a questão das benfeitorias.

Os **frutos** diferem dos produtos, pois os primeiros podem ser vistos como utilidades periodicamente produzidas pela coisa, sob o aspecto objetivo. Sob a visão subjetiva, frutos são riquezas normalmente produzidas por um bem, podendo ser uma safra, como os rendimentos de um capital.

O Código Civil trata dos frutos sob o aspecto subjetivo. Esses frutos podem ser naturais, industriais e civis. Naturais são os provenientes da força orgânica, como os frutos de uma árvore e as crias dos animais. Industriais são aqueles decorrentes da atividade humana, como a produção industrial. Civis são as rendas auferidas pela coisa, provenientes do capital, tais como juros, aluguéis e dividendos. Frutos civis são, então, os rendimentos gerados em razão da própria coisa. Os frutos nascem da coisa principal, mas isso não significa dizer que sejam sempre acessórios, pois, uma vez separados da coisa principal, podem vir a ter individualidade distinta daquela de que se originou. Só são, *stricto sensu*, acessórios os frutos pendentes, pois não têm individualidade própria, ou seja, ainda dependem do principal.

A relação de independência – e, portanto, geradora de fatos jurídicos próprios – dos frutos é de fundamental importância, pois, embora tendo provindo de uma coisa principal, ele poderá deixar de ser acessório. Isso se dá, como anota o doutrinador Marky Thomas, porque, uma vez "destacado o fruto da coisa frugífera, fruto separado, passa ele a ter individualidade própria e pode, então, ser objeto de relações jurídicas separadamente da coisa produtora. Nesse último

---

[170] **Já tinha previsão nas ordenações do Reino de Portugal, decorria de despesas necessárias e proveitosas** (*Liv. 4, Tit. 54, §.1 e Tit. 95, §1*). No Código Comercial Brasileiro de 1850, consta: Art. 216. O comprador que tiver feito benfeitorias na coisa vendida, que aumentem o seu valor ao tempo da evicção, se esta se vencer, tem o direito a reter a posse da mesma coisa até ser pago do valor, das benfeitorias por quem pertencer.

[171] RODRIGUES, Silvio. *Direito civil*: direito das coisas. 22. ed. São Paulo: Saraiva, 1995. 5 v. em 7. p. 32.

[172] RODRIGUES, Silvio. *Direito civil*: direito das coisas. 22. ed. São Paulo: Saraiva, 1995. 5 v. em 7. p. 32.

[173] Nota: Embora o tratamento específico da matéria, sobre frutos, esteja contido nos Arts. 1.214 a 1.216 do Código Civil de 2002 (e Arts. 510 a 513 do Código Civil de 1916) e sobre as benfeitorias nos Arts. 1.219 a 1.222 do Código Civil de 2002 (e Arts. 516 e 519 do Código Civil de 1916), todos transcritos no ANEXO A desta obra, preferimos tratá-los neste Capítulo 3, e não no Capítulo 4, onde também deixamos tais considerações consignadas no tópico 4.4. Preferimos tratar a matéria no campo da classificação, neste Capítulo 2, da posse em razão das virtudes e dos vícios gerados em razão da posse de boa ou de má-fé levados a cabo pelo possuidor. No nosso modo de ver, é na classificação que a matéria sobre frutos recebe melhor tratamento.

aspecto, do ponto de vista jurídico, os frutos separados podem ser considerados como colhidos (*percepti*), a serem colhidos (*percepiendi*), considerados como colhidos (*consumpti*), e *exstantes*, que são os colhidos e já existentes no patrimônio de alguém, aguardando o consumo oportuno e posterior".[174][175]

A importância dessa classificação dos frutos tem a ver com a questão da boa e da má-fé, conforme preconizado pelo Código Civil, de conformidade com os apontamentos retro (**tópicos 3.4.1 e 3.4.2**).

Frutos e produtos não são coisas iguais, pois os *produtos* são bens extraídos da coisa e que diminuem sua substância, haja vista que não se reproduzem periodicamente como acontece com os frutos. Assim, na classe dos produtos, colocam-se as riquezas minerais, por exemplo, o ouro, o petróleo, as pedras preciosas etc. Os produtos são, então, a própria coisa principal em si mesmo, de forma que os frutos somente abrangem os produtos quando a palavra é empregada genericamente, ou seja, de forma ampla.[176]

As **benfeitorias**, por seu turno, como o próprio nome já está a enunciar, *são atinentes aos melhoramentos feitos na coisa*. Tais melhoramentos são com referência à conservação ou a facilitar a utilização ou o embelezamento da coisa. Todas as melhorias importam em obras ou despesas com o bem.

Dividem-se as benfeitorias em três vertentes, mas cada uma gerando efeitos próprios, que são: **(a)** *voluptuárias*, **(b)** *úteis e* **(c)** *necessárias*, conforme disposto no Art. 96, *caput*, do Código Civil de 2002 (e Art. 63, do Código Civil de 1916).

Voluptuárias são as benfeitorias de mero deleite, não ampliando a utilização da coisa, embora possam elevar o seu valor econômico, conforme §1º do Art. 96, do Código Civil de 2002 (e §1º do Art. 63, do Código Civil de 1916); úteis são as benfeitorias que ampliam a utilização da coisa, conforme §2º do Art. 96, do Código Civil de 2002 (e §2º do Art. 63, do Código Civil de 1916); e necessárias são as benfeitorias efetuadas para conservar a coisa ou evitar a sua deterioração, conforme §3º do Art. 96, do Código Civil de 2002 (e §3º, do Art. 63, do Código Civil de 1916).

A matéria, relativa aos frutos e às benfeitorias, ganha consistência e relevância em decorrência da geração de consequências que traz em relação aos direitos e aos deveres a que estão sujeitos os possuidores, o que será apurado pela existência da posse de boa-fé, ou, então, pela posse de má-fé. Também, no que toca às benfeitorias, a relevância do entendimento é primordial, tanto em razão da indenização delas, como com relação ao direito de redenção.

Em outra vertente, sem colidir com o já exposto, transcrevemos, em relação às modalidades de frutos, e, por outro lado, das benfeitorias, a classificação de como se apresentam. Destacamos, desse modo, em relação aos frutos e às benfeitorias, as considerações infra, o que fizemos com o intuito de possibilitar o entendimento mais acentuado de cada modalidade.

3.4.3.1. Modalidades de frutos

---

[174] MARKY, Thomas. *Curso elementar de direito romano*. 8. ed. São Paulo: Saraiva, 1995. p. 44.

[175] Pelo próprio Código Civil (2002), verificamos, de forma clara, que os frutos que podem ser separados da coisa principal podem constituir relação jurídica distinta. Diz o Art. 95: *Apesar de ainda não separados do bem principal, os frutos e produtos podem ser objeto de negócio jurídico*

[176] Darcy Bessone (*Da posse*. São Paulo: Saraiva, 1996. p. 99), pondera no sentido de que "expressão 'frutos' é empregada de forma ampla, isto é, de maneira a compreender também os produtos da coisa". Dizendo, ainda: "Os produtos distinguem-se dos frutos pelo fato de ocasionarem diminuição ou alteração da substância da coisa, enquanto os frutos são percebidos sem alteração ou diminuição de tal substância. Em relação aos frutos, além de não diminuírem, são de produção periódica, pois nascem e renascem, ao passo que isso não sucede com os produtos".

Eles se apresentam como sendo:

a. *naturais* – são aqueles que a coisa gera por si mesma, espontaneamente, independentemente da intervenção do trabalho humano. Releva ponderar que não perdem essa qualidade pelo fato de a pessoa humana concorrer apenas com processos técnicos para a melhoria da sua qualidade ou o aumento da sua produção.

b. *industriais* – são as utilidades que provêm da coisa, porém com a contribuição necessária e indispensável do trabalho humano.

c. *civis* – são, por uma extensão gerada pela capacidade de abstração, os rendimentos ou benefícios que alguém tira de uma coisa utilizada por outrem. Também são chamados frutos comerciais. Exemplo: o aluguel, os juros etc.

d. *pendentes* – são os que ainda não foram separados da coisa principal.

e. *percipiendos* – são aqueles que deveriam ter sido colhidos, contudo ainda não foram.

f. *estantes* – são os frutos armazenados ou acondicionados para a venda.

g. *percebidos* ou *colhidos* – são aqueles que já foram colhidos, ou seja, já estão destacados da coisa principal.

h. *consumidos* – são os que não mais existem, visto que foram efetivamente consumidos pelo possuidor.

3.4.3.2. Direitos que assistem ao possuidor de boa-fé

O possuidor de boa-fé, em relação aos frutos, tem direitos que lhe são assegurados; inclusive, mesmo em caso de cessação da boa-fé, permanece com algum direito, o que se justifica para evitar, basicamente, que haja o enriquecimento sem causa em prol de outrem. Assim é que tem: a) direito aos frutos percebidos enquanto durar a posse, conforme Art. 1.214 do Código Civil de 2002 (e Art. 510, do Código Civil de 1916); b) com a cessação da boa-fé, deve o possuidor restituir os frutos pendentes, deduzidas as despesas de custeio, e, ainda, deve restituir os frutos que porventura colheu por antecipação, conforme parágrafo único do Art. 1.214, do Código Civil de 2002 (e Art. 511 do Código Civil de 1916).

3.4.3.3. Direitos e obrigações do possuidor de má-fé

Em relação às consequências jurídicas resultantes/advindas da má-fé do possuidor, este fica compelido: **a)** responder por todos os frutos colhidos e percebidos; responder pelos frutos colhidos por antecipação, e responder pelos frutos pendentes, conforme Art. 1.216, do Código Civil de 2002 (e Art. 513 do Código Civil de 1916); **b)** responder, ainda, pelos frutos que deixou de perceber, desde que iniciou a má-fé, conforme Art. 1.216, do Código Civil de 2002 (e Art. 513, do Código Civil de 1916); e, **c)** com relação a todos os frutos pelos quais responde, vale dizer, tendo que os devolver ou pagar o equivalente, tem direito, como não poderia deixar de ser, às despesas de custeio e produção, conforme Art. 1.216, *in fine*, do Código Civil de 2002 (e Art. 513, *in fine* do Código Civil de 1916).

3.4.3.4. Direitos em relação à indenização por benfeitorias

No que diz respeito à indenização relativa às benfeitorias, há direitos em favor do possuidor de boa-fé e direitos e obrigações em relação ao possuidor de má-fé.

3.4.3.4.1. Possuidor de boa-fé tem direito

Direitos assegurados ao possuidor de boa-fé: a) indenização das benfeitorias necessárias e úteis que construiu, conforme Art. 1.219 do Código Civil de 2002 (e Art. 516 do Código Civil de 1916); b) levantamento, se não lhe forem pagas, das benfeitorias voluptuárias, desde que puder ser efetivado sem detrimento/comprometimento da coisa principal, conforme consta do Art. 1.219 do Código Civil de 2002.

3.4.3.4.2. Possuidor de má-fé

O possuidor de má-fé tem direito exclusivamente ao ressarcimento pelas benfeitorias necessárias, mas não lhe assiste o direito de retenção pela importância destas. Também não tem direito ao *jus tollendi*, ou seja, o direito de levantar as benfeitorias voluptuárias, conforme Art. 1.220, do Código Civil de 2002 (e Art. 517. do Código Civil de 1916).[177][178]

A matéria tratada, no que tange aos frutos e às benfeitorias, decorrentes de boa ou de má-fé, terá importância vital nas questões das ações possessórias típicas (manutenção de posse, reintegração de posse e interdito proibitório), o que será objeto de estudo no **Capítulo 5**.

3.5. Classificação pelo tempo

No que diz respeito ao tempo, a posse pode configurar-se como sendo nova ou velha. Pelo Código Civil de 2002, não houve específico tratamento da matéria, como era feito pelo Código Civil de 1916, porque a matéria é de ordem processual e, como tal, recebe o devido tratamento pelo Código de Processo Civil.

Embora não tendo a matéria, como mencionado anteriormente, tratamento específico pelo Código Civil de 2002, não quer isso significar que ela não tem sua relevância e aplicação às

---

[177] Ney Rosa Goulart (*Direito das coisas*. Santa Maria: Universidade Federal de Santa Maria, 1979. v. 1. p. 99-100, 102), adota, com pequenas variantes, esta forma de disposição e apresentação da matéria.

[178] <u>A indenização de benfeitorias necessárias independe da existência de boa ou má-fé</u>, assim é que também desponta da Apelação Cível n.º 1997.36.00.005864-3/MT, 6ª Turma, Rel. Des. Federal Souza Prudente, *DJ*. p. 156, 22 maio 2006, onde é mandado aplicar o Art. 1.220 do CC de 2002 em favor de possuidor de má-fé.
NOTA: Também. No mesmo sentido: ***ADMINISTRATIVO E PROCESSUAL CIVIL. AGRAVO INTERNO NO AGRAVO EM RECURSO ESPECIAL. POSSE. DIREITO ASSEGURADO MEDIANTE AÇÃO TRANSITADA EM JULGADO. RETENÇÃO POR BENFEITORIAS. BOA-FÉ RECONHECIDA. POSSIBILIDADE. JURISPRUDÊNCIA DOMINANTE DO STJ. AGRAVO INTERNO IMPROVIDO. I.*** *Agravo interno aviado contra decisão monocrática publicada em 01/03/2017, que julgara recurso interposto contra decisum publicado na vigência do CPC/73. II. Trata-se, na origem, de Ação Reivindicatória, ajuizada pelo INSS contra Waldir Neves e outra, pleiteando a confirmação do direito de propriedade da autarquia e a imissão do proprietário na posse do imóvel. O acórdão do Tribunal de origem manteve a sentença que julgara procedente, em parte, o pedido, para o fim de reconhecer e declarar a propriedade do INSS sobre o imóvel objeto do litígio, tendo a parte ré, no entanto, direito à indenização das acessões existentes no imóvel na data do ajuizamento da presente ação e que não possam ser retiradas. III. No acórdão do Tribunal de origem restou consignada a existência de peculiaridade, na hipótese em exame, uma vez que fora "decidido em ação transitada em julgado que, na disputa entre o INSS e a ora ré, a posse caberia a estes últimos", afastando, então, a alegação de que se trataria de mera detenção do imóvel. Nesse contexto, o acórdão recorrido assentou que, especificamente no presente caso, trata-se de posse de boa-fé. IV. A jurisprudência do Superior Tribunal de Justiça firmou orientação no sentido de reconhecer que o possuidor de boa-fé tem direito de retenção pelo valor das benfeitorias necessárias e úteis, e, por semelhança, das acessões, sob pena de enriquecimento ilícito (STJ, REsp XXXXX/SP, Rel. p/ acórdão Ministro RICARDO VILLAS BÔAS CUEVA, TERCEIRA TURMA, DJe de 28/06/2013). No mesmo sentido, em caso análogo: STJ, AgInt no REsp XXXXX/PR, Rel. Ministro HERMAN BENJAMIN, SEGUNDA TURMA, DJe de 06/10/2016. Assim, estando o acórdão recorrido em dissonância com a jurisprudência sedimentada nesta Corte, afigura-se acertada a decisão ora agravada – que conheceu do Agravo, para dar provimento ao Recurso Especial –, em face do disposto no enunciado da Súmula 568 do STJ. V. Agravo interno improvido.*

questões de ordem possessória, no campo do direito material, principalmente aquelas que digam respeito à turbação e ao esbulho. Vejamos.

3.5.1. Posse nova

Posse nova é aquela em que o possuidor está com a coisa há menos de ano e dia (um ano e um dia). Dá maior proteção ao que postula a coisa, pois ele terá o direito de ser restituído, de forma liminar, na posse. Tem a ação, inicialmente, o rito especial.

3.5.2. Posse velha

Posse velha é aquela em que o possuidor está com a coisa há mais de ano e dia (um ano e um dia). Neste caso, a proteção de forma liminar não é possível em benefício daquele que postula a coisa; a proteção somente ocorrerá, se o caso, quando da apreciação do mérito da ação, que segue, desde logo, o rito ordinário. Na ação de força velha, pode, considerando que ela corre pelo rito ordinário, ocorrer, desde que preenchidos os requisitos legais, a concessão de antecipação de tutela, em face do Art. 300, do Código de Processo Civil de 2015, em vigor (e Art. 273, do Código de Processo Civil de 1973, revogado), o que será objeto de estudo no **Capítulo 5**, em relação às ações possessórias típicas.

Essas modalidades classificatórias de como a posse se apresenta em razão do tempo são extremamente relevantes devido aos efeitos que geram, pois, como registra a doutrinadora Maria Helena Diniz, "quanto à sua idade, a posse pode ser distinguida em posse nova e posse velha (CPC, arts. 924 e 927, III). É nova se tiver menos de ano e dia e velha se possuir mais de ano e dia (RT, 498:169). Esse prazo é importante porque contra a posse nova pode o titular do direito lançar mão do desforço imediato (CC, Art. 1.210, §1º) ou obter a reintegração liminar em ação própria (CPC, arts. 926 e s.). Entretanto, se velha for a posse o possuidor terá a proteção dos interditos possessórios, até que o órgão judicante o convença da existência de um direito melhor do que o seu".[179]

Na conceituação pura da posse velha, está presente o princípio de que *prior tempore, potiur in jure* (no caso, em tradução livre, o primeiro no tempo é preferido no direito), pois, não havendo direito mais robusto (velho) que o seu, que deverá ser provado por quem alega, a posse da coisa deverá continuar com aquele que tem posse velha sobre a coisa.

Por ser este um tópico, dentro do contexto da classificação da posse em razão do tempo, de significativa relevância jurídica, é que ampliaremos mais as considerações sobre ele, o que será tratado *infra*, **tópico 3.5.3**)

3.5.3. Prova da posse em razão do tempo

A proteção que está sendo tratada, nas modalidades de posse nova ou velha, é a do esbulhador ou turbador em relação à figura do possuidor. Tratando-se de proteção do possuidor, é a posse velha — aquela que ele mantém há mais de ano e dia — que será objeto de proteção de imediato com a concessão de liminar de reintegração ou de manutenção.

---

[179] DINIZ, Maria Helena. *Curso de direito civil brasileiro: direito das coisas.* 17. ed. São Paulo: Saraiva, 2002. 4 v. em 7. p. 58.

Nesse sentido, dispunha o Art. 508 do Código Civil de 1916, não recepcionado, por se tratar de matéria de cunho estritamente processual, pelo Código Civil de 2002. Dizia o Código Civil de 1916, **Art. 508:** *Se a posse for de mais de ano e dia, o possuidor será mantido sumariamente, até ser convencido pelos meios ordinários.*

Embora a matéria sobre a idade da posse não tenha sido contemplada pelo Código Civil de 2002 — considerando que tal requisito é exclusivamente de ordem processual —, não significa que tal qualidade não é mais necessária ou ficou sem previsão de ordem legal, pois a disciplina legal está inserida no **Art. 560**, do Código de Processo Civil de 2015 (no Código de Processo Civil de 1973, a matéria era disciplinada pelo Art. 926), cuja redação diz: *O possuidor tem direito a ser mantido na posse em caso de turbação e reintegrado em caso de esbulho.*

Enquanto, por sua vez, dispõe, também do Código de Processo Civil de 2015, o **Art. 561** (no Código de Processo Civil de 1973 era Art. 927): *Incumbe ao autor provar:*

I. *a sua posse;*

II. *a turbação ou o esbulho praticado pelo réu;*

III. *a data da turbação ou do esbulho;*

IV. *a continuação da posse, embora turbada, na ação de manutenção, ou a perda da posse, na ação de reintegração.*

O **inc. III do Art. 561**, do Código de Processo Civil de 2015, é que vai delimitar se trata-se de posse velha ou nova. Sendo nova, o autor será reintegrado ou manutenido na posse de forma liminar, sem a oitiva do réu. Sendo, entretanto, velha a posse do réu, o autor não será, de plano, manutenido ou reintegrado na posse, e a ação tramitará, desde logo, pelo rito ordinário, perdendo, no caso, a regalia (legal) de ser tratada pela parte especial do Código de Processo Civil. [180]

Pelo **Art. 561** (CPC de 2015, que corresponde ao Art. 927 do CPC de 1973), **incs. I e III,** do Código de Processo Civil, estão enumerados, taxativamente, os requisitos relativos à prova da posse. Tais requisitos são peremptórios e não admitem qualquer tipo de incerteza ou vacilação. Deve ficar claro, e de forma inequívoca, a existência da posse e a data em que se deu a turbação ou o esbulho, considerando que são marcos para justificarem a adoção de um ou outro tipo de rito de natureza processual, que, se não suplantar ano e dia, será especial; se suplantar, será comum.

A matéria, no seu campo de ordem processual, em relação ao Art. 561, CPC de 2015, incs. I a IV (e Art. 927, CPC de 1973), tomando por parâmetro o magistério de Adroaldo Furtado Fabrício, pode ser gizada no sentido de que "dois se apresentam [incs. I e III] como especialmente exigentes: a posse, que é o pressuposto fundamental e comum a todas as formas de tutela possessória, e a data da turbação ou esbulho, decisiva no caracterizar ou não a 'força

---

[180] Carlos Roberto Gonçalves (*Direito das coisas*. São Paulo: Saraiva, 2003. p. 20), <u>destaca, o que entendemos como extremamente relevante e daí a razão de repetirmos:</u> "Não se deve confundir posse nova com ação de força nova, nem posse velha com ação de força velha. Classifica-se a posse em nova ou velha quanto à sua idade. Todavia, para saber se a ação é de força nova ou velha, leva-se em conta o tempo decorrido desde a ocorrência da turbação ou do esbulho. Se o turbado ou esbulhado reagiu logo, intentando a ação dentro do prazo de ano e dia, contado da data da turbação ou do esbulho, poderá pleitear a concessão de liminar (CPC, Art. 924 [do CPC DE 1973, no CPC de 2015 é o Art. 558]), por se tratar de ação de força nova. Passado esse prazo, no entanto, o procedimento será ordinário, sem direito a liminar, sendo a ação de força velha. É possível, assim, alguém que tenha a posse velha ajuizar ação de força nova, ou de força velha, dependendo do tempo que levar para intentá-la, contado o prazo da turbação ou do esbulho, assim como também alguém que tenha posse nova ajuizar ação de força nova ou de força velha".

nova',” sem a qual fica de pronto afastada a possibilidade de proteção provisional da posse, ainda que provada esta”.

Prossegue o autor citado: “Dissemos que se deve colocar ênfase nesses dois requisitos porque eles, no confronto com os dois incisos II e IV, evidenciam a maior maleabilidade destes últimos. Com efeito, enquanto aqueles inadmitem vacilações ou alternativas, estes podem ser provados em certo desacordo com a inicial e os fatos nela expostos, sem que só por isso resulte excluída a tutela liminar. Assim, se provada turbação quando se alegara esbulho, ou vice-versa; ou ainda — o que resulta igual — prova-se a continuação da posse que se afirmara perdida, ou o contrário, nem por isso o juiz terá de indeferir o mandado liminar. É que a regra do Art. 920 [CPC de 1973, e Art. 554, do CPC de 2015], no sentido da conversibilidade dos interditos, incide já nessa fase preliminar do procedimento, permitindo que o juiz outorgue ao autor, ainda *in limine litis*, a tutela possessória adequada, mesmo diversa da pedida”.[181]

3.5.3.1. Esclarecimento sobre o tratamento processual da posse em razão do tempo (idade)

Quando do tratamento específico das ações possessórias, ater-nos-emos, de forma pormenorizada, em relação às modalidades das ações possessórias.

Trataremos, pois, **no Capítulo 5**, das **ações possessórias típicas** — no caso, ação de manutenção de posse, ação de reintegração de posse e ação de interdito proibitório —, além de outras mais que também podem ser utilizadas para a proteção da posse, que as **denominamos atípicas** — ação de dano infecto, ação de nunciação de obra nova e ação de embargos de terceiro. Veremos, ainda, a questão do desforço pessoal, que nada mais é do que ação física de que se vale o ofendido para a defesa da posse violada.

Os meios processuais apontados anteriormente, com relação às ações típicas, reforçamos o apontamento feito levando em conta a relevância da matéria: **a)** esbulho, **b)** manutenção e **c)** interdito proibitório, que são válidos tanto para as ações possessórias de força nova (menos de ano e dia), como para as ações possessórias de força velha (mais de ano e dia). O que muda em relação às ações de força nova e as de força velha é que, na primeira, há possibilidade de o ofendido ser beneficiário de liminar; enquanto nas ações de força velha não há espaço para a concessão in limine litis, todavia, como será visto (no **Capítulo 5,** em relação às ações possessórias típicas), é possível a antecipação de tutela, desde que preenchidos os requisitos exigidos pelo **Art. 300,** do CPC de 2015 (e Art. 273, do CPC de 1973), o que se constitui numa garantia assegurada ao possuidor que preencha os requisitos definidos em lei.[182]

---

[181] FABRÍCIO, Adroaldo Furtado. *Comentários ao Código de Processo Civil*. Rio de Janeiro: Forense, 1980. v. 8, t. III. p. 546-547.

[182] “Tutela de urgência possessória: Prevista para qualquer tipo de ação que corra pelo procedimento comum (antigo ordinário), está regulada no Art. 300 do CPC/15 e exige apenas dois requisitos: probabilidade do direito e perigo de dano.
Não existe limitação de tempo, ou seja, a turbação ou o esbulho podem datar de mais de ano e dia e mesmo assim o juiz está autorizado a conceder a tutela de urgência de manutenção u de reintegração, desde que o suplicante consiga transparecer a probabilidade de seu direito e o perigo de dano em caso de continuidade do ataque possessório.”
Disponível em: https://www.jusbrasil.com.br/artigos/diferenca-entre-liminar-possesoria-e-tutela-de-urgencia-possessoria/1812248921. Acesso em: 29 mar. 2024.

3.6. Classificação pelo número de pessoas (composse)

A classificação da posse pelo número de pessoas é representada pela composse[183] — que não tem nada a ver com a posse direta e indireta —,[184][185] conforme disciplinado pelo Art. 1.199 do Código Civil de 2002 (e Art. 488 do Código Civil de 1916).

De conformidade com o Art. 1.199 do Código Civil de 2002, o compossuidor exerce todos os poderes inerentes à posse, competindo-lhe, destarte, direito de recorrer aos interditos possessórios, sem que, no entanto, possa excluir os demais compossuidores do mesmo direito.[186] O exercício dos direitos de cada um dos compossuidores não pode resultar em exclusão, em forma de lesão, dos direitos dos demais condôminos.[187] Esta forma, como se apresenta a composse, às vezes possibilitando o exercício individualizado do bem por um dos compossuidores (sem anuência dos demais), e vezes outras só possibilitando o exercício quando em comum (conjuntamente) com os demais consortes, se dá, como bem acentua o doutrinador Ricardo Luís Maia Loureiro, em razão de que a compossessão pode ser: a) simples e b) de mão comum.

Podemos identificar, como leciona o autor mencionado, a composse simples como sendo aquela "na qual qualquer dos compossuidores pode exercer atos tendentes à utilização econômica do bem, independentemente dos outros, contanto que tais atos não excluam a posse dos outros compossuidores (Art. 1.119 do Código Civil)"; já a composse de mão comum dá-se quando "a posse não pode ser exclusivamente exercida por apenas um dos compossuidores".[188] Vê-se, então, que a compossessão, **ou condomínio, é** "o ato pelo qual duas ou mais pessoas possuem coisa indivisa, ou se estiverem no gozo do mesmo direito, poderá cada uma exercer sobre o objeto comum atos possessórios, contando

---

[183] ESPÍNDOLA, Eduardo. *Posse, propriedade, compropriedade ou condomínio, direitos autorais.* Atualizado por Ricardo Rodrigues Gama. Campinas: Bookseller, 2002. p. 70, destaca, em nota de rodapé: "Lafayette diz muito bem que se dá a compossessão: 1) entre os herdeiros, antes de feita a partilha; 2) entre marido e mulher casados segundo o regime da comunhão de bens; 3) entre consócios, acerca das coisas comuns; e, em geral, em todos os casos em que cabe a ação *communi dividendi*".

[184] R. Limongi França (*A posse no Código Civil*: noções fundamentais. Rio de Janeiro: José Bushatski, 1964. p. 73), aduz: "Não se deve confundir a composse com a dualidade de posses, como se dá no caso da posse direta e da indireta, sobre a mesma coisa".

[185] Quando ocorre a posse direta e indireta, o que se tem, em verdade, é uma posse múltipla, enquanto na composse o que ocorre é uma posse, quer imediata (direta), quer mediata (indireta), de várias pessoas sobre a mesma coisa em graus iguais, o que, segundo José Carlos Moreira Alves, torna "possível que todos os compossuidores sejam possuidores em nome próprio, ou que todos sejam possuidores em nome alheio; também é possível que um seja possuidor em nome próprio e o outro possuidor em nome alheio" (ALVES, José Carlos Moreira. *Posse*. 2. ed. Rio de Janeiro: Forense, 1997. v. 2, t. I. p. 490).

[186] Ementa: *APELAÇÃO CÍVEL. POSSE (BENS IMÓVEIS). AÇÃO DE REINTEGRAÇÃO DE POSSE. PRELIMINAR DE NULIDADE DA SENTENÇA ULTRA PETITA. Nas ações possessórias, diante do seu caráter dúplice, é lícito ao réu, na contestação, alegando que foi o ofendido em sua posse, demandar a proteção possessória. Neste caso, a sentença que reconhece a composse entre autor e réu não excede os limites da lide. Preliminar rejeitada. REINTEGRAÇÃO DE POSSE. COMPOSSE. Se duas ou mais pessoas possuírem coisa indivisa, poderá cada uma exercer sobre ela atos possessórios, contanto que não excluam os dos outros compossuidores (Art. 1.199 do CC). No caso concreto, inexistindo prova de atos de mera permissão e tolerância da autora em relação aos réus, denota-se que o exercício possessório da compossuidora, ora apelante, que pleiteia a exclusividade sobre o bem imóvel é contrário à lei e ofende a posse dos réus-compossuidores. APELAÇÃO DESPROVIDA. (Apelação Cível, Nº 70063562466, Décima Nona Câmara Cível, Tribunal de Justiça do RS, Relator: Marco Antonio Angelo, Julgado em: 10-09-2015).*

[187] Washington de Barros Monteiro (*Curso de direito civil*: direito das coisas. 32. ed. São Paulo: Saraiva, 1995. 3 v. em 6. p. 80), defende este tipo de abordagem.

[188] LOUREIRO, Ricardo Luiz Maia. *Posse e ações possessórias*. São Paulo: Livraria e Ed. Universitária de Direito, 2006. p. 19-20. Sobre a composse de mão comum, registra o autor: "Essa segunda espécie de composse restou definida como composse de mão comum, porque necessita da anuência dos demais compossuidores para a utilização do bem co-possuído. Como por exemplo típico, podemos citar o caso do cofre que só pode ser aberto com duas chaves, assim, ambos os compossuidores não podem usufruir exclusivamente do bem, um não pode abrir o cofre sem a anuência dos demais".

que isso não leve a exclusão dos outros compossuidores".[189] A compossessão tanto pode ter como causa um ato praticado *inter vivos*, assim como também pode advir em razão de *mortis causa*.[190]

A compose pode apresentar-se sob duas vertentes distintas, ou seja: **a)** como sendo *pro diviso*; **b)** como sendo *pro indiviso*. Sobre essas subdivisões da compose, discorreremos infra (**tópicos 3.6.1 e 3.6.2**).

3.6.1. *Pro diviso*

Posse *pro diviso* é aquela posse em que, embora não existindo uma divisão de direito da coisa, existe, no entanto, uma repartição de fato. No caso, a cada um dos compossuidores (que são os condôminos), é atribuída uma cota-parte, a qual recai sobre uma parte específica da coisa. Exemplificando: no caso de cinco pessoas possuírem um terreno com 2 mil m², é possível que venham, de comum acordo, dividi-lo em cinco partes (lotes) iguais de 400 m² para cada uma, de forma que cada uma das pessoas, que são os compossuidores, exercerá diretamente a sua posse sobre a sua parte predeterminada (parte localizada, e não, tecnicamente, parte ideal, pois a divisão não decorre de direito, e sim de fato, o que se dá em comum consenso entre os condôminos), que vem a ser aquela relativa à sua cota parte na divisão (fracionamento) do bem, ou seja, pelo exemplo dado, uma fração de 400 m² do terreno.

3.6.2. *Pro indiviso*

Na posse *pro indiviso*, não existe qualquer divisão, nem de direito, nem, de fato, da posse. Todos os compossuidores exercem seu direito sobre a totalidade da coisa objeto da relação condominial. Exemplificando: tomando por base o mesmo caso anterior (**tópico 3.6.1**), as cinco pessoas, que são os compossuidores, ou condôminos, exercem posse sobre todo o bem (no caso, um terreno de 2000 m²); como a posse é exercida na totalidade do bem, sem qualquer individualização da cota de cada um dos condôminos, todos os compossuidores exercem posse comum sobre o bem como um todo, pois não é possível identificar a cota parte de cada um dos condôminos.

Em relação às divisões da compose em posse *pro diviso* e posse *pro indiviso*, registramos, com amparo em Washington de Barros Monteiro, que, pela primeira, "a compossessão subsiste de fato e de direito. Se o compossuidor tem posse *pro diviso* exercitada sobre *pars certa, locus certa ex fundo*, tem direito de ser respeitado na porção que ocupa, até mesmo contra outro compossuidor. Se não existe, porém sinal de posse em qualquer trecho do imóvel, se vago se acha o lugar, o compossuidor tem direito de nele instalar-se, desde que não exclua os demais".[191] O Art. 1.314, *caput*, e parágrafo único do Código Civil de 2002 (e Art. 623, incs. I, II, III, do CC de 1916), dá tal suporte jurídico.

A exata compreensão da compose *pro diviso* e *pro indiviso* gera algumas interpretações díspares de ordem doutrinária, o que se justifica em razão de que, aparentemente, o condomínio

---

[189] GAMA, Ricardo Rodrigues. *Direito das coisas*. Presidente Prudente: Data Juris, 1994. p. 45.

[190] Diz Maria Helena Diniz, ao comentar o Art. 1.199 do CC de 2002: "Ter-se-á compose quando, em virtude de contrato ou herança, duas ou mais pessoas se tornarem possuidoras do mesmo bem, embora por quota ideal, exercendo cada uma sua posse sem embaraçar a da outra. Por exemplo, é o que ocorre com os herdeiros antes da partilha do acervo no inventário, com os consócios, nas coisas comuns etc. O possuidor poderá valer-se, isoladamente ou conjuntamente, da proteção possessória contra terceiro ou mesmo contra outro compossuidor, que vier a perturbar a sua posse" (DINIZ, Maria Helena. *Código Civil anotado*. 8. ed. São Paulo: Saraiva, 2002. p. 704).

[191] MONTEIRO, Washington de Barros. *Curso de direito civil*: direito das coisas. 32. ed. São Paulo: Saraiva, 1995. 3 v. em 6. p. 81.

somente poderia ocorrer em relação a uma posse *pro indiviso*, considerando que, se *pro diviso,* já não haveria razão (em tese, pelo menos) para a existência da compossessão.

Embora o aparente conflito, como demonstrado antes, não assiste qualquer razão em prol daqueles que, como Barbero, consideram como sendo "a posse *pro diviso* somente uma recordação de um estado que já se encontra ultrapassado".[192] E assim não é porque é incorreta a colocação de que a verdadeira comunhão, que redunda de uma relação condominial, somente se caracteriza pela posse *pro indiviso*, pois a posse *pro diviso* também dá, como visto, margem ao nascimento de uma relação de natureza condominial.

De fato, em reforço ao supra aludido, a doutrina brasileira é no sentido de que, na comunhão *pro diviso*, "a propriedade se mantém integral; não é afetada em sua unidade específica; apenas a comunhão vai recair sobre partes singulares de propriedades diversas, sem que a integridade material destas fique prejudicada. Um exemplo servirá para dilucidar melhor o problema. Assim, a propriedade em planos horizontais dá margem a ser considerada por muitos juristas como uma comunhão *pro diviso*. O edifício é dividido em apartamentos atribuídos a proprietários diversos. Sobre tais apartamentos eles exercem o direito de propriedade em toda sua plenitude. [Plenitude, em termos, pois que devem respeitar as limitações legais, não se aplicando, como diziam os romanos, a sentença de *"qui dominus est soli, dominus est usque ad coelum ad ínferos"* – o domínio do solo alcança verticalmente o céu e o inferno]. Por conseguinte, uma comunhão *pro diviso*, sendo, entretanto, *pro indiviso*, a que exercem em relação às paredes-meias, o teto, o terreno e as escadas e demais utilidades postas a serviço da propriedade singular".[193]

Lembrando, por oportuno, que, embora a alusão, na citação doutrinária retro, seja com respeito à propriedade em condomínio, também é aplicável, *in litteris*, em relação à compossessão, pois esta também decorre de uma relação condominial de posse.

Para um melhor esclarecimento e estudo da composse em relação aos denominados interditos possessórios e/ou ações possessórias, necessário se faz um enfoque específico sobre o tema, o que veremos a seguir.

3.6.3. Composse em relação aos interditos possessórios

Cabe assinalar, objetivando um melhor entendimento da figura da composse, que qualquer um dos possuidores, que em verdade são, tecnicamente, compossuidores — ou, sob outra óptica, são em verdade condôminos de relações de natureza exclusivamente possessória, portanto decorrente de uma relação puramente fática, ao contrário do condomínio jurídico que decorre de domínio —, pode valer-se, sendo o caso, dos meios legais de defesa da posse, o que se dá, via de regra, por meio dos interditos possessórios e/ou ações possessórias.

No caso de existência de conflito direto entre os diversos compossuidores, pode, facultativamente, cada um deles, de *per si*, utilizar-se das ações possessórias, aquela que melhor adequar-se à espécie, em face da matéria em discussão, por exemplo, turbação, esbulho ou ameaça efetiva à posse.

Se o conflito se der contra terceiro, cada um dos condôminos pode agir, tanto individualmente, como em conjunto. No entanto, quando for um contra o outro, deve ser vista a questão da existência da posse *pro diviso*, ou, como faz ver Miguel Maria de Serpa Lopes, "é princípio assente

---

[192] LOPES, Miguel Maria de Serpa. *Curso de direito civil.* 4. ed. Rio de Janeiro: Freitas Bastos, 1996. 6 v.. p. 332.

[193] LOPES, Miguel Maria de Serpa. *Curso de direito civil.* 4. ed. Rio de Janeiro: Freitas Bastos, 1996. 6 v.. p. 332.

na doutrina e na jurisprudência que, exercendo posse certa e individuada no imóvel, pode o condômino invocar a proteção possessória contra os demais consortes".[194] [195] E isso é assim em decorrência de que, na posse *pro diviso,* o que existe, na realidade, é uma posse individual, dentro da compossessão, de parte idealizada da coisa por parte exclusiva de um dos possuidores.[196]

Por fim, a composse pode terminar (não como regra geral e absoluta) pela ocorrência de divisão de direito e posse exclusiva.

3.6.3.1. Divisão de direito

A desconstituição da composse pode decorrer de divisão de forma amigável ou judicial. Em qualquer dos casos, cessa a compossessão, e cada um dos condôminos passa a exercer a posse sobre coisa determinada e perfeitamente individualizada.

3.6.3.2. Posse exclusiva

Também pelo exercício de posse exclusiva de um dos compossuidores, sobre a integralidade da coisa, e isso sem qualquer tipo de oposição por parte dos demais condôminos, pode findar a compossessão.

3.7. Classificação pelos efeitos: *ad interdicta e ad usucapionem*

Por último, quanto aos seus efeitos, a posse pode ser classificada em duas modalidades, quais sejam: **a)** *ad interdicta;* **b)** *ad usucapionem.*

A posse *ad interdicta* é aquela que pode ser defendida pelo uso dos interditos de natureza possessória (ação de manutenção de posse, ação de reintegração de posse e interdito proibitório). Tanto é defendida pelo só possuidor, como pelo possuidor e proprietário. Possibilita, a posse *ad interdicta,* que o possuidor busque a proteção dos interditos possessórios em razão da simples presença dos elementos da posse, ou seja, do *"corpus + animus* (implícito no *corpus)* e *affectio tenendi* [o **corpus** mais a **affectio tenendi** geram posse, que se desfigura em mera detenção apenas na hipótese de um impedimento legal]. Não importa que a posse seja ilegítima ou com vício, pois os motivos da proteção da posse se sobrepõem, a este fato".[197]

---

[194] LOPES, Miguel Maria de Serpa. *Curso de direito civil.* 4. ed. Rio de Janeiro: Freitas Bastos, 1996. 6 v.. p. 362.

[195] O Código Civil de Portugal somente permite ao manejo de ação possessória, por parte de um dos compossuidores, se ela for contra terceiro, pois contra outro compossuidor não é possível. Estabelece, neste sentido:
"Artigo 1286º.
(Defesa da composse)
1. Cada um dos compossuidores, seja qual for a parte que lhe cabe, pode usar contra terceiro dos meios facultados nos artigos precedentes, quer para defesa da própria posse, quer para defesa da posse comum, sem que ao terceiro seja lícito opor-lhe que ela não lhe pertence por inteiro.
2. Nas relações entre compossuidores não é permitido o exercício da ação de manutenção.
3. Em tudo o mais são aplicáveis à composse as disposições do presente capítulo".

[196] FRANÇA, R. Limongi. *A posse no Código Civil*: noções fundamentais. Rio de Janeiro: José Bushatski, 1964. p. 75. Faz ver que a regra do Art. 488, do Código Civil de 1916 — agora correspondente ao Art. 1.199 do Código Civil de 2002 —, tem por substância "dois aspectos fundamentais: 1º. Outorga ao possuidor o direito aos interditos e ao usucapião; 2º. Preserva os direitos de cada possuidor à face dos demais". Acrescentando: "Exceção, porém, a essa regra é o caso da posse *pro diviso,* dentro da compossessão. Nessa hipótese, há uma verdadeira posse individual, enquistada no objeto da composse, de tal forma que, preenchidos os requisitos de tempo e exteriorização do domínio, o compossuidor passa à categoria de possuidor puro e simples, de uma parte do dito objeto, parte essa, não já ideal, mas localizada".

[197] GIORDANI, José Acir Lessa. *Curso básico de direito civil*: direito das coisas. 2. ed. Rio de Janeiro: Lumen Juris, 2005. t. I. p. 51. Introdução e posse.

Para parte da doutrina, dentre os quais destacamos Silvio Rodrigues,[198] a proteção da posse *ad interdicta* deve decorrer de posse sem vício, portanto não podendo ser violenta, clandestina e precária, contra e efetivo possuidor da coisa, e não contra terceiros. Discordamos, em parte, do pensamento doutrinário defendido pelo autor, pois a violência e a clandestinidade podem convalidar-se com o decurso do tempo (posse de mais de ano e dia), o que não afasta, em princípio, a proteção possessória em favor do possuidor injusto ou de má-fé, mesmo contra o efetivo possuidor. A única que não geraria, desde logo, efeito seria a detenção, em razão da precariedade, mas mesmo essa, como consta desta obra jurídica, pode consolidar-se, no decurso do tempo, em posse.

Contra terceiros, é certo que "mesmo o possuidor injusto o de má-fé com relação a determinado sujeito poderá defender a posse contra terceiros, em relação aos quais a exerce sem qualquer vício".[199] Em defesa do ponto de vista dos que entendem, como é o caso de Silvio Rodrigues, que a posse não pode ter vício para ensejar defesa contra o efetivo possuidor, aludimos que o único vício que não pode ter é o da precariedade, considerando que este não se convalida com o decurso do tempo. Pode, no entanto, o possuidor, mesmo que com a posse precária, defendê-la contra terceiros, contra os quais o vício não estará presente, desde que tais terceiros não tenham melhor posse.

Posse *ad usucapionem* é aquela idônea — em face do preenchimento de todos os requisitos exigidos por lei — para gerar a propriedade (em razão de ação de Usucapião), caso em que deverá o possuidor exercer sem interrupção, sem oposição, como se dono fosse, a posse pelo tempo estabelecido em lei.

Mantendo o possuidor na sua posse uma coisa, quer seja móvel, quer seja imóvel, por determinado tempo, e desde que ela seja hábil, poderá ele, em razão dela, *ad usucapionem*, vir a se tornar proprietário da coisa até então somente possuída.

A posse *ad usucapionem* é, na verdade, uma posse *sui generis*, pois possibilita que o possuidor venha a se tornar proprietário de uma coisa (móvel ou imóvel) sem que tenha necessidade de qualquer anuência do até então proprietário, bastando que ele (possuidor) preencha determinados requisitos exigidos por lei, os quais sofrem variações (legais e temporais), dependendo do tipo específico da coisa a ser usucapida (conforme veremos – pelo **tópico 3.8**, infra – de forma bem concentrada), considerando a importância do instituto que depende da posse para se concretizar e tornar o usucapiente proprietário do bem, uma vez preenchidas todas as formalidades legais e que são próprias do instituto do Usucapião.

Pelo exercício da posse exclusiva, observando todos os parâmetros legais, relativos ao exercício da posse, é possível um herdeiro tornar-se proprietário do bem (móvel ou imóvel), pois

---

[198] Diz Silvio Rodrigues, em ponto de vista com o qual, como registramos no texto, discordamos, em parte: "Para que à posse se confira a proteção dos interditos, basta que ela seja justa, isto é, que não venha eivada dos vícios de violência, clandestinidade e precariedade. Assim, o titular de uma posse justa pode reclamar e obter a proteção possessória contra quem quer que o esbulhe, o perturbe, ou o ameace em sua posse. Ainda que o autor do esbulho, turbação ou ameaça seja o próprio proprietário da coisa, tal proteção é concedida. Portanto, para que a posse *ad interdicta* se configure, basta que seja justa.

Em rigor, perante terceiros, que não o proprietário, qualquer posse dá direito aos interditos. Com efeito, ainda que a posse tenha vícios, o possuidor será garantido em sua posse, contra terceiros que não tenham sido vítimas da violência, da clandestinidade, ou da precariedade, enfim, de terceiros que não tenham melhor posse. Visto que estes nada podem argüir contra aquele" (RODRIGUES, Silvio. *Direito civil*: direito das coisas. 22. ed. São Paulo: Saraiva, 1995. 5 v. em 7. p. 34).

[199] VENOSA, Sílvio de Salvo. *Direitos reais*. São Paulo: Atlas, 1995. p. 80.

não há qualquer obstáculo legal que impeça. Para ilustrar, destacamos uma Decisão do Superior Tribunal de Justiça – STJ:

RECURSO ESPECIAL Nº 1.631.859 - SP (2016/0072937-5) RELATORA: MINISTRA NANCY ANDRIGHI. EMENTA DIREITO PROCESSUAL CIVIL E DIREITO CIVIL. RECURSO ESPECIAL. AÇÃO DE USUCAPIÃO EXTRAORDINÁRIA. PREQUESTIONAMENTO. AUSÊN-CIA. SÚMULA 282/STF. HERDEIRA. IMÓVEL OBJETO DE HERANÇA. POSSIBILIDADE DE USUCAPIÃO POR CONDÔMINO SE HOUVER POSSE EXCLUSIVA. 1. Ação ajuizada 16/12/2011. *Recurso especial concluso ao gabinete em 26/08/2016. Julgamento: CPC/73. 2. O propósito recursal é definir acerca da possibilidade de Usucapião de imóvel objeto de herança, ocupado exclusivamente por um dos herdeiros. 3. A ausência de decisão acerca dos dispositivos legais indicados como violados impede o conhecimento do recurso especial. 4. Aberta a sucessão, a herança transmite-se, desde logo, aos herdeiros legítimos e testamentários (Art. 1.784 do CC/02). 5. A partir dessa transmissão, cria-se um condomínio pro indiviso sobre o acervo hereditário, regendo-se o direito dos co-herdeiros, quanto à propriedade e posse da herança, pelas normas relativas ao condomínio, como mesmo disposto no Art. 1.791, parágrafo único, do CC/02. 6. O condômino tem legitimidade para usucapir em nome próprio, desde que exerça a posse por si mesmo, ou seja, desde que comprovados os requisitos legais atinentes à Usucapião, bem como tenha sido exercida posse exclusiva com efetivo animus domini pelo prazo determinado em lei, sem qualquer oposição dos demais proprietários. 7. Sob essa ótica, tem-se, assim, que é possível à recorrente pleitear a declaração da prescrição aquisitiva em desfavor de seu irmão – o outro herdeiro/condômino –, desde que, obviamente, observados os requisitos para a configuração da Usucapião extraordinária, previstos no Art. 1.238 do CC/02, quais sejam, lapso temporal de 15 (quinze) anos cumulado com a posse exclusiva, ininterrupta e sem oposição do bem. 8. A presente ação de Usucapião ajuizada pela recorrente não deveria ter sido extinta, sem resolução do mérito, devendo os autos retornar à origem a fim de que a esta seja conferida a necessária dilação probatória para a comprovação da exclusividade de sua posse, bem como dos demais requisitos da Usucapião extraordi-nária. 9. Recurso especial parcialmente conhecido e, nesta parte, provido.*

3.8. Análise geral sobre o tratamento do Usucapião pelo Direito Material (Código Civil de 2002, em vigor, e Código Civil de 1916, revogado) e pelo Direito Adjetivo (Código de Processo Civil de 2015, em vigor, e Código de Processo Civil de 1973, revogado), e (de forma bem pontual, objetivando comparação com o disciplinado pelo Direito Brasileiro) com o disciplinado pelo Direito Estrangeiro (Direito Comparado)

Como esta obra jurídica guarda estreita correspondência/correlação com os dispositivos do **Código Civil de 2002 (em vigor) e Código Civil de 1916 (revogado)**, bem como pelo **Código de Processo Civil de 2015 (em vigor) e Código de Processo Civil de 1973 (revogado)**, optamos em começar o estudo da matéria a partir do **quadro esquemático das modalidades de Usucapião** que destacamos como sendo os de maior relevância. Desse modo:

MODALIDADES/TIPOS DE USUCAPIÃO COM PREVISÃO NO CÓDIGO CIVIL E NA LEI: (**NOTA: Na parte final do livro destacamos:** ADENDOS ESPECIAIS SOBRE O TRATAMENTO DO USUCAPIÃO PELO CÓDIGO DE PROCESSO CIVIL DE 1973 (revogado) E PELO CÓDIGO CIVIL DE 2002 (em vigor).

a. **Usucapião de bens imóveis:**

a.a) Extraordinário (Art. 1.238, CC, prazo maior de 15 anos para Usucapião);

a.b) Ordinário (Art. 1.242, CC, 10 anos e/ou 5 anos, conforme o caso, para Usucapião)

b) Especial Rural (Art. 191 CF e 1.239, CC, 5 anos, prazo para Usucapião);

c) Especial Urbano (Art. 183 CF, e 1.239, CC, 5 anos, prazo de 5 anos para Usucapião);

d) Coletivo (Art. 10 Estatuto da Cidade Lei 10.257/2001. 5 anos, prazo de 5 anos para Usucapião):

e) Especial Familiar (Art. 1.240 – A, CC, 2 anos, prazo para Usucapião);

f) Usucapião Especial Indígena (Art. 33, 10 anos e imóvel inferior a 50 hectares, da Lei n.º 601, de 19 de dezembro de 1973 – Estatuto do Índio);

g) Usucapião por Acessão (Art. 1.248, inc. IV, do CC, prazo de cinco anos).

h) Usucapião especial de imóvel condominial (Art. 1.242, Par. único, do CC, prazo de cinco anos, sendo que o condômino, desde que atendidos os requisitos de ordem legal, adquira a propriedade exclusiva de uma unidade condominial).

i) Usucapião de Laje (Art. 1.510-A, CC, prazo do Usucapião extraordinário ou ordinário, conforme o caso, em razão da Lei n.º 13.465/2017);

g) Usucapião de propriedade compartilhada – multipropriedade (Art. 1º O Título III do Livro III da Parte Especial da Lei n.º 10.406, de 10 de janeiro de 2002 (Código Civil), passa a vigorar acrescido do seguinte Capítulo VII-A, prazo do Usucapião extraordinário ou ordinário, conforme o caso).

h. **Usucapião de bens móveis:** Se apresentam em duas ordens, quais sejam:

h.a. Ordinário (Art. 1.260, CC, prazo de 3 anos para Usucapião) e h.b. Extraordinário (Art. 1.261 CC, prazo de 5 anos

3.8.1. Apontamentos sobre o instituto do Usucapião – que é matéria específica do direito de propriedade

Esclarecimento: Abrimos nota de rodapé tratando sobre as seguintes modalidades:

a) Usucapião indígena[200];

b) Usucapião de acessão[201];

c) Usucapião de bem adquirido de forma onerosa, com cancelamento posterior do registro[202];

d) Usucapião de Laje[203].

Procedemos desta maneira levando em conta que essas modalidades de Usucapião **não são corriqueiras (ocorrem de forma bem pontual), mas são, também, decorrentes da posse** *ad usucapionem.*[204]

---

[200] **Lei n.º 601/1973** – Art. 33. *O índio, integrado ou não, que ocupe como próprio, por dez anos consecutivos, trecho de terra inferior a 50 hectares, adquirir-lhe-á a propriedade plena.*

[201] Art. 1.248. *A acessão pode dar-se:*
I – *por formação de ilhas;*
II – *por aluvião;*
III – *por avulsão;*
IV – *por abandono de álveo;*
V – *por plantações ou construções.*
Pode dar margem a aquisição da propriedade de um bem imóvel que foi incorporado a outro, tal como acontece com uma construção ou plantação (na forma do inc. IV, do Art. 1.248, do CC), desde que atenda aos requisitos legais para usucapir, assim deve se tratar posse contínua, mansa, pacífica e pública, durante o lapso temporal de, no mínimo, 5 anos. O prazo a se computado é aquele começa a contar da incorporação o anexação da plantação ou construção ao bem originário, desde que tenha agido de boa-fé, ainda que sem a anuência do proprietário.

[202] Art. 1242. Adquire também propriedade de um imóvel aquele que, contínua e incontestadamente, com justo título e boa-fé, o possuir por dez anos. Parágrafo único. *Será de cinco anos o prazo previsto neste artigo se o imóvel houver sido adquirido, onerosamente, com base no registro constante do respectivo cartório, cancelado posteriormente, desde que os possuidores nele tiverem estabelecido a sua moradia, ou realizado investimentos de interesse social e econômico.*

[203] "Considerando que o DIREITO DE LAJE é suscetível de posse (como, de resto, todos os bens corpóreos), infere-se, com tranquilidade e segurança, a possibilidade de usucapião da laje. É o que se pode denominar com a expressão USUCAPIÃO LAJEÁRIA. Trata-se de modo originário de aquisição da laje, mantida intocada a titularidade da coisa [base]. Dessa maneira, a decisão judicial que reconhecer a usucapião lajeária bipartirá o direito real, permanecendo a propriedade do imóvel originário com o seu respectivo titular, mas reconhecendo ao usucapiente o direito de laje. De fato, a modalidade de Direito Real de Laje, possibilita o Usucapião sobre bens imóveis, tanto por meio de Ação Judicial, como por meio de Usucapião extrajudicial, para o que se destaca posicionamento jurisprudencial: TJSP. 1005365-70.2014.8.26.0020. J. em: 6/07/2020. *Ação de usucapião constitucional urbana.* **DIREITO REAL DE LAJE.** *Sentença que extinguiu o processo, sem resolução do mérito, por falta de interesse processual, nos termos 'do artigo 485, inciso VI, do Código de Processo Civil – Recurso de apelação interposto pelos autores – Possibilidade de reconhecimento da* **USUCAPIÃO DO DIREITO REAL DE LAJE,** *em qualquer de suas modalidades, inclusive a* **EXTRAJUDICIAL,** *desde que comprovado o preenchimento dos requisitos da prescrição aquisitiva – Construção-base que não está regularizada, tampouco havendo no local condomínio regularmente constituído – Irrelevância – Distinção entre laje e condomínio – Possibilidade de declaração da usucapião e descerramento da matrícula, em caráter excepcional, levando-se em conta a natureza originária da aquisição, com descrição da nova unidade e mera menção ao terreno onde está erigida – Recurso dos autores provido para anular a sentença, com retorno dos autos à origem para que haja o regular prosseguimento do feito. Dá-se provimento ao recurso para o fim de anular a sentença.*

[204] *EMENTA: CIVIL E PROCESSO CIVIL – APELAÇÃO CÍVEL – AÇÃO DE USUCAPIÃO EXTRAORDINÁRIO – POSSE AD USUCAPIONEM – PRESENÇA DE PROVAS – REQUISITOS PREENCHIDOS. 1. O Art. 1.238 do CC trata da usucapião extraordinária, na qual a prescrição aquisitiva independe de justo título ou boa-fé, sendo esta a única modalidade que poderia amparar o desiderato dos autores, já que despidos de documento que lhes garantiria a propriedade do imóvel que se pretende demarcar. 2. De acordo com o Art. 1.238 do CC, os requisitos necessários à usucapião extraordinária de bem imóvel são: a) posse ad usucapionem, classificada como aquela exercida com ânimo de dono e capaz de deferir ao seu titular a prescrição aquisitiva da coisa, gerando o seu domínio; b) inexistência de oposição ou resistência, isto é, posse mansa e pacífica; e c) lapso temporal quinzenário. 3. A posse ad usucapionem conjuga os requisitos da continuidade (a posse não pode sofrer interrupções); da incontestabilidade e da pacificidade (inexistência de oposição ou resistência, isto é, posse mansa e pacífica); e do animus domini (o possuidor deve agir como se dono fosse).*
Disponível em: https://www.jusbrasil.com.br/jurisprudencia/busca?q=posse+ad+usucapionem. Acesso em: 29 jun. 2024.

O Usucapião, embora se trate de meios de aquisição (e, na contrapartida, de perda) da propriedade imóvel ou móvel,[205] [206] estando, desse modo, contido no rol dos direitos reais relativos à propriedade, também deve ser analisado conjuntamente com a matéria possessória, levando em conta que um dos efeitos primordiais da posse é a de conduzir o possuidor (quando não seja efetivamente) à condição de proprietário. É o Usucapião a forma mais consistente que tem o possuidor de adquirir a propriedade de forma originária, desde que com a observância das condições específicas para cada modalidade. Desse modo, o usucapiente para adquirir a propriedade prescinde da manifestação do anterior possuidor ou proprietário da coisa a ser usucapida.

3.8.1.1. Considerações gerais e conceito de Usucapião

É instituto milenar, tendo surgido no Direito romano e tinha por escopo a proteção da posse do adquirente imperfeito, ou seja, aquele que recebera a coisa sem as formalidades (solenidades) necessárias, em conformidade com a legislação então vigorante.

O Usucapião resulta dos vocábulos *capere* (tomar) e *usus* (uso), resultando, então, em tomar a posse em razão do tempo (que, no Direito romano[207], em razão da Lei das XII Tábuas, era de dois anos para os imóveis e de um ano para os móveis). "A ideia da Usucapião vem desde a Roma Antiga, quando surgiu também a ideia das ações serem temporárias, ou seja, prescreverem com o tempo, em razão do não aproveitamento do prazo para exercê-las. A Lei das XII Tábuas dispunha sobre Usucapião quando criava a prescrição do direito da propriedade na hipótese do proprietário não exercer a posse, tanto de bens móveis quanto de bens imóveis, dentro de um período de um ano para os primeiros e de dois anos para os segundos."[208]

Embora a questão da parte histórica do Usucapião não tenha, presentemente, muita relevância prática, assim mesmo é de bom tom conhecermos com mais profundidade como surgiu o instituto e qual sua eficácia de ordem prática. Dito isto, a seguir, discorremos com base no entendimento doutrinário sobre algumas nuances históricas do instituto do Usucapião.

"A prescrição aquisitiva parece originária da Grécia; Platão a menciona em sua república, de onde teria vindo para Roma. Entretanto, o instituto tem raízes mais recuadas, pois, no Livro dos Juízes (cap. 11, verso 26), se encontra que Jefte a alegara em favor dos hebreus contra os amonitas, por haver aqueles habitado o país de Hesebon e suas cidades, por mais de 200 anos sem qualquer oposição.

---

[205] Embora o usucapião se dê, via de regra em bens imóveis e, em menor extensão, em bens móveis, incluindo os semoventes (que são considerados como bens móveis, Art. 82, do CC de 2002 e Art. 47, do CC de 1916), também pode incidir sobre os direitos reais relativos às servidões, ao usufruto, ao uso, e a habitação e sobre o domínio útil na enfiteuse (nas que ainda continuam em vigor, para bens públicos, em face do Art. 2.038 do CC de 2002).

[206] Anotam Cristiano Chaves de Farias e Nelson Rosenvald: "A estrutura da usucapião sobre móveis assemelha-se à incidente sobre a propriedade imobiliária. Certamente ainda predomina a importância da usucapião de bens imóveis, porém a semelhança entre as duas modalidades é quase que absoluta. Assim será necessária a satisfação dos pressupostos de direito material à aquisição da titularidade" (FARIAS, Cristiano Chaves de; ROSENVALD, Nelson. *Direitos reais*. 4. ed. Rio de Janeiro: Lumen Juris, 2007. p. 338).

[207] No Brasil, a prescrição foi tratada pelas Ordenações Afonsinas, Manuelinas e Filipinas, com textos esparsos, a ponto de não se distinguir claramente a usucapião. Não havia uma diferenciação entre a prescrição aquisitiva e extintiva ou, ainda, da usucapião como instituto autônomo. Porém, os comentadores das Ordenações Filipinas já estabeleciam claramente a diferenciação, tendo-se em vista que a boa-fé só poderia ser requisito da prescrição aquisitiva e não da extintiva.
Efetivamente, as Ordenações portuguesas remeteram ao direito romano a disciplina da usucapião, como direito subsidiário na integração de suas lacunas. Disponível em: Ação de usucapião (pucsp.br) Ação de usucapião, Henrique Ferraz Tomo Processo Civil, Edição 1, Junho de 2018, de Mello – Acesso: 17 nov. 2023.

[208] Disponível em: https://www.jusbrasil.com.br/artigos/origem-historica-da-usucapiao/364530591-Origem histórica da usucapião | Jusbrasil. Acesso em: 17 nov. 2024. Publicado por Ennio H M Barbosa.

Entre os romanos, por sua vez, ela remonta a épocas antiquíssimas. A *usucapio,* outrora *usus auctoritas,* era, em linhas gerais, um modo de adquirir pela posse a título de proprietário e de boa-fé, prolongada sem interrupção pelo tempo legal, não só a propriedade, mas as servidões, a enfiteuse e a superfície, além de, na época clássica, o direito de hereditariedade e a *manus.*

No sistema das XII Tábuas, datando do ano 300 a.C., como o código de uma civilização não amadurecida, numa evolução que culminaria com o admirável *Corpus Juris Civilis*, cumpria-se a Usucapião, com justo título e boa-fé, em dois anos, quanto aos imóveis, e em um ano, quanto aos móveis e outros direitos. Mas não se aplicava aos fundos provinciais, nem a podiam invocar os estrangeiros, visto que não gozavam dos direitos fundamentais no *Jus Civile*, e a *usucapio* era um modo civil de adquirir; assim, os romanos conservavam sempre as suas propriedades frente aos peregrinos, podendo reivindicá-las a qualquer tempo, donde o célebre adágio *"adversus hostem aeterna autoritas esto"*[209] (em tradução livre: seja uma autoridade eterna contra o inimigo). Mas mesmo os gentios, que tinham as qualidades para serem proprietários, a Lei das XII Tábuas estabelecia: **Tábua XII** *Si vindiciam falsam tulit, si velit é... Tor arbitros tris dato, eorum arbitrio... Fructus duplione damnum decidito* (em tradução livre: Se alguém simular posse provisória em seu favor, o juiz deverá nomear três árbitros para a causa e, em face da evidência, condenará o simulador a restituir os frutos em dobro).

Dessa forma de aquisição — sem a solenidade exigida para que ocorresse a aquisição da propriedade — é que nasceu o Usucapião, em que se dá a regularização da posse por meio do preenchimento de determinadas formalidades, que redunda na transformação do possuidor em proprietário.

A possibilidade de o possuidor, que tinha a posse, mas não a propriedade, vir a se transformar em proprietário decorre da forma dupla gerada pelo Usucapião, ou seja, aquisitivo, em relação ao novo titular do direito, e extintivo, em relação ao antigo proprietário.[210] Esta forma dupla gerada pelo instituto do Usucapião (extintivo, para o até então proprietário, e aquisitivo, para o possuidor que preencheu todos os requisitos legais) decorre do fato de que o Usucapião é extintivo de direito, em relação ao antigo proprietário, e criador de direitos em prol do possuidor que vai tornar-se proprietário em razão dele (Usucapião). A primeira situação — extinção de direito — "extingue um direito ou liberta alguém de uma obrigação"; a segunda — criador de direito — "cria um direito de propriedade".[211]

Em face deste cunho duplo (extintivo e aquisitivo) do Usucapião é que se amolda a sua forma *conceitual*, que é, consoante clássica definição de Modestino, doutrinador da Antiguidade romana: *usucapio este adjectio dominii per continuationem possessionis temporis lege difiniti*, que, em livre tradução, significa dizer que Usucapião é aquisição do domínio pela posse continuada durante o tempo definido em lei. Ou, modernamente, como acentua (dentre outros) o doutrinador R. Limongi França, *apud* Natal Nader: "Usucapião é um modo originário de adquirir a propriedade, fundado principalmente na posse continuada do objeto, de acordo com os requisitos previstos em lei".[212]

O que justifica "a possibilidade de a posse continuada gerar a propriedade" é, com respaldo no magistério de Sílvio de Salvo Venosa, "o sentido social e axiológico das coisas. Premia-se aquele

---

[209] USUCAPIÃO. Disponível em: https://periodicos.fgv.br/rcp/article/download/60219/58533/127025. Acesso em: 25 maio 2024.

[210] O Código Napoleão (Código Civil Francês) define a prescrição, aplicável também em matéria de usucapião, consoante Art. 2219: "A prescrição é um meio de aquisição ou de liberação, pelo transcurso de um certo lapso de tempo e sob as condições estabelecidas em lei". (FRANÇA. *Código Napoleão ou Código Civil dos Franceses.* Trad. Souza Diniz. Rio de Janeiro: Record, 1962. p. 295).

[211] WALD, Arnoldo. *Curso de direito civil brasileiro:* direito das coisas. 10. ed. São Paulo: Revista dos Tribunais, 1993. p. 169.

[212] NADER, Natal. *Usucapião de imóveis.* 5. ed. Rio de Janeiro: Forense, 1995. p. 12.

que utiliza utilmente o bem, em detrimento daquele que deixa escoar o tempo, sem dele utilizar-se ou não se insurgindo que outro o faça, como se dono fosse. Destarte não haveria justiça em suprimir-se o uso e gozo de imóvel (ou móvel) de quem dele cuidou, produziu ou residiu por longo espaço de tempo, sem oposição". Acentua, por fim o autor: "Observa Serpa Lopes a este respeito que, 'encarado sob este aspecto, o Usucapião pode ser admitido na lei sem vulnerização aos princípios de justiça e equidade'".[213]

3.8.1.2. Possibilidade de Usucapião sobre bem furtado ou roubado

Desde que a posse tenha ocorrido com base nos princípios específicos, já abordados com gama considerável de argumentos, como consta retro, registramos que não há impedimento que ocorra o Usucapião sobre bem proveniente de furto ou roubo (nos primórdios do Usucapião, tal não era possível, considerando que a <u>Lei Atínia proibiu a Usucapião de coisas furtivas, para que nem o ladrão nem o receptador pudesse adquirir a propriedade dessas coisas</u>).

Sobre o assunto, destacamos registros constantes: **a)** da doutrina; **b)** da jurisprudência; e **c)** do Direito Comparado. Desse modo:

Da doutrina: "Ressalte-se ainda que a origem ilícita dos bens descritos na inicial não afasta a presunção de boa-fé, ademais, na "*accessio possessionis*" pode o possuidor aproveitar ou descartar a posse do antecessor, de modo que a posse violenta ou clandestina do furtador não contamina necessariamente a do terceiro adquirente. Demonstrada a real possibilidade de usucapir referido bem advindo ilícito, a situação mais uma vez se confirma por meio da doutrina de Maria Helena Diniz: "posse incontestada de veículo furtado por mais de 5 anos pode levar a sua aquisição por Usucapião extraordinária". Em sendo o possuidor e autor do ilícito que adquiriu o bem, vem Aury Lopes Jr. demonstrar que a vítima pode ser restituída da posse da coisa por meio da busca e apreensão, utilizadas no âmbito penal, fazendo com que assim a posse que era mansa e pacífica seja interrompida, não podendo mais ele se valer da Usucapião para ter a propriedade do bem. E segundo ensina Tupinambá Miguel Castro do Nascimento: Restam os bens móveis que saiam das mãos de seu proprietário por violência (coisa roubada), por clandestinidade (coisa furtada) e por precariedade, em face da inversão **[sobre a inversão ou interversão, remetemos ao que apontamos por meio do tópico "3.3.2.1.1 Interversão Possessória"]** do título (coisa perdida que não se devolve ao dono ou à autoridade ou coisa emprestada, que indebitamente é objeto de apropriação). A partir do momento em que cessa a violência, a clandestinidade ou precariedade, tornando-se a posse mansa, pacífica e pública, há posse para usucapir, extraordinariamente. Basta a posse *ad usucapionem* contínua e incontestada por cinco anos (Art. 619 do Código Civil). Porém, se houver justo título e boa-fé, a hipótese é de Usucapião ordinário, consumado em três anos (Art. 618 do Código Civil). Perfeitamente possível para quem adquire o móvel de quem não é dono, por título potencialmente hábil para a transmissão. Se o adquirente desconhece o vício, a posse é de boa-fé. Justo título e boa-fé, pressupostos da prescrição aquisitiva ordinária, se fazem presentes no caso."

Da jurisprudência: Ocorre que na jurisprudência, existe matéria que merece destaque, sendo a jurisprudência acerca de Usucapião de bem móvel proveniente de furto ou roubo, pois inicialmente a ideia era de que não se poderia usucapir bem de origem ilícita, porém a jurispru-

---

[213] VENOSA, Sílvio de Salvo. *Direito civil: direitos reais.*, 3. ed. São Paulo: Atlas, 2003. v.5. p. 192.

dência demonstra que, sim é possível a Usucapião nestes módulos. Conforme julgamento do Tribunal do Estado de São Paulo:

BEM MÓVEL – USUCAPIÃO – INEXISTÊNCIA DE CONTROVÉRSIA ACERCA DO DECURSO DO PRAZO DA PRESCRIÇÃO AQUISITIVA – AINDA QUE SE TRATE DE BEM PRODUTO DE FURTO PODE – SE RECONHECER A USUCAPIÃO PARA A AQUISIÇÃO DO DOMÍNIO DA "RES" – RECURSO IMPROVIDO.

Ressalte-se ainda que a origem ilícita dos bens descritos na inicial não afasta a presunção de boa-fé, ademais, na accessio possessionis pode o possuidor aproveitar ou descartar a posse do antecessor, de modo que a posse violenta ou clandestina do furtador não contamina necessariamente a do terceiro adquirente.

Entendendo da mesma forma o Tribunal do Estado de Santa Catarina:

CIVIL. USUCAPIÃO DE BEM MÓVEL. FURTO. IRRELEVÂNCIA. PREENCHIMENTO DOS REQUISITOS LEGAIS. Não impede o reconhecimento do Usucapião o fato de o bem ter sido furtado, desde que preenchidos os requisitos dos artigos 618 ou 619 do Código Civil de 1916, correspondentes aos artigos 1260 e 1261 do Novo Código Civil.

Ficando desta forma comprovado a possibilidade de se adquirir a propriedade de bem móvel, ainda que proveniente de furto ou roubo através do Usucapião.[214]

Do Direito Comparado: O Código Civil de Honduras não acolhe a modalidade de Usucapião de bem móvel furtado ou roubado. No entanto, esta assertiva só é válida enquanto não estiver prescrito o prazo de punição, pois, caso esteja prescrito, poderá ocorrer o Usucapião, a matéria assim disciplinada: Artículo 2285 *Las cosas muebles hurtadas o robadas no podrán ser prescritas por los que las hurtaron o robaron, ni por los cómplices o encubridores, a no haber prescrito el delito o falta, o su pena, y la acción para exigir la responsabilidad civil nacida del delito o falta*[215].

3.8.2. Posse originária e posse derivada. Posse que gera direito ao Usucapião. Direito do usucapiente (prescribente) de alegar o direito de Usucapião como matéria de defesa. Sentença declaratória de Usucapião

Somente a denominada posse originária pode conduzir o possuidor à condição de proprietário, em face do Usucapião. Posse originária é aquela em que está presente, em prol do possuidor da coisa a ser usucapida, o *corpus* e o *animus domini*. A posse derivada não pode conduzir ao Usucapião, haja vista que o direito de outrem não está sendo lesado; na realidade, ele próprio (o titular do direito) está exercendo-o.

É **pelo instituto do Usucapião que se aplica, com clareza, as duas vertentes teóricas sobre a posse, ou seja, a teoria objetiva e a teoria subjetiva**, pois, como afirmado anteriormente, para que se dê o Usucapião (de objeto lícito e possível de ser usucapido), deverão estar presentes o *corpus* e o *animus domini*. Não havendo o somatório de tais elementos, não há campo para a ocorrência do Usucapião.

---

[214] – *Posicionamento Jurisprudencial Acerca do Produto de Furto/Roubo*. Revista Eletrônica de Iniciação Científica. Itajaí, Centro de Ciências Sociais e Jurídicas da UNIVALI. v. 4, n.4. p. 805-819, 4º Trimestre de 2013. Disponível em: www.univali.br/ricc – ISSN 2236-5044. Acesso em: 30 dez. 2023.

[215] (Tradução livre). Artigo 2285 – Os bens móveis furtados ou roubados não poderão prescritos por quem os furtou ou roubou, ou por cúmplices ou receptadores após o fato, salvo se tiver expirado o prazo prescricional para o crime ou contravenção, ou sua pena, e a ação para exigir a responsabilidade civil decorrente do delito praticado.

Entre os doutrinadores civilistas, existem algumas divergências de que o Usucapião não decorre tão somente de posse (modo) originária, pois, pela posse (modo) derivada, também se obtém o Usucapião, haja vista que, à medida que um perde, o outro ganha.[216] Embora não desconhecendo a segunda alternativa, não nos inclinamos por ela, em razão de não pairar dúvida de que efetivamente o Usucapião somente se consolida pela posse (modo) originária, o que dá, inclusive, possibilidade de o usucapiente (prescribente) o alegar como matéria de defesa (entendimento este também corroborado pela jurisprudência),[217-218] considerando que independe da vontade de anterior proprietário a transferência da propriedade para o usucapiente, o que ocorrerá pela sentença que o declarar.

De fato, **a propriedade, em razão da ação de Usucapião, será reconhecida por meio de sentença meramente declaratória** (Art. 1.238 do CC de 2002 e Art. 550 do CC de 1916, também em face do Art. 941, do CPC), para fins de registro no Cartório de Registro de Imóveis (Art. 945, do CPC, em combinação com o Art. 167, inc. I, n.º 28, da Lei n.º 6.015, de 31 de dezembro de 1973 — Lei de Registros Públicos). A sentença (declaratória) tem efeito *ex tunc*, pois retroage ao direito preexistente do usucapiente (ou prescribente). **Não há, portanto, qualquer possibilidade de que a aquisição da propriedade em razão de ação de Usucapião não decorra de forma originária, pois não há qualquer nexo de causalidade envolvendo o usucapiente e o proprietário da coisa a ser usucapida.**

No Direito Civil de Portugal, prevalece esse mesmo modo de definir o Usucapião como sendo um modo originário de aquisição da propriedade. Nesse sentido, destacamos: De acordo com o acórdão do STJ [Supremo Tribunal de Justiça]: Usucapião constitui um modo de aquisição originária, ou seja, é uma forma de constituição de direitos reais e não uma forma de transmissão e, por isso, a propriedade conferida com base na Usucapião não está dependente de qualquer outro circunstancialismo juridicamente relevante que surja ao lado do seu processo aquisitivo e que, só aparentemente poderá interferir neste procedimento de consignação de direitos; porque se trata de uma aquisição originária, o decurso do tempo necessário à sua conformação faz com que desapareçam todas as incidências que neste processo eventualmente possam ter surgido. [219]

---

[216] "A doutrina diverge na natureza jurídica da usucapião. Parte dela considera a usucapião uma espécie de prescrição aquisitiva, consistente na aquisição de um direito real sobre um bem pelo decurso de um prazo. Outra parte considera imprópria a denominação prescrição aquisitiva, já que a prescrição seria sempre extintiva. Assim, a usucapião seria definida pela posse continuada, figurando como modo de aquisição (ativa) originária de propriedade". Entenda o que é a Usucapião Rural e quais os seus requisitos -Autor: Franco. Disponível em: https://www.aurum. com.br/blog/usucapiao-rural/. Acesso em: 17 nov. 2024.

[217] Decidiu o Tribunal de Justiça de Santa Catarina — **em matéria envolvendo o usucapião como forma originária de adquirir a propriedade e a alegação do direito ao usucapião como matéria de defesa:** *Ementa:* **Apelação Cível.** *O usucapião é modalidade autônoma de aquisição da propriedade, distinta da transcrição* [atualmente, anotamos fora da Ementa, em razão da Lei n.º 6.015/73, o correto é registro]*, posto que a prescrição aquisitiva é modo originário de aquisição do domínio. Pode, por isso, ser alegado como defesa nos autos de qualquer ação, mormente na reivindicatória, sempre que ao ser citado o réu já houver preenchido os seus requisitos constitutivos. Se o réu alega usucapião sobre a área reivindicada como matéria de defesa, não se deve colocar em dúvida a identidade da área questionada e a que está sendo ocupada pelo réu (Ap. civ. 49.085, de Balneário Camboriú, rel. Pedro m Abreu). Ainda que não alegada pelo denunciante como matéria de defesa, a prescrição aquisitiva poderá ser invocada pelo litisdenunciado. Nesse caso, a defesa do denunciado aproveita ao denunciante, na ação principal. Daí a ausência de preclusão pelo fato de o primeiro não haver veiculado, como matéria de defesa, a prescrição. Inteligência dos Art. 74 e 75 do CPC (Fonte: Apc. n.º 96.009714-7, Capital, Rel. Des. Pedro Manoel Abreu, decisão publicado no DJ-SC, em 04.07.97. ROSA, Alexandre Morais da. Código de Processo Civil anotado: segundo a jurisprudência do Tribunal de Justiça de Santa Catarina. 2. ed. Florianópolis: Terceiro Milênio, 1998. p. 583).*

[218] A Lei n.º 10.257, de 10 de julho de 2001 — Estatuto da Cidade — disciplina a possibilidade de o usucapião ser utilizado como matéria de defesa, assim é que dispõe o Art. 13: A usucapião especial de imóveis urbano poderá ser invocada como matéria de defesa, valendo a sentença como título para registro no cartório de registro de imóveis.

[219] Disponível em: Repositório da Universidade de Lisboa: Coexistência entre registo predial e a usucapião no artigo 5º do Código do Registo Predial. COEXISTÊNCIA ENTRE O REGISTO PREDIAL E A USUCAPIÃO NO ARTIGO 5º DO CÓDIGO DE REGISTO PREDIAL — Vanessa Filipa Barata Gonçalves. Acesso em: 17 nov. 2024.

Presentemente deve ser esclarecido que, quando se tratar de Usucapião extrajudicial (que tem a mesma eficácia do Usucapião judicial), na forma do estabelecido pelo **Provimento do Conselho Nacional de Justiça – CNJ n.º 65**, o próprio Oficial do Cartório do Registro de Imóveis lavrará o ato de reconhecimento de propriedade por parte do usucapiente. Como a matéria já se encontra e suficientemente esclarecida – para evitar repetição –, reencaminhamos o consulente para o que se acha assentado no **tópico "3.8.9 Usucapião extrajudicial, pontos de destaque e provimento do Conselho Nacional de Justiça – CNJ n.º 65".**

Para que se dê o Usucapião, há necessidade, como apontado anteriormente, de o usucapiente (possuidor) ter, necessariamente, o *animus domini*. Dizem, inclusive, a esse respeito, os doutrinadores Cristiano Chaves de Farias e Nelson Rosenvald: "A posse necessariamente será acompanhada do *animus domini*. Consiste no propósito de o usucapiente possuir a coisa como se esta lhe pertencesse. O possuidor que conta com *animus domini* sabe que a coisa não lhe pertence, porém atua com o desejo de se converter em proprietário, pois quer excluir o antigo titular. Em virtude da causa originária da posse, excluem-se da Usucapião os possuidores que exercem temporariamente a posse direta por força de obrigação ou direito (Art. 1.197 do CC). Pessoas como os locatários, os comodatários e os usufrutuários recebem a posse em virtude de uma relação jurídica de caráter temporário, que, ao seu final, exigirá a devolução da coisa. Portanto, durante o período em que exerçam a posse direta, não afastam a concomitância da posse indireta daqueles de quem obtiveram a coisa".[220]

Em razão de expressa disposição do direito positivo brasileiro, não há como ocorrer Usucapião por meio do precarista, pois ele iniciou a posse sem o *animus domini*, haja vista que era mero possuidor direto, não havendo como a precariedade se consolidar para gerar Usucapião contra o possuidor indireto, mesmo que este último não proceda a recuperação da posse plena, após cessada a relação jurídica que mantinha com o precarista (possuidor direto). Esse entendimento está consolidado na lei, na doutrina e na jurisprudência, não havendo, como pretendem alguns autores novos,[221] possibilidade de Usucapião pela cessação da causa jurídica que até então existia entre possuidor direto e possuidor indireto. Precariedade não cessa e, por isso, não gera possibilidade de Usucapião por parte daquele que começou a relação jurídica como tal, isto é, como precarista (possuidor direto, salvo, excepcionalmente, em caso de procedência de intervenção possessória).

3.8.3. Modalidades de Usucapião disciplinadas pelo direito positivo brasileiro e a possibilidade da *accessio possessionis*

Pelo Código Civil de 1916, o *Usucapião extraordinário sobre bem imóvel* somente se perfazia ao cabo de 20 anos (Art. 550); já pelo Código Civil de 2002 (Art. 1.238), o prazo passou, de regra, para 15 anos; contudo, em face do parágrafo único do Art. 1.238, o prazo pode ser reduzido para 10 anos, desde que o possuidor tenha moradia habitual no imóvel, ou, então, que tenha realizado obras ou serviços de caráter produtivo no imóvel a ser usucapido. Para o *Usucapião extraordinário,* não há necessidade da comprovação, por parte do usucapiente (ou

---

[220] FARIAS, Cristiano Chaves de; ROSENVALD, Nelson. *Direitos reais*. 4. ed. Rio de Janeiro: Lumen Juris, 2007. p. 273.

[221] Dentre tais autores, se apresentam Cristiano Chaves de Farias e Nelson Rosenvald, os quais apontam: "Contudo, não se pode negar crescente entendimento doutrinário que, alicerçado na dinâmica da função social da propriedade, já admite a possibilidade de usucapião por aqueles originariamente tidos como possuidores diretos, mas que após o término da relação jurídica prosseguiram na posse. Poder-se-ia afirmar que o abandono da coisa pelo proprietário é atitude antissocial, gerando consequências negativas ao titular desidioso" (FARIAS, Cristiano Chaves de; ROSENVALD, Nelson. *Direitos reais*. 4. ed. Rio de Janeiro: Lumen Juris, 2007. p. 273).

prescribente), da existência de boa-fé e justo título, pois "tais elementos presumem-se *juris et de jure*".[222]

Em relação ao *Usucapião extraordinário sobre bem móvel*, o prazo (que é de cinco anos) e as condições estão contidas no Art. 1.261 do CC de 2002 (o prazo e as condições são as mesmas previstas pelo Art. 619 do Código Civil de 1916). Também não se exige comprovação de boa-fé nem de justo título por parte do usucapiente.

No Código Civil de 1916, Art. 551, o *Usucapião ordinário sobre bem imóvel* exigia o perfazimento do prazo, conforme se tratasse de presença ou de ausência, de 15 ou 10 anos (sendo que o parágrafo único do Art. 551 esclarecia o que era presença e o que era ausência). A contagem de tempo, levando-se em conta presença e ausência, não figura no Código Civil de 2002, de forma que o *Usucapião ordinário sobre bem imóvel* perfaz-se, de regra (Art. 1.242), em 10 anos, com a comprovação de justo título e boa-fé; caso, entretanto, o possuidor tenha adquirido de forma onerosa[223] o imóvel, conforme comprovação feita pela respectiva certidão passada pelo Cartório de Registro de Imóveis, cujo registro veio, posteriormente, a ser cancelado, o prazo para Usucapião será reduzido para cinco anos, desde que haja (Art. 1.242, parágrafo único, do CC de 2002 (pela configuração da denominada "posse-trabalho") comprovação, por parte do possuidor, de que estabeleceu no imóvel sua moradia, ou, então, que ele (possuidor) tenha realizado no dito imóvel investimentos de interesse social e econômico.

A modalidade de *Usucapião ordinário sobre bens móveis* exige do possuidor justo título e boa-fé, e perfaz-se no tempo de três anos. Essa modalidade de Usucapião, sobre bem móvel, é prevista pelo Art. 1.260 do Código Civil de 2002 (e Art. 618 do Código Civil de 1916).

O instituto do Usucapião, em relação a bens imóveis, também é tratado por meio da <u>Lei n.º 4.504, de 30 de novembro de 1964</u> (**Estatuto da Terra**), Art. 98, com observância da redação dada pelo Art. 1º da Lei n.º 6.969, de 10 de dezembro de 1981, que perdeu, presentemente, maior interesse prático em razão de que a matéria tem previsão pelo Art. 191 da Constituição Federal de 1988 e, por outro lado, pelo Art. 1.239 do Código Civil de 2002. O Usucapião, tratado pelo Estatuto da Terra, recebe a denominação de *pro labore*.[224]

Pela <u>Constituição Federal de 1988,</u> Art. 183, é tratada a modalidade de *Usucapião especial urbano*, sobre área não superior a 250 m², desde que o possuidor não seja proprietário de outro imóvel (urbano ou rural) e a utilize para sua moradia ou de sua família. Nessa modalidade de Usucapião, não há necessidade de comprovação de justo título nem de boa-fé, e o prazo para poder usucapir é de cinco anos. Desde que o possuidor já tenha, uma vez, usucapido com base neste dispositivo, não poderá usucapir outra vez, desde que pela mesma modalidade de Usucapião especial urbano, não havendo impedimento que venha usucapir pela modalidade do Usucapião extraordinário, ou ordinário, do Código Civil, conforme o caso.

---

[222] MONTEIRO, Washington de Barros. *Curso de direito civil*: direito das coisas. 37. ed. Atualizado por Carlos Alberto Dabus Maluf. São Paulo: Saraiva, 2003. p. 125.

[223] Nota: Como o Art. 1.242, parágrafo único, do Código Civil de 2002 se refere exclusivamente à aquisição onerosa, é que se ela for graciosa, proveniente de doação, legado (desde que não oneroso) e herança, o possuidor não poderá se valer do prazo reduzido de 5 (cinco) anos, e sim do prazo de 10 (dez) anos, caso em que incide o Art. 1.242.

[224] O *nomen juris* do usucapião *pro labore*, que também é denominado de especial, é referido de forma distinta por alguns doutrinadores, dentre os quais: Ulderico Pires dos Santos (SANTOS, Ulderico Pires dos. *Usucapião constitucional, especial e comum*: doutrina, jurisprudência e prática. 3. ed. São Paulo: Paumape, 1991. p. 21), que identifica como usucapião agrário; Natal Nader (*Usucapião de imóveis*. 5. ed. Rio de Janeiro: Forense, 1995. p. 34), que trata como usucapião especial rural; e Francisco Jorge da Cunha Bastone (BASTONE, Francisco Jorge da Cunha. *A ação de usucapião*. Rio de Janeiro: Pallas, 1976. p. 11), que trata pela denominação de usucapião rústico.

A modalidade de *Usucapião especial urbano* também recebe tratamento <u>pelo Art. 1.240 do Código Civil de 2002</u>, mantendo as particularidades do Art. 183 da Constituição Federal de 1988. De modo que, em face da relevância, reiteramos que "prevista no artigo 183 da Constituição e no artigo 1.240 do Código Civil (CC), a ação de Usucapião especial de imóvel urbano possibilita o reconhecimento do direito ao domínio em favor da pessoa que, de forma pacífica e ininterrupta, tenha como sua área de até 250 m², por cinco anos, sem oposição, utilizando-a para moradia própria ou de sua família, desde que não seja proprietária de outro imóvel urbano ou rural".

No julgamento do Recurso Especial 1.818.564, o Superior Tribunal de Justiça destacou a importância da Lei 10.257/2001 (**Estatuto da Cidade**), que trouxe esclarecimentos adicionais sobre quem pode se valer do instituto: "Veio regulamentar o texto constitucional e, nessa regulamentação, os legitimados a usucapir são o possuidor individualmente ou em litisconsórcio, os possuidores em composse e até a associação de moradores regularmente constituída, na qualidade de substituta processual".[225]

Em outra vertente, ainda conforme interpretação do STJ, ficou assentado: "**Uso de imóvel para moradia e comércio não impede Usucapião especial urbana.** O exercício simultâneo de pequena atividade comercial em propriedade que também é utilizada como residência não impede o reconhecimento da Usucapião especial urbana. Com base nesse entendimento, a 3ª Turma deu provimento ao recurso especial (REsp 1.777.404) de dois irmãos e reconheceu a Usucapião de um imóvel utilizado por eles de forma mista.

A relatora, ministra Nancy Andrighi, destacou que a exclusividade de uso residencial não é requisito expressamente previsto em nenhum dos dispositivos legais e constitucionais que tratam da Usucapião especial urbana. O uso misto da área a ser adquirida por meio de Usucapião especial urbana não impede seu reconhecimento judicial, se a porção utilizada comercialmente é destinada à obtenção do sustento do usucapiente e de sua família". E, complementa: "[...], é necessário que o imóvel reivindicado sirva de moradia para o requerente ou sua família, mas não se exige que essa área não seja produtiva, especialmente quando é utilizada para o sustento do próprio requerente, como na hipótese em julgamento".

Pela Lei n.º 10.257, de 10 de julho de 2001 (**Estatuto da Cidade**, que regulamentou o Art. 183 da Constituição Federal de 1988), a matéria sobre *Usucapião especial sobre imóvel urbano* recebeu tratamento em razão do constante nos Arts. 9º até 14. De salientar, por oportuno, que, pela aludida Lei, foi introduzido no direito positivo brasileiro, pela primeira vez, a possibilidade do manejo da *ação de Usucapião coletivo*, na forma e no modo especificado, em face do Art. 10, *caput*, e §§1º ao 5º.

Em relação ao *Usucapião especial sobre imóvel urbano coletivo*, decorrente da Lei n.º 10.257/2001 (**Estatuto da Cidade**), ele era necessário e se trata "de medida importante para permitir a regularização de áreas que, ocupadas há tempos por pessoas de baixa renda, não são passíveis de normalização, tendo em vista o alto custo das ações de Usucapião e, muitas vezes, a impossibilidade mesmo de que uma ação individual regularize a situação de fato, diante da presença de inúmeras moradias e vias que não estão regulares".[226]

Pelos Arts. 11 a 14 da Lei n.º 10.257/2001 (**Estatuto da Cidade**), é regulada a matéria processual relativa ao *Usucapião especial sobre imóvel urbano*, em que estão definidas, como anota Caramuru

---

[225] Disponível em: STJ: requisitos e limites da usucapião de imóvel urbano -Acesso: 14 nov. 2024.

[226] FRANCISCO, Caramuru Afonso. *Estatuto da cidade comentado*. São Paulo: Juarez de Oliveira, 2001. p. 142-143.

Afonso Francisco, "regras atinentes à conexão e continência, legitimidade *ad causam*, intervenção do Ministério Público, gratuidade de justiça, exceção e procedimento".[227]

No que diz respeito à modalidade de *Usucapião especial sobre imóvel urbano*, em razão das disposições da Lei n.º 10.257/2001, não resta dúvida de que *a ação de Usucapião coletiva de imóveis particulares é forte instrumento de função social da propriedade, uma vez que permite uma alternativa de aquisição de propriedade em prol de possuidores que não tenha acesso a ações individuais de Usucapião — porque o imóvel está encravado em loteamento irregular ou porque a área possuída é inferior ao módulo urbano mínimo. Com a opção pela Usucapião coletiva, o legislador retirou a injustiça de prevalência da forma sobre o fundo, permitindo-se não só a aquisição da propriedade pela comunidade de possuidores, como a urbanização da área e ampliação da prestação de serviços públicos sobre os imóveis.*[228]

Por fim, na modalidade de *Usucapião especial sobre imóvel urbano*, quando for manejado coletivamente, será, em razão da sentença judicial, atribuída aos possuidores, independentemente da área que ocupem, frações ideais do imóvel objeto de Usucapião (havendo acordo escrito entre os condôminos, a fração e/ou as frações ideais poderão ser diferenciadas), o que redunda na formação (forçada) de um condomínio indivisível, contudo poderá vir a ser extinto se lograr aprovação favorável de, no mínimo, dois terços dos consortes, no caso de execução de urbanização posterior à sua instituição, conforme deflui dos §§3º e 4º do Art. 10.

No Art. 191 da Constituição Federal de 1988, é tratada a modalidade de *Usucapião especial rural*, incidente sobre área rural não superior a 250 hectares. O prazo para o possuidor usucapir é de cinco anos, sem necessidade de comprovação de justo título nem de boa-fé; no entanto, deverá comprovar que tem sua moradia na gleba e que a tornou produtiva pelo seu trabalho ou de sua família. O Art. 191 da Constituição Federal de 1988 não impede que a mesma modalidade de Usucapião (especial rural) venha a ser concedida mais de uma vez ao mesmo beneficiário. Entendemos que não pode ser obstaculizado o Usucapião especial rural à mesma pessoa, desde que preencha os requisitos exigidos pelo aludido comando legal, não sendo o caso de aplicar, por analogia, o Art. 183, §2º, da Constituição Federal de 1988, como querem alguns (poucos, é verdade) doutrinadores civilistas.[229]

O Art. 1.239 do Código Civil de 2002 também disciplina sobre o *Usucapião especial rural*, mantendo os parâmetros inseridos no Art. 191 da Constituição Federal de 1988. Neste caso, no entanto, nada obsta que a mesma pessoa possa usucapir mais de uma vez pela mesma modalidade de Usucapião.

Em razão do princípio da *accessio possessionis*, já integrante da tradição do nosso Direito Civil em matéria possessória, é possível o possuidor, em face do Art. 1.243, que deve ser combinado com o Art. 1.207 do Código Civil de 2002 (e Art. 552, combinado com o Art. 496 do Código Civil de 1916), computar, para fins de contagem de prazo, o tempo em que a coisa esteve na posse

---

[227] FRANCISCO, Caramuru Afonso. *Estatuto da cidade comentado*. São Paulo: Juarez de Oliveira, 2001. p. 154.

[228] FARIAS, Cristiano Chaves de; ROSENVALD, Nelson. *Direitos reais*. 4. ed. Rio de Janeiro: Lumen Juris, 2007. p. 295.

[229] Os doutrinadores Cristiano Chaves de Farias e Nelson Rosenvald têm entendimento contrário ao nosso, pois entendem que embora o Art. 191 da Constituição Federal de 1988 não expresse de forma taxativa que não é possível a concessão desta modalidade de usucapião (especial rural) mais de uma vez ao mesmo beneficiário anterior, é de aplicar-se o mesmo entendimento expresso pelo Art. 183, §2º, da Constituição Federal de 1988, que veda a possibilidade de a mesma pessoa ser beneficiária mais de uma vez desta mesma modalidade de usucapião, considerando que o visado pela Constituição Federal de 1988 foi a garantia da propriedade urbana e rural em razão da função social a ser desempenhada pela mesma. Dizem, neste sentido: "Porém, para evitar lesão ao princípio da simetria e da proporcionalidade, convém observar que a opção política da Lei Maior foi conceder função social à propriedade urbana e rural, tanto por usucapião *pro moradia* como em *pro labore*. Não seria admissível que alguém que obteve usucapião rural por sentença possa obtê-lo novamente" (FARIAS, Cristiano Chaves de; ROSENVALD, Nelson. *Direitos reais*. 4. ed. Rio de Janeiro: Lumen Juris, 2007. p. 293).

de seus antecessores, desde que todas as posses sejam contínuas, pacíficas e, quando for o caso de Usucapião pelo Art. 1.242 do Código Civil de 2002 (e Art. 551, *caput,* do Código Civil de 1916), decorram de justo título e que sejam de boa-fé.

3.8.4. Contagem do tempo para fins de Usucapião

Para fixação do marco inicial e final do prazo para completar o período de Usucapião, a doutrina diverge. Para uns, deve ser excluído o dia de começo do prazo e incluir o do término do prazo; para outros, a contagem deve ser feita sem a exclusão do dia de começo. Nosso entendimento é no sentido de que a contagem se dá com a inclusão do dia do começo e do dia final. Entendemos que deva ser aplicada a regra da contagem do prazo civil, o que significa dizer que o prazo será computado dia a dia, e não com a variação do prazo processual, que, via de regra, exclui o dia de início e inclui o dia final.

Na questão do prazo, para fins de consolidação do Usucapião, inclinamo-nos pelo entendimento de que não se aplica a contagem prevista no *caput* do Art. 132, do Código Civil de 2002 (que estabelece: Salvo disposição legal ou convencional em contrário, computam-se os prazos, excluído o dia de começo, e incluído o do vencimento), (e Art. 125 do Código Civil de 1916), tendo em conta que, para fins de Usucapião, a regra é diferente, pois "considera-se ano o período de doze meses contados do dia de início ao dia e meses correspondentes do ano seguinte (Art. 1º. da Lei n.º 810/49)".[230] Deve, assim, o prazo começar no dia exato em que o usucapiente começou a posse e terminar no dia em que completa o prazo fixado em lei para usucapir a coisa. A regra, então, é aplicar a contagem do § 3º, do Art. 132 (*§ 3º.* Os prazos de meses e anos expiram no dia de igual número do de início, ou no imediato, se faltar exata correspondência).

Em relação à contagem do prazo, no mesmo sentido do nosso posicionamento, consta do Parecer CGJ-GABJC n.º 0481938 e Despacho CGJ-SEASSESP-E n.º 0516554, da Egrégia Corregedoria Geral de Justiça do RS, o qual foi exarado nos autos do expediente SEI n.º 8.2017.0010/000320-5 (os quais foram comunicados mediante o Ofício n.º 0516718-CGJ – SEASSESP-E, de 03/08/2018), que **a contagem de prazos, em procedimentos extrajudiciais no Registro de Imóveis no Estado do Rio Grande do Sul, é material**, portanto é realizado em dias <u>contabilizados de forma corrida, na forma do Art. 132, § 1º, do Código Civil</u> (§ 1º. Se o dia do vencimento cair em feriado, considerar-se-á prorrogado o prazo até o seguinte dia útil.).

3.8.5. Aplicação ao Usucapião das causas que obstam, suspendem e interrompem a prescrição

O Usucapião fica sujeito, em face do Art. 1.244, do Código Civil de 2002 (e Art. 553, do Código Civil de 1916), às mesmas causas que obstam, suspendem e interrompem a prescrição. Disciplina, *ipsis litteris*, o **Art. 1.244:** *Estende-se ao possuidor o disposto quando ao devedor das causas que obstam, suspendem ou interrompem a prescrição, as quais se aplicam à Usucapião.* Deve, então, ser aplicado ao Usucapião os Arts. 197 até 204, do Código Civil de 2002 (sendo que, pelo Código Civil de 1916, se aplicavam os Arts. 168 a 176).

Via de regra, o prazo de Usucapião flui de forma ininterrupta, contudo, como aponta coerentemente Tupinambá Miguel Castro do Nascimento, "existem, no entanto, causas que suspendem

---

[230] NASCIMENTO, Tupinambá Miguel Castro do. *Posse e propriedade.* Rio de Janeiro: Aide, 1986. p. 72-73.

ou interrompem o curso prescricional, a primeira criando um período durante o qual a prescrição não se conta, mas se somando o tempo anterior a ele e o posterior; a segunda — a interrupção — fazendo recomeçar a contagem de todo o tempo previsto em lei".[231] É o que verificamos pelos dispositivos legais apontados anteriormente e, agora, consolidados pelas considerações a seguir.

3.8.5.1. Adendo Especial em relação ao tópico 3.8.5: a) interrupção de contagem de prazo para todas as modalidades de Usucapião e b) renúncia ao Usucapião

Para facilitar o entendimento e rápida consulta, destacamos, no quadro seguinte, as CAUSAS que são IMPEDITIVAS DA OCORRÊNCIA DE USUCAPIÃO, a saber: **As situações descritas infra se configuram como CAUSAS IMPEDITIVAS DO USUCAPIÃO:**[232] Ver: Arts. <u>197</u> até 204, do <u>Código Civil</u> de 2002 (e Arts. 168 a 176, do Código Civil de 1916) sobre as causas impeditivas da prescrição despontam:

a. entre cônjuges, na constância do matrimônio;

b. entre ascendente e descendente, durante o pátrio poder;

c. entre tutelados e curatelados e seus tutores e curadores, durante a tutela e a curatela;

d. em favor de credor pignoratício, do mandatário e, em geral, das pessoas que lhe são equiparadas, contra o depositante, o devedor, o mandante, as pessoas representadas, os seus herdeiros, quanto ao direito e às obrigações relativas aos bens, aos seus herdeiros, quanto ao direito e às obrigações relativos aos bens confiados à sua guarda.

Ainda, o Art. 1.244, do Código Civil de 2002, **que dispõe que as causas que obstam, suspendem ou interrompem a prescrição também se aplicam à Usucapião, e dessa forma não ocorrerá Usucapião:**

a. contra os incapazes de que trata o Art. 5º do Código Civil de 2002 (e Art. 9º, do Código Civil de 1916);

b. contra os ausentes do país em serviço público da União, dos Estados, ou dos Municípios;

c. contra os que se acharem servindo na armada e no exército nacional (QUE ESTÁ INCORPORADO ÀS FORÇAS ARMADAS) em tempo de guerra;

d. pendendo condição suspensiva;

e. não estando vencido o prazo;

f. pendendo ação de evicção.

<u>NOTA</u>: QUANTO à INTERRUPÇÃO DE PRAZO DA CONTAGEM DE TEMPO PARA FINS DE USUCAPIÃO, estão inseridas a seguir.

No caso de interrupção da contagem contínua do prazo para fins de Usucapião, registramos que houve, no ano de 2020, um breve período em que ficou sobrestado o prazo prescricional por força de Lei. Sobre o assunto – causas que impedem ou suspendem a prescrição –, diz Maria Helena Diniz: "As causas impeditivas da prescrição são as circunstancias que impedem que seu

---

[231] NASCIMENTO, Tupinambá Miguel Castro do. *Posse e propriedade*. Rio de Janeiro: Aide, 1986. p. 74-75.

[232] <u>Nota:</u> Foi adotada, com pequenas modificações, o que consta em: Resumos de Usucapião. Disponível em: Usucapião (2023) – Resumo de Direito Civil (direitonet.com.br). https://www.direitonet.com.br. Acesso em: 13 nov. 2024

curso inicie e, as suspensivas, as que paralisam temporariamente o seu curso; superado o fato suspensivo, a prescrição continua a correr, computado o tempo decorrido antes dele"[233].

Vejamos:

Lei n.º 14.010, de 10 de junho de 2020[234]: Art. 10. Suspendem-se os prazos de aquisição para a propriedade imobiliária ou mobiliária, nas diversas espécies de Usucapião, a partir da entrada em vigor desta Lei até 30 de outubro de 2020.

Portanto, como a Lei entrou em vigor em 08/09/2020 (publicada no Diário Oficial da União – DOU –, em edição extra) e, considerando o teor do Art. 10, anteriormente transcrito, os prazos para todas as espécies de Usucapião (judicial e extrajudicial) ficaram suspensos de 08/09/2020 (data de entrada em vigor da Lei) até 30 de outubro de 2020 (por força do Art. 10, da aludida Lei).

No Direito Comparado, citamos decisão do Tribunal de Apelação de Coimbra (Portugal),[235] em que ficou registrado:

Sumário:

Ao decurso de um prazo de Usucapião aplicam-se, por expressa remissão do artigo 1292º do CC, as regras respeitantes à suspensão e interrupção da prescrição.

Assim, a citação dos RR. numa acção visando a afirmação da existência de uma servidão de vistas, constituída por Usucapião, originada em duas janelas existentes no prédio dos AA. e onerando o prédio dos RR., a citação destes em tal acção, dizíamos, interrompe o prazo de Usucapião aí em curso, nos termos do artigo 323º, nº 1 do CC.

Essa interrupção, por força do disposto no artigo 326º, nº 1 do CC, inutiliza todo o prazo de Usucapião decorrido até essa citação, originando a contagem de um novo prazo, após o trânsito em julgado da decisão que, nessa acção, considere não constituída a servidão de vistas por não ter decorrido o prazo de Usucapião considerado aplicável. É o que resulta do disposto no nº 1 do artigo 327º do CC.

Se nessa acção for considerado que o prazo de Usucapião, em vista da constituição dessa servidão de vistas (prazo não transcorrido até à citação nessa acção), era de 20 anos, nos termos do artigo 1296º do CC, adquire essa asserção a força de julgado material, projectando-se em ulteriores acções nas quais a existência dessa servidão de vistas volte a ser discutida.

Assim, em posterior acção na qual, entre as mesmas partes, mas em posições trocadas (os AA. na anterior acção são os RR. na segunda e vice-versa), se discuta a existência das janelas que na primeira acção foram afirmadas como não tendo originado uma servidão de vistas, a citação ocorrida na anterior acção vale como facto interruptivo da prescrição aquisitiva e neutraliza qualquer consideração (soma) do tempo decorrido anteriormente a essa citação, no quadro da afirmação da existência de uma servidão de vistas constituída por Usucapião.

Sobre à renúncia, destacamos: A configuração da renúncia engloba, como aponta doutrinariamente Almir Porto da Rocha Filho, na mesma linha que nos perfilhamos, três situações diversas: ou a prescrição não se completou ainda, e é verdadeiro *jus futurum*; ou já se completou, mas ainda não foi alegada, e é, então, *jus delatum*; ou, finalmente, já se consumou e foi alegada,

---

[233] DINIZ, Maria Helena. Curso de Direito Civil. Saraiva, 2003. p. 341,

[234] Dispõe sobre o Regime Jurídico Emergencial e Transitório das relações jurídicas de Direito Privado (RJET) no período da pandemia do coronavírus (Covid-19).

[235] Disponível em: Usucapião. Interrupção. Prazo – Tribunal da Relação de Coimbra (trc.pt) – Acesso: 14 nov. 2023.

e constitui, pois, *jus quaesitum*. No primeiro caso, o direito ainda não está adquirido e razões de ordem pública impedem, como já se reconhecia no direito anterior e veio a se dispor no direito atual (Código Civil, Art. 161 [**atual Art. 191, do Código Civil de 2002**[236]]), a sua renúncia antecipada. No segundo caso, posto que o prazo da prescrição já decorreu, adquiriu o prescribente o direito de invocá-la, e a renúncia a este direito é perfeitamente lícita. Mas por isso mesmo que a coisa ou o direito ainda não passou para o domínio do possuidor (porque para tanto faltaria ainda alegar a prescrição), o efeito dessa renúncia é tão-só o de impedir que a aquisição se realize, restaurando-se o direito ameaçado do verdadeiro titular. No terceiro caso, alegada e reconhecida a prescrição aquisitiva, a coisa ou o direito ingressou no patrimônio do prescribente e, destarte, a renúncia deverá considerar-se uma alienação (doação).[237]

3.8.6. Bens que não podem ser usucapidos

Os bens públicos, por expressa disposição legal (Arts. 183, § 3º, e 191, parágrafo único, da Constituição Federal de 1988), não são passíveis de Usucapião. Antes dos citados dispositivos constitucional, a **Súmula 340,** do Supremo Tribunal Federal, já dispunha: *Desde a vigência do Código Civil[de 1916], os bens dominiais, como os demais bens públicos, não podem ser adquiridos por Usucapião.*

Também, *lato sensu*, como registra Ulderico Pires dos Santos, [238] entendemos que não são passíveis de aquisição em razão de prescrição aquisitiva: a) *as coisas fora do comércio* (p. ex., o mar, o ar, o sol etc.); b) *os bens públicos*, quer sejam de uso comum do povo, quer sejam de uso especial ou dominical (p. ex., *bens de uso comum do povo*: praias; praças públicas e ruas etc.; *bens especial*: casas e terrenos, desde que digam respeito ao uso do estabelecimento público etc.; *bens dominicais*: todos os bens integrantes do domínio do poder público, ou seja, União, Estado, Município e Distrito Federal); e c) *bens inalienáveis por sua própria natureza* (p. ex., bem de família).

Por força de imperativo legal, na sempre atual lição de Hely Lopes Meirelles, o direito de propriedade pública está sujeito a um regime administrativo especial com a aplicação, de forma supletiva, de algumas regras da propriedade privada, entretanto, advirta-se, as normas civis não regem o *domínio público*, apenas suprem a imprescritibilidade dos bens públicos,. como consequência lógica de sua inalienabilidade originária e como tal ninguém os pode adquirir enquanto guardarem essa condição. Daí não ser possível a invocação de Usucapião sobre eles, pois é princípio jurídico, de aceitação universal, que não há direito contra direito, ou, por outras palavras, não se adquire direito em desconformidade com o Direito. [239]

Inobstante, cabe registrar: Embora não sendo possível3 o particular valer-se da ação de Usucapião para usucapir bens públicos,[240] [241] não quer, entretanto, isso significar que o Poder Público

---

[236] Art. 191. *A renúncia da prescrição pode ser expressa ou tácita, e só valerá, sendo feita, sem prejuízo de terceiro, depois que a prescrição se consumar; tácita é a renúncia quando se presume de fatos do interessado, incompatíveis com a prescrição.*

[237] Disponível em: https://periodicos.fgv.br/rcp/article/view/60219/58533 Acesso: 6 nov. 2024. Usucapião. Autor: Almir Porto da Rocha Filho.

[238] SANTOS, Ulderico Pires dos. *Usucapião constitucional, especial e comum*: doutrina, jurisprudência e prática. 3. ed. São Paulo: Paumape, 1991. p. 45.

[239] MEIRELLES. Hely Lopes. *Direito Administrativo brasileiro*, 5. ed., São Paulo: Ed. Revista dos Tribunais, 1977.

[240] Em razão do Art. 191 da Constituição Federal de 1988, que veda a possibilidade de usucapião em relação a imóveis públicos, restou, embora de forma implícita, revogado o Decreto n.º 87.620, de 21 de setembro de 1982, que regulamentava o procedimento administrativo para o reconhecimento do denominado "usucapião administrativo". O Decreto n.º 87.620/1982 regulamentava a Lei n.º 6.969, de 10 de dezembro de 1981.

[241] STJ nega recurso à União e reconhece usucapião em faixa de fronteira.
A Quarta Turma do Superior Tribunal de Justiça esclareceu que cabe à União comprovar a titularidade de terras sem registro, consideradas desocupadas, do contrário, essas áreas estão passíveis da prática do usucapião.

não possa valer-se da ação de Usucapião contra bens do particular (embora não haja expressa previsão legal), pois, em tal situação, a administração pública age como se particular fosse.

Ao tratar da matéria — possibilidade de Usucapião de bens de particular pelo Poder Público —, aponta Diogenes Gasparini: "Assim, se atendidos os pressupostos legais, a Administração Pública pode solicitar judicialmente seja-lhe declarado o domínio de bens particulares". Acrescentando, ainda: "Proferida a sentença declarando o domínio do Poder Público-autor, constituirá ela o título hábil para o registro, oponível *erga omnes*. O registro é obrigatório para garantir o *jus disponendi*, isto é, para que a Administração Pública possa, se o desejar, desfazer-se do bem assim adquirido".[242]

Não há, pela doutrina administrativista, pelo menos por parte dos autores de maior renome na área, qualquer discordância quanto à possibilidade legal de o Poder Público poder usucapir bens de particular, mas desde que sujeito às mesmas regras previstas no Direito Civil, no que, aliás, faz referência Lúcia Valle Figueiredo, ao apontar que "os requisitos indispensáveis para este tipo de aquisição são os mesmos do Direito Privado, e por maioria de razão. A Administração Pública, que deve atuar sob os, princípios da lealdade, boa-fé e moralidade, não poderia utilizar da prescrição aquisitiva privilegiadamente".[243] [244]

A possibilidade legal de a União manejar ação de Usucapião contra particular, sem que isso represente "atuação privilegiada", é matéria que também prevê o Direito de Portugal, e quanto a isso dá conta a seguinte Decisão:

SUMÁRIO

I – *A presença do Tempo* *como factor conformador das situações jurídicas está particularmente presente na prescrição, a qual pressupõe a existência de um direito, o seu não exercício e o decurso do Tempo. II – O fundamento da prescrição assenta na inércia negligente do titular do direito em exercitá-lo e impõe, por razões de certeza e segurança jurídica, protecção dos devedores e estímulo ao exercício dos direitos, a gravosa consequência de extinguir da obrigação (ou, pelo menos, permitir que o obrigado possa recusar o cumprimento). III – A prescrição de curto prazo (5 anos) prevista no artigo 310.º do Código Civil destina-se a incentivar a diligência do credor na recuperação dos créditos e a prevenir e evitar a ruína do devedor - pela acumulação da dívida - derivada de quotas de amortização de capital pagável com juros em prazos periódicos curtos (que, com a exigência do pagamento de uma só vez decorridos muitos anos, poderia provocar a sua insolvência). IV – O artigo 310.º, alíneas c) e e), do Código Civil estabelecem um prazo prescricional de 5 anos, para rendas e alugueres devidas pelo locatário e para capital e juros correspondentes que devam ser*

Com esse entendimento, os ministros mantiveram decisão da Justiça Federal de Bagé, no Rio Grande do Sul, contra o governo federal em favor de duas mulheres consideradas donas de um terreno, onde a aquisição originária da área ocorreu por usucapião.

De acordo com o processo, a área ocupada fica a 66 quilômetros da fronteira entre Brasil e Uruguai. No recurso, a União sustentou que a moradora é que teria de provar que a área foi desmembrada de forma legítima do domínio público.

O relator, Min. Luis Felipe Salomão, esclareceu, pelo voto, que a jurisprudência do STJ é no sentido de que terreno localizado em faixa de fronteira, por si só, não é considerado de domínio público. Disponível: http://www.stj.gov.br/portal_stj/publicacao/engine.wsp?tmp.area=448&tmp. texto=95464&tmp.area_anterior=44&tmp.argumento_pesquisa=usucapião. Acesso em: 21 jan. 2010. Obs.: Indisponível pelo link apontado, mas possibilita consulta por meio de: STJ - Superior Tribunal de Justiça.

[242] GASPARINI, Diogenes. *Direito administrativo*. 3. ed. São Paulo: Saraiva, 1993. p. 519-520.

[243] FIGUEIREDO, Lúcia Valle. *Curso de direito administrativo*. 7. ed. São Paulo: Malheiros, 2004. p. 571.

[244] Registra Odete Medauar: "Usucapião – A Administração poderá ter um bem privado incorporado ao seu patrimônio por meio de usucapião, isto é, se durante certo tempo teve sua posse, atendidos os prazos e outros requisitos fixados no Código Civil, Arts. 1.238 a 1.244; a ação de usucapião vem disciplinada nos Arts. 941 a 945 do Código de Processo Civil" (MEDAUAR, Odete. *Direito administrativo moderno*. 10. ed. São Paulo: Revista dos Tribunais, 2006. p. 250).

pagos de forma conjunta. V – As rendas devidas pelos contratos de locação financeira não correspondendo a prestações periódicas, dependentes do factor tempo, mas a prestações fraccionadas no tempo da mesma obrigação (fraccionamento de uma obrigação de restituição), sem aquela dependência, não têm natureza locatícia, não estando directamente previstas no artigo 310.º do Código Civil. VI - O pagamento destas rendas constitui uma contrapartida (do financiamento) do gozo da coisa, aproximando-se, sob este prisma, do que sucede com o reembolso de um mútuo, tendo a prestação do locador um carácter continuado, integrando-se num negócio considerado globalmente de natureza duradoura. VII – É de aplicar analogicamente o prazo prescricional de cinco anos às rendas do contrato de locação financeira, considerando os interesses em jogo, o facto de se tratar socialmente de um contrato de financiamento (que o aproxima do mútuo) e as circunstâncias de a prestação da empresa locadora ter um carácter continuado (integrando-se num negócio considerado globalmente de natureza duradoura) e de se fazerem sentir exactamente as mesmas necessidades de evitar insolvências de devedores (não deixando que se acumulem as dívidas, de forma incontrolada e excessiva). VIII – É com este entendimento que se logra relevar a Natureza das Coisas, na unidade do sistema jurídico. I – A presença do Tempo como factor conformador das situações jurídicas está particularmente presente na prescrição, a qual pressupõe a existência de um direito, o seu não exercício e o decurso do Tempo. II – O fundamento da prescrição assenta na inércia negligente do titular do direito em exercitá-lo e impõe, por razões de certeza e segurança jurídica, protecção dos devedores e estímulo ao exercício dos direitos, a gravosa consequência de extinguir da obrigação (ou, pelo menos, permitir que o obrigado possa recusar o cumprimento). III – A prescrição de curto prazo (5 anos) prevista no artigo 310.º do Código Civil destina-se a incentivar a diligência do credor na recuperação dos créditos e a prevenir e evitar a ruína do devedor - pela acumulação da dívida - derivada de quotas de amortização de capital pagável com juros em prazos periódicos curtos (que, com a exigência do pagamento de uma só vez decorridos muitos anos, poderia provocar a sua insolvência). IV – O artigo 310.º, alíneas c) e e), do Código Civil estabelecem um prazo prescricional de 5 anos, para rendas e alugueres devidas pelo locatário e para capital e juros correspondentes que devam ser pagos de forma conjunta. V – As rendas devidas pelos contratos de locação financeira não correspondendo a prestações periódicas, dependentes do factor tempo, mas a prestações fraccionadas no tempo da mesma obrigação (fraccionamento de uma obrigação de restituição), sem aquela dependência, não têm natureza locatícia, não estando directamente previstas no artigo 310.º do Código Civil. VI - O pagamento destas rendas constitui uma contrapartida (do financiamento) do gozo da coisa, aproximando-se, sob este prisma, do que sucede com o reembolso de um mútuo, tendo a prestação do locador um carácter continuado, integrando-se num negócio considerado globalmente de natureza duradoura. VII – É de aplicar analogicamente o prazo prescricional de cinco anos às rendas do contrato de locação financeira, considerando os interesses em jogo, o facto de se tratar socialmente de um contrato de financiamento (que o aproxima do mútuo) e as circunstâncias de a prestação da empresa locadora ter um carácter continuado (integrando-se num negócio considerado globalmente de natureza duradoura) e de se fazerem sentir exactamente as mesmas necessidades de evitar insolvências de devedores (não deixando que se acumulem as dívidas, de forma incontrolada e excessiva). VIII – É com este entendimento que se logra relevar a Natureza das Coisas, na unidade do sistema jurídico.

3.8.7. Regras processuais civis aplicáveis às diversas modalidades de Usucapião, inclusive como matéria de defesa

Pelo ordenamento processual civil, a matéria sobre o Usucapião em terras particulares está disciplinada pelos Arts. 941 a 945 do Código de Processo Civil – CPC. O usucapiente (ou prescribente) deve, quando da interposição da ação de Usucapião, observar todas as regras processuais pertinentes, devendo a petição inicial se cingir ao contido no Art. 282 do Código de Processo Civil, sob pena de indeferimento, caso não a emende, ou a complete, no prazo de dez dias, conforme Art. 284 do mesmo estatuto processual. Quando se tratar de ação de Usucapião versando sobre bem imóvel, a petição inicial deverá ser acompanhada da planta do imóvel a ser usucapido,[245] assim como certidão (positiva ou negativa[246]) passada pelo Cartório de Registro de Imóveis (aquele da situação do imóvel). Deve, por outro lado, ser feita a identificação da parte (caso não se trate de réu indeterminado, quando não constar o nome do Registro no Cartório de Registro de Imóveis, o que faz com que a citação ocorra por meio de edital[247]), dos confinantes, que devem ser citados, da intimação da União (e de suas autarquias e empresas públicas), do Estado e do Município e, em sendo o caso, do Distrito Federal e, se o caso, dos Territórios (que, presentemente, não mais existem na federação brasileira). Por fim, o Ministério Público deverá intervir em todos os atos do processo, sob pena de nulidade dos atos praticados sem a sua participação, salvo se cientificado não se manifestar.

O foro competente para a propositura da ação de Usucapião é aquele no qual se situa o imóvel, em face do Art. 95, do Código de Processo Civil. Caso haja intervenção da União, de suas Autarquias e Empresas Públicas (a jurisprudência acabou equiparando as fundações públicas federais às empresas públicas federais para efeitos do foro privilegiado), haverá deslocamento da demanda para a Justiça Federal, conforme disposto no Art. 109, inc. I, da Constituição Federal.[248]

Pode, o Usucapião, como já registramos retro, e de conformidade com o magistério de Washington de Barros Monteiro, na atualização de Carlos Alberto Dabus Maluf, "**ser arguido**

---

[245] Destaca Humberto Theodoro Júnior: *"Planta do Imóvel.* Constitui requisito para ação de usucapião a juntada à petição inicial da planta do imóvel, indispensável, tendo em vista que a sentença declaratória será inscrita no Registro Imobiliário, não sendo suficiente um simples croquis, sendo impossível usucapir tão-só o prédio, sem o terreno sobre o qual foi erguido" (Fonte: Apel. n.º 78.696-2, ac. Unân., 2ª. Câm., do TJMG, de 24.10.89, Rel. Des. Lellis Santiago, adcoas, 1990, n.º 129.146.(THEODORO JÚNIOR, Humberto. *Código de Processo Civil anotado.* 9. ed. Rio de Janeiro: Forense, 2005. p. 641).

[246] Anota o Min. Sálvio de Figueiredo Teixeira: "É exigível nas ações de usucapião, para prevenir nulidades, a juntada de certidão positiva ou negativa de Registro de Imóveis para se aquilatar os possíveis nomes de pessoas a serem citadas pessoalmente" (Fonte: Ap. Cív. n.º 7.404, TAMG, Rel. Des. Oliveira Leite, Lemi 112/163, DJMG de 19.2.77. (TEIXEIRA, Sálvio de Figueiredo. *Código de Processo Civil anotado.* 7. ed. São Paulo: Saraiva, 2003. p. 661).

[247] *APELAÇÃO CÍVEL. AÇÃO DE USUCAPIÃO. SENTENÇA DE EXTINÇÃO. PROPRIETÁRIO REGISTRAL FALECIDO. AUSÊNCIA DE INCLUSÃO NO POLO PASSIVO DE TODOS OS HERDEIROS DO PROPRIETÁRIO REGISTRAL. REQUISITO INDISPENSÁVEL. FALTA DE PRESSUPOSTO PROCESSUAL OBJETIVO DE REGULARIDADE. AUSÊNCIA DE CITAÇÃO DO PROPRIETÁRIO REGISTRAL E/OU SEUS HERDEIROS É CAUSA DE NULIDADE ABSOLUTA DO PROCESSO. RECURSO CONHECIDO E DESPROVIDO.*

1. A usucapião se, por um lado, é um modo originário de aquisição de propriedade em relação ao possuidor, de outro lado, a usucapião uma forma em que o proprietário perde a propriedade de seu imóvel, assim, a citação do proprietário registral é um dos atos mais importantes do procedimento da usucapião. Frise-se: É indispensável.

2. Na ação de usucapião é indispensável a citação daquele em cujo nome estiver registrado o imóvel usucapiendo e, na hipótese de falecimento do proprietário registral, a citação se dará por intermédio do espólio através do inventariante (caso haja inventário em trâmite) ou, então, dos seus herdeiros (caso não haja inventário ou se esse já se findou), sob pena de nulidade.

3. Assim, incumbe à parte autora diligenciar para localizar os herdeiros do proprietário registral para fins de citação.

4. Portanto, parte deve tentar localizar o inventário extrajudicial ou judicial, no local do óbito ou de seu último domicílio e, sendo negativo, deve juntar a respectiva certidão dos tabelionatos e cartórios diligenciados.

5. A citação por edital na ação de usucapião do proprietário registral e/ou seus herdeiros ou mesmo confrontantes deve ser utilizada como medida última ratio, apenas quando demonstrado que foi exaurido todos os meios de tentativa de citação pessoal dos réus.

6. A citação por edital pressupõe o prévio esgotamento dos meios de localização dos réus, conforme inteligência do Art. 256 do Código de Processo Civil. (TJSC, Apelação n. 0300169-92.2015.8.24.0017, do Tribunal de Justiça de Santa Catarina, rel. Silvio Dagoberto Orsatto, Primeira Câmara de Direito Civil, j. 16-03-2023).

[248] A matéria, onde esteja presente a União, suas Autarquias e Empresas Públicas, já estava afeta à competência da Justiça Federal mesmo antes da Constituição Federal de 1988 (Art. 109, inc. I), em razão da Súmula 13 do TFR (Tribunal Federal de Recurso), atual STJ (Superior Tribunal de Justiça), que dispunha: *A Justiça Federal é competente para o processo e julgamento da ação de usucapião, desde que o bem usucapiendo confronte com imóvel da União, autarquia ou empresas públicas federais. Sendo, ainda, de lembrar, que também será o Foro da Justiça Federal quando a União for a parte autora da ação de usucapião.*

como meio de defesa[249] nas ações possessórias e petitórias". O Usucapião não serve, no Direito brasileiro, como matéria unicamente defensiva, pois, como acentua o autor citado, "a prescrição aquisitiva pode ser alegada passivamente, em contestação, como também ativamente, assumindo então o prescribente o papel de autor na demanda".[250] Deverá, entretanto, ser feita a alegação (exceção de Usucapião) por ocasião da apresentação da contestação, pois, do contrário, ocorrerá preclusão e não mais poderá ser alegada, não sendo o caso de aplicação do Art. 196 do Código Civil de 2002 (e Art. 162, no Código Civil de 1916).

3.8.7.1. Da participação do Ministério Público e das Fazendas (Federal, Estadual e Municipal) no Processo de Usucapião

Questão de ordem mais complexa relativa à participação do Ministério Público e da Fazenda Federal no processo de Usucapião, tem recebido, por parte da doutrina, sugestões de regular participação deles, embora não constando de exigência prevista no Código de Processo Civil de 2015, que deixou de regular a matéria como procedimento especial, e sim pelo procedimento comum. "O fato de passar a ser procedimento comum não modifica o entendimento de que a pessoa em cujo nome se encontra registrado o bem e os confinantes devem ser citados (artigo 246, § 3º, do NCPC), mas abre-se um questionamento acerca da necessidade de intimação das fazendas públicas e da intervenção obrigatória do Ministério Público. Não resta dúvida da sua complexidade, pois no procedimento comum esses chamamentos não são obrigatórios em todos os casos de Usucapião tratados anteriormente pelos artigos 943 e 944 do CPC de 1973. Acerca da atuação do Ministério Público, defende-se que será chamado apenas nos casos do artigo 178 do NCPC (envolvimento de: I - interesse público ou social; II – interesse de incapaz; III – litígios coletivos pela posse de terra rural ou urbana), como por exemplo, Usucapião coletivo, ou em outros casos especiais, previamente previstos em lei extravagante. A intimação das Fazendas Públicas é assunto delicado, sobre o qual o NCPC silencia por completo, tendo determinado, no entanto, ao regular a Usucapião administrativa perante o Registro de Imóveis em seu artigo 1.071, a ciência da União, do Estado, do Município e do Distrito Federal, se for o caso, para no prazo de 15 dias manifestarem interesse. Essa determinação faz concluir que tal procedimento também é aplicável ao procedimento judicial, pois a finalidade buscada pela lei é a mesma, sendo impensável que no procedimento administrativo, que pode vir a se transformar em judicial, é necessária a notificação das Fazendas Públicas e no procedimento judicial não". [251]

3.8.8. Síntese dos requisitos e/ou pressupostos para a concretização do Usucapião

Para que o Usucapião possa vir a se concretizar, torna-se necessário o preenchimento de formalidades legais, conforme aponta a legislação anteriormente referida, e, ainda, a presença de alguns requisitos, conforme descrição infra:

---

[249] O Supremo Tribunal Federal (STF), por meio da Súmula n.º 237, reconhece que poderá ser usado o usucapião como matéria de defesa. Estabelece a referida súmula: *O usucapião pode ser arguido em defesa*.

[250] MONTEIRO, Washington de Barros. *Curso de direito civil*: direito das coisas. 37. ed. Atualizado por Carlos Alberto Dabus Maluf. São Paulo: Saraiva, 2003. 3 v. em 6. p. 131-132.

[251] Disponível em: Revista Jurídica. UNI7, Fortaleza, v. 14, n. 2. p. 65-80, jul./dez. 2017. Acesso em: 25 maio 2024.

a. **coisa hábil (*res habilis*)**, que vem a ser tudo que pode ser objeto de comercialização ou até mesmo de uma relação de direito. Deve, portanto, tratar-se de coisa que esteja no comércio e seja passível de sofrer apropriação.

b. ***justo título (titulus)*** decorre da denominada justa causa e significa que deve estar escorado em lei ou ter o suporte legal a protegê-lo. O justo título deve ser provado, e não meramente presumido. É de ordem concreta e não abstrata. É entendível por justo título todo o documento considerado como sendo hábil para a transferência da propriedade. <u>Vale gizar, para aquelas modalidades de Usucapião extraordinário (incluindo algumas modalidades de Usucapião especial), o tempo supre a necessidade do justo título (e isto reforçamos no tópico em que tratamos da boa-fé).</u>

c. ***boa-fé (bona fides)*** deve estar presente para que se concretize o Usucapião (salvo, evidentemente, para os casos do Usucapião extraordinário e para os de Usucapião constitucional ou especial e do Usucapião *pro labore*, pois estes afastam a necessidade de perquirição sobre existência de boa-fé, que, no caso, é presumida, assim como também não há necessidade de existência de justo título, casos em que vigora o princípio de que *mala fides superveniens non nocet,* ou seja, a má-fé que sobrevém não prejudica). A boa-fé é "a crença positiva da parte do prescribente, a confiança inteira no direito que exerce",[252] pois não há materialização específica, e sim presunção de que está presente, o que decorre do conjunto dos atos praticados pelo possuidor.[253] "O princípio da boa-fé possui dois sentidos diferentes: uma concepção subjetiva e outra objetiva. A concepção subjetiva corresponde ao estado psicológico da pessoa, ou seja, sua intenção ou seu convencimento de estar agindo de forma a não prejudicar ninguém. Já a concepção objetiva significa uma regra de conduta de acordo com os ideais de honestidade, probidade e lealdade, ou seja, as partes contratuais devem agir sempre respeitando a confiança e os interesses do outro".[254]

d. ***posse (possessio)***, com relação à conduta do possuidor que age como se proprietário fosse da coisa possuída. A posse somente ocorre para o possuidor e jamais em prol do detentor, pois posse decorrente de detenção não gera o direito ao Usucapião em prol do fâmulo da posse.[255] No caso, o possuidor não tem a coisa com a vontade de senhor e possuidor (falta o *animus domini*), e sim em cumprimento à ordem emanada de terceiro (no caso o efetivo possuidor da coisa). Mera detenção não pode transformar-se em posse *ad*

---

[252] ALMEIDA, Francisco de Paula Lacerda. *Direito das cousas*. Rio de Janeiro: J. Ribeiro dos Santos, 1908. p. 250.

[253] <u>NOTA:</u> A boa fé no Direito Brasileiro pode não ser imperiosa para concretização de usucapião, como. p. ex., na forma extraordinária, no que tem semelhança com Códigos Civil Francês, que disciplina pelo ART. 2269º, que é suficiente que a boa-fé tenha existido no momento da aquisição; neste mesmo sentido o Código Civil Italiano – Art.º 1147º, que, no 3.º parágrafo, diz que *a boa-fé presume-se e **é suficiente** que se verifique ao tempo da aquisição; também, o Código Civil Espanhol no Art. 435º, dispõe que a posse adquirida de boa-fé não perde este carácter salvo no caso e desde o momento em que existam atos que revelem que o possuidor não ignora que possui a coisa indevidamente; já, diferentemente do Código Civil Brasileiro, dispõe o Código Civil Alemão – B.G.B, ao dizer: Art. 937º,e a usucapião está excluída se o adquirente no momento da aquisição da posse correspondente ao exercício de um direito de propriedade não está de boa-fé ou se posteriormente vem a saber que não é o titular do direito de propriedade.* Lembrando que a boa-fé objetiva é uma constante no direito ocidental, tendo sido acolhida nos seguintes diplomas (exemplificativamente): Código Civil francês, Arts. 1134 e 1135; B.G.B. par.242; Código Civil italiano, Arts. 1.137, 1366, 1.375; Código Civil português". Ainda pode ser encontrado no Código Civil espanhol nos Arts. 7 e 1.258; e, no Código Civil Argentino no Art. 1.198.

[254] Disponível em: https://www.jusbrasil.com.br/artigos/consideracoes-sobre-o-principio-da-boa-fe-objetiva/1128907541. Acesso em: 8 abr. 2024.

[255] O Código Napoleão (Código Civil Francês) define de forma lapidar a questão do fâmulo da posse. Diz o Art. 2.236. "Aqueles que possuem por um outro não adquirem nunca por prescrição, seja por que lapso de tempo for. Assim, o rendeiro, o depositário, o usufrutuário, e todos os outros que detêm precariamente a coisa do proprietário, não podem adquirir por prescrição". (Código Napoleão: ou Código Civil dos Franceses. Tradução de Souza Diniz. Rio de Janeiro: Distribuidora Record, 1962. p. 296).

usucapionem por mais que passe o tempo, visto que *quod ab initio vitiosum est, non potest tractu temporis convalescere* (O que é viciado desde o (seu) início não pode convalescer pelo transcurso do tempo). **DESTAQUE:** Neste particular aspecto, registramos que, em determinadas situações, tem sido acolhida a chamada **Interversão Possessória**. Sobre a matéria – para evitar repetição – remetemos o consulente para o que anotamos tópico "**3.3.2.1.1 Interversão Possessória**".

e. ***tempo (tempus),*** o decurso do tempo é primordial para que o possuidor possa usucapir a coisa possuída. O decurso do tempo é contagem física do período transcorrido desde o início efetivo da posse até a efetivação da pretensão do possuidor em se tornar proprietário da coisa possuída (por meio da ação de Usucapião). O tempo de posse da coisa, por parte do possuidor, deve ser contínuo, mesmo que com o somatório de posses, quando possíveis pela lei, decorrentes de anteriores possuidores em razão de transmissão singular ou em razão de herança. Se singular a aquisição da posse, o tempo pode, ou não, a critério do possuidor, ser computado desde o anterior possuidor (transmitente); se a posse decorrer de transmissão em razão de herança, o tempo deverá ser, obrigatoriamente, computado pelo atual possuidor.

É pelo somatório desses elementos (exceto, quando o caso, da boa-fé e do justo título, como já apontado) que ocorrerá o surgimento de nova propriedade em razão de uma sentença judicial que é, inegavelmente, o último requisito para que o possuidor passe à condição de proprietário, desde que haja a averbação e/ou abertura de matrícula no Cartório de Registro de Imóveis da situação do bem, em conformidade com a **Lei n.º 6.015, de 31 de dezembro de 1973**, Art. 1º, § 1º, inc. IV, que diz: **Art. 1º** *Os serviços concernentes aos Registros Públicos, estabelecidos pela legislação civil para autenticidade, segurança e eficácia dos atos jurídicos, ficam sujeitos ao regime estabelecido nesta Lei. (Redação dada pela Lei nº 6.216, de 1975).*

§ 1º *Os Registros referidos neste artigo são os seguintes: (Redação dada pela Lei nº 6.216, de 1975)*

[...].

IV - *o registro de imóveis. (Redação dada pela Lei nº 6.216, de 1975)*

[...].

Para qualquer modalidade de Usucapião "a posse *ad usucapionem* deve ser ininterrupta [interrompida a posse a mesma não pode aproveitar o tempo anterior e recomeça do zero] e sem oposição, além de exercida com ânimo de dono (*quantum possessum, tantum praescriptum* [Esta forma de Usucapião também é denominada de prescrição de longo prazo, ou quinzenária. Para que a mesma ocorra se faz necessário a presença de seus requisitos necessários e essenciais, no caso, posse com a inserção do *animus domini* acrescido do lapso temporal (tempo fixado em Lei) e objeto hábil (que não tenha vedação legal, p. ex., imóvel público), para que possa obter a propriedade do imóvel usucapiendo]). Tais requisitos são indispensáveis, cumprindo assim ao autor, que pretenda reconhecimento do Usucapião, demonstrar que sua posse sobre o imóvel [ou bem móvel], exercida *animus domini*, durante o prazo legal, nunca foi interrompida, nem sofreu oposição ou contestação de quem quer que seja".[256] O Usucapião decorre, sempre, da posse, pois,

---

[256] MONTEIRO, Washington de Barros. *Curso de direito civil: direito das coisas*. 37. ed., 3 v. em 6., Atualizador: Carlos Alberto Dabus Maluf, São Paulo: Saraiva, 2003. p. 124.

como já asseverava Tito Fulgêncio, "não há Usucapião sem posse, precisamente porque ele é a aquisição do domínio pela posse prolongada".[257]

A jurisprudência pátria segue a mesma linha do que apontamos. Assim, para fins comparativos, destacamos Decisão do Tribunal de Justiça de Minas Gerais – TJMG:

APELAÇÃO CÍVEL - AÇÃO DE USUCAPIÃO EXTRAORDINÁRIO - POSSE COM 'ANIMUS DOMINI ' - COMPROVAÇÃO - REQUISITOS PREENCHIDOS - RECURSO PROVIDO. Nos termos do Art. 1.238 do CC, aquele que, por quinze anos, sem interrupção, nem oposição, possuir como seu um imóvel, adquire-lhe a propriedade, independentemente de título e boa-fé; podendo requerer ao Juiz que assim o declare por sentença, que servirá de título para o registro no Cartório de Registro de Imóveis. Comprovada a posse com animus domini durante mais de 15 anos, deve-se reconhecer a prescrição aquisitiva. V.V.: Tratando-se de ação de Usucapião extraordinária é ônus do Autor provar a sua posse ininterrupta, sem oposição e com o ânimo de dono sobre o imóvel usucapiendo, independentemente de justo título e boa-fé, pelo lapso temporal exigido, conforme previsão legal do Art. 1.238 do CC. Conforme disposto no Art. 1.243, do CC, é permitida a contagem, pelo possuidor, do tempo das posses anteriores, exercidas pelos seus antecedentes, em relação ao imóvel usucapiendo. A soma da posse do atual possuidor com a de seus antecedentes é possível, contudo deve ser comprovada a identidade de características, ou seja, ambas devem ser mansas, pacíficas, contínuas e com animus domini. Uma vez ausentes os requisitos mínimos necessários para declaração da prescrição aquisitiva pleiteada sobre imóvel indicado na inicial, o indeferimento da Usucapião pretendida é medida que se impõe.[258]

Preenchido todos os requisitos anteriormente apontados (**alíneas de "a" a "h")** o Usucapião se consolidará formalmente por meio da competente:

f. **Sentença judicial** (declaratória, Art. 941 do Código de Processo Civil de 1973, no CPC de 2015 o Art. 246, § 3º, trata da forma de citação dos confinantes = lindeiros). Pela sentença judicial é reconhecido, judicialmente, que o possuidor (que é o usucapiente ou prescribente) preencheu todos os requisitos legais para tornar-se proprietário da coisa até então possuída.[259] É da lavratura da sentença (que serve como título para fins de registro), após transitar em julgado, que poderá haver o registro da propriedade usucapida. O registro deverá ser feito, quando se tratar de Usucapião de bem imóvel, no Cartório de Registro de Imóvel (Lei nº 6.015/73, Art. 167, inc. I, nº 28), aquele competente em razão da localização do imóvel usucapido. O registro não determina, por si só, a aquisição da propriedade imobiliária, no entanto, o mesmo é necessário para tornar o imóvel usucapido passível de ser objeto, por exemplo, de hipoteca, anticrese, garantia fiduciária, etc. E, ainda, como a propriedade é direito real (aliás, é o direito real por excelência!), o registro é obrigatório em face do Art. 1.227 do Código Civil de 2002 (e Art. 676 do Código Civil de 1916).

---

[257] FULGÊNCIO, Tito. *Da posse e das ações possessórias.* 5. ed., atualizada por José de Aguiar Dias, Rio de Janeiro: Forense, 1978. p. 15-16. Deixou registrado o autor, que "a posse de usucapião não é a mesma que para interditos, porque precisa reunir além das condições objetivas – continuidade e tranquilidade – mais o elemento intelectual – *animus domini*, não bastando a *affectio tenendi* da posse para interditos; quem pretende o domínio por esse modo de aquisição, precisa mostrar que possui a coisa como sua, além do mais que na lei se exige".

[258] **Número do Processo 1.0000.21.230148-5/001 Numeração 5005664 – Relator: Des.(a) Marcos Henrique Caldeira Brant Relator do Acórdão: Des.(a) Marcos Henrique Caldeira Brant Data do Julgamento: 20/04/2022 Data da Publicação: 02/05/2022.**

[259] Silvio Rodrigues (RODRIGUES, Silvio. *Direito civil:* direito das coisas. 22. ed. São Paulo: Saraiva, 1995. 5 v. em 7. p. 104) e Arlindo de Oliveira Uilton (*Usucapião urbano e rural:* prática, jurisprudência, doutrina e legislação. 6. ed. São Paulo: Data Juris, 1997. p. 21-22), aludem aos mesmos requisitos, para fins de usucapião, que apontamos no texto. Acentuamos, no entanto, que na doutrina antiga sobre o usucapião, os mesmos elementos, à exceção da sentença judicial (o que, inclusive, ainda desconsideram alguns doutrinadores modernos), já eram referidos, conforme (dentre outros) vemos em: ALMEIDA, Francisco de Paula Lacerda. *Direito das cousas.* Rio de Janeiro: J. Ribeiro dos Santos, 1908. p. 236.

3.8.8.1. Destaque em relação ao Usucapião extrajudicial, em face da Lei n.º 13.465/2017, e apanhado geral sobre algumas modalidades de Usucapião

Em razão da Lei n.º 13.465, de 11 de julho de 2017, houve significativas alterações no que diz respeito ao instituto do Usucapião extrajudicial, de modo que apontamos alguns esclarecimentos pontuais sobre o tema, considerando que a Lei em comento estabelece *que o silêncio do antigo proprietário [uma vez intimado tem 15 dias para se manifestar, caso não intimado pessoalmente será publicado edital] da terra será interpretado como concordância ao pedido [relativo a uma das modalidades de Usucapião] sendo seu silêncio entendido como anuência ao Usucapião e o imóvel ficará liberado para receber nova matrícula.*

Prosseguindo: A Lei corrige distorções que existiam e, com tais correções, se consolida o Usucapião extrajudicial sem necessidade de recorrer ao Poder Judiciário, a não ser em casos específicos de nulidades de notificações, o que poderá levar a matéria a ser questionada junto ao Poder Judiciário.

Relevante apontar que a Lei n.º 13.465, de 11 de julho de 2017 definiu, ainda, que, caso o imóvel a ser registrado, seja unidade autônoma de condomínio, bastará a notificação do síndico, sem a necessidade de notificar todos os demais condôminos. Quanto às intimações, para fins de Usucapião extrajudicial no meio rural, o **Art. 216-A**, §2º, da Lei n.º 6.015/73, é taxativo no sentido de que *o silêncio será interpretado como concordância apenas nos casos em que o proprietário do imóvel em questão seja regularmente intimado.*

Por último, apontamos, em conformidade com a compilação de posicionamentos condensados pela Redação Conjur, que, como assevera Luis Rodrigo de Almeida: "A produção de provas relacionadas ao tempo e natureza da posse poderão ser apuradas, avaliadas e certificadas também pela via administrativa, obedecendo, no que couber, à via judicial de produção antecipada de provas". Arrematando, escreve o autor em referência, que a "redação da lei antiga praticamente inviabilizava a efetiva regularização da propriedade e aquisição originária do imóvel através da via extrajudicial. Agora, com a nova previsão legal, o procedimento administrativo para Usucapião de imóveis não exigirá mais a anuência ou concordância dos titulares de direitos registrados ou averbados na matrícula do imóvel usucapiendo ou na matrícula dos imóveis confinantes"[260].

Num apanhado de ordem geral – sintetizando os apontamentos feitos –, podemos destacar as principais MODALIDADES DE USUCAPIÃO. Assim:

No direito brasileiro, existem diversos tipos de Usucapião previstos em Lei, cada um com suas particularidades e requisitos específicos.

Usucapião ordinário ou extraordinário: O Usucapião ordinário ou extraordinário é o tipo mais comum de Usucapião. Ele pode ser requerido por qualquer pessoa que tenha possuído um bem móvel ou imóvel, de forma contínua, ininterrupta e sem oposição, pelo período de 10 ou 15 anos, respectivamente. Além disso, é necessário que a posse tenha sido exercida com animus domini, isto é, com a intenção de se tornar dono do bem.

Usucapião especial urbano por abandono de lar: O Usucapião especial urbano por abandono de lar é uma modalidade de Usucapião que pode ser requerida por quem, por 2 anos consecutivos, ou por 3

---

[260] Disponível em: https://www.conjur.com.br/2017-jul-22/lei-altera-processo-regularizacao-propriedades/. Acesso em: 6 nov. 2024. Usucapião extrajudicial — Nova lei altera processo para regularização de propriedades por usucapião.

anos intercalados, tenha usado um imóvel urbano abandonado por seu proprietário, desde que o ocupante não possua outra propriedade e tenha feito no imóvel melhorias necessárias à sua moradia.

Usucapião especial rural: *O Usucapião especial rural pode ser requerido por quem possua um imóvel rural de até 50 hectares, que esteja utilizando-o para sua moradia ou subsistência, de forma contínua e ininterrupta, por 5 anos. Além disso, é necessário que o possuidor não tenha outra propriedade rural ou urbana e que tenha feito investimentos no imóvel para sua exploração.*

Usucapião especial urbano coletivo: *O Usucapião especial urbano coletivo pode ser requerido por um grupo de pessoas que ocupam, de forma contínua e ininterrupta, um terreno urbano com área de até 250 metros quadrados, de propriedade* pública ou particular, por mais de 5 anos, para fins de moradia. É necessário que a área esteja ocupada por pessoas de baixa renda, com renda familiar de até 3 salários mínimos, e que não possuam outra *propriedade.*

Usucapião especial de imóvel urbano: *O Usucapião especial de imóvel urbano pode ser requerido por quem possui um imóvel urbano de até 250 metros quadrados, que esteja utilizando para sua moradia ou de sua família, de forma contínua e ininterrupta, por 5 anos. Além disso, é necessário que o possuidor não tenha outra propriedade urbana ou rural e que não tenha sido beneficiado anteriormente por outra modalidade de Usucapião.*

Usucapião familiar: *O Usucapião familiar pode ser requerido por qualquer membro de uma família que possua um imóvel urbano ou rural, de até 250 metros quadrados, que esteja utilizando como sua moradia ou de sua família, de forma contínua e ininterrupta, por 2 anos. É necessário que a propriedade* não tenha sido adquirida por meio de herança ou doação e que a família não possua outra *propriedade.*

Além disso, **há também a Usucapião extraordinária, que se caracteriza pela posse do imóvel de forma mansa e pacífica, sem interrupções, pelo prazo de 15 anos.** *Neste caso, não é necessário que o possuidor tenha justo título, ou seja, pode ser utilizado para regularizar a posse de um imóvel que foi ocupado sem autorização ou título de propriedade.*

Já a **Usucapião coletiva, também conhecida como Usucapião urbana especial, foi instituída em 2001 pelo Estatuto da Cidade (Lei 10.257/2001)** *e é destinada a comunidades que ocupam um terreno urbano de forma ininterrupta e sem oposição por cinco anos, desde que atendidos os requisitos legais. Neste caso, a regularização da posse do imóvel é feita em nome de todos os moradores da comunidade, em um processo coletivo.*

Por fim, a **Usucapião rural é uma forma de adquirir a propriedade de uma área rural**, *desde que sejam cumpridos os requisitos legais, como a posse ininterrupta, pacífica e com animus domini (intenção de ter o imóvel como próprio) pelo prazo de 5 a 15 anos, a depender da situação.*

Vale destacar que, em todos os tipos de Usucapião, é necessário que o possuidor do imóvel apresente provas da posse e do tempo em que a ocupação ocorreu, como documentos, testemunhas, fotografias e outros meios de comprovação.[261]

3.8.8.1.1. Necessidade de observância das regras processuais no Usucapião judicial

Embora a matéria relativa ao instituto do Usucapião tenha sido abrandada com a possibilidade de que o mesmo seja feito de forma extrajudicial, é necessário que, no Usucapião judicial,

---

[261] TIPOS DE USUCAPIÃO NO DIREITO BRASILEIRO: CONHEÇA AS MODALIDADES DE AQUISIÇÃO DA PROPRIEDADE – Disponível em: consultoria Jurídica – Acesso: 17 nov. 2024.

sejam observadas as regras processuais sob pena de improcedência ou de julgamento do processo sem mérito.

A título de exemplificar o posicionamento anterior, apontamos Decisão do Tribunal de Justiça de Santa Catarina – TJSC:

APELAÇÃO CÍVEL. AÇÃO DE USUCAPIÃO DE BEM MÓVEL. SENTENÇA DE PROCEDÊN-CIA. RECURSO DO RÉU, ASSISTIDO PELA DEFENSORIA PÚBLICA. ALEGADA NULIDADE DA CITAÇÃO POR EDITAL, AO FUNDAMENTO DE QUE NÃO FORAM ESGOTADOS TODOS OS MEIOS DE LOCALIZAÇÃO DO REQUERIDO. TESE QUE MERECE ACOLHIMENTO. NÃO HOUVE TENTATIVA DE

CITAÇÃO PESSOAL OU CONSULTA AOS SISTEMAS À DISPOSIÇÃO DO JUÍZO, TAM-POUCO FORAM EFETUADAS DILIGÊNCIAS SOBRE O ENDEREÇO DO RÉU NOS CADASTROS DE ÓRGÃOS PÚBLICOS OU DE CONCESSIONÁRIAS DE SERVIÇOS PÚBLICOS. DEMAN-DADO QUE, PORTANTO, AINDA NÃO PODERIA SER CONSIDERADO EM LOCAL INCERTO OU IGNORADO, NOS TERMOS DO ART. 256, §3°, DO CÓDIGO DE PROCESSO CIVIL. CITA-ÇÃO EDITALÍCIA QUE, DE FATO, SE REVELA PREMATURA. NULIDADE DO ATO CITATÓRIO, BEM COMO DE TODOS AQUELES SUBSEQUENTES, QUE SE IMPÕE. SENTENÇA CASSADA PARA A RETOMADA DOS ATOS TENDENTES À CITAÇÃO PESSOAL DO RÉU.

RECURSO CONHECIDO E PROVIDO.

(TJSC, Apelação n. 0320811-23.2015.8.24.0038, do Tribunal de Justiça de Santa Catarina, rel. Álvaro Luiz Pereira de Andrade, Sétima Câmara de Direito Civil, j. 29-04-2021).

Em outra decisão, também do Tribunal de Justiça de Santa Catarina – TJSC, encontramos entendimento que, por vias transversas, consolida o que apontamos anteriormente. Desta maneira:

APELAÇÃO CÍVEL. AÇÃO DE USUCAPIÃO EXTRAORDINÁRIA. SENTENÇA DE EXTINÇÃO DO FEITO SEM RESOLUÇÃO DO MÉRITO. INSURGÊNCIA DOS AUTORES. CASSAÇÃO DA SENTENÇA. INCABIMENTO. COMANDO JUDICIAL PARA EMENDA DA INICIAL NÃO CUM-PRIDO INTEGRALMENTE, APESAR DA LONGA DILAÇÃO DO PRAZO PARA TANTO. CER-TIDÃO ATUALIZADA DA MATRÍCULA DO IMÓVEL NÃO ACOSTADA AO FEITO. CITAÇÃO DO PROPRIETÁRIO REGISTRAL INDISPENSÁVEL. DECISÃO MANTIDA. HONORÁRIOS RECURSAIS INCABÍVEIS, DIANTE DA AUSÊNCIA DE TRIANGULARIZAÇÃO PROCESSUAL. RECURSO CONHECIDO E DESPROVIDO.

[...] 1. A Usucapião é uma forma de perda da propriedade imóvel, em que o possuidor adquire a propriedade pela prescrição aquisitiva.2. A ausência de citação do proprietário registral na Usuca-pião enseja em nulidade absoluta.3. "A questão da citação é de ordem pública, podendo ser discutida a qualquer tempo, inclusive em ação anulatória, a chamada querela nulitatis, reconhecida pela doutrina e jurisprudência. Em sendo a citação um pressuposto de validade, uma sentença proferida contra um réu que não tenha sido citado ou citado invalidamente, é uma sentença que existe, mas que é nula e que pode ser impugnada a qualquer tempo." (TJMG, AC n. 1.0325.12.001632-5/001, rel. Des. Marco Aurelio Ferenzini; j.em 08.05.2014). [...] (Apelação Cível n. 2010.028403-0, de Tijucas, rel.: Des. Subst. Gerson Cherem II, j. 23-07-2015, grifou-se). Assim, é "nula, de pleno direito, a sentença proferida em ação de Usucapião em que não foi citado aquele que possui o registro de imóvel sobreposto pela área usucapida" (A n. 2006.004143-7, Rel. Des. Monteiro Rocha, j. 12-7-2007). (Apelação Cível n. 2009.061456-9, de Criciúma, rel.: Des. Carlos Prudêncio, j. 09-11-2010)" (AC n. 0300434-05.2014.8.24.0058, Des. André Carvalho). Demonstrado nos autos que o imóvel usucapido fazia parte de matrícula cujo titular não foi

citado, há de ser reconhecida a nulidade da sentença. (TJSC, Apelação n. 0304743-45.2016.8.24.0011, do Tribunal de Justiça de Santa Catarina, rel. Luiz Cézar Medeiros, Quinta Câmara de Direito Civil, j. 01-11-2022).4. O não cumprimento integral da emenda com a juntada da totalidade da documentação e informações ensejará na extinção do processo, pelo indeferimento da inicial, a teor do disposto no parágrafo único do Art. 321 do Código de Processo Civil. (TJSC, Apelação n. 5001355-71.2019.8.24.0091, do Tribunal de Justiça de Santa Catarina, rel. Silvio Dagoberto Orsatto, Primeira Câmara de Direito Civil, j. 23-02-2023).

(TJSC, Apelação n. 0302063-70.2018.8.24.0091, do Tribunal de Justiça de Santa Catarina, rel. Flavio Andre Paz de Brum, Primeira Câmara de Direito Civil, j. 27-04-2023).

3.8.9. Usucapião extrajudicial, pontos de destaque e provimento do Conselho Nacional de Justiça – CNJ n.º 65.

O usucapiente (possuidor que quer passar à condição de proprietário) pode optar por fazer o Usucapião de modo extrajudicial, considerando que tal possiblidade é amparada por meio da Lei n.º 6.015, de 31 de dezembro de 1973 (Lei de Registros Públicos). Para tanto, deverá atender às exigências contidas no Provimento n.º 65, do Corregedoria Nacional de Justiça, que é, para o Usucapião extrajudicial, o diploma que deverá ser seguido, na verdade, o Provimento – CNJ n.º 65 faz as vezes de um "Código" para o disciplinamento do Usucapião extrajudicial.

Ante a relevância do tema e levando em conta que se trata do marco balizador da postulação/pretensão de Usucapião extrajudicial, que deve nortear a conduta do usucapiente e do Tabelião na lavratura da **Ata Notorial** (instituto regrado pelo comando do Art. 384[262], do Código de Processo Civil de 2015 (que não tinha disciplinamento específico pelo Código de Processo Civil de 1973, mas já tinha previsão legal, consoante o contido na Lei n.º 8.935, de 18 de novembro de 1994, na forma do Art. 7º, inc. III[263]), é que transcrevemos, *in totum*, o supra mencionado Provimento, o que poderá ser visto por meio do **ANEXO E**.

Vejamos, então, pontos destacados da matéria, considerando sua inegável relevância em decorrência do disciplinado por meio de Lei e do Provimento do Conselho Nacional de Justiça – CNJ n.º 65, sendo que este último, repetimos, se encontra transcrito por meio do **ANEXO E**

No contexto da abordagem do **PROVIMENTO CNJ n.º 65,** desponta a **ATA NOTORIAL**. Assim, torna-se necessário, para uma melhor compreensão da matéria, que seja esclarecido, com mais ênfase, o que ela significa e qual sua relevância para o requerimento de Usucapião extrajudicial. A **ATA NOTORIAL** é indispensável no Usucapião extrajudicial em razão de que se trata de um procedimento formal. Nesse mesmo sentido: "Dúvida – Usucapião Extrajudicial – Inafastabilidade da exigência de ata notarial – Documento que garante a autenticidade do procedimento e das alegações do requerente – Procedimento formal, que necessita de petição explicitando a pertinência da Usucapião, e não simples pedido para dar início ao procedimento – Dúvida julgada procedente. (Processo 1004203-52.2018.8.26.0100, 12 de março de 2018. Tania Mara Ahualli. Publicado no DJE em: 22/03/2018)."

---

[262] Seção III Da Ata Notarial **Art. 384. A existência e o modo de existir de algum fato podem ser atestados ou documentados, a requerimento do interessado, mediante ata lavrada por tabelião.**
Parágrafo único. Dados representados por imagem ou som gravados em arquivos eletrônicos poderão constar da ata notarial.
[263] Art. 7º Aos tabeliães de notas compete com exclusividade:
III – lavrar atas notariais;

Assim, para melhor situar a matéria no contexto desta obra jurídica, mediante a realização de estudo doutrinário, legislativo e jurisprudencial, tecemos considerações sobre a fundamental importância da ATA NOTORIAL EM PROCESSO DE USUCAPIÃO EXTRAJUDICIAL.

ATA NOTORIAL:[264] "A qualidade de notarial da ata lavrada exclusivamente pelos tabeliães de notas possui especial eficácia, pois é dotada de fé pública, fazendo prova plena. Passará a ser notarial a ata quando lançada por tabelião de notas a pedido do interessado.

Nesse contexto, a notarial (ata) consiste em testemunho oficial de fatos narrados pelos notários no exercício de sua competência em razão de seu ofício, por meio de diversos elementos, realizados livremente pelo tabelião, diante de sua perspectiva e sensibilidade.

Trata-se, portanto, de instrumento público autorizado pelo notário, o único agente pública que possui competência específica para atribuir fé pública aos documentos que autoriza.

São binômios subjacentes à lavratura da ata notarial a neutralidade e a vinculação absoluta à verdade, pois o delegatário deverá reproduzir fielmente os fatos constatados. Difere-se da escritura pública pois aquela se limita à narração dos fatos que o notário percebe por alguns de seus sentidos e que não possam ser qualificados como atos ou negócios jurídicos".[265]

No que diz respeito de forma específica ao Usucapião extrajudicial: "A ata notarial de Usucapião extrajudicial em razão de sua peculiaridade especial possui determinadas especificidades.

Segundo dicção legal expressa no Art. 216-A da Lei de Registros Públicos, sem prejuízo da via jurisdicional, é admitido o pedido de reconhecimento extrajudicial da Usucapião formulado pelo requerente – representado por advogado ou por defensor público –, que será processado diretamente no ofício de registro de imóveis da circunscrição em que estiver localizado o imóvel usucapiendo ou a maior parte dele.

Ressalte-se que o procedimento poderá abranger a propriedade e demais direitos reais passíveis da Usucapião.[266]

O requerimento destinado ao oficial de registro de imóveis será assinado por advogado ou defensor público constituído pelo requerente e deverá ser imprescindivelmente instruído com ata notarial lavrada por tabelião de notas.

---

[264] "A ata notarial usada em procedimento de usucapião tem uma natureza "*sui generis*" justamente porque "ela envolve, conforme o caso, o exame de documentos, a coleta de declarações do requerente e de terceiros, a diligência ao local, e, sublinhe-se, a pré qualificação do futuro pedido a ser feito ao registrador", sendo que o registrador de imóveis não pode simplesmente fazer a análise de todos estes documentos sem a ata notarial. A lei, ao dispor desta maneira, teve o objetivo de conferir ao instituto dupla segurança, conferindo a necessidade de análise pelo tabelião de notas e pelo registrador de imóveis." Disponível em: https://www.jusbrasil.com.br/artigos/usucapiao-na-modalidade-extrajudicial/645513264. Acesso em: 8 abr. 2024.

[265] Você conhece a ata notarial? Saiba tudo sobre essa modalidade de escritura pública – Seu Portal de Notícias. Disponível em: https://webcartoriosobradinho.com.br/. Acesso em 6 nov. 2024.

[266] *TJPR – APELAÇÃO CÍVEL. AÇÃO ANULATÓRIA DE USUCAPIÃO EXTRAJUDICIAL. SENTENÇA DE PROCEDÊNCIA. RECURSO DOS RÉUS. USUCAPIÃO EXTRAJUDICIAL. PROCEDIMENTO. ART. 216-A DA LEI Nº 6.015 /73 E PROVIMENTO Nº 65/2017 DO CNJ. INOBSERVÂNCIA. AUSÊNCIA DE ANUÊNCIA DOS TITULARES REGISTRAIS. INEXISTÊNCIA DE PROVA DA POSSE PELOS POSTULANTES. NULIDADE DA ATA NOTARIAL E DO RESPECTIVO REGISTRO AQUISITIVO NA MATRÍCULA DO IMÓVEL CONSTATADA. SENTENÇA MANTIDA. – Revela-se indispensável a prova da anuência prévia dos proprietários registrais do imóvel que se pretende usucapir ou então a notificação extrajudicial deles pelo Ofício Registral, conforme determinam o Art. 216-A, inciso II e § 2º, da Lei 6015 /73 e o Art. 10 do Provimento n.º 65/2017 do CNJ. – Anuência prévia e notificação extrajudicial não providenciadas, não se colhendo, assim, a manifestação dos titulares dos direitos registrados na matrícula do imóvel, o que constitui nulidade insanável, sobretudo quando, conforme se observa dos autos, tal concordância sequer haveria, dada a disputa do bem entre os envolvidos. – Imprescindibilidade da apresentação de justo título ou outro documento que demonstre a origem, a continuidade, a cadeia possessória e o tempo de posse dos postulantes, conforme preveem o Art. 216-A, inciso IV, da Lei 6.015 /73 e o Art. 4º, III, do Provimento 65/2017 do CNJ. – Inexistência, sequer, de menção acerca da apresentação de algum documento que tivesse o propósito de provar a posse dos postulantes. – Descrição contida em ata notarial que não reflete a realidade sobre o imóvel, seja porque não aponta a existência de mais de uma residência na área, seja porque ignora que os pretendentes já haviam cedido anteriormente seus direitos hereditários sobre o bem. – Procedimento para a usucapião extrajudicial nulo, diante da inobservância de formalidades mínimas para sua validade e regularidade. Recurso não provido.*

Tendo em conta que na quase inteireza dos procedimentos de Usucapião administrativa haverá a necessidade de que o tabelião compareça pessoalmente ao imóvel usucapiendo para realizar diligências necessárias à lavratura da ata notarial, a referida ata somente poderá ser requerida perante o delegatário da localidade em que estiver localizado o imóvel usucapiendo ou a maior parte dele".[267]

Por último, considerando que a modalidade de Usucapião extrajudicial prescinde do atendimento de condições específicas, apontamos as considerações elencadas infra, o que ampliará o conhecimento da matéria em seus aspectos teóricos e práticos.

3.8.9.1. Adendo especial com referência ao Usucapião extrajudicial

Destacamos os requisitos necessários estabelecidos pela Lei de Registros Públicos, decorrentes do preconizado pelo Código de Processo Civil. Eis o **Art. 216-A** da Lei de Registros Públicos, trazido pelo Novo Código de Processo Civil, estabelece uma lista taxativa dos requisitos a serem preenchidos pelo requerente, senão vejamos:

I. *ata notarial lavrada pelo tabelião, atestando o tempo de posse do requerente e seus antecessores, conforme o caso e suas circunstâncias;*

II. *planta e memorial descritivo assinado por profissional legalmente habilitado, com prova de anotação de responsabilidade técnica no respectivo conselho de fiscalização profissional, e pelos titulares de direitos reais e de outros direitos registrados ou averbados na matrícula do imóvel usucapiendo e na matrícula dos imóveis confinantes;*

III. *certidões negativas dos distribuidores da comarca da situação do imóvel e do domicílio do requerente;*

IV. *justo título ou quaisquer outros documentos que demonstrem a origem, a continuidade, a natureza e o tempo da posse, tais como o pagamento dos impostos e das taxas que incidirem sobre o imóvel.*

<u>Vejamos, ponto a ponto, os requisitos trazidos pela Lei:</u> A ata notaria, que é matéria regulamentada no Art. 384, NCPC, é um instrumento público por meio do qual o tabelião atesta fato com o qual travou contato por meio de seus sentidos.

Nesse ponto, é importante destacar a **<u>diferença entre ata notarial e escritura pública</u>**. Na ata notarial, o tabelião, ou quem o represente legalmente, se desloca até o local do imóvel e atesta os fatos ali presenciados por ele. Já na escritura pública, um terceiro que visualizou os fatos, atesta para o tabelião, que colhe a manifestação e a formaliza. Portanto, o primeiro requisito é um ato do próprio tabelião.

Com relação ao **inciso II** supramencionado, este diz respeito à planta e ao memorial descritivo que deverá ser assinado por: **a)** profissional legalmente habilitado (ART); **b)** Titulares dos direitos registrados na matrícula do imóvel (aqueles a quem o imóvel pertence documentalmente); **c)** pelos titulares dos direitos registrados nas matrículas dos imóveis confrontantes, ou seja, os vizinhos.

No que se refere **ao inciso III**, tais certidões ora solicitadas servirão para demonstrar/comprovar que inexiste vínculo que possa comprometer a situação do imóvel em questão, ou seja, a

---

[267] Você conhece a ata notarial? Saiba tudo sobre essa modalidade de escritura pública – Seu Portal de Notícias. Disponível em: https://webcartoriosobradinho.com.br/. Acesso em: 6 nov. 2024.

natureza mansa e pacífica da posse. Finalmente, o **inciso IV**, se releva, por exemplo, com a comprovação de pagamentos de impostos ou de taxas que incidam sobre o imóvel, que servirão para demonstrar a continuidade da posse.[268]

De maneira bem objetiva destacamos: A simples exibição da ata notarial não é considerada suficiente para dar início ao processo. Desta forma, o reconhecimento da Usucapião deve ser requerido em petição subscrita por advogado. Assim, **no requerimento o interessado deverá seguir alguns requisitos**, vejamos: Expor os fatos que fundamentam o pedido, ou seja, o início da posse e o modo de aquisição, bem como eventuais cessões de direitos possessórios, qualificando os cedentes e mencionando a data de cada cessão; ou a sucessão *causa mortis*, qualificando o possuidor anterior e mencionando a data da abertura da sucessão; havendo vários herdeiros e sendo um deles o requerente, alegando posse exclusiva, não pode ser admitida a *sucessio possessionis*. Além disso, deverá ser observado o tempo da posse, que já deve estar completo, conforme a espécie da Usucapião. A confirmação de ser a posse justa e, quando não for presumida, a boa-fé do possuidor. Ademais, a confirmação de ser a posse mansa e pacífica, sem qualquer oposição, exercida pelo possuidor como se dono do imóvel fosse. E por fim, se for o caso, expor os fatos que justificam a redução do prazo da Usucapião.

Fundamentar juridicamente o pedido: Neste caso, o cumprimento dos requisitos anteriores autoriza o reconhecimento da Usucapião, ou seja, a menção do dispositivo de lei é desejável, mas não é essencial, bastando que a exposição dos fatos permita o enquadramento legal do pedido.

Requerimento: requerer a notificação dos interessados certos e incertos (por meio de Edital) no prazo de 15 dias; a cientificação das Fazendas Públicas (União, Estado e Município) para que, no mesmo prazo, se manifestem sobre o pedido; bem como as diligências que, a critério do Oficial, forem necessárias; além do deferimento do pedido, com o reconhecimento da Usucapião; e por fim, o registro da aquisição da propriedade pela Usucapião na matrícula do imóvel, ou na matrícula que for aberta para esse registro.

O requerimento da **Usucapião extrajudicial deverá ser necessariamente instruído com os seguintes documentos: a)** A ata notarial que conterá, necessariamente, a qualificação completa do requerente, constando estado civil, datas de eventuais casamentos e divórcios, regime de bens; eventual união estável, com data de início e, se houver, prova de adoção de regime de bens diversos da comunhão parcial; o tempo de posse do requerente e seus antecessores, conforme o caso e suas circunstâncias. Importante: Diz a lei que o notário atestará o tempo de posse, todavia, a afirmação que fizer sobre esse requisito da Usucapião não estará coberta pela fé pública. Ocorre que a conclusão sobre o tempo de posse decorrerá das provas que forem carreadas para o processo. Assim, poderão ser apresentadas mais de uma ata, ou atas específicas para determinados atos ou fatos. Essas atas poderão ter sido lavradas por notários diversos, de diferentes municípios ou comarcas. Desta feita, será desejável que constem na ata: **b)** Declarações de pessoas que possam atestar a respeito do tempo da posse do interessado e de seus antecessores; **c)** Declaração dos requerentes de que desconhecem a existência de ação possessória ou reivindicatória em trâmite envolvendo o imóvel usucapiendo; **d)** Relação dos documentos apresentados para os fins dos incisos II, III e IV, do Art. 216-A, da Lei nº 6.015/73; **e)** Planta e memorial descritivo assinado por

---

[268] Disponível em: /http://analicm.jusbrasil.com.br/artigos/516130054/usucapiao-extrajudicial-principais- duvidas-cerca-do-assunto. Acesso em: 21 ago. 2023.
Disponível em: http://analicm.jusbrasil.com.br/artigos/516130054/usucapiao-extrajudicial-principais-duvidas-cerca-do-assunto. Acesso em: 13 nov. 2024.

profissional legalmente habilitado; **f)** Prova de Anotação de Responsabilidade Técnica (A.R.T., ou R.R.T.), feita pelo profissional no respectivo conselho de fiscalização profissional (CREA ou CAU), e prova de recolhimento da taxa; **g)** Anuência, eventualmente obtida pelo requerente, dos titulares de direitos reais e de outros direitos registrados ou averbados na matrícula do imóvel usucapiendo e nas matrículas dos imóveis confinantes, mediante assinatura no memorial descritivo; **h)** Certidões negativas dos distribuidores cíveis da Justiça Estadual e da Justiça Federal, da comarca da situação do imóvel e do domicílio do requerente; **i)** Nos casos de Usucapião rural ou urbana, declaração do requerente, sob as penas da lei, de que não é proprietário de outro imóvel, rural ou urbano; **j)** No caso de Usucapião familiar, prova do abandono do lar pelo ex-cônjuge ou ex- companheiro, e de posse exclusiva; **k)** No caso de Usucapião rural, a prova de que tornou a terra produtiva; **l)** O requerimento deverá ser prenotado na apresentação, salvo se tiverem sido requeridos expressamente apenas exame e cálculo; **m)** Uma vez prenotado, o requerimento e os documentos que acompanham o procedimento da Usucapião extrajudicial deverão ser autuados, numerados e rubricados pelo Oficial ou pelo escrevente responsável, para qualificação.

Na qualificação, **<u>o Oficial verificará</u>**, entre outros cuidados: **a)** se foram apresentados todos os documentos necessários; **b)** se a ata contém os requisitos exigidos pela lei; **c)** se o requerimento permite: identificar a espécie de Usucapião; conferir o tempo e a continuidade da posse; a certeza de que a posse é justa e, quando exigível, de boa-fé, exercida com ânimo de dono; **d)** se foram identificados e qualificados todos os proprietários e titulares de direitos reais, em relação ao imóvel usucapiendo e aos imóveis confinantes; **e)** se as certidões de ações não provam a existência de ação contra o requerente ou seus antecessores, que tenha por objeto a posse do imóvel objeto do 'pedido; **f)** se o imóvel objeto do pedido é realmente o da matrícula ou transcrição indicada no requerimento; **g)** se os imóveis indicados como confinantes são realmente confinantes e se são os únicos; **h)** se a descrição do imóvel cumpre as exigências legais, inclusive em relação a eventual necessidade de georreferenciamento; **i)** se o memorial descritivo está de acordo com a planta e vice-versa; **j)** se as certidões do Registro de Imóveis estão atualizadas; **k)** se foram indicados os verdadeiros proprietários e titulares de direitos reais em relação ao imóvel objeto do pedido e aos imóveis confinantes;

Caso haja alguma irregularidade, o Oficial poderá conceder um prazo razoável para apresentação dos documentos faltantes. Após a análise de todo o procedimento, o pedido poderá ser deferido ou rejeitado, sendo este deferido, parte-se ao registro, onde o oficial: **a)** registrará em nome do requerente a Usucapião, na matrícula do imóvel, se a descrição dela constante coincidir integralmente com a do memorial descritivo; ou **b)** abrirá matrícula com base no memorial descritivo e registrará a Usucapião em nome do requerente; **c)** no caso de abrir matrícula nova, averbará na matrícula anterior o desfalque ou o encerramento, em virtude da Usucapião registrada na outra matrícula, que será identificada.[269]

Fechando este **<u>ADENDO ESPECIAL</u>**, relativo à formalização de aquisição da propriedade por meio do Usucapião extrajudicial, destacamos: "A atividade extrajudicial brasileira, por força do disposto no artigo 236 da Constituição Federal, apresenta-se como delegação do poder público, sendo exercida em caráter privado. O delegatário da atividade extrajudicial do registro de imóveis é o Oficial de Registro de Imóveis e a ele cabe a análise dos procedimentos de Usucapião

---

[269] Usucapião Urbana – Modalidades e Divergências Doutrinárias – Publicado por Taline Cristina Andreis. Disponível em: https://www.jusbrasil.com.br/artigos/usucapiao-urbana-modalidades-e-divergencias-doutrinarias/1157639676. Acesso em: 26 nov. 2023.

extrajudicial. Tal oficial será o destinatário da prova produzida, bem como deverá analisar toda a regularidade do procedimento. Assim, o oficial passa a ter um poder/dever de declarar a propriedade adquirida por Usucapião ou declarar que não se reúnem os requisitos necessários para tal modalidade de aquisição originária da propriedade. A competência dos Oficiais de Registro Público para processamento dos pedidos de Usucapião é determinada pela circunscrição imobiliária em que se situa o imóvel usucapiendo. **No direito comparado se encontram exemplos de Usucapião extrajudicial em países como Peru e Portugal, nos quais o Tabelionato de Notas é o competente para formalizar todo o título.** No Brasil, o tabelião de notas apenas confecciona a ata notarial, um dos documentos que serão apresentados ao oficial de registro de imóveis. O oficial de registro de imóveis é quem irá produzir o título a ser registrado, que é a decisão administrativa que reconhece a Usucapião."[270],[.271]

O papel desempenhado pelo notário/tabelião é primordial e, como ele tem fé pública, recebeu a incumbência de poder reconhecer o Usucapião por meio de procedimento extrajudicial. A responsabilidade do tabelião, no reconhecimento de Usucapião extrajudicial, torna-o um verdadeiro juiz, que, como tal, deve manter-se neutro no tocante a reconhecer, ou não, o direito do usucapiente. Aliás, quanto às atribuições e responsabilidades do tabelião, destacamos: "[...]. O tabelião deve estar acima dos interesses envolvidos, sendo obrigação sua proteger as partes com igualdade, dando-lhes todas as explicações necessárias e oportunas, e livrando-as com imparcialidade dos enganos que podem engendrar sua ignorância ou até mesmo uma possível presença de má-fé. Ele deve, em igual medida e com a mesma lealdade, tratar com esmero tanto o cliente habitual como o acidental; tanto o que o elege como o que o aceita; o que o paga como o que se beneficia de sua atividade sem despesa alguma. É notário das partes e de nenhuma em particular: preside as relações dos particulares, e sua posição equidista dos diversos interessados. A imparcialidade do notário reza que deve ele conduzir sua atividade com igualdade e equidistância no tratamento com todas as partes envolvidas no ato jurídico. Importa aqui ressalvar que o notário não defende seus clientes, como o faz o advogado, mas defende, sim, o ato jurídico a ser praticado e a correção deste, de acordo com o ordenamento jurídico, devendo por isso o notário ser imparcial e orientar igualmente a todos os envolvidos no ato que se realiza, tanto a parte que o elegeu quanto os demais envolvidos no ato notarial. A imparcialidade notarial não significa apenas tratar a todos igualmente, mas sim tratar igualmente os iguais e desigualmente os desiguais, buscando equiparar de alguma forma a relação jurídica. Assim, se houver uma parte hipossuficiente na relação, deve o notário dispensar maior preocupação com esta, orientando-a e atendendo-a com muito mais afinco, a fim de tentar tornar a relação jurídica o mais equânime possível. Por conta dessas características da função notarial, o notário é um profissional do Direito que não se confunde com qualquer outro.

---

[270] Disponível em: https://www.jusbrasil.com.br/artigos/os-10-atos-do-rito-comum-do-cpc/615419713. Acesso em: 13 nov. 2024.

[271] "O processo da usucapião extrajudicial é processo de natureza administrativa, e não jurisdicional. Todavia, a revisão jurisdicional será sempre possível, ou seja, a qualquer tempo a questão -poderá ser levada ao poder judiciário, que poderá reformar a decisão do âmbito administrativo. Mesmo motivo faz com que a usucapião extrajudicial não induza em litispendência ou faça coisa julgada [Art. 337, incs. VI e VII, do CPC de 2015 e Art. 301, incs. V e VI, do CPC de 1973 e], que são qualidades da jurisdição [...] Ademais, o processo extrajudicial da usucapião será administrativo e será presidido pelo Oficial do Registro de Imóveis, autoridade administrativa, que irá analisar o conjunto probatório, deferindo ou denegando o pedido ao final. Contudo, o Registrador deverá ater-se a questões administrativas, não podendo analisar questões jurídicas [...]. Como procedimento administrativo que é, deve o Oficial de Registro ater-se a lei na sua condução, decidindo as questões procedimentais e de mérito pertinente, mas não tendo atribuição para analisar questões jurídicas que ultrapassem a possibilidade de um processo administrativo, tal como a alegação de inconstitucionalidade do instituto, ou a necessidade de alguma medida de tutela provisória [Art. 301, do CPC de 2015 e Art. 273, do CPC de 1973] [...]".
Disponível https://www.pucrs.br/direito/wp-content/uploads/sites/11/2016/09/isadora_braga_2016_1.pdf ADESJUDICIALIZAÇÃO DO PROCESSO DE USUCAPIÃO DA PROPRIEDADE IMOBILIÁRIA PELA VIA EXTRA JUDICIAL – Isadora Jullie Gomes Braga. Acesso em: 17 nov. 2024.

Tem ele o dever de qualificar juridicamente os atos jurídicos que se lhe apresentam, bem como de atuar de maneira imparcial perante as partes bem assim a terceiros, buscando sempre acautelar direitos subjetivos, garantindo a segurança jurídica e a profilaxia jurídica, iluminado pela fé pública notarial. E nisto o notário é essencial e insubstituível, não se confundindo com qualquer outro profissional do Direito. Somente ele atua na esfera do desenvolvimento gracioso do Direito, de maneira cautelar, com as características das quais é dotado. [...] O tabelião deve estar acima dos interesses envolvidos, sendo obrigação sua proteger as partes com igualdade, dando-lhes todas as explicações necessárias e oportunas, e livrando-as com imparcialidade dos enganos que podem engendrar sua ignorância ou até mesmo uma possível presença de má-fé. Ele deve, em igual medida e com a mesma lealdade, tratar com esmero tanto o cliente habitual como o acidental; tanto o que o elege como o que o aceita; o que o paga como o que se beneficia de sua atividade sem despesa alguma. É notário das partes e de nenhuma em particular: preside as relações dos particulares, e sua posição equidista dos diversos interessados. A imparcialidade do notário reza que deve ele conduzir sua atividade com igualdade e equidistância no tratamento com todas as partes envolvidas no ato jurídico. [...], devendo por isso o notário ser imparcial e orientar igualmente a todos os envolvidos no ato que se realiza, tanto a parte que o elegeu quanto os demais envolvidos no ato notarial. A imparcialidade notarial não significa apenas tratar a todos igualmente, mas sim tratar igualmente os iguais e desigualmente os desiguais, buscando equiparar de alguma forma a relação jurídica. [...] Neste tocante, a atuação notarial tem a importante função de nivelar, na medida do possível, materialmente as partes, igualmente formais, mas em essência desiguais. Assim, a parte materialmente débil receberá tutela jurídica mediante intervenção notarial, que lhe prestará assessoramento e atenção especiais, minimizando o degrau material existente.[...]"[272].

3.8.10. Aplicação do Usucapião no Direito estrangeiro (Direito Comparado)

Aplicação do instituto do Usucapião no Direito estrangeiro (Direito Comparado): Assim como destacamos a proteção que a posse goza no direito estrangeiro – Direito Comparado (como consta do **CAPÍTULO V, tópico 5.2.3.1**) –, apontamos agora o **disciplinamento do instituto do Usucapião no Direito Comparado**. A matéria recebe tratamento por todos os Códigos Civis e Processuais da América do Sul, da América Central, da América do Norte, como é o caso dos Estados Unidos da América e do **México**; no Direito europeu, notadamente em Portugal, também a matéria recebe a devida proteção legal, esta também encontrada na Ásia, como é o caso de Macau. Dito isto, apresentamos uma explanação/análise bem pontual, assim o consulente terá uma visão geral das normas legais de vários países sobre o disciplinamento e a aplicação do instituto do Usucapião.

3.8.10.1. Disciplinamento do instituto do Usucapião pelo Direito de Portugal

No Direito Comparado de Portugal, o instituto do Usucapião tem grande semelhança com o tratamento que é dado pelo direito brasileiro, de modo que destacamos, com mais profundidade, como ele recebe tratamento pelo Código Civil de Portugal (registrando uma breve passagem histórica sobre a influência do Direito Canônico[273]) sobre a aquisição da propriedade com fun-

---

[272] BRANDELLI, Leonardo. A função notarial na atualidade. *Revista de Direito Imobiliário*, São Paulo (Ed. RT), ano 39, v. 80. p. 55-78, jan./jun. 2016.

[273] "O direito canónico seguiu o direito romano, mas exigiu que o possuidor estivesse de boa-fé, porque lhe pareceu ofensivo da moral que pudesse adquirir a propriedade de uma coisa sabendo, ou pelo menos desconfiando, que não lhe pertencia; e determinou que a boa-fé devia existir não só no início, mas também durante todo o tempo da posse.

damento na posse de longa duração. "Por outras palavras, tem o direito de invocar a Usucapião quem tenha sido possuidor de uma coisa durante um longo período, tornando-se proprietário ao fazê-lo. Através da Usucapião, a «propriedade diminuída» que é a posse transforma-se em propriedade plena ou, noutra maneira de ver a coisa, a mera «relação de facto» com uma coisa transforma-se numa «relação de direito». O tempo necessário à Usucapião varia, sobretudo, com o tipo de coisa — menos tempo, no caso de coisas móveis, mais no caso de imóveis — e com a boa ou má fé do possuidor ao tempo em que adquiriu a posse. Assim, o Código Civil determina que «a Usucapião de coisas [móveis] não sujeitas a registo dá-se quando a posse, de boa fé e fundada em justo título, tiver durado três anos» (Art. 1299.º) e que «a Usucapião [de imóveis] só pode dar-se no termo de [...] de vinte anos, se for de má fé» (Art. 1296.º). Estar de má fé no momento da aquisição da posse é saber que o bem possuído pertence a outra pessoa, ou só por negligência não o saber. Estar de boa fé é julgar, com boas razões para isso, que o bem possuído pertence ao possuidor. Note-se que a lei portuguesa permite a Usucapião mesmo ao possuidor de má fé, embora exija um tempo maior para que o efeito se produza. Para haver Usucapião tem é de haver verdadeira posse, e não «mera detenção». Por exemplo, o inquilino de uma casa, ou quem habite uma casa que lhe foi emprestada, não se torna proprietário dela ao fim de 20 anos, pois é um mero detentor. A sua relação com o proprietário mantém-se segundo uma regra própria — o arrendamento ou o comodato (empréstimo) — que desqualifica o detentor como potencial proprietário". [274]-[275]

3.8.10.1.1. Destaques do Código Civil português sobre o instituto do Usucapião

Artigo 1290.º - **(Usucapião em caso de detenção).** Os detentores ou possuidores precários não podem adquirir para si, por Usucapião, o direito possuído, excepto achando-se invertido o título da posse; mas, neste caso, o tempo necessário para a Usucapião só começa a correr desde a inversão do título.

Artigo 1291.º - **(Usucapião por compossuidor).** A Usucapião por um compossuidor relativamente ao objecto da posse comum aproveita igualmente aos demais compossuidores.

Artigo 1292.º - **(Aplicação das regras da prescrição).** São aplicáveis à Usucapião, com as necessárias adaptações, as disposições relativas à suspensão e interrupção da prescrição, bem como o preceituado nos artigos 300.º, 302.º, 303.º e 305.º

As nossas Ordenações acolheram a orientação do direito canónico. Com a devida vénia, transcrevemos: Ordenações Afonsinas (II,9,1): "E acontecendo que, acerca de tal caso as leis Imperiais sejam contrárias aos cânones, mandamos que assim nas coisas temporais como espirituais, se guardem os cânones, se o caso for tal que guardando as leis Imperiais traga pecado; pode-se pôr exemplo no possuidor de má fé que, segundo as leis Imperiais, por trinta anos possuindo sem título, prescreve a coisa alheia, e segundo o Direito canónico o possuidor de má fé não pode prescrever por nenhum tempo; se, em tal caso, se guardassem as leis Imperiais, guardando-as, necessariamente traria pecado ao possuidor, o que não devemos consentir, maiormente que em tal caso devemos necessariamente obediência ao Padre santo e à santa Igreja, de que os cânones procedem, a qual não devemos em nenhum caso aos Imperadores, de que as leis Imperiais procedem [...] e no caso temporal, que a guarda das leis Imperiais não traga pecado, elas devem ser guardadas, não embargante que os cânones sejam em contrária disposição". Ordenações Manuelinas (II,5pr.): "[...] E quando o caso de que se trata não for determinado por lei, Estilo ou costume do Reino, mandamos que seja julgado, sendo matéria que traga pecado, pelos santos cânones; e sendo matéria que não traga pecado, mandamos que seja julgado pelas leis Imperiais, posto que os sacros cânones determinem o contrário, as quais leis Imperiais mandamos somente guardar pela boa razão em que são fundadas. As Ordenações Filipinas repetem literalmente esta disposição. "In: https://www.conjur.com.br/2011-jun-29/direito-economico-eua-dita-regras-direito – propriedade/ Autor: Arnaldo Sampaio de Moraes Godoy. Acesso em: 23 nov. 2023.

[274] Disponível em https://diariodarepublica.pt/dr/lexionario/termo/usucapiao: Acesso em: 6 nov. 2024.

[275] NOTA: Destaques do Código Civil Português sobre o instituto do usucapião. Disponível em: https://diariodarepublica.pt/dr/legislacao-consolidada/decreto-lei/1966-34509075. Acesso em: 6 nov. 2024.

(Secção II - **Usucapião de imóveis):** Artigo 1293.º - **(Direitos excluídos).** Não podem adquirir-se por Usucapião: a) As servidões prediais não aparentes; b) Os direitos de uso e de habitação.

Artigo 1294.º - **(Justo título e registo).** Havendo título de aquisição e registo deste, a Usucapião tem lugar: a) Quando a posse, sendo de boa fé, tiver durado por dez anos, contados desde a data do registo; b) Quando a posse, ainda que de má fé, houver durado quinze anos, contados da mesma data.

Artigo 1295.º- **(Registo da mera posse).** 1. Não havendo registo do título de aquisição, mas registo da mera posse, a Usucapião tem lugar: a) Se a posse tiver continuado por cinco anos, contados desde a data do registo, e for de boa fé; b) Se a posse tiver continuado por dez anos, a contar da mesma data, ainda que não seja de boa fé. 2 - A mera posse só é registada em vista de decisão final proferida em processo de justificação, nos termos da lei registral, na qual se reconheça que o possuidor tem possuído pacífica e publicamente por tempo não inferior a cinco anos.

(Alterado pelo/a Artigo 1.º do/a <u>Decreto-Lei n.º 273/2001 - Diário da República n.º 238/2001, Série I-A de 2001-10-13</u>, em vigor a partir de 2002-01-01).

Artigo 1296.º - **(Falta de registo).** Não havendo registo do título nem da mera posse, a Usucapião só pode dar-se no termo de quinze anos, se a posse for de boa fé, e de vinte anos, se for de má fé.

Artigo 1297.º - **(Posse violenta ou oculta).** Se a posse tiver sido constituída com violência ou tomada ocultamente, os prazos da Usucapião só começam a contar-se desde que cesse a violência ou a posse se torne pública.

(Secção III - **Usucapião de móveis).** Artigo 1298.º - **(Coisas sujeitas a registo).** Os direitos reais sobre coisas móveis sujeitas a registo adquirem-se por Usucapião, nos termos seguintes: a) Havendo título de aquisição e registo deste, quando a posse tiver durado dois anos, estando o possuidor de boa fé, ou quatro anos, se estiver de má fé; b) Não havendo registo, quando a posse tiver durado dez anos, independentemente da boa fé do possuidor e da existência de título.

Artigo 1299.º- **(Coisas não sujeitas a registo).** A Usucapião de coisas não sujeitas a registo dá-se quando a posse, de boa fé e fundada em justo título, tiver durado três anos, ou quando, independentemente da boa fé e de título, tiver durado seis anos.

Artigo 1300.º - **(Posse violenta ou oculta).** 1. É aplicável à Usucapião de móveis o disposto no artigo 1297.º 2. Se, porém, a coisa possuída passar a terceiro de boa fé antes da cessação da violência ou da publicidade da posse, pode o interessado adquirir direitos sobre ela passados quatro anos desde a constituição da sua posse, se esta for titulada, ou sete, na falta de título.

3.8.10.2. Disciplinamento do instituto do Usucapião pelo Direito dos Estados Unidos da América – USA

No Direito Comparado dos Estados Unidos da América (USA), existe o Usucapião como forma de adquirir a propriedade, só que cada Estado americano pode ter regras próprias para reconhecer este direito. De forma bem pontual, mais para fins de conhecimento, destacamos: **(a) Modalidade de aquisição de propriedade imóvel pela prescrição aquisitiva):** "A *adverse possession* é modalidade aquisitiva de propriedade real cujos contornos lembram a Usucapião da tradição jurídica de base romana. A posse do interessado deve provar-se real, hostil aos interesses do proprietário, pública, notória e contínua, por quinze a vinte anos, dependendo de regulamentação específica. Além disso, como regra geral, nenhum ato específico indicativo de posse é requisito legal. **[b) A aquisição não se dá em razão das modalidades seguida pelos Países que seguem e aplicam o *Civil Law*]**: Qualquer atividade na propriedade pode conduzir à posse adversa (Usucapião) se indicativas de qualidades específicas. Entretanto, em alguns estados exige-se que o detentor interessado pague todos os impostos devidos em relação à propriedade".[276]

3.8.10.3. Disciplinamento do instituto do Usucapião pelo Direito da Itália

No Direito Comparado da Itália, temos, num apanhado de ordem geral que dará uma compreensão do tratamento da matéria por meio do Ordenamento Jurídico da Itália, a compactação a seguir, que ordenamos em tópicos próprios:

a. **Regulagem da matéria**: "O Código Civil Italiano regula a matéria da Usucapião, em seu livro Terceiro, intitulado *"Della Proprietà, Sezione III"*, em seus artigos 1.158 até o 1.167. A primeira parte disciplinada é sobre a Usucapião de bens imóveis e direitos imobiliários, quando dispõe: *"proprietà dei beni immobili e gli altri diritti reali di godimento sui beni medesimi si acquistano in virtù del possesso continuato per venti anni"* (Codice Civile Italiano, 1988).

b. **Prescrição aquisitiva**: Esse prazo de 20 anos constitui a *praescriptio longissimi temporis* do sistema italiano, uma vez que não existem prazos diferenciados para a prescrição aquisitiva da propriedade e de outros direitos reais. Agora, na situação do possuidor ter adquirido a propriedade ou um direito real de outro proprietário putativo (*a non domino*), estando de boa-fé, o prazo será reduzido para 10 anos. *Colui che acquista in buona fede (1.147) da chi non è proprietà un immobile, in forza di un titolo che sia idoneo a trasferire la proprietà e che sia stato debitamente trascritto (2.643 e seguinti), in compie l'usucapione in suo favore col decorso di dieci anni dalla data di trascrizione. La stessa dispozione si applica nel caso di acquisto degli altri diritti reali di godimento sopra un immobile.* [277]

c. **Propriedade rural e prazo para usucapir**: Há previsão legal para a Usucapião de pequena propriedade rural: Art. 1.159-bis *"La proprietà dei fondi rustici con annessi fabbricati situati in continuato per quindici anni"*.[278] O procedimento desse tipo de usucapir é regulado pela Lei 346, de 10.5.1976 (*usucapione speciale per la piccola proprietà rurale*). O prazo da Usucapião da pequena propriedade rural no sistema italiano é o mesmo do sistema brasileiro.

d. **Usucapião sobre bens móveis**: O Direito italiano traz a possibilidade do Usucapião da universalidade de bens móveis, sem qualquer registro; se ausente a boa-fé, o prazo será de 20 anos, e prevista a boa-fé, o prazo diminui para 10 anos. Caso o bem esteja regis-

---

[276] Disponível em: https://www.conjur.com.br/2011-jun-29/direito-economico-eua-dita-regras-direito – propriedade/ – Autor: Arnaldo Sampaio de Moraes Godoy. Acesso em: 7 nov. 2024.

[277] (Tradução livre): Quem adquirir de boa-fé um imóvel (1.147) a um não proprietário, em virtude de um título apto à transmissão de propriedade e devidamente registado (2.643 e seguintes), pratica a usucapião a seu favor com dez anos a partir da data do registro. A mesma disposição aplica-se no caso de aquisição de outros direitos reais de gozo sobre um imóvel.

[278] A titularidade do terreno rústico com edifícios anexos localizados de forma contínua há quinze anos.

trado e tenha sido adquirido *a non domino*, com boa-fé, opera-se a prescrição em três anos; caso contrário, em 10 anos, previsão do artigo 1.160".[279]

3.8.10.4. Disciplinamento do instituto do Usucapião pelo Direito da Argentina

No Direito Comparado da Argentina, temos o tratamento sobre o instituto do Usucapião, sendo que de plano apontamos, em relação ao que deve ser observado para possibilitar a utilização do Usucapião: **a)** *Ante todo, debe poseerse Ia cosa a título de dueño. Esto significa que si se detenta Ia cosa a simple título de tenedor, reconociendo en otro el derecho de dominio, Ia posesión no es hábil para usucapir.* **b)** *En segundo lugar, Ia posesión debe ser continua, no interrumpida. Por posesión continua debe entenderse aquella que importa el ejercicio normal de los derechos deI propietario, lo que, claro está, no significa Ia necesidad de ejercer ininterrumpidamente actos de posesión. De lo que se trata, repetimos, es de comportarse respecto de Ia cosa como lo hace normalmente el propietario.* **c)** *Por último, según Ia opinión dominante, Ia posesión debe ser pública y de Ia posesión para Ia USUCAPION. Sin embargo, es necesario reconocer que eI requisito de que Ia posesión sea pública es plenamente lógico, porque lo que verdaderamente caracteriza eI ejercicio deI derecho de propiedad es su ejercicio público erga omnes. Apenas se puede concebir una posesión no ejercida públicamente, sobre todo en materia de nmuebles. Por lo demás, el poseedor que oculta Ia posesión hace imposible que tos interesados conozcan ta pretensión que tiene sobre el bien y, por lo tanto, están excusados de no haberse opuesto.*[280]:

Relacionado à questão de objeto hábil, constata-se a existência de uma diferença marcante entre o Direito Brasileiro e o argentino. Enquanto, no Brasil, não se admite usucapir o patrimônio privado do Estado, na Argentina é permitido: *Em cuanto a los bienes del domínio privado del Estado, ellos son susceptibles de USUCAPION como cualquier otro bien particular (Art. 3951); sin embargo, hay que hacer la salvedad de los bienes urbanos o rurales Del Estado nacional, provincial o municipal situados dentro de los limites de zonas de seguridad. Los cuales no pueden adquirerse por USUCAPION, conforme con lo dispuesto por la ley 22.153.*

No sistema ordenamento argentino, diz-se que *Los sujetos de Ia USUCAPION son dos: el que adquiere el derecho, llamado prescribiente o usucapiente; y el que lo pierde, que no es otro que el propietario de Ia cosa prescripta.* Segundo a linha de pensamento de Márcia Scherer, a regra está dada pelo Art. 3.950 do Código Civil argentino, que dispõe: *Todos los que pueden adquirir pueden prescribir.* Assim, em princípio[281], toda pessoa física ou jurídica pode ser sujeito ativo do Usucapião sempre que tenha capacidade. Nesse sentido, o Código Civil Argentino, Art. 3952, observa a mesma linha doutrinária, ao mencionar que *Pueden prescribirse todas las cosas cuyo domínio o posesión puede ser objeto de una adquisición.* Em nota ao citado artigo, o doutrinador Velez Sarsfield assim se mani-

---

[279] A USUCAPIÃO CONJUGAL COMO RECONHECIMENTO DA FUNÇÃO SOCIAL DA PROPRIEDADE E SUA RECEPÇÃO NO DIREITO COMPARADO – Maria Arleide Maciel Queiroz. https://revistathemis.tjce.jus.br/THEMIS/ Acesso em: 14 nov. 2024.

[280] (Tradução livre): a) Em primeiro lugar, a coisa deve ser possuída como se dono fosse. Isso significa dizer que, se a coisa for mantida simplesmente como precária, onde o reconhece em outro o direito de propriedade, a posse não é idônea ao usucapir. b) Em segundo lugar, a posse deve ser contínua e não interrompida. A posse continuada deve ser entendida como aquela que envolve o exercício normal dos direitos do titular, o que, evidentemente, não significa a necessidade de exercer ininterruptamente atos de posse. Trata-se, repetimos, de se comportar em relação à coisa, como o proprietário normalmente o faz. c) Por fim, segundo a opinião dominante, a posse deve ser pública e ser para Usucapião. Contudo, é necessário reconhecer que a exigência de que a posse seja pública é completamente lógica, porque o que verdadeiramente caracteriza o exercício do direito de propriedade é o seu exercício público *erga omnes*. A posse que não é exercida publicamente dificilmente pode ser concebida, especialmente em questões de propriedade pessoal. Além disso, o possuidor que oculta a posse impossibilita que os interessados conheçam o direito que têm sobre o imóvel e, portanto, ficam impedidos de terem se oposto.

[281] NOTA: Optamos em apresentar os Artigos e, pontualmente, citações, sem tradução.

festa: "3952. Cód. de Áustria, Art. 1455. El Cód. francês, art, 2226, declara que no puede prescribirse el dominio de Ias cosas que no están en el comercio. TROPLONG, en el comentário de dicho artículo, dice: "Hay cosas que son imprescriptibles por si misrnas, otras que i son sino por razón de su destino, y otras por razón de Ias personas que ias poseen. La cosas imprescriptibles por si mismas, son aquellas que por destino natural pertenecen a todo el mundo, y no son susceptibies de apropiacion privada, como Ia mar, la libertad del hombre, etc. Lãs cosas imprescriptibles por razón de su destino, son aquellas que por si mismas admiten Ia propiedad privada; pêro que un destino accidental están retiradas del comercio y afectas al uso público, como los caminos, las calles, etc. Mientras estas i conservan afectas al servido público, permanecen imprescriptibles; mas como su destino e por el hecho del hombre que lo har puede tambien el hombre destruirlo. Lãs cosas que no son prescriptibles por razón de Ias personas que Ias poseen, son Ias que pertenecen a personas privilegiadas, contra Ias cuales no corre Ia prescripción. En tal caso, solo hay una suspensión temporal de Ia prescrípción Guando el privilegio Cess y ia persona entra en el derecho común, Ia prescripción sigue su curso y continua su acción".

Relacionado à questão do objeto útil, confirma-se que há uma diferença marcante entre o Direito brasileiro e o argentino. Contudo, no Brasil, não é admitido usucapir da propriedade privada do Estado. Na Argentina é permitido, assim os bens de domínio privado do Estado são suscetíveis de Usucapião como qualquer outra propriedade privada (Art. 3.951. *El Estado general o Provincial, y todas las personas jurídicas están sometidas a las mismas prescripción que los particulares, en cuanto a sus bienes o derechos susceptibles de ser propiedad privada; y pueden igualmente oponer la prescripción*); no entanto, como exceções, estão os bens urbanos ou rurais do Estado nacional, provincial ou municipal situados dentro dos limites das zonas de segurança, que não pode ser adquirida por Usucapião, nos termos da Lei 22.153.

No ordenamento jurídico argentino dois são os sujeitos do Usucapião: aquele que adquire o direito, denominado prescribente ou usucapiente e aquele que o perde, no caso o dono da coisa prescrita. A regra é dada pelo Art. 3.950 do Código Civil Argentino, onde desponta: *Todos los que pueden adquirir pueden prescribir.* (*Todo aquele que pode adquirir pode prescrever,* ou seja: pode ser atingido pela prescrição). Assim, em princípio, toda pessoa física ou jurídica pode estar sujeita ao Usucapião, cumprida as formalidades legais. Por sua vez o Art. 3.952, do Código Civil Argentino, estabelece: *Pueden prescribirse todas las cosas cuyo dominio o posesión puede ser objeto de una adquisición.* Deste modo, o domínio das coisas fora do comércio não podem dar margem ao Usucapião e assim é porque não são passíveis de prescrição.

O Código Civil Argentino – Lei 340 de 25 de setembro de 1869, com a sua reforma mais importante na Lei n.º 17.711, de <u>22 de abril</u> de <u>1968</u> -– arrola as formas de aquisição do domínio no seu Art. 2.524, sendo que essa se aplica tanto para os bens imóveis e móveis:

Art. 2.524. *El dominio se adquiere*: 1° *Por la apropiación*; 2° *Por la especificación*; 3° *Por la accesión*; 4° *Por la tradición*; 5° *Por la percepción de los frutos*; 6° *Por la sucesión en los derechos del propietario*; 7° *Por la prescripción.*

Essas formas de aquisição de domínio têm seu artigo disciplinador inscrito no Título V do Livro III: "Los Derechos Reales". Consta do Livro IV "De los Derechos Reales Y Personales", na sua "Seccion Tercera – De la Adquisicion y perdida de los Derechos Reales y Personales por el transcurso del Tiempo". A prescrição aquisitiva da propriedade pelo possuidor está no Título I deste Livro que determina de forma geral o instituto da prescrição "De la prescripción de las cosas y de las acciones en general". Sendo assim, descreve: Art. 3.948. La prescripción para adquirir, es un derecho por el cual el poseedor de una cosa inmueble, adquiere la propiedad de ella por la continuación de la posesión, durante el tiempo fijado por la ley.

O Direito argentino consagra duas espécies de Usucapião: o ordinário e o extraordinário, conforme estão determinados nos seus artigos 3.999 e 4.015:

Art. 3.999. *El que adquiere un inmueble con buena fe y justo título prescribe la propiedad por la posesión continua de diez años.*

Art. 4.015. *Prescríbese también la propiedad de cosas inmuebles y demás derechos reales por la posesión continua de veinte años, con ánimo de tener la cosa para sí, sin necesidad de título y buena fe por parte del poseedor, salvo lo dispuesto respecto a las servidumbres para cuya prescripción se necesita título.*

Observa-se que a prescrição aquisitiva de propriedade de bens imóveis e móveis na Codificação civilista argentina não recebe tratamento especial, estando inscrita no Título I, que descreve toda a generalidade das prescrições de direitos.

A Argentina segue, então, "a teoria monista da prescrição adotada pelo Código francês na sua compilação [...]. Como se sabe, a compilação francesa foi forte inspiradora da codificação civil argentina."[282]

3.8.10.5. Disciplinamento do instituto do Usucapião pelo Direito da Alemanha

No Direito Comparado da Alemanha, destacamos, por meio de intervenções bem pontuais, o tratamento dado sobre o instituto do Usucapião: **a) Modalidades de Usucapião e prazos relativos a prescrição aquisitiva):** "O § 195 do código alemão, estabelece um prazo de 03 anos para a Usucapião ordinária, no anterior, esse prazo era de 30 anos. Reforça-se mais uma vez a tese do encurtamento dos prazos, nos ordenamentos jurídicos, para a prescrição aquisitiva da propriedade. [...] O BGB (Bürgerliches Gesertzbuch) estabelece nos artigos 903 até 924 sobre o conteúdo da propriedade. Os artigos 900, 927 e 937 dispõem sobre a aquisição e perda da propriedade, regulando a matéria relativa à prescrição aquisitiva. **[b) Vicio do registro e prazo prescricional]:** Precisamente, o artigo 900 regula a Usucapião para aquelas hipóteses em que a transcrição no registro é viciada pela causa do negócio jurídico. É que o titular do direito de propriedade que se mantém inerte por 30 anos e não contesta a inscrição do registro, o qual revela negócio viciado, perde a propriedade. Agora, para que tal fato ocorra é necessário que o interessado, o prescribente, interponha o pedido da Usucapião, dispensados, nessa hipótese, a boa fé ou o justo título de aquisição válida. Melhor esclarecendo, a pessoa que está inscrita no registro como proprietária de um terreno, sem ter obtido a propriedade, adquire a propriedade se a inscrição tiver permanecido por mais de trinta anos e se conservou durante este período a posse como se dona fosse. O período de trinta anos se computa da mesma forma que a Usucapião para adquirir bens móveis. O curso do prazo suspende-se quando é realizado um assento de contradição contra a exatidão da inscrição no Registro. Essa modalidade de Usucapião pode ser comparada com a do ordenamento jurídico brasileiro, com previsão no artigo 1.242, parágrafo único do Código Civil Brasileiro). **[c Usucapião de coisa móvel e prazo]:** O artigo 937 do diploma alemão reza sobre a posse de coisa móvel, admitindo quem tem a posse de uma coisa móvel, como dono, durante 10 (dez) anos, adquire a

---

[282] Disponível em: https://www.conteudojuridico.com.br/consulta/Artigos/45451/direito-comparado-brasil-e-argentina-usucapiao-e-prescricao-aquisitiva. In: Direito comparado: Brasil e Argentina – usucapião e prescrição aquisitiva – MÁRCIA SCHERER. Acesso em: 18 nov. 2024.

propriedade. Exclui-se a Usucapião se o adquirente não está de boa fé, ou se descobre que a coisa não era passível de apropriação."[283]

3.8.10.6. Disciplinamento do instituto do Usucapião pelo Direito da Espanha

No Direito Comparado da Espanha, destacamos alguns pontos sobre aspectos relativos ao Usucapião: **(a) Prescrição aquisitiva e tempo para usucapir:** "No direito espanhol, o Código Civil trata as prescrições aquisitiva e extintiva em conjunto (arts. 1.930 a 1.939) e a capacidade para usucapir condiciona a aquisição de bens e direitos pela prescrição à capacidade jurídica do sujeito ativo (Art. 1.931). Não há restrição ao bem objeto da Usucapião (Art. 1.936). **(b) Espécies de Usucapião]:** Há duas espécies previstas: **(b.a) Ordinária** (Art. 1.940) com justo título e boa-fé e lapso temporal de 10 anos entre presentes e 20 anos entre ausentes (Art. 1.940 e 1.957); e **(b.b) Extraordinária**, onde não há necessidade de justo título e boa-fé, com lapso temporal de 30 anos entre presentes e ausentes (Art. 1.959)."[284]

3.8.10.7. Disciplinamento do instituto do Usucapião pelo Direito da França

No Direito Comparado da França, apontamos, com mínima intervenção na matéria, aspectos gerais sobre o tratamento dado pelo Ordenamento Jurídico da França em relação ao Usucapião: **[a) Tratamento concernente sobre posse e prescrição]:** "[...]. Direito Francês diferentemente do Código Civil Brasileiro e o da Alemanha, o Código Civil Francês, até 2008, sob a égide da lei 1975-596, de 9.7.1975, conferia tratamento unificado para a disciplina da posse e da prescrição. Essa unificação justificava-se, ainda como reflexo nas fontes romanas do período [*Art. 2229 Para poder prescrever, é preciso ter posse contínua e ininterrupta, pacífica, pública e inequívoca, e na qualidade de proprietário*] justinianeu, no qual a *usucapio* e *praescriptio* foram unificadas. Em 17 de junho de 2008, a citada lei foi modificada pela lei 2008-561, que dissociou o tratamento da prescrição extintiva no artigo 2.219 [*Art. 2219 A prescrição é uma forma de adquirir ou de se desonerar ao final de um determinado tempo e sujeito* às *condições determinadas por lei.*] e no artigo 2.260 [*Art. 2260 A prescrição é contada por dias e não por Horas*]. Na legislação francesa, assim como na brasileira, alemã, como regra geral, o principal elemento da Usucapião é a posse com *animus domini*, o justo título e a boa fé**. [b) Bens públicos não são passíveis de Usucapião]:** Ressalte-se a impossibilidade também da Usucapião sobre bens públicos, bens inalienáveis e bens pertencentes ao patrimônio histórico e a propriedade literária. Diferentemente do Ordenamento Jurídico Brasileiro, a Corte de Cassação Francesa, reconhece a proteção da posse a bens imateriais.[...]. Em se tratando de aquisição sobre bens móveis, o possuidor adquire instantaneamente a propriedade."[285]

3.8.10.8. Disciplinamento do instituto do Usucapião pelo Direito de Honduras

No Direito Comparado de Honduras, antes de tecer considerações de forma específica sobre o instituto do Usucapião no Direito hondurenho, registramos, em face da relevância matéria – que,

---

[283] MARA LUCIA GUIMARÃES CARDOSO USUCAPIÃO FAMILIAR: a intervenção das políticas públicas nas relações privadas familiares com a discussão da conjugalidade originada no programa de governo Minha Casa Minha Vida – PMCMV. https://repositorio.uniceub.br/jspui/bitstream/235/12085/1/61101099.pdf. Acesso em: 14 nov. 2024.

[284] *Idem.*

[285] *Idem.*

também, reflete de forma direta, no Usucapião – que, diferentemente do Brasil e praticamente todos os países que estão no rol deste estudo do Direito Comparado em matéria alusiva à POSSE e às AÇÕES POSSESSÓRIAS –, que os direitos de propriedade fazem parte de disciplinamento próprio, funciona como se fosse um "Código de Propriedade", que, na verdade, se denomina **LEY DE PROPIEDAD**.

Embora o apontado no parágrafo anterior, gizamos que, em parte, a Lei Hondurenha de Propriedade tem traços semelhantes aos da **Lei n.º 6.015, de 31 de dezembro de 1973 (Lei de Registros Públicos),** inclusive no que diz respeito ao Usucapião extrajudicial. De lembrar, ainda, que o Brasil tem **Lei n.º 4.504, de 30 de novembro de 1964 (Estatuto da Terra)**, e outras Leis e Decretos que tratam sobre a propriedade, mas não na forma como preconizada pela LEI DE PROPRIEDADE **(LEY DE PROPIEDAD HONDURENHA).**

3.8.10.8.1. Pontos de destaques da Lei de Propriedade de Honduras

(TÍTULO I – DISPOSICIONES GENERALES – CAPITULO ÚNICO – PROPOSITOS Y OBJETIVOS).

(TÍTULO I – DISPOSIÇÕES GERAIS – CAPÍTULO ÚNICO – FINS E OBJETIVOS).

ARTÍCULO 1. – *La presente Ley tiene como propósito fortalecer y otorgar seguridad jurídica a los titulares de la propiedad, desarrollar y ejecutar una política nacional que permita la inversión nacional y extranjera y el acceso a la propiedad por parte de todos los sectores de la sociedad.*

Sus disposiciones son de orden público.[286]

ARTÍCULO 2. – *Las disposiciones de esta Ley comprenden la propiedad mueble, inmueble, mercantil, intelectual, derechos reales y otros derechos con el propósito de hacer expedito, efectivo, transparente y equitativo todos los negocios jurídicos relativos.* [287]

ARTÍCULO 3. – *Son objetivos de la presente Ley:*

1. *Integrar y coordinar regulaciones, entidades políticas y procedimientos relativos a la propiedad orientada al desarrollo de la persona humana y la sociedad.*

2. *Aplicar instrumentos jurídicos, administrativos y tecnológicos avanzados que garanticen la seguridad, transparencia y reducción de los costos y tiempos para las transacciones registrables y de los procedimientos administrativos.*

3. *Asegurar el reconocimiento y protección de los derechos de propiedad privada, municipal y nacional, promover su regularización y facilitar la realización de todo tipo de actos y negocios jurídicos.*

4. *Promover la solución legal y expedita de los conflictos relativos a la propiedad sobre la misma:*

5. *Propiciar el acceso de las personas a la propiedad segura, y,*

6. *regularizar la propiedad raíz a la población.*[288]

---

[286] (Tradução livre): *ARTIGO 1. – O objetivo desta Lei é fortalecer e proporcionar segurança jurídica aos proprietários, desenvolver e executar uma política nacional que permita o investimento nacional e estrangeiro e o acesso à propriedade por todos os setores da sociedade.*
Suas disposições são de ordem pública.

[287] (Tradução livre): *Artigo 2. – As disposições desta Lei compreendem bens móveis, imóveis, comerciais, de propriedade intelectual, direitos reais e outros direitos com a finalidade de tornar céleres, eficazes, transparentes e equitativos todos os negócios jurídicos correlatos.*

[288] (Tradução livre): *ARTIGO 3. – Os objetivos desta Lei são:*
1. Integrar e coordenar regulamentos, entidades políticas e procedimentos relacionados com a propriedade, orientados para o desenvolvimento da pessoa humana e da sociedade.

Ainda, da Lei hondurenha sobre propriedade, os artigos a seguir reproduzidos têm conotação com o **instituto do Usucapião** (com semelhança ao Usucapião extrajudicial no Brasil):

(SECCION QUINTA – PRESCREPCIÓN).

ARTÍCULO 91. – *La prescripción adquisitiva y extintiva de derecho reales sobre bienes inmuebles privada podrá ser declarada por el Instituto de la Propiedad (IP) a petición de acuerdo cuando se acrediten los extremos establecidos en el Código Civil. La posesión comenzará a contarse desde el momento en que se produjo la aprehensión material del inmueble con ánimo de dueño.*

El peticionario deberá acreditar los extremos de la solicitud por cualquier medio de prueba reconocido por la legislación hondureña sin perjuicio de que el Instituto practique las investigaciones que estén pertinentes hasta emitir la resolución correspondiente.

La solicitud de declaratoria será notificada al afectado publicándolo en un diario de circulación nacional y medios radiales locales por dos (2) veces con intervalo de quince (15) días y avisos de que se expondrán en los parajes más concurridos del lugar donde está ubicado el inmuebles al costo del solicitante a efecto de cualquier interesado formule oposición dentro del termino de quince días (15) días contados a partir de la ultima publicación.

Hecha la publicación el Instituto de la Propiedad (IP) dará traslado al Juez de Letras de lo Civil del lugar donde se encuentre el inmueble para que declare la prescripción adquisitiva. Dicha sentencia servirá de titulo para su inscripción en el registro correspondiente.[289]

(SEÇÃO QUINTA – PRESCRIÇÃO).

ARTICULO 92. – *Si el término referido se formulare oposición el Instituto remitiera los autos al Juzgado de Letras competentes para que las partes diriman su controversia conforme al procedimiento especial establecido en la presente Ley.*[290]

3.8.10.8.2. Pontos de destaques sobre Usucapião no Código Civil e no Código de Processo Civil de Honduras

La Prescripción adquisitiva en Honduras de dominio es una de las formas de adquirir la propiedad, esto cuando el propietario se ha despreocupado del bien, en este sentido se entenderá que no tiene la

---

2. Aplicar instrumentos jurídicos, administrativos e tecnológicos avançados que garantam segurança, transparência e redução de custos e prazos para transações registráveis e procedimentos administrativos.

3. Assegurar o reconhecimento e a proteção dos direitos de propriedade privada, municipal e nacional, promover a sua regularização e facilitar a prática de todo o tipo de atos jurídicos e de negócios.

4. Promover a solução legal e célere de conflitos relacionados com a propriedade:

5. Promover o acesso das pessoas a propriedades seguras e,

6. regularizar o patrimônio imobiliário da população.

[289] (Tradução livre): *ARTIGO 91 – A prescrição aquisitiva e extinta de direitos reais sobre bens imóveis privados poderá ser declarada pelo Instituto de Propriedade (IP) mediante solicitação de acordo, quando forem credenciados os extremos estabelecidos no Código Civil. A posse começará a ser contada a partir do momento em que ocorreu a apreensão material do bem compor intenção [animus domini] de proprietário.*

O peticionário deverá comprovar os detalhes da solicitação por qualquer meio de prova reconhecido pela legislação hondurenha, sem prejuízo de que o Instituto realize as investigações pertinentes até a emissão da resolução correspondente.

O pedido de declaração será notificado ao afetado mediante publicação em jornal de circulação nacional e rádio local duas (2) vezes com intervalo de quinze (15) dias e avisos de que serão divulgados nos locais de maior circulação no local onde se encontra o imóvel, a expensas do requerente, para efeito de qualquer interessado apresentar oposição no prazo de 15 (quinze) dias a contar da última publicação.

Feita a publicação, o Instituto da Propriedade (IP) informará o juiz do Tribunal Cível do local onde se encontra o imóvel para declarar a prescrição de aquisição. A referida sentença servirá de título para seu registro no registro correspondente.

[290] (Tradução livre): *ARTIGO 92 – Em caso de oposição ao referido termo, o Instituto enviará o processo ao Tribunal de Primeira Instância competente para que as partes resolvam o seu litígio de acordo com o procedimento especial estabelecido nesta Lei.*

intención de conservarla y que el poseedor de buena fe lo solicitará ante el Juez donde se encuentre el bien, siempre que reúnan los requisitos para que opere esta prescripción que puede ser ordinaria o extraordinaria adquisitiva de dominio.

La prescripción adquisitiva en Honduras se da por la posesión ininterrumpida de algo, esto produce la adquisición del dominio y extingue el derecho de dominio de otra u otras personas.[291]

Código Civil. – Artículo 2269 – *Son susceptibles de prescripción todas las cosas que están en el comercio de los hombres.*

La prescripción se define como un modo de adquirir las cosas ajenas, o de extinguir las acciones y derechos ajenos; por no haberse poseído las cosas, o no haberse ejercido dichas acciones y derechos, durante cierto tiempo, y concurriendo los demás requisitos legales. Una acción o derecho se dice que prescribe cuando se extingue por la prescripción adquisitiva o USUCAPION.

La Prescripción Adquisitiva Ordinaria constituye un modo de adquirir el dominio de las cosas ajenas, mediante la posesión de ellas durante un lapso determinado por la ley y siendo que para que proceda es necesario, hablando en general cinco requisitos como son: a) justo título; b) buena fe; c) posesión; d) el establecido en la Ley; [e) tiempo].

Por ejemplo, se adquiere el dominio de una cosa, si habiéndola recibido por donación, compraventa, herencia o legado, de quien se creía dueño, aunque en realidad no lo era y tal posesión debe ser ininterrumpida durante todo el tiempo fijado por la Ley.[292]

A **Prescrição Aquisitiva Ordinária** constitui uma forma de adquirir a propriedade de coisas alheias, por meio da posse delas por prazo determinado em lei e sendo que, para que possa prosseguir, são necessários, em geral, cinco requisitos como: a) título justo; b) boa-fé; c) posse; d) o estabelecido na Lei; [e) tempo].

Por exemplo, a propriedade de uma coisa adquire-se se esta tiver sido recebida por doação, venda, herança ou legado, de alguém que se acreditava ser o proprietário, embora na realidade não o fosse, e tal posse deve ser ininterrupta para o todo o tempo estabelecido pela lei".

Artículo 2272. – *Para la prescripción ordinaria del dominio y demás derechos reales se necesita poseer las cosas con buena fe y justo título por el tiempo determinado en la ley.*[293]

Artículo 2280. – Contra un título inscrito en el Registro de la Propiedad no tendrá lugar la prescripción ordinaria del dominio o derechos reales en perjuicio de tercero, sino en virtud de otro título igualmente inscrito, debiendo empezar a correr el tiempo desde la inscripción del segundo.[294]

---

[291] (Tradução livre): *A prescrição aquisitiva em Honduras de domínio é uma das formas de aquisição de bens, isto quando o proprietário tiver negligenciado o imóvel. Neste sentido, entender-se-á que não pretende mantê-lo e que o possuidor de boa-fé o requererá perante o juizado onde se situa o imóvel, desde que reúnam os requisitos para a ocorrência desta prescrição, que poderá ser a aquisição ordinária ou extraordinária da propriedade.*
A prescrição aquisitiva em Honduras e dá-se pela posse ininterrupta de um bem, produz a aquisição da propriedade e extingue o direito de propriedade de outra pessoa ou outras pessoas.

[292] (Tradução livre): *Código Civil. – Artigo 2269. – Todas as coisas que se encontrem no comércio dos homens são passíveis de prescrição.*
"A prescrição é definida como uma forma de adquirir coisas alheias, ou de extinguir ações e direitos alheios, por não ter possuído as coisas, ou não ter exercido tais ações e direitos, durante determinado tempo, e observados os demais requisitos legais. Diz-se prescrita a ação ou o direito quando se extingue por prescrição aquisitiva ou Usucapião.

[293] (Tradução livre): *Artigo 2272. – Para a prescrição ordinária da propriedade e dos demais direitos patrimoniais, é necessário possuir as coisas com boa-fé e título justo pelo tempo determinado na lei.*

[294] (Tradução livre): *Artigo 2280. – A prescrição ordinária da propriedade ou do direito patrimonial em detrimento de terceiro não se dará contra título inscrito no Registro de Imóveis, mas em virtude de outro título igualmente inscrito, devendo o prazo começar a correr a partir do registro do título em segundo lugar.*

Artículo 2282. – *Se tiene por justo título, para la prescripción, el que siendo traslativo de dominio, encierra alguna circunstancia que le hace ineficaz para verificar por sí solo la enajenación.*[295]

Artículo 2283. – *El justo título debe probarse; no se presume nunca.*[296]

Artículo 2284. *El dominio de los bienes muebles se prescribe por la posesión no interrumpida de tres años con buena fe.*

También se prescribe el dominio de las cosas muebles por la posesión no interrumpida de seis años, sin necesidad de ninguna otra condición.[297]

Artículo 2286. – *El dominio y demás derechos reales sobre bienes inmuebles inmuebles, se prescriben por la posesión durante diez años con buena fe y justo título.*[298]

Artículo 2287. – *Se prescriben, también, el dominio y demás derechos reales sobres los <u>bienes inmuebles inmuebles</u> por su posesión no interrumpida durante veinte años, sin necesidad de título ni de buena fe.*[299]

As demandas judiciais de matéria relativas ao Usucapião correm, processualmente, por meio de procedimento especial, independentemente do valor, dispondo o **Código de Processo Civil:** Artículo 400. – ÁMBITO DEL PROCESO ABREVIADO.

(Artículo 400. – Reformado por Decreto No.21-2015 de fecha 17 de marzo de 2015 y publicado en el Diario Oficial La Gaceta No.33,882 de fecha13 de noviembre de 2015).

1. Se decidirá por los trámites del proceso abreviado, cualquiera que sea su cuantía, las demandas que puedan ocurrir entre comuneros conforme al Código Civil, pago por consignación, derechos de servidumbre y las relativas a las materias siguientes:

[...].

g) **Prescripción adquisitiva**, deslinde y amojonamiento y,

[...].

(Tradução livre): Artigo 400. – ÂMBITO DO PROCEDIMENTO ESPECIAL.

PRESCRIPCIÓN Y LÍMITE ADQUISITIVO

(PRESCRIÇÃO E LIMITE DE AQUISITIVO)

Artículo 623. OBJETIVO. Mediante el proceso abreviado se conocerán las demandas fundadas en la intención de adquirir el inmueble mediante prescripción o el establecimiento de sus límites, con las especialidades previstas en los artículos siguientes.[300]

---

[295] (Tradução livre): *Artigo 2.282. – Considera-se título justo de prescrição aquele que, sendo transmissão de propriedade, contenha alguma circunstância que torne ineficaz a verificação por si só da alienação.*

[296] (Tradução livre): *Artigo 2.283. – Deverá ser comprovado o justo título; nunca é presumido.*

[297] (Tradução livre): Artigo 2284. A posse de bens móveis prescreve a posse ininterrupta por três anos de boa-fé. Também prescreve a posse ininterrupta de bens móveis por seis anos, sem necessidade de qualquer outra condição.

[298] (Tradução livre): Artigo 2286. – *A propriedade e outros direitos reais sobre bens imóveis prescrevem-se pela posse por 10 anos com boa-fé e justo título.*

[299] *(Tradução livre): Artigo 2287. – A propriedade e outros direitos reais sobre bens imóveis também prescrevem para sua posse ininterrupta por 20 anos, sem necessidade de título ou boa-fé.*

[300] *(Tradução livre): Artigo 623. OBJETIVO. Pelo processo especial, serão ouvidas reclamações baseadas na intenção de aquisição do imóvel mediante prescrição ou fixação de seus limites, com as especialidades previstas nos artigos seguintes.*

Artículo 624 QUEJAS Podrán recurrir a este procedimiento: 1. El poseedor, que será declarado propietario por prescripción. 2. El propietario o poseedor, para que se rectifique la superficie o límites, o para que se limiten por demarcación.[301]

Artículo 625. REQUISITOS ESPECIALES DE LA DEMANDA. El reclamo debe cumplir con los siguientes requisitos adicionales

1. En todo caso se indicará la duración del mandato del autor y de sus predecesores; la fecha y método de adquisición; la persona que, en su caso, tenga derechos registrados sobre el inmueble; y, en su caso, los nombres y lugar de notificación de los propietarios u ocupantes del inmueble contiguo.

2. *La propiedad se describirá con la mayor precisión posible. En el caso de un inmueble, se adjuntarán planos de ubicación y perímetro, así como una descripción de las edificaciones existentes, firmados por un ingeniero o arquitecto acreditado y debidamente autorizado por la autoridad municipal o administrativa correspondiente, según la naturaleza del inmueble.; y, en su caso, certificación municipal o administrativa de quien figure como propietario o poseedor del inmueble. El órgano judicial podrá, si lo considera necesario, exigir la presentación del comprobante del pago de los impuestos que gravan el inmueble.*

3. *Tratándose de bienes sujetos a inscripción en un registro público o catastral, se acompañará además copia literal o certificación completa de los registros del sector sucesivo del inmueble durante los últimos 5 (cinco) años, o certificado que acredite que los bienes no fueron encontrados siempre que fue posible.*

4. *Se ofrecerá necesariamente como prueba la declaración testimonial de no más de cinco (5) ni menos de tres (3) personas, mayores de edad, sin perjuicio de otros medios de prueba que se consideren pertinentes.*

5. *En el caso de deslinde, también se ofrecerá como prueba el reconocimiento judicial del bien y la línea divisoria entre los bienes se resolverá en la resolución que se dicte.*

6. *El mismo procedimiento se aplicará cuando se trate de bienes muebles en la medida que resulte aplicable.*[302]

3.8.10.9. Disciplinamento do instituto do Usucapião pelo Direito do México

---

[301] (Tradução livre): Artigo 624° RECLAMAÇÕES Podem recorrer a este procedimento: 1. O possuidor, que deve ser declarado proprietário por prescrição. 2. O proprietário ou possuidor, para ter a área ou os limites retificados, ou para ser limitado por demarcação.

[302] *(Tradução livre): Artigo 625. REQUISITOS ESPECIAIS DA DEMANDA. A reivindicação deve atender aos seguintes requisitos adicionais*

1. Em qualquer caso, será indicada a duração do mandato do autor e dos seus antecessores; a data e o método de aquisição; a pessoa que, se for o caso, possui direitos registrados sobre o imóvel; e, quando aplicável, os nomes e o local de notificação dos proprietários ou dos ocupantes do imóvel adjacente.

2. A propriedade será descrita com a maior precisão possível. No caso de imóvel, serão anexadas plantas de localização e perímetro, bem como descrição das edificações existentes, assinadas por engenheiro ou arquiteto credenciado e devidamente autorizado pela autoridade municipal ou administrativa correspondente, dependendo da natureza do imóvel; e, quando for o caso, certificação municipal ou administrativa de quem conste como proprietário ou possuidor do imóvel. O órgão judicial poderá, caso considere necessário, exigir a apresentação de comprovante de recolhimento dos tributos incidentes sobre o imóvel.

3. No caso de bens sujeitos a registo em registo público ou cadastral, será ainda junta cópia literal ou certificação completa dos registos do sector sucessivo do imóvel durante os últimos 5 (cinco) anos, ou certidão comprovativa que os bens não foram encontrados sempre que possível.

4. Será necessariamente oferecida como prova a declaração testemunhal de não mais de cinco (5) nem menos de três (3) pessoas maiores de idade, sem prejuízo de outros meios de prova que se considerem relevantes.

5. No caso de demarcação, o reconhecimento judicial do imóvel também será oferecido como prova, e a linha divisória entre os bens será resolvida na resolução emitida.

6. O mesmo procedimento será aplicável no caso de bens móveis, na medida do aplicável.

No Direito Comparado do México, o tratamento da matéria relativa à prescrição que leva ao Usucapião não difere muito do tratamento que é dado por todos os países que tomamos como referência para estudar a matéria concernente ao instituto do Usucapião.

ARTÍCULO 10.1 (Ámbito de aplicación de este Capítulo) (1) El ejercicio de los derechos regulados por estos Principios está limitado por la expiración de un período de tiempo, denominado *"período de prescripción", según las reglas de este Capítulo. (2) Este Capítulo no regula el tiempo en el cual, conforme a estos Principios, se requiere a una parte, como condición para la adquisición o ejercicio de su derecho, que efectúe una notificación a la otra parte o que lleve a cabo un acto distinto a la apertura de un procedimiento jurídico.*[303]

a. **Sobre a prescrição de modo geral**:

Artículo 1135. Prescripción es un medio de adquirir bienes o de librarse de obligaciones, mediante el transcurso de cierto tiempo y bajo las condiciones establecidas por la ley.[304]

b. **Sobre a prescrição como meio de adquirir bens**:

Artículo 1136. La adquisición de bienes en virtud de la posesión, se llama prescripción positiva; la liberación de obligaciones, por no exigirse su cumplimiento, se llama prescripción negativa.[305]

c. **Sobre o que pode prescrever:**

Artículo 1137. Sólo pueden prescribirse los bienes y obligaciones que están en el comercio, salvo las excepciones establecidas por la ley.[306]

d. **Sobre quem pode adquirir por prescrição:**

Artículo 1138. Pueden adquirir por prescripción positiva todos los que son capaces de adquirir por cualquier otro título; los menores y demás incapacitados pueden hacerlo por medio de sus legítimos representantes.[307]

e. **Sobre o que deve conter a posse para prescrição para fins de Usucapião:**

Artículo 1151. La posesión necesaria para prescribir debe ser: I. En concepto de propietario; II. Pacífica; III. Continua; IV. Pública.[308]

f. **Sobre o tempo que prescrevem, para fins de Usucapião, os bens: a) imóveis; b) móveis:**

---

[303] *(Tradução livre): ARTIGO 10.1 (Escopo deste Capítulo) (1) O exercício dos direitos regidos por estes Princípios é limitado pelo término de um período, denominado "prazo de prescrição", de acordo com as regras deste Capítulo. (2) O presente capítulo não regula o prazo em que, nos termos destes princípios, uma parte é obrigada, como condição para a aquisição ou exercício do seu direito, a notificar a outra parte ou a praticar um ato diferente da instauração de um processo judicial.*
Código Civil Federal (Libro Segundo – De los Bienes – Título Séptimo – De la Prescripción – Capítulo II – De la Prescripción Positiva: › Artículos 1151 al 1157. Última Reforma DOF 11-01-2021). Elenca os dispositivos legais, de ordem processual, que tratam dos procedimentos da prescrição de ordem geral, e, no que se refere Última Reforma DOF 11-01-2021). Elenca os dispositivos legais, de ordem processual, que tratam dos procedimentos da prescrição de ordem geral, e, no que se refere a prescrição que pode levar ao Usucapião, apontamos os dispositivos infra.

[304] *(Tradução livre): Artigo 1135. A prescrição é um meio de aquisição de bens ou de se livrar de obrigações, pelo decurso de determinado tempo e nas condições estabelecidas em lei.*

[305] *(Tradução livre): Artigo 1136. A aquisição da propriedade em virtude da posse é chamada de prescrição positiva; a liberação das obrigações, por não serem cumpridas, é chamada de prescrição negativa.*

[306] *(Tradução livre): Artigo 1137. Somente bens e obrigações que estejam no comércio poderão ser prescritos, ressalvadas as exceções previstas em lei.*

[307] (Tradução livre): Artigo 1138. Todos aqueles que são capazes de adquirir por qualquer outro título podem adquirir por prescrição positiva; os menores e outras pessoas incapazes podem fazê-lo por meio dos seus representantes legais.

[308] *(Tradução livre): Artigo 1151. A posse necessária para prescrever deve ser: I. Como proprietário; II. Pacífica; III. Contínua; IV. Pública.*

Artículo 1152. Los bienes inmuebles se prescriben: I. En cinco años, cuando se poseen en concepto de propietario, con buena fe, pacífica, continua y públicamente; II. En cinco años, cuando los inmuebles hayan sido objeto de una inscripción de posesión; III. En diez años, cuando se poseen de mala fe, si la posesión es en concepto de propietario, pacífica, continua y pública; IV. Se aumentará en una tercera parte el tiempo señalado en las fracciones I y III, si se demuestra, por quien tenga interés jurídico en ello, que el poseedor de finca rústica no la ha cultivado durante la mayor parte del tiempo que la ha poseído, o que por no haber hecho el poseedor de finca urbana las reparaciones necesarias, ésta ha permanecido deshabitada la mayor parte del tiempo que ha estado en poder de aquél.[309]

Artículo 1153. Los bienes muebles se prescriben en tres años cuando son poseídos con buena fe, pacífica y continuamente. Faltando la buena fe, se prescribirán en cinco años.[310]

Artículo 1154. Cuando la posesión se adquiere por medio de violencia, aunque ésta cese y la posesión continúe pacíficamente, el plazo para la prescripción será de diez años para los inmuebles y de cinco para los muebles, contados desde que cese la violencia.[311]

Artículo 1155. La posesión adquirida por medio de un delito, se tendrá en cuenta para la prescripción, a partir de la fecha en que haya quedado extinguida la pena o prescrita la acción penal, considerándose la posesión como de mala fe.[312]

Artículo 1156. El que hubiere poseído bienes inmuebles por el tiempo y con las condiciones exigidas por este Código para adquirirlos por prescripción, puede promover juicio contra el que aparezca como propietario de esos bienes en el Registro Público, a fin de que se declare que la prescripción se ha consumado y que ha adquirido, por ende, la propiedad.[313]

g. <u>Sobre a sentença em ação que é reconhecido Usucapião</u>

Artículo 1157. La sentencia ejecutoria que declare procedente la acción de prescripción, se inscribirá en el Registro Público y servirá de título de propiedad al poseedor.[314]

3.8.10.9.1. Considerações gerais sobre a prescrição para fins de Usucapião no Direito do México

A prescrição extintiva (tratada no Direito mexicano, como de resto em praticamente todos os países latino-americanos, como prescrição positiva) é que dá margem ao Usucapião. Apresenta as seguintes características: a) é a marcada pelo decurso do tempo, de forma contínua, sem opo-

---

[309] *(Tradução livre): Artigo 1152. Bens imóveis prescrevem: I. Em cinco anos, quando estiverem possuídos como proprietários, de boa-fé, de forma pacífica, contínua e pública; II. Em cinco anos, quando o bem imóvel tiver sido objeto de registro de posse; III. Em 10 anos, quando possuídos de má-fé, se a posse estiver no conceito de propriedade, pacífica, contínua e pública; IV – O tempo indicado nos incisos I e III será aumentado em um terço, se for demonstrado, por quem nele tiver interesse jurídico, que o proprietário de imóvel rural não o cultivou durante a maior parte do tempo em que o possuiu, ou que o proprietário do imóvel urbano não efetuou os reparos necessários, permaneceu desabitada a maior parte do tempo em que esteve na posse do primeiro.*

[310] *(Tradução livre): Artigo 1153. Os bens pessoais expiram em três anos quando são possuídos de boa-fé, de forma pacífica e contínua. Os que não tiverem boa-fé serão prescritos em cinco anos.*

[311] *(Tradução livre): Artigo 1154. Quando a posse for adquirida por meio da violência, ainda que cesse e a posse prossiga pacificamente, o prazo de prescrição será de 10 anos para os imóveis e de cinco para os móveis, contados a partir do momento em que cessar a violência.*

[312] *(Tradução livre): Artigo 1155. A posse adquirida por meio de crime será considerada para a prescrição, a partir da data em que a pena tiver sido extinta ou a ação penal tiver caducado, considerando-se a posse como má-fé.*

[313] *(Tradução livre): Artigo 1156. Qualquer pessoa que tenha sido proprietária de um imóvel durante o tempo e nas condições exigidas por este Código para adquiri-lo por prescrição poderá ajuizar ação judicial contra quem constar como proprietário do referido imóvel no Registro Público, a fim de declarar que a prescrição expirou e, portanto, adquiriu a propriedade.*

[314] *(Tradução livre): Artigo 1157. A sentença executória que declarar admissível a ação prescricional será inscrita no Registro Público e servirá de título de propriedade ao possuidor.*

sição e pública, tratando-se de um fato natural (conta, no entanto, com a intervenção do legislador para estabelecer o prazo inicial e final); b) inatividade do titular do direito subjetivo, que é, via de regra, quem pode interromper a prescrição extintiva, e com isso deixa que se concretize a prescrição extintiva e esta afeta seu direito, pois deixou transcorrer *in albis* o prazo que tinha para promover e respectiva ação judicial.

De ordem geral, o México se iguala aos demais países que abordamos pelo Direito Comparado, entretanto tem particularidades diferentes, especialmente do Brasil, levando em conta que os Estados são livres e independentes e, assim, cada um pode disciplinar de forma diferente determinado assunto referente aos bens imóveis (e móveis), inclusive para efeitos de Usucapião.

A questão envolvendo o tratamento que é dispensado ao possuidor, diferentemente do que é assegurado ao proprietário, já foi objeto de posicionamento da Suprema Corte de Justiça, que firmou o entendimento de que ele não viola regra constitucional relativa à igualdade.

Exemplo de Decisão da Suprema Corte de Justiça (Primeira Sala = Primeira Turma), em que ficou sedimentada a questão da regra de igualdade e como ela atinge possuidor e proprietário:

PRESCRIPCIÓN POSITIVA O ADQUISITIVA (USUCAPION). EL HECHO DE QUE SE REGULE COMO INSTANCIA DEL DERECHO CIVIL Y QUE CONTEMPLE UN TRATO DESIGUAL ENTRE POSEEDORES Y PROPIETARIOS, NO VULNERA LOS PRINCIPIOS CONSTITUCIONALES DE IGUALDAD Y NO DISCRIMINACIÓN.

La prescripción positiva o adquisitiva, como institución del derecho civil destinada a que los poseedores de un bien mueble o inmueble adquieran el derecho de propiedad del mismo por el solo transcurso del tiempo y bajo las formas establecidas objetivamente en la legislación civil, no es violatoria de los principios de igualdad y no discriminación. Así, el solo transcurso del tiempo no puede considerarse motivo de discriminación para quien resiente la pérdida del derecho de propiedad, pues el mero transcurso del tiempo no es el único requisito para estar en aptitud de obtener la propiedad del bien poseído. En este sentido, el legislador, en ejercicio de su amplia libertad de configuración, ha considerado que, como institución del derecho civil de orden público, la prescripción positiva o adquisitiva dota de seguridad jurídica a los poseedores de un bien para que, después de cierto tiempo, no resientan la incertidumbre de que otra persona tenga injerencia sobre el bien en cuestión. Así, el hecho de que la legislación civil contemple un trato desigual para poseedores y propietarios, no vulnera de suyo los principios de igualdad y no discriminación, pues esta diferenciación persigue una finalidad constitucionalmente válida y no distingue, para ello, entre calidades intrínsecas de las personas de forma que se vulnere la dignidad humana. De esta forma, se salva el criterio bajo el cual el principio de igualdad exige un trato igual a los iguales y desigual a los desiguales.

Así, el hecho de que la legislación civil contemple un trato desigual entre poseedores y propietarios no viola, por sí solo, los principios de igualdad y no discriminación, ya que esta diferenciación persigue una finalidad constitucionalmente válida y no distingue, a tal efecto, entre cualidades intrínsecas de personas de una manera que viola la dignidad humana.[315]-[316]

---

[315] Disponível em: https://www.tribunalesagrarios.gob.mx/ta/?p=1454. Acesso em: 1 jun. 2024

[316] (Tradução livre): A prescrição positiva ou aquisitiva, enquanto instituição de direito civil destinada a que os possuidores de bens móveis ou imóveis adquiram o direito de propriedade dos mesmos pela mera passagem do tempo e nas formas objetivamente estabelecidas na legislação civil, não constitui violação dos princípios da igualdade e da não discriminação. Assim, a mera passagem do tempo não pode ser considerada motivo de discriminação para aqueles que se ressentem da perda dos direitos de propriedade, uma vez que a mera passagem do tempo não é o único requisito para poder obter a propriedade dos bens possuídos. Nesse sentido, o legislador, no exercício de sua ampla liberdade de configuração, tem considerado que, como instituição de direito civil de ordem pública, a prescrição positiva ou aquisitiva confere segurança jurídica aos possuidores de um bem para que, após certo Ao mesmo tempo, eles não se ressentem da incerteza de que outra pessoa tenha interferência

3.8.10.10. Tópico conclusivo sobre o instituto do Usucapião, tanto, de regra, no Direito Brasileiro, como, no geral, no Direito Comparado

Da grandeza e repercussão do Usucapião:

[(a) *Modus sui generis* de adquirir a propriedade de bens]: "O Usucapião é o mais poderoso modo de aquisição dos bens. Consagra por excelência o princípio *ex facto jus oritur*. Joga por terra registros imobiliários, aquisições por acessão e por sucessão hereditária. Tem como requisitos básicos a posse qualificada dos bens e o decurso do tempo, e por fundamento subjetivo a renúncia presumida do proprietário negligente, que manifesta desprezo por seus bens. Até as coisas carecem de trato, assistência e vigilância.

[(b) Alcance do Usucapião e suas consequências jurídicas]: Seu fundamento objetivo último reside na ordem pública e na paz social, que decorrem da segurança dos cidadãos e das famílias, confiantes na estabilidade de seu domínio sobre os bens essenciais da vida em sociedade. A segurança é de todos, proprietários titulados e simples possuidores a longo prazo. A estes o Usucapião protege diretamente e àqueles, pela via indireta do reforço ou convalidação de seus títulos eventualmente defeituosos.

[(c) Valor social do Usucapião]: Não haveria tranquilidade se fosse eficaz ou proveitosa a pesquisa de nulidades nos títulos de domínio dos imóveis por gerações sucessivas e através dos séculos, pela via *crucis* da *probatio diabolica*. Seu valor social decorre também da valorização da posse dos bens, com todos os consectários do uso e cultivo em proveito e benefício de todos, direta e indiretamente." [317]

Por último. **[(d) Relevância do estudo do Usucapião]:** "O estudo da Usucapião [...] está ligado à evolução dos conceitos jurídicos, analisando destacados momentos numa estrutura crítica e interpretativa da realidade social em diversos momentos histórico, lembrando que 'a análise do passado assume função primordial na construção do futuro. Logo, interpretar um instituto jurídico por meio dos séculos, adaptando-o à transformação dos tempos, é tarefa de reconstrução da sociedade e do próprio homem'.".[318]

A seguir, será feito estudo, por meio do **Capítulo III-A,** de novas modalidades de direito reais introduzidas pelo Código Civil ou pela Lei, considerando que também dizem respeito ao estudo da matéria possessória.

---

sobre a propriedade em questão. Assim, o facto de a legislação civil contemplar tratamento desigual entre titulares e proprietários não viola, por si só, os princípios da igualdade e da não discriminação, uma vez que esta diferenciação prossegue uma finalidade constitucionalmente válida e não distingue, para o efeito, entre qualidades intrínsecas das pessoas de uma forma que viola a dignidade humana. Assim, o facto de a legislação civil contemplar tratamento desigual entre titulares e proprietários não viola, por si só, os princípios da igualdade e da não discriminação, uma vez que esta diferenciação prossegue uma finalidade constitucionalmente válida e não distingue, para o efeito, entre qualidades intrínsecas das pessoas de uma forma que viola a dignidade humana. Desta forma, salva-se o critério segundo o qual o princípio da igualdade exige tratamento igual para iguais e tratamento desigual para desiguais.

[317] Disponível em: https://www2.senado.leg.br/bdsf/bitstream/handle/id/524/r143-25.PDF?sequence=4 – Usucapião: doutrina e jurisprudência – Dilvanir José da Costa. Acesso em: 17 nov. 2024.

[318] Disponível em: https://www.unievangelica.edu.br/files/images/DISSERTA%C3%87%C3%83O%20RIVALDO.pdf – DA USUCAPIÃO: origens, evolução histórica e a sua função social no ordenamento jurídico brasileiro no Século XXI – Rivaldo Jesus Rodrigues. Acesso em: 9 dez. 2023.

CAPÍTULO III-A

Na marcha do tempo mudar e inovar são requisitos básicos, pois a continuidade de atos e fatos praticados devem se adequar às exigências modernas, de modo que o direito também vai mudando e se adequando para continuar a ser o balizador das condutas dos indivíduos!...
(Cláudio Teixeira de Oliveira)

3.A. NOVAS MODALIDADES DE DIREITOS REAIS E SUA REPERCUSSÃO NO CAMPO POSSESSÓRIO

Sumário: 3.1.A. Introdução. 3.2.A. Direito de laje – Aspectos históricos e atuais. 3.2.1.A. Pontos de destaque da Lei nº 13.465/2017. 3.3.A. Destaques doutrinários. 3.3.1.A. Conceituação ampla do Direito de Laje. 3.3.1.1.A. Conceituação compacta do Direito de Laje. 3.3.2.A. Resumo da matéria tomando por base entendimento Doutrinário. 3.3.3.A. Resumo da matéria tomando por base entendimento Jurisprudencial. 3.4.A. Direito de Propriedade Compartilhada (Multipropriedade). Aspectos Gerais. 3.4.1.A. Direito de Propriedade Compartilhada (Multipropriedade), matéria de Direitos Reais e o time-sharing (ou Timeshare), matéria de Direito Obrigacional. 3.4.2.A. Conceito extraído da Doutrina. 3.4.2.A. Conceito extraído da Doutrina. 3.4.2.1.A. Conceito extraído da Lei (Dispõe o Código Civil). 3.4.3.A. Síntese Comparativa entre Multipropriedade e Time-Sharing. 3.4.3.1.A. Multipropriedade. 3.4.3.2.A. Time-Sharing. 3.4.4.A. Antagonismo entre a interpretação da Multipropriedade (matéria de direitos reais) e o Time-sharing (matéria de direito Obrigacional). 3.4.5.1.A. Síntese da matéria referente a Multipropriedade. 3.4.5.1.A. A Proteção ao Consumidor no Sistema de Multipropriedade. 3.5.A. Solo Criado. Aspectos gerais e razão de colocá-lo no rol dos Direitos Reais. 3.5.1.A. Tópicos Doutrinários e Conceito. 3.5.1.1.A. Conceito. 3.5.2.A. Tópico Jurisprudencial.

3.1.A. Introdução.

Como o direito é matéria de caráter dinâmico, ele vai sendo, paulatinamente, adequado com o surgimento de novos institutos, em todos os ramos do conhecimento. A proteção jurídica, para amparar o cidadão em relação ao surgimento de novas modalidades de direitos, tem de ocorrer de forma específica e eficaz.

Acontece que, nos Direitos Reais, diferentemente do que ocorre, por exemplo, com a modalidade de Direitos Obrigacionais, eles só surgem mediante Lei especifica, e assim é porque os Direitos Reais são *numerus clausus*, portanto fora do alcance de criação pelas partes, pois seu rol é taxativo.

Enquanto, em matéria de Direitos Obrigacionais, as partes interessadas podem estabelecer regramentos próprios, tal não é possível em se tratando de matéria de Direitos Reais, haja vista que estes estão inseridos no Código Civil como *numerus clausus* (sendo assim, somente é dado ao Estado criar (p. ex., criação do Direito de Superfície) ou extinguir (p. ex., extinção do Instituto da Enfiteuse) tais direitos, o rol existente é taxativo; diferentemente do *numerus apertus*, em que as partes podem estabelecer regramentos próprios.

Essa sistemática seguida pelo Direito Brasileiro tem a mesma característica do disciplinado pelo Direito de Portugal (por meio do Código Civil), que registramos, brevemente, para fins comparativo: "Os direitos reais são típicos, no sentido em que só existem aqueles que se encontram previstos pelo legislador. A primeira parte do nº 1 do artigo 1306.º[319] do Código Civil dispõe, precisamente, que «Não é permitida a constituição, com carácter real, de restrições ao direito de propriedade ou de figuras parcelares deste direito senão nos casos previstos na lei [...]».A autonomia privada reconduz-se, nesta área, à possibilidade de escolha entre os direitos reais previstos na lei.

O princípio da tipicidade dos direitos reais tem duas dimensões.

A primeira identifica-se com a proibição de criação de um direito real distinto dos direitos reais estabelecidos pelo legislador [o que é possível somente para o direito obrigacional]. Se um direito real deixar de constar da listagem legal (como aconteceu, por exemplo, com a enfiteuse), as pessoas estão proibidas de o constituir, nas relações entre si.

A segunda diz respeito ao conteúdo dos direitos reais: as pessoas não podem modelar o conteúdo dos direitos reais de acordo com a sua vontade, devendo respeitar o conteúdo típico estabelecido pelo legislador. Assim, por exemplo, o direito de superfície, enquanto direito real, tem um conteúdo unitário."[320]

Estabelece o Código Civil, Art. 1.225 (em relação taxativa, como consta do rol infra): *__São direito reais:__*

I. *a propriedade;* II – *a superfície;*

II. *as servidões;* IV – *o usufruto;*

III. *o uso;* VI – *a habitação;*

IV. *o direito do promitente comprador do imóvel;*

V. *o penhor;* IX – *a hipoteca;*

VI. *a anticrese.* XI – a concessão de uso especial para fins de moradia; (Incluído pela Lei n.º 11.481, de 2007)

VII. a concessão de direito real de uso; (Redação dada pela Lei n.º 14.620, de 2023)

VIII. *a laje; (Redação dada pela Lei n.º 14.620, de 2023) XIV – os direitos oriundos da imissão provisória na posse, quando concedida à União, aos Estados, ao Distrito Federal, aos Municípios ou às suas entidades delegadas e a respectiva cessão e promessa de cessão. (Incluído pela Lei n.º 14.620, de 2023).*

---

[319] Código Civil de Portugal (CÓDIGO CIVIL PORTUGUÊS -Atualizado até à Lei 59/99, de 30/06). Artigo 1306.º – 1. Não é permitida a constituição, com carácter real, de restrições ao direito de propriedade ou de figuras parcelares deste direito senão nos casos previstos na lei; toda a restrição resultante de negócio jurídico, que não esteja nestas condições, tem natureza obrigacional.
2. O quinhão e o compáscuo constituídos até à entrada em vigor deste código ficam sujeitos à legislação anterior.

[320] Disponível em: https://diariodarepublica.pt/dr/lexionario/termo/principio-tipicidade-direitos-reais-numerus-clausus. Acesso em: 27 mar. 2024.

DESTAQUE: Também, em reforço ao já exposto, os direitos reais podem decorrer de Leis Especiais, destacando, como exemplo, a Lei n.º 9.514, de 30 de novembro de 1.997, que trata, entre outras coisas, da Alienação Fiduciária de Imóveis.[321] [322] [323]

---

[321] "A propriedade fiduciária decorre de um negócio jurídico, denominado alienação fiduciária; negócio este pelo qual o devedor, chamado fiduciante, com escopo de garantia de obrigação contratada, transfere ao credor, chamado fiduciário, a propriedade do bem, no caso, bem imóvel. Com o registro deste negócio jurídico, no Registro de Imóveis, constitui-se a propriedade fiduciária e, neste momento, dá-se o desdobramento da posse, tornando-se o fiduciante o possuidor direto, e o fiduciário, o possuidor indireto do bem. O fiduciário recebe a propriedade numa condição resolutiva, ou seja, obriga-se a devolvê-la se o fiduciante cumprir a obrigação contratada. Nestes termos, a propriedade fiduciária constitui direito real de garantia (artigo 17, IV e § 1º, Lei n.º 9.514/97) e confere a posse indireta sobre o bem em favor do fiduciário (artigo 23, § único). Por ser direito real, a propriedade fiduciária somente se constitui por ato de registro no Registro de Imóveis (artigo 23)". http://hdl.handle.net/11422/10781. Peterson do Nascimento Silva (Monografia: O DIREITO REAL DE LAJE NA ESTRUTURA DO MUNICÍPIO DO RIO DE JANEIRO). Acesso: 29 out. 2023.

[322] Art. 22. A alienação fiduciária regulada por esta Lei é o negócio jurídico pelo qual o devedor, ou fiduciante, com o escopo de garantia, contrata a transferência ao credor, ou fiduciário, da propriedade resolúvel de coisa imóvel.
§ 1º A alienação fiduciária poderá ser contratada por pessoa física ou jurídica, não sendo privativa das entidades que operam no SFI {fora do texto legal, destacamos, em Nota abaixo, decisão do STF relativa ao SFI}, podendo ter como objeto, além da propriedade plena: (Renumerado do parágrafo único pela Lei n.º 11.481, de 2007)
I – bens enfitêuticos, hipótese em que será exigível o pagamento do laudêmio, se houver a consolidação do domínio útil no fiduciário; (Incluído pela Lei n.º 11.481, de 2007)
II – o direito de uso especial para fins de moradia; (Incluído pela Lei n.º 11.481, de 2007)
III – o direito real de uso, desde que suscetível de alienação; (Incluído pela Lei n.º 11.481, de 2007)
IV – a propriedade superficiária. (Incluído pela Lei n.º 11.481, de 2007)
V – os direitos oriundos da imissão provisória na posse, quando concedida à União, aos Estados, ao Distrito Federal, aos Municípios ou às suas entidades delegadas, e a respectiva cessão e promessa de cessão; (Incluído pela Lei n.º 14.620, de 2023)
VI – os bens que, não constituindo partes integrantes do imóvel, destinam-se, de modo duradouro, ao uso ou ao serviço deste. (Incluído pela Lei n.º 14.620, de 2023)
§ 2º Os direitos de garantia instituídos nas hipóteses dos incisos III e IV do § 1º **deste artigo ficam limitados à duração da concessão ou direito de superfície, caso tenham sido transferidos por período determinado. (Incluído pela Lei n.º 11.481, de 2007)**
Art. 23. Constitui-se a propriedade fiduciária de coisa imóvel mediante registro, no competente Registro de Imóveis, do contrato que lhe serve de título.
§ 1º. Com a constituição da propriedade fiduciária, dá-se o desdobramento da posse, tornando-se o fiduciante possuidor direto e o fiduciário possuidor indireto da coisa imóvel. (Incluído pela Lei n.º 14.620, de 2023).

[323] Lei n.º 14.711, de 30 de outubro de 2023, estabelece, entre outras coisas (o diferencial desta Lei é que a mesma permite a utilização de um mesmo bem como garantia de um empréstimo): Art. 1º Esta Lei dispõe sobre o aprimoramento das regras relativas ao tratamento do crédito e as garantias e às medidas extrajudiciais para recuperação de crédito e Art. 22. A alienação fiduciária regulada por esta Lei é o negócio jurídico pelo qual o fiduciante, com o escopo de garantia de obrigação própria ou de terceiro, contrata a transferência ao credor, ou fiduciário, da propriedade resolúvel de coisa imóvel; também tratou do Código Civil, **§ 5º [do Art.22].O credor fiduciário que pagar a dívida do devedor fiduciante comum ficará sub-rogado no crédito e na propriedade fiduciária em garantia, nos termos do inciso I do caput do Art. 346 da Lei n.º 10.406, de 10 de janeiro de 2002 e § 4º Nos 5 (cinco) dias que se seguirem à venda do imóvel no leilão, o credor entregará ao fiduciante a importância que sobejar, nela compreendido o valor da indenização de benfeitorias, depois de deduzidos os valores da dívida, das despesas e dos encargos de que trata o § 3º deste artigo, o que importará em recíproca quitação, hipótese em que não se aplica o disposto na parte final do Art. 516 da Lei n.º 10.406, de 10 de janeiro de 2002 (Código Civil),** também merece destaque: Art. 3º A Lei n.º 10.406, de 10 de janeiro de 2002 (Código Civil), passa a vigorar com as seguintes alterações: "CAPÍTULO XXI – DO CONTRATO DE ADMINISTRAÇÃO FIDUCIÁRIA DE GARANTIAS. – Art. 853-A. [...]; Art. 1.478 [...] e Art. 1.487-A; mais: Código de Processo Civil (Art. 8º O caput do Art. 784 da Lei n.º 13.105, de 16 de março de 2015 (Código de Processo Civil), passa a vigorar acrescido do seguinte inciso XI-A:
"Art. 784...
– o contrato de contragarantia ou qualquer outro instrumento que materialize o direito de ressarcimento da seguradora contra tomadores de seguro-garantia e seus garantidores;" (NR), e, ainda no destaque: Lei n.º 6.015, de 31 de dezembro de 1973 (Lei de Registros Públicos), ao disciplinar: Art. 5º A Lei n.º 6.015, de 31 de dezembro de 1973 (Lei de Registros Públicos), passa a vigorar com as seguintes alterações:
"Art. 29...
§ 6º Os ofícios de registro civil das pessoas naturais poderão, ainda, emitir certificado de vida, de estado civil e de domicílio, físico e eletrônico, da pessoa natural, e deverá ser realizada comunicação imediata e eletrônica da prova de vida para a instituição interessada, se for o caso, a partir da celebração de convênio." (NR)
"Art. 167...
I -...
48. de outros negócios jurídicos de transmissão do direito real de propriedade sobre imóveis ou de instituição de direitos reais sobre imóveis, ressalvadas as hipóteses de averbação previstas em lei e respeitada a forma exigida por lei para o negócio jurídico, a exemplo do Art. 108 da Lei n.º 10.406, de 10 de janeiro de 2002 (Código Civil).
II -...
37. da extensão da garantia real à nova operação de crédito, nas hipóteses autorizadas por lei... " (NR); e mais outras legislações correlatas.

Posto isto, o Código Civil veio a incorporar como Direito real o Direito de Laje (Art. 1.225, inc. XIII) e, do mesmo modo, a propriedade compartilhada (multipropriedade, 1.358 – B). Já por meio de Lei Especial, foi elevada à condição de Direito real o Solo Criado (Estatuto da Cidade), Lei n.º 10.257/2001.

Toda e qualquer modalidade de Direito real que é introduzida no direito positivo brasileiro repercute com a modalidade possessória, em qualquer de suas vertentes, pois, como **já dizia Hering, a "posse é a visibilidade da propriedade",** de modo que não há como se conceber a existência de uma propriedade que não repercuta na posse. Apontamos, ainda que de forma mais concisa, do que se tratam os novos Direitos Reais anteriormente apontados. Como os institutos previstos no Art. 1.225, (identificados em nota de rodapé[324]) dizem mais a respeito de sua relação do Poder Público (Federal, Estadual e Municipal), é que somente procedemos na identificação deles e num brevíssimo apontamento doutrinário.

Assim, objetivamente, vejamos.

3.2.A. Direito de laje – Aspectos históricos e atuais.

Este tipo de Direito de natureza Real tem sua origem na forma de ocupação do espaço vertical no desenvolvimento das favelas brasileiras, onde, via de regra, tudo era praticado à margem dos preceitos legais que regem a ocupação do solo urbano. As construções formam um intrincado cipoal e sem observar regras disciplinadas na legislação própria de cada Município para construção, ampliação e reparo. Nesse tipo de ocupação desordenado do solo urbano, nasce o Direito real de Laje. Numa leitura mais cuidadosa desponta, na própria qualificação da Lei n.º 13.465/2017, que o Direito de Laje não diz respeito tão somente ao piso superior de uma edificação, pois este Direito também pode ocorrer sobre a superfície inferior da edificação (Art. 1.510-A, da Lei n.º 13.465/2027, apontada de forma integral no **ANEXO F**).

Nota: O Supremo Tribunal Federal – STF, ao apreciar a Lei n.º 9.514/1997, entendeu que a mesma a não viola princípios constitucionais (Recurso Extraordinário (RE) 860631), Decisão: O Tribunal, por maioria, apreciando o TEMA 982 da repercussão geral, conheceu do recurso extraordinário e negou-lhe provimento, mantendo a decisão do Tribunal a quo, nos termos do voto do Relator, vencidos os Ministros Edson Fachin e Cármen Lúcia. Por unanimidade, fixou a seguinte tese: *"É constitucional o procedimento da Lei n.º 9.514/1997 para a execução extrajudicial da cláusula de alienação fiduciária em garantia, haja vista sua compatibilidade com as garantias processuais previstas na Constituição Federal"*, (Data de Julgamento: 26/10/2023). De modo que pode o credor se valer do procedimento administrativo para a retomada do imóvel com Contrato pela Modalidade de Alienação Fiduciária em Garantia. Embora se trate de procedimento extrajudicial ele se concretiza por meio do Oficial de Registro de Imóveis, que exerce atividade estatal delegada, ou seja, executa atividade ou serviço público em seu próprio nome e risco, mas sujeita-se à fiscalização do Estado.

[324] XI – a concessão de uso especial para fins de moradia; (Incluído pela Lei n.º 11.481, de 2007) XII – a concessão de direito real de uso; (Redação dada pela Lei n.º 14.620, de 2023) XIV – os direitos oriundos da imissão provisória na posse, quando concedida à União, aos Estados, ao Distrito Federal, aos Municípios ou às suas entidades delegadas e a respectiva cessão e promessa de cessão. (Incluído pela Lei n.º 14.620, de 2023).
A Regularização Fundiária da Lei n.º. 11.481/2007 para Zonas Especiais de Interesse Social e o Registro de Imóveis. Acesso 07/10/2023.
"[...].
Sabemos que, neste século XXI, o Brasil tem produzido leis que estão beneficiando a população, com o objetivo de regularizar a propriedade imóvel com o fim de que todos possam ter a casa própria, em cumprimento ao Direito de Moradia que o cidadão tem assegurado pela Constituição Federal. A prova disso está na publicação da elogiável Lei n.º 11.481/2007, que estabeleceu novas diretrizes para regularização da propriedade imobiliária, bem como criou novos Direitos Reais, acrescentando no Art. 1.225 do Código Civil, os incisos XI – a concessão de uso especial para fins de moradia e XII – a concessão de direito real de uso. Também acrescentou, como bens passíveis de hipoteca, no Art. 1.473, os incisos VIII – o direito de uso especial para fins de moradia; IX – o direito real de uso e X – a propriedade superficiária. As alterações operadas na Lei n.º 9.636/98, instituíram a possibilidade de a União realizar a regularização de ocupações existentes em imóveis pertencentes a seu patrimônio, inclusive em relação a assentamentos informais de populações carentes e de baixa renda, tanto em imóveis urbanos como rurais, basicamente para fins de moradia. As inscrições de ocupação dos referidos imóveis ficam a cargo da Secretaria do Patrimônio da União (SPU), podendo haver transferências de posse na cadeia sucessória do imóvel, mediante anotação em seu cadastro administrativo. Com a alteração do Art. 7º do Decreto-Lei n.º 271/67, foi instituída a concessão de uso de terrenos públicos ou particulares, remunerada ou gratuita, por tempo certo ou indeterminado, como direito real resolúvel, para regularização fundiária de interesse social, urbanização, edificação e outras finalidades.
[...].

Levando em conta que, para garantia da segurança jurídica, se fazia necessária uma Lei de carácter nacional para normatizar a matéria, o Poder Executivo Federal, considerando tratar-se de matéria afeta a competência privativa da União (Art. 22, da Constituição Federal de 1988[325]), é que essa, via Lei Federal, criou e normatizou as questões de ordem legal por meio da Medida Provisória n.º 759/2016, posteriormente transformada na Lei n.º 13.465/2017.

3.2.1.A. Pontos de destaque da Lei n° 13.465/2017.

Pela própria legislação de regência, tem-se o arcabouço do tratamento jurídico do Direito de Lage. Assim é que destacamos, via **ANEXO F**, os contornos legais da matéria. Assim procedendo, possibilitamos, de imediato, o consulente conhecer e formar juízo de valor sobre o instituto do Direito de Laje. [326]

Embora o anterior referido, destacamos, a seguir, alguns pontos do Direito de Laje, de modo a proporcionar que o consulente tenha mais elementos de apoio doutrinário e jurisprudencial para entender o conteúdo da matéria; enquanto, por meio do **ANEXO F,** é destacada a própria legislação que rege o novel instituto.

3.3.A. Destaques doutrinários.

Pelo estudo doutrinário, encontramos elementos que explicam com bastante profundidade o Direito de Lage, que não se confunde com o Direito real de Superfície, nem com o condomínio, pois não terá, o lajeário, direito da titularidade de fração ideal do solo. O Direito real de Laje pode, em conformidade com a Lei n.º 13.465/2017, contemplar espaço aéreo ou o subsolo, **inclusive de terrenos públicos** (Art. 1.510-A, § 1º, do Código Civil).

O Direito real de Laje assegura, basicamente, ao lajeário à condição de proprietário, pois ele tem uma unidade juridicamente autônoma, considerando que tem matrícula própria (Art. 1.510-A, § 3º, do Código Civil); também os encargos e a tributação que são próprios e atinentes à unidade que o lajeário é o titular da laje (Art. 1.510-A, § 2º, do CC/02); por outro lado, possui as faculdades próprias do domínio (Art. 1.228, CC), haja vista que tem direito de usar, gozar e dispor, até mesmo, de reivindicá-la de quem injustamente detenha (1.510-A, § 3º, do CC).

No contexto extraído das palavras de Cláudia Franco Corrêa[327], desponta o que representa o Direito real de Laje: "Do significado técnico, adotado na engenharia e na arquitetura, para os saberes locais em favelas, temos uma diferença que se complementa. Em tais localidades houve a apropriação do termo, empregando-se o termo **laje** para designar o espaço aéreo superior dos imóveis, mesmo que não haja a presença material de qualquer construção. Portanto, vender uma laje não significa a existência de qualquer construção sobre a laje fisicamente considerada. Muito

---

325   Art. 22. *Compete privativamente à União legislar sobre:*
I – *direito civil, comercial, penal, processual, eleitoral, agrário, marítimo, aeronáutico, espacial e do trabalho;*
[...].

[326]   Código Civil, Art.1229. *A propriedade do solo abrange a do espaço aéreo e subsolo correspondentes, em altura e profundidade úteis ao seu exercício, não podendo o proprietário opor-se a atividades que sejam realizadas por terceiros a uma altura ou profundidade tais, que não tenha ele interesse legítimo em impedi-las.*

[327]   CORRÊA, Cláudia Franco. Direito real de laje: controvérsias entre efetividade e legalidade. In: LEITE, Luís Felipe Tegon Cerqueira; MENCIO, Mariana (org.). *Regularização fundiária urbana: desafios e perspectivas para aplicação da Lei n.º 13.465/2017.*São Paulo: Letra sJurídicas,2019.p.297-16) https://www.trf4.jus.br/trf4/controlador.php?acao=pagina_visualizar&id_pagina=%202249#:~:text=1.510%2DA%20do%20C%C3%B3digo%20 Civil,originalmente%20constru%C3%ADda%20sobre%20o%20solo%E2%80%9D. Acesso em 17 nov. 2024.

comumente o que ocorre é a negociação do espaço aéreo delimitado nas dimensões de largura e comprimento do imóvel situado sob a laje. Trata-se da utilização do termo pelos moradores em favelas que dele se apropriam para resolver seus problemas, tendo em vista que, devido às pequenas extensões dos lotes habitacionais, a utilização do concreto armado permitiu a única expansão viável: a vertical. [...]".

3.3.1.A. Conceituação ampla do Direito de Laje.

Firmando um Conceito relativo à matéria, registramos, em conformidade com o ponto de vista de <u>Carlos Eduardo Elias de Oliveira</u>, que "o Direito de Laje é um Direito real de Propriedade e faculta ao seu titular todos os poderes inerentes à propriedade (usar, gozar e dispor), conforme Art. 1.510-A, § 3º, do Código Civil. Ele terá, inclusive, uma matrícula própria no Registro de Imóveis, pois, conforme o princípio registral da unitariedade ou unicidade matricial, a cada imóvel deve corresponder apenas uma matrícula. Se o Direito real de Laje fosse um direito real sobre coisa alheia, ele – por esse princípio registral – não poderia gerar uma matrícula própria.

Em verdade, o Direito de Laje representa um alargamento da noção tradicional de Direito real de Propriedade, em semelhança ao elastecimento desse conceito que já foi feito, em tempos passados, pela figura de unidade privativa em condomínio edilício (ex.: os vulgos "apartamentos" que compõem edifícios). As unidades privativas de condomínio edilício também representam direitos reais de propriedade e possuem matrícula própria, de maneira que guardam semelhanças com o Direito real de Laje. Apesar dessas similitudes, o Direito real de Laje não é uma espécie de condomínio edilício, pois, além de não atribuir ao titular da laje qualquer fração ideal sobre o terreno (Art. 1.510-A, § 4º, CC), possui regramento próprio.

O fato de o Direito real de Laje aéreo (e não o subterrâneo, por conta da sua independência física, reconhecida pelo Art. 1.510-E, I, CC) ser extinto no caso de ruína da construção-base sem reedificação em 5 anos não corrompe a sua natureza de um verdadeiro direito real de propriedade, pois essa dependência arquitetônica não é decisiva para a conceituação jurídica, que é fruto de uma ficção legal.

Como se vê, a nova figura desafia a doutrina tradicional de Direito das Coisas, pois o tratamento legal feito pelo Código Civil optou por considerar o Direito real de Laje como uma espécie de direito real sobre coisa própria, e não como direito real sobre coisa alheia." [328]

3.3.1.1.A. Conceituação compacta do Direito de Laje.

Em interpretação mais concisa sobre o que seja, por definição conceitual, o Direito real de Laje, colhe-se da doutrina de Francisco Loureiro: "**O DIREITO REAL DE LAJE é uma NOVA MODALIDADE de propriedade,** na qual o titular adquirente (lajeário) torna-se proprietário de unidade autônoma consistente de construção erigida ou a erigir sobre ou sob acessão alheia, sem implicar situação de condomínio tradicional ou edilício. Cuida-se de direito real sobre coisa própria, nova modalidade proprietária sobre ou sob construção preexistente, com a forma de unidade autônoma, desligada da propriedade sobre o solo. **Não se trata de condomínio tradicio-**

---

[328] Disponível em: https://www.conjur.com.br/2017-set-18/direito-civil-atual-direito-real-laje-luz-lei-134652017 -parte Acesso em: 17 nov. 2024.

nal (Arts. 1.314 e segs. do CC) nem de condomínio edilício (arts. 1.331 e segs. do CC), muito menos de direito de superfície temporário (Arts. 1.369 e segs. do CC)".[329]

3.3.2.A. Resumo da matéria tomando por base entendimento Doutrinário.

Cláudia Franco Corrêa, ao discorrer sobre a matéria, externou considerações que estão em total sintonia como Direito de Laje, ao dizer: "A Lei 13.465/2017 instituiu duas espécies de Reurb (regularização fundiária). A Reurb-S, que consiste na regularização fundiária aplicável aos núcleos urbanos informais ocupados predominantemente por população de baixa renda, assim declarados em ato do Poder Executivo municipal, e a Reurb-E aplicável aos núcleos urbanos informais ocupados por população não qualificada na hipótese da Reurb-S. Os imóveis existentes nas duas situações podem ser englobados pelo direito real de laje, o que demonstra a alta capacidade de efetividade desse direito. Sem a menor dúvida, creio que o Direito real de laje, após a alteração que projetamos, será um valioso protagonista na regularização fundiária no Brasil, contribuindo eficazmente com a organização urbana das cidades, bem como ajudando a incluir milhares de imóveis no mercado formal."[330]

3.3.3.A. Resumo da matéria tomando por base entendimento Jurisprudencial.

Ao julgar demanda, na qual estava presente o Direito real de Laje, o Tribunal de Justiça do Distrito Federal deixou sedimentado, o que se transcreve **como um Resumo da matéria:**

AGRAVO DE INSTRUMENTO. DIREITO CIVIL. REINTEGRAÇÃO DE POSSE. DIREITO REAL DE LAJE. NÃO CARACTERIZADO. IMÓVEL CONSTRUÍDO SOBRE O SOLO. LIMINAR DEFERIDA. DECISÃO MANTIDA. 1. De acordo com o artigo 1.510-A do Código Civil o direito real de laje consiste na possibilidade de coexistência de unidades imobiliárias autônomas de titularidades distintas situadas em uma mesma área, de maneira a permitir que o proprietário ceda a superfície de sua construção a fim de que terceiro edifique unidade distinta daquela originalmente construída sobre o solo. O instituto destina-se a regularizar situações de fato, presentes em comunidades de baixa renda, onde moradores autorizam terceira pessoa a construir sobre sua laje, ficando de posse exclusiva desse a moradia por ele construída. 2. O direito real de laje não se confunde com o direito real de superfície, em que o proprietário concede a outrem o direito de construir ou de plantar em seu terreno, por tempo determinado, mediante escritura pública devidamente registrada. 3. Segundo a doutrina de Francisco Eduardo Loureiro, são requisitos cumulativos para a instituição do direito real de laje: i) existência de construções sobrepostas, cujos direitos são de titularidades distintas; b) inexistência de áreas comuns entre as duas construções, com acessos independentes entre si; c) aprovação das duas construções, em observâncias às normas administrativas; d) irregularidade formal das construções sobrepostas, cuja solução é a instituição do direito real de laje. 4. A construção de imóvel sobre o solo não confere ao agravante a qualidade de lajeário, dada a inexistência de unidade imobiliária autônoma sobreposta. 5. O possuidor tem o direito de ser reintegrado no caso de esbulho desde que comprove: a sua posse; a turbação ou o esbulho praticado pelo réu; a data da turbação ou do esbulho e a perda da posse. 6. Agravo conhecido e não provido.[331]

---

[329] Disponível: https://www.jusbrasil.com.br/artigos/posso-usucapir-imovel-por-direito-de-laje-usucapiao–lajearia/1109401192#:~:text=Segundo%20os%20ilustres%20juristas%2C,com%20a%20express%C3%A3o%20USUCAPI%C3%83O%20LAJE%C3%81RIA. Acesso em: 17 nov. 2024

[330] Disponível em: https://www.conjur.com.br/2021-out-17/entrevista-claudia-franco-advogada-professora-ufrj. Acesso em: 9 out. 2023.

[331] Disponível em: https://www.jusbrasil.com.br/jur1isprudencia/busca?q=direito+de+laje. Acesso em: 25 out. 2023.

3.4.A. Direito de Propriedade Compartilhada (Multipropriedade). Aspectos Gerais.

Em relação à propriedade, sua apresentação e seu estudo sempre decorriam da forma do individualismo[332], pois uma matrícula de propriedade, na versão original da <u>Lei n.º 6.015, de 31 de dezembro de 1973</u> (Dispõe sobre os registros públicos, e dá outras providências), somente poderia constar o nome de um proprietário, nada impedindo que figurasse outros integrantes da propriedade, mas, no caso, eles só poderiam constar de averbação feita a margem da matrícula.

Acontece que, como já referimos em outra passagem desta obra jurídica, a evolução do Direito – que deve acompanhar os novos momentos sociais – deu margem a novos Institutos de Direitos Reais, dentre os quais a propriedade compartilhada, também denominada de multipropriedade. Este tipo de propriedade – que permite a existência simultânea de vários proprietários sobre a mesma unidade habitacional, ou seja, um mesmo imóvel com mais de um proprietário (na Europa e nos Estados Unidos também é aplicável este Instituto da Multipropriedade para bens de natureza móvel, principalmente aviões, helicópteros e barcos) – surgiu, no aspecto legal, no Brasil, por meio da Lei n.º 13.777/2018, que introduziu os Arts.1.358 B a 1.358 U no Código Civil, e os Arts. 176 e 178 da Lei 6.015/73 (Registros Públicos). Embora somente tenha ingressado, formalmente, no Direito Brasileiro em 2018, este tipo de multipropriedade já se achava consolidado na França (*coproprieté saisnnoiére*), onde surgiu em 1967, e difundido entre outros países da Europa (Itália, *proprietá spazio temporale*; Portugal, *direito real de habitação periódica*) e nos Estados Unidos da América (*time-sharing*).

3.4.1.A. Direito de Propriedade Compartilhada (Multipropriedade), matéria de Direitos Reais e o time-sharing (ou Timeshare), matéria de Direito Obrigacional.

Entre a Propriedade Compartilhada[333] e o *time-sharing*, existe diferença. Basicamente, na multipropriedade, o(s) proprietário(s) tem uma fração ideal do terreno, o que representa que é efetivamente o proprietário do imóvel (tanto que é aberta matrícula consoante disposição da Lei n.º 6.015, de 31 de dezembro de 1973). No *time-sharing*, o adquirente do bem não passa à condição de proprietário propriamente dito do bem, mas, sim, do direito de usufruir por determinado tempo do imóvel, definido no semestre ou no ano.

Com enfoques distintos, em parte – embora com conotações iguais na questão espaço--tempo de utilização da propriedade –, os dois institutos têm a propriedade como alicerce dos direitos decorrentes de um e outro. São, portanto, institutos onde está presente a possibilidade de ser utilizada proteção possessória; no primeiro, por ser matéria de Direitos Reais; já no segundo, que não está albergado como matéria de Direitos Reais, não dá margem à proteção possessória, e sim de direito obrigacional. Assim se posiciona com total acerto <u>Victoria Maia Flynn,</u> ao dizer: "Enquanto que no sistema de time-sharing (Sistema de Tempo Compartilhado), há uma cessão, a terceiro, pelo proprietário (prestador de serviço de hotelaria), do "direito de uso de unidades habitacionais por determinados períodos de ocupação, compreendidos dentro de intervalo de

---

[332] "A ideia de uma propriedade absoluta, que alimentou o século XIX, e caminhou pelas estradas do século XX, de inspiração romana, resultante do individualismo, perde terreno". Disponível em: http://www.marcoaurelioviana.com.br/artigos/direito-das-coisas/direito-civil-direito-de– propriedade-exercicio-segundo-suas-finalidades-economicas-e-social-direito-subjetivo-relativo-objeto-propriedades-especiais/, Acesso em: 25 out. 2023.

[333] "Tal instituto faz surgir uma nova espécie de condomínio, onde os adquirentes passam a ser titulares de um imóvel, assegurando-lhes um determinado período de tempo para uso e gozo do bem."

tempo ajustado contratualmente", havendo, tão-somente, uma relação obrigacional, o sistema de "multipropriedade" estabelece verdadeiro vínculo de direito real."[334]

Ainda, na parte doutrinária, destacamos a posição de Sílvio de Salvo Venosa[335], que esclarece, embora deixando transparecer a existência de igualdade entre os dois institutos, o que, gizamos, não se aplica considerando a natureza jurídica de cada um – como visto, um tem natureza real (multipropriedade), outro de direito obrigacional (*time-sharing*): A lei 13.777, de 20 de dezembro de 2018, veio regular a multipropriedade, introduzindo os arts. 1.358-B a 1.358-U no Código Civil. A maioria das legislações também possui legislação específica para o fenômeno, muito complexo e diversificado na prática, pois não se obedece a um único padrão contratual. A doutrina procura explicá-lo como uma propriedade periódica, propriedade sazonal, propriedade a tempo parcial ou a tempo repartido etc. Tudo leva a crer que se consagrará com o tempo o vocábulo inglês time--sharing ou timeshare no meio turístico, embora nossa lei tenha escolhido "multipropriedade." Mesmo na comunidade europeia se discute a existência de um direito obrigacional ou um direito real. Temos agora entre nós o instituto como direito real, introduzido no Código Civil."

Analisando os dois institutos, no que se igualam e o inverso, isto é, no que diferem, aponta Victoria Maia Flynn: "Muito embora semelhantes quanto aos seus escopos, pois que ambos buscam o aproveitamento compartilhado de um bem imóvel ou móvel, diferem-se no que tange à sua natureza jurídica.

A começar pela legislação, o time-sharing, tratado na legislação como tempo compartilhado, é regido pela Lei Geral do Turismo ou LGT (Lei nº 11.771/2008, artigo 23 e pelo Decreto nº 7.381/2010 (artigos 28 [[336]] e seguintes e já a multipropriedade é regida pela Lei nº 13.777/2018.

Enquanto que no sistema de time-sharing (Sistema de Tempo Compartilhado), há uma cessão, a terceiro, pelo proprietário (prestador de serviço de hotelaria), do 'direito de uso de unidades habitacionais por determinados períodos de ocupação, compreendidos dentro de intervalo de tempo ajustado contratualmente', havendo, tão-somente, uma relação obrigacional, o sistema de "multipropriedade" estabelece verdadeiro vínculo de direito real". [337] Por meio de nota de rodapé, apontamos posicionamento que conduz a assertiva de se tratar de direito real.

---

[334] Disponível em:https://www.jusbrasil.com.br/artigos/voce-sabe-a-diferenca-entre-multipropriedade-e-*timesharing*/1644222566#:~:text=Isso%20quer%20dizer%20que%20na,um%20tempo%20determinado%20o%20im%C3%B3vel. Acesso em: 23 out. 2023.

[335] Disponível em: https://www.migalhas.com.br/depeso/295907/multipropriedade-*time-sharing*. Acesso em: 23 ago. 2023.

[336] Lei n.º 11.771/2008: Art. 23. Consideram-se meios de hospedagem os empreendimentos ou estabelecimentos, independentemente de sua forma de constituição, destinados a prestar serviços de alojamento temporário, ofertados em unidades de frequência individual e de uso exclusivo do hóspede, bem como outros serviços necessários aos usuários, denominados de serviços de hospedagem, mediante adoção de instrumento contratual, tácito ou expresso, e cobrança de diária.
[...].
§ 2o Considera-se prestação de serviços de hospedagem em tempo compartilhado a administração de intercâmbio, entendida como organização e permuta de períodos de ocupação entre cessionários de unidades habitacionais de distintos meios de hospedagem.
[...]
Decreto n.º 7.381/2010 (Regulamentou a Lei n.º11.771/2008): Art. 28. Considera-se hospedagem por sistema de tempo compartilhado a relação em que o prestador de serviço de hotelaria cede a terceiro o direito de uso de unidades habitacionais por determinados períodos de ocupação, compreendidos dentro de intervalo de tempo ajustado contratualmente.
[...];
§ 2o Os períodos de ocupação das unidades habitacionais poderão ser utilizados pelo próprio cessionário ou por terceiro por ele indicado, conforme disposto contratualmente.
[...].

[337] Disponível:https://www.jusbrasil.com.br/artigos/voce-sabe-a-diferenca-entre-multipropriedade-e-time-sharing/1644222566#:~:text=Isso%20quer%20dizer%20que%20na,um%20tempo%20determinado%20o%20im%C3%B3vel. Acesso: 09 out. 2023.

[338] A matéria sofrerá, paulatinamente, adequações e uma visão mais consistente de tratamento por parte da doutrina, assim como da jurisprudência, de modo que haja uma adequação de seu alcance e sua finalidade, na medida em que se unifique, melhor e de ordem mais consistente, seu conceito doutrinário e legal.

Para especificar melhor tudo o que já foi mencionado sobre a matéria em estudo, apontamos duas modalidades conceituais:

3.4.2.A. Conceito extraído da Doutrina.

Segundo Gustavo Tepedino[339]: "Multipropriedade de forma genérica é a relação jurídica de aproveitamento econômico de uma coisa móvel ou imóvel, repartida em unidades fixas de tempo, de modo que diversos titulares possam, cada qual a seu turno, utilizar-se da coisa com exclusividade e de maneira perpétua".

3.4.2.1.A. Conceito extraído da Lei (Dispõe o Código Civil).

O legislador brasileiro tem por princípio, via de regra, seguindo o formato adotado pelo legislador de Portugal, em definir na própria Lei os institutos criados e, assim sendo, em matéria de propriedade compartilhada, cravou a definição, o que fez por meio do **Art. 1.358-C.** Multipropriedade é o regime de condomínio em que cada um dos proprietários de um mesmo imóvel é titular de uma fração de tempo, à qual corresponde a faculdade de uso e gozo, com exclusividade, da totalidade do imóvel, a ser exercida pelos proprietários de forma alternada (Incluído pela Lei n.º 13.777, de 2018) (Vigência).

Os compradores adquirem uma fração ideal de propriedade da unidade ou unidade de acomodação. Isso significa que eles têm direitos de propriedade reais sobre o imóvel durante um período específico do ano, podendo ser adquirido por contrato particular (independente do valor) o qual se tornará escritura pública e averbação das semanas na matrícula do imóvel." Tem amparo amplo, especialmente no Código Civil, Arts.1.358 B a 1.358 U, em razão da Lei n.º 13.777/2018. Diz Sílvio de Salvo Venosa: "Nesse sistema, todos os multiproprietários são condôminos, mas esse condomínio somente será exclusivo em unidade autônoma no tempo fixado no pacto, que nossa lei estabelece como sete dias, o prazo mínimo. Nesse diapasão, a relação dos multiusuários passa a ser de direito real. Todos os adquirentes são coproprietários de fração ideal, não se identificando a unidade. Não existe, desse modo, constituição de unidades autônomas, invocando-se as normas típicas do condomínio ordinário. As normas condominiais são aplicadas subsidiariamente. A relação de tempo repartido deve ficar exposta em regulamento. A administração é atribuída a empresa administradora, que normalmente reserva para si frações ideais, correspondentes a duas

---

[338] Assim sendo, a admissibilidade da materialização da usucapião frente a propriedades de unidades periódicas se revela legalmente tangível, no entanto, experimentalmente tende a ser excepcional. Em se ilustrando, raro seria um multiproprietário de uma fração de sete dias (mínimo legal estabelecido pela Lei 13.777/18) não adimplir e não o ocupar a cada ano, especialmente em se observando a finalidade turística geralmente projetada ao se aderir ao regime multiproprietário. Para tanto, ainda, o suposto usucapindo haveria de conhecer o panorama fático e se comunicar com o administrador para se certificar na inadimplência do proprietário e satisfazer as despesas fixas e flutuantes dos períodos em que teria usufruído do bem, a fim de constituir seu direito autônomo de posse frente ao Registro de Imóveis, com base na Teoria Social da Posse, munindo-se de provas para a instituição da ação petitória de propriedade da unidade periódica. Mais difícil ainda, seria na hipótese de o titular da fração de tempo o ser frente a muitos períodos intercalados durante o ano, de modo que, para se consagrar a usucapião, o possuidor haveria de ocupar contínua e integralmente todas as frações de tempo, que, ainda mais improvavelmente, estariam à disposição.

[339] TEPEDINO, Gustavo. *Multipropriedade Imobiliária*. São Paulo: Saraiva, 1993. p. 1.

semanas do ano em todos os apartamentos [...]. Essas semanas reservadas servem precipuamente para a manutenção das unidades"[340].

3.4.3.A. Síntese Comparativa entre Multipropriedade e Time-Sharing.

3.4.3.1.A. Multipropriedade.

Na multipropriedade, os compradores adquirem uma fração de propriedade real da unidade ou unidade de acomodação. Isso significa que eles têm direitos de propriedade reais sobre o imóvel durante um período específico do ano, podendo ser adquirido por contrato particular o qual se tornará escritura pública e averbação das semanas na matrícula do imóvel. É, como já mencionado retro, matéria inserida dentro dos Direitos Reais de propriedade (Art. 1.225, do Código Civil).

3.4.3.2.A. Time-Sharing.

No *time-sharing* (ou *timeshare*), os compradores adquirem o direito de usar o imóvel durante um período específico do ano, mas não possuem uma fração real da propriedade. Em vez disso, eles adquirem um contrato particular de uso, geralmente com uma empresa ou um empreendimento, que permite o uso recorrente, nas semanas escolhidas e alinhadas com os compradores. Funciona, basicamente, como uma modalidade de prestação de serviços, na qual os proprietários do *time-sharing* têm direito de usar o imóvel durante o período – tempo – contratado de compartilhamento, entretanto não possuem Direitos Reais de propriedade.

3.4.4.A. Antagonismo entre a interpretação da Multipropriedade (matéria de direitos reais) e o Time-sharing (matéria de direito Obrigacional).

A interpretação dada pelo Superior Tribunal de Justiça (STJ) deixa visível a "confusão" sobre a classificação do *time-sharing* no campo dos direitos previstos pelo Código Civil. Nesse sentido, vejamos a posição anteriormente declinada, em razão do **Recurso Especial n.º 1.546.165-SP**, no qual o Superior Tribunal de Justiça (STJ) reconheceu a natureza jurídica de direito real da multipropriedade imobiliária (*time-sharing*), mesmo essa não estando elencada no Art. 1225. Na ocasião, o ministro João Otávio de Noronha, que proferiu o voto vencedor, alegou que o Código Civil de 2002 não traz nenhuma vedação e de nenhuma forma inviabiliza a consagração de novos direitos reais. O magistrado argumentou, ainda, que "[em circunstâncias] nas quais se verifica a superação da legislação em vigor pelos fatos sociais, não pode inibir o julgador de, adequado sua interpretação a recentes e mutantes relações jurídicas, prestar a requerida tutela jurisdicional a que a parte interessada faz jus". Considerando a relevância da decisão do STJ, apontamos a íntegra do posicionamento, na forma do contido em nota de rodapé. [341]

---

[340] Disponível em: https://www.migalhas.com.br/depeso/295907/multipropriedade--time-sharing. Acesso em: 23 ago. 2023.

[341] *RECURSO ESPECIAL Nº 1.546.165 – SP (2014/0308206-1) RELATOR: MINISTRO RICARDO VILLAS BÔAS CUEVAR.P/ACÓRDÃO: MINISTRO JOÃO OTÁVIO DE NORONHARECORRENTE: MAGNUS LANDMANN CONSULTORIA EMPRESARIAL LTDA. – ME ADVOGADA: LÍVIA PAULA DA SILVA ANDRADE VILLARROEL E OUTRO(S)RECORRIDO: CONDOMÍNIO WEEK INN ADVOGADO: **SEM REPRESENTAÇÃO NOS AUTOS INTERES.: JORGE KARAM INCORPORAÇÕES E NEGÓCIOS S/C LTDA EMENTA PROCESSUAL CIVIL E CIVIL. RECURSO ESPECIAL. EMBARGOS DE TERCEIRO. MULTIPROPRIEDADE IMOBILIÁRIA (TIME-SHARING). NATUREZA JURÍDICA DE DIREITO REAL. UNIDADES FIXAS DE TEMPO. USO EXCLUSIVO E PERPÉTUO DURANTE CERTO PERÍODO ANUAL. PARTE IDEAL DO MULTIPROPRIETÁRIO. PENHORA. INSUBSISTÊNCIA. RECURSO ESPECIAL CONHECIDO E PROVIDO.** 1. O sistema time-sharing ou multipropriedade imobiliária, conforme ensina Gustavo Tepedino, é uma*

3.4.5.A. Síntese da matéria referente a Multipropriedade.

Analisando os aspectos do tratamento dispensado à multipropriedade, adotamos o entendimento consolidado pela pesquisa doutrinária e legislativa na forma infra exposta (pode ser encontrada na fonte contida na nota de rodapé[342]). Assim, vejamos as espécies de multipropriedade:

a. **Multipropriedade Acionária:** Esse modelo se configura a partir da aquisição, por uma sociedade anônima, de um imóvel. Em se tratando de sociedades anônimas, o seu capital será dividido em ações. No caso, cada uma dessas "ações" corresponderá a uma fração de tempo a ser usufruída pelo seu titular. Tal regime é adotado, por exemplo, na Itália.

b. **Multipropriedade Imobiliária ou Real:** Esse é o regime de multipropriedade adotado no Brasil, em que há um condomínio de fato. Cada multiproprietário terá direito a uma fração de tempo para uso exclusivo do bem no período que lhe corresponder. Trata-se do direito de propriedade puro, mas com limitação clara da **posse**, em função do tempo.

c. **Multipropriedade Hoteleira:** Essa modalidade não se trata especificamente de espécie de multipropriedade, mas, sim, da união do sistema de multipropriedade com a prestação de serviços do ramo hoteleiro. Em síntese, o indivíduo adquire o direito de uso por período determinado, como uma hospedagem, e não como o direito real de propriedade da fração de tempo. Tal indivíduo não terá, portanto, uma matrícula imobiliária em seu nome.

d. **Multipropriedade obrigacional:** Essa espécie diz respeito ao direito obrigacional oriundo dos contratos de aproveitamento por tempo, como nos casos dos contratos de arrendamento.

3.4.5.1.A. A Proteção ao Consumidor no Sistema de Multipropriedade.

No Brasil, como podemos observar, aplica-se ao instituto da multipropriedade o Código de Defesa do Consumidor[343], pois se verifica de forma clara a existência de relação de consumo entre o multiproprietário e os fornecedores de produtos e serviços desde o incorporador e corretor, que

---

espécie de condomínio relativo a locais de lazer no qual se divide o aproveitamento econômico de bem imóvel (casa, chalé, apartamento) entre os cotitulares em unidades fixas de tempo, assegurando-se a cada um o uso exclusivo e perpétuo durante certo período do ano. 2. Extremamente acobertada por princípios que encerram os direitos reais, a multipropriedade imobiliária, nada obstante ter feição obrigacional aferida por muitos, detém forte liame com o instituto da propriedade, se não for sua própria expressão, como já vem proclamando a doutrina contemporânea, inclusive num contexto de não se reprimir a autonomia da vontade nem a liberdade contratual diante da preponderância da tipicidade dos direitos reais e do sistema de numerus clausus. 3. No contexto do Código Civil de 2002, não há óbice a se dotar o instituto da multipropriedade imobiliária de caráter real, especialmente sob a ótica da taxatividade e imutabilidade dos direitos reais inscritos no Art. 1.225. 4. O vigente diploma, seguindo os ditames do estatuto civil anterior, não traz nenhuma vedação nem faz referência à inviabilidade de consagrar novos direitos reais. Além disso, com os atributos dos direitos reais se harmoniza o novel instituto, que, circunscrito a um vínculo jurídico de aproveitamento econômico e de imediata aderência ao imóvel, detém as faculdades de uso, gozo e disposição sobre fração ideal do bem, ainda que objeto de compartilhamento pelos multiproprietários de espaço e turnos fixos de tempo. 5. A multipropriedade imobiliária, mesmo não efetivamente codificada, possui natureza jurídica de direito real, harmonizando-se, portanto, com os institutos constantes do rol previsto no Art. 1.225 do Código Civil; e o multiproprietário, no caso de penhora do imóvel objeto de compartilhamento espaço-temporal (time-sharing), tem, nos embargos de terceiro, o instrumento judicial protetivo de sua fração ideal do bem objeto de Documento: 60312301 – EMENTA / ACÓRDÃO – Site certificado – DJe: 06/09/2016 Página 1de 2 Superior Tribunal de Justiça constrição. 6. É insubsistente a penhora sobre a integralidade do imóvel submetido ao regime de multipropriedade na hipótese em que a parte embargante é titular de fração ideal por conta de cessão de direitos em que figurou como cessionária. 7. Recurso especial conhecido e provido.

[342] https://lageportilhojardim.com.br/blog/multipropriedade/ Acesso: 24 out. 2023.

[343] Código de Defesa do Consumidor | Lei n.º 8.078, de 11 de setembro de 1990 – Dispõe sobre a proteção do consumidor e dá outras providências Art. 46. **Os contratos que regulam as relações de consumo não obrigarão os consumidores, se não lhes for dada a oportunidade de tomar conhecimento prévio de seu conteúdo, ou se os respectivos instrumentos forem redigidos de modo a dificultar a compreensão de seu sentido e alcance.**
Art. 47. **As cláusulas contratuais serão interpretadas de maneira mais favorável ao consumidor.**

institui o condomínio e vende a unidade aos prestadores de serviços que atuam na administração de rede hoteleira e de lazer.

Dessa forma, com a criação da figura da multipropriedade, entende-se que o consumidor adquirente de sua fração de tempo encontra-se em posição de vulnerabilidade. Diante do Art. 46 da legislação consumerista, vemos que o consumidor multiproprietário possui o direito de compreender, bem como deve ser informado a respeito do conteúdo do contrato que deve ser redigido em português. Já o Art. 49, do mesmo diploma legal, lhe concede o direito de arrependimento sobre as vendas que ocorrerem fora do estabelecimento. Portanto, torna-se indiscutível a necessidade de se proteger o multiproprietário.

3.5.A. Solo Criado. Aspectos gerais e razão de colocá-lo no rol dos Direitos Reais.

É uma modalidade de direito decorrente da possibilidade de aumento do gabarito construtivo, que tanto pode ser sobre como sob o terreno existente. Tem plena aplicação em razão de normas edilícias estabelecidas pelos municípios, encontrando sua aplicação de ordem geral pelo disciplinado por meio da Lei n.º 10.257/2001 (Estatuto da Cidade). De ordem geral, nasce de uma relação de direito obrigacional, pois o construtor adquire para ampliar o gabarito do empreendimento que construirá. Acontece que, uma vez adquirido, passa a integrar a área física da construção e, a partir daí, poderá vir a ser objeto de posse em razão da propriedade (para situar, pois, como já mencionado em outras passagens deste obra, melhor a questão da propriedade, que não é, na sua essência, tratada nesta obra jurídica, procedemos num breve apanhado, conforme nota de rodapé); a posse é inerente à proteção da propriedade, salvo nas ações reivindicatória, em que o que se discute é o domínio em si, e não a posse.

3.5.1.A. Tópicos Doutrinários e Conceito.

Destaca-se, de forma bem pontual, posição da doutrina sobre o que vem a ser solo criado e sua aplicação. Solo criado é, na verdade, uma acessão artificial criada pelo homem, encontrando respaldo no Art. 1.248[344], do Código Civil.

Registra Patrícia Alvarenga Barros:[345] "[...]. "Solo criado" é a expressão que identifica a possibilidade de construção de pavimentos sobre ou sob o solo natural de um imóvel (área do lote), tornando possível a construção de "solos" adicionais, tanto quanto permitido pela legislação municipal. Na definição do Ministro do Supremo Tribunal Federal, Eros Grau, solo criado artificialmente pelo homem, sobre ou sob o solo natural. Apontamos, em nota de roda pé, fora da citação do texto transcrito[346].

---

[344] Art. 1.248. A acessão pode dar-se:

[...].

V – por plantações ou construções.

[345] Disponível em Direito Urbanístico Brasileiro: Outorga onerosa e tributação: Patrícia Alvarenga Barros: SOLO CRIADO: INEXISTÊNCIA DE CARÁTER TRIBUTÁRIO NA COBRANÇA PELA OUTORGA ONEROSA. Acesso em: 18 nov. 2024.

[346] Solo criado é o solo artificialmente criado pelo homem (sobre ou sob o solo natural), resultado da construção praticada em volume superior ao permitido nos limites de um coeficiente único de aproveitamento. [...] Não há, na hipótese, obrigação. Não se trata de tributo. Não se trata de imposto. Faculdade atribuível ao proprietário de imóvel, mercê da qual se lhe permite o exercício do direito de construir acima do coeficiente único de aproveitamento adotado em determinada área, desde que satisfeita prestação de dar que consubstancia ônus. Onde não há obrigação não pode haver tributo. Distinção entre ônus, dever e obrigação e entre ato devido e ato necessário. [...] Instrumento próprio à política de desenvolvimento urbano, cuja execução incumbe ao poder público municipal, nos termos do disposto no Art. 182 da Constituição do Brasil. Instrumento voltado à correção de distorções que o crescimento urbano desordenado acarreta, à promoção do pleno desenvolvimento das funções da cidade e a dar concreção ao princípio da função social da propriedade [...].

A figura do "solo criado" incorpora a ideia de que cada proprietário teria direito a um coeficiente de aproveitamento único, em princípio, igual a 1, o que implicaria dizer que cada proprietário teria direito a erguer em seu lote uma construção com área igual à área do lote (cada m² do terreno equivale a 1m² de edificação).

Cada terreno urbano, porém, deve ser aproveitado de acordo com parâmetros individuais, em função do planejamento urbanístico e a densidade de ocupação de cada zona do município. Dessa forma, pode o município estabelecer que, em determinadas zonas, seja possível a existência de edificações com coeficiente maior que o coeficiente de aproveitamento único.

Se o proprietário desejar construir área maior que aquela que lhe permitiria o coeficiente único, esse direito pode ser adquirido do particular, mediante transferência do direito de construir (imóveis tombados ou com cobertura vegetal, que não são edificáveis, podem "vender" o direito de construir inerente ao seu terreno), ou do município, por concessão, mediante o pagamento de uma contraprestação denominada "outorga onerosa do direito de construir".[...]".

Por sua vez, aponta Adriano Costa:

"Normalmente, o coeficiente de aproveitamento é definido pelo planejador — e em tese discutido com a sociedade — a partir de uma densidade populacional desejada, para que não haja sobrecarga da infraestrutura urbana e dos equipamentos sociais disponíveis.

Contudo, é possível ultrapassar o coeficiente de aproveitamento básico, seja para promover o desenvolvimento de algumas regiões da cidade, seja para viabilizar políticas habitacionais ou de preservação do patrimônio histórico e ambiental em outras. Nestes casos, se faz necessário o índice de aproveitamento máximo, que permite e define o limite da criação de um potencial construtivo adicional àquele permitido pelo coeficiente de aproveitamento básico, ao qual se dá o nome de **Solo Criado**.

A depender da legislação urbanística de cada município, o Solo Criado pode ser tanto comprado pelo proprietário do terreno, através da Outorga Onerosa do Direito de Construir (OODC), quanto transferido de um terreno para outro, através da Transferência do Direito de Construir. A necessidade de se pagar pelo Solo Criado é justificada à medida que este solo adicional gera sobrecarga do sistema viário e das infraestruturas e dos equipamentos urbanos existentes. Dessa forma, o proprietário se beneficia com um poder construtivo maior e se responsabiliza pelos impactos causados pelo empreendimento, seja através de obras, de terrenos ou de recursos monetários.

[...]."

3.5.1.1.A. Conceito.

"Considera-se solo criado a área edificada que ultrapasse aquela autorizada por plano diretor ou pelo Estatuto da Cidade. (**RE 387047 – STF**)"

"O Solo Criado corresponde ao **Potencial Construtivo Adicional** mediante contrapartida financeira a ser prestada pelos beneficiários, nos termos dos artigos 28 a 31 e seguintes da Lei Federal nº 10.257, de 2001 - Estatuto da Cidade, e de acordo com os critérios e procedimentos estabelecidos nesta Lei."[347]

[RE 387.047, rel. min. Eros Grau, j. 6-3-2008, P, *DJE* **de 2-5-2008.**]

[347] Disponível em: https://gestaourbana.guarulhos.sp.gov.br/o-que-e-solo-criado. Acesso em: 18 nov. 2024. <u>O que é Solo Criado? | Gestão Urbana - Prefeitura de Guarulhos.</u>

3.5.2.A. Tópico Jurisprudencial.

Na essência, o disciplinamento da matéria recebe, no campo jurisprudencial, tratamento convergente com o abordado pela doutrina. Apontamos, dentre várias, **decisão do Tribunal de Justiça de Santa Catarina (TJSC),** na qual ficou assentado:

- Pela teoria do "solo criado," toda a edificação que esborda o coeficiente máximo previsto na legislação municipal constitui solo criado.

- Como forma de controlar a expansão das grandes edificações, que redundam invariavelmente em gravames à infra-estrutura de qualquer cidade, é lícito ao Poder Público Municipal, como modo de compensar esses gravames, instituir a parcela do solo criado, através da qual o edificador, ou repõe ao patrimônio público a área proporcional que extrapolou o coeficiente máximo imposto na legislação municipal, ou, acaso inexistente essa área proporcional, ou não atenda ela as condições legais para tanto exigidas, substituam-na pelo seu equivalente econômico.

- A denominada parcela do 'solo criado' não revela, em absoluto, na sua exigibilidade por lei municipal, qualquer inconstitucionalidade. Não é ela tributo, por ausente o pressuposto da compulsoriedade, e sim, antes de tudo, uma mera remuneração que tem por fito específico compensar os ônus decorrentes, para o Poder Público e para a comunidade, da maior aglomeração urbana que é ocasionada pela sua criação". (ACMS n. 5.863, da Capital, rel. Des. Trindade dos Santos).[348]

A matéria, no campo jurisprudencial, se tornou regrada, e as decisões passaram a levar em conta o disciplinado pelo **Supremo Tribunal Federal (STF)**, haja vista que ele pacificou os entendimentos dissonantes ao se pronunciar, por meio da Primeira Turma, no sentido de que:

[A matéria não viola a Constituição Federal por não ser de ordem tributária e sendo assim é que], não se trata de tributo, pois não é uma obrigação compulsória, e sim uma remuneração paga pelo exercício de uma faculdade; é, *portanto, um ônus*, conforme já foi decidido no **RE 387047/SC**, cuja ementa segue:

EMENTA: RECURSO EXTRAORDINÁRIO. LEI N. 3.338/89 DO MUNICÍPIO DE FLORIANÓPOLIS/SC. SOLO CRIADO. NÃO CONFIGURAÇÃO COMO TRIBUTO. OUTORGA ONEROSA DO DIREITO DE CRIAR SOLO. DISTINÇÃO ENTRE ÔNUS, DEVER E OBRIGAÇÃO. FUNÇÃO SOCIAL DA PROPRIEDADE. ARTIGOS 182 E 170, III DA CONSTITUIÇÃO DO BRASIL. 1. SOLO CRIADO Solo criado é o solo artificialmente criado pelo homem [sobre ou sob o solo natural], resultado da construção praticada em volume superior ao permitido nos limites de um coeficiente único de aproveitamento. 2. OUTORGA ONEROSA DO DIREITO DE CRIAR SOLO. PRESTAÇÃO DE DAR CUJA SATISFAÇÃO AFASTA OBSTÁCULO AO EXERCÍCIO, POR QUEM A PRESTA, DE DETERMINADA FACULDADE. ATO NECESSÁRIO. ÔNUS. Não há, na hipótese, obrigação. Não se trata de tributo. Não se trata de imposto. Faculdade atribuível ao proprietário de imóvel, mercê da qual se lhe permite o exercício do direito de construir acima do coeficiente único de aproveitamento adotado em determinada área, desde que satisfeita prestação de dar que consubstancia ônus. Onde não há obrigação não pode haver tributo. Distinção entre ônus, dever e obrigação e entre ato devido e ato necessário. 3. ÔNUS DO PROPRIETÁRIO DE IMÓVEL URBANO. Instrumento próprio à política de desenvolvimento urbano, cuja execução incumbe ao Poder Público municipal, nos termos do disposto no artigo 182 da Constituição do Brasil. Instrumento voltado à correção de distorções que o crescimento urbano desordenado acarreta, à promoção do pleno desenvolvimento das funções da cidade e a dar concreção ao princípio da função social da propriedade [Art. 170, III da CB]. 4. Recurso extraordinário conhecido, mas não provido.

---

[348] Processo: 2006.009058-8 (Acórdão do Tribunal de Justiça de Santa Catarina). Julgado em: 25 maio 2006. Ementa: **TRIBUTÁRIO. PARCELA DO SOLO CRIADO. LEI MUNICIPAL N. 3.338/89. CONSTITUCIONALIDADE. PRECEDENTES. RECURSO DESPROVIDO.**

CAPÍTULO IV

Ter ou não ter POSSE é questão que desafia a interpretação, o bom senso e
o entendimento do intérprete.
(Cláudio Teixeira de Oliveira)

4. A AQUISIÇÃO E PERDA DA POSSE E DOS EFEITOS DA POSSE

Sumário: 4.1 Introdução – 4.2 Modos de aquisição da posse – 4.2.1 A enumeração do Código Civil – 4.2.2 Quem pode adquirir a posse – 4.2.3 Como se transmite a posse – 4.2.4 União, ou não de posses anteriores – 4.2.5 Atos que não induzem posse – 4.2.6 A posse do principal em razão do acessório – 4.3 Da perda da posse – 4.3.1 Dispositivos sobre a perda da posse – 4.3.2 Modos em que ocorre a perda da posse ‑ 4.3.2.1 Abandono – 4.3.2.2 Tradição – 4.3.2.3 Perda da própria coisa – 4.3.2.4 Destruição da coisa – 4.3.2.5 Extracomercialidade (coisa fora do comércio) – 4.3.2.6 Constituto possessório – 4.3.3 Como é considerada perdida a posse para o possuidor que não presenciou o esbulho – 4.4 Dos efeitos da posse – 4.4.1 Disciplinamento da matéria – 4.4.1.1 Tratamento jurídico da posse e sua proteção.

4.1. Introdução

Pelo estudo apresentado nos **Capítulos II e III**, verificamos que há um modo próprio de aquisição da posse, com os desdobramentos inerentes, além de, um modo de perda da dita posse. É uma decorrência de ordem natural, pois quando uma coisa é adquirida, há, ao mesmo tempo, via de regra, uma perda desta mesma coisa. E, por outro lado, para resguardar os modos de permanência/segurança de posse da coisa, sem violência e sem ameaças, a lei põe à disposição do possuidor os meios de defesa da posse.

Quando falamos em aquisição e perda da posse, não podemos perder de vista que a perda nem sempre decorre de uma situação com existência de nexo causal. Isto é, para o ato de aquisição da posse, não se faz necessário que haja o efetivo despojamento de outrem.

Melhor explicando o contido no parágrafo anterior: tal situação fica clara com a ocorrência da denominada posse originária, quer seja advinda de uma posse decorrente de uma coisa que estava na condição de *res derelicta*, quer de uma coisa que se encontrava como sendo *res nullium*, pois, em qualquer caso, o despojamento anterior não ocorreu, e não ocorreu em razão de que já não mais existia qualquer relação de posse de anterior possuidor com a coisa, sendo que não existia em razão de que nunca ela teve dono, ou, então, não existia por força de abandono (com a intenção inequívoca de tal intenção) dela pelo anterior dono.

A não existência da relação de ordem possessória, pela primeira situação, isto é, pela *res derelicta*, decorre de que o antigo possuidor teve a manifesta intenção de se desfazer da coisa, que deve ser coisa móvel, mesmo aquela com tração própria — como é o caso dos semoventes. Enquanto na segunda, *res nullium*, que também deve incidir sobre coisa móvel, a relação não existiu em tempo algum e aí é que consiste a essência, *stricto sensu*, da aquisição de forma originária, ou seja, posse sem existência de anterior possuidor.

Pelos Arts. 1.204 a 1.209 do Código Civil de 2002 (e Arts. 493 a 498 do Código Civil de 1916), estão elencados os modos de aquisição da posse; por sua vez, os Arts. 1.223 e 1.224 do Código Civil de 2002 (e Arts. 520 a 522 do Código Civil de 1916) disciplinam os modos de perda da posse; e, nos Arts. 1.210 a 1.222 do Código Civil de 2002 (e Arts. 499 a 519 do Código Civil de 1916), estão contidos os denominados efeitos da posse.

Para fins de oportunizar ao consulente uma visão de como o instituto da posse passou do tratamento das *Ordenações Philippinas* para o Código Civil de 1916 e, do mesmo modo, com poucas alterações, para o Código Civil de 2002 (como será estudado neste capítulo), assim como também para o Código de Processo Civil de 1939 e, do mesmo modo, para o Código de Processo Civil de 1973,[349] destacamos, a título de ilustração, tópicos do *Livro 4º, Título 58* (do que toma forçosamente posse da cousa que outrem possui), das ***Ordenações Philippinas*** (para não desvirtuar a grandiosidade do texto, manteremos a grafia do português vigente no Brasil Império).

Desse modo:

O que forçar ou esbulhar outrem da posse, em que está de alguma cousa, sem primeiro o citar para dizer de sua justiça, perca o direito que tiver na cousa, a qual será restituída ao esbulhado, ainda que o esbulhador allegue que he senhor d'ella. E se o esbulhador não tiver direito na cousa, pagará ao esbulhado outro tanto quanto a cousa valer, e mais todas as percas e damnos que elle de qualquer modo receber por essa causa. (Vide Liv. 3º, Tit. 48, §. 5.).

1. *Porém se a força não fôr verdadeira força, mas sómente huma quasi força de occupação de cousa vaga, que não estivesse corporalmente possuida por outrem; provando o forçador summariamente, em quatro dias perempetorios, por escriptura publica, ou testemunhas (nos casos em que estas se podem receber) que a dita cousa he sua; será relevado das sobreditas penas, e só obrigado a restituir ao esbulhado a sua posse: e depois d'ella restituida, poderão então litigar sobre a propriedade: e não provando nos quatro dias, tem perdido todo o direito, e nunca mais poderá prova-lo.*

2. *Tambem não encorrerá nas sobreditas penas aquelle que commetter a força em seu desforço: pois se o forçado quizer logo desforçar-se, e recobrar a sua posse, poderá faze-lo.*

Ao arbitrio do juiz fica o entender o tempo d'este logo conforme a qualidade da cousa, o lugar onde está, e as pessoas do forçador, e forçado. Porque entre homens de pequena condição entender-se-ha o logo antes que o forçador se possa occupar em acto diverso do da força: e sendo a força feita por pessoa poderosa em cousa de grande sustancia e lugar, onde o forçado não possa zinha ajuntar gente com que recobre a cousa forçada; entender-se-ha o logo, que o forçado tenha tempo conveniente de chamar seus parentes e amigos. De modo que segundo os casos bastaráõ dous ou tres meses, e não bastaráõ.

3. *O que houve alguma cousa por escriptura publica, que lhe traspassasse logo a posse d'ella, póde haver a dita posse, não achando quem a contradiga: e os tabelliães vendo essa escriptura lhe podem dar instrumento publico de como tomarão tal posse; e sem essa escriptura não dêm tal instrumento sob pena de pagarem a quem pertencer percas e damnos.*

---

[349] Pelo Código de Processo Civil de 2015 não ocorreu, de forma significativa, uma mudança do tratamento das ações possessórias.

4. *Á vista de testamento, codicillo, ou escriptura de aforamento feita pelo senhorio, podem tambem os tabelliães dar instrumento de posse a quem por taes titulos pertencer em virtude da Lei, posto que n'elles não esteja dado o poder de tomar; ut Liv. 1º, Tit. 78, §. 8.*[350]

Brevitatis causae (por motivo de brevidade), após esse apanhado histórico, vejamos, em particular, cada um dos meios de aquisição e perda da posse e mais os efeitos da posse.

4.2. Modos de aquisição da posse

Os modos pelos quais a posse pode ser adquirida são:

4.2.1. A enumeração do Código Civil

O Código Civil de 2002, Art. 1.204, deixou de lado a enumeração, que era tida como totalmente inócua, dos modos de aquisição da posse dos quais tratava o antigo Código Civil de 1916, por meio do Art. 493 e incs. I, II e III. Estabelece, desse modo, o aludido Art. 1.204 do Código Civil de 2002: "Adquire-se a posse desde o momento em que se torna possível o exercício, em nome próprio, de qualquer dos poderes inerentes à propriedade".

Desponta, pela transcrição do Art. 1.204 do Código Civil de 2002, que a posse já tem sua forma sacramental esculpida no Art. 1.196, do mesmo Código Civil (e Art. 496 do Código Civil de 1916), no qual está caracterizada a figura do possuidor e, por vias transversas, o tratamento da própria aquisição da posse. Aliás, embora com outros argumentos, é o que entende o doutrinador Silvio Rodrigues ao dizer: "É pequena a utilidade de regular legislativamente a aquisição da posse, como faz o Código Civil. Isso porque, se a posse é uma situação de fato e se o possuidor é aquele que exerce poderes inerentes ao domínio, evidentemente quem quer que se encontre no exercício de tais poderes é porque adquiriu a posse".[351]

Logicamente, como adverte o autor citado, só haverá posse se o possuidor puder exercer, "em nome próprio, os poderes inerentes da propriedade"; sendo que é com a apropriação da coisa que o possuidor poderá "dela dispor, usar ou gozar de suas vantagens, livremente, excluindo ação de terceiro, mediante o emprego de interditos possessórios".[352]

No Art. 1.204 do Código Civil de 2002, estão presentes os modos originários e derivados da aquisição da posse. Pelo modo originário, a posse é adquirida sem que haja necessidade de qualquer manifestação de vontade de anterior possuidor; enquanto pelo modo derivado, dá-se exatamente o contrário, isto é, para a aquisição da posse, o atual possuidor necessitou de um ato de vontade do anterior possuidor.

Como o modo originário e o derivado de aquisição da posse decorrem de situações jurídicas distintas, devemos ter presente que, pelo primeiro, a única exigência legal é que a conduta da apreensão da coisa decorra de um ato lícito de apossamento. Como exemplo, podemos trazer à baila o da apreensão de caça (desde que não defesa em lei), pois aqui não há aquisição de posse

---

[350] SUSANO, Luiz da Silva Alves de Azambuja. *Digesto brasileiro ou Extracto e commentario das ordenações e leis posteriores até ao presente*. Rio de Janeiro: Editado pela Casa de Eduardo e Henrique Laemmert, 1845. p. 79-81. Sendo de destacar-se que na apresentação do Digesto Brasileiro ainda consta tratar-se de: "Obra util a todos os cidadãos porque todos devem saber as leis do seu Paiz" e, arremata: "Obra Posthuma de hum antigo Dezembargador do Porto, emigrado no Brasil". Esta obra, uma verdadeira raridade, faz parte da biblioteca particular do autor deste livro.

[351] RODRIGUES, Silvio. *Direito civil*: direito das coisas. 22. ed. São Paulo: Saraiva, 1995. 5 v. em 7. p. 38.

[352] DINIZ, Maria Helena. *Código Civil anotado*. 8. ed. São Paulo: Saraiva, 2002. p. 707.

decorrente de uma relação jurídica derivada, e sim uma aquisição de forma originária, portanto, sem qualquer nexo causal. No segundo caso, forma derivada, faz-se necessário que haja observância dos aspectos legais da aquisição e da transmissão da coisa; por exemplo, deve ser levado em conta a capacidade dos agentes pactuantes, ou, se decorrente de um negócio de compra e venda, também, além da capacidade dos agentes, o objeto (que deve ser lícito e possível), o preço e as condições.

Inegavelmente, o modo originário é o que redunda em tomada de posse de uma coisa por parte de outrem sem que haja necessidade de perquirição sobre a existência de requisitos formais (desde que o objeto seja lícito e possível), como o da capacidade do agente e, ainda, sem interessar em saber quem era o possuidor anterior, pois, neste tipo de aquisição da posse, não há qualquer relação de causa e efeito (nexo causal) com a figura de anterior possuidor.

4.2.2. Quem pode adquirir a posse

Pelo Art. 1-.205, incs. I e II, do Código Civil de 2002 (e Art. 494, incs. I, II, III e IV, do Código Civil de 1916), consta o disciplinamento de quem pode adquirir a posse. Para facilitar a compreensão e o desenvolvimento da matéria, transcrevemos o comando legal. Assim, **Art. 1.205**, do Código Civil de 2002: A posse pode ser adquirida:

I. *pela própria pessoa que a pretende ou por seu representante;*

II. *por terceiro sem mandato, dependendo de ratificação.*

Pelo comando do inc. I, retro descrito, temos que a posse pode ser adquirida pela própria pessoa, e isso se constitui em verdadeira desnecessidade de constar do comando legal, pois é por demais óbvio que o próprio interessado, se maior e capaz, pode adquirir, por si mesmo, a posse de determinada coisa.[353] Tal comando representa a continuidade do que era preconizado pelo Digesto de Justiniano (*Digestorium Justiniani*), em face do estabelecido pelo Livro 41, "De como se adquire e se -perde a posse" (*Libro XLI, De adquirenda, est amittenda possessione*), que dispunha pelo §2º: "Adquirimos a posse por nós mesmos" (*Adipiscimur autem possessionem per nosmetipsos*).

A segunda parte do inc. I é que tem relevância maior, considerando-se que, embora incapaz o agente que pretende adquirir a posse, é possível que a aquisição dela se dê por meio de representante legal, que é quem representa legalmente a pessoa para a qual a posse está sendo adquirida. Assim, por exemplo, um menor de 16 anos somente poderá adquirir a posse se for representado pelos seus pais, tutor ou curador, conforme for o caso; se a posse for adquirida, por exemplo por maior de 16 anos e menor de 18 anos, terá que ter a assistência de quem legalmente o representa. Isso é assim em decorrência de que, embora possa ser adquirida a posse por incapaz, que detém a capacidade jurídica, ele não pode agir por conta própria em razão

---

[353] Estabelece o Art. 5º, *caput*, do CC de 2002: *A menoridade cessa aos dezoito anos completos, quando a pessoa fica habilitada à prática de todos os atos da vida civil.*

Nota 1: por meio do parágrafo único e respectivos incisos, relativos ao contido no Art. 5º, são mencionados outros modos em que cessa para os menores a incapacidade.

Nota 2: o Art. 5º do CC de 2002 corresponde ao que preconizava o Art. 9º, *caput*, do CC de 1916, só que naquele diploma legal a menoridade somente cessava aos 21 anos de idade. No mesmo artigo outras causas, em que cessava a menoridade, estão elencadas por meio do §1º e respectivos incisos e pelo §2º.

de que não detém a capacidade de fato.[354] A representação, em tais casos, é obrigatória, em decorrência de que ela decorre de expressa disposição legal.[355]

O inc. II, supratranscrito, alude na possibilidade de a posse poder ser adquirida por uma terceira pessoa, embora sem mandato, que o faz em nome de outrem. Neste caso, para que haja a efetiva aquisição da posse, o beneficiário deve ratificar o ato praticado por quem adquiriu a posse em seu nome; caso não haja a ratificação, não se consolida a aquisição da posse.

A figura do terceiro sem mandado, que adquire a posse em nome de outrem, significa, tecnicamente, que o terceiro adquirente age em nome de outrem ao adquirir a posse, embora sem poderes outorgados pelo beneficiário final, e assim procede porque tinha conhecimento do seu interesse na aquisição daquele bem (coisa) que foi adquirido.

A posse adquirida por terceiro sem mandato fica sempre na dependência de ser ratificada pela pessoa para a qual ela foi adquirida. O terceiro, ao adquirir a posse, age como gestor de negócio alheio (Arts. 861 a 875 do Código Civil de 2002, correspondentes aos Arts. 1.331 a 1.345 do Código Civil de 1916). A posse adquirida pelo gestor, e após ratificada pela pessoa para a qual foi adquirida, gerará efeitos desde o momento da aquisição, produzindo efeitos como se tivesse decorrido de mandato, conforme se infere do Art. 873 do Código Civil de 2002 (e Art. 1.343 do Código Civil de 1916).[356]

4.2.3. Como se transmite a posse

No Art. 1.206 do Código Civil de 2002 (e Art. 495 do Código Civil de 1916), consta: *A posse transmite-se aos herdeiros ou legatários do possuidor com os mesmos caracteres.* O legislador entendeu por deixar sedimentado, para fins de evitar dúvidas e disparidades interpretativas, que quando a posse não for adquirida de forma originária e nem por um dos meios anteriormente comentados, ela vem para o beneficiário com os mesmo vícios e virtudes que tinha nas mãos do anterior possuidor, desde que tal posse tenha passado para as mãos do atual beneficiário por meio de sucessão universal.

Ao comentar o Art. 1.206 do Código Civil de 2002, diz Joel Dias Figueira Júnior: "O caráter ou natureza da posse mantém-se inalterado durante o período de permanência com seu titular, transmitindo-se aos herdeiros e legatários, tal como ocorria precedentemente. Recebendo-a o sucessor, a título universal dá continuidade à posse de seu antecessor com os mesmos caracteres previamente estabelecidos (*successio possessionis*). Logo, se a posse padecia de algum vício objetivo ou subjetivo, assim permanecerá com o seu sucessor".[357] E assim é porque, na sucessão universal, o que existe, como registra coerentemente Francisco de Paula Lacerda de Almeida,

---

[354] Estabelece o Art. 1º. do CC de 2002: *Toda pessoa é capaz de direitos e deveres na ordem civil.*
Nota 1: o Art. 1º, anteriormente apontado, tinha tratamento pelo Art. 2º do CC de 1916.
Nota 2: a pessoa que preenche os requisitos da capacidade plena detém tanto a capacidade jurídica como a capacidade de fato; de outro lado, se não totalmente capaz, deterá tão somente a capacidade jurídica com a exclusão da capacidade de fato. Esta é a razão pela qual a pessoa capaz pode adquirir por si mesma a posse (no caso em estudo), enquanto a incapaz somente pode adquirir por meio de representante legal (que é quem representa ou assiste o incapaz, conforme se tratar de incapacidade plena ou incapacidade relativa).

[355] Estabelece o Art. 115, do CC de 2002: *Os poderes de representação conferem-se por lei ou pelo interessado.*
Nota: pelo CC de 1916, não há disposição igual à do Art. 115 do CC de 2002.

[356] O Código Civil da Argentina disciplina a aquisição da posse por terceiro, sem mandato, consoante artigo 2.398: "La posesión se adquiere por medio de un tercero que no sea mandatario para tomarla, desde que el acto sea ratificado por la persona para quien se tomo. La ratificación retrotrae la posesión adquirida al día en que fue tomada por el gestor oficioso".

[357] FIGUEIRA JÚNIOR, Joel Dias. *Novo Código Civil comentado.* Coordenação de Ricardo Fiúza. 9. tir. São Paulo: Saraiva, 2003. p. 1075-1076.

não é uma acessão de posse (*acessio possessionis*), e sim "sucessão na prescrição (*sucessio in usucapionem*)".[358]

Nos tópicos seguintes, ao tratarmos dos Arts. 1.207 a 1.209 do Código Civil de 2002, discorreremos de forma mais pormenorizada sobre tais formas de transmissão da posse.

4.2.4. União, ou não, de posses anteriores

Estabelece o Art. 1.207 do Código Civil de 2002 (e Art. 496 do Código Civil de 1916): *O sucessor universal continua de direito à posse do seu antecessor, e ao singular é facultado unir sua posse à do antecessor, para os efeitos legais.* Temos, então, que, na sucessão universal, o sucessor continuará, obrigatoriamente, a posse do antecessor; já na sucessão singular, pode, ou não (é facultativo), unir as posses.[359]

Analisando a matéria posta em relevo no parágrafo anterior, mormente em relação à parte que tem correspondência direta com a sucessão — quer a título universal, quer a título singular —, como quer o Art. 1.207 do Código Civil de 2002 (e Art. 496 do Código Civil de 1916), aflora que o sucessor universal continua de direito à posse de seu antecessor. Sucessor a título universal é aquele que substitui o titular primitivo na totalidade dos bens, ou numa quota ideal deles, como no caso do herdeiro. Como continuador da posse, recebe-a com os mesmos vícios e virtudes que estavam com o transmitente, ou seja, com o *de cujus*.

Já com relação ao sucessor a título singular, difere a regra legal. Sucessor a título singular é o que substitui o antecessor em direitos ou coisas determinadas, como é o comprador. De acordo com o Art. 1.207 do Código Civil de 2002, pode o novo possuidor, querendo, unir sua posse à do antecessor, isso em razão de que a *accessios possessionis* não é obrigatória. Trata o artigo em referência de mera faculdade que é diferida ao novo adquirente da posse, portanto cabe a ele exercitar, ou não, a união de posse anterior com a sua nova posse adquirida a título singular.

Caso, no entanto, venha o adquirente singular unir sua posse à do anterior possuidor, ela conterá as mesmas virtudes ou os mesmos vícios da anterior, de modo que, se a posse anterior era viciosa, viciosa continuará com o sucessor singular da nova posse; todavia, se desligar sua posse da do antecessor, como lhe é permitido, tê-lo-á purgado dos vícios que a maculavam, iniciando com a nova posse o prazo para consolidar direito de ser beneficiário de Usucapião ordinário,[360] em que o prazo é menor, embora haja necessidade de atendimento das a exigências em relação aos requisitos do justo título e da boa-fé.

---

[358] ALMEIDA, Francisco de Paula Lacerda. *Direito das cousas.* Rio de Janeiro: J. Ribeiro dos Santos, 1908. p. 274. Registra o autor: "Acessão de posse (*accessio possessionis*) há sim para o sucessor singular; o sucessor singular é que pode juntar a sua posse a posse do seu antecessor; para ele a sucessão é facultativa, pois pode começar de si o tempo da prescrição; para o herdeiro a sucessão é obrigatória".

[359] O Código Civil Italiano, ao dispor sobre a posse decorrente de sucessão e a posse decorrente de ato *inter vivos*, disciplina, pelo Art. 1146: "Successione nel possesso. Accessione del possesso.
Il posseso continua nell'erede con effetto dall'apertura della successione (456, 460).
Il successore a titolo particolare può unire al proprio possesso quello del suo autore per goderne gli effetti".

[360] Embora continue com a posse viciada, poderá o possuidor se valer do usucapião, só que aí é naquelas situações em que a lei não exige que tenha os requisitos do justo título e da boa-fé, como é caso, por exemplo, do usucapião extraordinário e as modalidades de usucapião especial da Constituição Federal de 1988 e os da Lei n.º 10.257/2001 (Estatuto da Cidade). Sobre o instituto do usucapião, recomendamos ao consulente a verificação das anotações constantes do Capítulo 3, parte final.

4.2.5. Atos que não induzem posse

O Art. 1.208 do Código Civil de 2002 (e Art. 497 do Código Civil de 1916) dispõe: Não induzem posse os atos de mera permissão ou tolerância assim como não autorizam a sua aquisição os atos violentos, ou clandestinos, senão depois de cessar a violência ou a clandestinidade.[361]

Desponta, pelo próprio comando legal, que juridicamente não é considerado como sendo possuidor aquele que mantém a coisa em razão de tolerância do efetivo e legítimo possuidor. Pelo comando legal, não há posse em razão de que o titular efetivo da posse pode, a qualquer tempo, não mais tolerar a continuidade da utilização dela por outrem. Na primeira parte do artigo em comento, está presente a denominada precariedade, ou seja, não consolida direito de posse a pessoa que detém a coisa enquanto precarista.

A posse precária não se configura como posse legítima, e disso se encarrega de deixar claro o Art. 1.208 do Código Civil de 2002 (e Art. 497 do Código Civil de 1916), no que também não diverge a melhor doutrina (**contudo, como esclarecemos pela nota inserida no rodapé, tem sido acolhida pela doutrina e pela jurisprudência que, mesmo a posse precária, em situações particularíssimas, pode dar margem ao Usucapião**).[362] Neste sentido, com amparo na doutrina de Antonio José de Souza Levenhagen, temos que a posse precária "não configura posse legítima. Se, por exemplo, uma pessoa permite ou tolera que um vizinho passe por seus terrenos, com o intuito apenas de servi-lo, essa permissão ou tolerância não induzirá posse, em vista da precariedade da concessão. O beneficiado está perfeitamente inteirado de que, sendo mero favor, a concessão poderá ser suspensa a qualquer momento. Se, portanto, houver relutância de sua parte em conformar-se com a suspensão, o possuidor poderá valer-se do interdito possessório, pois estará caracterizada a turbação, cabendo, portanto, a ação de manutenção de posse".[363]

Também, por outro lado, no que diz respeito à parte final do artigo em comento, enquanto não cessar os vícios da violência e da clandestinidade, não há configuração de posse em favor daquele que os praticou, ou que recebeu a coisa com tais vícios.

Resta sabermos, objetivamente, o que significa a violência e a clandestinidade que, quando ocorrem, descaracterizam a posse.[364] Analisemos, num primeiro momento, a posse decorrente de violência. "Por violenta entende-se a posse adquirida mediante força — seja ela física, com ou sem arma, moral, através de chantagem ou ameaças sérias —, o que caracteriza a não-violenta como a mansa, pacífica e tranquila. A violência se caracteriza seja exercida pelo próprio esbulhador, em ato próprio, ou através de agentes, e contra o possuidor esbulhado, seu representante ou o fâmulo. O importante a se detectar é que a violência, que classifica a posse como injusta, é a

---

[361] O Código Civil da Venezuela, ao tratar sobre atos que não possibilitam a aquisição da posse, diz, pelo artigo 776: "Los actos meramente facultativos, y los de simple tolerancia no pueden servir de fundamento para la aquisición de la posesión legítima".

[362] **Não comungam deste posicionamento os doutrinadores Cristiano Chaves de Farias e Nelson Rosenvald, que entendem que em caso de omissão do proprietário, que não ingressa com ação de reintegração de posse, quando o precarista não lhe devolva a coisa, abre campo para que a posse precária possa convalidar-se e gerar usucapião. Dizem os mesmos: "Destarte, se o proprietário esbulhado decurar em enfrentar a posse injusta, temos que o abandono prolongado e a incúria no trato com a coisa denotam alteração de caráter da posse. Em outras palavras, uma posse injusta pela precariedade e, em princípio, inapta a gerar usucapião, sofre o fenômeno da inversão e o possuidor adquire** animus domini. O que começou com detenção ou posse direta transmuda-se e adquire autonomia, passando a contar prazo para aquisição de propriedade pela via da usucapião" (FARIAS, Cristiano Chaves de; ROSENVALD, Nelson. Direitos reais. 4. ed. Rio de Janeiro: Lumen Juris, 2007. p. 86). NOTA: Comungamos deste pensar e já manifestamos nossa posição no tópico "3.3.2.1.1 Interversão Possessória".

[363] LEVENHAGEN, Antônio José de Souza. Posse, possessória e usucapião. 3. ed. São Paulo: Atlas, 1982. p. 32.

[364] Lembramos que em outra parte desta obra, no Capítulo 3, no tópico 3.3.2.1, relativo à Simbiose da posse justa e da posse injusta, referente aos meios de classificação da posse, já discorremos sobre os vícios da violência, da clandestinidade e da precariedade.

exercida contra- a pessoa do possuidor (do representante ou fâmulo) ou, na figura da chantagem ou ameaça, contra seus parentes, familiares e amigos".[365]

Por seu turno, em relação à posse clandestina, doutrina Orlando Gomes que vem ser a "que se adquire às ocultas". É aquela em que "o possuidor a obtém, usando de artifícios para iludir o que tem a posse, ou agindo às escondidas. Assim, aquele que, à noite, muda cerca divisória de seu terreno, apropriando-se de parte do prédio vizinho".[366]

4.2.6. A posse do principal em razão do acessório

Estabelece o Art. 1.209 do Código Civil de 2002 (e 498 do Código Civil de 1916): *A posse do imóvel faz presumir, até prova contrária, a das coisas móveis que nele estiverem.* Tal dispositivo representa o princípio geral já consagrado em direito que o acessório segue a -sorte do principal.[367]

De tal sorte, de conformidade com a dicção do artigo em comento, os móveis integram o imóvel que está sendo possuído. Se os bens móveis existentes num imóvel possuído por alguém não fizerem parte deste mesmo imóvel, estarão, em princípio, salvo prova em contrário (que deverá ser produzida, para afastar a presunção *juris tantum,* de que não se trata de acessório do principal), fora do contexto de serem considerados como acessórios. Não sendo acessórios os móveis, não é aplicável o contido no Art. 1.209 do Código Civil de 2002 (e Art. 498 do Código Civil de 1916), assim como também não será aplicado se for feita prova em contrário de que eles não integravam o principal (Art. 92, do Código Civil de 2002 e Art. 58 do Código Civil de 1916).

As coisas acessórias, salvo disposição expressa em contrário, seguem o destino da principal -(Código Civil, Art. 59) [Art. 92. Principal é o bem que existe sobre si, abstrata ou concretamente; acessório, aquele cuja existência supõe a do principal] "– *"Accessorium sequitur principale"*. A coisa acessória está de tal forma subordinada ao mesmo direito da principal, identificando-se, por assim dizer, com ela, que o proprietário da principal o é também das acessórias, assistindo-lhe o direito de reivindicá-las com aquela; e quem tem a posse daquela tem invariavelmente a dessas; donde a consequência de que, com respeito às acessórias, não se podem ela usucapir independentemente da principal. **Impossível, portanto, usucapir o prédio independentemente do terreno sobre o qual está construído**

Na parte sublinhada anteriormente, gizamos que, presentemente, ela não pode ser aplicada em toda e qualquer situação. Para tanto, **chamamos a atenção para o Direito de Laje, em que é possível usucapir somente a parte construída sem fração do terreno**. Para verificação, encaminhamos o consulente para o que apontamos por meio do **tópico "3.2.A. Direito de Laje – aspectos históricos e atuais"**.

-Não está, a toda evidência, o Art. 1.209 do Código Civil de 2002 (e Art. 498 do Código Civil de 1916) fazendo qualquer alusão às pertenças, pois estas diferem dos acessórios, considerando o contido no **Art. 93**, do Código Civil de 2002 (sem igual previsão no Código Civil de 1916), que diz: *São pertenças os bens que, não constituindo partes integrantes, se destinam, de modo duradouro, ao uso, ao serviço ou ao aformoseamento de outro.* Quando se tratar de pertenças, não se estará, sem

---

[365] NASCIMENTO, Tupinambá Miguel Castro do. *Posse e propriedade.* Rio de Janeiro: Aide, 1986. p. 52.

[366] GOMES, Orlando. *Direitos reais.* 6. ed. Rio de Janeiro: Forense, 1978. p. 48.

[367] O Art. 92, do Código Civil de 2002 (e Art. 58 do Código Civil de 1916) esclarece o que vem a ser principal e o que vem ser acessório. Assim, conforme a disposição legal: *Principal é o bem que existe sobre si, abstrata ou -concretamente; acessório, aquele cuja existência supõe a do principal.*

qualquer dúvida, frente à mesma regra dos acessórios, pois as pertenças, como visto, não integram o principal, pois tem elas situação jurídica distinta.

4.3. Da perda da posse

Arrolamos, infra, os modos pelos quais se perde a posse.

4.3.1. Dispositivos sobre a perda da posse

Considerando o comando dos Arts. 1.223 e 1.224 do Código Civil de 2002 (e Arts. 520, 521 e 522 do Código Civil de 1916), desponta que a posse pode ser perdida por vários fatores, alguns praticados pelo próprio possuidor (intenção de se desfazer da coisa, muito embora não se possa adquirir posse tão somente pela intenção, o que já era preconizado pelo Digesto de Justiniano), e outros por atos ou fatos ocorridos sem a sua participação, por exemplo, ocorrência de caso fortuito.

4.3.2. Modos em que ocorre a perda da posse[368] [369]

Decorrem do próprio comando legal do Art. 1.223 do Código Civil de 2002 (e Art. 520 do Código Civil de 1916), em que consta: Perde-se a posse quando cessa, embora contra a vontade do possuidor, o poder sobre o bem, ao qual se refere o Art. 1.196. Assim sendo, o possuidor que não mais tiver o direito de uso, gozo e disposição, conforme comandos do Art. 1.196 do Código Civil de 2002 (e Art. 524 do Código Civil de 1916), terá perdido a posse do bem, quer seja imóvel, quer seja móvel.

A posse será perdida, via de regra, por um dos seguintes acontecimentos:

a. por destruição (em razão de fato involuntário à vontade do possuidor da coisa) e/ou por meio de desapropriação (que vem a ser ato de império do Poder Público, que acorre independentemente da vontade do possuidor da coisa);

b. fato da própria coisa (como ocorre, exemplificativamente, quando da destruição da coisa, em razão da perda de seu valor econômico);

c. ato do possuidor (decorrente de ato de vontade do próprio possuidor da coisa).

Por outro lado, na mesma linha do posicionamento traduzido por Maria Helena Diniz, verificamos que a perda da posse, em razão da posse de outrem, ocorre mesmo "contra a vontade

---

[368] Carlos Alberto Bittar (*Direitos reais*. Rio de Janeiro: Forense Universitária, 1991. p. 52), declina: "No plano doutrinário costuma-se resumir a perda em: *corpore*, pela cessação do poder físico sobre a coisa; *animo*, pela postura voluntária de não mais desejar a coisa; *corpore et animo*, pela cessação, por vontade, do poder físico sobre a coisa. Mas, em hipóteses outras pode haver perda da posse, como na derivada de decisão judicial, ou de desapropriação".

[369] O Código Civil do México elenca como causas da perda da posse: "Artículo 828: La posesión se pierde:
I. Por abandono;
II. Por cesión a título oneroso o gratuito;
III. Por la destrucción o perdida de la cosa o por quedar esta fuera del comercio;
IV. Por resolución judicial;
V. Por despojo, si la posesión del despojado dura mas de un año;
VI. Por reivindicación del propietario;
VII. Por expropiación por causa de utilidad publica".

do possuidor se este não foi manutenido ou reintegrado em tempo competente. Assim é, porque a posse é exclusiva: firmada a nova, opera-se a extinção da anterior".[370]

Realmente, como afirmado no anterior parágrafo, ato de terceiro que importa desapossamento violento do possuidor, sem que este consiga, seja pelo desforço imediato, seja pelas vias possessórias, reaver a posse da coisa, é motivo para a extinção da posse antiga e criação de nova posse inicialmente viciada pela violência, ou clandestinidade exercida, só que essas, posteriormente, convalescem, e isto se dá desaparecendo o motivo que a viciou, ou seja, quando cessada a violência ou a clandestinidade. Só não se convalida a posse precária, salvo se fatos outros comprovarem que ela deixou de existir, ainda que sem ato formal por parte do instituidor.

As demais situações decorrem de ato de vontade do possuidor, mas também são causas de perda da posse, de forma que pela segunda situação de perda da posse — decorrente de fato da própria coisa —, ela poderá ser perdida, independentemente da vontade do possuidor. Nessa situação, estão os casos de destruição ou desaparecimento da coisa possuída e de determinação legal, colocando-a fora do comércio.

Também, como terceira situação, temos o caso da cessação da posse por ato de vontade do próprio possuidor, como, exemplificativamente, quando ele abandona espontaneamente a coisa, ou, então, quando ele transfere, onerosamente ou graciosamente, a coisa a outrem. Releva notar, no entanto, que o fato de o possuidor não exercer livremente, por determinado tempo, a posse sobre a coisa não significa que ele se despojou dela. Assim ocorre, por exemplo, em relação a uma casa de campo ou de praia que mantenha para fins de lazer.

As formas de perda da posse, em razão do Art. 1.223 do Código Civil de 2002, não se resumem, numericamente e de forma taxativa, tão somente às anunciadas anteriormente, pois também, como já descrevia o Art. 520 do Código Civil de 1916, outras causas podem redundar na perda da posse. Desse modo, para melhor entendimento da matéria, aludimos, de forma destacada, àqueles meios de perda da posse já anteriormente previstos — Art. 520, Código Civil de 1916 — e que são aplicáveis ao enunciado, genericamente, pelo Art. 1.223 do Código Civil de 2002.

São, pois, na forma do Art. 520 do Código Civil de 1916 e aplicáveis pelo atual Código Civil (embora não expressamente previstos), outros meios pelos quais pode ocorrer a perda da posse e que são: abandono; tradição; perda da própria coisa; destruição da coisa; extracomercialidade (coisa fora do comércio); constituto possessório. Considerando a relevância de cada um dos institutos jurídicos referidos é que passamos a discorrer sobre cada um, na forma dos tópicos infra.

4.3.2.1. Abandono

Abandono é a manifestação da vontade do possuidor de não mais continuar a exercitar a posse, deixando a coisa abandonada sem qualquer preocupação com o seu destino. Entra tanto o elemento objetivo (material ou real), que é o ato ou gesto físico do abandono, e o elemento subjetivo (elemento psíquico), que é o ânimo, a vontade, de abandonar a coisa.

---

[370] DINIZ, Maria Helena. *Curso de direito civil brasileiro*: direito das coisas. 17. ed. São Paulo: Saraiva, 2002. 4 v. em 7. p. 71.

4.3.2.2. Tradição

A tradição se constitui na entrega da coisa. É a passagem da coisa de um possuidor (podendo, quando o caso, ser de um proprietário) para outro. Pode ser: efetiva, ou material, simbólica ou ficta e consensual.

Esclarecendo cada uma das situações correspondentes à perda da posse pela tradição, podemos afirmar que a tradição efetiva ou material é aquela que se manifesta por uma entrega real do bem, como sucede quando o vendedor passa ao comprador a coisa vendida.

Por seu turno, a tradição simbólica ou ficta é uma forma espiritualizada da tradição, substituindo-se a entrega material do bem por atos indicativos do propósito de transmitir a posse. Exemplificativamente: basta ao possuidor de um veículo entregar suas chaves a outrem para que haja transferência de posse do mencionado móvel.

No que se refere às modalidades de tradição consensual, no caso, a *traditio longa manu* e *traditio brevi manu*, temos, respaldados na boa doutrina, representada por Arnoldo Wald, o esclarecimento de que "isto é assim porque às vezes não é preciso que o adquirente ponha a mão na própria coisa, como uma fazenda de grande extensão, para ser tido como possuidor; basta que ela esteja à sua disposição. Se ninguém a detém, efetua-se a *traditio longa manu*. Além disso quando uma pessoa que já tem, por exemplo, a posse direta da coisa, como locatário ou depositário, adquire o seu domínio, não precisa devolvê-la ao antigo dono para que este lhe faça a entrega (tradição real); para tanto basta a demissão voluntária da posse pelo transmitente, caso em que se tem a *traditio brevi manu*. Assim o possuidor de uma coisa em nome alheio passa a possuí-la como própria".[371]

4.3.2.3. Perda da própria coisa

A perda da posse em decorrência da própria coisa ocorre pela ignorância da localização da coisa que era possuída, sendo, ainda, impossível encontrá-la. Não é, no caso, um abandono da posse, e sim uma ignorância do local onde se encontra a coisa possuída.

Aquele que acha a coisa perdida tem, somente, a posse de descobridor, cabendo-lhe entregá-la ao seu legítimo possuidor, conforme estabelecido pelo Art. 1.233[372] do Código Civil de 2002 (e Art. 603 do Código Civil de 1916, em que o *nomen juris*, do que achava coisa perdida, era inventor, atualmente, pelo Código Civil de 2002, descobridor).

4.3.2.4. Destruição da coisa

A perda da posse pela destruição da coisa consiste na perda das qualidades essenciais, ou do valor econômico do bem, e ocorre quando:

a. o bem deixa de existir;

b. quando o bem se confundir com outro, de forma que impossibilite a distinção; e

---

[371] WALD, Arnoldo. *Curso de direito civil brasileiro*: direito das coisas. 10. ed. São Paulo: Revista dos Tribunais, 1995. p. 83-84.

[372] O Código de Processo Civil regula a matéria, como coisas vagas, pelos Arts. 1.170 a 1.176; pelo Código Penal a matéria encontra tipificação no Art. 169, II.

c. quando o exercício da posse torna-se inacessível.[373]

Não devemos confundir perda e destruição, considerando que são coisas diversas. Para exemplificar: a perda incide somente sobre os bens móveis; enquanto a destruição tanto recai sobre bens móveis como sobre bens imóveis. A perda envolve sempre ato humano, proveniente de descuido e/ou negligência. Destruição, por sua vez, poderá envolver ato humano praticado livremente; por exemplo, a demolição de uma casa, ou uma ação decorrente de força da natureza (caso fortuito) sem a participação efetiva de ato humano, como, exemplificativamente, a perda de uma plantação em razão de inundação por águas da chuva.

4.3.2.5. Extracomercialidade (coisa fora do comércio)

Considera-se como extracomerciáveis aquelas coisas que não podem ser compradas nem vendidas, não podem, inclusive, por prescrição legal, passar para o patrimônio de determinada pessoa, quando já tem um proprietário, ou quando existe um obstáculo legal que impeça que ela faça parte de um patrimônio.

Como coisas que estão fora do comércio (extracomerciável), podemos exemplificar com o ar e a luz solar, que existem em abundância na natureza e, basicamente por isso, são insuscetíveis de apropriação pelo ser humano. Já as coisas públicas, como outro exemplo, são aquelas de uso comum do povo, e, de outro lado, as especiais são tidas como fora do comércio, conforme se extrai do Art. 99, incs. I e II, do Código Civil de 2002, em combinação com o preconizado pelo Art. 100 do mesmo Código Civil de 2002 (e Art. 66, inc. I, do Código Civil de 1916, com observância do contido no Art. 67, do mesmo Código Civil de 1916).

Outros bens, por expressa disposição legal, também não podem ser comercializados, "embora sejam materialmente apropriáveis", como lecionam Pablo Stolze Gagliano e Rodolfo Pamplona Filho, são "legalmente inalienáveis", pois, segundo aduzem os autores, "têm sua livre comercialização vedada por lei para atender a interesses econômicos-sociais, de defesa social ou de proteção de pessoas. Só excepcionalmente podem ser alienados, o que exige lei específica ou decisão judicial."[374] Dentre os bens considerados, por expressa disposição legal, como inalienáveis, destacamos, exemplificativamente: as terras tradicionalmente ocupadas pelos indígenas (Constituição Federal de 1988, Art. 231, §4º; Lei n.º 6.001/73, Art. 22, parágrafo único) e as áreas comuns do condomínio (Lei n.º 4.591/64, Art. 1º, §2º).

---

[373] Interessante registrar, para fins de comparação histórica, que pelo *Digesto de Justiniano* (*Digestorium Justiniani*), em face do estabelecido pelo Livro 41, De como se adquire e se perde a posse (*Libro XLI, De adquirenda, est amittenda possessione*), constava do §17: "Labeão e Nerva, filho, decidem que perdemos a posse de um terreno invadido pelas águas de um rio ou do mar ("Labeo, et Nerva, filus, responderunt, desinere me possidere eum locum, quem flumen aut mare occupaverit").

[374] GAGLIANO, Pablo Stolze; PAMPLONA FILHO, Rodolfo. *Novo curso de direito civil*. 5. ed. São Paulo: Saraiva, 2004. v. 1. p. 293-294. Parte geral. Além dos denominados *bens inalienáveis*, que os autores esclarecem que "são também bens chamados de bens com inalienabilidade real ou objetiva", elencam, ainda, como fora do comércio, os bens "inapropriáveis pela própria natureza (também são chamados de *bens com inalienabilidade pessoal ou subjetiva*"), que são os "bens de uso inexaurível, como o mar, e a luz solar"; e, por último, os bens "*inalienáveis pela vontade humana*", que são "bens que, por ato de vontade, em negócios gratuitos, são excluídos do comércio jurídico, gravando-se com a cláusula de inalienabilidade/ impenhorabilidade". Sobre esta última categoria de bens inalienáveis, por ato de vontade, os autores destacam: "Admite-se a relativização de tais cláusulas, pela via judicial, em situações excepcionais, como moléstias graves do titular, para garantir a utilidade do bem, nesse caso, o sentido da jurisprudência é na busca da prevalência do fim social da norma".

4.3.2.6. Constituto possessório

É caracterizado o constituto possessório (*constitutum possessorium*) como sendo tanto um meio de perda, como um meio de aquisição da posse, pois, na medida em que alguém perde, tem outro que a ganha.

O constituto possessório decorre da figura jurídica da pessoa que, de detentor em nome próprio, portanto, que detém a posse plena (direta e indireta), passa, a partir de determinado momento, a ter tão somente a posse como detentor *pro alieno*. Isto é, a posse indireta é do novo possuidor, por exemplo, do comprador da coisa. No constituto possessório, como doutrina Roberto Senise Lisboa, "há uma relação de causalidade indispensável entre o ato de apreensão da coisa e o *animus possidenti*. Nele, vigora o entendimento segundo o qual aquele que possui diretamente a coisa, na verdade a está possuindo para outra pessoa".[375]

Também, como faz ver, de forma bem pontual e didática, Marcelo Guimarães Rodrigues, o constituto possessório "é cláusula contratual pela qual o possuidor transfere a posse a outra pessoa, continuando porém a possuir o mesmo bem, a partir de então, em nome alheio, na condição de detentor. Aí temos dois atos jurídicos que acontecem simultaneamente, em que há transferência e conservação da posse, como ocorre, por exemplo, quando o comprador não recebe imediatamente a coisa comprada, deixando-a em poder do vendedor. Poderá, no entanto, ter desde logo as vantagens próprias da posse, como a percepção dos frutos, a proteção possessória, etc.".[376]

No atual Código Civil Brasileiro de 2002, o legislador não mais fez alusão ao Constituto Possessório, de modo que a caracterização dele somente tem eficácia pelos efeitos que produziu no Código Civil de 1916 (revogado).

Embora não mais recebendo tratamento específico pelo direito positivo brasileiro, não podemos deixar de relacioná-lo em razão dos efeitos que ele já produziu e, de outro lado, pelo fato de que ele tem sua vigência e aplicação pelos Códigos Civis de países que analisamos pelo Direito Comparado com o Direito Brasileiro. A título exemplificativo, vejamos:

a. O Constituto Possessório no Código Civil de Portugal (<u>Atualizado de acordo com: Lei n.º 10/2024, de 8 de janeiro</u>): **ARTIGO 1264º (Constituto possessório)**

1. Se o titular do direito real, que está na posse da coisa, transmitir esse direito a outrem, não deixa de considerar-se transferida a posse para o adquirente, ainda que, por qualquer causa, aquele continue a deter a coisa.

2. Se o detentor da coisa, à data do negócio translativo do direito, for um terceiro, não deixa de considerar-se igualmente transferida a posse, ainda que essa detenção haja de continuar.

b. Código Civil de **Cabo Verde** e o constituto possessório. **Artigo 1264º (Constituto possessório)**

---

[375] LISBOA, Roberto Senise. *Manual elementar de direito civil*: direitos reais e direitos intelectuais. 2. ed. São Paulo: Revista dos Tribunais, 2003. 4 v. em 5. p. 85.

[376] RODRIGUES, Marcelo Guimarães. *Direito civil*: questões dissertativas com respostas. Belo Horizonte: Inédita, 1999. p. 84.

1. Se o titular do direito real, que está na posse da coisa, transmitir esse direito a outrem, não deixa de considerar-se transferida a posse para o adquirente, ainda que, por qualquer causa, aquele continue a deter a coisa.
2. Se o detentor da coisa, à data do negócio translativo do direito, for um terceiro, não deixa de considerar-se igualmente transferida a posse, ainda que essa detenção haja de continuar.

c. Código Civil de **Moçambique** e o constituto possessório. **Artigo 1188 (Constituto possessório)**

1. Se o possuidor transmitir a outrem o direito nos termos do qual possui, não deixa de considerar-se transferida a posse para o adquirente, ainda que, por qualquer causa, aquele continue a deter a coisa.
2. Se o detentor da coisa, à data do negócio translativo do direito, for um terceiro, não deixa de considerar-se igualmente transferida a posse, ainda que essa detenção haja de continuar.

d. Código Civil de **Timor-Leste** e o constituto possessório. **Artigo 1184º (Constituto possessório)**

1. Se o titular do direito real, que está na posse da coisa, transmitir esse direito a outrem, não deixa de considerar-se transferida a posse para o adquirente, ainda que, por qualquer causa, aquele continue a deter a coisa.
2. Se o detentor da coisa, à data do negócio translativo do direito, for um terceiro, não deixa de considerar-se igualmente transferida a posse, ainda que essa detenção haja de continuar.

4.3.3. Como é considerada perdida a posse para o possuidor que não presenciou o esbulho

A perda da posse é disciplinada pelo Art. 1.224 do Código Civil de 2002 (e Art. 522 do Código Civil de 1916), que dispõe: Só se considera perdida a posse para quem não presenciou o esbulho, quando, tendo notícia dele, se abstém de retornar a coisa, ou, tentando recuperá-la, é violentamente repelido.

O que é visado por meio deste comando legal é que o possuidor, quando da ocorrência do ato de esbulho de sua posse, que estiver, por qualquer razão, ausente, somente terá como caracterizada a perda de sua posse em dois momentos oportunos, a saber: primeiro, quando tendo tomado ciência do esbulho, mantém-se inerte e nada faz para a retomada da posse esbulhada; segundo, buscando a retomada da posse, por meios próprios — via do desforço pessoal —, é impedido de forma violenta.

Havendo a retomada da posse, por ação física do próprio possuidor esbulhado, a situação retorna ao seu *status quo ante* e não será objeto de maiores perquirições; numa outra vertente, não logrando o possuidor se reintegrar pela sua própria força (desforço pessoal, que nada mais é do que exercício de legítima defesa em favor da posse), o esbulho praticado continuará eficaz e somente poderá ser resolvido por meio de competente ação judicial.

Divergindo do próprio comando legal e da doutrina já consolidada sobre o assunto ventilado pelo Art. 1.224 do Código Civil de 2002, que, praticamente, repete o que já previa o Art. 522 do CC de 1916, o doutrinador Silvio Rodrigues entende que o artigo em comento não guarda justa consonância com o efetivo interesse social que decorre da posse, embora em favor do esbulhador. Doutrina o aludido autor: "Contudo a solução da lei era e continua má, por se inspirar na preocupação excessivamente individualista de proteger o possuidor em viagem, ou fora do lugar onde se encontra a coisa possuída. O artigo em tese deve ser suprimido, pois cria uma discriminação em favor daquele possuidor negligente, em detrimento do interesse social, que é no sentido de conferir proteção a quem quer que, mansa e pacificamente, exerça posse pública por mais de ano e dia".[377]

Embora o ponto de vista doutrinário defendido por Silvio Rodrigues, conforme mencionado, ele não é o mais coerente com os próprios fins de proteção da posse que objetiva o legislador do Código Civil. Tanto é verdade, que, para a proteção da posse violada, foram criados mecanismos legais e específicos de proteção, o que será, inclusive, objeto de análise no **tópico 4.4,** alusivo aos efeitos que a posse produz, quando voltaremos a falar do sobre o desforço pessoal.

No nosso modo de ver, o posicionamento adotado pelo legislador do Código Civil de 2002, no que se mantém fiel ao pensamento do legislador do Código Civil de 1916, é o mais coerente e, como tal, não merece qualquer alteração o texto do Art. 1.224 do Código Civil de 2002.

4.4. Dos efeitos da posse

Serão analisados, a seguir, e cada um de forma individual, os meios jurídicos com os quais o possuidor conta para a defesa de sua posse, quando violada ou na iminência de sê-lo.

4.4.1. Disciplinamento da matéria

A -matéria, objeto do presente estudo, é regida por meio dos Arts. 1.210 a 1.222 do Código Civil de 2002 (e Arts. 499 a 519 do Código Civil de 1916).

Nesta parte do estudo, estamos deixando de lado os artigos que tratam dos frutos, mais precisamente os Arts. 1.214 a 1.216 do Código Civil de 2002 (e Arts. 510 a 513 do Código Civil de 1916), e os artigos que tratam das benfeitorias, no caso, os Arts. 1.219 a 1.222 do Código Civil de 2002 (e Arts. 516 a 519 do Código Civil de 1916), pois a matéria já foi estudada no **Capítulo 3**, mais precisamente no tópico 3.4.3, no qual entendemos que ela fica mais bem posicionada. Esta parte da matéria destina-se a tecer algumas considerações sobre o tratamento jurídico da posse e da sua proteção (conforme **tópico 4.4.1.1**, infra), o que se dá por meio das ações possessórias típicas (e naquelas que também podem redundar em benefício da proteção da posse, as denominamos de ações possessórias atípicas).

Todas as ações possessórias (típicas e atípicas) serão estudadas, de forma ampla, por meio do **Capítulo V**, no qual analisaremos todos os seus desdobramentos e suas consequências jurídicas.

---

[377] RODRIGUES, Silvio. *Direito civil*: direito das coisas. 22. ed. São Paulo: Saraiva, 1995. 5 v. em 7. p. 49.

4.4.1.1. Tratamento jurídico da posse e sua proteção

Por força do Código Civil, a posse recebe tratamento bem amplo, o que diverge de algumas posições doutrinárias mais antigas, que só viam nela um único efeito, qual seja, o de dar ao possuidor o amparo de poder invocar os interditos possessórios. Não é demais apontar: ações possessórias são a mesma coisa que *interditos possessórios*, não há diferença alguma, a não ser a denominação, e são mecanismos que têm por finalidade a defesa da posse – e tão somente da posse –, que, de conformidade com a gravidade da ofensa praticada contra ela, abre a possibilidade do manejo das seguintes ações judiciais (deixando de fora a legítima defesa da posse – DESFORÇO PESSOAL): a) *esbulho*, b) *turbação* e, c) *ameaça* (interdito proibitório).

É, hodiernamente, matéria ultrapassada aquela que não vislumbra todos os efeitos decorrentes da posse e não merece análise apartada, pois está totalmente dissociada da legislação positiva brasileira e preconizada, na parte material, pelo Código Civil, e, na parte processual, pelo Código de Processo Civil.

A razão pela qual a posse está inserida no Direito Civil e no Direito Processual civil decorre de que os efeitos dela, originalmente circunscritos apenas ao direito de propriedade, foram sendo de forma progressiva estendidos a todos os direitos reais compatíveis com a aparência, a exterioridade e o uso.

Em complementação ao pensamento exposto no anterior parágrafo, destacamos a lição de Sílvio de Salvo Venosa, que desponta que "a proteção da posse implica ação, ainda que pré-processual mediante a autotutela permitida pelo ordenamento, seu estudo está inevitavelmente ligado aos procedimentos de defesa; portanto, ao processo possessório. Essa a razão pela qual se mostram indissociáveis no estudo da proteção possessória. As minúcias dos procedimentos devem ser regradas pelas leis de processo. As bases, os fundamentos e as modalidades de proteção possessória devem vir descritos pela lei material. Existe também outra razão, esta de ordem histórica, para a matéria ser tratada pelo Código Civil. A legislação processual à época do Código era atribuída aos Estados. Temia-se que, se relegadas as ações possessórias aos estatutos processuais, ficariam dispersos os elementos da teoria possessória, ficando muito precária sua firmeza".[378]

Logicamente que, na parte processual da matéria, o que tem predominância, modernamente, são as regras de tratamento previstas pelo Código de Processo Civil, muito embora subsistam todos os disciplinamentos do Código Civil, que, embora eliminando alguns "vícios" processuais que povoavam o anterior (de 1916), ainda mantêm alguns dispositivos com claros comandos processuais.

Pela própria lei, a posse está desvinculada da proteção que é dada à propriedade. Para a posse, há a devida proteção, independentemente da configuração do domínio na mesma pessoa. O que visa a lei é a proteção possessória sem qualquer preocupação com a proteção que é, juridicamente, concedida à propriedade.[379]

---

[378] **Sílvio de Salvo Venosa** (*Direito civil: direitos reais.* 3. ed. São Paulo: Atlas, 2003.v.5, p 87) diz, ainda: "Assim sendo, as normas de proteção da posse encontram-se no Código Civil e no Código de Processo Civil. Os dispositivos de direito material, entre nós, também se aplicam aos bens móveis. O estatuto processual refere-se à posse das coisas móveis no procedimento sumaríssimo [pelo Art. 275, II, que, esclarece-se, fora da citação do autor, o procedimento é, agora, sumário, isto por força da Lei n.º 9.245, de 26.12.95], o que não inibe o procedimento especial das ações possessórias para essa classe de bens, quando se tratar de ação de posse nova".

[379] **Não discrepa deste entendimento Arnaldo Rizzardo** (*Direito das coisas.* Rio de Janeiro: Aide, 1991. v. 1. p. 131), ao dizer: "A lei considera a proteção possessória inteiramente independente e desligada da proteção da propriedade".

Tantos são os efeitos da posse que Clóvis Beviláqua, amparado em Astolpho Rezende, já proclamava, ao seu tempo: "A posse tem os efeitos que a lei lhe atribuir".[380][381][382]

Levando em conta os amplos e intrincados aspectos que a posse tem em relação aos meios próprios para a consolidação de sua defesa é que trataremos, no Capítulo V, das ações destinadas à proteção da posse, ou seja: a) manutenção de posse; b) reintegração de posse; e c) interdito proibitório, em face do Código Civil — tanto o atual (de 2002), como do revogado (o de 1916) —, com o necessário embasamento do Código de Processo Civil.

Com amparo, ainda, no Código de Processo Civil, abordaremos, ainda, aquelas ações que também comportam a defesa da posse, no caso: a) ação de nunciação de obra nova; b) ação de dano infecto; e c) ação embargos de terceiro. Tais modalidades de ações denominamos ações atípicas de proteção da posse.

Por fim, embora não sendo ação de natureza jurídica processual, e sim ação de natureza física, em que pese gozar de proteção jurídica, analisaremos, no Capítulo V, a questão do desforço pessoal, o qual é assegurado ao possuidor para fins de ser manutenido, ou reintegrado, por meio próprio, em caso de violência praticada contra a sua posse.

---

[380] BEVILÁQUA, Clóvis. *Direito das coisas*. 2. ed. Rio de Janeiro: Freitas Bastos, 1946. 1 v. em 2. p. 60.

[381] Sobre proteção possessória, disciplina o Código Civil da Espanha, "Artículo 446. Todo poseedor tiene derecho a ser respetado en su posesión; y, si fuere inquietado en ella, deberá ser amparado o restituido en dicha posesión por los medios que las leyes de procedimientos establecen". O Art. 446 deve ser combinado com o artigo 466, que disciplina: "El que recupera, conforme a derecho, la posesión indebidamente perdida, se entiende para todos los efectos que puedan redundar en su beneficio que la ha disfrutado sin interrupción".

[382] O Código Civil de Cuba, ao tratar sobre a posse, também cuida de sua proteção, assim: "Artículo 203.1. El poseedor puede exigir la restitución del bien del que ha sido despojado o el cese de cualquier perturbación en el ejercicio de su derecho, aun en el caso de que se invoque contra él un derecho preferente.
2. Quien perturbe a otro en el disfrute de su posesión pierde a favor del poseedor legítimo los gastos y mejoras hechos en el bien.
Artículo 204.1. Con independencia de las facultades que le otorgan los artículos anteriores, el poseedor tiene derecho a impedir directamente cualquier acto inminente o actual de perturbación o despojo del bien que sea, siempre que este medio de defensa esté justificado por las circunstancias.
2. El poseedor puede, incluso, recuperar inmediatamente el bien del que hubiese sido privado, quitándoselo a quien realice el despojo en el momento en que lo ejecuta.
Artículo 205. Los derechos establecidos en los dos artículos precedentes le corresponden también al que ejerce por otro el poder de hecho sobre el bien".

CAPÍTULO V

O direito tem como escopo fazer com que a paz social seja a meta sempre desejada e buscada e para que isto ocorra a proteção dos direitos de cada um tem que contar com mecanismos legais, pois, como sabido é, o Juiz não cria direito e sim aplica o direito ao caso concreto.
(Cláudio Teixeira de Oliveira)

5. AÇÕES PARA DEFESA DA POSSE

Sumário: 5.1. Análise comparativa, de modo sintético, de comentários doutrinários referentes às ações possessórias tratadas pelos Códigos Civis de 1916 (revogado) e 2002 (em vigor) e, também, pelos Códigos de Processo Civil de 1973 (revogado) e 2015 (em vigor) 5.1.1 Introdução – 5.2 A defesa judicial da posse em face das ações típicas – 5.2.1 Antecedentes históricos das ações típicas de defesa da posse – 5.2.2 A defesa da posse, por meio das ações possessórias típicas, no Direito Processual Civil brasileiro – 5.2.3 As ações possessórias típicas e sua inserção nos procedimentos de natureza especial do Código de Processo Civil Brasileiro de 1973 e incluídas, hibridamente, no procedimento comum e especial (este último quando se tratar de posse nova – menos de ano e dia) pelo Código de Processo Civil de 2015 – 5.2.3.1 Posse e Ações Possessórias no Direito Material e Processual estrangeiro (Direito Comparado) – 5.2.3.1.1 Posse no Direito Material e Proteção possessória pelo procedimento comum no Direito Processual de Portugal – 5.2.3.1.1.1 Da Posse e suas Modalidades – 5.2.3.1.1.2 Da Proteção da Posse, e suas Modalidades, pelo Direito Material – 5.2.3.1.1.3 Da Proteção Possessória e suas Modalidades, pelo Direito Adjetivo – 5.2.3.1.1.4 Dos Procedimentos Cautelares – 5.2.3.1.1.5 Do Disciplinamento dos Embargos de Obra Nova – 5.2.3.1.1.6 Apontamentos sintetizados sobre Ações Possessórias decorrentes do Disciplinamento do Direito Brasileiro e o Direito de Portugal – 5.2.3.1.2 Proteção possessória pelo procedimento comum no Direito Processual do Uruguai –5.2.3.1.2.1 Posse no Direito Material do Uruguai – 5.2.3.1.2.2 Ações Possessórias no Direito Material do Uruguai –5.2.3.1.2.3 Ações Possessórias e Ação de Obra Nova no Direito Adjetivo do Uruguai – 5.2.3.1.2.4 Resumo da Posse e Ações Possessórias no Direito Substantivo e no Direito Adjetivo do Uruguai, com amparo na Lei, na Doutrina e na Jurisprudência – 5.2.3.1.3 Posse pelo Direito Civil e Proteção possessória pelo procedimento especial no Direito Processual da Argentina – 5.2.3.1.3.1 Atualizações do Código Civil e do Código Processual da Argentina – 5.2.3.1.3.2 Metodologia utilizada para abordagem dos tópicos selecionados do Direito Civil e Processual da Argentina – 5.2.3.1.3.3 Código Civil Argentino em vigor (Ações possessórias e ações reais) – 5.2.3.1.3.4 Código Procesal Civil y Comercial de la Nación Argentina – 5.2.3.1.3.5 Código Civil Argentino revogado (Ações possessórias e ações reais) – 5.2.3.1.3.6 Considerações gerais sobre a Posse e as Ações Possessórias no Direito Civil e Processual da Argentina – 5.2.3.1.4 Posse no Direito Material e Proteção possessória pelo procedimento sumário no Direito Processual de Honduras –5.2.3.1.4.1 Breves apontamentos em relação à posse e ações possessórias no Direito Civil de Honduras – 5.2.3.1.5 Posse no Direito Material e Proteção possessória no Direito Civil do México – 5.2.3.1.5.1 Tópicos da legislação civil do México – 5.2.3.1.5.2 Comentários pontuais sobre Posse e Ações possessórias no Direito Civil do México – 5.2.3.1.6 Proteção possessória no Direito Processual de Macau (China) – 5.2.3.1.6.1 Síntese do tratamento da Posse no Direito Material de

Macau – 5.2.3.1.6.2 Tratamento das Ações Possessórias no Direito Adjetivo de Macau – 5.2.3.1.6.3 Disposições finais em relação ao tratamento da Posse e das Ações Possessórias no Direito Material e Adjetivo de Macau – 5.2.4 Razão mais plausível que justifica a proteção judicial da posse por meio das ações típicas – 5.2.4.1 Breve apontamento sobre a possiblidade das partes adotarem o pacto *de non petendo* – 5.3 Modalidades de ações possessórias típicas no Direito Civil brasileiro – 5.3.1 Ação de reintegração de posse – 5.3.1.1 Embargos de retenção em razão de benfeitorias realizadas pelo demandado de boa-fé – 5.3.2 Ação de manutenção de posse – 5.3.2.1 Contagem do tempo quando continuada a turbação, ou pela prática de reiterados atos turbativos – 5.3.2.2 Ocorrência de novo esbulho ou turbação à posse que, após sentença — envolvendo a mesma matéria e as mesmas partes —, foi apreciada de forma favorável – 5.3.3 Ação de Interdito proibitório – 5.4 As ações possessórias típicas e seu caráter dúplice – 5.4.1 Liminares nas ações possessórias típicas e seus desdobramentos jurídicos – 5.4.1.1 Turbação e esbulho, desde que de força nova – 5.4.1.2 Contagem do prazo – 5.4.1.3 Liminar *initio litis* ou após justificação prévia – 5.4.1.4 Agravo de instrumento contra a concessão de liminar – 5.4.1.5 Possibilidade de o juiz rever, fora do juízo de retratação, a liminar concedida – 5.4.1.6 Prestação de caução – 5.4.1.7 Liminar no interdito proibitório – 5.4.1.8 Resumo relativo à tutela cautelar – 5.4.1.8.1 Prazo para formulação do pedido principal em cautelar antecedente– 5.5 Perdas e danos nas ações possessórias típicas – 5.6 Proteção das servidões por meio das ações possessórias típicas – 5.7 Proteção possessória, nas ações típicas, dos direitos imateriais, ou incorpóreos – 5.8 Aplicação das ações possessórias típicas em relação às coisas de natureza móvel – 5.8.1 NOTA ESPECIAL: Aplicação do procedimento comum como regra pelo Código de Processo Civil de 2015 – 5.9 Modalidades de ações possessórias atípicas – 5.9.1 Ação de nunciação de obra nova (nomen juris consagrado pela doutrina, jurisprudência e terminologia do revogado CPC/1973) ‾ 5.9.2 Ação de dano infecto – 5.9.3 Ação de embargos de terceiro – 5.9.3.1 Ação de embargos de terceiro e sua aplicação contra os atos de apreensão determinados pelo juiz criminal – 5.10 Outras considerações relativas às ações possessórias típicas e às ações atípicas – 5.11 Exceção de domínio (*exceptio proprietatis*) em face do Art. 505 do Código Civil de 1916 e pelo Art. 923 do Código de Processo Civil – 5.12 Exceção de domínio (*exceptio proprietatis*) em face do Art. 1.210, §2º, do Código Civil de 2002 – 5.13 Partes, foro competente, ação rescisória, juizado especial e valor da causa nas ações possessórias típicas e atípicas – 5.13.1 Partes (polos ativo e passivo) – 5.13.2 Litisconsórcio (ativo e passivo), participação de ambos os cônjuges nas ações possessórias típicas, substituição processual, oposição, nomeação à autoria, denunciação à lide, assistência e intervenção do Ministério Público – 5.13.2.1 Litisconsórcio (ativo e passivo) – 5.13.2.2 Participação de ambos os cônjuges nas ações possessórias (típicas) de natureza imobiliárias – 5.13.2.3 Substituição processual – 5.13.2.4 Oposição – 5.13.2.5 Nomeação à autoria – 5.13.2.6 Denunciação à lide – 5.13.2.7 Assistência – 5.13.2.8 Intervenção do Ministério Público em matéria possessória e Usucapião – 5.13.2.9 Participação da Advocacia Pública em demandas possessórias e de Usucapião – 5.13.2.9.1 Advocacia Geral da União (AGU) em matéria possessória e de Usucapião – 5.13.2.10 – Participação da Defensoria Pública em matéria possessória e de Usucapião 5.13.3 Foro competente – 5.13.4 Ação rescisória em relação às demandas possessórias (típicas e atípicas) – 5.13.5 Juizado especial – 5.13.5.1 Juizado Especial Estadual Cível – 5.13.5.2 Juizado Especial Federal Cível – 5.13.5.3 Competência do Juizado Especial Estadual e Federal Cível em relação às demandas possessórias típicas sobre bens móveis – 5.13.5.4 Possibilidade de opção do autor da demanda possessória pelo Juizado Especial Cível ou pelo juizado comum – 5.13.5.5 Litisconsórcio no Juizado Especial Cível em relação às demandas possessórias e o não cabimento de ação rescisória (sendo esta última com Decisão do STF, que entendeu pelo cabimento) – 5.13.5.6 Intervenção do Ministério Público no Juizado Especial Cível em relação às demandas possessórias – 5.13.5.7 Agravo de instrumento no Juizado Especial Cível em relação às demandas possessórias – 5.13.5.8 Medidas cautelares e antecipação de tutela no Juizado Especial Cível em relação às demandas possessórias – 5.14 Valor da causa – 5.15 Desforço pessoal – 5.16 A fungibilidade das ações possessórias – 5.17 A ação de imissão de posse e sua controvérsia jurídica – 5.18 A antecipação de tutela e a questão da ação possessória de força velha – 5.18.1 Análise relativa ao tratamento resultante da interpretação do Art. 273, do CPC/1973 (revogado, mas com efeitos práticos no CPC/2015) – 5.18.2 Análise relativa ao tratamento resultante da interpretação do Art. 300, do CPC/2015 (em vigor).

5.1. Análise comparativa, de modo sintético, de comentários doutrinários referentes às ações possessórias tratadas pelos Códigos Civis de 1916 (revogado) e 2002 (em vigor) e pelos Códigos de Processo Civil de 1973 (revogado) e 2015 (em vigor)

Como esta obra jurídica guarda estreita correspondência com os dispositivos dos **Códigos Civis de 1916 (revogado) e 2002 (em vigor) e pelos Códigos de Processo Civil de 1973 (revogado) e 2015 (em vigor)**, optamos em proceder num resumo, na matéria alusiva às ações possessórias. Desse modo, em transcrição literal:

"As ações possessórias visam à tutela jurisdicional da posse, sendo classificadas conforme a intensidade da agressão: (i.) a ação de manutenção de posse é cabível em caso de turbação, entendida como incômodo ao exercício da posse (Art. 926, CPC/73; Art. 560, CPC/15); (ii.) a ação de reintegração de posse é cabível em caso de esbulho, que pressupõe a perda da posse (Art. 926, CPC/73; Art. 560, CPC/15); e (iii.) a ação de interdito proibitório é cabível em caso de ameaça de lesão à posse, seja por esbulho ou por turbação (Art. 932, CPC/73; Art. 567, CPC/15). Muitas das disposições do CPC/73 não foram alteradas. Para fins exemplificativos, destacam-se (a) a regra da fungibilidade (conversibilidade) das ações possessórias (Art. 920, CPC/73; Art. 554, caput, CPC/15); (b) o caráter dúplice das ações possessórias (Art. 922, CPC/73; Art. 556, CPC/15); (c) a distinção de procedimento para ação de força nova (proposta dentro de ano e dia da turbação ou do esbulho) – procedimento possessório – e para ação de força velha (proposta após ano e dia da turbação ou do esbulho) – procedimento comum (Art. 924, CPC/73; Art. 558, CPC/15); (d) a possibilidade de concessão da tutela antecipada possessória nas ações de força nova, desde que atendidos, mesmo que sumariamente, seus requisitos (arts. 927-929, CPC/73; arts. 561-563, CPC/15); (e) o momento de resposta do réu (Art. 930, CPC/73; Art. 564, CPC/15); (f) a utilização do procedimento comum, a partir da citação do réu (Art. 931, CPC/73; Art. 566, CPC/16); e (g) a aplicação das disposições referentes às ações de reintegração e de manutenção de posse ao interdito proibitório (Art. 933, CPC/73; Art. 568, CPC/16). Nada obstante a manutenção de tais disposições, o CPC/15 realizou pontuais alterações no procedimento possessório, com vistas a consolidar o entendimento das cortes e as práticas já realizadas na vigência do CPC/73, bem como a suprir lacunas existentes. Em primeiro lugar, cumpre destacar que, quanto à possibilidade de cumulação de pretensões de direito material, sem prejuízo do rito especial possessório, o CPC/15 prevê expressamente a possibilidade de requerimento de medidas necessárias e adequadas para a inibição de nova turbação ou esbulho e para que seja cumprida a tutela provisória ou final (Art. 921, CPC/73; Art. 555, CPC/15). Isso já era possibilitado na vigência do CPC/73, a partir de aplicação analógica do Art. 461, § 5º (AMARAL, Guilherme

Rizzo. Comentários às alterações do novo CPC. São Paulo: Editora Revista dos Tribunais, 2015, p. 677). Por medida adequada e necessária, deve-se entender a medida apta a promover o fim objetivado de maneira mais eficaz do que as outras medidas (ÁVILA, Humberto. O que é "devido processo legal"? In Revista de Processo, São Paulo, vol. 33, n. 163, set/2008). O CPC/15 possibilita expressamente, também, o ajuizamento de ação de reconhecimento de domínio, na pendência de ação possessória, desde que em face de terceiro (Art. 557, caput, in fine, CPC/15). A vedação de exceção de domínio na pendência de ação possessória e a irrelevância da alegação de propriedade foram mantidas (Art. 923, CPC/73; Art. 557, CPC/15, c/c Art. 1.210, § 2º, CC), uma vez que as ações possessórias se caracterizam pela cognição sumária, de modo que o juiz está restrito ao exame do fato da posse. Além disso, o CPC/15 prevê de maneira expressa o cabimento tanto de caução real quanto de caução fidejussória, o que já era aceito na vigência do CPC/73 (Art. 925, CPC/73; Art. 559, CPC/15). Ainda, inova ao dispensar a parte economicamente hipossuficiente de prestar caução. Ressalte-se, contudo, que a hipossuficiência deve ser demonstrada cabalmente pela parte que a requerer, "podendo o juiz, ainda, determinar a substituição da caução pelo depósito judicial do bem junto ao requerente da medida" (AMARAL, Guilherme Rizzo. Comentários às alterações do novo CPC. São Paulo: Editora Revista dos Tribunais, 2015, p. 679). Além dessas alterações, o CPC inova ao estabelecer um procedimento diferenciado e adaptado para litígios decorrentes de movimentos sociais, evidenciando a preocupação do legislador quanto às peculiaridades sociais, econômicas e políticas do país. Nesses litígios, será obrigatória a atuação do Ministério Público (Art. 178, III, CPC/15) e da Defensoria Pública, caso seja necessária a proteção de hipossuficiente financeiro. Para superar a dificuldade de citação quando o polo passivo é composto por um grupo de pessoas, o CPC/15 prevê a citação pessoal dos ocupantes que se encontrarem no local do conflito e a citação por edital dos demais réus (Art. 554, § 1º), o que já era admitido pelo STJ (4ª Turma, REsp 154.906/MG, DJ 02/08/2004, p. 395; 4ª Turma, STJ, REsp 362365/SP, DJe 28/03/2005). Também, o CPC/15 estabeleceu o dever de o juiz determinar ampla publicidade da existência da ação possessória e dos prazos processuais a ela referentes pelos meios hábeis para tanto. Busca-se, com isso, garantir o direito à ampla defesa e ao contraditório (arts. 9º e 10, CPC/15; Art. 5º, LV, CF), o que, em contrapartida, poderá atentar contra a duração razoável do processo (Art. 4º, CPC/15) (MARINONI, Luiz Guilherme; ARENHART, Sérgio Cruz; MITIDIERO, Daniel. Novo curso de processo civil, volume 3. São Paulo: Editora Revista dos Tribunais, 2015, p. 174). Nesta senda, ainda, o Art. 565 do CPC, sem correspondente no CPC/73, inova ao prever procedimento específico para as ações possessórias coletivas que envolvam propriedade imóvel. Seguirão esse procedimento as ações de força velha ou aquelas nas quais, concedida a liminar, não seja ela executada no prazo de um ano, a contar da data de distribuição. Esse procedimento prevê a possibilidade de solução consensual de conflitos complexos, pois estabelece a necessidade de designação de audiência de mediação, à qual poderão ser intimados para comparecer, também, os representantes dos órgãos responsáveis pelas políticas agrária e urbana dos entes federados quanto à área objeto de litígio. Por fim, também prevê expressamente a possibilidade de inspeção judicial, podendo o magistrado comparecer à área objeto de litígio quando tal se fizer necessário à efetivação da tutela jurisdicional. Ressalte-se que a inspeção judicial já era aceita pelos tribunais (3ª Turma, STJ, REsp 1213518/AM, DJe 15/12/2011)."[383]

---

[383] *Novo código de processo civil anotado* / OAB. Anotações aos artigos 554 a 568: Jéferson Luiz Dellavalle Dutra e Rodrigo Ustárroz Cantali Advogado: – Porto Alegre: OAB RS, 2015. 842 p.

5.1.1. Introdução

Objetivando o estudo, ainda que de forma concentrada, sobre os meios processuais civis para defesa da posse, isto tanto pelo autor como pelo réu e, por vezes, até de terceiros legitimados a defender a posse, é que nos ateremos àqueles que são considerados como meios típicos e próprios; ainda, abordaremos aqueles que são considerados como meios atípicos, muito embora também, em determinadas e específicas situações, sejam utilizados exclusivamente para a defesa de atos de natureza possessória.

Nas ações possessórias típicas, ou seja, ação de reintegração de posse, ação de manutenção de posse e ação de interdito proibitório, está presente o caráter dúplice de que gozam tais ações. Nas ações denominadas atípicas para a proteção da posse, como são (a) ação de nunciação de obra nova, (b) ação de dano infecto e (c) ação de embargos de terceiro, não há espaço para a inserção do caráter dúplice, o que obriga o réu, quando o caso, a se valer da ação reconvencional.

Na modalidade de apresentação classificatória das ações possessórias, os termos de ações típicas e atípicas que utilizamos não são tão usuais na doutrina.[384] Em função disso, preferimos tratar como ações típicas de defesa da posse as que dizem respeito exclusivamente a tal fim, como são as ações de manutenção de posse, as ações de reintegração de posse e as ações de interdito proibitório. No rol das ações de defesa da posse, que denominamos de atípicas, incluímos as ações de dano infecto, de nunciação de obra nova e embargos de terceiro. O termo de ação atípica não quer, *lato sensu*, significar que elas não sejam previstas pelo Código de Processo Civil, e sim que não são elas ações exclusivas para a defesa da posse.

5.2. A defesa judicial da posse em face das ações típicas

A defesa da posse por meio de ações judiciais é matéria extremamente controvertida na doutrina, pois não há um elemento que seja capaz, por si próprio, de funcionar como norteador da razão pela qual a posse é protegida juridicamente. No cipoal das várias correntes antagônicas, procuraremos tecer algumas considerações que servirão para orientar a razão pela qual a posse recebe proteção judicial.

5.2.1. Antecedentes históricos das ações típicas de defesa da posse

A proteção da posse decorre dos interditos (*interdictum*[385]) possessórios — que eram fórmulas usadas pelo magistrado —, e não propriamente por ação possessória, pois, no direito romano, a ação tinha conotação diferente, ou, como aponta Ebert Chamoun, "a proteção possessória não era assegurada por ações, mas por ordens que o magistrado expedia à solicitação dos interessados, os interdicta. Os interditos que protegiam a posse eram os *interdicta retinandae possessionis* e os

---

[384] Na doutrina quem adota terminologia um tanto semelhante é José Acir Lessa Giordani, que, em relação às ações de defesa da posse atípicas (como denominamos), aborda como sendo "ações não tipicamente possessórias, mas que também se prestam à proteção da posse". Sendo que no rol elenca: Ação de Imissão de Posse; Nunciação de Obra Nova; Embargos de Terceiro e Ação de Dano Infecto (GIORDANI, José Acir Lessa. *Curso básico de direito civil*: direito das coisas. 2. ed. Rio de Janeiro: Lumen Juris, 2005. t. I. p. 122-125. Introdução e posse). No que diz respeito à inclusão da ação de imissão de posse, como fez o autor citado, não a incluímos como ação atípica (e muito menos, típica) no nosso estudo, pois, como esclarecemos no tópico próprio no corpo do texto, não comungamos com os que querem incluí-la no rol das possessórias, pois a mesma não tem sequer previsão no Código de Processo Civil e, ainda, se possível o manejo da mesma este somente é concebível na ação petitória e jamais como possessória, o que significa dizer que nem atipicamente pode destinar-se à proteção da posse, e sim, e tão somente, para efetivação do domínio.

[385] **Não custa lembrar (ou relembrar) que o termo** *Interdictum* **é singular enquanto o termo** *interdicta* é plural.

interdicta recuperandae possessionis".[386] Somente na época de Justiniano, determinador da codificação das leis romanas, que foram reunidas no *Corpus Juris Civilis*, é que os interditos possessórios passaram a ser tratados como ações.

No que diz respeito aos interditos possessórios,[387] os denominados *retinandae possessionis* destinavam-se à conservação da posse em favor do possuidor turbado; enquanto os interditos *recuperandae possessionis* [388]visavam à recuperação da posse que havia sido perdida. No rol dos interditos *retinandae possessionis* estavam inseridas as coisas de natureza móvel e as coisas de natureza imóvel. Na primeira situação, proteção das coisas móveis, a proteção decorria do *interdictum utrubi*; enquanto, na segunda situação, proteção para as coisas imóveis, a proteção se dava por meio do *interdictum uti possidetis*. Mais tarde, por influência de Justiniano, os interditos *retinandae possessionis* passaram a englobar tanto as coisas móveis, como as coisas imóveis.

Não havia, no Direito romano, o tratamento em separado do interdito proibitório, pois este estava contido na *retinandae possessionis* (interdito de manutenção de posse), que protegia tanto a posse violada, em face de uma turbação atual, como também tinha por escopo a proteção de ameaça praticada contra a posse.

É encontrável, comumente, na doutrina a alusão ao interdito proibitório como sendo de origem romana, o que, em verdade, não é, pois, como descrito antes, no Direito romano, ele não aparecia como tal, e sim como componente do interdito de manutenção de posse.

Nesse tipo de interdito proibitório sumaríssimo, o demandante ficava assegurado de que "somente por meio judicial pode ser posto fora, ou turbado na posse, quer seja o ofensor aquele que ao juízo se disse possuidor, quer qualquer outra pessoa". Poderia, se assim entendesse o juiz, a posse ser dada para uma terceira pessoa, e não para aquele que se dizia ser o possuidor.

A proteção possessória também encontrou eco no Direito canônico,[389] em razão da denominada *exceptio* e *actio spolii*, em que, por meio da *exceptio spolli*, os prelados gozavam de proteção de "serem reintegrados nos seus bens e direitos, antes de se defenderem, por forma regular, no

---

[386] CHAMOUN, Ebert. *Instituições de direito romano*. 4. ed. Rio de Janeiro: Forense, 1962. p. 224-226.

[387] Pelo Direito romano, o interdito possessório somente poderia ser intentado por quem pudesse ter a condição de proprietário e que as coisas objetivadas fossem passíveis de serem propriedades. É de lembrar, de relance, que o direito romano disciplinava sobre a categoria dos cidadãos, sendo que, em princípio, só os cidadãos romanos, desde que livres, poderiam adquirir bens, e tais bens não poderiam estar fora do comércio, pois *res extra commercium* **não podiam, via de regra, integrar a posse de alguém e com isso não podiam fazer parte de transações nem de disputas a serem levadas à decisão do magistrado, ou pretor.**

[388] Escreve Angela Cristina Pelicioli. Artigo: O prazo no interdito *recuperandae possessionis*. Disponível: https://www2.senado.leg.br/bdsf/bitstream/handle/id/176469/000512677.pdf?sequence=3&isAllowed=. Acesso em: 28 set. 2023: "O interdito de defesa da posse, no que se refere à ação de restituição de posse (direito português) e ação de reintegração de posse (direito brasileiro), era denominado pelo direito romano como interdito *recuperandae possessionis*. Entre os romanos, tal defesa da posse consistia na restituição ao possuidor da posse que lhe havia sido arrebatada pela violência. Eram apontadas duas espécies: interdito *vi armata* e interdito de *vi cotidiana*, segundo a violência decorresse do emprego de armas ou não. Sabe-se, também, que o direito canônico influiu decisivamente para o desenvolvimento não só do interdito *recuperandae possessionis*, como para os demais interditos de defesa da posse, criando, além do *summarium possessorium*, a *actio spolii*, que a princípio protegia somente a posse temporal e espiritual dos bispos, entendendo-se, mais tarde, porém, a defesa de todo possuidor esbulhado, por intermédio da reintegração da posse".

[389] O direito canônico teve larga penetração em questões de direito comum (penal e civil), muitas vezes, inclusive, serviu de base para ele. Inicialmente o direito canônico não tinha uma compilação única, o que foi feito somente em 1.234, por meio da *Decretales extra Decretum Gratiani vagantes*, homenagem ao monge e professor de Teologia em Bolonha, Gregório. Em 1582, o direito canônico foi editado na forma de *Corpus*, à semelhança do *Corpus Júris Civilis*, de Justiniano. Em 1904 começou a feitura do *Codex Iuris Canonici* (Código de Direito Canônico), o qual foi promulgado em 1917, estando em vigor.
O poder exercido pelos tribunais eclesiásticos somente começa a declinar a partir do século XVI, quando começou, segundo leciona John Gillissen (que serviu de base para nosso estudo sobre a histórica do direito canônico), com a laicização do Estado e, com isso, "rejeita a intervenção da Igreja na organização e funcionamento dos seus órgãos políticos e judiciários" (GILLISSEN, John. Introdução histórica do direito. 2.ed., Lisboa-Portugal: Fundação Calouste Gulbenkian, 1995. p. 142).

processo contra eles intentado por aquele que os tivesse expulsado";[390] isso em razão de proteção invocada em decorrência de direito de ordem pessoal em favor dos bispos, "quando desapossados ou expulsos de suas dioceses",[391] o que redundou na proteção possessória de direitos pessoais, matéria que deu azo e inúmeras controvérsias jurídicas e teve em Rui Barbosa, no direito pátrio, incansável defensor.

Na esteira dessa predominância do Direito canônico, adotou-se matéria de cunho totalmente pessoal (proteção de direito pessoal), com a mesma força da proteção do direito real; serviu a *actio spolii*, como registra Arnoldo Wald, "para reintegrar o bispo esbulhado na posse do bispado, generalizando-se finalmente a ação, como remédio possessório, para garantir direitos do possuidor, não só contra o turbador, mas ainda contra qualquer terceiro que viesse a possuir a coisa".[392]

O Direito canônico disciplinava a matéria, que tinha força, em parte, também em relação ao Estado laico em decorrência de que não havia uma separação nítida de poder entre as competências jurisdicionais do Estado e as da Igreja. Em Portugal, em determinadas situações, conforme consta das Ordenações Filipinas (e antes dela, as Ordenações Manuelinas e Afonsina), o exercício da jurisdição, quando envolvesse um clérigo (pároco) e um leigo, poderia, dependendo da situação, correr tanto pelo juiz secular (= juiz leigo) como pelo juiz eclesiástico (= juiz religioso).

As Ordenações Filipinas tiveram larga aplicação no Brasil, haja vista que, mesmo independente de Portugal, desde 7 de setembro de 1822, foram mantidos no país ordenações, leis, regimentos, alvarás, decretos e resoluções, promulgados pelos reis de Portugal até 25 de abril de 1821 (o que abrange tudo o que tinha sido publicado pela realeza portuguesa desde 29 de janeiro de 1643), desde que não contrárias ao Império do Brasil. Tal aplicação tomou por base o Decreto da Assembleia Imperial e redundou, por parte do Imperador D. Pedro I, a dissolução dela,[393] na promulgação da Lei de 20 de outubro de 1823.

O Brasil manteve, assim, legalmente, o sistema jurídico anterior à Independência e a continuação da ingerência da Igreja em questões de Estado, o que envolvia, obviamente, ainda que veladamente, também questões judiciais — inclusive pela Constituição do Império de 1824, a religião Católica Apostólica Romana era a oficial do Estado[394] e a todos obrigava[395], situação que somente deixou de existir a partir da primeira Constituição Republicana, de 24 de fevereiro de 1891, quando houve de fato e de direito uma ruptura do Estado e da Igreja.

---

[390]   OLIVEIRA, Gleydson Kleber Lopes de. *Ações possessórias*: enfoque sobre a cognição. São Paulo: Juarez de Oliveira, 2001. p. 40.

[391]   PONTES, Tito Lívio. *Da posse no direito civil brasileiro*. São Paulo: Juscrédi, [1961?]. p. 70.

[392]   WALD, Arnoldo. *Curso de direito civil brasileiro*: direito das coisas. 11. ed. São Paulo: Saraiva, 2002. p. 92.

[393]   Lenine Nequete, lembra que pouco antes de ocorrer a dissolução da Assembleia Constituinte, o que deu-se por ato do Imperador D. Pedro, a mesma havia decretado: "Que as Ordenações, Leis, Regimentos, Alvarás, Decretos e Resoluções promulgadas pelos Reis de Portugal e pelos quais o Brasil se governara até 25 de abril de 1821 (véspera da partida de D. João VI), e todas as que haviam sido promulgadas daquela data em diante pelo Regente do Brasil e como seu Imperador Constitucional, ficavam em inteiro vigor na parte em que não tivessem sido revogadas, para por elas se regularem os negócios do interior do Império e enquanto não se organizasse um novo Código, ou não fossem especialmente alteradas" (NEQUETE, Lenine. *O poder judiciário no Brasil a partir da independência*. Livraria Sulina Ed., 1973. v. 1. p. 33. Império).

[394]   Pela Carta de Lei, de 25 de março de 1824, cujo preâmbulo era: Manda observar a Constituição Política do Império, oferecida e jurada por sua Majestade o Imperador, dispunha o Art. 5º. "A religião Católica Apostólica Romana continuará a ser a religião do Império. Todas as outras religiões serão permitidas em seu culto doméstico, ou particular em casas para isso destinadas, sem forma alguma exterior de templo".

[395]   Pela Constituição do Império de 1824, os direitos e garantias individuais eram garantidos, mas com ressalvas. Dizia o Art. 179: "A inviolabilidade dos Direitos civis, e Políticos dos cidadãos brasileiros, que tem por base a liberdade, a segurança individual, e a propriedade, é garantida pela Constituição do Império, pela maneira seguinte:
I a IV – *Omissis*.
V – Ninguém pode ser perseguido por motivo de religião, uma vez que respeite a do Estado, e não ofenda a ordem moral e pública.
VI a XXXV – *Omissis*".

Embora já tendo uma Constituição Imperial, de 1824, e depois uma Constituição Republicana, de 1891, o Brasil continuou ainda vinculado a toda aquela gama de legislação oriunda de Portugal, desde que não contrárias ao Império — situação esta que somente foi desaparecer, de forma efetiva, com a entrada em vigor do Código Civil de 1916,[396] o que se deu em 1º de janeiro de 1917.

5.2.2. A defesa da posse, por meio das ações possessórias típicas, no Direito Processual Civil brasileiro

Pelo Código de Processo Civil de 1939, a matéria possessória continuou recebendo tratamento legal, inclusive com a previsão da "polêmica" ação de imissão de posse, mas que, já por meio daquele ordenamento, se destinava às ações petitórias, o que significa dizer que se destinava à propriedade em si mesma, e não especificamente à posse.

Pelos Códigos de Processo Civil de 1973 (revogado) e de 2015 (em vigor), a proteção possessória continuou e continua a vigorar (sem a inclusão, nem "menção", da ação de imissão de posse). A proteção dada à posse judicialmente não será, neste tópico, objeto de maiores comentários, pelo fato de que a matéria será vista no estudo desenvolvido no **tópico 5.3**, infra, e nos seus desdobramentos.

5.2.3. As ações possessórias típicas e sua inserção nos procedimentos de natureza especial do Código de Processo Civil Brasileiro de 1973 e incluídas, hibridamente, no procedimento comum e especial (este último quando se tratar de posse nova – menos de ano e dia) pelo Código de Processo Civil de 2015

5.2.3.1. Posse e Ações Possessórias no Direito Material e Processual estrangeiro (Direito Comparado)

Inicialmente, destacamos que o estudo da posse e das ações possessórias no Direito Comparado representa um aprimoramento no conhecimento da matéria e possibilita a abertura de canal que leva a entender melhor a aplicação prática, além da teorização, da matéria.

Com relação ao estudo do direito comparado, ressaltamos, para melhor apresentar a grandeza e dimensão do tema: a posse goza de proteção em todos os Códigos Processuais Civis da América do Sul, da América Central e mesmo da América do Norte, além do Direito europeu, notadamente em Portugal, em que a matéria recebe a devida proteção legal. De modo que, neste estudo sobre Posse e Ações Possessórias (e, no devido tempo, sobre o instituto do Usucapião), expandiremos mais os comentários em relação aos seguintes países: Portugal (pelo Continente Europeu); Argentina (pela América do Sul); Honduras (pela América Central) e México (pela América do Norte). Outros países também serão apontados – como Macau, na Ásia –, mas com menos ênfase.

A proteção possessória, nas normas processuais civis de vários países, nem sempre se faz — como é adotado pelo Código de Processo Civil do Brasil — pelo procedimento especial, se de ano e dia e/ou comum, se demais de ano e dia, pois também figura no procedimento comum (especial (antes sumário) ou ordinário, no Direito Processual Civil brasileiro), o que releva notar, no entanto, é que a proteção à posse é sempre garantida, em maior ou menor escala. Necessário destacar que,

---

[396] Dispunha o Art. 1807 do Código Civil de 1916: "Ficam revogadas as Ordenações, Alvarás, Leis, Decretos, Resoluções, usos e costumes concernentes à matéria de direito civil reguladas neste Código".

independentemente do lugar (comum ou especial) em que figure na legislação processual civil de países estrangeiros, a posse recebe a devida proteção legal e tem seu arcabouço calcado, via de regra, com a predominância da Teoria Objetiva de Ihering, muito embora, em determinadas situações — como acontece com o Direito Civil do Brasil —, também acolha ensinamentos/posições proveniente da Teoria Subjetiva de Savigny.

Para fins de comparação com o disciplinado pelo Direito Civil do Brasil (tanto material, como processual), destacamos alguns tópicos relativos à proteção da posse pelo Direito Comparado.

De (re)lembrar que a POSSE, em razão dos seus efeitos – como amplamente apontado nesta obra jurídica, como geradora de direitos – tem os mecanismos de proteção, que, de ordem geral, são inerentes à legislação brasileira, assim como pelo Direito Comparado. A seguir, algumas considerações sobre o assunto.

5.2.3.1.1. Posse pelo Direito Material e Proteção possessória pelo procedimento comum no Direito Processual de Portugal

Dando lugar à utilização de um formato diferente, em relação ao desenvolvimento de esclarecimentos relativos à Posse e às Ações Possessórias, destacaremos, em princípio, comentários e, no próprio contexto deles, já apontaremos e transcreveremos os Artigos do Código Civil (material) e do Código de Processo Civil (adjetivo) que tenham a ver com a matéria em apreciação. Por outro lado, os textos e os artigos transcritos não serão objeto de correção para a grafia do português escrito no Brasil, haja vista que a diferença não obstaculiza a rápida compreensão deles.

Em Portugal, a proteção da posse fazia parte do procedimento especial, no entanto, após reforma do sistema processual implantado naquele país, a proteção passou a ser feita por meio do procedimento comum. A razão da supressão é esclarecida pelo Decreto-Lei n.º 329-A/95, de 12 de dezembro, *in verbis* (no vernáculo de origem): "A única razão que justificava a autonomização das acções possessórias como processo especial era a possibilidade conferida ao réu de alegar a titularidade do direito de propriedade sobre a coisa que constitui objecto da acção. Com efeito, embora o Projecto do Código de Processo Civil de 1939 sujeitasse as três acções possessórias previstas no Código de 1876 (acção possessória de prevenção, acção de manutenção em caso de esbulho violento, acção de manutenção sem esbulho violento) à tramitação do processo comum, estas acabaram por ser configuradas como processo especial devido à introdução da questão do domínio".

Ora, não se vislumbrando qualquer inconveniente na sujeição da questão da propriedade às regras gerais do pedido reconvencional, falece qualquer justificação à manutenção das ações possessórias como processo especial. Estabelece o Código de Processo Civil de Portugal pelo Artigo 2.º – **Remissões:** 1 – As referências, constantes de qualquer diploma, ao processo declarativo ordinário, sumário ou sumaríssimo consideram-se feitas para o processo declarativo comum.

A única exceção que o <u>Código de Processo Civil de Portugal</u> (Lei n.º 41/2013 de 26 de junho Aprova o Código de Processo Civil) faz é possibilitar a fungibilidade da ação possessória, ou, como consta do texto da reforma (antes citada, e no vernáculo de Portugal), "reformulou-se o artigo 661º [atual: Art. 609º], relativo aos limites da condenação, introduzindo-lhe um nº 3, para onde transitou aquele regime: se tiver sido requerida a manutenção em lugar de restituição da posse, ou esta em lugar daquela, o juiz conhece do pedido correspondente à situação efectivamente verificada".[397]

NOTA: Embora mencionando artigos do **Código de Processo Civil**, considerando a Lei n.º 41/2013, de 26 de junho, que aprova o Código de Processo Civil, manteremos a referência, entre parênteses, na transcrição e/ou citação dos aludidos artigos, entretanto a nossa análise tomará por base a 14ª versão – a mais recente (Lei n.º 3/2023, de 16 de Janeiro)

Em caso de ocorrência de esbulho violento (como denominado pelo Direito Civil de Portugal), o possuidor poderá ser restituído, de forma provisória, na posse, por força de disposição constante dos procedimentos cautelares específicos. Estabelecem, em relação à matéria, os dispositivos infra:

Artigo 377 (Art. 393 CPC 1961)

(Em que casos tem lugar a restituição provisória de posse)

Artigo 393

(*Em que casos tem lugar a restituição provisória de posse*)

No caso de esbulho violento, pode o possuidor pedir que seja restituído provisoriamente à sua posse, alegando os factos que constituem a posse, o esbulho e a violência.

Artigo 379 (Art. 395 CPC 1961)

(Defesa da posse mediante providência não especificada)

Ao possuidor que seja esbulhado ou perturbado no exercício do seu direito, sem que ocorram as circunstâncias previstas no artigo 377, é facultado, nos termos gerais, o procedimento cautelar comum.

A parte material das ações possessórias, inserida no Direito Civil de Portugal, anotamos em nota de rodapé, especialmente no **tópico "5.6 Proteção das servidões por meio das ações possessórias típicas"**, para onde remetemos o consulente.

NOTA: A análise da matéria e a transcrição, ou tão somente menção, de artigos do **Código de Processo Civil de Portugal** é feita com base na 14ª versão (Lei n.º 3/2023, de 16 de Janeiro); o que também ocorrerá quando se tratar do **Código Civil de Portugal** (87ª versão – a mais recente (DL n.º 10/2024, de 08/01).

Desse modo[398]:

5.2.3.1.1.1. Da Posse e suas Modalidades

Serão objeto de estudo, por meio de comentários e/ou simples citação dos artigos, as contidas no **Código Civil de Portugal** (CÓDIGO CIVIL PORTUGUÊS -Atualizado até a Lei 59/99, de 30/06).

---

[397] Estabelece o Código de Processo Civil de Portugal:

Artigo 609.º (Art. 661. CPC 1961)

(Limites da condenação)

1. *Omissis*;

2. *Omissis*.

3. Se tiver sido requerida a manutenção em lugar da restituição da posse, ou esta em vez daquela, o juiz conhecerá do pedido correspondente à situação realmente verificada.

[398] A matéria poderá ser, em parte, comparada com o que consta do site: https://diariodarepublica.pt/dr/lexionario/termo/restituicao-provisoria-posse-processo-civil.Acesso em: 18 nov. 2024. Restituição provisória da posse (processo civil).

Posse. 1. Conceituação da Posse: ARTIGO 1251º *(Noção)* **Posse é o poder que se manifesta quando alguém atua por forma correspondente ao exercício do direito de propriedade ou de outro direito real.**

Doutrina: "Assim, podemos dizer que a posse é a manifestação da exteriorização de um leque de direitos sobre a coisa. Para José Alberto Vieira, se a ligação da posse à exteriorização de um direito for interrompida, extingue-se a posse. Essa conclusão é a que resulta da alínea a) do art.º 1253.º, onde se expõe a seguinte previsão: *"os que exercem o poder de facto sem intenção de agir como beneficiário do direito"*. Este artigo tem sido interpretado no sentido de consagrar a *Doutrina Subjetiva da Posse* com referência ao *animus* possessório; mas, na verdade, tem um sentido diferente. De acordo com ela, quando aquele que mantém a coisa em seu poder esclarece que não atua sobre a coisa nos termos de um direito próprio, sabemos que não se trata de *posse*, mas de *detenção*.

Logo, a posse constitui a exteriorização de u m direito sobre a coisa. Se aquele que tem a coisa no seu domínio deixa de agir como titular de um direito, a ordem jurídica não lhe reconhece a posse, atribuindo-lhe o estatuto de detentor [art.º 1253.º, alínea a)]."[399]

Ainda sobre a posse, conceito e previsão no Direito Brasileiro e de Portugal, registramos: "<u>O conceito legal de posse consiste no exercício pleno, ou não, de alguns dos poderes inerentes ao domínio ou propriedade, sendo este o entendimento no Brasil e em Portugal, conforme se vê no art. 1.196[1] do Código Civil brasileiro e no artigo 1251.º[2] do Código Civil português</u>, que difere da propriedade concebida como o direito real de usar, gozar ou fruir, dispor e reivindicar. São esses os quatro atributos do direito de propriedade. A posse, por si só, concerne à exteriorização da propriedade ou outro direito, principalmente real. Esse poder é protegido pela lei vigente em ambos os países, independentemente de alguém possuir ou não um título. Sendo assim, ainda que o possuidor não seja proprietário, este gozará de proteção em relação à posse autônoma (*jus possessionis*) ou decorrente de direito seu (*jus possidendi*). A posse também pode ser entendida como o poder de fato sobre a coisa exercida em nome próprio, ou seja, com autonomia. Nesse sentido, o direito de posse admite o fato de que não seja possuidor o indivíduo que está em relação de dependência para com outro e conserva a posse em nome deste, sendo em cumprimento de ordem ou instruções suas. Esse é o detentor, também chamado fâmulo da posse, que significa criado ou serviçal."[400]

2. (Artigo 1252 – (Exercício da posse por intermediário) – 1. A posse tanto pode ser exercida pessoalmente como por intermédio de outrem. 2. Em caso de dúvida, presume-se a posse naquele que exerce o poder de facto, sem prejuízo do disposto no n.º 2 do artigo 1257): A palavra posse designa quer uma relação factual entre uma pessoa e uma coisa, quer a posição jurídica correspondente, constituída por direitos, poderes etc., legalmente consagrados, quer, por vezes, as próprias regras jurídicas que atribuem esta posição jurídica naquela situação de facto. Para o direito português, é essencial a distinção entre posse e propriedade, e essa distinção se revela com maior clareza quando se considera a posse como posição jurídica. A propriedade é também, naturalmente, uma posição jurídica.

---

[399] Das ações possessórias – Estudo sobre o artigo 609.º, n.º 3, do CP C. Dissertação. Odair Cardoso Teixeira. Mestrado em Direito Civil e Prática Jurídica. Lisboa, 2021.

[400] AÇÕES POSSESSÓRIAS: UMA ANÁLISE COMPARATIVA ENTRE O DIREITO BRASILEIRO E O DIREITO PORTUGUÊS, Dissertação – ROSANA DE QUEIROZ LIMA GUERRA. Mestrado em Direito Civil e Prática Jurídica. Lisboa, 2020.
Disponível em: https://repositorio.ul.pt/bitstream/10451/52869/1/ulfd0150431_tese.pdf Acesso em: 17 maio 2024.

Detenção da coisa Artigo 1253º – (Simples detenção): São havidos como detentores ou possuidores precários: a) Os que exercem o poder de facto sem intenção de agir como beneficiários do direito; b) Os que simplesmente se aproveitam da tolerância do titular do direito; c) Os representantes ou mandatários do possuidor e, de um modo geral, todos os que possuem em nome de outrem); enquanto consta do ARTIGO 1253º (Simples detenção) São havidos como detentores ou possuidores precários: a) Os que exercem o poder de facto sem intenção de agir como beneficiários do direito; b) Os que simplesmente se aproveitam da tolerância do titular do direito; c) Os representantes ou mandatários do possuidor e, de um modo geral, todos os que possuem em nome de outrem. Portanto, a ordem jurídica portuguesa distingue entre a posse e a detenção da coisa: tem a detenção da coisa quem sobre ela exterioriza um direito alheio.

Acessão da posse (ARTIGO 1256º (Acessão da posse) 1. Aquele que houver sucedido na posse de outrem por título diverso da sucessão por morte pode juntar à sua a posse do antecessor. 2. Se, porém, a posse do antecessor for de natureza diferente da posse do sucessor, a acessão só se dará dentro dos limites daquela que tem menor âmbito): Acessão da posse consiste na faculdade que tem aquele a quem tiver sido transmitida a posse de outrem, que não por meio de sucessão por morte, de juntar à sua a posse do antecessor. É, portanto, um poder de exercício facultativo que cabe apenas ao possuidor. O detentor, por exemplo, não pode juntar ao tempo de detenção à posse do antecessor.

Outras modalidades de posse:

ARTIGO 1254º – (Presunções de posse) 1. Se o possuidor atual possuiu em tempo mais remoto, presume-se que possuiu igualmente no tempo intermédio. 2. A posse atual não faz presumir a posse anterior, salvo quando seja titulada; neste caso, presume-se que há posse desde a data do título.

ARTIGO 1255º – (Sucessão na posse) Por morte do possuidor, a posse continua nos seus sucessores desde o momento da morte, independentemente da apreensão material da coisa.

ARTIGO 1256º – (Acessão da posse) 1. Aquele que houver sucedido na posse de outrem por título diverso da sucessão por morte pode juntar à sua a posse do antecessor. 2. Se, porém, a posse do antecessor for de natureza diferente da posse do sucessor, a acessão só se dará dentro dos limites daquela que tem menor âmbito.

ARTIGO 1257º – (Conservação da posse) 1. A posse mantém-se enquanto durar a atuação correspondente ao exercício do direito ou a possibilidade de a continuar. 2. Presume-se que a posse continua em nome de quem a começou.

(CAPÍTULO II – Caracteres da posse) ARTIGO 1258º (Espécies de posse) – A posse pode ser titulada ou não titulada, de boa ou de má-fé, pacífica ou violenta, pública ou oculta.

ARTIGO 1259º – (Posse titulada) 1. Diz-se titulada a posse fundada em qualquer modo legítimo de adquirir, independentemente, quer do direito do transmitente, quer da validade substancial do negócio jurídico. 2. O título não se presume, devendo a sua existência ser provada por aquele que o invoca.

ARTIGO 1260º – (Posse de boa-fé) 1. A posse diz-se de boa-fé, quando o possuidor ignorava, ao adquiri-la, que lesava o direito de outrem. 2. A posse titulada presume-se de boa-fé, e a não titulada, de má-fé. 3. A posse adquirida por violência é sempre considerada de má-fé, mesmo quando seja titulada.

ARTIGO 1261º – (Posse pacífica) 1. Posse pacífica é a que foi adquirida sem violência. 2. Considera-se violenta a posse quando, para obtê-la, o possuidor usou de coação física, ou de coação moral nos termos do artigo 255º.

ARTIGO 1262º – (Posse pública) Posse pública é a que se exerce de modo a poder ser conhecida pelos interessados.

CAPÍTULO III (Aquisição e perda da posse) – ARTIGO 1263º (Aquisição da posse) A posse adquire-se: a) Pela prática reiterada, com publicidade, dos atos materiais correspondentes ao exercício do direito; b) Pela tradição material ou simbólica da coisa, efetuada pelo anterior possuidor; c) Por constituto possessório; d) Por inversão do título da posse.

ARTIGO 1265º – (Inversão do título da posse) A inversão do título da posse pode dar-se por oposição do detentor do direito contra aquele em cujo nome possuía ou por ato de terceiro capaz de transferir a posse.

ARTIGO 1266º – (Capacidade para adquirir a posse) Podem adquirir posse todos os que têm uso da razão, e ainda os que o não têm, relativamente às coisas susceptíveis de ocupação.

ARTIGO 1267º – (Perda da posse). 1. O possuidor perde a posse: a) Pelo abandono; b) Pela perda ou destruição material da coisa ou por esta ser posta fora do comércio; c) Pela cedência; d) Pela posse de outrem, mesmo contra a vontade do antigo possuidor, se a nova posse houver durado por mais de um ano. 2. A nova posse de outrem conta-se desde o seu início, se foi tomada publicamente, ou desde que é conhecida do esbulhado, se foi tomada ocultamente; sendo adquirida por violência, só se conta a partir da cessação desta.

(CAPÍTULO IV – Efeitos da posse) ARTIGO 1268º (Presunção da titularidade do direito) 1. O possuidor goza da presunção da titularidade do direito exceto se existir, a favor de outrem, presunção fundada em registo anterior ao início da posse. 2. Havendo concorrência de presunções legais fundadas em registo, será a prioridade entre elas fixada na legislação respectiva.

Os Artigos indicado a seguir também dizem respeito à posse, podendo serem consultados pelo consulente desta obra jurídica: ARTIGO 1269º – (Perda ou deterioração da coisa); ARTIGO 1270º – (Frutos na posse de boa-fé); ARTIGO 1271º – (Frutos na posse de má-fé); ARTIGO 1272º – (Encargos); ARTIGO 1273º – (Benfeitorias necessárias e úteis); ARTIGO 1274º – (Compensação de benfeitorias com deteriorações); ARTIGO 1275 – (Benfeitorias voluptuárias)

5.2.3.1.1.2. Da Proteção da Posse e suas Modalidades, pelo Direito Material

(**Código Civil de Portugal** (CÓDIGO CIVIL PORTUGUÊS – Atualizado até à Lei 59/99, de 30/06).

(CAPÍTULO V – Defesa da posse) – Artigo 1276 (Ação de prevenção)

Se o possuidor tiver justo receio de ser perturbado ou esbulhado por outrem, será o autor da ameaça, a requerimento do ameaçado, intimado para se abster de lhe fazer agravo, sob pena de multa e responsabilidade pelo prejuízo que causar.

Artigo 1277 (Ação direta e defesa judicial)

O possuidor que for perturbado ou esbulhado pode manter-se ou restituir-se por sua própria força e autoridade, nos termos do artigo 336, ou recorrer ao tribunal para que este lhe mantenha ou restitua a posse.

Artigo 1278 (Manutenção e restituição da posse)

1. No caso de recorrer ao tribunal, o possuidor perturbado ou esbulhado será mantido ou restituído enquanto não for convencido na questão da titularidade do direito. 2. Se a posse não tiver mais de um ano, o possuidor só pode ser mantido ou restituído contra quem não tiver melhor posse. 3. É melhor posse a que for titulada; na falta de título, a mais antiga; e, se tiverem igual antiguidade, a posse atual.

Artigo 1279 (Esbulho violento)

Sem prejuízo do disposto nos artigos anteriores, o possuidor que for esbulhado com violência tem o direito de ser restituído provisoriamente à sua posse, sem audiência do esbulhador.

Artigo 1280 (Exclusão das servidões não aparentes)

As ações mencionadas nos artigos antecedentes não são aplicáveis à defesa das servidões não aparentes, salvo quando a posse se funde em título provindo do proprietário do prédio serviente ou de quem lhe transmitiu.

Artigo 1281 (Legitimidade)

1. A ação de manutenção da posse pode ser intentada pelo perturbado ou pelos seus herdeiros, mas apenas contra o perturbador, salva a ação de indemnização contra os herdeiros deste. 2. A ação de restituição de posse pode ser intentada pelo esbulhado ou pelos seus herdeiros, não só contra o esbulhador ou seus herdeiros, mas ainda contra quem esteja na posse da coisa e tenha conhecimento do esbulho.

Artigo 1282 (Caducidade)

A ação de manutenção, bem como as de restituição da posse, caducam, se não forem intentadas dentro do ano subsequente ao facto da turbação ou do esbulho, ou ao conhecimento dele quando tenha sido praticado a ocultas.

Artigo 1283 (Efeito da manutenção ou restituição)

É havido como nunca perturbado ou esbulhado o que foi mantido na sua posse ou a ela foi restituído judicialmente.

Artigo 1284 (Indemnização de prejuízos e encargos com a restituição)

1. O possuidor mantido ou restituído tem direito a ser indemnizado do prejuízo que haja sofrido em consequência da turbação ou do esbulho. 2. A restituição da posse é feita à custa do esbulhador e no lugar do esbulho.

Artigo 1285 (Embargos de terceiro)

O possuidor cuja posse for ofendida por penhora ou diligência ordenada judicialmente pode defender a sua posse mediante embargos de terceiro, nos termos definidos na lei de processo. (Contém as alterações dos seguintes diplomas: DL n.º 38/2003, de 08/03 – Consultar versões anteriores deste artigo: -1ª versão: DL n.º 47344/66, de 25/1).1

Artigo 1286 (Defesa da composse)

1. Cada um dos compossuidores, seja qual for a parte que lhe cabe, pode usar contra terceiro dos meios facultados nos artigos precedentes, quer para defesa da própria posse, quer para defesa da posse comum, sem que ao terceiro seja lícito opor-lhe que ela não lhe pertence por inteiro. 2. Nas relações entre compossuidores não é permitido o exercício da ação de manutenção. 3. Em tudo o mais são aplicáveis à composse as disposições do presente capítulo.

5.2.3.1.1.3. Da Proteção Possessória e suas Modalidades, pelo Direito Adjetivo

(Código de Processo Civil de Portugal, com base na 14ª versão (Lei n.º 3/2023, de 16 de janeiro).

Ação de manutenção da posse: A ação de manutenção da posse é uma ação possessória, isto é, uma ação judicial destinada a tutelar a posição do possuidor, violada por outrem.

Restituição provisória da posse (processo civil): O Código de Processo Civil (CPC) prevê, nos artigos 362 e ss., o regime do procedimento cautelar comum, e, a partir do artigo 377, vêm regulados os procedimentos cautelares especificados.

Conflito de posses: Verifica-se um conflito de posses sempre que, havendo um concurso de posses sobre a mesma coisa corpórea, elas estejam em situação de litígio.

Ação possessória: Ação possessória é uma ação judicial destinada a tutelar a posição do possuidor, violada ou ameaçada violar por outrem. Esta tutela possessória específica visa a assegurar a utilização da coisa ao possuidor.[401]

O Código de Processo Civil (CPC) prevê, nos Arts. 362 e ss., o regime do procedimento cautelar comum, e, a partir do Art. 377, vêm regulados os procedimentos cautelares especificados. A restituição provisória da posse constitui o primeiro desses procedimentos cautelares especificados, cujo regime se encontra previsto nos Arts. 377 a 379 do CPC. De acordo com aquela primeira norma, quando exista esbulho violento, pode o possuidor pedir ao tribunal que seja reconstituído provisoriamente à sua posse, devendo para o efeito alegar os fatos que constituem a posse, o esbulho e a violência. Caso alguma dessas circunstâncias não esteja verificada, o possuidor que seja esbulhado ou perturbado na sua posse deverá, de acordo com o Art. 379 do CPC, recorrer ao procedimento cautelar comum, e não a este procedimento especificado, que apenas é aplicável caso estejam reunidas as características previstas no Art. 377. Nos termos do Art. 378 do CPC, se o juiz reconhecer, pelo exame das provas, que o requerente tinha a posse e foi dela esbulhado violentamente, ordena a restituição, sem citação nem audiência do esbulhador. Nada mais dispondo o CPC sobre esta matéria, importa ter presente a aplicação subsidiária do regime do procedimento cautelar comum, nos termos previstos no Art. 376 do CPC, cabendo particularmente salientar o regime do procedimento a seguir após o decretamento da providência sem audição da contraparte (Art. 372 do CPC) e o da inversão do contencioso (Art. 369 do CPC), cuja aplicabilidade nesta sede é expressamente salvaguardada no número 4 do artigo 376 deste Código.

5.2.3.1.1.4. Dos Procedimentos Cautelares

(Código de Processo Civil de Portugal, com base na 14ª versão (Lei n.º 3/2023, de 16 de Janeiro).

Em destaque Artigos do TÍTULO IV – Dos procedimentos cautelares – CAPÍTULO I – Procedimento cautelar comum.

Artigo 362 (Art. 381 CPC 1961) – Âmbito das providências cautelares não especificadas

1 – Sempre que alguém mostre fundado receio de que outrem cause lesão grave e dificilmente reparável ao seu direito, pode requerer a providência conservatória ou antecipatória concreta-

---

[401] Disponível em: https://diariodarepublica.pt/dr/lexionario/pesquisa/palavras-chave/posse. Acesso em: 14 maio 2024.

mente adequada a assegurar a efetividade do direito ameaçado. 2 – O interesse do requerente pode fundar-se num direito já existente ou em direito emergente de decisão a proferir em ação constitutiva, já proposta ou a propor.3 – Não são aplicáveis as providências referidas no n.º 1 quando se pretenda acautelar o risco de lesão especialmente prevenido por alguma das providências tipificadas no capítulo seguinte. 4 – Não é admissível, na dependência da mesma causa, a repetição de providência que haja sido julgada injustificada ou tenha caducado.

Artigo 363 (Art. 382 CPC 1961) – Urgência do procedimento cautelar

1 – Os procedimentos cautelares revestem sempre caráter urgente, precedendo os respetivos atos qualquer outro serviço judicial não urgente. 2 – Os procedimentos instaurados perante o tribunal competente devem ser decididos, em 1.ª instância, no prazo máximo de dois meses ou, se o requerido não tiver sido citado, de 15 dias.

Artigo 364 (Art. 383 CPC 1961) – Relação entre o procedimento cautelar e a ação principal

1 – Exceto se for decretada a inversão do contencioso, o procedimento cautelar é dependência de uma causa que tenha por fundamento o direito acautelado e pode ser instaurado como preliminar ou como incidente de ação declarativa ou executiva. 2 – Requerido antes de proposta a ação, é o procedimento apensado aos autos desta, logo que a ação seja instaurada e se a ação vier a correr noutro tribunal, para aí é remetido o apenso, ficando o juiz da ação com exclusiva competência para os termos subsequentes à remessa. 3 – Requerido no decurso da ação, deve o procedimento ser instaurado no tribunal onde esta corre e processado por apenso, a não ser que a ação esteja pendente de recurso; neste caso a apensação só se faz quando o procedimento estiver findo ou quando os autos da ação principal baixem à 1.ª instância. 4 – Nem o julgamento da matéria de facto, nem a decisão final proferida no procedimento cautelar, têm qualquer influência no julgamento da ação principal. 5 – Nos casos em que, nos termos de convenções internacionais em que seja parte o Estado Português, o procedimento cautelar seja dependência de uma causa que já foi ou haja de ser intentada em tribunal estrangeiro, o requerente deve fazer prova nos autos do procedimento cautelar da pendência da causa principal, através de certidão passada pelo respetivo tribunal.

(SECÇÃO I – Procedimentos cautelares especificados – Restituição provisória de posse)

Artigo 377 (Art. 393 CPC 1961) – Em que casos tem lugar a restituição provisória de posse

No caso de esbulho violento, pode o possuidor pedir que seja restituído provisoriamente à sua posse, alegando os factos que constituem a posse, o esbulho e a violência.

Artigo 378 (Art. 394 CPC 1961) – Termos em que a restituição é ordenada

Se o juiz reconhecer, pelo exame das provas, que o requerente tinha a posse e foi esbulhado dela violentamente, ordena a restituição, sem citação nem audiência do esbulhador.

Artigo 379 (Art. 395 CPC 1961) – Defesa da posse mediante providência não especificada

Ao possuidor que seja esbulhado ou perturbado no exercício do seu direito, sem que ocorram as circunstâncias previstas no artigo 377, é facultado, nos termos gerais, o procedimento cautelar comum.

5.2.3.1.1.4.1 Resenha dos Procedimentos Cautelares

(Código de Processo Civil de Portugal, com base na 14ª versão (Lei n.º 3/2023, de 16 de janeiro).

Ação possessória é uma ação judicial destinada a tutelar a posição do possuidor, violada ou ameaçada violar por outrem. Esta tutela possessória específica visa a assegurar a utilização da coisa ao possuidor. A lei confere ao possuidor diversos meios judiciais de defesa da posse, a saber: a) ação de prevenção (artigo 1276 do Código Civil); b) ação de manutenção da posse (artigo 1278 do Código Civil); c) ação de restituição da posse (artigo 1278 do Código Civil); d) procedimento cautelar de restituição provisória da posse no caso de esbulho violento (artigo 1279 do Código Civil); por fim, e) embargos de terceiro (artigo 1285 do Código Civil). Adicionalmente, além desses meios judiciais, acresce a ação direta, forma de autotutela da posse (Art. 1277 e 336 do Código Civil).

Enquanto as ações de prevenção, manutenção, restituição e o procedimento cautelar em caso de esbulho violento são mecanismos de reação contra atuações materiais suscetíveis de lesar a posse, os embargos de terceiro são um mecanismo de reação contra uma lesão na posse causada por atos jurídicos (penhora ou diligência ordenada judicialmente). Quanto à legitimidade ativa, pode recorrer às ações possessórias quem detenha a posse da coisa nos termos de um direito real de gozo, de um direito real de garantia suscetível de posse ou de um direito pessoal de gozo que beneficie dessa tutela. As ações possessórias não são aplicáveis à defesa de servidões não aparentes, salvo quando a posse se funde em título provindo do proprietário serviente ou de quem lhe transmitiu (artigo 1280 do Código Civil). Ou seja, as ações possessórias não podem ser usadas para tutela de situações de mera detenção. Em caso de falecimento do possuidor, a legitimidade para instaurar as ações possessórias é transmitida aos seus herdeiros (artigo 1281 do Código Civil). Quanto à legitimidade passiva, difere consoante seja uma ação de manutenção ou de restituição (Art. 1281 do Código Civil). Apesar de corresponderem a ações distintas no Código Civil, atualmente não lhes corresponde qualquer forma de processo especial, estando sujeitas ao processo comum.[402]

5.2.3.1.1.5. Do Disciplinamento dos Embargos de Obra Nova

(Código de Processo Civil de Portugal, com base na 14ª versão (Lei n.º 3/2023, de 16 de Janeiro).

Artigo 397 **(Fundamento do embargo – Embargo extrajudicial).** 1 – Aquele que se julgue ofendido no seu direito de propriedade, singular ou comum, em qualquer outro direito real ou pessoal de gozo ou na sua posse, em consequência de obra, trabalho ou serviço novo que lhe cause ou ameace causar prejuízo, pode requerer, dentro de 30 dias a contar do conhecimento do facto, que a obra, trabalho ou serviço seja mandado suspender imediatamente. 2 – O interessado pode também fazer diretamente o embargo por via extrajudicial, notificando verbalmente, perante duas testemunhas, o dono da obra, ou, na sua falta, o encarregado ou quem o substituir para a não continuar. 3 – O embargo previsto no número anterior fica, porém, sem efeito se, dentro de cinco dias, não for requerida a ratificação judicial.

---

[402] Disponível em: https://diariodarepublica.pt/dr/lexionario/termo/acao-possessoria. Acesso em: 14 maio 2024.

Artigo 398 (**Embargo por parte de pessoas coletivas públicas**). 1 – Quando careçam de competência para decretar embargo administrativo, podem o Estado e as demais pessoas coletivas públicas embargar, nos termos desta secção, as obras, construções ou edificações iniciadas em contravenção da lei ou dos regulamentos. 2 – O embargo previsto no número anterior não está sujeito ao prazo fixado no n.º 1 do artigo anterior.

Artigo 399 (**Obras que não podem ser embargadas**). Não podem ser embargadas, nos termos desta secção, as obras do Estado, das demais pessoas coletivas públicas e das entidades concessionárias de obras ou serviços públicos quando, por o litígio se reportar a uma relação jurídico-administrativa, a defesa dos direitos ou interesses lesados se deva efetivar através dos meios previstos na lei de processo administrativo contencioso.

Artigo 400 (**Como se faz ou ratifica o embargo**). 1 – O embargo é feito ou ratificado por meio de auto, no qual se descreve, minuciosamente, o estado da obra e a sua medição, quando seja possível; notifica-se o dono da obra ou, na sua falta, o encarregado ou quem o substitua, para a não continuar. 2 – O auto é assinado pelo funcionário que o lavre e pelo dono da obra ou por quem a dirigir, se o dono não estiver presente; quando o dono da obra não possa ou não queira assinar, intervêm duas testemunhas. 3 – O embargante e o embargado podem, no ato do embargo, mandar tirar fotografias da obra, para serem juntas ao processo; neste caso, é o facto consignado no auto, com a indicação do nome do fotógrafo.

Artigo 401 (**Autorização da continuação da obra**). Embargada a obra, pode ser autorizada a sua continuação, a requerimento do embargado, quando se reconheça que a demolição restitui o embargante ao estado anterior à continuação ou quando se apure que o prejuízo resultante da paralisação da obra é consideravelmente superior ao que pode advir da sua continuação e em ambos os casos mediante caução prévia às despesas de demolição total.

Artigo 402 (**Como se reage contra a inovação abusiva**). 1 – Se o embargado continuar a obra, sem autorização, depois da notificação e enquanto o embargo subsistir, pode o embargante requerer que seja destruída a parte inovada. 2 – Averiguada a existência de inovação, é o embargado condenado a destruí-la; se não o fizer dentro do prazo fixado, promove-se, nos próprios autos, a execução para a prestação de facto devida.

5.2.3.1.1.6. Apontamentos sintetizados sobre Ações Possessórias decorrentes do Disciplinamento do Direito Brasileiro e o Direito de Portugal

Como desponta dos estudos levados a cabo, por meio das considerações supra apresentadas, há significativa semelhança entre o que rege o Direito Brasileiro e o Direito Português em matéria possessória, razão pela qual fechamos, com amparo na doutrina de Rosana de Queiroz Guerra, o presente estudo comparativo entre o que preconiza a legislação dos dois países, por meio da:

SÍNTESE COMPARATIVA DAS AÇÕES POSSESSÓRIAS NO DIREITO BRASILEIRO E NO DIREITO PORTUGUÊS.

No Brasil as ações possessórias são três: ação de interdito proibitório, ação de manutenção de posse e ação de reintegração de posse. São três as lesões possessórias: a ameaça, a turbação e o esbulho, sendo que para cada tipo de lesão haverá uma tutela jurisdicional apropriada. A legitimidade ativa pertence àquele que sofreu a lesão possessória ou aos seus sucessores, a título singular ou universal.

Já a legitimidade passiva pertence ao que causou a lesão possessória ou seus sucessores. No Brasil as ações possessórias são executiva lato sensu, de tal sorte que sua efetividade se manifesta no mesmo procedimento, sem necessidade de execução. No Brasil não é possível a exceção de domínio, ou seja, não se confunde o juízo petitório com o juízo possessório. Já em Portugal as ações possessórias são as seguintes: ação de prevenção (art.1276º), ação de manutenção (art.1278º), ação de restituição (art.1278º), procedimento cautelar de restituição provisória no caso de esbulho violento (art.1279º) e embargos de terceiro (art.1285º). As três primeiras ações são similares às ações possessórias brasileiras. Em Portugal pode recorrer às ações possessórias quem detenha a posse nos termos de um direito real (art.1251º), incluindo os direitos reais de garantia susceptíveis de posse (art.670 a) e 758º) ou um direito pessoal de gozo que se beneficie dessa tutela (arts.1037, n.2, 1125º, n.2, 1133, n.2, e 1188, n.2). Em caso de morte do possuidor, a legitimidade ativa transmite-se aos seus herdeiros (art.1281º), de acordo com o caráter automático da sucessão na posse (art.1255º). Em Portugal as ações possessórias são declarativas, ou seja, se for necessária haverá a ação de execução. Em Portugal é possível a exceção de domínio, logo não há a proibição como ocorre no Brasil".[403]

5.2.3.1.2. Posse no Direito Material e Proteção possessória pelo procedimento comum no Direito Processual do Uruguai

Na parte material – pelo Código Civil –, a legislação do Uruguai trata das questões relativas à posse, no que não difere, substancialmente, do mesmo tratamento que é dado pelos países que apontamos nesta obra, principalmente aqueles que são objeto de estudos por meio do Direito Comparado.

5.2.3.1.2.1. Posse no Direito Material do Uruguai

Destacamos os principais Artigos (entre o Artigos 646 a 671) que tratam da posse, em consonância com o disciplinado pelo Código Civil do Uruguai (Promulgación: 19/10/1994 – Publicación: 21/11/1994 – *Aprobado/a por:* Ley n.º 16.603 de 19/10/1994. **Vigencia:** Ley Nº 19.355 de 19/12/2015).

(TITULO V – *De la posesión – CAPITULO I – De la Naturaleza de la Posesión y de sus Efectos y Vicios*)[404]

Artículo 646. La posesión es la tenencia de una cosa o el goce de un derecho por nosotros mismos con ánimo de dueños o por otro en nombre nuestro.[405]

Artículo 647. La toma de posesión se verifica por la aprehensión efectiva; esto es, haciendo sobre la cosa un acto material de los que sólo corresponden al dueño.

En la posesión transmitida, el principio enunciado admite excepciones según las diversas especies de tradición de que se habla en el título respectivo del Libro siguiente (Artículo 1039).[406]

---

[403] **AÇÕES POSSESSÓRIAS: UMA ANÁLISE COMPARATIVA ENTRE O DIREITO BRASILEIRO E O DIREITO PORTUGUÊS, Dissertação** – ROSANA DE QUEIROZ LIMA GUERRA. Mestrado em Direito Civil e Prática Jurídica. Lisboa, 2020. In: https://repositorio.ul.pt/bitstream/10451/52869/1/ulfd0150431_tese.pdf. Acesso em: 17 maio 2024

[404] (Tradução livre): (TÍTULO V – Da Posse – CAPÍTULO I – Da Natureza da Posse e de seus Efeitos e Vícios).

[405] (Tradução livre): Artigo 646. A posse é a detenção de uma coisa ou o gozo de um direito por nós mesmos no espírito da propriedade ou por outro em nosso nome.

[406] (Tradução livre): Artigo 647. A tomada de posse é verificada pela apreensão real; isto é, praticando sobre a coisa um ato material do tipo que pertence apenas ao proprietário.

Artículo 648. La posesión puede tomarse, no sólo por el que trata de adquirirla para sí, sino por su mandatario o por sus representantes legales (artículo 1199).[407]

Artículo 649. La posesión da diferentes derechos al que la tiene:

1º. Se le presume dueño, mientras no se pruebe lo contrario.

2º. Puede instaurar las acciones posesorias, con sujeción a lo que se dispone en el capítulo siguiente.

3º. El que ha poseído tranquila y públicamente por un año completo, sin interrupción, adquiere el derecho de posesión y se excusa de responder sobre ésta (artículo 1196).

4º. Hace suyos los frutos percibidos hasta el día de la contestación de la demanda, cuando posee de buena fe.

5º. Puede prescribir el dominio y demás derechos reales, concurriendo las circunstancias requeridas por la ley.

6º. Perdida la posesión, puede usar de la acción reivindicatoria, aunque no sea dueño, contra el que posea la cosa con título inferior al suyo.[408]

Artículo 650. Son posesiones viciosas relativamente al despojado:

1º. la violenta;

2º.la clandestina.[409]

651. Posesión violenta es la que se adquiere por la fuerza. Esta puede ser actual o inminente.[410]

Artículo Artigo 652. El que en ausencia del dueño se apodera de la cosa y volviendo el dueño lo repele, es también poseedor violento.

Existe el vicio de la violencia, sea que se haya empleado contra el verdadero dueño de la cosa o contra el que la poseía sin serlo o contra el que la tenía en lugar o a nombre de otro.

Lo mismo es que la violencia se ejecute por una persona o por sus agentes y que se ejecute con su consentimiento o que después de ejecutada se ratifique expresa o tácitamente (artículo 1198).[411]

Artículo 653. Se llama mera tenencia la del arrendatario, secuestre, comodatario, acreedor prendario y demás que tienen una cosa en lugar y a nombre de outro.

No caso de posse transferida, o princípio enunciado admite exceções de acordo com as diversas espécies de tradição de que fala o respectivo título do livro seguinte (Artigo 1039).

[407] (Tradução livre): Artigo 648. A posse pode ser tomada não só pelo pretendente adquiri-la para si, mas também pelo seu mandatário ou pelos seus representantes legais (artigo 1199).

[408] (Tradução livre): Artigo 649. A posse confere direitos diferentes à pessoa que a possui:

1ª. Presume-se que ele é o proprietário, até prova em contrário.

2ª. Pode instaurar ações possessórias, observado o disposto no capítulo seguinte.

3ª. A pessoa que possui a posse silenciosa e publicamente por um ano inteiro, sem interrupção, adquire o direito de posse e se exime de responder por ele (artigo 1196).

4ª. Faz seus os frutos recebidos até o dia da resposta ao pedido, quando possui de boa-fé.

5ª. Pode prescrever a propriedade e outros direitos reais, nas circunstâncias exigidas por lei.

6ª. Perdida a posse, ele poderá usar a ação de reivindicação, ainda que não seja o proprietário, contra a pessoa que possui a coisa com título inferior ao seu.

[409] (Tradução livre): Artigo 650. São bens viciosos relativos aos despossuídos:

1ª. violência;

2ª. clandestino.

[410] (Tradução livre): 651. Posse violenta é aquela que é adquirida pela força. Isso pode ser atual ou iminente.

[411] (Tradução livre): 652. Aquele que, na ausência do proprietário, apreende a coisa e, quando o proprietário retorna, o repele é também um possuidor violento.

Há o vício da violência, quer tenha sido usado contra o verdadeiro dono da coisa, seja contra aquele que a possuía sem ser um, seja contra aquele que a possuía no lugar ou em nome de outro.

É o mesmo se a violência é praticada por uma pessoa ou seus agentes e se é realizada com seu consentimento, ou se, depois de realizada, é expressa ou tacitamente ratificada (artigo 1198).

La posesión es de la persona de quien la cosa tienen (artículo 1199).[412]

Artículo 654. El que ha empezado a tener la cosa como poseedor; se presume que continúa en el mismo concepto, mientras no se pruebe lo contrario.

El que ha empezado por la mera tenencia de la cosa, se presume continuar como mero tenedor hasta la prueba contraria.

Si alguien prueba haber poseído anteriormente y poseer actualmente, se presume la posesión en el tiempo intermedio, sin perjuicio de la prueba contraria (artículos 649, inciso 3º, 663, 1195 y 1196).[413]

Artículo 655. Se pierde la posesión de dos modos: por usurpación de un tercero o por el abandono voluntario y formal del poseedor.[414]

Artículo 656. La posesión de la cosa mueble no se entiende perdida, mientras se halla bajo el poder del poseedor, aunque éste ignore accidentalmente su paradero.[415]

Artículo 657. El que recupera legalmente la posesión perdida, se entenderá haberla tenido durante todo el tiempo intermédio.[416]

5.2.3.1.2.2. Ações possessórias no Direito Material do Uruguai

No que diz respeito às Ações Possessórias, o tratamento dado pelo Código Civil do Uruguai segue, em linhas gerais, todos os demais Códigos, tanto de Direito Civil, como de Direito Processual Civil, dos países, principalmente, latino-americanos que se acham citados nesta obra jurídica.

A coerência no tratamento das garantias possessórias decorre pela simples razão de que, sem elas, a POSSE não teria relevância alguma, pois não se tem como conceber a existência da posse sem que ela não fosse devidamente protegida por meio de atos de defesa, que, como já aludimos em outras paragens desta obra, não se trata tão somente de defesa processuais, pois também o possuidor goza do direito de proteção de sua posse por meio de ação física, no caso, pelo desforço pessoal.

(CAPÍTULO II – De las Acciones Posesorias/Ações Possessórias)

Artículo 658. Las acciones posesorias se dirigen a conservar o recuperar la posesión de bienes raíces o derechos reales constituidos en ellos.[417]

---

[412] (Tradução livre): Artigo 653. A mera posse é a do locatário, do sequestro, da mercadoria, do penhor e de outros que tenham uma coisa no lugar e em nome de outrem.

A posse pertence à pessoa de quem tem a coisa (Art. 1199).

[413] (Tradução livre): Artigo 654. Aquele que começou a ter a coisa como possuidora, presume-se que continue no mesmo conceito, até que se prove o contrário.

Aquele que começou pela mera posse da coisa, presume-se que continuará como mero detentor até prova em contrário.

Se alguém provar ter possuído anteriormente e possuir atualmente, presume-se a posse no tempo intermediário, sem prejuízo de prova em contrário (artigos 649, n.º 3, 663, 1195 e 1196).

[414] (Tradução livre): Artigo 655. A posse é perdida de duas formas: por usurpação por terceiro ou pelo abandono voluntário e formal do possuidor.

[415] (Tradução livre): Artigo 656. A posse de bens móveis não se entende perdida enquanto estiver na posse do possuidor, mesmo que este desconheça acidentalmente o seu paradeiro.

[416] (Tradução livre): Artigo 657. Entende-se que aquele que recupera legalmente a posse perdida teve-a durante todo o tempo interveniente.

[417] (Tradução livre): Artigo 658. As ações possessórias têm por objetivo preservar ou recuperar a posse de bens imóveis ou direitos reais neles constituídos.

Artículo 659. Sobre los objetos que no pueden adquirirse por prescripción, como las servidumbres inaparentes o discontinuas, no puede haber acción posesoria.[418]

Artículo 660. El heredero tiene y está sujeto a las mismas acciones posesorias que tendría y a que estaría sujeto su autor, si viviese (artículos 776 y 1039).[419]

Artículo 661. El que ha sido turbado en su posesión o privado injustamente de ella, tiene derecho para pedir que se le ampare o restituya con indemnización de costas, costos, daños y perjuicios.[420]

Artículo 662. La acción que tiene por objeto conservar la posesión, prescribe al cabo de un año completo, contado desde el acto de la perturbación.

La que tiene por objeto recuperar la posesión expira por igual término, contado desde que el poseedor anterior la ha perdido.

Si la nueva posesión ha sido violenta o clandestina, se contará el año desde que haya cesado la violencia o clandestinidad.[421]

Artículo 663. Cuando la acción para conservar la posesión se dirigiese contra el anterior poseedor, deberá probar el que la instaura, que ha poseído tranquila y públicamente a lo menos por un año completo.

Esta misma prueba deberá hacer el que instaure la acción para recuperar la posesión contra el despojante o sucesor de éste que tuviese la calidad de anterior despojado respecto del actor.

Fuera de los casos expresados en este artículo, el que instaure la acción posesoria sólo tendrá que probar que era poseedor en el momento de la perturbación o del despojo.[422]

Artículo 664. El reo será siempre citado y si compareciere, se le oirá, pero el juicio no perderá en manera alguna su calidad de extraordinario.[423]

Artículo 665. En los juicios posesorios no se tomará en cuenta el dominio que por una y otra parte se alegue.[424]

Artículo 666. Se debe probar la posesión del suelo por hechos positivos, de aquellos a que sólo da derecho el dominio, como el corte de maderas, la construcción de edificios, la de cerramientos, las plantaciones o sementeras y otros de igual significación, ejecutados sin el consentimiento del que disputa la posesión.[425]

---

[418] (Tradução livre): Artigo 659. Não pode haver ação possessória sobre objetos que não possam ser adquiridos por prescrição, como servidões inaparentes ou descontínuas.

[419] (Tradução livre): Artigo 660. O herdeiro tem e está sujeito às mesmas ações possessórias a que o autor teria e estaria sujeito, se estivesse vivo (artigos 776 e 1039).

[420] (Tradução livre): Artigo 661. Uma pessoa que tenha sido perturbada na sua posse ou injustamente privada dela tem o direito de pedir proteção ou restituição com compensação por danos e prejuízos.

[421] (Tradução livre): Artigo 662. A ação de preservação da posse prescreve ao final de um ano completo da data da perturbação.
A que se destina a reaver a posse prescreve pelo mesmo prazo, contado a partir da data em que o possuidor anterior a perdeu.
Se a nova posse tiver sido violenta ou clandestina, contar-se-á o ano a partir da cessação da violência ou da clandestinidade.

[422] (Tradução livre): Artigo 663. Quando a ação de preservação da posse for dirigida contra o possuidor anterior, aquele que a institui deve provar que possui silenciosa e publicamente por pelo menos um ano completo.
A mesma prova deve ser feita pela pessoa que instaura a ação de recuperação da posse contra o esbulhador ou sucessor deste último que tinha a condição de esbulhador em relação ao autor.
Fora dos casos expressos neste artigo, a pessoa que institui a ação possessória só terá que provar que estava na posse no momento da perturbação ou desapropriação.

[423] (Tradução livre): Artigo 664 O acusado será sempre intimado e, se comparecer, será ouvido em juízo, mas não até o julgamento não perderá, de modo algum, a sua qualidade extraordinária.
(Anotações: Vide artigos 670, 1233 e 1802, desta mesma norma).

[424] (Tradução livre): *Artigo 665. Nas sentenças possessórias, a propriedade reivindicada por ambas as partes não será levada em consideração.*

[425] *(Tradução livre): Artigo 666. A posse do terreno deve ser comprovada por atos positivos, daqueles a que só a propriedade dá direito, como o corte de madeira, a construção de edifícios, a construção de recintos, plantações ou canteiros de sementes e outros de igual importância, executados sem o consentimento de quem litiga a posse.*

Artículo 667. El usufructuario, el usuario y el que tiene el derecho de habitación pueden ejercer por sí las acciones y excepciones posesorias, dirigidas a conservar o recuperar el goce de sus respectivos derechos, aun contra el propietario mismo.

Este es obligado a auxiliarlos contra todo turbador o usurpador extraño, siendo requerido al efecto (artículo 530).

Las sentencias obtenidas contra el usufructuario, el usuario o el que tiene el derecho de habitación, obligan al propietario; menos si se tratare de la posesión del dominio de la finca o de derechos anexos a él: en este caso no valdrá la sentencia contra el propietario que no haya intervenido en el juicio (artículo 653).[426]

Artículo 668. La acción para la restitución puede dirigirse no sólo contra el usurpador, sino contra toda persona cuya posesión se derive de la del usurpador por cualquier título.

Pero no serán obligados a la indemnización del artículo 661 sino el usurpador mismo o el tercero de mala fe; y habiendo varias personas obligadas, todas lo serán in solidum (artículo 1331).[427]

Artículo 669. Todo el que violentamente ha sido despojado, sea de la posesión, sea de la mera tenencia y que por poseer a nombre de otro o por no haber poseído el año completo o por otra causa cualquiera, no pudiere instaurar acción posesoria, tendrá, sin embargo, derecho para que se restablezcan las cosas en el estado en que antes se hallaban, sin que para esto necesite probar más que el despojo violento ni se le pueda objetar clandestinidad o despojo anterior.

Este derecho prescribe en seis meses.

Restablecidas las cosas y asegurada la indemnización del artículo 661 o desechada la acción, podrá intentarse por una u otra parte la acción posesoria que corresponda.[428]

Artículo 670. Es aplicable al caso de despojo violento lo dispuesto en los artículos 664 y 665.[429]

Artículo 671. Los actos de usurpación quedan además sujetos a las disposiciones de la Ley Penal.[430]

Artículo 672. También tiene derecho el poseedor para pedir que se prohiba toda obra nueva que se trate de ejecutar en el suelo de que está en posesión. La acción concedida para esto se llama denuncia de obra nueva.

Sin embargo, no podrá denunciar con este fin las obras necesarias para precaver la ruina de un edificio, acueducto, canal, puente, acequia etc., siempre que se reduzcan a lo estrictamente indispensable y que, terminadas, se restituyan las cosas al estado anterior, a costa del dueño de las obras.

---

[426] (Tradução livre): Artigo 667. O usufrutuário, o usuário e aquele que tem o direito de habitação podem exercer por si mesmos as ações possessórias e exceções, destinadas a preservar ou recuperar o gozo de seus respectivos direitos, mesmo contra o próprio proprietário.
Este último é obrigado a ajudá-los contra qualquer perturbador ou usurpador de outros, sendo obrigado a fazê-lo (Artigo 530).
As sentenças obtidas contra o usufrutuário, o usuário ou aquele que tem o direito de habitação, vinculam o proprietário; exceto se se tratar da posse da propriedade do bem ou dos direitos a ele anexos: neste caso, a sentença contra o proprietário que não interveio no julgamento não será válida (artigo 653).

[427] (Tradução livre): Artigo 668. Uma ação de restituição pode ser dirigida não apenas contra o usurpador, mas contra qualquer pessoa cuja posse seja derivada da do usurpador por qualquer título.
Mas somente o próprio usurpador ou o terceiro de má-fé será obrigado a pagar a indenização prevista no artigo 661; e se houver várias pessoas obrigadas, todas serão obrigadas in solidum (artigo 1331).

[428] (Tradução livre): Artigo 669. Quem tiver sido violentamente despojado, seja da posse ou da mera posse, e que, por possuir em nome de outrem, ou por não possuir o ano inteiro, ou por qualquer outro motivo, não puder instituir uma ação possessória, terá, no entanto, o direito de que as coisas sejam restituídas ao estado em que se encontravam antes. sem precisar provar mais do que desapropriação violenta ou ser capaz de se opor a clandestinidade ou desapropriação anterior.
Este direito expira em seis meses.
Uma vez que as coisas tenham sido restauradas e a indenização do artigo 661 tenha sido garantida ou a ação tenha sido julgada improcedente, a ação possessória correspondente pode ser intentada por uma ou outra parte.

[429] (Tradução livre): Artigo 670. As disposições dos artigos 664 e 665 são aplicáveis ao caso de (Tradução livre): desapropriação violenta.

[430] Artigo 671. Os atos de usurpação também estão sujeitos às disposições da Lei Penal.

Tampoco tendrá derecho para embarazar los trabajos conducentes a mantener la debida limpieza en los caminos, acequias, cañerías etc.[431]

Artículo 673. Son obras nuevas denunciables las que, construidas en el predio sirviente, embarazan el goce de una servidumbre constituida en él.

Son igualmente denunciables las construcciones que se trata de sustentar en edificio ajeno que no esté sujeto a tal servidumbre.

Se declara especialmente denunciable toda obra voladiza que atraviesa el plano vertical de la línea divisoria de dos predios, aunque no se apoye en el predio ajeno ni de vista ni vierta aguas lluvias sobre él.[432]

Artículo 674. Las Intendencias Municipales y Juntas Locales y Autónomas de los respectivos departamentos y sus localidades tendrán en favor de los caminos, plazas u otros lugares de uso público, la acción de denuncia concedida a los dueños de heredades o edificios privados; sin perjuicio de otras facultades que les atribuyan leyes especiales.[433]

Artículo 675. Si la acción contra una obra nueva no se dedujere dentro del año, el denunciado será amparado en el juicio posesorio y el denunciante sólo podrá perseguir su derecho en la vía ordinaria.[434]

5.2.3.1.2.3. Ações Possessórias e Ação de Obra Nova no Direito Adjetivo do Uruguai

Por sua vez, a legislação adjetiva – Código de Processo Civil do Uruguai (Código General del Proceso (Ley n.º 15.982 de 18/10/1988, vigente a partir del 20/11/1989) – disciplina a matéria, atinente à proteção possessória, com a inclusão de Obra Nova (e Obra Ruinosa), pelo procedimento denominado Procedimento Comum.

Neste sentido: <u>*Artículo 348*</u> *(Procedencia del proceso ordinario):*

Tramitarán por el proceso ordinario todas aquellas pretensiones que no tengan establecido un proceso especial para su sustanciación. [435]

Artículo 349 (Procedencia del proceso extraordinario) – Tramitarán por el proceso extraordinario:

1) Las pretensiones de conservar y de recobrar la posesión o la tenencia, la de denuncia de obra nueva y obra ruinosa a que refieren, respectivamente, los artículos 620, 658 a 670 y 672 a 675 del Código Civil.[436]

---

[431] (Tradução livre): Artigo 672. O possuidor também tem o direito de solicitar que qualquer novo trabalho que se pretenda realizar na terra de que está na posse seja proibido. A ação concedida para isso é chamada de denúncia de novas construções.

Não pode, porém, denunciar para este fim as obras necessárias para evitar a ruína de um edifício, aqueduto, canal, ponte, vala, etc., desde que sejam reduzidas ao estritamente necessário e que, quando terminadas, as coisas sejam restauradas ao seu estado anterior, às custas do proprietário das obras.

Nem terá o direito de embaraçar as obras que levam a manter a limpeza adequada das estradas, valas, tubulações, etc.

[432] (Tradução livre): Artigo 673. Novas obras que podem ser denunciadas são aquelas que, construídas sobre a propriedade do servo, constrangem o gozo de uma servidão nela constituída.

São também denunciáveis as construções que se destinem a ser suportadas por prédio alheio que não esteja sujeito a tal servidão.

Qualquer obra em balanço que cruze o plano vertical da linha divisória de duas propriedades é declarada especialmente denunciável, mesmo que não repouse sobre a propriedade de outra ou à vista ou despeje água da chuva sobre ela.

[433] (Tradução livre): Artigo 674. As Administrações Municipais e os Conselhos Locais e Autônomos dos respectivos departamentos e suas localidades terão em favor de estradas, praças ou outros locais de uso público, a ação de denúncia concedida aos proprietários de propriedades ou edifícios particulares; sem prejuízo de outros poderes que lhes sejam atribuídos por leis especiais.

[434] Artigo 675. Se a ação contra uma nova obra não for deduzida no prazo de um ano, o réu estará protegido no juízo possessório e o autor só poderá exercer seu direito pela via ordinária.

[435] Artigo 348 Admissibilidade do processo ordinário. – Eles processarão, por meio do processo ordinário, todas as reivindicações que não tenham um processo especial.

[436] (Tradução livre): Artigo 349 (Admissibilidade do processo extraordinário) – Processam-se pelo processo extraordinário: 1. Pretensão de preservar e reaver a posse e a reintegração de posse, bem como denunciar construção nova e construção ruinosa, a que se referem os artigos 620,

5.2.3.1.2.4. Resumo da posse e ações possessórias no Direito Substantivo e no Direito Adjetivo do Uruguai, com amparo na lei, na doutrina e na jurisprudência

Pela lei e pela doutrina: Pelo Direito do Uruguai, a matéria alusiva à obra nova também está inserida no rol das ações de natureza possessória e tem, como visto anteriormente, seu disciplinamento no mesmo procedimento extraordinário.

A matéria atinente à proteção possessória de obra nova é prevista pelo Código Civil do Uruguai (denominada de denúncia de obra nova, no Direito Civil brasileiro, é ação de embargo de obra nova), assim como também a manutenção e a reintegração de posse. Sobre o embargo (e quando não cabe embargo) de obra nova, diz o Código Civil do Uruguai:

Com relação à manutenção e à reintegração de posse, com a possibilidade de cumular com perdas e danos e mais prejuízos (que no Direito Civil brasileiro se configura pelas perdas e danos e lucros cessantes), disciplina o Código Civil do Uruguai (repete-se, em reforço, pois já foi citado e transcrito supra):

Artículo 661. El que ha sido turbado en su posesión o privado injustamente de ella, tiene derecho para pedir que se le ampare o restituya con indemnización de costas, costos, daños y perjuicios.[437]

O ordenamento jurídico do Uruguai, com relação à matéria possessória, assemelha-se ao do Brasil, assim como os demais ordenamentos jurídicos dos países latinos americanos, pois, de regra, protege o possuidor via dos respectivos procedimentos judiciais específicos. Nesse sentido, destacam-se os seguintes dispositivos do Código Civil do Uruguai. Assim:

Artículo 649. La posesión da diferentes derechos al que la tiene:

1º. Se le presume dueño, mientras no se pruebe lo contrario.

2º. Puede instaurar las acciones posesorias, con sujeción a lo que se dispone en el capítulo siguiente.[438]

[...].

Por sua vez:

*Artículo **669**. Todo el que violentamente ha sido despojado, sea de la posesión, sea de la mera tenencia y que por poseer a nombre de otro o por no haber poseído el año completo o por otra causa cualquiera, no pudiere instaurar acción posesoria, tendrá, sin embargo, derecho para que se restablezcan las cosas en el estado en que antes se hallaban, sin que para esto necesite probar más que el despojo violento ni se le pueda objetar clandestinidad o despojo anterior. Este derecho prescribe en seis meses.*[439]

---

658 a 670 e 672 a 675 do Código Civil, respetivamente.

[437] (Tradução livre): Artigo 661. Uma pessoa que tenha sido perturbada na sua posse ou injustamente privada dela tem o direito de pedir proteção ou restituição com compensação por custos, custos e danos.

No tocante à posse, assim como os sistemas brasileiro e argentino, prevê o Uruguai que aquele que detém a coisa com intenção de dono, ou podendo se utilizar de um dos atributos da propriedade, este se considera possuidor (Arts. 646 e 647, do Código Civil do Uruguai).

[438] (Tradução livre): Artigo 649. A posse confere direitos diferentes à pessoa que a possui:

1ª. Presume-se que ele é o proprietário, até prova em contrário.

2ª. Pode instaurar ações possessórias, observado o disposto no capítulo seguinte.

[...].

[439] (Tradução livre): Artigo 669. Qualquer pessoa que tenha sido violentamente desapossada, seja de posse ou de mera posse, e que, por possuir em nome de outrem, ou por não ter possuído o ano inteiro, ou por qualquer outro motivo, não possa intentar uma ação de posse, terá, no entanto, o direito de ter as coisas restituídas ao estado em que estavam antes. Para isso, não precisa provar mais do que a espoliação violenta, nem pode ser objetada à clandestinidade ou à desapropriação anterior. Esse direito expira após seis meses.

Sendo que, pela legislação do Uruguai a "posse cumpre tês funções distintas, as quais fazem parte do seu próprio fundamento, de sorte que duas dessas funções decorrem da vontade do próprio legislador, e uma é herança do Direito Romano, presente também na legislação em questão.

A primeira função que se observa, é que a posse é a causa jurídica para a aquisição da propriedade, sendo que a propriedade e sua prova encontram respaldo na posse e em seu efeito, qual seja, a prescrição. [...].

Outra função da posse, encontrada na doutrina e legislação uruguaia, a mesma consubstancia-se em um meio de transmissão da propriedade, bem como meio pelo qual se adquire a propriedade de forma originária. Por fim, a posse guarda uma conotação de instituição moderadora da rigidez do sistema propriedade, no momento em que torna em torna viável seu funcionamento".

<u>**Posse pela jurisprudência uruguaia:**</u> *Señala la jurisprudencia que [...] lo habitual en los meros tenedores es un uso restringido a un destino, o a un titular y su familiar, en tanto que el poseedor no tiene en principio límite de ninguna clase. 'Lo que realmente interesa para distinguir la posesión de la mera tenencia no es el ánimo de dueño sino la causa de la vinculación con la cosa, y por eso el Código Civil dice que la posesión se prueba simplemente con la prueba del corpus'. [...], más allá de la definición del artículo 646 del Código Civil, nuestra ley recoge la tesis de la causa; la posesión o tenencia de una cosa en virtud de una causa de posesión, o como dice Ihering la posesión o tenencia de la cosa cuando no exista una causa de mera detentación. Esta última definición es la más ajustada a nuestro derecho positivo, porque para acreditar la posesión no es necesario probar su causa; hay posesión sin título, sin necesidad de acreditar el título; basta con probar el corpus ¿cómo? Siempre que la otra no pruebe el título de mera tenencia [...]". Igualmente esta Sala, con anterior integración, y manteniendo el mismo temperamento en la actual, se ha pronunciado en sentido semejante en Sentencias 118/2007 y 109/2012. Se sostiene en esta última que: "La posesión constituye una situación fáctica, manifestación exterior que normalmente adopta el titular de un derecho. – Para la tesis tradicional se exige como eje de la relación posesoria la concurrencia de dos elementos, uno material consistente en la relación efectiva con el objeto, la realización de actos sobre el mismo y otro subjetivo el ánimo de dueño, de tener la cosa para sí. – En caso de faltar el "animus domini" no hay posesión [...]. – El ánimo de la posesión no es el ánimo concreto que pueda tener el demandado en la especie litigiosa sometida a decisión, sino el ánimo abstracto que es inherente a la condición jurídica (artículos 653, 654 y 1199 del Código Civil). – [...], la teoría del ánimo ha naufragado al momento de confrontarse con la realidad y, ello por cuanto, luego de una primera formulación en la que se tenía en cuenta la intención real del tenedor y para salvar las críticas que se le hacían, se adoptó una segunda formulación, en la que se atiende al ánimo abstracto, al que se debería tener como "típico" conforme a la calidad de su tenencia, o sea conforme a la causa de esa tenencia. – Entonces, si en lugar del ánimo real, se atiende al que abstractamente corresponde al tipo de situación de que se trata, no se está considerando el ánimo sino la causa de la vinculación; lo que significa que no exista un elementos intencional, sino que ese elemento está presente en todas las hipótesis de relación con la cosa, ya se trate de posesión ya de mera tenencia, puesto que esa relación es querida. – Dice Yglesias que nuestro Código Civil, aún cuando hable del ánimo en el Art.646, luego, define la mera tenencia en el Art.653 lo hace en función del título por el que se vincula a la cosa y no por la intención real y, cuando legisla la prueba de la posesión en el Art. 666, requiere la del corpus, siempre que no se acredite que los actos constitutivos de dicho elemento se están realizando por concesión de quien disputa la posesión. – De ahí que concluya que nuestra ley recoge la tesis de la causa que significa que: la posesión es la tenencia de una cosa en virtud de una causa de posesión o, más precisamente, cuando no existe una causa de mera detentación. – Así,*

ha de verse que la posesión puede adquirirse originariamente (sin título) o trasmitirse por virtud de un título, que debe ser apto para trasmitir el derecho de poseer o sea el dominio. – [...].[440]

Jurisprudência: *Como ha expresado este Colegiado con anterioridad, dichos requisitos son[...] analizados por la doctrina especializada en los siguientes términos: 'a) Continua. La demanda de continuidad de la posesión... debe ser entendida como una conducta del poseedor que se traduzca en el ejercicio regular de actos posesorios sobre el bien que está poseyendo; de manera que, la actuación material sobre la cosa, la realización de los actos previstos por el Art. 666, la desarrolle tal como lo haría si fuera dueño de ella... A diferencia de la interrupción, la continuidad o discontinuidad se debe a la conducta del poseedor. Para que la posesión sea continua, el poseedor debe actuar respecto a la cosa de forma que le dé el uso normal que le daría un verus dominus... b) ininterrumpida. A diferencia de la continuidad, que depende de la conducta asumida por el poseedor, implica que la posesión no se encuentre afectada por hechos naturales o de terceros... c) pacífica o tranquila... ambos se refieren a un mismo requisito que significa que la posesión, para que sea apta para usucapir no debe depender de la fuerza o violencia para mantenerse. Se trata de un requisito, con cualquiera de las denominaciones que se adopten, que debe coexistir durante todo el plazo usucapional... d) pública... el requerimiento de publicidad en la posesión... significa... que se debe verificar únicamente que la posesión asumió una potencialidad tal que le permita a dichos sujetos enterarse de ella... e) no equívoca... cuando del análisis de la conducta del poseedor resulta de manera notoria, concluyente o indubitable que tiene un fin determinado: la adquisición del dominio u otro derecho real de goce de manera exclusiva para su titular... f) en concepto de propietario... entraña actuar materialmente sobre la cosa como lo hace un propietario medio' (sentencia No. 8/2010 de la Corporación).*[441]

---

[440] (Tradução livre): <u>Posse pela jurisprudência uruguaia:</u> [...] A jurisprudência indica que [...]. O que é realmente importante para distinguir a posse da mera detenção não é a intenção do proprietário, mas a causa da conexão com a coisa. E é por isso que o Código Civil diz que a posse é provada simplesmente pela prova do *corpus*. [...], além da definição do artigo 646 do Código Civil, nosso direito inclui a tese da causa; a posse ou detenção de uma coisa em virtude de uma causa de posse, ou, como diz Ihering, a posse ou detenção da coisa quando não há causa de mera detenção. Esta última definição é a mais condizente com o nosso direito positivo, pois, para provar a posse, não é necessário provar a sua causa; há posse sem título, sem a necessidade de comprovação do título; basta o corpus. Como? Desde que o outro não comprove o título de mera detenção [...]. Da mesma forma, esta Câmara, com composição anterior, e mantendo o mesmo temperamento na atual, já se pronunciou em sentido semelhante nos Acórdãos 118/2007 e 109/2012. Argumenta-se, nesta última, que: "A posse constitui uma situação fática, uma manifestação externa que normalmente é adotada pelo titular de um direito. – Para a tese tradicional, exige-se a concomitância de dois elementos como eixo da relação possessória; o primeiro elemento é de ordem material e consiste nos atos praticados sobre o objeto; o segundo elemento é subjetivo e decorre da intenção do possuidor em tornar-se proprietário, pois faltando o *"animus domini"* não há posse [...]. A intenção de posse não é a intenção concreta que o réu possa ter nas espécies controvertidas submetidas à decisão, mas a intenção abstrata inerente à condição jurídica (artigos 653, 654 e 1199 do Código Civil). Por outro lado, [...] a teoria da mente naufragou no momento de confronto com a realidade, e isso porque, após uma primeira formulação em que se levou em conta a real intenção do titular, e para evitar às críticas que lhe foram feitas, foi adotada uma segunda formulação, na qual se presta atenção à mente abstrata, que deve ser considerada "típica", de acordo com a qualidade de sua posse, ou seja, de acordo com a causa dessa posse. Não é o espírito que está sendo considerado, mas a causa do apego; o que significa que não há elemento intencional isolado, mas sim que esse elemento está presente em todas as hipóteses de relação com a coisa, seja ela uma questão de posse ou seja de mera detenção, uma vez que essa relação é desejada. – Yglesias diz que o nosso Código Civil, mesmo quando fala da intenção, Art. 646, [...*con ánimo de dueños o por otro en nombre nuestro*] se refere à posse [aje como se dono fosse]; enquanto pelo Art. 653 [... *mera tenência*...] a relação se dá de acordo com o título a que está ligada à coisa, e não pela real intenção. Quando legisla em relação a prova da posse, Art. 666 [*Se debe probar la posesión del suelo por hechos positivos* [...], exige a do *corpus*, desde que não se prove que os atos constitutivos do referido elemento estejam sendo praticados por concessão de quem contesta a posse. – Assim, concluo que nosso direito inclui a tese de que a posse é o exercício próprio [ou praticado por terceiro em nosso nome] do direito sobre determinada coisa, desde que não se trate de mera detenção. – Assim, deve-se ver que a posse pode ser adquirida originariamente (sem título) ou transmitida em virtude de um título, apto a transmitir o direito de possuir e o domínio.-[...].

[441] (Tradução livre): tSobre a posse destacamos da jurisprudência Uruguaia: Como este Colegiado já afirmou, esses requisitos são [...] analisados pela doutrina especializada nos seguintes termos: a) Contínuo. A exigência de continuidade da posse... deve ser entendida como uma conduta do possuidor que se traduz no exercício regular de atos possessórios sobre os bens que possui; de modo que a ação material sobre a coisa, a prática dos atos previstos no artigo 666, a desenvolve como se fosse dona dela... Ao contrário da interrupção, a continuidade ou descontinuidade se deve à conduta do possuidor. Para que a posse seja contínua, o possuidor deve agir em relação à coisa de modo a lhe dar o uso normal que um *verus dominus* lhe daria. b) Ininterrupto. Ao contrário da continuidade, que depende da conduta assumida pelo possuidor, implica que a posse não é afetada por fatos naturais ou de terceiros... c) Pacífica ou sossegada... Ambos se referem ao mesmo requisito, o que significa que a posse, para ser apta a Usucapião, não deve depender da força ou da violência para se manter. Trata-se de uma exigência, independentemente dos nomes adotados, que deve coexistir durante todo o período usucapional... d) Público... a exigência de publicidade na posse... Significa... que só se deve

5.2.3.1.3. Posse no Direito Material e proteção possessória pelo procedimento especial no Direito Processual da Argentina

Para uma melhor compreensão dos dispositivos legais da Argentina, que se acham consolidados no Código Civil e no Código de Processo Civil, faz-se necessário que fique esclarecido:

a. cada província (no Brasil, a denominação é Estados) tem autonomia para terem seus próprios Códigos de Processo Civil e Comercial (*Codigo Procesal Civil y Comercial*), portanto se trata de Códigos Civis próprios, em outras palavras, não estão atrelados a um único Código Federal, como ocorre no Brasil; e

b. o Código de Processo Civil da Nação (*Codigo Procesal Civil y Comercial de la Nación*) é adotado nos Tribunais da Capital Federal da Argentina, no caso Buenos Aires, contudo, nesta província, é adotado o *Codigo Procesal Civil y Comercial de Buenos Aires*.

Melhor explicando: O Código de Processo Civil e Comercial da Nação Argentina (CPCCN ou CPN) é o conjunto sistematizado de regras processuais aplicáveis em matéria civil e comercial, intervindo em todos os casos que são fundamentados perante os tribunais de justiça federal em toda a República Argentina e nas jurisdições Civil e Comercial da justiça comum da Cidade Autônoma de Buenos Aires. É importante notar que cada província se reserva o direito de emitir códigos processuais para casos civis e comerciais perante os tribunais comuns[442].

5.2.3.1.3.1. Atualizações do Código Civil e do Código Processual da Argentina

Argentina, assim como ocorreu no Brasil, passou, mais recentemente, por reforma no seu **Código Civil (e Comercial) – CODIGO CIVIL DE LA NACION – CCC** (Aprobado por ley 26.994, promulgado según decreto 1795/2014 – Ley 26994), assim como no **CODIGO PROCESAL CIVIL Y COMERCIAL DE LA NACION** (Ley 25.488 Modificación. Sancionada: Octubre 24 de 2001. Promulgada de Hecho: Noviembre 19 de 2001. Última actualización 16/04/2024), de modo que apresentamos como ele trata da proteção em relação à matéria possessória. Apontaremos, neste tópico, os artigos correspondentes aos dispositivos vigentes dos dois Códigos Civis, inclusive com alguns comentários bem pontuais.

Na parte concernente ao Direito Processual Civil, somente destacaremos os artigos que se referem diretamente à proteção possessória, com breve comentário. No momento oportuno, teceremos algumas considerações sobre o Instituto do Usucapião em face do Direito Positivo Civil da Argentina (isto poderá ser visto por meio do **Capítulo III, tópico "3.8.10.4 Disciplinamento do instituto do Usucapião pelo Direito da Argentina).**

Para fins comparativos com os disciplinamentos contidos no Código Civil/2002, **em vigor**, assim como Código Civil/1916, revogado; Código Processual Civil Brasileiro/2015, **em vigor** e **Cód**igo

---

verificar se a posse assumiu uma potencialidade tal que permitisse a esses sujeitos tomar consciência dela... e) Inequívoco... quando a análise da conduta do possuidor demonstrar, de forma notória, conclusiva ou indubitável, que ela tem uma finalidade específica: a aquisição do domínio ou outro direito real de gozo exclusivamente para seu titular... f) Na qualidade de proprietário... implica agir materialmente sobre a coisa como um proprietário médio faz" (Acórdão n.º 8/2010 da Corporação).

[442] (Tradução livre): *El Código Procesal Civil y Comercial de la Nación Argentina (CPCCN o CPN) es el conjunto sistematizado de las normas procesales aplicables en materia civil y mercantil, interviniendo en todas aquellas causas que se sustancien ante los tribunales de la justicia federal de toda la República Argentina y en los fueros Civil y Comercial de la justicia ordinaria de la Ciudad Autónoma de Buenos Aires. Es importante destacar que cada provincia se reserva el dictado de códigos procesales para las causas civiles y comerciales que se tramiten ante la justicia ordinaria.*

Processual Brasileiro/1973, revogado, apontamos como o Direito Civil e o Direito Processual Civil Argentino tratam a matéria relativa à proteção da posse.

A análise/comparação tomará como referência uma abordagem feita por meio do **Código Civil (e Comercial) – CODIGO CIVIL DE LA NACION – CCC** (Aprobado por ley 26.994 Promulgado según decreto 1795/2014 – Ley 26994 [443] HONORABLE CONGRESO DE LA NACION ARGENTINA 01-oct-2014 CODIGO CIVIL Y COMERCIAL DE LA NACION – APROBACION – Publicada en el Boletín Oficial del 08-oct-2014 Número: 32985 – Página: 1), que se encontra **em VIGOR**, e pelo **Código Civil (e Comercial) – CODIGO CIVIL D E LA NACION – CCC** (Aprobado por ley 340, pelo <u>Congresso da Nação</u> sem modificações, em <u>25 de setembro</u> de <u>1869</u>, promulgada em <u>29 de setembro</u> do mesmo ano, entrando em vigor em <u>1 de janeiro</u> de <u>1871</u>, atualmente REVOGADO; do mesmo modo, serão destacados artigos concernentes ao **Código Procesal Civil y Comercial Nacional**, que se encontra em **VIGOR** (Vigente, con las modificaciones. Última actualización 16/04/2024).

5.2.3.1.3.2. Metodologia utilizada para abordagem dos tópicos selecionados do Direito Civil e Processual da Argentina

Em relação à forma de apresentação os comentários/comparações feitos sobre o **<u>Direito comparado brasileiro e argentino</u>**, será priorizada a matéria atinente à POSSE e ao USUCAPIÃO. O estudo mais aprofundado das matérias mencionadas é desenvolvido levando em consideração a longa tradição em considerar a grandeza do Direito Positivo Brasileiro em comparação com o Direito Argentino, que goza de destaque no Direito Comparado internacionalmente, principalmente com os demais países da América do Sul. Assim, o estudo da posse e do Usucapião, que desenvolvemos nesta obra jurídica, terá o Direito Civil da Argentina como o instrumento que norteará o enfoque do Direito Comparado que apontamos de diversos outros países.

Finalmente: Para facilitar o entendimento e a pesquisa comparativa, esclarecemos a metodologia de apresentação e comentários relativos ao assunto objeto deste enfoque. A saber:

a. disposição do **<u>VIGENTE</u> Código Civil (e Comercial) – CODIGO CIVIL DE LA NACION – CCC**, com transcrição dos artigos, tradução livre e pontuais comentários;

b. disposição da matéria do Código de Processo Civil (e Comercial) da Argentina (**CODIGO PROCESAL CIVIL Y COMERCIAL DE LA NACION – CPCC**), seguido de transcrição, tradução livre e coment*á*rios pontuais. No mais, também tem os mesmos objetivos do que já declinamos retro (alínea "a);

c. disposição da matéria do **<u>REVOGADO</u> Código Civil (e Comercial) – CODIGO CIVIL DE LA NACION – CCC**, com transcrição dos artigos, tradução livre e comentários bem pontuais. O objetivo da apresentação desses revogados artigos é para possibilitar uma comparação entre as próprias normas revogadas ou em vigor na Argentina, como de resto também baliza o confronto interpretativo entre as normas dos demais países, prin-

---

[443] Ley 26.994 – Aprovação – Sanção: 1 de outubro de 2014 – Promulgado: 7 de outubro de 2014. O Senado e a Câmara dos Deputados da Nação Argentina reuniram-se no Congresso etc. sanção com força de Lei:
ARTIGO 1 – É aprovado o Código Civil e Comercial Nacional, que como Anexo I integra o lei atual.
ARTIGO 6 – Qualquer referência ao Código Civil ou ao Código Comercial contido na legislação em vigor deve ser entendido como uma referência ao Código Civil e Comercial da Nação que é aprova.
ARTIGO 7 – Esta lei entra em vigor em 1º de agosto de 2015. (Artigo substituído pelo artigo 1 da Lei n.º 27.077 BO 19/12/2014.

cipalmente aqueles que adotamos como paradigmas para fins de uma comparação mais consistente com o Direito Civil e Processual Brasileiro. Os objetivos visados e perseguidos são os mesmos apontados anteriormente (alínea "a").

Esclarecimento preliminar: optamos por esse tipo de a metodologia para manter similaridade com o que expusemos em relação ao estudo dos Códigos Civis brasileiro, em que focamos na análise do disciplinado por meio do Código Civil de 1916 (que está REVOGADO) e pelo Código Civil de 2015 (em plena VIGÊNCIA).

Os Códigos Civis e Processuais da Argentina, embora revogados, mantêm uma linha de amplitude e comentários de alto nível entre seus doutrinadores, principalmente no que diz respeito às matérias referentes à POSSE, a AÇÕES POSSESSÓRIAS e USUCAPIÃO. De modo que tecemos, ainda que com brevidade, considerações sobre eles.

5.2.3.1.3.3. Código Civil Argentino em vigor (Ações Possessórias e Ações Reais)

Dito isto, vejamos as disposições legais que regem as ações possessórias na Argentina, considerando dispositivos constantes do **Código Civil (e Comercial) – CODIGO CIVIL DE LA NACION – CCC** (Aprobado por ley 26.994 Promulgado según decreto 1795/2014 – Ley 26994 HONORABLE CONGRESO DE LA NACION ARGENTINA 01-oct-2014 CODIGO CIVIL Y COMERCIAL DE LA NACION – APROBACION – Publicada en el Boletín Oficial del 08-oct-2014 Número: 32985 – Página: 1), que se encontra **em VIGOR (Artigos 2238 a 2246):**

Título XIII. Acciones posesorias y acciones reales (Título XIII. Ações Possessórias e Ações Reais).

Capítulo 1. Defensas de la posesión y la tenencia (Capítulo 1. Defesas da Posse).

DISPOSIÇÃO DO CÓDIGO CIVIL (E COMERCIAL) – CODIGO CIVIL DE LA NACION (EM VIGOR) > > ARTÍCULO 2238.-Finalidad de las acciones possessorias y lesiones que las habilitan. *Las acciones posesorias según haya turbación o desapoderamiento, tienen por finalidad mantener o recuperar el objeto sobre el que se tiene una relación de poder. Se otorgan ante actos materiales, producidos o de inminente producción, ejecutados con intención de tomar la posesión, contra la voluntad del poseedor o tenedor.*

Hay turbación cuando de los actos no resulta una exclusión absoluta del poseedor o del tenedor. Hay desapoderamiento cuando los actos tienen el efecto de excluir absolutamente al poseedor o al tenedor.

La acción es posesoria si los hechos causan por su naturaleza el desapoderamiento o la turbación de la posesión, aunque el demandado pretenda que no impugna la posesión del actor.

Los actos ejecutados sin intención de hacerse poseedor no deben ser juzgados como acción posesoria sino como acción de daños.).[444]

---

[444] (Tradução livre): ARTIGO 2238.- Finalidade das ações possessórias e lesões que as habilitem. As ações possessórias, dependendo se há perturbação ou desapropriação, têm por finalidade manter ou recuperar o objeto sobre o qual existe uma relação de poder. São concedidas em face de atos materiais, produzidos ou iminentemente produzidos, executados com a intenção de tomar posse, contra a vontade do possuidor ou titular. Há perturbação quando os atos não resultam em exclusão absoluta do possuidor ou do titular. Há desempoderamento quando os atos têm o efeito de excluir absolutamente o possuidor ou o titular.

 A ação é possessória se os factos causarem, pela sua natureza, a desapropriação ou perturbação da posse, mesmo que o requerido alegue que não contesta a posse do autor.

Os atos praticados sem a intenção de se tornar possuidor não devem ser julgados como uma ação possessória, mas como uma ação de indenização.

Comentário pontual nosso: Este artigo redunda numa junção de situações referentes à proteção da posse, sendo que está contida a proteção possessória, relativa *às ações possessórias*, ou seja, ação de reintegração de posse e *ação de manutenção de posse. A questão do* "constrangimento" tem a equivalência com a ação de interdito proibitório no Código Civil Brasileiro, não adotado como possessória pelo Direito Civil da Argentina. Tanto é verdade que, ocorrendo simples ameaça à posse, a matéria será julgada como ação de indenização..

Comentário da doutrina da Argentina (texto original e texto traduzido de forma livre): *Entendemos que la redacción podría mejorarse. Para empezar, vemos que estas acciones sirven para defender tanto la posesión como la posesión, por lo que llamar a estos remedios acciones posesorias no parece ser lo más adecuado, sobre todo cuando por estas acciones el propietario puede defenderse incluso contra el dueño del inmueble si toma la cosa de su propia autoridad (cf. Art. 2241).*

Por otra parte, el tercer párrafo del artículo 2238 deja claro que Es posesora de la acción si los hechos causan, por su naturaleza, la expropiación o perturbación de la posesión, aun cuando el demandado alegue que no impugna la posesión del demandante.

Lo que importa es que la posesión de la persona afectada sea removida o perturbada materialmente. En otras palabras, el acto material da lugar a la presunción de intención de expropiar o perturbar por parte de su autor. Si el acto material no da lugar a una presunción de tal intención (la de excluir al poseedor o poseedor en su totalidad y en parte), el recurso indicado no es una acción de posesión, sino una acción de daños y perjuicios (cf. Art. 2238. A este respecto, compárese el texto anterior con el siguiente: Código derogado: Art. 2.496. Sólo abrá perturbación de la posesión cuando, contra la voluntad del poseedor del bien inmueble, alguien ejerza, con la intención de poseer, actos de posesión de los que no resulte una exclusión absoluta del poseedor [...].

Artículo 610. – PROCEDENCIA. Para que proceda el interdicto de retener se requerirá:

1° Que quien lo intentare se encuentre en la actual posesión o tenencia de una cosa, mueble o inmueble.

2° Que alguien amenazare perturbarle o lo perturbase en ellas mediante actos materiales.

Comentário: Entendemos que a redação poderia ser melhorada. Para começar, vemos que essas ações servem para defender tanto a posse quanto a detenção, de modo que chamar esses remédios de ações possessórias não parece ser o mais adequado, especialmente quando, por essas ações, o titular pode defender-se até mesmo contra o proprietário do imóvel, se ele tomar a coisa de sua própria autoridade (conf. Art. 2241).

Por outro lado, o parágrafo terceiro do artigo 2238 deixa claro que a ação é possessória se os fatos causarem, por sua natureza, a desapropriação ou perturbação da posse, ainda que o réu alegue que não contesta a posse do autor.

O que importa é que a posse da pessoa afetada seja materialmente removida ou perturbada. Em outras palavras, o ato material dá ensejo à presunção da intenção de desapropriar ou perturbar por parte de seu autor. Se o ato material não der origem a uma presunção de tal intenção (a de excluir total ou parcialmente o titular ou possuidor), o remédio indicado não é a ação de posse, mas a ação de indenização (cf. Art. 2238 in fine).

A esse respeito, compare o texto anterior com o seguinte:

Código revogado: Art. 2.496. Só haverá perturbação na posse quando, contra a vontade do possuidor do bem imóvel, alguém exercer, com a intenção de possuir, atos de posse dos quais não resulte uma exclusão absoluta do possuidor [...].

Código de Processo Civil e Comercial da Nação: Art. 610. – Para que a liminar ocorra será necessário:

§ 1º Que o interessado esteja na posse atual de uma coisa, móvel ou imóvel.

(2) Que alguém o ameace perturbá-lo ou perturbá-lo neles por atos materiais.

DISPOSIÇÃO DO CÓDIGO CIVIL (E COMERCIAL) – CODIGO CIVIL DE LA NACION (EM VIGOR) > > Artículo 2239. Acción para adquirir la posesión o la tenencia. *Un título válido no da la posesión o tenencia misma, sino un derecho a requerir el poder sobre la cosa. El que no tiene sino un derecho a la posesión o a la tenencia no puede tomarla; debe demandarla por las vías legales.*[445]

Comentário pontual nosso: Não é dado ao possuidor agir por conta própria para se reintegrar na posse de um bem que adquiriu pelas vias legais. No caso, deve buscar ingressar na posse por meio de ação judicial. Este tipo de matéria tem correspondência, no Direito Civil brasileiro, com a ação de imissão de posse, que não é possessória, e sim petitória.

Comentário da doutrina da Argentina (texto original e texto traduzido de forma livre): *Este artículo es análogo al actual 2468 del Código derogado. La mayor modificación es incluir expresamente a la tenencia, aunque doctrina y jurisprudencia ya lo interpretaban de esa manera.*

Lamentablemente, a pesar del título del artículo, no se reguló una acción específica para adquirir la posesión o la tenencia, distinta de las acciones personales comunes que nacen, por ejemplo, del incumplimiento de un contrato de compraventa o de locación.

En cambio, así lo trataba el artículo 2198 del Proyecto de 1998, respecto de la adquisición de la posesión:

"Acción para adquirir la posesión. El que tiene título suficiente para adquirir el dominio pero no se le ha hecho la tradición traslativa, tiene acción para adquirir la posesión contra quien posee la cosa sin derecho, la que debe tramitar por el proceso de conocimiento más abreviado previsto en la ley local.

La acción caduca en el plazo de un (1) año desde la fecha prevista en el título para la tradición traslativa del dominio, o en su defecto desde la fecha del título".

Se incorporaba así un medio expeditivo y autónomo para adquirir la posesión. De paso, compárese la redacción propuesta en el Proyecto de 1998 con el interdicto de adquirir del Art. 607 del CPCCN, el cual, por sus requisitos de procedencia, resulta de imposible aplicación.

3) Defensa extrajudicial de la posesión y de la tenencia

Acción para adquirir la posesión o la tenencia. Un título válido no da la posesión o tenencia misma, sino un derecho a requerir el poder sobre la cosa. El que no tiene sino un derecho a la posesión o a la tenencia no puede tomarla; debe demandarla por las vías legales.

DISPOSIÇÃO DO CÓDIGO CIVIL (E COMERCIAL) – CODIGO CIVIL DE LA NACION (EM VIGOR) > > Artículo 2240. Defensa extrajudicial. *Nadie puede mantener o recobrar la posesión o posesión de la propia autoridad, salvo cuando una agresión deba ser protegida y repelida con el uso de la fuerza suficiente, en los casos en que el auxilio de la autoridad judicial o policial llegaría demasiado tarde. El afectado deberá recuperarlo sin lapso alguno y sin exceder los límites de la legítima defensa. Esta protección contra toda violencia también puede ser ejercida por los Servidores de la posesión.*[446]

---

[445] (Tradução): Art. 2239. Ação de Aquisição de Posse. Um título válido não dá posse em si, mas um direito de exigir poder sobre a coisa. Aquele que tem apenas direito à posse não pode tomá-lo. Deve processá-la por meio dos canais legais.

[446] (Tradução): Art. 2240. Defesa extrajudicial. *Ninguém pode manter ou recuperar a posse por meio de ato praticado por sua própria pessoa, exceto quando uma agressão deve ser protegida e repelida com o uso de força suficiente, nos casos em que a ajuda da autoridade judiciária ou policial chegaria*

Comentário pontual nosso: De modo semelhante ao que disciplina o Código Civil Brasileiro, é possível, dentro das situações práticas apresentadas, o possuidor, em caso de violencia cometida contra a sua posse, se valer da legítima defesa da posse, mas sempre usando dos meios necessários e sem fazer justiça pelas próprias mãos.

Comentário da doutrina da Argentina (texto original e texto traduzido de forma livre):
Entendemos que la redacción podría mejorarse. Por empezar, vemos que estas acciones sirven para defender tanto la posesión como la tenencia, por lo que llamar a estos remedios "acciones posesorias" no parece lo más indicado, máxime cuando por estas acciones el tenedor puede defenderse "aun contra el dueño del bien si toma la cosa de propia autoridad" (conf. Art. 2241).

Por otra parte, el tercer párrafo del 2238 deja claro que "La acción es posesoria si los hechos causan por su naturaleza el desapoderamiento o la turbación de la posesión, aunque el demandado pretenda que no impugna la posesión del actor."

Lo que interesa es que materialmente se quite o se turbe la tenencia o la posesión del afectado. Dicho de otra manera, el acto material hace presumir la intención de despojar o de turbar por parte de su autor. Si el acto material no hace presumir esa intención (la de excluir absoluta o parcialmente al tenedor o poseedor), el remedio indicado no es la acción posesoria sino la de daños (conf. Art. 2238 in fine).

Al respecto, compárese el texto precedente con los siguientes:

Código derogado: "Art. 2.496. Sólo habrá turbación en la posesión, cuando contra la voluntad del poseedor del inmueble, alguien ejerciere, con intención de poseer, actos de posesión de los que no resultase una exclusión absoluta del poseedor." (El subrayado es nuestro)

Código Procesal Civil y Comercial de la Nación: "Art. 610. – Para que proceda el interdicto de retener se requerirá:

1. *Que quien lo intentare se encuentre en la actual posesión tenencia de una cosa, mueble o inmueble.*
2. *Que alguien amenazare perturbarle o lo perturbase en ellas mediante actos materiales."*
3. *La acción para adquirir.*[447]

DISPOSIÇÃO DO CÓDIGO CIVIL (E COMERCIAL) – CODIGO CIVIL DE LA NACION (EM VIGOR) > > Artículo 2241. Acción de expropiación. *La acción de expropiación para recuperar el dominio o la posesión corresponde a cualquier tenedor o poseedor de una cosa o de una universalidad de hecho, aunque sea vicioso, contra los desposeídos, sus herederos y sucesores privados de mala fe, cuando*

---

demasiadamente tarde. A parte afetada deve recuperá-lo sem qualquer intervalo de tempo e sem exceder os limites de legítima defesa. Essa proteção contra toda violência também pode ser exercida pelos servos da posse.

[447] (Tradução): Entendemos que a redação poderia ser melhorada. Para começar, vemos que essas ações servem para defender tanto a posse, portanto chamar esses remédios de "ações possessórias" não parece o mais adequado, principalmente quando, por meio dessas ações, o titular pode defender-se "inclusive do dono do imóvel [...] se tomar a coisa por sua própria conta" (conf. Art. 2.241).

Por outro lado, o parágrafo terceiro do 2.238 deixa claro que "A ação é possessória se os fatos causarem, por sua natureza, a desapropriação ou perturbação da posse, ainda que o réu alegue que não contesta a posse do autor."

O que é importante é que a propriedade ou posse da pessoa afetada seja materialmente removida ou perturbada. Em outras palavras, o ato material pressupõe a intenção de espoliar ou perturbar por parte do seu autor. Se o ato material não presumir essa intenção (excluir total ou parcialmente o titular ou possuidor), o remédio indicado não é a ação possessória, mas a de indenização (conf. Art. 2.238 in fine).

A esse respeito, compare o texto anterior com o seguinte:

Código revogado: "Art. 2.496. Só haverá perturbação da posse quando, contra a vontade do possuidor do imóvel, alguém exercer, com intenção de possuir, atos de posse dos quais não resulte exclusão absoluta do possuidor (O destaque é nosso).

Código de Processo Civil e Comercial da Nação: "Art. 610. – Para que a medida cautelar tenha prosseguimento, serão necessários:

1) Que quem tenta está na posse de uma coisa, móvel ou imóvel.

2) Que alguém ameace perturbá-lo ou o perturbe mediante atos materiais."

2) A ação para adquirir.

los actos del resultados del desempoderamiento. Incluso se puede presentar una demanda contra el dueño de la propiedad si mesmo Toma la cosa de su propia autoridad.

Esta acción incluye el desempoderamiento producido por la ejecución de una obra.

Esta comienza a realizarse en el objeto sobre el cual el actor ejerce el dominio o posesión.

La sentencia que conceda la solicitud deberá ordenar la restitución de la cosa o bien o de la universalidad, o la remoción de la obra que se comienza a hacer; tiene efecto de cosa juzgada material en todo cuanto se refiere a la posesión o a la tenencia.[448]

Comentário pontual nosso: No tratamento da matéria em comparação com o Direito Civil Brasileiro, é diferente, pois, pelo Direito Argentino, é englobado direito de vizinhança com a restituição de coisa que julgada favor*ável ao particular, ou herdeiro, que teve sua posse afetada,* sendo que a sentença que é julgada favorável ao demandante determina a restituição do bem para o particular ou, conforme o caso, para a universalidade, e tem força de coisa julgada em matéria possessória.

Comentário da doutrina da Argentina (texto original e texto traduzido de forma livre):
Esta acción comprende el desapoderamiento producido por la realización de una obra que se comienza a hacer en el objeto sobre el cual el actor ejerce la posesión o la tenencia.

La sentencia que hace lugar a la demanda debe ordenar la restitución de la cosa o de la universalidad, o la remoción de la obra que se comienza a hacer; tiene efecto de cosa juzgada material en todo cuanto se refiere a la posesión o a la tenencia.

Es similar a la actual acción "policial" de despojo que se encuentra en el actual Art. 2490 e incluye a la acción de obra nueva regulada en los arts. 2498 y sgtes.[449]

DISPOSIÇÃO DO CÓDIGO CIVIL (E COMERCIAL) – CODIGO CIVIL DE LA NACION (EM VIGOR) > > Artículo 2242. Acción de mantener la tenencia o la posesión. *Corresponde la acción de mantener la tenencia o la posesión a todo tenedor o poseedor sobre una cosa o una universalidad de hecho, aunque sea vicioso, contra quien lo turba en todo o en parte del objeto. Esta acción comprende la turbación producida por la amenaza fundada de sufrir un desapoderamiento y los actos que anuncian la inminente realización de una obra. La sentencia que hace lugar a la demanda debe ordenar el cese de la turbación y adoptar las medidas pertinentes para impedir que vuelva a producirse; tiene efecto de cosa juzgada material en todo cuanto se refiere a la posesión o a la tenência.* [450]

---

[448] (Tradução): Art. 2241. Ação de desapropriação. A ação de desapropriação para reaver a posse pertence a qualquer titular ou possuidor sobre uma coisa ou uma universalidade de fato, ainda que viciosa, contra o desapossado, seus herdeiros e sucessores particulares de má-fé, quando os atos do resultados de desempoderamento. Uma ação pode ser proposta até mesmo contra o proprietário do imóvel, se ele tira a coisa de sua própria autoridade.
Essa ação inclui o desempoderamento produzido pela execução de uma obra.
Isso começa a ser feito no objeto sobre o qual o ator exerce a posse.
A sentença que defere o pedido deve ordenar a restituição da coisa ou do bem à universalidade, ou a retirada do trabalho que começa a ser feito; tem efeito de caso julgado em todas as questões relativas à posse.

[449] (Tradução): Esta ação inclui o desempoderamento produzido pela realização de um trabalho que passa a ser feito sobre o objeto sobre o qual o ator exerce posse ou la tenência.
A decisão que dá origem à reclamação deve ordenar a restituição da coisa ou da universalidade, ou a retirada da obra que se inicia; tem efeito de coisa julgada material em tudo o que se refere à posse ou la tenência.
Assemelha-se à atual ação "policial" de desapropriação encontrada no Art. 2.490 e inclui a ação de construção nova regulamentada nos arts. 2498 e segs.).

[450] (Tradução): Art. 2.242. Ação de manutenção da posse. A ação de manutenção da posse ou posse corresponde a todo titular ou possuidor sobre uma coisa ou uma universalidade de fato, mesmo que seja viciosa, contra quem a perturba em todo ou parte do objeto.
Esta ação inclui a perturbação produzida pela ameaça fundada de sofrimento de desempoderamento e pelos atos que anunciam a iminente conclusão de uma obra.
A decisão que dá origem à reclamação deve ordenar a cessação da perturbação e adoptar as medidas relevantes para prevenir a sua recorrência; tem efeito de coisa julgada material em tudo o que se refira à posse.

Comentário pontual nosso: Aqui se repete a parte final do artigo antecedente, sobre a coisa julgada em matéria que diga respeito *à* posse. Tem correlação com a ação de manutenção de posse.

Comentário da doutrina da Argentina (texto original e texto traduzido de forma livre):
Acción de mantener la tenencia o la posesión. Corresponde la acción de mantener la tenencia o la posesión a todo tenedor o poseedor sobre una cosa o una universalidad de hecho, aunque sea vicioso, contra quien lo turba en todo o en parte del objeto.

Esta acción comprende la turbación producida por la amenaza fundada de sufrir un desapoderamiento y los actos que anuncian la inminente realización de una obra.

La sentencia que hace lugar a la demanda debe ordenar el cese de la turbación y adoptar las medidas pertinentes para impedir que vuelva a producirse; tiene efecto de cosa juzgada material en todo cuanto se refiere a la posesión o a la tenencia.

Nuevamente, es similar a la actual acción "policial" de manutención o retener que se encuentra en el actual Art. 2469 e incluye a la acción de obra nueva regulada en los arts. 2498 y sgtes. [451]

DISPOSIÇÃO DO CÓDIGO CIVIL (E COMERCIAL) – CODIGO CIVIL DE LA NACION (EM VIGOR) > > Artículo 2243. Prueba. *Si es dudoso quién ejerce la relación de poder al tiempo de la lesión, se considera que la tiene quien acredita estar en contacto con la cosa en la fecha más próxima a la lesión. Si esta prueba no se produce, se juzga que es poseedor o tenedor el que prueba una relación de poder más antigua.* [452]

Comentário pontual nosso: Tem ampla correspondência com o disciplinado pelo Direito Civil brasileiro. Quando não for possível verificar quem detém melhor posse, *dá-se* preferência ao possuidor que faz prova de ter por mais tempo a posse do bem disputado.

Comentário da doutrina da Argentina (texto original e texto traduzido de forma livre):
Acción de mantener la tenencia o la posesión. Corresponde la acción de mantener la tenencia o la posesión a todo tenedor o poseedor sobre una cosa o una universalidad de hecho, aunque sea vicioso, contra quien lo turba en todo o en parte del objeto.

Esta acción comprende la turbación producida por la amenaza fundada de sufrir un desapoderamiento y los actos que anuncian la inminente realización de una obra.

La sentencia que hace lugar a la demanda debe ordenar el cese de la turbación y adoptar las medidas pertinentes para impedir que vuelva a producirse; tiene efecto de cosa juzgada material en todo cuanto se refiere a la posesión o a la tenencia.

Nuevamente, es similar a la actual acción "policial" de manutención o retener que se encuentra en el actual Art. 2469 e incluye a la acción de obra nueva regulada en los arts. 2498 y sgtes.

---

[451] (Tradução): Ação de manutenção da posse o la tenência. A ação de manutenção da propriedade ou posse corresponde a todo o detentor ou possuidor de uma coisa ou de uma universalidade de fato, ainda que viciosa, contra quem a perturbe na totalidade ou em parte do objeto.
Esta ação inclui a perturbação produzida pela ameaça fundada de sofrer uma desapropriação e os atos que anunciam a iminente conclusão de uma obra.
A decisão que dá origem à reclamação deve ordenar a cessação da perturbação e adotar as medidas pertinentes para evitar que ela se repita; tem efeito de coisa julgada material em tudo o que se refere à posse ou posse.
Mais uma vez, é semelhante ao atual apoio "policial" ou à ação de retenção encontrada na arte atual. 2.469 e inclui a ação de construção nova, regulamentada nos Arts. 2498 e segs.).

[452] (Tradução): Artículo 2243. Prova, Se for duvidoso quem exerce a relação de poder no momento da lesão, considera-se que a pessoa que comprovar estar em contato com a coisa na data mais próxima da lesão é considerada como possuidora. Se essa prova não ocorrer, julga-se que o possuidor ou detentor é quem comprova uma relação de poder mais antiga.

DISPOSIÇÃO DO CÓDIGO CIVIL (E COMERCIAL) – CODIGO CIVIL DE LA NACION (EM VIGOR) > > *Artículo 2244. Conversión. Si durante el curso del proceso se produce una lesión mayor que la que determina la promoción de la acción, el afectado puede solicitar su conversión en la que corresponde a la lesión mayor, sin que se retrotraiga a el procedimiento, excepto violación del derecho de defensa en juicio.*[453]

Compárese con el artículo 617 de la CPCCN: Art. 617. – Si, en el curso de la medida cautelar, el demandante es desposeído, la acción procederá como medida cautelar para cobrar, sin revertir el proceso, en la medida de lo posible.

Cuando el demandante tenga conocimiento de la existencia de otros sucesores, socios o beneficiarios, podrá extender la acción contra ellos en cualquier fase del procedimiento.

<u>Comentário pontual nosso</u>: Sem correspondência específica com o disciplinado pelo Direito Civil Brasileiro, contudo tem, no plano geral, correspondência com a fungibilidade das ações possessórias.

<u>Comentário da doutrina da Argentina (texto original e texto traduzido de forma livre)</u>: Se, no decurso do processo, ocorrer dano superior ao que determina a promoção da ação, o afetado poderá requerer a sua conversão para aquele que corresponda ao dano maior, sem que o procedimento seja retroativo, salvo violação do direito de defesa em julgamento.

Compare com o artigo 617 do CPCCN: Art. 617. – *Se, no curso da medida cautelar, o autor for desapropriado, a ação prosseguirá como medida cautelar de cobrança, sem reversão do processo, na medida do possível.*

Quando o autor tiver conhecimento da existência de outros sucessores, sócios ou beneficiários, deverá prorrogar a ação contra eles em qualquer fase do processo.

Nos casos de defesa de posse, o princípio probatório é: comprovar quem exerceu a posse ou detenção e qual foi a perturbação ou desapropriação sofrida. Em outras palavras, o título não importa nesses processos, exceto nos casos em que nenhuma das partes possa provar a posse ou detenção anterior, situação em que prevalece o reconhecimento em favor daquele que tem o título (direito) de domínio (propriedade). Esta é a solução dos artigos 2.471 e 2.472 do Código revogado:

Artigo 2.471. *Sendo duvidoso o estado final de posse entre aquele que afirma possuí-la e aquele que pretende privá-la [esbulho possessório] ou perturbá-la [turbação da posse], considera-se possuí-la aquele que comprovar a posse mais antiga. Se não se sabe qual é o mais antigo, julga-se a favor do tem o direito de domínio (propriedade).*

Art. 2.472. Fora o caso do artigo anterior, a posse nada tem em comum com o direito de *possuir, e a prova em ações possessórias do direito de posse por parte do autor ou do réu será inútil.*

Ainda sobre provas, pelo CCC:

---

[453] (Tradução livre): Artigo 2244. Conversão. Se, no decurso do processo, ocorrer dano superior ao que determina a promoção da ação, o afetado poderá requerer a sua conversão para aquele que corresponda ao dano maior, sem que o procedimento seja retroativo, salvo violação do direito de defesa em julgamento.

Se, no curso do procedimento, ocorrer dano superior ao que deu origem à propositura da reclamação, o interessado poderá requerer a sua conversão naquele correspondente ao dano maior, sem que o procedimento seja revertido, salvo violação de defesa correta perante um tribunal.

Compare com o artigo 617 do CPCCN: Art. 617. – Se, no curso da medida cautelar, o autor for desapropriado, a ação prosseguirá como medida cautelar de cobrança, sem reversão do processo, na medida do possível.

Quando o autor tiver conhecimento da existência de outros sucessores, sócios ou beneficiários, poderá prorrogar a ação contra eles em qualquer fase do processo.

Artigo 2.243. Provas. Havendo dúvida sobre quem exerce a relação de poder no momento da lesão, é considerado possuidor aquele que comprovar contato com a coisa na data mais próxima da lesão. Se esta prova não for apresentada, considera-se que o possuidor ou titular é aquele que certifica uma relação de poder mais antiga.

Quanto ao teste da relação de poder, "presume-se, salvo prova em contrário, que o possuidor é aquele que exerce poder de fato sobre uma coisa" (cf. Art. 1911). Por fim, "se houver título, presume-se que a relação de poder começa a partir da data do título e tem a extensão nele indicada" (Conf. Art. 1914).

Harmonizando esses preceitos com o referido Art. 2.243, temos que quem comprova estar em contato com a coisa na data mais próxima da lesão (exerce o poder de fato, cf. Art. 1911) é quem tem relação de poder (ou seja, posse).Se ninguém o puder provar, será considerado possuidor quem comprovar o título de domínio (cf. Art. 1914).).

DISPOSIÇÃO DO CÓDIGO CIV-IL (E COMERCIAL) – CODIGO CIVIL DE LA NACION (EM VIGOR) > > <u>Artículo 2245. Legitimación</u>. *Corresponden las acciones posesorias a los poseedores de cosas, universalidades de he cho o partes materiales de una cosa. Cualquiera de los coposeedores puede ejercer las acciones posesorias contra terceros sin el concurso de los otros, y también contra éstos, si lo excluyen o turban en el ejercicio de la posesión común. No proceden estas acciones cuando la cuestión entre coposeedores sólo se refiere a la extensión mayor o menor de cada parte.*

Los tenedores pueden ejercer las acciones posesorias por hechos producidos contra el poseedor y pedir que éste sea reintegrado en la posesión, y si no quiere recibir la cosa, quedan facultados para tomarla directamente.[454]

<u>Comentário pontual nosso</u>: Basicamente, em correspondência com o disciplinado pelo Direito Civil Brasileiro, trata-se de composse, e sobre isto já descrevemos, de modo que remetemos para o que consta do tópico específico.

<u>Comentário da doutrina da Argentina (texto original e texto traduzido de forma livre)</u>: *"Legitimatión. Corresponden las acciones posesorias a los poseedores de cosas, universalidades de hecho o partes materiales de una cosa.*

Cualquiera de los coposeedores puede ejercer las acciones posesorias contra terceros sin el concurso de los otros, y también contra éstos, si lo excluyen o turban en el ejercicio de la posesión común. No proceden estas acciones cuando la cuestión entre coposeedores sólo se refiere a la extensión mayor o menor de cada parte.

Los tenedores pueden ejercer las acciones posesorias por hechos producidos contra el poseedor y pedir que éste sea reintegrado en la posesión, y si no quiere recibir la cosa, quedan facultados para tomarla directamente."

Solo añadimos que, como el propio CCC señala, el tenedor puede defender su "relación de poder" en forma autónoma, incluso "contra el dueño del bien si toma la cosa de propia autoridad" (conf. Art. 2241, ya transcripto)

---

[454] *(Tradução): Art. 2245º <u>Legitimação</u>. As ações possessórias correspondem aos possuidores de coisas, universalidades de fato ou partes materiais de uma coisa.*

Qualquer dos coproprietários poderá exercer ações de posse contra terceiros sem a ajuda de outros, e contra eles, se o excluírem ou perturbarem no exercício de posse comum. Essas ações não prosseguem quando a questão entre coproprietários.

Refere-se apenas à maior ou menor extensão de cada parte.

Os titulares poderão exercer ações possessórias sobre fatos que ocorram contra o possuidor e requerer a sua reintegração na posse, e caso não queira receber a coisa, Eles têm autoridade para aceitá-lo diretamente.

DISPOSIÇÃO DO CÓDIGO CIVIL (E COMERCIAL) – CODIGO CIVIL DE LA NACION (EM VIGOR) > > Artículo 2246. Proceso. Las acciones posesorias tramitan por el proceso de conocimiento más abreviado que establecen las leyes procesales o el que determina el juez, atendiendo a las circunstancias del caso. [455]

Comentário pontual nosso: Pelo CPC/2015, somente existe processo de conhecimento: processo de conhecimento comum (Art. 318 e seguintes) e especial (Art. 539 e seguintes)

Comentário da doutrina da Argentina (texto original e texto traduzido de forma livre):
Establecen las leyes procesales o el que determina el juez, atendiendo a las circunstancias del caso.

Es un avance en pos de lograr una tutela judicial efectiva, en sintonía con los interdictos, que tramitan por sumarísimo (Arts. 611 y 615 del CPCCN).

En cambio, el Código derogado se remite a la legislación procesal en el Art. 2469 y, por ejemplo, el Código Procesal Civil y Comercial de la Provincia de Buenos Aires prescribe el proceso sumario para las acciones posesorias (conf. Art. 617). El Código Procesal Civil y Comercial de la Nación también sigue disponiendo el proceso sumario para las acciones posesorias (conf. Art. 623), a pesar que, como es sabido, ese proceso fue eliminado de dicho cuerpo normativo por la ley 25.488. [456]

Com esses apontamentos finalizamos as considerações específicas relativas aos artigos do Código Civil da Argentina e, a seguir, apontaremos a proteção da posse, por meio das Ações Possessórias, preconizada pelo Código de Processo Civil; e, por último, algumas considerações em relação à **posse e sua proteção por meio dos dispositivos constantes do Código de Processo Civil**.

Vejamos, pois:

5.2.3.1.3.4. Apontamentos sobre o Código Procesal Civil y Comercial de la Nación Argentina relativos à Posse e às Ações Possessórias

a. Transcrição dos Artigos em Vigor do CPCyC da Argentina (tomando por parâmetro os Institutos de POSSE e AÇÕES POSSESSÓRIAS);

b. Considerando os apontamentos já efetuados e, ainda, os constantes *infra*, entendemos desnecessário fazer comentários destacados no CCPyA da Argentina, pois a parte processual tem como base o previsto pelo Direito material, sobre o qual fizemos uma abordagem de forma ampla;

c. Inobstante o apontado pela alínea "anterior ("b"), apresentamos, para fins de reforço da matéria em estudo, considerações pontuais no corpo do Artigo correspondente do Codigo Procesal Argentino.

Artículo 606. *Los interdictos sólo podrán intentarse:*

---

[455] *(Tradução):* Art. 2246. Processo. *As ações possessórias são processadas por meio do processo de conhecimento mais abreviado, estabelecido pelas leis processuais ou determinado pelo juiz, tendo em conta as circunstâncias do caso.*

[456] (Tradução): Estabelecem as leis processuais ou o que for determinado pelo juiz, levando em consideração as circunstâncias do caso.
É um avanço no sentido de alcançar uma tutela jurisdicional efetiva, em consonância com os interditos, que tramitam por súmula (Arts. 611 e 615 do CPCCN).
Em vez disso, o Código revogado se refere à legislação processual no Art. 2.469, e, por exemplo, o Código de Processo Civil e Comercial da Província de Buenos Aires prescreve o processo sumário para ações possessórias (conf. Art. 617). O Código de Processo Civil e Comercial Nacional também continua prevendo o processo sumário para as ações possessórias (conf. Art. 623), apesar de, como se sabe, esse processo ter sido eliminado do referido órgão regulador pela Lei 25.488.).

1. *Para adquirir la posesión o la tenencia.*

2. *Para retener la posesión o la tenencia.*

3. *Para recobrar la posesión o la tenencia.*

4. *Para impedir una obra nueva.*[457]

Artículo 607. Para que proceda el interdicto de adquirir se requerirá:

1. *Que quien lo intente presente título suficiente para adquirir la posesión o la tenencia con arreglo a derecho.*

2. *Que nadie tenga título de dueño o usufructuario de la cosa que constituye el objeto del interdicto.*

3. *Que nadie sea poseedor o tenedor de la misma cosa.*[458]

(PROCEDIMIENTO. – Nacional Artículo 607 CPCCN)

(PROCEDIMENTO. – Artigo 607 CPCCN)

Artículo 608. Promovido el interdicto, el juez examinará el título y requerirá informe sobre las condiciones de dominio. Si lo hallare suficiente, otorgará la posesión o la tenencia, sin perjuicio de mejor derecho, y dispondrá la inscripción del título, si correspondiere.

Si otra persona también tuviere título o poseyere el bien, la cuestión deberá sustanciarse en juicio ordinario o sumario, según lo determine el juez atendiendo a la naturaleza y complejidad del asunto Cuando alguien ejerciera la tenencia de la cosa, la demanda contra él se sustanciará por el trámite del juicio sumarísimo.

Si el título que presenta el actor para adquirir la posesión o la tenencia deriva del que invoca el oponente para resistirla, el juez dispondrá que la controversia tramite por juicio sumario o sumarísimo, atendiendo a las circunstancias del caso.[459]

ANOTACION DE LITIS. – Nacional Artículo 608 CPCCN).

(ANOTAÇÃO DE LITIS.-Artigo 609 do CPCCN).

Artículo 609. Presentada la demanda, podrá decretarse la anotación de litis en el registro de la propiedad, si los títulos acompañados y los antecedentes aportados justificaren esa medida precautoria.[460]

(CAPÍTULO III: INTERDICTO DE RETENER. PROCEDENCIA. – Nacional Artículo 609 CPCCN).

---

[457] *(Tradução). Artigo. 606. As ações possessórias só podem ser pedidas para:*

1. adquirir a posse;

2. reter a posse;

3. reaver a posse;

4. impedir novas construções.

Artigo 609. Uma vez apresentada a ação, pode ser decretada a inscrição da litis no registro predial, se os títulos que a acompanham e as informações de antecedentes fornecidas justificarem esta medida cautelar

[458] (Tradução livre): Artigo 607. Para que a liminar prossiga, serão necessários:

1. Que o interessado deve apresentar título suficiente para adquirir a posse o tenência, nos termos da lei.

2. Que ninguém tem o título de proprietário ou usufrutuário da coisa que constitui o objeto do interdito.

3. Que ninguém seja possuidor ou detentor da mesma coisa.

[459] *(Tradução livre): Artigo 608. Uma vez protocolada a liminar, o juiz examinará o título e solicitará um relatório sobre as condições de posse. Se considerá-lo suficiente, concederá a posse o tenência, sem prejuízo de um direito melhor, e providenciará o registro do título, se for o caso.*

Se outra pessoa também tiver a titularidade ou possuir o imóvel, a questão deverá ser tratada em julgamento ordinário ou sumário, conforme determinado pelo juiz, tendo em vista a natureza e complexidade da questão.

Se o título apresentado pelo autor para adquirir a posse o tenência derivar daquele invocado pelo oponente para lhe resistir, o juiz ordenará que o litígio seja tratado por julgamento sumário ou sumário, tendo em conta as circunstâncias do caso.

[460] (Tradução livre): Artigo 609. Uma vez apresentado o pedido, pode ser decretada a inscrição da ação no registo de imóveis, se os títulos que o acompanham e os antecedentes fornecidos justificarem esta medida cautelar.

(CAPÍTULO III: LIMINAR DE RETENÇÃO DE BENS. – Art. 609 do CPCCN)

(PROCEDIMENTO. – Nacional Artículo 610 CPCCN).

Artículo 610. - Para que proceda el interdicto de retener se requerirá:

1) Que quien lo intentare se encuentre en la actual posesión tenencia de una cosa, mueble o inmueble.

2) Que alguien amenazare perturbarle o lo perturbase en ellas mediante actos materiales.[461]

(PROCEDIMENTO. – Artigo 610 do CPCCN).

(OBJETO DE LA PRUEBA. – Nacional Artículo 611 CPCCN).

Artículo 611. La demanda se dirigirá contra quien el actor denunciare que lo perturba en la posesión o tenencia, sus sucesores o copartícipes, y tramitará por las reglas del proceso sumarísimo.[462]

(OBJETO DA PROVA. – Artigo 611 do CPCCN).

(MEDIDAS PRECAUTORIAS. – Nacional Artículo 612 CPCCN).

Artículo 612. La prueba sólo podrá versar sobre el hecho de la posesión o tenencia invocada por el actor, la verdad o falsedad de los actos de perturbación atribuídos al demandado, y la fecha en que éstos se produjeron.[463]

(MEDIDAS CAUTELARES. – Artigo 612 do CPCCN).

Artículo 613. Si la perturbación fuere inminente, el juez podrá disponer la medida de no innovar, bajo apercibimiento de aplicar las sanciones a que se refiere el artículo 37.[464]

(CAPÍTULO IV: INTERDICTO DE RECOBRAR. PROCEDENCIA. – Nacional Artículo 613 CPCCN).

(CAPÍTULO IV: MANDADO DE SEGURANÇA PARA REAVER. PROCEDÊNCIA. – Art. 613 do CPCCN).

Artículo 614. Para que proceda el interdicto de recobrar se requerirá:

1. Que quien lo intente, o su causante, hubiere tenido la posesión actual o la tenencia de una cosa mueble o inmueble.

2. Que hubiere sido despojado total o parcialmente de la cosa, con violencia o clandestinidad.[465]

(PROCEDIMIENTO. – Nacional Artículo 614 CPCCN).

(PROCEDIMENTO. – Artigo 614 do CPCCN).

Artículo 615. La demanda se dirigirá contra el autor denunciado, sus sucesores, copartícipes o beneficiarios del despojo y la tramitará por juicio sumarísimo.

---

[461] (Tradução livre): Artigo 610. - Para que a liminar seja concedida, será necessário o seguinte:

1) Que a pessoa que busca obtê-la se encontre na posse atual de uma coisa, móvel ou imóvel.

2) Que alguém pratique atos de esbulho ou turbação, por meio de atos materiais.

[462] (Tradução livre): Artigo 611. A ação é dirigida contra a pessoa que esbulha ou turba a posse ou detenção do autor e seus sucessores ou coproprietários e processa-se pelo procedimento do processo sumário.

[463] (Tradução livre): Artigo 612. A prova só pode dizer respeito ao fato da posse ou detenção invocada pelo autor e ilegalidade dos atos de perturbação atribuídos ao réu e a data em que ocorreram.

[464] (Tradução livre): Artigo 613. Se a perturbação for iminente, o juiz pode ordenar que a medida não ocorra, sob pena de aplicar as sanções referidas no artigo 37.

[465] (Tradução livre): Artigo 614. Para que a tutela antecipada tenha amparo, é necessário o seguinte:

1. Que a pessoa que a pretende, ou seu originador, tinha a posse ou posse atual de uma coisa móvel ou imóvel.

2. Que tenha sido total ou parcialmente destituído da coisa, por violência ou clandestinidade.

Sólo se admitirán pruebas que tuvieren por objeto demostrar el hecho de la posesión o tenencia invocadas, así como el despojo y la fecha en que éste se produjo.[466]

(RESTITUCION DEL BIEN. – Art. 615 do CPCCN)

(RESTITUIÇÃO DE BENS. – Art. 615 do CPCCN).

Artículo 616. Cuando el derecho invocado fuere verosímil y pudieren derivar perjuicios si no se decretare la restitución del bien, el juez podrá ordenarla previa fianza que prestará el reclamante para responder por los daños que pudiere irrogar la medida.[467]

(MODIFICACION Y AMPLIACION DE LA DEMANDA. – Nacional Artículo 616 CPCCN).

(MODIFICAÇÃO E EXTENSÃO DA PRETENSÃO. – Art. 616 do CPCCN).

Artículo 617. Si durante el curso del interdicto de retener se produjere el despojo del demandante, la acción proseguirá como interdicto de recobrar, sin retrotraer el procedimiento, en cuanto fuese posible.

Cuando llegare a conocimiento del demandante la existencia de otros sucesores, copartícipes o beneficiarios, podrá ampliar la acción contra ellos en cualquier estado del juicio.[468]

(SENTENCIA. – Nacional Artículo 617 CPCCN).

(ACÓRDÃO. – Artigo 617 do CPCCN).

Artículo 618. El juez dictará sentencia, desestimando el interdicto o mandando restituir la posesión o la tenencia del bien al despojado.[469]

(CAPÍTULO V: INTERDICTO DE OBRA NUEVA. PROCEDENCIA. – Nacional Artículo 618 CPCCN).

(CAPÍTULO V: LIMINAR DE ORIGEM CONSTRUÇÃO NOVA -.-Artigo 618 do CPCCN).

Artículo 619. Cuando se hubiere comenzado una obra que afectare a un inmueble, su poseedor o tenedor podrá promover el interdicto de obra nueva. Será inadmisible si aquélla estuviere concluída o próxima a su terminación. La acción se dirigirá contra el dueño de la obra y, si fuere desconocido, contra el director o encargado de ella[470].

Tramitará por el juicio sumarísimo. El juez podrá ordenar preventivamente la suspensión de la obra.

(SENTENCIA. – Nacional Artículo 619 CPCCN).

(ACÓRDÃO. – Artigo 619 do CPCCN).

---

[466] Artigo 615. A ação judicial será dirigida contra o autor acusado, seus sucessores, coparticipantes ou beneficiários da desapropriação e será processada por julgamento sumário.

Só serão admitidas provas que se destinem a demonstrar o fato da posse ou detenção, bem como a desapropriação e a data em que ocorreu.

[467] (Tradução livre): Artigo 616. Quando o direito invocado for plausível e os danos puderem surgir se a restituição do bem não for ordenada, o juiz poderá ordená-lo após o requerente prestar caução para responder pelos danos que possam ser causados pela medida.

[468] (Tradução livre): Artigo 617. Se, no curso da liminar, o autor for desapossado, a ação prosseguirá como liminar para recuperar, sem reverter o processo, o mais breve possível.

Quando o autor toma conhecimento da existência de outros sucessores, sócios ou beneficiários, pode prorrogar a ação contra eles em qualquer fase do processo.

[469] (Tradução livre) Artigo 618: O juiz proferirá sentença, indeferindo a liminar ou ordenando a restituição da posse ou detenção do bem ao desapossado.

[470] (Tradução livre): Artigo 619. Quando uma obra que afeta um imóvel é iniciada, seu proprietário ou titular pode solicitar uma liminar para nova construção. É inadmissível se estiver concluída ou em fase de conclusão. A ação será dirigida contra o proprietário da obra e, se desconhecido, contra o diretor ou responsável por ela.

Procederá por julgamento sumário. O juiz pode decretar a suspensão do trabalho como medida preventiva.

Artículo 620. La sentencia que admitiere la demanda dispondrá la suspensión definitiva de la obra o, en su caso, su destrucción y la restitución de las cosas al estado anterior, a costa del vencido.[471]

(CAPÍTULO VI: DISPOSICIONES COMUNES A LOS INTERDICTOS – CADUCIDAD. – Nacional Artículo 620 CPCCN

(CAPÍTULO VI: DISPOSIÇÕES COMUNS À CADUCIDADE DAS LIMINARES – Artigo 620 do CPCCN).

Artículo 621. Los interdictos de retener, de recobrar y de obra nueva no podrán promoverse después de transcurrido UN (1) año de producidos los hechos en que se fundaren.[472]

(JUICIO POSTERIOR. – Nacional Artículo 621 CPCCN).

(JULGAMENTO SUBSEQUENTE. – Artigo 621 do CPCCN).

Artículo 622. Las sentencias que se dictaren en los interdictos de adquirir, retener y recobrar no impedirán el ejercicio de las acciones reales que pudieren corresponder a las partes.[473]

(CAPÍTULO VII: ACCIONES POSESORIAS. TRAMITE. – Nacional Artículo 622 CPCCN).

(CAPÍTULO VII: PROCEDIMENTO DAS AÇÕES POSSESSÓRIAS. Art. 622 do CPCCN).

Artículo 623. Las acciones posesorias del título III, libro III, del Código Civil tramitarán por juicio sumario.

Deducida la acción posesoria o el interdicto, posteriormente sólo podrá promoverse acción real.[474]

(CAPÍTULO VIII: DENUNCIA DE DAÑO TEMIDO. OPOSICION A LA EJECUCION DE REPARACIONES URGENTES.DENUNCIA DE DAÑO TEMIDO. MEDIDAS DE SEGURIDAD. – Nacional Artículo 623 CPCCN

(CAPÍTULO VIII: DENÚNCIA DO TEMIDO DANO. OPOSIÇÃO À EXECUÇÃO DE REPARAÇÕES URGENTES. DENÚNCIA DE DANO TEMIDO. MEDIDAS DE SEGURANÇA. – Artigo 623 do CPCCN).

Artículo 623 BIS. Quien tema que de un edificio o de otra cosa derive un daño grave e inminente a sus bienes, puede solicitar al juez las medidas de seguridad adecuadas, si no mediare anterior intervención de autoridad administrativa por el mismo motivo. Recibida la denuncia el juez se constituirá en el lugar y si comprobare la existencia de grave riesgo, urgencia en removerlo y temor de daño serio e inminente, podrá disponer las medidas encaminadas a hacer cesar el peligro.

Si la urgencia no fuere manifiesta requerirá la sumaria información que permitiere verificar, con citación de las partes y designación de perito, la procedencia del pedido.

La intervención simultánea o ulterior de la autoridad administrativa determinará la clausura del procedimiento y el archivo del expediente.

Las resoluciones que se dicten serán inapelables.

En su caso podrán imponerse sanciones conminatorias.[475]

---

[471] (Tradução livre): Artigo 620. A sentença que admitir o pedido ordenará a suspensão definitiva da obra ou, conforme o caso, a sua destruição e a restauração das coisas ao seu estado anterior, às custas do perdedor.

[472] (Tradução livre): Artigo 621. As liminares de retenção, recuperação e construção nova não poderão ser impetradas após 1 (um) ano decorrido, desde a ocorrência dos fatos em que se baseiam.

[473] (Tradução livre): Artigo 622. As sentenças proferidas nas liminares de aquisição, retenção e recuperação não obstam ao exercício das ações reais que possam corresponder às partes.

[474] (Tradução livre): Artigo 623. As ações possessórias previstas no Título III, Livro Uma vez deduzida a ação possessória ou a providência cautelar, só pode ser intentada posteriormente uma ação real III, do Código Civil, tramitarão por sentença sumária.

[475] (Tradução livre): Artigo 623 BIS. Qualquer pessoa que receie que danos graves e iminentes no seu patrimônio possam resultar de um edifício ou de outra coisa pode requerer ao juiz as medidas de segurança adequadas, salvo se houver intervenção prévia da autoridade administrativa

(OPOSICION A LA EJECUCION DE REPARACIONES URGENTES. – Nacional Artículo 623 BIS CPCCN).

(OPOSIÇÃO À EXECUÇÃO DE REPAROS URGENTES.-Artigo 623 BIS CPCCN).

Artículo 623 TER. Cuando deterioros o averías producidos en un edificio o unidad ocasionen grave daño a otro, y el ocupante del primero se opusiere a realizar o a permitir que se ejecuten las reparaciones necesarias para hacer cesar la causa del perjuicio, el propietario, copropietario o inquilino directamente afectados o, en su caso, el administrador del consorcio, podrá requerir que se adopten las medidas y se lleven a cabo los trabajos que sean necesarios, disponiéndose el allanamiento de domicilio, si fuere indispensable.

La petición tramitará sin forma de juicio, con la sola audiencia de los interesados y el informe técnico que deberá acompañarse al escrito inicial.

La resolución del juez es inapelable.

En su caso podrán imponerse sanciones conminatorias.[476]

5.2.3.1.3.5. Código Civil Argentino revogado (Ações possessórias e ações reais)

DISPOSIÇÃO DO CÓDIGO CIVIL (E COMERCIAL) – CODIGO CIVIL DE LA NACION (REVOGADO) *Art. 2.468. Un título válido sólo da derecho a la posesión de la cosa, y no a la posesión misma. El que sólo tiene derecho a la posesión no puede, en caso de oposición, tomar posesión de la cosa: debe exigirla por medios legales.[477]*

Comentário: Pela disposição legal, mesmo quem tem título válido e eficaz de posse, mas sem efetivamente estar na posse do bem, não pode valer-se dele para ingressar na posse. Em tal situação, para tomar efetivamente posse tem de postular via ação judicial.. Num paralelo com o que abordamos, em relação à **ação de imissão de posse**, tem que ingressar em juízo para requerer o ingresso na posse, pois tem direito ao bem, mas não tem a posse, então busca consolidar a propriedade. No direito positivo brasileiro, a matéria está no campo das petitórias

DISPOSIÇÃO DO CÓDIGO CIVIL (E COMERCIAL) – CODIGO CIVIL DE LA NACION (REVOGADO) > *Art. 2.469. La posesión, cualquiera sea su naturaleza, y la tenencia, no pueden ser turbadas arbitrariamente. Si ello ocurriere, el afectado tendrá acción judicial para ser mantenido en ellas,*

---

pelo mesmo motivo.

Uma vez recebida a denúncia, o juiz se inspecionará o local e se constatar que existe um risco grave, uma necessidade urgente de removê-la e um receio de dano grave e iminente, pode ordenar medidas para pôr fim ao perigo.

Se a urgência não for comprovada, serão exigidas informações sumárias que permitam verificar, com a intimação das partes e a nomeação de um perito, a validade do pedido.

A intervenção simultânea ou posterior da autoridade administrativa implica o encerramento do procedimento e o arquivamento do processo. As decisões proferidas serão definitivas.

Se for caso disso, podem ser impostas sanções cautelares.

[476] (Tradução livre): Artigo 623 TER.

Sempre que um dano ou uma avaria num edifício ou numa unidade cause danos graves a outro e o ocupante do edifício ou da unidade se recuse a efetuar ou a permitir a realização das reparações necessárias para pôr termo à causa do dano, o proprietário, coproprietário ou inquilino diretamente afetado, ou, se for caso disso, o administrador do consórcio, pode exigir que sejam tomadas as medidas necessárias e que sejam efetuados os trabalhos necessários. Uma busca na casa é ordenada, se necessário.

A petição será processada sem a forma de julgamento, com a única audiência dos interessados e o laudo técnico que deverá acompanhar a petição inicial.

A decisão do juiz é definitiva.

Se for caso disso, podem ser impostas sanções cautelares.

[477] (Tradução livre): Art. 2.468. Um título válido dá apenas um direito à posse da coisa, e não à posse em si. Aquele que tem apenas direito à posse não pode, em caso de oposição, tomar posse da coisa: deve exigi-la por meios legais.

la que tramitará sumariamente en la forma que determinen las leyes procesales. (Artículo sustituido por Art. 1° de la <u>Ley n.º 17.711</u> B.O. 26/4/1968. Vigencia: a partir del 1° de julio de 1968.)[478]

Comentário: No caso, pelo direito positivo brasileiro, trata-se de **ação de manutenção de posse.** Garantia que o possuidor (e extensiva ao proprietário) tem de evitar que terceiros perturbem sua posse.

DISPOSIÇÃO DO CÓDIGO CIVIL (E COMERCIAL) – CODIGO CIVIL DE LA NACIOM (REVOGADO) > *Art. 2.470. El hecho de la posesión da el derecho de protegerse en la posesión propia, y repulsar la fuerza con el empleo de una fuerza suficiente, en los casos en que los auxilios de la justicia llegarían demasiado tarde; y el que fuese desposeído podrá recobrarla de propia autoridad sin intervalo de tiempo, con tal que no exceda los límites de la propia defensa. (Artigo substituído pelo artigo 1° da <u>Lei n.º 17.711</u>, de 26/4/1968. Entrada em vigor: 1° de julho de 1968.)*[479]

Comentário: O comparativo com o direito positivo civilista brasileiro é **o desforço pessoal** (legítima defesa da posse).

DISPOSIÇÃO DO CÓDIGO CIVIL (E COMERCIAL) – CODIGO CIVIL DE LA NACION (REVOGADO) > *Art. 2.471. Siendo dudoso el último estado de la posesión entre el que se dice poseedor y el que pretende despojarlo o turbarlo en la posesión, se juzga que la tiene el que probare una posesión más antigua. Si no constase cual fuera más antigua, júzgase que poseía el que tuviese derecho de poseer, o mejor derecho de poseer.*[480]

Comentário: A proteção da posse, como no direito brasileiro, é julgada exclusivamente pela garantia de direito à posse, não sendo o caso de levar em consideração se é proprietário. O que importa é a posse; e quando não é possível determinar quem tem melhor posse, julga-se em favor daquele que tem a posse há mais tempo.

DISPOSIÇÃO DO CÓDIGO CIVIL (E COMERCIAL) – CODIGO CIVIL DE LA NACION (REVOGADO) > *Art. 2.472. Fuera del caso del artículo anterior, la posesión nada tiene de común con el derecho de poseer, y será inútil la prueba en las acciones posesorias del derecho de poseer por parte del demandante o demandado.*[481]

Comentário: O caso é, como já apontamos, de levar em consideração tão somente a posse (não interessa se é proprietário do bem).

DISPOSIÇÃO DO CÓDIGO CIVIL (E COMERCIAL) – CODIGO CIVIL DE LA NACION (REVOGADO) > *Art. 2.473. El poseedor de la cosa no puede entablar acciones posesorias, si su posesión no tuviere a lo menos, el tiempo de un año sin los vicios de ser precaria, violenta o clandestina. La buena fe no es requerida para las accione s posesorias.*[482]

---

[478] (Tradução livre): Art. 2.469. A posse, qualquer que seja sua natureza, e a detenção não podem ser arbitrariamente perturbadas. Caso isso ocorra, a parte afetada terá ação judicial a ser mantida neles, que será processada sumariamente na forma determinada pelas leis processuais.

[479] (Tradução livre): Art. 2.470. O fato da posse dá o direito de se proteger em sua própria posse e de repelir a força pelo uso de força suficiente, nos casos em que os auxílios da justiça viriam tarde demais; e aquele que for despossuído poderá recuperá-la de sua própria autoridade sem qualquer intervalo de tempo, desde que não exceda os limites de sua própria defesa.

[480] (Tradução livre): Art. 2.471. Uma vez que o estado último de posse entre aquele que afirma possuí-la e aquele que pretende privá-la ou perturbá-la na posse é duvidoso, julga-se que aquele que prova uma posse mais antiga tem-na. Se não se sabe qual é o mais antigo, julgue-se que ele possuía aquele que tinha o direito de possuir, ou o melhor direito de possuir.

[481] (Tradução livre): Art. 2.472. Salvo no caso do artigo anterior, a posse nada tem em comum com o direito de possuir, sendo inútil a prova nas ações possessórias do direito de possuir por parte do autor ou réu.

[482] (Tradução livre): Art. 2.473. O possuidor da coisa não pode propor ações possessórias se sua posse não tiver, pelo menos, um ano sem os vícios de ser precária, violenta ou clandestina. A boa-fé não é exigida para as ações possessórias.

Comentário: Neste caso, difere do direito brasileiro, no qual não interessa o tempo que tem a posse. No direito argentino, caso o possuidor não tenha, pelo menos, um ano de posse, não pode manejar ação de natureza possessória.

DISPOSIÇÃO DO CÓDIGO CIVIL (E COMERCIAL) – CODIGO CIVIL DE LA NACION (REVOGADO) > *Art. 2.474. Para establecer la posesión anual, el poseedor puede unir su posesión a la de la persona de quien la tiene, sea a título universal, sea a título particular.[483]*

Comentário: Aqui se trata da possiblidade de união da posse com o anterior possuidor. A diferença com o direito brasileiro é que neste a posse decorrente de sucessor universal é obrigatória (soma das posses *causa mortis*, decorrente de herança, é denominada *sucessio possessionis*), só sendo facultativa a união de posse com antecedente possuidor (soma das posses *intervivos*, chamada de *acessio possessionis*, tipo uma "compra da posse"). Estabelece o Código Civil de 2002: Art. 1.243. O possuidor pode, para o fim de contar o tempo exigido pelos artigos antecedentes, acrescentar à sua posse a dos seus antecessores (Art. 1.207), contanto que todas sejam contínuas, pacíficas e, nos casos do Art. 1.242, com justo título e de boa-fé.

DISPOSIÇÃO DO CÓDIGO CIVIL (E COMERCIAL) – CODIGO CIVIL DE LA NACION (REVOGADO) > *Art. 2.475. La posesión del sucesor universal se juzgará siempre unida a la del autor de la sucesión; y participa de las calidades que ésta tenga. La posesión del sucesor por título singular, puede separarse de la de su antecesor. Sólo podrán unirse ambas posesiones si no fuesen viciosas.[484]*

Comentário: A mesma explicação contida no comentário do Art. 2.474.

DISPOSIÇÃO DO CÓDIGO CIVIL (E COMERCIAL) – CODIGO CIVIL DE LA NACION (REVOGADO) > *Art. 2.476. Para que las dos posesiones puedan unirse, es necesario que ellas no hayan sido interrumpidas por una posesión viciosa, y que procedan la una de la otra.[485]*

Comentário: A situação é resolvida pela continuidade das posses, só que ambas – a atual e a precedente – não podem ter vícios, ou seja, ambas têm que estar unidas aos requisitos da regularidade contidas no princípio da boa-fé.

DISPOSIÇÃO DO CÓDIGO CIVIL (E COMERCIAL) – CODIGO CIVIL DE LA NACION (REVOGADO) > *Art. 2.477. La posesión no tiene necesidad de ser anual, cuando es turbada por el que no es un poseedor anual, y que no tiene sobre la cosa ningún derecho de posesión.[486]*

Comentário: Mesmo no caso em que o possuidor tenha a coisa há menos de um ano, poderá valer-se dos institutos de garantia de continuar com a posse, pois a violência (turbalçai iu esbulho) foi praticada por outrem.

DISPOSIÇÃO DO CÓDIGO CIVIL (E COMERCIAL) – CODIGO CIVIL DE LA NACION (REVOGADO) > *Art. 2.478. Para que la posesión dé acciones posesorias, debe haber sido adquirida sin*

---

[483] (Tradução livre): Art. 2.474. Para estabelecer a posse anual, o possuidor pode unir a sua posse com a da pessoa de quem a detém, universal ou privadamente.

[484] (Tradução livre): Art. 2.475. A posse do sucessor universal será sempre considerada unida à do autor da sucessão; e participa das qualidades que tem. A posse do sucessor por título singular pode ser separada da de seu antecessor. As duas posses só podem ser unidas se não forem viciosas.

[485] (Tradução livre): Art. 2.476. Para que as duas posses possam ser unidas, é necessário que elas não tenham sido interrompidas por uma posse viciosa e procedam uma da outra.

[486] (Tradução livre): Art. 2.477. A posse não precisa ser anual, quando é perturbada por aquele que não é possuidor anual e que não tem direito de posse sobre a coisa.

violencia; y aunque no haya sido violenta en su principio, no haber sido turbada durante el año en que se adquirió por violencias reiteradas.[487]

Comentário: A situação é que a posse adquirida de boa-fé (sem máculas de violência) tem a garantia de receber a proteção jurisdicional contra quem a viole, pois a violência contra a posse, mesmo adquirida no primeiro ano, é repelida por meio das ações possessórias, que, no caso do direito argentino, são: **Ação de Manutenção de Posse** e **Ação de Reintegração de Posse**.

DISPOSIÇÃO DO CÓDIGO CIVIL (E COMERCIAL) – CODIGO CIVIL DE LA NACION (REVOGADO) > *Art. 2.479. Para que la posesión dé lugar a las acciones posesorias debe ser pública.*[488]

Comentário: Trata-se de posse exercida de forma pública, o que possibilita o conhecimento de todos. Caracteriza-se pelo possuidor agir como se proprietário fosse (tem o *animus domini*).

DISPOSIÇÃO DO CÓDIGO CIVIL (E COMERCIAL) – CODIGO CIVIL DE LA NACION (REVOGADO) > *Art. 2.480. La posesión para dar derecho a las acciones posesorias no debe ser precaria, sino a título de propietario.*[489]

Comentário: A precariedade não dá ao fâmulo da posse o direito ao exercício da posse para fins *ad usucapionem*. Posse precária não conduz o possuidor – pela falta do *animus domini* – à condição de usupiente. Semelhante ao direito brasileiro.

DISPOSIÇÃO DO CÓDIGO CIVIL (E COMERCIAL) – CODIGO CIVIL DE LA NACION (REVOGADO) > *Art. 2.481. La posesión anual para dar derecho a las acciones posesorias, debe ser continua y no interrumpida.*[490]

Comentário: Igual ao direito brasileiro, a posse deve ser contínua, mansa, pacífica e sem interrupção.

DISPOSIÇÃO DO CÓDIGO CIVIL (E COMERCIAL) – CODIGO CIVIL DE LA NACION (REVOGADO) > *Art. 2.482. El que tuviere derecho de poseer y fuere turbado o despojado en su posesión, puede intentar la acción real que le competa, o servirse de las acciones posesorias, pero no podrá acumular el petitorio y el posesorio. Si intentase acción real, perderá el derecho a intentar las acciones posesorias; pero si usase de las acciones posesorias podrá usar después de la acción real.*[491]

Comentário: Este tópico está em consonância com nossas explicações, no curso desta obra jurídica, com a **Ação de Imissão de Posse**. No caso do direito argentino – diferentemente do direito brasileiro –, quem tem o domínio pode intentar ação possessória, todavia não pode valer-se, simultaneamente, da ação possessória e da ação de emissão de posse. Assim, se manejar ação possessória e não logrando êxito pode ingressar com ação de imissão de posse que é de natureza real, entretanto se ingressou com ação de imissão de posse não poderá, caso não obtenha êxito, manejar ação possessória.

DISPOSIÇÃO DO CÓDIGO CIVIL (E COMERCIAL) – CODIGO CIVIL DE LA NACION (REVOGADO) > *Art. 2.483. El juez del petitorio, puede sin embargo, y sin acumular el petit orio y*

---

[487] (Tradução livre): Art. 2.478. Para que a posse possa dar ações possessórias, ela deve ter sido adquirida sem violência; e embora não tenha sido violento em seu início, não deve ter sido perturbado durante o ano em que foi adquirido pela violência repetida.

[488] (Tradução livre): Art. 2.479. Para que a posse dê origem a ações possessórias, ela deve ser pública.

[489] (Tradução livre): Art. 2.480. A posse, para dar direito a ações possessórias, não deve ser precária, mas, sim, no título de proprietário.

[490] (Tradução livre): Art. 2.481. A posse anual, para dar direito às ações possessórias, deve ser contínua e ininterrupta.

[491] (Tradução livre): Art. 2.482. Uma pessoa que tem o direito de possuir e é perturbada ou desapossada em sua posse pode propor uma ação real para a qual tem direito, ou valer-se de ações possessórias, mas não pode juntar a petição e o possessório. Se você tentar uma ação real, perderá o direito de tentar ações possessórias; mas, se ele usa as ações possessórias, ele pode usá-lo após a ação real.

posesorio, tomar en el curso de la instancia, medidas provisorias relativas a la guarda y conservación de la cosa litigiosa.[492]

Comentário: Mesmo no caso de a de Ação Possessória e Ação Petitória o Juiz tem a faculdade para tomar alguma medida que assegure que a coisa envolvida receba proteção para a preservação dela. Seria, em princípio, tipo um procedimento cautelar, no qual, tanto o autor como o réu, não poderiam praticar ato capaz comprometer a segurança processual em relação ao bem disputado pelo demandante e pelo demandado.

DISPOSIÇÃO DO CÓDIGO CIVIL (E COMERCIAL) – CODIGO CIVIL DE LA NACION (REVOGADO) > *Art. 2.484. Establecido el juicio posesorio, el petitorio no puede tener lugar, antes que la instancia posesoria haya terminado.*[493]

Comentário: Uma vez em curso as ações mencionadas no comentário do artigo anterior, a matéria petitória será apreciada somente após julgado o processo da ação possessória.

DISPOSIÇÃO DO CÓDIGO CIVIL (E COMERCIAL) – CODIGO CIVIL DE LA NACION (REVOGADO) > *Art. 2.485. El demandante en el juicio petitorio no puede usar de las acciones posesorias por turbaciones en la posesión, anteriores a la introducción de la demanda; pero el demandado puede usar de acciones por perturbaciones en la posesión anteriores a la demanda* Anotações aos artigos 554 a 568: Jéferson Luiz Dellavalle Dutra Professor de Direito Advogado Rodrigo Ustárroz Cantali Advogado.[494]

Comentário: Consiste na impossibilidade de o autor buscar resguardar-se de garantia contra a turbação antes de ingressar em juízo, entretanto ao Réu é assegurado o direito de buscar amparo mesmo antes de ingressar com a ação.

DISPOSIÇÃO DO CÓDIGO CIVIL (E COMERCIAL) – CODIGO CIVIL DE LA NACION (REVOGADO) > *Art. 2.486. El demandado vencido en el posesorio, no puede comenzar el juicio petitorio, sino después de haber satisfecho plenamente las condenaciones pronunciadas contra él.*[495]

Comentário: Uma vez que o Réu não tenha obtido sucesso na ação possessória, não poderá buscar a satisfação de sua pretensão por meio de ação petitória, o que será possível somente após o cumprimento pleno do contido na sentença que julgou contrariamente à sua pretensão.

DISPOSIÇÃO DO CÓDIGO CIVIL (E COMERCIAL) – CODIGO CIVIL DE LA NACION (REVOGADO) > *Art. 2.487. Las acciones posesorias tienen por objeto obtener la restitución o manutención de la cosa. (Artículo sustituido por Art. 1° de la* Ley n.º 17.711 *B.O. 26/4/1968. Vigencia: a partir del 1° de julio de 1968.)*[496]

Comentário: No caso não há razão de maior aprofundamento, pois é lógico e óbvio qual é a finalidade de uma ação possessória, ou até mesmo petitória.

DISPOSIÇÃO DO CÓDIGO CIVIL (E COMERCIAL) – CODIGO CIVIL DE LA NACION (REVOGADO) > *Art. 2.488. Las cosas muebles pueden ser objeto de acciones posesorias salvo contra el sucesor particular poseedor de buena fe de cosas que no sean robadas o perdidas.(Artículo sustituido por Art. 1° de la* Ley n.º 17.711 *B.O. 26/4/1968. Vigencia: a partir del 1° de julio de 1968.)* **(Nota Infoleg:** *Por*

---

[492] (Tradução livre): Art. 2.483. O juiz da ação petitória pode, sem acumular com a ação possessória, tomar medidas provisórias no curso do processo relativo à guarda e preservação da coisa controvertida.

[493] (Tradução livre): Art. 2.484. Instaurada a ação possessória, a ação petitória não pode ocorrer antes do término do processo possessório.

[494] (Tradução): Art. 2.485. O autor da ação não pode valer-se de ações possessórias por perturbação na posse, antes do ajuizamento da ação; mas o réu pode valer-se de ações de perturbação na posse antes da ação.

[495] (Tradução): Art. 2.486. O réu vencido no processo possessório não pode iniciar a ação petitória até que tenha cumprido plenamente a sentença proferida contra ele.

[496] (Tradução livre): Art. 2.487. A finalidade das ações possessórias é obter a restituição ou manutenção da coisa.

Art. 1° de la Ley n.º 17.940 B.O. 4/11/1968, se sustituyen las palabras "de cosas robadas o perdidas" por "de cosas que no sean robadas o perdidas".)[497]

Comentário: No direito brasileiro, não há disposição legal tratando da possiblidade de garantia, ou não, de proteção possessória, ou até mesmo petitória, de posse legal contra coisas furtadas, mas a doutrina e a jurisprudência possibilitam a ação de Usucapião em relação a bens móveis furtados. Nesta obra jurídica, abordamos o assunto em tópico específico. No direito argentino, como visto, mesmo o adquirente de boa-fé não pode ter a garantia de proteção possessória – e por vias oblíquas – de manejar ação de Usucapião em relação a bens móveis provenientes de roubo ou apropriação de coisa perdida.

DISPOSIÇÃO DO CÓDIGO CIVIL (E COMERCIAL) – CODIGO CIVIL DE LA NACION (REVOGADO) > *Art. 2.489. El copropietario del inmueble puede ejercer las acciones posesorias sin necesidad del concurso de los otros copropietarios, y aun puede ejercerlas contra cualquiera de estos últimos, que turbándolo en el goce común, manifestase pretensiones a un derecho exclusivo sobre el inmueble.*[498]

Comentário: A matéria encontra ressonância com o que é disciplinado pelo Código Civil Brasileiro de 2002. Para não repetir, encaminhamos o consulente para a abordagem sobre o tema que fizemos nesta obra jurídica, principalmente por meio do **tópico "3.6.3 Composse em relação aos interditos possessórios"**.

DISPOSIÇÃO DO CÓDIGO CIVIL (E COMERCIAL) – CODIGO CIVIL DE LA NACION (REVOGADO) > *Art. 2.490. Corresponde la acción de despojo a todo poseedor o tenedor, aun vicioso, sin obligación de producir título alguno contra el despojante, sucesores y cómplices, aunque fuere dueño del bien. Exceptúase de esta disposición a quien es tenedor en interés ajeno o en razón de una relación de dependencia, hospedaje u hospitalidad. (Artículo sustituido por Art. 1° de la Ley n.º 17.711 B.O. 26/4/1968. Vigencia: a partir del 1° de julio de 1968.)*[499]

Comentário: Este tipo jurídico tem outro enfoque no direito positivo brasileiro, pois a desapropriação se dá em razão de interesse público, e não entre particulares. A desapropriação no direito positivo brasileiro é sempre feita pelo Poder Público (Federal, Estadual e Municipal). A desapropriação no direito brasileiro é matéria tratada pela Constituição Federal. No que diz respeito aos "seus contornos mais gerais, a desapropriação pode ser definida como um *procedimento que culmina na extinção do direito de alguém sobre um bem e em sua eventual incorporação, com caráter originário, ao patrimônio público, mediante o pagamento de indenização, por motivo de interesse público, consubstanciado em necessidades ou utilidades públicas, ou, ainda, interesses sociais, tipificados em lei."*[500]

DISPOSIÇÃO DO CÓDIGO CIVIL (E COMERCIAL) – CODIGO CIVIL DE LA NACION (REVOGADO) > *Art. 2.491. El desposeído tendrá acción para exigir el reintegro contra el autor de la*

---

[497] (Tradução livre): Art. 2.488. Os bens móveis podem ser objeto de ações possessórias, exceto contra o sucessor particular que esteja de boa-fé na posse de coisas que não sejam roubadas ou perdidas.

[498] (Tradução livre): Art. 2.489. O coproprietário do imóvel pode exercer ações possessórias sem a necessidade da concordância dos demais condôminos, podendo até exercê-las contra qualquer um destes últimos, que, perturbando-o no gozo comum, manifeste pretensão de direito exclusivo sobre o imóvel.

[499] (Tradução livre): Art. 2.490. A ação de desapropriação corresponde a qualquer possuidor ou titular, ainda que vicioso, sem a obrigação de produzir qualquer título contra o desapossador, sucessores e cúmplices, ainda que seja o proprietário do imóvel. Uma exceção a esta disposição é feita para aqueles que são titulares no interesse de terceiros ou em razão de uma relação de dependência, alojamento ou hospitalidade.

[500] Disponível em: https://enciclopediajuridica.pucsp.br/verbete/113/edicao-1/desapropriacao:-aspectos-gerais - Letícia Queiroz de Andrade. Acesso em: 18 nov. 2024.

desposesión y sus sucesores universales y contra los sucesores particulares de mala fe. (Artículo sustituido por Art. 1º de la <u>Ley n.º 17.711</u> B.O. 26/4/1968. Vigencia: a partir del 1º de julio de 1968.)[501]

Comentário: Pelo direito positivo brasileiro, a matéria, como dito nos comentários do artigo anterior, não tem equivalência. Não há como um particular desapropriar bem de outro particular. Completando o que pontuamos retro: *"**Desapropriação da Posse:** No que toca à desapropriação para extinção dos direitos possessórios de alguém sobre um bem, o direito à indenização foi reconhecido pela jurisprudência que, nessa hipótese, dispensa a prova da propriedade para levantamento da indenização, cf. Art. 34 do DL 3.365/1941, cabível apenas quando houver dúvida do domínio decorrente de disputa quanto à titularidade do bem, e arbitrou em 60% o percentual do valor da indenização que seria integralmente devido no caso de propriedade sobre o mesmo bem".*[502]

DISPOSIÇÃO DO CÓDIGO CIVIL (E COMERCIAL) – CODIGO CIVIL DE LA NACION (REVOGADO) > *Art. 2.492. No compete la acción de despojo al poseedor de inmuebles que perdiera la posesión de ellos, por otros medios que no sean despojo; aunque la perdiere por violencia cometida en el contrato o en la tradición.* [503]

Comentário: Não tem correspondência, como já registramos anteriormente, com o direito positivo brasileiro. **Vale registrar:** Pelo Direito Civil argentino, esse "tipo" de desapropriação é, na verdade, aplicado nos casos em que particular invade parte da propriedade e/ou posse de outrem é constrói no imóvel, de modo que a matéria tem a ver com a construção de obra nova.

DISPOSIÇÃO DO CÓDIGO CIVIL (E COMERCIAL) – CODIGO CIVIL DE LA NACION (REVOGADO) > *Art. 2.493. La acción de despojo dura sólo un año desde el día del despojo hecho al poseedor, o desde el día que pudo saber el despojo hecho al que poseía por él.*[504]

Comentário: Mesma situação já pontuada anteriormente. Interessante destacar que, no direito positivo argentino, este tipo de desapropriação tem prazo fixado de duração, mediante as condições contidas no artigo em comento. No Brasil, esse prazo de um ano refere-se ao prazo que tem o que sofreu a violência em sua propriedade e/ou posse de ingressar com a ação de embrago de obra nova, agora, pelo CPC/2015, resolvida pelas regras de direito de vizinhança.

DISPOSIÇÃO DO CÓDIGO CIVIL (E COMERCIAL) – CODIGO CIVIL DE LA NACION (REVOGADO) > *Art. 2.494. El demandante debe probar su posesión, el despojo y el tiempo en que el demandado lo cometió. Juzgada la acción, el demandado debe ser condenado a restituir el inmueble con todos sus accesorios, con indemnización al poseedor de todas las pérdidas e intereses y de los gastos causados en el juicio, hasta la total ejecución de las sentencias.* [505]

Comentário: Mantemos a linha de raciocínio apontada anteriormente.

---

[501] (Tradução livre): Art. 2.491. O desapossado terá ação para exigir a restituição contra o autor da desapropriação e seus sucessores universais e contra os sucessores particulares de má-fé.

[502] Disponível em: https://enciclopediajuridica.pucsp.br/verbete/113/edicao-1/desapropriacao:-aspectos-gerais - Letícia Queiroz de Andrade. Acesso em: 18 nov. 2024.

[503] (Tradução livre): Art. 2.492. A ação de desapropriação não pertence ao possuidor de bens imóveis que perde a posse deles, por outros meios que não a desapropriação; mesmo que ele o perca devido à violência cometida no contrato ou na tradição.

[504] (Tradução livre): Art. 2.493. A ação de desapropriação dura apenas um ano a partir do dia da intimação feita ao possuidor, ou a partir do dia em que ele soube da mesma por meio de quem possuía por ele.

[505] (Tradução livre): Art. 2.494. O autor deve provar sua posse, a desapropriação e o tempo em que o réu a cometeu. Uma vez julgada a ação, o réu deve ser condenado a devolver o imóvel com todos os seus accesórios, com indenização ao possuidor por todos os prejuízos, juros e despesas incorridos no processo, até que as sentenças sejam plenamente executadas.

DISPOSIÇÃO DO CÓDIGO CIVIL (E COMERCIAL) – CODIGO CIVIL DE LA NACION (REVOGADO) > *Art. 2.495. La acción de manutención en la posesión compete al poseedor de un inmueble, turbado en la posesión, con tal que ésta no sea viciosa respecto del demandado.*

Comentário: Sem correspondência no direito positivo brasileiro.

DISPOSIÇÃO DO CÓDIGO CIVIL (E COMERCIAL) – CODIGO CIVIL DE LA NACION (REVOGADO) > *Art. 2.496. Sólo habrá turbación en la posesión, cuando contra la voluntad del poseedor del inmueble, alguien ejerciere, con intención de poseer, actos de posesión de los que no resultase una exclusión absoluta del poseedor.*

Comentário: No caso, tem correspondência com o disciplinado no Código Civil Brasileiro de 2002. Trata-se de **ação de manutenção de posse** em razão do esbulho praticado contra a vontade do possuidor.

DISPOSIÇÃO DO CÓDIGO CIVIL (E COMERCIAL) – CODIGO CIVIL DE LA NACION (REVOGADO) > *Art. 2.497. Si el acto de la turbación no tuviese por objeto hacerse poseedor el que lo ejecuta, la acción del poseedor será juzgada como indemnización de daño y no como acción posesoria. Si el acto tuviese el efecto de excluir absolutamente al poseedor de la posesión, la acción será juzgada como despojo.*

Comentário: Esta sistemática utilizada pelo direito positivo da Argentina, em matéria de direito civil, tem no sistema jurídico brasileiro correspondência tão somente no que diz respeito à utilização de **ação de manutenção de posse** ou **ação de reintegração de posse**. Entretanto, diferentemente do direito brasileiro, o direito argentino mistura matéria possessória com matéria de direito obrigacional ao disciplinar que os atos meramente turbativos da posse redundam em reparação de dano. No direito brasileiro, diferentemente do preconizado pelo direito argentino, a matéria estaria inserida como possessória em razão de perturbação da posse, o que possibilitaria ao possuidor ingressar com **ação de interdito possessório**.

DISPOSIÇÃO DO CÓDIGO CIVIL (E COMERCIAL) – CODIGO CIVIL DE LA NACION (REVOGADO) > *Art. 2.498. Si la turbación en la posesión consistiese en obra nueva, que se comenzara a hacer en terrenos e inmuebles del poseedor, o en destrucción de las obras existentes, la acción posesoria será juzgada como acción de despojo.*

Comentário: Não há, como visto e repetido reiteradas vezes, a desapropriação entre particulares. No caso tratado pelo artigo em comento, aplica-se, no direito brasileiro, **ação de embargos de obra nova** ou **regras do direito de vizinhança** e das construções que invadem imóvel vizinho. **Destacamos:** Em complementação, verificar o que apontamos em relação aos Arts. Art. 2.492 e 2.499.

DISPOSIÇÃO DO CÓDIGO CIVIL (E COMERCIAL) – CODIGO CIVIL DE LA NACION (REVOGADO) > *Art. 2.499. Habrá turbación de la posesión cuando por una obra nueva que se comenzara a hacer en inmuebles que no fuesen del poseedor, sean de la clase que fueren, la posesión de éste sufriere un menoscabo que cediese en beneficio del que ejecuta la obra nueva. Quien tema que de un edificio o de otra cosa derive un daño a sus bienes, puede denunciar ese hecho al juez a fin de que se adopten las oportunas medidas cautelares. (Párrafo incorporado por Art. 1º de la* <u>*Ley n.º 17.711*</u> *B.O. 26/4/1968. Vigencia: a partir del 1º de julio de 1968.)* [506]

---

[506] (Tradução livre): Art. 2.499. Haverá perturbação da posse quando, em decorrência de nova obra que começa a ser realizada em imóvel que não pertence ao proprietário, de qualquer espécie, a posse deste sofre prejuízo que cede em benefício de quem executa a nova obra. Qualquer

Comentário: A matéria tratada pelo direito civil da Argentina encontra correspondência, em parte, com o **direito de vizinhança do direito brasileiro**, sendo que tal direito regula, além do **direito de construir**, questões relativas a frutos, galhos de árvores, direito de passagem no imóvel vizinho (servidão de passagem), estando inseridos nos Arts. 1.277 a 1.313, do Código Civil Brasileiro de 2002.

DISPOSIÇÃO DO CÓDIGO CIVIL (E COMERCIAL) – CODIGO CIVIL DE LA NACION (REVOGADO) > *Art. 2.500. La acción posesoria en tal caso tiene el objeto de que la obra se suspenda durante el juicio, y que a su terminación se mande deshacer lo hecho.*[507]

Comentário: No caso do direito brasileiro, também é buscada a suspensão da obra por meio de ação judicial, entretanto caso a mesma já esteja concluída a questão passa a ser ação de demolição. Em qualquer situação (suspensão ou demolição), há necessidade de esclarecer qual a real linha divisória entre os imóveis. Comprovado que ocorreu invasão de área, deverão ser analisados fatores, tais como: houve má-fé por parte de um ou ambos os envolvidos; a edificação tem valor que excede o valor do terreno invadido; a área invadida excede 5% da área total do terreno; pode ocorrer a demolição da construção da área invadida sem que isto não venha agravar prejuízo para a construção.

DISPOSIÇÃO DO CÓDIGO CIVIL (E COMERCIAL) – CODIGO CIVIL DE LA NACION (REVOGADO) > Art. 2.501. *Las acciones posesorias serán juzgadas sumariamente y en la forma que prescriban las leyes de los procedimientos judiciales.* [508]

Comentário: No Código de Processo Civil Brasileiro de 1973, revogado, também as demandas de natureza possessória estavam no rol das que corriam pelo procedimento sumaríssimo. Tal situação, no entretanto, não foi agasalha pelo Código de Processo Civil Brasileiro de 2015, em vigor (Art. 318. *Aplica-se a todas as causas o procedimento comum, salvo disposição em contrário deste Código ou de lei. Parágrafo único. O procedimento comum aplica-se subsidiariamente aos demais procedimentos especiais e ao processo de execução*).

Finalizando as considerações que tecemos em relação ao Direito Comparado, em matéria de Direito Civil, tomando por base a Argentina, deixamos os apontamentos contidos nas informações supra expostas; de outro lado, apontamos, *infra*, considerações extraídas da doutrina civilista Argentina sobre a posse e as ações possessórias.

5.2.3.1.3.6. Considerações finais com relação à nossa linha de ação relativa ao Direito Comparado entre o Brasil e a Argentina em matéria de POSSE e AÇÕES POSSESSÓRIAS

Esclarecimentos:

a. Seguimos uma linha de abordagem que mantém coerência com a metodologia que nos propomos a seguir para proceder num estudo de ordem comparativa – ainda que breve e centrada nos Institutos da POSSE e AÇÕES POSSESSÓRIAS – entre o Direito Material e Adjetivo do Brasil com o da Argentina. As considerações que desenvolvemos em relação à

---

pessoa que receie que os danos ao seu património possam resultar de um edifício, ou de outra coisa, pode denunciar esse fato ao juiz para que sejam tomadas as medidas cautelares adequadas.

[507] (Tradução livre): Art. 2.500. O objetivo da ação possessória nesse caso é que a obra seja suspensa durante o julgamento e que, ao seu término, o que foi feito seja ordenado a ser desfeito.

[508] (Tradução livre): Art. 2.501. As ações possessórias serão julgadas sumariamente e na forma prescrita pelas leis processuais judiciais.

POSSE e às AÇÕES POSSESSÓRIAS também servem como parte integrante, e vice-versa, dos apontamentos relativos ao que discorremos **(Capítulo III, tópico "3.8.10.4 Disciplinamento do instituto do Usucapião pelo Direito da Argentina")** sobre o Instituto do Usucapião.

b. Por fim, algumas considerações finais sobre a POSSE e as AÇÕES POSSESSÓRIAS. Para não repetir as considerações já abordadas, alertamos que as matérias podem, de forma específica, ser consultadas nos CAPÍTULO III (+ IV), relacionados diretamente à POSSE, e por meio do CAPÍTULO V, no tratamento relativo às AÇÕES POSSESSÓRIAS.

c. SOBRE A POSSE: As questões envolvendo a figura da POSSE, quanto à sua conceituação e ao seu tratamento – se é fato; se é direito; se é direito e fato – é a mesma que reina entre todas as codificações que seguem preceitos das Teorias de Savigny (**Teoria Subjetiva**, na qual está presente o *animus domini* e o *corpus*) e de Ihering (**Teoria Objetiva**, na qual o que conta é tão somente a existência do *corpus*). O Direito Civil da Argentina adotou a TEORIA SUBJETIVA, diferentemente do Brasil, onde o predomínio é pela TEORIA OBJETIVA[509].

Concluindo: "ABRIGO JURÍDICO DA POSSE NO DIREITO ARGENTINO: O Código Civil Argentino em seu artigo 2.351 deixa evidente a necessidade da presença do elemento psíquico, que comprova a opção pela teoria subjetiva quanto ao conceito de posse. Assim dispõe o referido artigo: *"Habrá posesión de las cosas, cuando alguna persona, por si o por outro, tenga uma caso bajo su poder, con intención de someterla ao ejercicio de um derecho de propiedad". Verifica-se, em tal conceito, a necessidade de três requisitos básicos para a caracterização da posse: a-) poder sobre a coisa; b-) a intenção, ou seja, o animus e. c-) que esta intenção tenha ligação com o exercício do direito de propriedade usar ou gozar. Como apontado por Vélez Sársiel: [...] de la misma Partida disse que posesión es tenência 'e conforme con la nuestra. El Cód. Francés, art. 2228, dice: La posesión es la tenencia, o goce de una cosa o de um derecho que tenemos, o que ejercemos por nosotros mismos, o por outro que lo tiene y ejerce en nuestro nombre. El Código, dice Troplong, toma la posesión en el sentido más general, y en su elemento más simples, es decir es el primer grado que tiene por resultado poner el indivíduo en relación con la cosa. En cuanto a las variedades de esa relación, que son muy umerosas, por ejemplo, posesión a título de propietario, posesión precária, etc., el Código aún no se ocupa. En los artículos siguientes, el legislador designará las cualidade de que ella debe revestirse a medida que venga a ser la fuente de derechos particulares. Nosotros seguimos el orden inverso: deinimos la posesión por la que tiene la mayor importancia jurídica, la que presenta todos los caracteres indispensables para los derechos posesorios, la posesión que sirve para la prescripción, y la que da acciones possessórias adversus omnes, dejando par outro lugar tratar de la posesión que sólo sirve para los interdictos o acciones possessórias. La deinición, pues, del Cód. Francés no os contraria a la nuestra pues él deine lo que regulamente se llama posesión natural, y nosotros deinimos la que por lo común se disse posesión civil. Leciona o Professor Carlos CLERC que: Los sentidos em que se usa la palavra "posesión" son diversos aun en la legislación de los preceptos legales, en la medida en que lizado el término. En General se puede expressar que releja la ideia del ejercicio o possibilidade de ejercicio de um poder de uma persona sobre la cosa, la que se encuentra sometida así a su voluntad; sea foram directa, o por intermédio de outra persona. Por lo expuesto podemos paroximarnos a um concepto diciendo que: en um sentido amplio, posesión es la relación existente de uma persona con la cosa que le permite ejercer*

---

[509] **Código Civil de 1916 (REVOGADO):** Art. 485. Considera-se possuidor todo aquele que tem de fato o exercício, pleno ou não, de algum dos poderes inerentes à propriedade.
Código Civil de 2002 (EM VIGOR): Art. 1.196. Considera-se possuidor todo aquele que tem de fato o exercício, pleno ou não, de algum dos poderes inerentes à propriedade.

sobre ella actos materiales — usarla, gozarla, aprovecharla — por sí o por outro, con prescindencia de la exitencia, o no, de la relacion jurídica que pudiera justicarla e conterla. Percebemos então que assim como no ordenamento jurídico brasileiro, a palavra "posse" é utilizada em vários sentidos e o professor Carlos CLERC define a posse em sentido amplo, asseverando que a posse é a relação existente entre a pessoa e a coisa e que esta situação lhe permite exercer sobre esta coisa atos materiais, tais como de usar, gozar e aproveitar, por si ou por outra pessoa independentemente da existência ou não da relação jurídica que pudesse justificar tais atos. Ou seja, a posse é uma relação de fato existente entre pessoa e coisa, capaz de produzir efeitos na esfera jurídica. Portanto, deve ser protegida, não pode estar alheia ao direito".

d. Sobre a AÇÃO POSSESSÓRIA: *"Finalizamos haciendo referencia a las acciones popularmente conocidas como «interdictos», que tienen como <u>fin inmediato</u>* la protección de una determinada situación posesoria.

El llamado juicio verbal sobre tutela sumaria de la posesión (Art. 250.1.4 LEC) es un procedimiento sumario destinado a proteger la posesión como hecho o el hecho mismo de la posesión, cualquiera que fuera su origen o naturaleza, contra las perturbaciones o el despojo consumado, con daño del poseedor. Tiene su fundamento en el Art. 446 CC que proclama la defensa de la posesión y que dispone que «todo poseedor tiene derecho a que se respete su posesión; y, si fuese inquietado en ella, deberá ser amparado o restituido en dicha posesión por los medios que las leyes de procedimiento establecen».

La viabilidad de esta acción exige la concurrencia de los siguientes <u>presupuestos:</u>

*Que el **demandante demuestre hallarse en la posesión** de hecho de una cosa o de un derecho, real o personal, que suponga un contacto físico con un bien.*

*Que esa **posesión haya sido adquirida regularmente**, esto es, sin fuerza, violencia o clandestinidad.*

*Que el demandado realice, desde el punto de vista objetivo, un **acto de desposesión** que prive, en todo o en parte, del señorío de hecho en que el demandante se halla, o bien un acto que perturbe o inquiete la pacífica posesión del demandante.*

*Que, cuando se dé la usurpación, esta vaya acompañada de un específico ánimo, el denominado **animus spoliandi**, consistente en la conciencia de estar actuando en contra de la posesión de otro, ánimo que, de ordinario, se supone por ir embebido en la propia conducta desposesoria. Que no haya transcurrido entre el acto de despojo y el ejercicio de la acción más de un año (Arts. 1.968.1 CC y 439.1 LEC), pues, en tal caso, se entiende perdida la posesión del demandante. La doctrina y la jurisprudencia coinciden en señalar que este **plazo anual** es de caducidad y no de prescripción.* [510]

---

[510] (Tradução livre): Ações de tutela sumária da posse. Concluímos, referindo-nos às ações popularmente conhecidas como "interditos", que têm como finalidade imediata a proteção de determinada situação possessória.

O chamado julgamento oral de proteção sumária da posse (Art. 250.1.4 LEC) é um procedimento sumário destinado a proteger a posse como fato ou o próprio fato da posse, qualquer que seja a sua origem ou natureza, contra perturbações ou desapropriação consumada, em detrimento do possuidor. Baseia-se no artigo 446 do Código Civil, que proclama a defesa da posse e dispõe que "todo possuidor tem o direito de ter sua posse respeitada; e, se nela for perturbado, será protegido ou restituído a essa posse pelos meios estabelecidos pela lei processual".

A viabilidade desta ação exige a concordância dos seguintes pressupostos:

1. O autor deve provar que está na posse de fato de uma coisa ou de um direito, real ou pessoal, que envolva contato físico com bens.

2. Que essa posse tenha sido adquirida regularmente, ou seja, sem força, violência ou clandestinidade.

3. Do ponto de vista objetivo, o réu pratica um ato de desapropriação que priva, no todo ou em parte, o senhorio de fato em que o autor se encontra, ou um ato que perturba posse pacífica do autor.

4. Quando a usurpação ocorre, ela deve ser acompanhada por um espírito específico, o chamado animus spoliandi, que consiste na consciência de estar agindo contra a posse de outrem, um espírito que, ordinariamente, deve estar embutido na própria conduta despossessiva.

5. Que não decorreu mais de um ano entre o ato de desapropriação e o exercício da ação (Arts. 1.968.1 CC e 439.1 LEC), uma vez que, nesse caso, se entende perdida a posse do autor. A doutrina e a jurisprudência concordam que esse prazo anual é um prazo de validade, e não um prazo prescricional.

As ações possessórias que visem **à** manutenção e reintegração e as que objetivem embargo de obra nova devem ser interpostas antes do decurso do prazo de um (1) ano, a contar da data do ocorrido. Disciplina, neste sentido:

Artículo 621. *Los interdictos de retener, de recobrar y de obra nueva no podrán promoverse después de transcurrido UN (1) año de producidos los hechos en que se fundaren.*

No rol das ações que são protegidas por meios dos interditos possessórios, o *Código de Processo Civil da Argentina* insere a obra nova como sendo integrante do rol das possessórias típicas; também o interdito proibitório tem amparo legal pelos interditos possessórios, inclusive com a possibilidade de possuidor violado em sua posse valer-se do desforço pessoal.[511]

Em conformidade com o *Código Civil da Argentina,* as ações possessórias objetivam a restituição ou a manutenção da coisa. Assim expressa: Artículo 2.487. Las acciones posesorias tienen por objeto obtener la restitución o manutención de la cosa.

Da mesma forma como ocorre com a proteção possessória para as coisas imóveis, também, segundo o *Código Civil da Argentina,* se protege as coisas de natureza móveis, exceto contra o possuidor de boa-fé de coisas que não sejam provenientes de roubo ou que tenham sido perdidas. Preceitua, neste sentido: Artículo 2.488. *Las cosas muebles pueden ser objeto de acciones posesorias salvo contra el sucesor particular poseedor de buena fe de cosas que no sean robadas o perdidas.*

Por fim, ressaltamos: [...] *analiza los fenómenos jurídicos de la propiedad, la posesión, la tenencia, y las principales características de las acciones posesorias; teniendo en cuenta los siguientes aspectos:*

"La propiedad, la posesión y la tenencia. Son fenómenos jurídicos inconfundibles que pueden identificarse individualmente, no obstante, son complementarios y pueden analizarse como parte de una unidad. Aún cuando pueden concurrir las más de las veces en un mismo sujeto de derecho, forman una trilogía de derechos, cada uno, estructurado por singulares y especiales elementos.

En relación con las cosas la persona puede encontrarse en una de esas tres posiciones o situaciones, cuyas consecuencias jurídicas varían en cada caso y confieren a su titular derechos subjetivos distintos.

- Tenencia

En la tenencia, simplemente se despliega poder externo y material sobre el bien ([...]), pues se '(...) ejerce sobre una cosa, no como dueño, sino en lugar o a nombre del dueño', como el acreedor prendario, el secuestre, el usufructuario, el usuario, el habitador.

- Posesión

En la posesión, a ese poder material se une el comportarse respecto del bien como si fuese propietario ([...]) 'con ánimo de señor y dueño'.

- Propiedad

En la propiedad, que por excelencia permite usar, gozar y disponer de la cosa, es derecho in re, con exclusión de todas las demás personas dentro del marco del Artículo 669 del Código Civil, caso en el cual se tendrá la posesión unida al derecho de dominio, si se es dueño; y en caso de no serlo, se tratará del poseedor material".[512]

---

[511] Sobre a proteção interdital, via desforço pessoal, disciplina o Código de Processo Civil (e Comercial) da Argentina: "Artículo 2.470. El hecho de la posesión da el derecho de protegerse en la posesión propia, y repulsar la fuerza con el empleo de una fuerza suficiente, en los casos en que los auxilios de la justicia llegarían demasiado tarde; y el que fuese desposeído podrá recobrarla de propia autoridad sin intervalo de tiempo, con tal que no exceda los límites de la propia defensa".

[512] (Tradução livre): Propriedade, posse e detenção. São fenômenos jurídicos inequívocos que podem ser identificados individualmente, porém, são complementares e podem ser analisados como parte de uma unidade. Embora possam ocorrer na maioria das vezes em um mesmo sujeito

5.2.3.1.4. Posse no Direito Material e proteção possessória pelo procedimento sumário no Direito Processual de Honduras

Para fins comparativos com o disciplinamento que a matéria recebe no Direito Civil Brasileiro, e até mesmo com os dos países que constam de apontamentos específicos nesta obra jurídica – na parte do Direito Comparado –, destacamos:

a. Código Civil de Honduras, que tratam das Ações Possessórias, no TITULO XII – DE LAS ACCIONES POSESORIAS. Assim:

Artículo 895

9; *Las acciones posesorias tienen por objeto conservar o recuperar la posesión de bienes raíces, o de derechos reales constituidos en ellos.*[513]

Artículo 896

9; *Sobre las cosas que no pueden ganarse por prescripción, como las servidumbres inaparentes o discontinuas, no puede haber acción posesoria.*[514]

Artículo 897

9; *No podrá instaurar una acción posesoria, sino el que ha estado en posesión tranquila y no interrumpida un año completo.*[515]

Artículo 898

9; *El heredero tiene y esta sujeto a las mismas acciones posesorias que tendría y a que estaría sujeto su antecesor, si viviese.*[516]

Artículo 899

9; *Las acciones que tienen por objeto conservar la posesión, prescriben al cabo de un año completo, contado desde el acto de molestia o embarazo inferido a ella.*

Las que tienen por objeto recuperarla expiran al cabo de un año completo, contado desde que el poseedor anterior la ha perdido.

---

de direito, formam uma trilogia de direitos, cada um estruturado por elementos singulares e especiais.

Em relação às coisas, a pessoa pode encontrar-se numa destas três posições ou situações, cujas consequências jurídicas variam em cada caso e conferem ao proprietário diferentes direitos subjetivos.

- Posse

Na posse, o poder externo e material é simplesmente exercido sobre o bem ([...]), pois é '[...] exercido sobre uma coisa, não como proprietário, mas no lugar ou em nome do proprietário', como o credor pignoratício, o sequestrador, o usufrutuário, o usuário, o habitante.

- Possessão (Posse Indireta)

Na posse, esse poder material se combina com o comportamento em relação ao bem como se este fosse o dono ([...]) 'com espírito de senhor e dono'.

- Propriedade

Na propriedade, que por excelência permite o uso, gozo e disposição da coisa, constitui um direito real, com exclusão de todas as outras pessoas no âmbito do artigo 669.º do Código Civil, caso em que a posse estará vinculada à direita do domínio, se for proprietário; e se não, será o possuidor material.

[513] (Tradução livre): Artigo 895.

9; A finalidade das ações possessórias é preservar ou reaver a posse de bens imóveis, ou direitos reais sobre eles constituídos.

[514] (Tradução livre): Artigo 896.

9; Sobre coisas que não podem ser obtidas por prescrição, como servidões inaparentes, ou descontínua, não pode haver ação possessória.

[515] (Tradução livre): Artigo 897.

9; A ação possessória não pode ser instituída, exceto por alguém que tenha estado em posse tranquila e ininterrupta por um ano inteiro

[516] (Tradução livre): Artigo 898.

9; O herdeiro tem e está sujeito às mesmas ações possessórias que teria e estaria sujeito seu ancestral, se estivesse vivo.

Si la nueva posesión ha sido violenta o clandestina, se contará este año desde el último acto de violencia o desde que haya pesado la clandestinidad.

Las reglas que sobre la continuación de la posesión se dan en los Artículos 734, 735 y 736 se aplican a las acciones posesorias.[517]

Artículo 900

El poseedor tiene derecho para pedir que no se le turbe o embarace su posesión o se le despoje de ella, que se le indemnice del daño que ha recibido y que se le de seguridad contra el que fundadamente teme.[518]

Artículo 901

9; El usufructuario, el usuario y el que tiene el derecho de habitación, son hábiles para ejercer por si las acciones y excepciones posesorias, dirigidas a conservar o recuperar el goce de sus respectivos derechos, aun contra el propietario mismo. El propietario es obligado a auxiliarlos contra todo turbador extraño, siendo requerido al efecto.

Las sentencias obtenidas contra el usufructuario, el usuario o el que tiene derecho de habitación, obligan al propietario; menos si se tratare de la posesión del dominio de la finca o de derechos anexos a él; en este caso no valdrá la sentencia contra el propietario que no haya intervenido en el juicio.[519]

Artículo 902

9; En los juicios posesorios, no se tomará en cuenta el dominio que por una o por otra parte se alegue.

Podrán, con todo, exhibirse títulos de dominio para corroborar la prueba de la posesión.[520]

Artículo 903

La posesión de los derechos cuya transferencia o constitución se efectúa por instrumento público, se prueba por el mismo instrumento, y mientras éste subsista, no es admisible ninguna prueba de posesión con que se pretenda impugnarla.[521]

Artículo 904

---

[517] (Tradução livre): Artigo 899.
9; As ações que tenham por objeto a preservação da posse prescrevem ao final de um ano completo, contado a partir do ato de perturbação ou constrangimento a ela infligido.
Aquelas que têm por objeto a recuperação da posse prescrevem ao final de um ano completo, contado a partir do momento em que o possuidor anterior a perdeu.
Se a nova posse tiver sido violenta ou clandestina, esse ano será contado a partir do último ato de violência ou do momento em que a clandestinidade tiver sido cessado.
As regras sobre a continuação da posse apresentadas nos Artigos 734, 735 e 736 se aplicam às ações possessórias.

[518] (Tradução livre): Artigo 900.
9; O possuidor tem o direito de exigir que sua posse não seja perturbada ou onerada ou que seja despojado dela, que seja indenizado pelo dano que recebeu e que lhe seja concedida segurança contra aquele que ele teme com razão

[519] (Tradução livre): Artigo 901.
9; O usufrutuário, o usuário e a pessoa que tem o direito de moradia têm o direito de exercer em seu próprio nome as ações e defesas de posse, visando preservar ou recuperar o gozo de seus respectivos direitos, mesmo contra o próprio proprietário. O proprietário é obrigado a ajudá-los contra qualquer distúrbio externo, se for solicitado a fazê-lo.
As sentenças obtidas contra o usufrutuário, o usuário ou aquele que tem o direito de moradia vinculam o proprietário, exceto no caso de posse do domínio da propriedade ou dos direitos a ela associados; nesse caso, a sentença contra o proprietário que não interveio na ação não é válida.

[520] (Tradução livre): Artigo 902
9; Nos processos possessórios, não se levará em conta a propriedade alegada por uma ou outra parte.
No entanto, os títulos de propriedade poderão ser apresentados para corroborar a prova de posse.

[521] (Tradução livre): Artigo 903
9; Fica provada a posse dos direitos, cuja transferência ou constituição se efetua por instrumento público, onde o próprio documento público faz a prova; enquanto o instrumento subsistir, não será admissível nenhuma prova de posse pela qual se pretenda contestá-lo.

La posesión del suelo, cuando no haya debido adquirirse por instrumento público, deberá probarse por hechos positivos de aquellos a que solo da derecho el dominio, como el corte de maderas, la construcción de edificios, o de cerramientos, las plantaciones o sementeras y otros de igual significación, ejecutados sin el consentimiento del que disputa la posesión.[522]

Artículo 905

9; El que injustamente ha sido privado de la posesión, tendrá derecho para pedir que se le restituya, com indemnización de perjuicios.[523]

Artículo 906

9; La acción para la restitución puede dirigirse no solo contra el usurpador, sino contra toda persona, cuya posesión se derive de la del usurpador por cualquier título.

Pero no serán obligados a la indemnización de perjuicios, sino el usurpador mismo o el tercero de mala fe; y habiendo varias personas obligadas, todas lo serán solidariamente.[524]

Artículo 907

9; Todo el que violentamente ha sido despojado, sea de la posesión o sea de la mera tenencia, y que por poseer a nombre de otro, o por otra causa cualquiera no pudiere instaurar acción posesoria, tendrá, sin embargo, derecho para que se restablezcan las cosas en el estado que antes se hallaban, sin que para esto necesite probar más que el despojo violento, ni se le podrá objetar clandestinidad o despojo anterior. Este derecho prescribe en seis meses.

Restablecidas las cosas y asegurado el resarcimiento de daños, podrán intentarse por una u otra parte, las acciones posesorias que correspondan.[525]

Artículo 908

9; Los actos de violencia cometidos con armas o sin ellas, serán, además, castigados con las penas que por el Código Penal correspondan.[526]

TITULO XIII – DE ALGUNAS ACCIONES POSESORIAS ESPECIALES

Artículo 909 #9;

---

[522] (Tradução livre): Artigo 904º

9; A posse da terra, não adquirida por instrumento público, deve ser comprovada por fatos legais que são aqueles a que só o domínio dá direito, podendo ser decorrentes de corte de madeira; construção de edifícios, ou muros; plantações ou sementeira e outros de igual significado, desde que executados sem o consentimento de quem contesta a posse.

[523] (Tradução livre): Artigo 905

9; A pessoa que tenha sido injustamente privada da posse tem o direito de exigir a sua restituição com a indenização por danos.

[524] (Tradução livre): Artigo 906

9; A ação de restituição pode ser dirigida não apenas contra o usurpador, mas contra qualquer pessoa, cuja posse seja derivada da do usurpador por qualquer título.

Mas é o próprio usurpador ou o terceiro de má-fé que responderá pela reparação dos danos; e se houver várias pessoas obrigadas, todas serão vinculadas solidariamente.

[525] (Tradução livre): Artigo 907

9; Qualquer pessoa que tenha sido violentamente desapossada, seja de posse, seja de mera detenção, e que, possuindo em nome de outrem, ou por qualquer outro motivo, não possa intentar uma ação de posse, terá, no entanto, o direito de ter as coisas restituídas ao estado em que se encontravam antes, sem necessidade de provar essa espoliação mais do que violenta, tampouco pode ser objeto de clandestinidade ou desapropriação prévia. Esse direito expira após seis meses.

Uma vez restabelecidas as coisas e assegurada a reparação dos danos, as ações possessórias correspondentes podem ser tentadas por uma ou outra parte.

[526] (Tradução livre): Artigo 908

9; Os atos de violência praticados com ou sem armas também serão punidos com as penas previstas no Código Penal.

El poseedor tiene derecho para pedir que se prohíba toda obra nueva que se trate de construir sobre el suelo de que está en posesión.

Pero no tendrá el derecho de denunciar con este fin las obras necesarias para precaver la ruina de un edificio, acueducto, canal, puente, acequia etc., con tal que en lo que puedan incomodarle se reduzcan a lo estrictamente necesario, y que, terminadas, se restituyan las cosas al estado anterior, a costa del dueño de las obras.

Tampoco tendrá derecho para embarazar los trabajos conducentes a mantener la debida limpieza en los caminos, acequias, cañerías etc.[527]

Artículo 910

9; Son obras nuevas denunciables las que construidas en el predio sirviente embarazan el goce de una servidumbre constituida en él.[528]

b. CODIGO PROCESAL CIVIL DE HONDURAS, parte concernente as PRETENSIONES POSESORIAS:

Artículo 601. OBJETO Y PRETENSIONES. A través del proceso abreviado se conocerán y tramitarán por el procedimiento abreviado las siguientes demandas:

1. *Las que pretendan que el órgano jurisdiccional ponga en posesión de bienes a quien los hubiere adquirido por herencia, si no estuvieren siendo poseídos por nadie a título de dueño o usufructuario.*

2. *Las que pretendan la tutela de la tenencia o de la posesión de una cosa o derecho por quien haya sido despojado de ellas o perturbado en su disfrute.*

3. *Las que pretendan que el órgano jurisdiccional resuelva la suspensión de una obra nueva.*

4. *Las que pretendan que el órgano jurisdiccional resuelva la demolición o derribo de obra, edificio, árbol, columna o cualquier otro objeto análogo en estado de ruina y que amenace causar daños a quien demande.*

5. *Las demás establecidas en el Código Civil.[529]*

---

[527] (Tradução livre): Item n.º 909 #9;

O possuidor tem o direito de solicitar a proibição de qualquer nova construção a ser construída no terreno que se encontra na sua posse.

Mas ele não terá o direito de impedir a realização das obras necessárias destinadas a evitar a ruína de prédio, aqueduto, canal, ponte, vala etc., desde que o que possa afetá-lo seja reduzido ao estritamente necessário, e que, quando terminado as intervenções tudo retorne ao seu estado anterior e às custas do proprietário das obras.

Também não terá o direito de impedir o trabalho necessário para manter a limpeza adequada de estradas, valas, bueiros, etc.

[528] (Tradução livre): Artigo 910

9; Novas obras que podem ser denunciadas são aquelas que são construídas sobre a propriedade serviente e embaraçam o gozo de uma servidão nela constituída.

[529] (Tradução livre): CÓDIGO DE PROCESSO CIVIL DE HONDURAS

PRETENSÕES POSSESSÓRIAS

Artigo 601. OBJECTO E DOS PEDIDOS. Por meio do procedimento sumário, as seguintes reclamações serão ouvidas e processadas mediante procedimento sumário:

1. Os que pretendem que o tribunal coloque na posse do bem a pessoa que o adquiriu por herança, se esse não estiver a ser possuído por quem quer que seja na qualidade de proprietário ou usufrutuário.

2. Os que buscam a proteção da posse ou detenção de coisa ou direito por alguém que dela tenha sido privado ou perturbado em seu gozo.

3. Aqueles que buscam que o tribunal decida suspender uma nova construção.

4. Aqueles que buscam que o tribunal ordene a demolição ou derrubada de obra, prédio, árvore, coluna ou qualquer outro objeto similar em estado de ruína e que ameace causar danos ao reclamante.

5. Os demais previstos no Código Civil.

Comentário: A matéria guarda os mesmos contornos, sobre POSSE e AÇÕES POSSESSÓRIAS, com o disciplinado pelo Direito Civil Brasileiro, como de resto se assemelha com o que dispõe o Direito Civil da Argentina, conforme já nos reportamos (ver **Tópico 5.2.3.1.3).** O ordenamento em pauta deixa claro os procedimentos a serem adotados para cada situação. Uma diferença substancial com o Direito Civil Brasileiro é o interdito especial, pois esse tratamento não é dado a nenhuma modalidade de proteção possessória.

5.2.3.1.4.1. Breves apontamentos em relação à POSSE E às AÇÕES POSSESSÓRIAS no Direito Civil de Honduras

Pelos dispositivos legais que foram apresentados, desponta que, no Direito Civil de Honduras, o disciplinamento da matéria relativa à POSSE e às AÇÕES POSSESSÓRIAS segue, com ínfimas variações, o mesmo critério dos demais países latino-americanos.

A questão da POSSE assemelha-se em praticamente tudo que já mencionamos sobre o assunto nesta obra jurídica, de forma que somente destacamos o artigo que a define. A saber: *ARTÍCULO 762. <DEFINICION DE POSESION>. La posesión en honduras la tenencia de una cosa determinada con ánimo de señor o dueño, sea que el dueño o el que se da por tal, tenga la cosa por sí mismo, o por otra persona que la tenga en lugar y a nombre de él. El poseedor es reputado dueño, mientras otra persona no justifique serlo.*[530].

"La posesión consiste en una figura jurídica mediante la cual se ejerce voluntad y dominio sobre un aspecto con el propósito de obtener la propiedad por prescripción con el pasar del tiempo, el Código Civil establece la posesión en su artículo 762 de la siguiente forma:

"la posesión es la tenencia de una cosa determinada con ánimo de señor o dueño, sea que el dueño o el que se da por tal, tenga la cosa por sí mismo, o por otra persona que la tenga en lugar y a nombre de él.

El poseedor es reputado dueño, mientras otra persona no justifique serlo".

De esta manera el individuo que posea el bien debe ejercer ánimo de señor, esto significa, efectuar todas las acciones propias de un individuo que es dueño tales como el mantenimiento y preservación del bien; no es condición que el poseedor disponga del bien por sí mismo, puede otro individuo poseer la cosa; por ejemplo una vivienda que se da en arrendamiento por el dueño o poseedor a otro sujeto.

NOTA: No item 5, anterior, no primeiro caso, o interdito é chamado de mandado de amparo; no segundo, uma reclamação de restituição; no terceiro, uma reclamação de reintegração; no quarto, uma denúncia de construção nova; no quinto, uma denúncia de obra ruinosa; e, no último, um interdito especial.

[530] (Tradução livre): a) As Ações Possessórias, como parte fundamental da legislação hondurenha, são chamadas de Mandados Possessórios, que visam a recuperar a posse de bens imóveis ou direitos reais neles constituídos; essas ações podem ser exercidas pelo possuidor quando a posse da coisa é perturbada ou despossuída, ou quando há uma nova obra ou temido dano. Por meio da aplicação das liminares, o possuidor pode exercer seu direito. Por isso, falaremos sobre como ele pode ser aplicado, os bens que podem ser protegidos, a legitimação ativa e passiva de cada um deles e os interditos em atos administrativos e judiciais. Deve-se fazer uma distinção entre "ação possessória", que se refere ao aspecto material da posse e protege tanto o possuidor quanto o simples titular, e "ação vingativa", que exige a prova da propriedade do domínio, ou seja, o direito de possuir e a perda da posse.

[b)] Estão, as Ações Possessórias, condicionadas a três fatores, quais sejam: a) que a coisa seja passível de proteção por meio de ação possessória *(Que la cosa sea susceptible de ampararse mediante acción possessória)*; b) que o sujeito ativo (o autor, pretendente) tem o direito de agir *(Que el sujeto activo esté legitimado para actuar)*; e c) devem ser acionadas dentro de determinado período temporal *(Deben intentarse dentro de cierto plazo)*.

c) As Ações Possessórias se aplicam aos bens de natureza imóveis ou direitos reais neles constituídos, desde que passíveis de ser atingidos por prescrição; a contrário senso, não possuem amparo/proteção de ser manejados, por falta de proteção: a) Bens móveis *(Bienes muebles)*; b) Direitos sobre bens móveis *(Derechos muebles)*; c) Servidões descontínuas e inaparentes *(Servidumbres discontinuas e inaparentes)*; d)Direito real de herança *(El derecho real de herencia)*; e e) Bens nacionais de uso público *(Los bienes nacionales de uso público)*.

Es la posesión una suposición en la cual el poseedor es estimado como el propietario mientras no se demuestre lo opuesto; esta figura jurídica diseñada por el legislador es de gran relevancia debido a que un individuo dueño renuncia a un bien dejándolo a su suerte, sin embargo otra persona la posee cuidándola y conservándola, la mejora, es preciso que con el paso del tiempo exista una figura que le posibilite conseguir la propiedad de ese bien al cual le ha conferido una utilidad y ha invertido tiempo en preservarlo. Es la posesión el rumbo para que con el pasar del tiempo se obtengan los bienes por prescripción adquisitiva de domínio".

No que diz respeito às AÇÕES POSSESSÓRIAS:

a) *"Las Acciones Posesorias como parte fundamental de la legislación Hondureña, son llamadas Interdictos Posesorios las cuales tienen por objeto recuperar la posesión de bienes raíces o derechos reales constituidos en ellos; estas acciones que puede ejercer el poseedor cuando se le perturba o despoje la posesión de la cosa, o cuando exista una obra nueva o daño temido; a través de la aplicación de los interdictos, el poseedor puede jercer su derecho [...].*

Es preciso distinguir entre "acción posesoria" que se refiere al aspecto material de la posesión y protege tanto al poseedor, como al simple tenedor y la "acción reivindicatoria," que requiere demostrar la titularidad del dominio, es decir el derecho a poseer y la pérdida de la posesión".

5.2.3.1.5 Posse no Direito Material e proteção possessória no Direito Civil do México

Na linha doutrinária exposta por Pedro Octavio de Niemeyer[531] desponta que, no México, o **sistema jurídico** é regido por um conjunto de leis e regulamentos que regem as relações entre indivíduos e entidades. É composto por diversas instituições, entre as quais se destacam o Poder Judiciário, o Poder Legislativo e o Poder Executivo. Como se trata de país que adotou o regime federado, a legislação, no caso aqui em estudo, civil tem vários contornos, pois cada Estado tem seu Código Civil e, ao lado deste, tem aplicação o Código Civil Federal, que tem supremacia sobre os demais.

No federalismo mexicano, existe a figura de um Recurso Processual, denominado de *amparo casación*, que se acha disposto na Constituição mexicana. Trata-se do controle de legalidade o qual permite ao litigante se insurgir contra interpretação de lei estadual proferida por órgão judicial estadual e levar tal questão à apreciação do Poder Judiciário Federal. Em outras palavras, o controle de legalidade sobre a aplicação de leis locais é feito pelo ente federal, de modo que a autonomia concedida aos estados para que estes tenham sua própria legislação civil não abrange, em última análise, a possibilidade de interpretá-las. Em razão de que cada Estado tem seu próprio Código Civil[532], as normas processuais vigentes são variáveis de Estado para Estado, e ainda impera a procedência de análise/decisão final do Poder Judiciário Federal.

---

[531] Disponível em: https://www.uniderecho.com/en-que-consiste-la-posesion-y-que-tipos-existen.html.Federalismo Mexicano num Estudo de Direito Comparado: Pedro Octavio de Niemeyer Acesso em: 28 maio 2024.

[532] Códigos Civis do México:
Código Civil Federal, 1928, México.
Código Civil del Estado de Aguascalientes, 1947, México.
Código Civil para el Estado de Baja California, 1974, México.
Código Civil para el Estado Libre y Soberano de Baja California Sur, 1996, México.
Código Civil del Estado de Campeche, 1942, México.
Código Civil para el Distrito Federal, 1926, México.
Código Civil del Estado de Chihuahua, 1974, México.

Resumidamente, apontamos Artigos selecionados relativos: **a)** Competência entre Tribunais Federais e os dos Estados; **b)** Competência entre Tribunais de dois ou mais Estados; **c)** Destaques do Código Civil Federal do México; **d)** Destaques do Código de Procedimientos Civiles do México.

Vejamos:

a. **Competência entre Tribunais Federais e os dos Estados**: SECCION CUARTA – De las competencias entre los tribunales federales y los de los Estados.

ARTICULO 30. Las competencias entre los tribunales federales y los de los Estados, se decidirán declarando cuál es el fuero en que radica la jurisdicción, y se remitirán los autos al juez o tribunal que hubiere obtenido.

ARTICULO 31. Esta resolución no impide que otro u otros jueces del fuero a que pertenezca el que obtuvo, le puedan iniciar competencia para conocer del mismo negocio. Fe de erratas al artículo DOF 13-03-1943.[533]

b. **Competência entre Tribunais de dois ou mais Estados:**

SECCION QUINTA – De las competencias entre los tribunales de dos o más Estados.

ARTICULO 32. Cuando las leyes de los Estados cuyos jueces compitan, tengan la misma disposición respecto del punto jurisdiccional controvertido, conforme a ellas se decidirá la competencia.

Código Civil del Estado de Chiapas, 1938, México.
Código Civil para el Estado de Coahuila de Zaragoza, 1999, México.
Código Civil para el Estado de Colima, 1954, México.
Código Civil para el Estado de Durango, 1934, México.
Código Civil para el Estado de México, 2002, México.
Código Civil para el Estado Libre y Soberano de Guerrero, 1937, México.
Código Civil para el Estado de Guanajuato, 1967, México.
Código Civil para el Estado de Hidalgo, México.
Código Civil para el Estado de Jalisco, México.
Código Civil para el Estado de Michoacán de Ocampo, 2008, México.
Código Civil para el Estado Libre y Soberano de Morelos, 1993, México.
Código Civil para el Estado de Nayarit, 1981, México.
Código Civil para el Estado de Nuevo León, 1935, México.
Código Civil para el Estado de Oaxaca, 1944, México.
Código Civil para el Estado Libre y Soberano de Puebla, 1985, México.
Código Civil para el Estado de Quintana Roo, 1980, México.
Código Civil para el Estado de Querétaro, 2009, México.
Código Civil para el Estado de San Luis Potosí, 1946, México.
Código Civil para el Estado de Sinaloa, 1940, México.
Código Civil para el Estado de Sonora, 1949, México.
Código Civil para el Estado de Tabasco, México.
Código Civil para el Estado de Tamaulipas, 1986, México.
Código Civil para el Estado Libre y Soberano de Tlaxcala, 1976, México.
Código Civil para el Estado de Veracruz de Ignacio de la Llave, 1932, México.
Código Civil para el Estado de Yucatán, 1993, México.
Código Civil para el Estado de Zacatecas, 1986, México.

[533] (Tradução livre): SEÇÃO QUARTA – Da Competência entre a Justiça Federal e a Justiça Estadual
ARTIGO 30. A competência entre os tribunais federais e os tribunais dos Estados será decidida declarando a jurisdição em que esta se situa, e o caso será remetido ao juiz ou tribunal que o obteve.
ARTIGO 31. Essa resolução não impede que outro juiz ou juízes da jurisdição a que pertence aquele que obteve o contrato inicie a jurisdição para julgar o mesmo negócio. Errata ao artigo DOF 13-03-1943

ARTICULO 33. En caso de que aquellas leyes estén en conflicto, las competencias que promuevan los jueces de un Estado a los de otro se decidirá con arreglo a la sección segunda de este capítulo.[534]

c. **Destaques, para fins comparativos, do Código Civil Federal**[535]**:**

CÓDIGO CIVIL FEDERAL – Disposiciones Preliminares.

Artículo 1o. – Las disposiciones de este Código regirán en toda la República en asuntos del orden federal.[536]

TITULO TERCERO – De la Posesión – CAPITULO UNICO

Artículo 790. – Es poseedor de una cosa el que ejerce sobre ella un poder de hecho, salvo lo dispuesto en el artículo 793. Posee un derecho el que goza de él.[537]

Artículo 791. – Cuando en virtud de un acto jurídico el propietario entrega a otro una cosa, concediéndole el derecho de retenerla temporalmente en su poder en calidad de usufructuario, arrendatario, acreedor pignoraticio, depositario, u otro título análogo, los dos son poseedores de la cosa. El que la posee a título de propietario tiene una posesión originaria; el otro, una posesión derivada.[538]

Artículo 792. – En caso de despojo, el que tiene la posesión originaria goza del derecho de pedir que sea restituido el que tenía la posesión derivada, y si éste no puede o no quiere recobrarla, el poseedor originario puede pedir que se le dé la posesión a él mismo.[539]

Artigo 793 – Quando se provar que uma pessoa tem uma coisa em sua posse em virtude da situação de dependência em que se encontra em relação ao proprietário da coisa, e que a retém em benefício deste, em cumprimento das ordens e instruções que recebeu dele, não é considerado possuidor.[540]

Artículo 794. – Sólo pueden ser objeto de posesión las cosas y derechos que -sean susceptibles de apropiación.[541]

Artículo 795. – Puede adquirirse la posesión por la misma persona que va a disfrutarla, por su representante legal, por su mandatario y por un tercero sin mandato alguno; pero en este último caso no

---

[534] (Tradução livre): SEÇÃO QUINTA – Competência entre os tribunais de dois ou mais Estados – ARTIGO 32. Quando as leis dos Estados cujos juízes competem tiverem a mesma competência quanto à questão jurisdicional controvertida, a jurisdição será decidida de acordo com elas. ARTIGO 33. No caso de essas leis entrarem em conflito, os poderes que os juízes de um Estado promovem aos de outro serão decididos de acordo com a segunda seção deste capítulo.
NOTA: Clareando mais a matéria, em transcrição do CÓDIGO DE PROCEDIMIENTOS CIVILES DEL ESTADO DE MÉXICO: *Ejercicio de la jurisdicción. Artículo 1.1. – Corresponde a los Tribunales del Poder Judicial, la facultad de interpretar y aplicar las leyes en los asuntos del orden civil y familiar del fuero común, lo mismo que del orden federal, en los casos en que expresamente lo ordene la ley.* (Tradução livre): Exercício da jurisdição Artigo 1.1. - Os Tribunais Judiciais têm competência para interpretar e aplicar as leis em matéria civil e de família da jurisdição ordinária, bem como as da jurisdição federal, nos casos expressamente ordenados por lei.

[535] https://leyes-mx.com/codigo_civil_federal/1o.htm. Acesso em: 7 jun. 2024.

[536] (Tradução livre): Artigo 1º – O disposto neste Código regerá em toda a República as matérias de ordem federal.

[537] (Tradução livre): Artigo 790 – É possuidor de coisa quem exerce poder de fato sobre coisa, ressalvado o disposto no Art. 793. Quem goza tem direito.

[538] (Tradução livre): Artigo 791 – Quando, por força de ato jurídico, o proprietário entregar uma coisa a outrem, concedendo-lhe o direito de mantê-la temporariamente em sua posse como usufrutuário, locatário, credor penhorado, depositário ou outro título similar, ambos são possuidores da coisa. Aquele que a possui como proprietário tem uma posse original; a outra, uma posse derivada.
Em caso de desapropriação, aquele que tem a posse originária tem o direito de pedir a restituição daquele que teve a posse derivada, e se este não puder ou não quiser recuperá-la, o possuidor originário poderá requerer que lhe seja dada a posse.

[539] (Tradução livre): Artigo 792 – Em caso de desapropriação, aquele que tem a posse originária tem o direito de pedir a restituição daquele que teve a posse derivada, e se este não puder ou não quiser recuperá-la, o possuidor original poderá pedir que a posse seja entregue a si mesmo.

[540] (Tradução livre): Artigo 793 – Quando se provar que uma pessoa tem uma coisa em sua posse em virtude da situação de dependência em que se encontra em relação ao proprietário da coisa, e que a retém em benefício deste, em cumprimento das ordens e instruções que recebeu dele, não é considerado possuidor.

[541] (Tradução livre): Artigo 794 – Somente poderão ser objeto de posse as coisas e os direitos suscetíveis de apropriação.

se entenderá adquirida la posesión hasta que la persona a cuyo nombre se haya verificado el acto posesorio lo ratifique.[542]

Artículo 796. – Cuando varias personas poseen una cosa indivisa podrá cada una de ellas ejercer actos posesorios.[543]

Artículo 797. – Se entiende que cada uno de los partícipes de una cosa que se posee en común, há poseído exclusivamente por todo el tiempo que duró la indivisión, la parte que al dividirse le tocare.[544]

Artículo 798. – La posesión da al que la tiene, la presunción de propietario para todos los efectos legales. El que posee en virtud de un derecho personal, o de un derecho real distinto de la propiedad, no se presume propietario; pero si es poseedor de buena fe tiene a su favor[545] la presunción de haber obtenido la posesión del dueño de la cosa o derecho poseído.

Artículo 799. – El poseedor de una cosa mueble perdida o robada no podrá recuperarla de un tercero de buena fe que la haya adquirido en almoneda o de un comerciante que en mercado público se dedique a la venta de objetos de la misma especie, sin reembolsar al poseedor el precio que hubiere pagado por la cosa. El recuperante tiene derecho de repetir contra el vendedor.[546]

Artículo 800. – La moneda y los títulos al portador no pueden ser reivindicados del adquirente de buena fe, aunque el poseedor haya sido desposeído de ellos contra su voluntad.[547]

Artículo 801. – El poseedor actual que pruebe haber poseído en tiempo anterior, tiene a su favor la resunción de haber poseído en el intermedio.[548]

Artículo 802. – La posesión de un inmueble hace presumir la de los bienes muebles que se hallen em él.[549]

Artículo 803. – Todo poseedor debe ser mantenido o restituido en la posesión contra aquellos que no tengan mejor derecho para poseer.

Es mejor la posesión que se funda en título y cuando se trate de inmuebles, la que está inscrita. A falta de título o siendo iguales los títulos, la más antigua.

Si las posesiones fueren dudosas, se pondrá en depósito la cosa hasta que se resuelva a quién pertenece la posesión.[550]

---

[542] (Tradução livre): Artigo 795. – A posse poderá ser adquirida pela mesma pessoa de que dela vai gozar, por seu representante legal, por seu mandatário e por terceiro sem mandato; mas, neste último caso, a posse só será considerada adquirida quando a pessoa em nome de quem o ato possessório foi verificado a ratificar.

[543] (Tradução livre): Artigo 796 – Quando várias pessoas possuírem uma coisa indivisa, cada uma delas poderá exercer atos possessórios sobre a coisa comum, desde que não exclua os atos possessórios dos demais copossuidores.

[544] (Tradução livre): Artigo 797 – Entende-se que cada um dos participantes de uma coisa que é possuída em comum possuiu, exclusivamente durante todo o tempo que durou a divisão, a parte que lhe caberá quando dividida.

[545] (Tradução livre): Artigo 798 – A posse confere ao titular a presunção de propriedade para todos os efeitos legais. Não se presume que a pessoa que possua por força de um direito pessoal, ou por um direito real que não seja a propriedade; mas se for possuidor de boa-fé, tem a seu favor a presunção de ter obtido a posse do dono da coisa ou o direito possuído.

[546] (Tradução livre): Artigo 799 – O possuidor de bem móvel perdido ou roubado não poderá recuperá-lo de terceiro de boa-fé que o tenha adquirido em moeda ou de comerciante que venda objetos da mesma espécie no mercado público, sem ressarcir o possuidor pelo preço que pagou pela coisa. O reclamante tem o direito de reclamar contra o vendedor

[547] (Tradução livre): Artigo 800. Os títulos cambiais e ao portador não poderão ser reclamados do adquirente de boa-fé, ainda que o titular os tenha desapropriado contra sua vontade.

[548] (Tradução livre): Artigo 801 – O atual possuidor que comprovar ter possuído no tempo anterior tem a seu favor a posse de ter possuído nesse ínterim.

[549] (Tradução livre): Artigo 802. A posse de um bem imóvel dá ensejo à presunção de posse do bem móvel nele contida.

[550] (Tradução livre): Artigo 803: Todo possuidor deve ser mantido ou restituído à posse contra aqueles que não têm melhor direito de possuir. **É melhor ter posse que se baseie em título e, no caso de bem imóvel, o que está registrado. Na ausência de um título ou no caso de os títulos serem os mesmos, os mais antigos.**

Artículo 804. – Para que el poseedor tenga derecho al interdicto de recuperar la posesión, se necessita que no haya pasado un año desde que se verificó el despojo.[551]

Artículo 805. – Se reputa como nunca perturbado o despojado, el que judicialmente fue mantenido o restituido en la posesión.[552]

Artículo 806. – Es poseedor de buena fe el que entra en la posesión en virtud de un título suficiente para darle derecho de poseer. También es el que ignora los vicios de su título que le impiden poseer com derecho.

Es poseedor de mala fe el que entra a la posesión sin título alguno para poseer; lo mismo que el que conoce los vicios de su título que le impiden poseer con derecho. Entiéndese por título la causa generadora de la posesión.[553]

Artículo 807. – La buena fe se presume siempre; al que afirme la mala fe del poseedor le corresponde probarla.[554]

Artículo 808. – La posesión adquirida de buena fe no pierde ese carácter sino en el caso y desde el momento en que existan actos que acrediten que el poseedor no ignora que posee la cosa indebidamente[555].

Artículo 809. – Los poseedores a que se refiere el artículo 791, se regirán por las disposiciones que norman los actos jurídicos en virtud de los cuales son poseedores, en todo lo relativo a frutos, pagos de gastos, y responsabilidad por pérdida o menoscabo de la cosa poseída.[556]

Artículo 810. – El poseedor de buena fe que haya adquirido la posesión por título traslativo de dominio, tiene los derechos siguientes:

I. *El de hacer suyos los frutos percibidos, mientras su buena fe no es interrumpida;*

II. *El de que se le abonen todos los gastos necesarios, lo mismo que los útiles, teniendo derecho de retener la cosa poseída hasta que se haga el pago;*

III. *El de retirar las mejoras voluntarias, si no se causa daño en la cosa mejorada, o reparando el que se cause al retirarlas;*

IV. *El de que se le abonen los gastos hechos por él para la producción de los frutos naturales e industriales que no hace suyos por estar pendientes al tiempo de interrumpirse la posesión; teniendo derecho al interés legal sobre el importe de esos gastos desde el día que los haya hecho.*[557]

Se os bens forem duvidosos, a coisa será colocada em depósito até que se determine a quem pertence a posse.

[551] (Tradução livre): Artigo 804 – Para que o possuidor tenha direito ao interdito para reaver a posse, é necessário que não tenha decorrido um ano desde a ocorrência da desapropriação.

[552] (Tradução livre): Artigo 805. Considera-se que nunca foi perturbada ou desapossada a pessoa que tenha sido mantida judicialmente ou restituída.

[553] (Tradução livre): Artigo 806 – Possuidor de boa-fé é aquele que entra na posse em virtude de título suficiente para lhe dar o direito de possuir. É ele também quem ignora os defeitos de seu título que o impedem de possuir o direito.
Possuidor de má-fé é aquele que entra na posse sem qualquer título de posse; o mesmo que aquele que conhece os defeitos de seu título que o impedem de possuir com direito. Entende-se por título a causa que dá origem à posse.

[554] (Tradução livre): Artigo 807. – A boa-fé é sempre presumida; cabe a quem alega a má-fé do possuidor prová-la.

[555] (Tradução livre): 808. A posse adquirida de boa-fé não perde esse caráter senão no caso e a partir do momento em que houver atos que comprovem que o possuidor não desconhece que possui a coisa indevidamente.

[556] (Tradução livre): Artigo 809 – Os possuidores a que se refere o artigo 791 regem-se pelas disposições que regulam os atos jurídicos em virtude dos quais são possuidores, em todas as matérias relativas a frutos, pagamento de despesas e responsabilidade por perda ou prejuízo da coisa possuída.

[557] (Tradução livre): Artigo 810. – O possuidor de boa-fé que tenha adquirido a posse por meio de transferência de titularidade tem os seguintes direitos:
I. Fazer seus os frutos dos frutos, desde que não seja interrompida a sua boa-fé;
II. Que lhe sejam pagas todas as despesas necessárias, bem como as úteis, tendo o direito de reter a coisa possuída até que seja efetuado o pagamento;
III. Retirar as benfeitorias voluntárias, se não houver dano causado à coisa melhorada, ou reparar o dano causado por sua remoção;
IV. Que lhe sejam pagas as despesas por ele incorridas para a produção dos frutos naturais e industriais que não faz seus porque estavam pendentes no momento da interrupção da posse; ter direito a juros legais sobre o montante dessas despesas a partir do dia em que as tiver incorrido.

Artículo 811. – El poseedor de buena fe a que se refiere el artículo anterior no responde del deterioro o pérdida de la cosa poseída, aunque haya ocurrido por hecho propio; pero sí responde de la utilidad que el mismo haya obtenido de la pérdida o deterioro.[558]

Artículo 812. – El que posee por menos de un año, a título traslativo de dominio y con mala fe, siempre que no haya obtenido la posesión por un medio delictuoso, está obligado:

I.   *A restituir los frutos percibidos;*

II.   *A responder de la pérdida o deterioro de la cosa sobrevenidos por su culpa, o por caso fortuito o fuerza mayor, a no ser que pruebe que éstos se habrían causado aunque la cosa hubiere estado poseída por su dueño. No responde de la pérdida sobrevenida natural o inevitablemente por el sólo transcurso del tiempo.*

Tiene derecho a que se le reembolsen los gastos necesarios.[559]

Artículo 813. – El que posee en concepto de dueño por más de un año, pacífica, continua y públicamente, aunque su posesión sea de mala fe, con tal que no sea delictuosa, tiene derecho:

I.   *A las dos terceras partes de los frutos industriales que haga producir a la cosa poseída, perteneciendo la otra tercera parte al propietario, si reivindica la cosa antes de que se prescriba;*

II.   *A que se le abonen los gastos necesarios y a retirar las mejoras útiles, si es dable separarlas sin detrimento de la cosa mejorada.*

No tiene derecho a los frutos naturales y civiles que produzca la cosa que posee, y responde de la pérdida o deterioro de la cosa sobrevenidos por su culpa.[560]

Artículo 814. – El poseedor que haya adquirido la posesión por algún hecho delictuoso, está obligado a restituir todos los frutos que haya producido la cosa y los que haya dejado de producir por omisión culpable. Tiene también la obligación impuesta por la fracción II del artículo 812.[561]

Artículo 815. – Las mejoras voluntarias no son abonables a ningún poseedor; pero el de buena fe puede retirar esas mejoras conforme a lo dispuesto en el artículo 810, fracción III.[562]

---

[558] (Tradução livre): Artigo 811. – O possuidor de boa-fé a que se refere o artigo anterior não responde pela deterioração ou perda da coisa possuída, ainda que tenha ocorrido por ato próprio; mas é responsável pela utilidade que obteve da perda ou deterioração.

[559] (Tradução livre): Artigo 812 – Fica obrigada a quem possuir bens há menos de um ano, mediante transferência de propriedade e de má-fé, desde que não tenha obtido a posse por meio criminoso.
I. Restituir os frutos recebidos;
II. Responder pela perda ou deterioração da coisa por culpa sua, ou por caso fortuito ou força maior, salvo se provar que esses teriam sido causados mesmo que a coisa tivesse sido possuída por seu proprietário. Não se responsabiliza pelo prejuízo ocorrido natural ou inevitavelmente devido à mera passagem do tempo.
Tem direito a ser reembolsado pelas despesas necessárias.

[560] *(Tradução livre): Artigo 813 – Tem direito a quem possuir como proprietário há mais de um ano, de forma pacífica, contínua e pública, ainda que sua posse seja de má-fé, desde que não seja criminosa.*
I. A dois terços dos frutos industriais que ele faz produzir pela coisa possuída, o outro terço pertencente ao proprietário, se ele reivindicar a coisa antes de ela ser prescrita;
II. Ser ressarcido das despesas necessárias e retirar as benfeitorias úteis, se for possível separá-las sem prejuízo da coisa melhorada.
Ele não tem direito aos frutos naturais e civis produzidos pela coisa que possui e é responsável pela perda ou deterioração da coisa causada por sua culpa.

[561] (Tradução livre): Artigo 814 – O possuidor que adquiriu a posse por algum ato criminoso é obrigado a devolver todos os frutos que a coisa produziu e aqueles que deixou de produzir por omissão culposa. Também tem a obrigação imposta pelo inciso II do artigo 812.

[562] (Tradução livre): Artigo 815. – As benfeitorias voluntárias não são devidas a nenhum titular; mas aquele de boa-fé pode retirar essas benfeitorias de acordo com o disposto no artigo 810, inciso III.

Artículo 816. – Se entienden percibidos los frutos naturales o industriales desde que se alzan o separan. Los frutos civiles se producen día por día, y pertenecen al poseedor en esta proporción, luego que son debidos, aunque no los haya recibido.[563]

Artículo 817. – Son gastos necesarios los que están prescritos por la ley, y aquellos sin los que la cosa se pierda o desmejora.[564]

Artículo 818. – Son gastos útiles aquellos que, sin ser necesarios, aumentan el precio o producto de la cosa.[565]

Artículo 819. – Son gastos voluntarios los que sirven sólo al ornato de la cosa, o al placer o comodidade del poseedor.[566]

Artículo 820. – El poseedor debe justificar el importe de los gastos a que tenga derecho; en caso de duda se tasarán aquéllos por peritos.[567]

Artículo 821. – Cuando el poseedor hubiere de ser indemnizado por gastos y haya percibido algunos frutos a que no tenía derecho, habrá lugar a la compensación.[568]

Artículo 822. – Las mejoras provenientes de la naturaleza o del tiempo, ceden siempre en beneficio del que haya vencido en la posesión.[569]

Artículo 823. – Posesión pacífica es la que se adquiere sin violencia.[570]

Artículo 824. – Posesión continua es la que no se ha interrumpido por alguno de los médios enumerados en el Capítulo V, Título VII, de este Libro.[571]

Artículo 825. – Posesión pública es la que se disfruta de manera que pueda ser conocida de todos.

También lo es la que está inscrita en el Registro de la Propiedad.[572]

Artículo 826. – Sólo la posesión que se adquiere y disfruta en concepto de dueño de la cosa poseída puede producir la prescripción.[573]

Artículo 827. – Se presume que la posesión se sigue disfrutando en el mismo concepto en que se adquirió, a menos que se pruebe que ha cambiado la causa de la posesión.[574]

Artículo 828. – La posesión se pierde:

I. *Por abandono;*

---

[563] (Tradução livre): Artigo 816 – Entende-se por frutas naturais ou *industriais recebidas logo que criadas ou separadas. Os frutos civis são produzidos dia a dia e pertencem ao possuidor nessa proporção, depois de devidos, ainda que ele não os tenha recebido.*

[564] (Tradução livre): Artigo 817 – São despesas necessárias as que a lei prescreve e sem as quais a coisa se perde ou se deteriora.

[565] (Tradução livre): Artigo 818 – Consideram-se despesas úteis aquelas que, sem serem necessárias, aumentem o preço ou o produto da coisa.

[566] (Tradução livre): Artigo 819 – Consideram-se despesas voluntárias aquelas que sirvam apenas ao ornamento da coisa, ou ao prazer ou conforto do possuidor.

[567] (Tradução livre): Artigo 820. – O titular deverá justificar o valor das despesas a que tem direito; em caso de dúvidas, serão avaliados por especialistas.

[568] (Tradução livre): Artigo 821: Quando o possuidor for ressarcido de despesas e tiver recebido alguns frutos a que ele não tinha direito, haverá espaço para indenização.

[569] (Tradução livre): Artigo 822 – As benfeitorias oriundas da natureza ou do tempo sempre rendem em benefício daquele que conquistou a posse.

[570] (Tradução livre): Artigo 823 – Posse pacífica é aquela adquirida sem violência.

[571] (Tradução livre): Artigo 824 – Posse contínua é aquela que não tiver sido interrompida por nenhum dos meios enumerados no Capítulo V, Título VII, deste Livro.

[572] (Tradução livre): Artigo 825 – Posse pública é aquela que goza de tal modo que possa ser conhecida por todos.
Assim é o que está registrado no Registro de Imóveis.

[573] (Tradução livre): Artigo 826 – Somente a posse adquirida e usufruída como proprietária da coisa possuída pode ensejar prescrição.

[574] (Tradução livre): Artigo 827 – Presume-se que a posse continua a ser usufruída da mesma forma que foi adquirida, salvo se comprovado que a causa da posse mudou.

II. *Por cesión a título oneroso o gratuito;*

III. *Por la destrucción o pérdida de la cosa o por quedar ésta fuera del comercio;*

IV. *Por resolución judicial;*

V. *Por despojo, si la posesión del despojado dura más de un año;*

VI. *Por reivindicación del propietario;*

VII. *Por expropiación por causa de utilidad pública.*[575]

Artículo 829. – Se pierde la posesión de los derechos cuando es imposible ejercitarlos o cuando no se ejercen por el tiempo que baste para que queden prescritos.[576]

d) **Destaques do Código de Procedimientos Civiles do México (**Vigente, con las modificaciones. Última actualización 06/05/2024):

Artículo 2.14. Finalidad del interdicto de retener la posesión

El objeto de la acción de retención de posesión es poner fin a la perturbación, indemnizar al poseedor y que el demandado otorgue garantía de no volver a perturbar, conminándolo con multa o arresto en caso de que reincida.[577]

Artículo 2.15. Requisitos del interdicto de retención de la posesión

La procedencia de la acción de retención de posesión requiere que la perturbación consista en actos preparatorios, tendientes directamente a la usurpación violenta o a impedir el ejercicio del derecho, que se reclame dentro de un año.[578]

Artículo 2.16. Legitimación en el interdicto de recuperar la posesión

El que es despojado de la posesión, jurídica o derivada, de un bien inmueble, debe ser restituido, y le compete la acción de recobrarla contra: el que realiza el despojo, el que lo ha mandado realizar, el que a sabiendas y directamente se aprovecha de él y el sucesor del despojante.[579]

Artículo 2.17. Objeto del interdicto de recuperar la posesión

El interdicto de recuperar la posesión tiene por objeto reponer al despojado en la posesión, indemnizarlo de los daños y perjuicios, obtener del demandado que garantice su abstención y a la vez conminarlo con multa o arresto para el caso de reincidencia.[580]

---

[575] *(Tradução livre): Artigo 828. Perde-se a posse:*

I. Por abandono;

II. Por cessão onerosa ou gratuita;

III. Pela destruição ou perda da coisa ou pela sua extinção do comércio;

IV. Por decisão judicial;

V. Por desapropriação, se a posse do desapossado durar mais de um ano;

VI. Por reivindicação do proprietário;

VII. Desapropriação por razões de utilidade pública.

[576] (Tradução livre): 829. Perde-se a posse dos direitos quando for impossível exercê-los ou quando não forem exercidos pelo tempo suficiente para que sejam prescritos.

[577] *(Tradução livre):* Artigo 2.14. Finalidade da Liminar de Retenção da Posse. O objetivo da ação de retenção da posse é pôr fim à perturbação, indenizar o possuidor, e o réu dê garantia de não perturbar novamente, ameaçando-o com multa ou prisão em caso de reincidência.

[578] (Tradução livre): Artigo 2.15. Requisitos da Medida Cautelar de Retenção de Posse. A admissibilidade da ação de retenção da posse exige que a perturbação consista em atos preparatórios, visando diretamente a usurpação violenta ou impedir o exercício do direito, que é reclamado no prazo de um ano.

[579] (Tradução livre): Artigo 2.16. Legitimidade na Medida Cautelar de Reintegração de Posse. A pessoa que é desapossada da posse, legal ou derivada, de um bem imóvel deve ser restaurada, cabendo-lhe propor uma ação para recuperá-la contra: aquele que realiza a desapropriação, aquele que ordenou que ela seja executada, aquele que, consciente e diretamente, se aproveita dela e o sucessor do desapossador.

[580] (Tradução livre): Artigo 2.17. Finalidade da liminar para reaver a posse. O objetivo da liminar para reaver a posse é restituir a posse ao desapossado, indenizá-lo por danos, obter do réu que ele garanta sua abstenção e, ao mesmo tempo, aplicar multa ou prisão em caso de reincidência.

Artículo 2.18. Requisitos de la acción de recuperar la posesión

La acción de recuperar la posesión se deducirá dentro del año siguiente a los actos violentos o vías de hecho causantes del despojo. No procede cuando el actor poseía clandestinamente, por la fuerza o a ruego, pero sí contra el propietario o despojante que transfirió el uso y aprovechamiento del bien por medio de contrato.[581]

Artículo 2.19. Acción de obra nueva

Al poseedor de inmueble o derecho real sobre él, compete la acción para suspender la conclusión de una obra perjudicial a sus posesiones, su demolición o modificación, en su caso, y la restitución de las cosas al estado anterior a la obra nueva. Compete también al vecino del lugar, cuando la obra nueva se construye en bienes de uso común.[582]

5.2.3.1.5.2. Comentários pontuais sobre posse e ações possessórias no Direito Civil do México

"El CCF [Código Civil Federal de México] no hace una distinción expresa entre posesión de hecho y posesión de derecho, aunque está implícita en el artículo 803, cuyo texto establece que prevalece en la posesión el que tenga "mejor derecho". En cambio, ocho códigos locales, hacen expresa la distinción entre posesión de hecho y de derecho, e incluso, algunos mencionan una posesión "contraria a derecho". En este sentido, la noción de posesión, como el mero poder de hecho, tiene la ventaja de que todo aquel que tenga una cosa puede, en principio, defender su posesión en contra de quien la perturbe o la tome violenta o clandestinamente para sí, y esta defensa jurídica sirve al mantenimiento de la paz pública. Sin embargo, puede plantearse un conflicto entre dos personas que afirman ser poseedores y perturbados o despojados por el otro, y, en este caso, es necesario averiguar quién tiene mejor derecho para poseer. Por eso, no puede abandonarse la distinción entre el hecho de tener una cosa y el derecho de tenerla. Objeto de la posesión Son las cosas que pueden ser adquiridas en propiedad.

Posesión originaria y derivada Considerando si el poseedor tiene el poder sobre la cosa por ser propietario o por haberlo recibido del propietario, el CCF (artículo 791) distingue entre el poseedor origi-nario, que es quien tiene la cosa a título de propietario, y el poseedor derivado, que es quien la ha recibido del propietario en virtud de algún acto jurídico, como arrendamiento, usufructo, prenda u algún otro semejante. El CCF aclara (artículo 793) que quien ti.

La defensa jurídica que protege a quien tiene una cosa en su poder es el principal derecho que tiene el poseedor, gracias al cual puede retener o recuperar la cosa de quien lo perturbe o le quite la cosa. La pri-mera defensa del poseedor es la presunción que tiene de ser propietario, si es poseedor originario, o de que adquirió la posesión del legítimo propietario, si es que es poseedor derivado, así lo define el CCF (artículo 798). Esta presunción hace que quien quiera discutir el derecho del poseedor originario tenga que demostrar que él, o un tercero, es el verdadero propietario o un poseedor con mejor derecho, por ejemplo, por haber comprado la cosa antes que el poseedor actual; y si quisiera discutir el derecho del poseedor derivado, deberá demostrar que él o un tercero es el legítimo propietario o un poseedor con derecho a ceder la posesión con

---

[581] (Tradução livre): Artigo 2.18. Requisitos da Ação de Recuperação de Posse. A ação de reintegração de posse será deduzida no prazo de um ano, a contar dos atos violentos ou que causaram a desapropriação. Não se aplica quando o autor possuía clandestinamente, à força ou a pedido, mas se aplica contra o proprietário ou desapropriante que transferiu o uso e gozo do imóvel por meio de contrato.

[582] (Tradução livre): Artigo 2.19. Nova ação de construção. O possuidor de bem imóvel ou direito real sobre ele tem direito à ação de suspensão da conclusão de obra lesiva de seus bens, sua demolição ou modificação, conforme o caso, e a restituição de coisas ao estado anterior à nova obra. Também é responsabilidade do vizinho local quando a nova construção é construída em propriedade comum.

preferencia respecto de aquel que cedió la posesión al poseedor derivado. La defensa activa del poseedor está prevista en el CCF (artículo 803), mismo que a la letra dice que cualquier poseedor, sin distinguir si es poseedor originario o derivado, de buena o de mala fe, de cosa mueble o inmueble, "debe ser mantenido o restituido en la posesión", frente a aquel que no tenga un "mejor derecho para poseer". El recurso ordinario del poseedor para defender la posesión es el interdicto posesorio, que puede ser de retener o de recuperar la posesión. Asimismo, el artículo 803 explica que es mejor la posesión que se funda en un título o, si se trata de inmuebles, la que esté inscrita en el registro público. El título para poseer puede ser un título traslativo de dominio o un título que solo otorgue la posesión y algún derecho de uso o de disfrute. Si se presentara una controversia entre un poseedor originario con título traslativo de dominio y otro poseedor derivado con el título correspondiente, por ejemplo, entre un propietario. Algunos códigos de procedimientos civiles, como el de la Ciudad de México, han suprimido los interdictos, que eran considerados como juicios sumarios o sumarísimos, de modo que ahora la posesión se defiende mediante un juicio ordinario de posesión. La posesión en los códigos civiles mexicanos y un arrendatario, desde el punto de vista de la posesión, debe prevalecer el poseedor originario porque su título es mejor. Si la controversia se plantea entre poseedores que carecen de título o que tienen títulos iguales, prevalece la posesión más antigua. Si la posesión más antigua es la del poseedor actual, éste debe ser defendido respecto del que la pretende, y sería una defensa que le permitirá mantener o retener la posesión. Sin embargo, si la más antigua no fuera la del poseedor actual, porque fue despojado de la cosa, y éste la reclama del poseedor actual, entonces entra en juego otra regla, la del artículo 804, que dice que el que perdió la posesión puede recuperarla si no ha pasado más de un año "desde que se verificó el despojo". Esto significa que quien perdió la posesión de la cosa no podrá recuperarla si ha pasado un año, contado a partir del día que la perdió, aunque pudiera probar un mejor título o mayor antigüedad que su adversario. Teniendo en cuenta conjuntamente las reglas de los artículos 803 y 804 del CCF, debe concluirse que la defensa para recuperar la posesión caduca al año de haberla perdido; en cambio, la defensa para retener la posesión es permanente. La defensa de la posesión toma en cuenta la distinción entre poseedor originario y poseedor derivado. En primer lugar, según lo establecido en el CCF, en el caso de que el poseedor derivado pierda la posesión por "despojo" (artículo 792), palabra que se refiere a bienes inmuebles, el poseedor originario es quien puede pedir la restituí. El artículo no dice expresamente que sea mejor el título de posesión originaria que el de posesión derivada, pero ello está implícito porque dice que, si los títulos fueran iguales, prevalece la posesión más antigua; en ello se implica que puede haber títulos desiguales, como podrían serlo el que otorga la posesión originaria y el que otorga solo la derivada. No obstante, si la controversia se planteara desde la perspectiva del contrato de arrendamiento, podría prevalecer el arrendatario (poseedor derivado) contra el arrendador (poseedor originario), si el contrato sigue vigente. En el CCF, la palabra "despojo" se suele usar respecto de la pérdida de la posesión de un bien inmueble; esto podría hacer pensar que la regla del artículo 804 solo vale para la posesión de inmuebles; pero, como el artículo 803 se refiere a la defensa de "todo poseedor", cabe interpretar, por el contexto, que el artículo 804 también se refiere a la posesión de un bien mueble que se ha perdido por cualquier causa. En algunos códigos locales se dispone que el poseedor que fue desposeído de la posesión por más de un año, si es poseedor originario con título suficiente, puede recuperar la cosa ejerciendo la acción plenaria de posesión (o acción publiciana). La palabra "expropiación" suele referirse a la ocupación violenta de bienes inmuebles; Si es móvil, se llamaría robo. El artículo, por lo tanto, parece referirse a la pérdida de la posesión de bienes inmuebles. Si el CCF considera que el poseedor derivado es el verdadero poseedor (como se infiere del artículo 803), debe concederle el recurso para defender el objeto de su posesión por sí mismo. Si el CCF considera al poseedor derivado como verdadero poseedor (como se infiere del artículo 803), debería concederle el recurso para defender por sí mismo la cosa objeto de su posesión; la restricción que impide que el poseedor derivado pueda defenderse por sí mismo del despojo, solo tiene sentido si se refiriera al caso de que quien despojó tuviera un mejor derecho para poseer que el poseedor derivado, de modo que solo el poseedor originario podría demostrar un mejor derecho para poseer. Para facilitar la defensa del poseedor, el CCF ordena otras dos presunciones. Una dice (artículo 801) que el poseedor actual, si demuestra haber poseído en un tiempo anterior, se presume que poseyó en el tiempo intermedio; esto puede servir al poseedor, que quiere retener la posesión, o al que, sin haber pasado un año de la desposesión, quiere recuperarla, pues le facilita la prueba de que su posesión es la más antigua. La otra indica (artículo 802) que el poseedor del inmueble posee también los muebles que hay en él, lo que significa que el poseedor puede defender el conjunto de cosas con solo demostrar que su posesión sobre el inmueble es mejor que la del adversario. Ambas presunciones pueden servir también, como se verá más adelante, en el caso de adquisición de la propiedad por prescripción positiva. En este sentido, el CCF contempla algunas reglas especiales (artículo 799) para la defensa del "poseedor de una cosa mueble perdida o robada", cuando el poseedor quiere recuperarla de un adquirente de buena fe. Una de estas reglas señala que el poseedor no podrá recuperarla de un "tercero de buena fe", que la hubiera adquirido en almoneda o subasta, o que la hubiera comprado en un mercado público, a menos que le reembolse el precio que pagó por la cosa. Hasta aquí parece que la defensa posesoria de una cosa mueble perdida o robada consiste únicamente en la posibilidad de recuperar la cosa pagando un precio [**Artículo 799.** — *El poseedor de una cosa mueble perdida o robada no podrá recuperarla de un tercero de buena fe que la haya adquirido en almoneda o de un comerciante que en mercado público se dedique a la venta de objetos de la misma especie, sin reembolsar al poseedor el precio que hubiere pagado por la cosa. El recuperante tiene derecho de repetir contra el vendedor]".*

Todos los códigos hacen dos distinciones respecto de la posesión o, mejor dicho, de los poseedores. Todos distinguen, en primer lugar, entre: a) quien posee a título de dueño, al que también llaman poseedor originario, o poseedor civil; b) quien posee por una concesión que le ha hecho el propietario, sea gratuita (como el comodato) sea onerosa (como el arrendatario), al que denominan poseedor derivado o precario, y c) quien posee en beneficio o representación de otro, al que llaman poseedor subordinado o también poseedor precario, quien no es verdadero poseedor porque ejerce el poder sobre la cosa en beneficio de otra persona. La calificación de estos tipos de poseedor sirve para identificar al poseedor que puede, mediante la posesión continuada (prescripción positiva o USUCAPION), adquirir la propiedad sobre la cosa poseída, que es, en eso concuerdan todos los códigos, el poseedor a título de dueño, es decir quien posee gracias a un acto jurídico (como una compraventa o una donación) que le permite considerarse como propietario. El poseedor derivado o el poseedor precario pueden poseer por virtud de un acto jurídico que les concede el uso y o disfrute de la cosa, como el arrendamiento o el comodato, pero no tienen causa para considerarse como propietarios, por lo que no pueden, por medio de la posesión continuada de la cosa, adquirir su propiedad.

Todos los códigos civiles contemplan los interdictos posesorios, como la primera defensa activa del poseedor, y distinguen entre el interdicto de retener y el de recuperar la posesión, pero no hacen distinción por razón de que el bien poseído sea mueble o inmueble. Todos aceptan que prevalece el poseedor con mejor derecho, o, en caso de que haya igualdad en el derecho, el más antiguo. La mayoría de los códigos dan el interdicto de recuperar únicamente al poseedor originario, y establecen la regla que caduca en un año. Hay cinco códigos que establecen un recurso adicional, la acción plenaria de posesión, en favor de quien perdió la posesión y ya no puede ejercer el interdicto de recuperar. El Código Civil de Coahuila tiene un capítulo especial sobre defensa de la posesión, en la que se regulan esos recursos y también otros *dos interdictos, el de obra nueva y el de obra peligrosa, y concede al poseedor una acción más, la llamada acción publiciana".*[583]

---

[583] (Tradução livre): O CCF [Código Civil Federal do México] não faz distinção expressa entre posse de fato e posse de jure, embora esteja implícita no artigo 803, que prevê que o "melhor direito" prevalece na posse. Por outro lado, oito códigos locais fazem uma distinção explícita entre posse de fato e posse de jure, e alguns mencionam até mesmo a posse "contrária à lei". Nesse sentido, a noção de posse, como mero poder de fato, tem a vantagem de que qualquer pessoa que possua uma coisa pode, em princípio, defender sua posse contra quem a perturbe ou a tome violenta ou clandestinamente para si, e essa defesa jurídica serve à manutenção da paz pública. No entanto, pode surgir um conflito entre duas pessoas que se dizem possuidoras e perturbadas ou despossuídas pela outra, e, neste caso, é necessário descobrir quem tem mais direito à posse. Daí que a distinção entre o fato de ter uma coisa e o direito de tê-la não possa ser abandonada. Objeto da posse: são as coisas que podem ser adquiridas como propriedade.

Posse originária e derivada. Considerando se o possuidor tem poder sobre a coisa em virtude de ser proprietário ou tê-la recebido do proprietário, o CCF (Art. 791) distingue entre o possuidor originário, que é aquele que detém a coisa como proprietário, e o possuidor derivado, que é aquele que a recebeu do proprietário em virtude de algum ato jurídico, como locação, usufruto, penhor ou algum outro arranjo similar. O CCF esclarece (Art. 793): Quando se prova que uma pessoa tem na sua posse uma coisa em virtude da situação de dependência em que se encontra em relação ao proprietário dessa coisa, e que a conserva em benefício desse, em cumprimento das ordens e instruções que dela recebeu, não é considerada na posse. A defesa jurídica que protege a pessoa que tem uma coisa em sua posse é o principal direito que o possuidor possui, graças ao qual ele pode reter ou recuperar a coisa de quem a perturba ou lhe tira a coisa. A primeira defesa do possuidor é a presunção de que ele é o proprietário, se ele é o possuidor original, ou que ele adquiriu a posse do legítimo proprietário, se ele é um possuidor derivado, conforme definido pelo CCF (artigo 798). Essa presunção significa que quem quiser contestar o direito do possuidor originário tem que provar que ele, ou um terceiro, é o verdadeiro proprietário ou um possuidor com um direito melhor, por exemplo, porque comprou a coisa antes do atual possuidor; e se ele quiser contestar o direito do possuidor derivado, ele deve demonstrar que ele ou um terceiro é o legítimo proprietário ou um possuidor com direito a ceder a posse em preferência àquele que atribuiu a posse ao possuidor derivado. A defesa ativa do possuidor está prevista no CCF (Art. 803), que diz que qualquer possuidor, independentemente de ser possuidor originário ou derivado, de boa-fé ou má-fé, de bens móveis ou imóveis, "deve ser mantido ou restaurado na posse", ao contrário daquele que não tem "melhor direito à posse". O recurso ordinário do possuidor para defender a posse é a liminar possessória, que pode ser a retenção ou a recuperação da posse. O artigo 803.° explica igualmente que a posse baseada num título ou, no caso de bens imóveis, o que é inscrito no registo público é melhor. O título de posse pode ser um título transferível de propriedade ou um título que apenas concede a posse e algum direito de uso ou gozo, assim numa disputa da posse entre um possuidor original, que tem título hábil à transferência do domínio e um possuidor derivado, que tem um título só de transferência de posse, a preferência será do possuidor que tem título que conduz ao domínio. Alguns códigos de processo civil, como o da Cidade do México, aboliram as liminares, que eram consideradas como sentenças sumárias, de modo que a posse agora é defendida por um julgamento de posse comum. A posse nos códigos civis mexicanos e o inquilino, do ponto de vista da posse, devem prevalecer o possuidor original porque seu título é melhor. Se a disputa surgir entre possuidores que não têm título ou que têm títulos iguais, prevalece a posse mais antiga. Se a posse mais antiga é a do atual possuidor, ela deve ser defendida contra o requerente, e seria uma defesa que lhe permitiria manter ou reter a posse. Se, porém, o mais antigo não for o do possuidor atual, porque foi desapropriado da posse pelo atual possuidor, e a reivindica do atual possuidor, então entra em jogo outra regra, a do artigo 804, que diz que aquele que perdeu a posse pode recuperá-la se não tiver decorrido mais de um ano "desde que ocorreu a desapropriação". Isso significa que aquele que perdeu a posse da coisa não poderá recuperá-la se tiver depois de um ano, contado a partir do dia em que o perdeu, mesmo que pudesse provar um título melhor ou maior antiguidade do que o adversário. Tendo em conta as regras dos artigos 803 e 804 do CCF em conjunto, há que concluir que a defesa para reaver a posse caduca um ano após a perda da posse; por outro lado, a defesa para manter a posse é permanente. A defesa da posse leva em conta a distinção entre possuidor originário e possuidor derivado. Em primeiro lugar, de acordo com as disposições do CCF, no caso de o possuidor derivado perder a posse por "desapropriação" (artigo 792), palavra que se refere a bens imóveis, o possuidor original é quem pode pedir a restituição. O artigo não diz expressamente que o título de posse originária é melhor do que o de posse derivada, mas isso está implícito no fato de que, se os títulos eram iguais, prevalece a posse mais antiga. Isso implica que pode haver títulos desiguais, como o que concede a posse originária e o que concede apenas o derivado. No entanto, se a disputa viesse a surgir sob a ótica da locação, o locatário (possuidor derivado) poderia prevalecer contra o locador (possuidor original), caso o contrato permanecesse em vigor. No CCF, o termo "desapropriação" é normalmente utilizado em relação à perda da posse de um bem imóvel. Isso pode sugerir que a regra do artigo 804 só se aplica à posse de bens imóveis, mas, como o artigo 803 se refere à defesa de "qualquer possuidor", pode-se interpretar, a partir do contexto, que o artigo 804 também se refere à posse de bens móveis perdidos por qualquer motivo. Alguns códigos locais preveem que um possuidor que tenha sido desapropriado da posse por mais de um ano, se for o possuidor original com título suficiente, pode recuperar a coisa exercendo a ação de posse (ou acción publiciana). A palavra "desapropriação" geralmente se refere à ocupação violenta de bens imóveis; se for móvel, seria chamado de roubo. O artigo, portanto, parece referir-se à perda da posse de bens imóveis. Se o CCF considera o possuidor derivado como o verdadeiro possuidor (como se infere do artigo 803), deve conceder-lhe o remédio para defender o objeto de sua posse para si mesmo; a restrição que impede o possuidor derivado de poder defender-se contra a desapropriação só faz sentido se referir-se ao caso em que o desapossador tinha um direito de posse melhor do que o possuidor derivado, de modo que apenas o possuidor original poderia demonstrar um direito melhor de possuir. Para facilitar a defesa do titular, o CCF impõe outras duas presunções. Diz-se (Art. 801) que o atual possuidor, se provar ter possuído em momento anterior, presume-se possuidor no tempo intermédio. Isso pode ser útil ao possuidor, que deseja reter a coisa. O artigo, portanto, parece se referir à perda da posse de bens imóveis. Em favor do possuidor derivado, se o CCF considerar que o possuidor derivado é o verdadeiro possuidor (como se infere do artigo 803), deve conceder-lhe a segurança jurídica para defender o objeto de sua posse por si mesmo, ou àquele que, menos de um ano após a desapropriação, deseja recuperá-la, uma vez que lhe dá a prova de que sua posse é a mais antiga. O outro afirma (artigo 802) que o possuidor do bem imóvel também é proprietário do bem móvel nele, o que significa que o possuidor pode defender todas as coisas simplesmente mostrando que sua posse do bem imóvel é melhor do que a do adversário. Ambas as presunções também podem ser aplicadas, como se verá adiante, no caso de aquisição de imóvel por prescrição positiva. Nesse sentido, o CCF contempla algumas regras especiais (artigo 799) para a defesa do "possuidor

Acabado: "El derecho de posesión suele ser confundido con el derecho de propiedad, no son lo mismo. El derecho de propiedad es el derecho que tiene una persona de gozar y disponer de sus bienes. La posesión es el poder de hecho que una persona tiene sobre un bien o sobre un derecho y realiza actos materiales que manifiestan las facultades que ese bien o derecho confieren.

La confusión entre propiedad y posesión se da en virtud de que ambos derechos presentan ciertas similitudes, como que el derecho de posesión puede tenerse sobre bienes que son susceptibles de apropiación, es decir sobre todos aquellos bienes que no se encuentren excluidos del comercio, siendo estos bienes muebles, como automóviles, joyas, obras de arte, o bienes inmuebles como terrenos, casas, o derechos reales. Además la propiedad puede adquirirse mediante la posesión por el transcurso del tiempo y con las condiciones establecidas en la ley. En realidad propiedad y posesión son distintos, pero están estrechamente relacionadas. Ambas se encuentran reguladas por el **Código Civil Federal** y **Códigos Civiles de las entidades federativas**, y las acciones relativas a las mismas se encuentran reguladas por el **Código Federal de Procedimientos Civiles** o **Códigos Procesales de las entidades federativas** que resulten aplicables según sea el caso".[584]

5.2.3.1.6. Posse no Direito Material e proteção possessória no Direito Processual de Macau (China)

O disciplinamento da Posse e das Ações Possessórias consta do Direito Material e Adjetivo de Macau, ou seja: em razão do **Código Civil** (BO N.º: 31/1999. Publicado em: 1999.8.3, Página: 1794,

---

de bem móvel perdido ou roubado", quando ele quiser recuperá-lo de um adquirente de boa-fé. Uma dessas regras estabelece que o possuidor não pode recuperá-la de um "terceiro de boa-fé", que a adquiriu em leilão, ou que a comprou em mercado público, a menos que o reembolse pelo preço que pagou pela coisa. Até aqui parece que a defesa possessória de um bem móvel perdido ou roubado consiste apenas na possibilidade de recuperar a coisa mediante o pagamento de um preço, mas o artigo acrescenta que o possuidor tem "o direito de recuperar a coisa pagando um preço (...)". Diz o Artigo 799 – O possuidor de bem móvel perdido ou roubado não poderá recuperá-lo de terceiro de boa-fé que o tenha adquirido em moeda ou de comerciante que venda objetos da mesma espécie no mercado público, sem ressarcir o possuidor pelo preço que pagou pela coisa. O reclamante tem o direito de reclamar contra o vendedor.

Todos os códigos fazem duas distinções em relação à posse, ou melhor, aos possuidores. Todos eles distinguem, em primeiro lugar, entre: (a) a pessoa que possui por título de proprietário, que também é chamado de possuidor original, ou o possuidor civil; (b) uma pessoa que possui em virtude de uma concessão feita a ele pelo proprietário, seja gratuita (como a fiança), seja onerosa (como o locatário), que é chamada de possuidora derivada ou precária; e (c) uma pessoa que possui em benefício ou representação de outrem, que é chamada de possuidor subordinado ou, também, de possuidor precário, que não é um verdadeiro possuidor porque exerce poder sobre a coisa em benefício de outra pessoa. A qualificação desses tipos de possuidor serve para identificar o possuidor que pode, por meio da posse contínua (prescrição positiva ou Usucapião), adquirir a posse da coisa possuída, que é – neste todos os códigos concordam – o possuidor por título de proprietário, ou seja, o possuidor por força de um ato jurídico (como uma venda ou uma doação) que lhe permita considerar-se proprietário. O possuidor derivado ou o possuidor precário pode possuir em virtude de ato jurídico que lhe conceda o uso e/ou gozo da coisa, como locação ou fiança, mas não tem motivo para se considerar proprietário, de modo que não pode, por meio da posse continuada da coisa, adquirir sua propriedade.

Todos os códigos civis contemplam as liminares possessórias, como primeira defesa ativa do possuidor, e distinguem entre a liminar de retenção e a liminar de reaver a posse, mas não fazem distinção sob o fundamento de que o bem possuído é móvel ou imóvel. Todos concordam que prevalece o possuidor com o melhor direito, ou, em caso de igualdade de direito, o mais velho. A maioria dos códigos dá uma liminar para recuperar apenas o possuidor original e estabelece a regra que expira em um ano. São cinco códigos que preveem um remédio adicional, a ação de imissão de posse, em favor de uma pessoa que perdeu a posse e não pode mais exercer a liminar para recuperar. O Código Civil de Coahuila tem um capítulo especial sobre a defesa da posse, que regula esses recursos e duas outras liminares, a de construção nova e a de trabalho perigoso, e concede ao possuidor mais uma ação, a chamada ação publiciana.

[584] (Tradução livre): Arrematando: "O direito de posse, muitas vezes, confunde-se com o direito de propriedade, mas não são a mesma coisa. O direito de propriedade é o direito de uma pessoa de desfrutar e dispor de seus bens. A posse é o poder de fato que uma pessoa tem sobre um bem ou um direito e pratica atos materiais que manifestam as faculdades que o bem ou direito confere.

A confusão entre posse e detenção ocorre porque ambos os direitos possuem certas semelhanças, como a de que o direito de posse pode ser exercido sobre bens passíveis de apropriação, ou seja, sobre todos aqueles bens que não estão excluídos do comércio, sendo esses bens móveis, como carros, joias, obras de arte, ou imóveis, como terreno, houses, ou direitos reais. Além disso, a propriedade pode ser adquirida pela posse, ao longo do tempo e nas condições previstas em lei. Na realidade, propriedade e posse são distintas, mas estão intimamente relacionadas. Ambos são regulados pelo Código Civil Federal e Códigos Civis dos estados, e as ações relacionadas a eles são reguladas pelo Código de Processo Civil Federal ou Códigos de Processo dos Estados que forem aplicáveis, conforme o caso".

Aprovado pelo Decreto-Lei n.º 39/99/M); Alterações: Decreto-Lei n.º 48/99/M – Adia a entrada em vigor do Código Civil e do Código Comercial) e do **Código de Processo Civil** (BO N.º: 40/1999. Publicado em: 1999.10.4, Página: 3670, Aprovado pelo Decreto-Lei n.º 55/99/M).

Ambos os estatutos que regem o Direito Civil de Macau são calcados na tradição do Direito de Portugal. Assim é que, em relação ao Código Civil de Macau, é dito: Decreto-Lei n.º 39/99/M – de 3 de Agosto CÓDIGO CIVIL. Em resultado dos compromissos firmados na Declaração Conjunta Luso-Chinesa, importa completar a tarefa, que tem vindo a ser persistentemente realizada, de adequação do sistema jurídico de Macau aos desafios colocados pelo processo de transição.

O Código Civil português de 1966, atualmente ainda em vigor em Macau, como uma das traves-mestras do edifício legislativo do território, não podia ficar imune a esse processo de adaptação legislativa.

Por sua vez, destaca o Código de Processo Civil de Macau: Decreto-Lei n.º 55/99/M – de 8 de Outubro. O Código de Processo Civil ora aprovado representa um esforço de harmonização do direito adjetivo, não apenas com o direito substantivo resultante das reformas recentemente operadas em Macau, mas também com os compromissos assumidos na Declaração Conjunta Luso-Chinesa e com os princípios orientadores da organização judiciária e do processo civil constantes da Lei Básica da Região Administrativa Especial de Macau.

5.2.3.1.6.1. Síntese do tratamento da posse no Direito Material de Macau

Para fins ilustrativo e de conhecimento, destacamos o rol de Artigos que tratam da POSSE pelo **Código Civil de Macau**, sendo que, no geral, não será apontado comentário específico, pois o Artigo destacado não terá ambígua interpretação e, desta maneira, não trará dificuldades de ordem interpretativa que possam obstaculizar seu entendimento e alcance. Em destaque:

(**LIVRO III – DIREITO DAS COISAS – TÍTULO I – Da posse – CAPÍTULO I Disposições gerais**)

Artigo 1175 (Noção). Posse é o poder que se manifesta quando alguém atua por forma correspondente ao exercício do direito de propriedade ou de outro direito real.

Comentário: Aqui se observa a definição da posse, e, no caso, tem a mesma sistemática do preconizado pelo Código Civil de Portugal que estabelece: ARTIGO 1251º (Noção): *Posse é o poder que se manifesta quando alguém actua por forma correspondente ao exercício do direito de propriedade ou de outro direito real.*

Artigo 1176 (Exercício da posse por intermediário). 1. A posse tanto pode ser exercida pessoalmente como por intermédio de outrem. 2. Em caso de dúvida, presume-se a posse naquele que exerce o poder de facto, sem prejuízo do disposto no n.º 2 do artigo 1181

Comentário: Seguindo a tradição lusitana – o que ocorre com o Brasil também –, o Artigo esclarece que a posse pode ser exercida pessoalmente, o que é por demais óbvio, pois como eliminar a possibilidade da própria pessoa, desde que preencha os requisitos legais, de vir a adquirir a posse? Sem conotação prática, o referido dispositivo, quanto ao item 2, tem que a posse – por presunção – pertence a quem tem o poder fático sobre a coisa, mas ressalva que quem começou a posse goza da presunção que ela continua com a sua pessoa, pois foi quem começou a posse.

Artigo 1177 (Simples detenção). São havidos como detentores: a) Os que exercem o poder de fato sem intenção de agir como beneficiários do direito; b) Os que simplesmente se aproveitam da tolerância do titular do direito; c) Os representantes ou mandatários do possuidor e, de um modo geral, todos os que possuem em nome de outrem.

Comentário: Na mesma sistemática seguida pelos Códigos Civis dos países abordados nesta obra jurídica (no estudo do Direito Comparado), desponta pelo Artigo anterior que quem possui algum bem (móvel ou imóvel) em nome de outrem não passa de simples precarista (fâmulo da posse), que sabe (em razão da falta do *animus domini*) que terá de devolver o bem, que se encontra provisoriamente em suas mãos, ao legítimo dono.

Artigo 1178 – (Presunções de posse). 1. Se o possuidor atual possuiu em tempo mais remoto, presume-se que possuiu igualmente no tempo intermédio. 2. A posse atual não faz presumir a posse anterior, salvo quando seja titulada; neste caso, presume-se que há posse desde a data do título.

Comentário: Parte da premissa de que quem possui a coisa a mais tempo também possui num tempo inferior – intermediário. No entanto, a posse que detém no presente não lhe dá a condição do entendimento de possuir no passado, ressalvada a titulação, pois, em tal situação, lhe favorece a presunção de que é possuidor desde a data do título.

Artigo 1179 – (Sucessão na posse). Por morte do possuidor, a posse continua nos seus sucessores desde o momento da morte, independentemente da apreensão material da coisa.

Comentário: Estabelece que a posse se transmite aos sucessores do falecido possuidor, e isto desde sua morte, muito embora os sucessores não estejam no exercício de posse dos bens objeto da sucessão, quer seja hereditária, quer seja por liberalidade do *de c*ujus, que deu lugar aos seus sucessores.

Artigo 1180 – (Acessão da posse). 1. Aquele que houver sucedido na posse de outrem por título diverso da sucessão por morte pode juntar à sua a posse do antecessor. 2. Quando a posse do antecessor tiver características diferentes ou for exercida a título de um direito real distinto, a acessão só se dará dentro dos limites daquela que tem menor âmbito.

Comentário: Trata-se de transferência de posse de um possuidor para outro. Neste caso, o novo possuidor tem a seu favor duas possiblidades: 1. Começa uma nova posse, portanto desprezando o tempo anterior em que ela estava com seu antecessor. Todavia, se a posse adquirida tinha características distintas, a posse ocorrerá sem problema algum. Contudo, se as causas da posse forem distintas, prevalecerá a que, no âmbito dos direitos assegurados ao possuidor, será considerada aquela posse que tiver menor impacto.

Artigo 1181 – (Conservação da posse). 1. A posse se mantém enquanto durar a atuação correspondente ao exercício do direito ou a possibilidade de a continuar. 2. Presume-se que a posse continua em nome de quem a começou.

Comentário: Este Artigo é de uma impressionante obviedade. É por demais lógico que a posse tem a sua continuidade com quem a mantém e tem possibilidade de continuar mantendo-a, além de gozar da presunção de que é o possuidor por ter começado a posse.

CAPÍTULO II – Caracteres da posse: Apontamos os seguintes Artigos que integram este título:

Artigo 1182; Artigo 1183; Artigo 1184; Artigo 1185; Artigo 1186; do mesmo modo, em relação ao **CAPÍTULO III – Aquisição e perda da posse: Artigo 1187; Artigo 1188; Artigo 1189; Artigo 1190, Artigo 1191.; Artigo 1192.**

CAPÍTULO IV – Efeitos da posse: Apontamos os seguintes Artigos que integram este título:

Artigo 1193; Artigo 1194; Artigo 1195; Artigo 1196; Artigo 1197; Artigo 1198; Artigo 1199; Artigo 1200.

(CAPÍTULO V – Defesa da posse: Apontamos os seguintes Artigos que integram este título:

Artigo 1201 (Defesa da posse – Ação de prevenção). Se o possuidor tiver justo receio de ser perturbado ou esbulhado por outrem, é o autor da ameaça, a requerimento do ameaçado, intimado para se abster de lhe fazer agravo, sob pena de responsabilidade pelo prejuízo que causar e eventual cominação de outras sanções aplicáveis);

Artigo 1202 (Autotutela e defesa judicial). O possuidor que for perturbado ou esbulhado pode manter-se ou restituir-se por sua própria força e autoridade, nos termos dos artigos 328 e 329, ou recorrer ao tribunal para que este lhe mantenha ou restitua a posse);

Artigo 1203 (Manutenção e restituição da posse). 1. No caso de recorrer ao tribunal, o possuidor perturbado ou esbulhado é mantido ou restituído enquanto não for convencido na questão da titularidade do direito. 2. Se a posse não tiver mais de 1 ano, o possuidor só pode ser mantido ou restituído contra quem não tiver melhor posse. 3. É melhor posse a que for titulada; na falta de título, a mais antiga; e, se tiverem igual antiguidade, a posse atual);

Artigo 1204 (Esbulho violento). Sem prejuízo do disposto nos artigos anteriores, o possuidor que for esbulhado com violência tem o direito de ser restituído provisoriamente à sua posse, sem audiência do esbulhador, por meio de providência cautelar.

Artigo 1205; Artigo 1206. Quanto ao Artigo 1207 – (Caducidade), destacamos pela sua importância e pelo fato que no Brasil não existe disposição de igual sentido. Assim: Artigo 1207. 1. A ação de manutenção, bem como as de restituição da posse, caducam, se não forem intentadas dentro do ano subsequente ao facto da turbação ou do esbulho. 2. Tendo o esbulho sido praticado com violência ou às ocultas, o prazo de 1 ano só se conta a partir da data em que, em face do esbulhado, cesse a violência ou a posse se torne pública (Artigo 1208; Artigo 1209; Artigo 1210; Artigo 1211).

5.2.3.1.6.2. Tratamento das ações possessórias no Direito Adjetivo de Macau

Dando sequência no tratamento do Direito Comparado entre Brasil e Macau, na parte que diz respeito à Posse e às Ações Possessórias, destacamos do **Código de Processo Civil de Macau** (no vernáculo de origem):

CAPÍTULO I1 – Procedimentos cautelares especificados – SECÇÃO I – Restituição provisória de posse – Artigo 338 – (Casos em que tem lugar). No caso de esbulho violento, pode o possuidor pedir que seja restituído provisoriamente à sua posse, alegando os factos que constituem a posse, o esbulho e a violência.

Artigo 339 – (Termos em que a restituição é ordenada). Se o juiz reconhecer, pelo exame das provas, que o requerente tinha a posse e foi esbulhado dela violentamente, ordena a restituição, sem citação nem audiência do esbulhador.

Artigo 340 – (Defesa da posse mediante providência não especificada). Ao possuidor que seja esbulhado ou perturbado no exercício do seu direito, sem que ocorram as circunstâncias previstas no artigo 338, é facultado, nos termos gerais, o procedimento cautelar comum.

Comentários: Pela ocorrência de esbulho violento, o esbulhado tem direito, *initio litis*, de ser reintegrado em sua posse, desde que as provas carreadas para os autos sejam suficientes para a comprovação de que efetivamente o esbulhado tinha a posse e que dela foi violentamente despojado; não fazendo prova de forma cabal da primeira parte do *Artigo 339*, o esbulhado somente será reintegrado, se o caso, após citação e com audiência do esbulhador.

No caso de ocorrência de esbulho, mas não violento, ou de mera turbação, o esbulhado poderá valer-se, para garantia de seu direito à posse que detém, do reconhecimento judicial, só que, no caso, a demanda correrá pelo procedimento cautelar comum, o que não lhe dá direito de reintegração ou manutenção *initio litis*, em face do que decorre do disciplinado pelo *Artigo 340*, anteriormente reproduzido.

5.2.3.1.6.3. Disposições finais em relação ao tratamento da posse e das ações possessórias no Direito Material e Adjetivo de Macau

"A posse não se esgota no corpus da atuação de quem materialmente detém a coisa; compreende ainda, como logo transparece no texto legal introdutório do instituto (Art. 1251.º [Portugal, e Macau **Artigo 1175**]), apesar da secura sintética dos seus termos, o *animus* com que a exploração económica da coisa é exercida. E que esse *animus* pressupõe na posse a intenção de agir como titular da propriedade ou de outro direito real sobre a coisa resulta, não só da definição lapidar da posse contida no referido artigo 1251 do Código Civil [Portugal, e Macau **Artigo 1175**]), mas, principalmente, do modo como o artigo 1253.º [Portugal[585] e Macau, Artigo 1253 [586]] expurga o conceito legal (da posse) de todas as situações em que o detentor de fato da coisa procede sem intenção de agir como beneficiário do direito (direito de propriedade ou outro direito real sobre a coisa, como se depreende do texto do mencionado Art. 1251.º).[587]

De ordem geral, assim como nos demais países de língua portuguesa, a matéria alusiva à Posse e às Ações Possessórias em Macau segue as tendências das duas Teorias Predominantes, quais sejam: a) Teoria Subjetiva, de Savigny, e b) Teoria Objetiva, de Ihering. Para sedimentar o entendimento sobre as duas teorias declinadas, tomamos como referência os esclarecimentos infra, com o esclarecimento de que os Artigos entre parênteses são da legislação de Portugal, que – como já apontamos – é a de referência para todos os países de língua portuguesa. Dito, vejamos as teorias e os esclarecimentos prestados:

[...]. "**Elementos da posse: corpus e animus:** De acordo com a noção legal (art. 1171º), a posse é integrada por dois *elementos: o elemento material ou empírico (corpus) e o elemento psicológico ou intencional (animus); a coexistência de ambos é necessária, de tal* modo que, faltando um, não há

---

[585] Anexo > Livro III > Título I > Capítulo I
Artigo 1253.º
(Simples detenção)
São havidos como detentores ou possuidores precários: a) Os que exercem o poder de fato sem intenção de agir como beneficiários do direito; b) Os que simplesmente se aproveitam da tolerância do titular do direito; c) Os representantes ou mandatários do possuidor e, de um modo geral, todos os que possuem em nome de outrem.
[586] Artigo 1177.º
(Simples detenção)
São havidos como detentores:
a) Os que exercem o poder de fato sem intenção de agir como beneficiários do direito;
b) Os que simplesmente se aproveitam da tolerância do titular do direito;
c) Os representantes ou mandatários do possuidor e, de um modo geral, todos os que possuem em nome de outrem.
[587] Disponível em: https://www.court.gov.mo/sentence/pt-af5324c270e0c.pdf. Acesso em: 24 maio 2024.

posse. O elemento material consiste no exercício de poderes de facto ou na prática de actos materiais sobre a coisa; o elemento psicológico traduz-se na intenção de exercer os poderes de facto como titular do direito real (de propriedade ou outro direito real) correspondente aos actos praticados.

[...]." *Elemento material (corpus: Enquanto exercício de poderes de facto, o corpus não tem que* manifestar-se através de um contacto físico com a coisa; é suficiente que a coisa se encontre, com alguma estabilidade, na esfera do poder de facto do possuidor. Assim, o possuidor de um automóvel não perde a posse quando o deixa estacionado na garagem ou na rua; embora não esteja a usá-lo, conserva o poder de facto sobre o veículo.

O corpus pode manifestar-se através da detenção (por exemplo, guardar a coisa) ou da fruição (colher os respectivos frutos ou receber as rendas etc.) da coisa; no primeiro caso, embora se verifique um contacto físico com a coisa, este não tem de ser contínuo ou permanente. Aliás, relativamente à fruição da coisa, pode nem haver qualquer ligação física com a coisa, como sucede quando o possuidor se limita a receber as rendas de um prédio que é usado por outra pessoa, na sequência, p. ex., de um contrato de arrendamento.

No Código Civil (art. 1172º) prevê-se expressamente a possibilidade de a posse ser exercida por intermédio de outra pessoa, o que vem confirmar *que para haver corpus (e portanto posse) não é necessário verificar-se um* contacto ou ligação física ou material com a coisa por parte do possuidor.

[...]. *Elemento psicológico (animus): O segundo elemento da posse, o animus, é de natureza psicológica.* Para além do exercício do poder de facto (nos moldes acabados e referir), só há posse quando se verifica uma vontade de agir ou de se comportar em relação à coisa como sendo titular do direito de propriedade ou de outro direito real. Assim, por exemplo, uma pessoa que, num jantar em casa de uma pessoa amiga, se serve de determinadas coisas (copos, pratos, etc.) não tem a posse, porque não tem intenção de agir como titular de um direito".

As formas de proteção são, praticamente, iguais àquelas preconizadas pelo Direito Civil do Brasil, em razão das ações possessórias típicas (manutenção de posse, reintegração de posse e interdito proibitório), com a inclusão do desforço pessoal, as quais serão estudadas a partir do **tópico 5.3**, deste capítulo.

5.2.4. Razão mais plausível que justifica a proteção judicial da posse por meio das ações típicas

Após o estudo da evolução histórica da proteção da posse (inclusive com algumas considerações, para fins comparativos, com normas do Direito alienígena – Direito Comparado), podemos notar que ela é protegida por uma série de fatores, alguns de ordem particular, outros de ordem pública, pois é interesse do Estado manter a harmonia social, ou até mesmo o interesse da economia, e vários outros motivos, o que gera, não menos significativa, divergência doutrinária em explicar (ou tentar, pelo menos) o que leva o legislador a conceder proteção à posse. Alguns doutrinadores justificam a proteção concedida à posse adotando como parâmetro a Teoria Subjetiva, outros adotam a Teoria Subjetiva,[588] e, ainda, outros mais entendem que nenhuma das teorias dá sustentação para a proteção possessória. A polêmica é interminável.

---

[588] José Cretella Júnior, ao discorrer sobre a razão, ou razões que levam a posse a ser protegida, destaca, tomando por base as Teorias Subjetiva e Objetiva: "As duas teorias explicam o fundamento da proteção possessória, completando-se. Os interditos *retinandae possessionis causa* fundamentam-se na idéia de proteção do proprietário e os interditos *recuperandae possessionis causa* fundamentam-se na idéia de ordem pública". Adota, portanto, doutrinariamente, o entendimento de que há, na verdade, uma simbiose de causas que justificam

A proteção da posse decorre, ao que nos parece, de uma conjugação de todas as correntes teóricas, pois, ao se proteger a posse, também se está protegendo o direito subjetivo que tem o possuidor de ver garantido o seu patrimônio. Com isso, aflora a necessidade de o Estado intervir para manter a paz social de forma harmônica, sem necessidade do uso da violência, isto é, "para que não seja perturbada a pacífica convivência social".[589]

Com a intervenção do Estado, fica repelida a garantia do que se utiliza da *vi armata*,[590] isto é, o apossamento por meio de violência **à mão armada (como acontecia nos primórdios do Direito romano)**, embora ao possuidor esbulhado já fosse possível repelir, de imediato, a violência praticada pelo esbulhador.[591] Para evitar tal violência é que, modernamente, o Estado concede mecanismos de proteção à posse e não compactua com qualquer tipo de violência que extrapole as vias do tolerável para a proteção da posse por meio do próprio ofendido, como será visto no estudo do desforço pessoal, ato de defesa da posse (desforço *incontinenti*[592]). Do mesmo modo, o Estado repele a violência praticada pelo esbulhador.[593]

O Estado, ao dar proteção à posse, está assegurando a todos a igualdade do dogma constitucional esculpido no **Art. 5º, inc. XXXV**, da Constituição Federal de 1988, que assevera: *A lei não excluirá da apreciação do Poder Judiciário lesão ou ameaça de lesão a direito*. E isto é assim em decorrência de que o "direito é a instância derradeira a que se socorre a sociedade, para atingir os fins almejados".

---

a proteção da posse (CRETELLA JÚNIOR, José. *Curso de direito romano*: o direito romano e o direito civil brasileiro. 20. ed. Rio de Janeiro: Forense, 1996. p. 196).

[589] ESPÍNDOLA, Eduardo. *Posse, propriedade, compropriedade ou condomínio, direitos autorais*. Atualizado por Ricardo Rodrigues Gama. Campinas: Bookseller, 2002. p. 99.

[590] A proteção do possuidor expulso por meio de violência a mão armada (*vis armata*), independente de sua posse ser viciosa, ou, ainda, que já tivesse passado mais de 1 (um) ano da data da violência (no caso após o esbulho), era assegurada por meio do *interdictum de vi armata*, que era diferente do *interdictum de vi cottidiana*, pois este último somente era concedido ao possuidor que tivesse sido esbulhado por meio de violência de caráter meramente ordinário, isto é, violência sem o uso da força por meio de uso de armas, contudo, o autor deveria intentar a ação em prazo que antecedesse um (1) ano da data da violência, e, ainda, deveria o autor ter, antes de ser esbulhado, posse justa. Os dois tipos de interdito (de *vi armata* e de *vi cottidiana*) foram unificados num só no Direito de Justiniano, e eram concedidos no prazo de um (1) ano e independiam dos vícios da posse do autor (esbulhado).

[591] Dispunha o Digesto (Dig. 1.43, f. 17 – *De vi, et armata*): *"Qui possessionem vi ereptam vi in ipso congressu reciperat, in pretinam causam reverti potius quam vi possidere intelligendus est"*. Em livre tradução: "Quem recupera a posse esbulhada com desforço imediato deve ser considerado voltar à antiga posse, antes que possuir pela violência".
Por outro lado (Dig. 1.43, t. 16, fr. 3, §9 – *De vi et devi armata*): *"Eum igitur, qui cum armis venit, possumus armis repellere, sed hoc confestim, nom ex intervallo, dummodo sciamus, nom solum resistere permissum, ne dejiciatur; sed et si dejectus quis fuerit, eundem dejicere nom ex intervallo, sed ex continente"*. Em livre tradução: "Podemos repelir com armas aquele que vem com elas; mas isto imediatamente e não com intervalo: contanto que saibamos que é permitido não só resistir, para que não se venha a ser esbulhado; mas também ainda que alguém tenha sido esbulhado, poderá expulsar o mesmo, não com intervalo, mas imediatamente".
Os textos do Digesto apresentados têm como referência compilação elaborada por Tito Lívio Pontes (*Da posse no direito civil brasileiro*. São Paulo: Juscrédi, [1961?]. p. 109-110).

[592] Código Civil (2002) disciplina, por meio do §1º do Art. 1.210: "O possuidor turbado, ou esbulhado, poderá manter-se ou restituir-se por sua própria força, contando que faça logo; os atos de defesa, ou de desforço, não podem ir além do indispensável à manutenção, ou restituição da posse".

[593] **Código Penal, com referência ao esbulho possessório, disciplina: "Art. 161. Suprimir ou deslocar tapume, marco, ou qualquer outro sinal indicativo de linha divisória, para apropriar-se, no todo ou em parte, de coisa imóvel alheia:**
Pena – detenção, de 1 (um) a 6 (seis) meses, e multa.
§1º. Na mesma pena incorre quem:
[...]
II – invade, com violência a pessoa ou grave ameaça, ou mediante concurso de mais de duas pessoas, terreno ou edifício alheio, para o fim de esbulho possessório.
§2º. Se o agente usa de violência, incorre também na pena a esta cominada.
§3º. Se a propriedade é particular, e não há emprego de violência, somente se procede mediante queixa".

5.2.4.1. Breve apontamento sobre a possiblidade de as partes adotarem o pacto *de non petendo*

Tendo em vista que o Direito relativo às demandas possessórias pode ser objeto de "acerto" entre as partes, pois se amoldam dentro das possiblidades dos direitos disponíveis, afigura-se possível ser objeto de acordo entre os interessados de convencionarem o não ajuizamento de ação de natureza possessória. A questão não é pacífica, todavia, ao acordarem pelo não ajuizamento de ações possessórias, *não estão os interessados violando o preceito constitucional esculpido no Art. 5º, inc. XXXV, da Constituição Federal de 1988.*

Sobre a questão enfocada no parágrafo anterior entendemos, como destaca Fabio Caldas de Araújo, que enfrenta-se um tema polêmico no sistema interno, assim como no direito alienígena. Trata-se da possibilidade de negócio processual que exclua o exercício do direito de ação, ou seja, a formulação de um ***pacto de non petendo***. Até que ponto seria lícito ambas as partes, por meio de acordo, eliminarem o direito de discussão judicial sobre determinada questão?

A resposta, em nosso sentir, deve ser positiva. Pode-se pensar, *a priori*, que existe autêntica formulação de um pacto de não litigar quando se estabelece, por exemplo, uma convenção de arbitragem. O exercício do direto de ação em desconformidade com o modelo convencionado que prevê a instituição da arbitragem autoriza o nascimento da *exceptio pacti*. A questão, todavia, vai além. Seria possível impedir o acesso ao Estado-Juiz mesmo sem a previsão de um modelo alternativo de disputa.

Pensamos que a resposta deva ser afirmativa, desde que a questão se encaixe na previsão normativa do Art. 190[594] do CPC de 2015. O exercício do direito de ação não deixa de representar direito subjetivo público. A renúncia ao exercício da pretensão processual para acionar ou recorrer não configura atentado à ordem pública ou restrição indevida ao exercício de direito fundamental.

O pacto *de non petendo* não elimina propriamente o direito de ação, mas apenas impede a judicialização de determinada pretensão. Com o pacto não há morte do direito material, apenas de sua acionabilidade.

Não há dúvida de que o direito de ação assume natureza constitucional, como fonte de exercício de petição genérica, ao Estado, de tutela jurisdicional (Art. 5o, XXXV, da CF/1988). Por outro lado, nada impede que a parte possa acordar sobre o não exercício do direito de ação em relação a pretensões disponíveis. O assunto é polêmico, e deverá ser estabilizado com cautela, uma vez que a discussão teórica se depara com a prática. O controle sobre o pacto *de non petendo* deve ser rígido, para impedir sua inclusão como cláusula de estilo, especialmente em contratos de adesão." Como visto, a aplicação do direito se apresenta de forma dinâmica e as possibilidades vão se apresentando e se solidificando à medida que vão sendo aplicadas.

Como visto, a aplicação do direito apresenta-se de forma dinâmica, e as possibilidades vão se apresentando e se solidificando à medida que vão sendo aplicadas.

5.3. Modalidades de ações possessórias típicas no Direito Civil brasileiro

---

[594] Art. 190. Versando o processo sobre direitos que admitam autocomposição, é lícito às partes plenamente capazes estipular mudanças no procedimento para ajustá-lo às especificidades da causa e convencionar sobre os seus ônus, poderes, faculdades e deveres processuais, antes ou durante o processo.

Parágrafo único. De ofício ou a requerimento, o juiz controlará a validade das convenções previstas neste artigo, recusando-lhes aplicação somente nos casos de nulidade ou de inserção abusiva em contrato de adesão ou em que alguma parte se encontre em manifesta situação de vulnerabilidade.

Para melhor apresentar, em face da relevância da matéria, as ações que são colocadas em prol do possuidor (e, quando o caso, até mesmo do proprietário) para a defesa da sua posse, violada ou na iminência de sê-lo, é que as destacamos em tópicos a seguir elencados (chamando a atenção para os apontamentos que procedemos por meio do **tópico 5.2.2**).

5.3.1. Ação de reintegração de posse

A ação de reintegração de posse consta do Art. 1.210 do Código Civil de 2002 (e Art. 499 do Código Civil de 1916), sendo que, pelo Código de Processo Civil de 2015, é tratada pelo Art. 560 (e no Código de Processo Civil de 1973 pelo Art. 926).[595][596]

A ação de reintegração de posse também é conhecida como ação de força nova espoliativa — que corresponde ao interdito *recuperandae possessionis* dos romanos. É o meio pelo qual o possuidor tem de recuperar a sua posse da qual fora privado por meio de um ato violento, clandestino, podendo, naturalmente, também ser precário, conforme comando do Art. 1.200 do Código Civil de 2002 (e Art. 489 do Código Civil de 1916). Vale ressaltar que, no esbulho, já houve a consumação da agressão à posse.

O interdito *recuperandae possessionis* tem como pressuposto a ocorrência de um ato praticado por um terceiro, desde que tal ato traga como resultado a perda da própria posse por parte do efetivo possuidor da coisa. De sorte que, como reconhece José Lopes de Oliveira, "[...] privado da posse pela violência, clandestinidade ou precariedade, o possuidor assim esbulhado tem direito a recuperá-la. Além da restituição da coisa, a que faz jus, o possuidor esbulhado tem direito à indenização das perdas e danos resultantes".

Ainda, de acordo com o autor em comento: "A ação de reintegração pode ser intentada pelo possuidor, ou por seus herdeiros, contra o autor do esbulho, seus representantes, herdeiros e cessionários".[597]

Pela prática de esbulho possessório, o transgressor está sujeito, além da responsabilidade civil advinda do ato praticado, a responder criminalmente. A responsabilização na órbita do Direito Penal, a que fica sujeito responder o esbulhador, decorre do que é previsto por meio do Art. 161, §1º, inc. II, do Código Penal.[598] A responsabilidade de natureza penal na qual poderá ser enquadrado o esbulhador, em razão do dispositivo legal do Código Penal declinado, é independente da responsabilidade civil. Na apuração da responsabilidade civil, não interessa se o esbulho praticado foi com ou sem o uso de violência.

5.3.1.1. Embargos de retenção em razão de benfeitorias realizadas pelo demandado de boa-fé

---

[595] O Código de Processo Civil de 2015, estabelece por meio do Art. 560: *O possuidor tem direito a ser mantido na posse em caso de turbação e reintegrado em caso de esbulho.* O Código de Processo Civil de 1973 disciplinava, pelo Art. 926: O possuidor tem direito a ser mantido na posse em caso de turbação e reintegrado no de esbulho.

[596] Joel Dias Figueira Júnior (*Liminares nas ações possessórias*. São Paulo: Revista dos Tribunais, 1995. p. 364), diz: "Se ação for de reintegração de posse, a medida liminar será executiva *lato sensu*, enquanto se a demanda for de manutenção de posse — em sentido amplo, isto é, de força turbativa ou de força iminente ou proibitória de posse — o que se antecipa é o efeito mandamental da futura sentença de procedência".

[597] OLIVEIRA, José Lopes de. *Curso de direito civil*: direito das coisas. São Paulo: Sugestões Literárias, 1980. 4 v. em 5. p. 51.

[598] Nota: Sobre o Art. 161 do Código Penal, já fizemos transcrição do mesmo em nota anterior de rodapé, para a qual encaminhamos o consulente.

As benfeitorias realizadas pelo demandado de boa-fé, em ação possessória de reintegração de posse, deverão ser indenizadas. A boa-fé do demandado deve cingir-se ao tempo da construção das benfeitorias.[599] Se for possuidor de má-fé, não goza do direito de retenção de benfeitorias, entretanto terá direito ao recebimento do valor, mas, no caso, pela existência da má-fé com que se houve o demandado, o valor das benfeitorias será pago, por livre escolha do demandante, ou pelo seu valor atual, ou pelo valor do seu custo, conforme faculdade contida no Art. 1.222, primeira parte do Código Civil de 2002 (e Art. 519 do Código Civil de 1916).

A imposição legal sobre o pagamento, por parte do demandante da demanda possessória, das benfeitorias realizadas pelo possuidor de má-fé é para evitar que haja o enriquecimento sem causa,[600] em função de que, como lecionam Pablo Stolze Gagliano e Rodolfo Pamplona Filho: "No sistema brasileiro, o enriquecimento ilícito traduz a situação em que uma das partes de determinada relação jurídica experimenta injustificado benefício, em detrimento de outra, que se empobrece, inexistindo causa jurídica para tanto. É o que ocorre, por exemplo, quando uma pessoa de boa-fé, beneficia ou constrói em terreno alheio, ou, bem assim, quando paga uma dívida por engano. Nesses casos, o proprietário do solo e o recebedor da quantia enriqueceram-se ilicitamente às custas de terceiro".[601] Razão pela qual mesmo o demandado de má-fé faz jus à percepção do valor gasto com as benfeitorias necessárias, e tão somente estas.

Em relação ao direito que tem o demandado — que era o possuidor de boa-fé, pelo menos, no tempo da construção das benfeitorias — de receber o valor despendido nas benfeitorias realizadas por ele, a matéria é semelhante àquela que rege a questão dos frutos, que foi objeto de estudo no **Capítulo III, tópico 3.4.3.**

O direito do possuidor — demandado em ação possessória, e que deve restituir a coisa — encontra amparo no disciplinado pelo Código Civil de 2002, em face do Art. 1.219 (e Art. 515 do Código Civil de 1916), que estatui: "O possuidor de boa-fé tem direito à indenização das benfeitorias necessárias e úteis, bem como, quanto às voluptuárias, se não lhe forem pagas, a levantá-las, quando o puder sem detrimento da coisa, e poderá exercer o direito de retenção pelo valor das benfeitorias necessárias e úteis".

Ocorrendo reintegração de posse em favor do demandante e havendo benfeitorias realizadas de boa-fé pelo demandado, não paira dúvida de que elas deverão ser indenizadas, pois, do contrário, se daria o enriquecimento sem causa por parte do demandante. Não havendo pagamento ao demandado, cabem duas alternativas: a) levantá-las (no sentido de retirá-las, obviamente), se possível, e desde que o levantamento não cause prejuízo maior à coisa em si mesma; e b) não as levantando por impossibilidade, em razão de dano na coisa em si mesma, poderá, então, exercer o direito de retenção.

---

[599] Para fins meramente ilustrativos, apontamos passagem constante do Decreto-Lei n.º 9.750, de 5 de setembro de 1946, que trata sobre os bens imóveis da união:
"Art. 71. O ocupante de imóvel da União sem assentimento desta, poderá ser sumariamente despejado e perderá, sem direito a qualquer indenização, tudo quanto haja incorporado ao solo, ficando ainda sujeito ao disposto nos Arts. 513, 515 e 517 do Código Civil.
Parágrafo único. Excetuam-se dessa disposição os ocupantes de boa-fé, com cultura efetiva e moradia habitual, e os direitos assegurados por este Decreto lei".
Nota: os artigos em referência se referiam ao CC de 1916, e pelo CC de 2002, tem correspondência, respectivamente, com os Arts. 1.216, 1.218 e 1.220.

[600] O Art. 884 do Código Civil de 2002 (sem disposição igual pelo Código Civil de 1916) estabelece: "Aquele que, sem justa causa, se enriquecer à custa de outrem, será obrigado a restituir o indevidamente auferido, feita a atualização dos valores monetários".

[601] GAGLIANO, Pablo Stolze; PAMPLONA FILHO, Rodolfo. *Novo curso de direito civil.* 3. ed. São Paulo: Saraiva, 2003. v. 2. p. 366. Obrigações.

A questão que tem sido objeto de discussão doutrinária, principalmente, é se é obrigatório o demandado requerer na própria contestação a retenção das benfeitorias não pagas — isto desde que necessárias e úteis, pois as benfeitorias voluptuárias estão excluídas, só sendo possível, quando o caso, o levantamento delas. A dúvida existente aflora naquela situação em que o demandado não requereu a retenção na contestação e não fez a devida prova (da realização das benfeitorias) durante o curso da demanda possessória. O que deve ser esclarecido é se poderá, assim mesmo, exercitar o direito de retenção, em decorrências de embargos de retenção apresentados após a sentença que julgou a demanda possessória.

Analisando a matéria de forma criteriosa, observamos que é na contestação que o réu tem o momento próprio para alegar tudo aquilo que pretende que a sentença venha a reconhecer, aliás, e isto não custa gizar, disciplina o Código de Processo Civil de 2015: **Art. 336:.** *Incumbe ao réu alegar, na contestação, toda a matéria de defesa, expondo as razões de fato e de direito com que impugna o pedido do autor e especificando as provas que pretende produzir.* [602]

Se o réu não alega e não faz a prova cabal, durante a instrução do processo, não é possível que, pela sentença, sob pena de nulidade (por apreciar matéria *extra petita*[603]), sejam apreciadas e julgadas benfeitorias que não ficaram devidamente provadas, inclusive em seu custo e no seu valor atual.[604]

Dispõe o Código de Processo Civil de 2015: Art. 917. Nos embargos à execução, o executado poderá alegar: IV – retenção por benfeitorias necessárias ou úteis, nos casos de execução para entrega de coisa certa; por sua vez disciplinava o CPC de 1973. Art. 745. Nos embargos, poderá o executado alegar: IV – retenção por benfeitorias necessárias ou úteis, nos casos de título para entrega de coisa certa (Art. 621);

A redação originária do Art. 744, do CPC de 1973 (que havia sido revogada, como apontamos em nota de rodapé), em combinação com o disposto no Art. 301, também do CPC de 1973, encarregava-se de demonstrar que o demandado, em demanda possessória típica, deve alegar na contestação e provar, durante a instrução processual, o direito que tem de receber o valor das benfeitorias necessárias e úteis que fez durante o período em que esteve na posse de boa-fé da coisa, para só assim, após a sentença, poder, não sendo pago pela realização delas, exercer o direito de retenção.

Na doutrina, via de regra, ainda que por linhas transversas, o entendimento tem sido o mesmo que adotamos, para o que destacamos o aludido por Humberto Theodoro Júnior, quando assevera,

---

[602] No CPC de 1973, a matéria era tratada pelo Art. 300, com a seguinte redação: *Compete ao réu alegar, na contestação, toda a matéria de defesa, expondo as razões de fato e de direito, com que impugna o pedido do autor e especificando as provas que pretende produzir.*

[603] *Extra petita*, não custa esclarecer (lembrando, ou relembrando!), é a sentença que se manifesta sobre algo que não foi objeto do pedido. A sentença *extra petita* viola regras fundamentais do Código de Processo Civil, dentre os quais, apontamos, a disciplinada pelos Arts. 128 e 460.

[604] Dispunha o CPC de 1973: Art. 744 (*Revogado pela Lei n.º 11.382, de 2006*): Na execução para entrega de coisa (Art. 621) é lícito ao devedor deduzir embargos de retenção por benfeitorias.
§1º. Nos embargos especificará o devedor, sob pena de não serem recebidos:
I – as benfeitorias necessárias, úteis ou voluptuárias;
II – o estado anterior e atual da coisa;
III – o custo das benfeitorias e o seu valor atual;
IV – a valorização da coisa, decorrente das benfeitorias.
§2º. Na impugnação aos embargos poderá o credor oferecer artigos de liquidação de frutos ou de danos, a fim de se compensarem com as benfeitorias.
§3º. O credor poderá, a qualquer tempo, ser imitido na posse da coisa, prestando caução ou depositando:
I – o preço das benfeitorias;
II – a diferença entre o preço das benfeitorias e o valor dos frutos ou dos danos, que já tiverem sido liquidados.

em matéria versando sobre o tema que estamos a tratar: "Logo, se o demandado tem benfeitorias a indenizar, e pretende exercer, se cabível, o direito de retenção, há de fazê-lo no curso da ação por meio de contestação, e nunca por via de 'embargos de retenção', após a sentença, porque tais embargos pressupõem, logicamente, a existência de uma execução de sentença, nos moldes da condenação à entrega de coisa certa (Art. 744 do CPC de 1973 [sem repetição pelo CPC de 2015})".[605]

Por outro lado, não basta a simples alegação do réu na contestação de que tem direito às benfeitorias, pois a ele incumbe descrevê-las e discriminá-las, sendo que "simples menção genérica, sem conteúdo probatório no curso da ação possessória, é insuficiente para indenização e retenção".[606]

O entendimento jurisprudencial não tem discrepado do entendimento descrito. Para corroborar, trazemos à baila aresto do Tribunal de Justiça de São Paulo, no qual ficou sedimentado:

Embargos – Retenção – Benfeitorias – Pretensão em ação possessória – Não cabimento – Direito de retenção que tem de ser pedido na contestação, oportunidade em que as benfeitorias devem ser classificadas e especificadas, quanto à natureza e ao valor – Direito de retenção que, ademais, não se confunde com o direito de indenização – Decisão mantida – Recurso não provido. Na possessória, a retenção por benfeitorias deve ser fixada na sentença, por ser ela mandamental. O direito de retenção que acaso beneficiar o devedor haverá de ser postulado na contestação, sob pena de decair de seu exercício. Se esse direito não foi reconhecido no processo de conhecimento da ação possessória, não cabem embargos de retenção.[607]

Ao demandado, desde que de boa-fé, não resta, então, outro caminho a seguir, se pretender obter, em caso de não pagamento das benfeitorias necessárias e úteis, o direito de retenção das mesmas,[608] o que significa dizer que a ele compete tudo descrever e discriminar na contestação (CPC de 2015: Art. 336. Incumbe ao réu alegar, na contestação, toda a matéria de defesa, expondo as razões de fato e de direito com que impugna o pedido do autor e especificando as provas que pretende produzir. A matéria recebia igual tratamento pelo Art. 300 do CPC de 1973) e provar durante a instrução processual da demanda possessória, pois só assim terá a ampla garantia do contido no Art. 1.219 do Código Civil de 2002 (cujo tratamento, pelo Código Civil de 1916, se dava por meio do Art. 516), quando da sentença.

Tendo o demandado feito prova cabal e irretorquível, durante a instrução processual, das benfeitorias realizadas, sem que, entretanto, a sentença venha a se pronunciar sobre as mesmas, deverá, para não vir a perder o direito de retenção, ingressar, no prazo legal (que, no caso, é de 5 [cinco] dias), com embargos de declaração,[609] a fim de que haja o pronunciamento judicial, pois,

---

[605] THEODORO JÚNIOR, Humberto. *Curso de direito processual civil*: procedimentos especiais. 28. ed. Rio de Janeiro: Forense, 2002. 3 v.. p. 14.

[606] . VENOSA, Sílvio de Salvo. Direito civil: direitos reais. 3. ed. São Paulo: Atlas, 2003. v. 5. p. 111.

[607] Fonte: AC n.º 263.152-2, Itu, 14º Câm. Cível, Rel. Des. Franciulli Neto, decisão em 27.02.96. VENOSA, Sílvio de Salvo. *Direito civil*: direitos reais. 3. ed. São Paulo: Atlas, 2003. v. 5. p. 111).

[608] **Não tendo mais possibilidade de exercer o direito de retenção, o demandado, no entanto, não fica impossibilitado de pleitear a indenização por meio de ação própria. Lecionam Cristiano Chaves de Farias e Nelson Rosenvald: "Se a regra geral é que a cada pretensão corresponde uma ação que a assegura, existem casos em que o legislador coloca à disposição do jurisdicionado dois instrumentos processuais distintos para formalizar sua pretensão: o direito de indenização e o direito de retenção. Ao escolher uma das vias e não logrando êxito em sua escolha, sobeja inviável a adoção da via alternativa"** (FARIAS, Cristiano Chaves de; ROSENVALD, Nelson. *Direitos reais*. 4. ed. Rio de Janeiro: Lumen Juris, 2007. p. 101).

[609] Os embargos de declaração encontram amparo no Código de Processo Civil de 2015, disciplinando o Art. 1.022 (no CPC de 1973 o fundamento era o Art. 535): Cabem embargos de declaração contra qualquer decisão judicial para:
I – esclarecer obscuridade ou eliminar contradição;
II – suprir omissão de ponto ou questão sobre o qual devia se pronunciar o juiz de ofício ou a requerimento; III – corrigir erro material.
Parágrafo único. Considera-se omissa a decisão que:

como acentua, Arruda Alvim, "todas as decisões, mesmo aquelas que não sejam sentenças, não podem padecer de dubiedade (= não podem *objetivamente* gerar dúvida). A clareza tem de ser atributo de toda e qualquer decisão".[610]

Para aplicação, no entanto, do Art. 1.219 do Código Civil de 2002, deverá o demandado estar — e ter mantido durante a realização das benfeitorias — na convicção de que a coisa não está sob a sua posse em razão de má-fé, pois se existente a má-fé, incidirá na regra do Art. 1.220 do Código Civil de 2002 (enquanto no Código Civil de 1916 a matéria era disciplinada pelo Art. 517), o que significa dizer que não terá, em hipótese alguma, o direito de retenção por benfeitorias necessárias e úteis, mas, e tão somente isto, o direito de indenização das benfeitorias necessárias, não podendo sequer levantar as benfeitorias voluptuárias.

Merece registro que o direito de retenção, quando exercido, dá-se pelo fato de que a benfeitoria é parte integrante do imóvel e sobre ele havia, por parte do possuidor precário, uma posse de boa-fé, o que torna, portanto, a retenção possível no campo dos direitos reais; por outro lado, não sendo possível a retenção, poderá, o até então possuidor precário (que veio a ser despojado da posse), buscar indenização pelo campo do direito obrigacional, mas por meio de ação própria.

Não entendemos, desse modo, possível a inclusão do direito de retenção no campo dos direitos obrigacionais de forma direta, como fazem os doutrinadores Cristiano Chaves de Farias e Nelson Rovenvald,[611] pois o direito de retenção puro e simples dá-se na própria ação em que foi alegado e provado; enquanto, na que diz respeito à possibilidade de ocorrência, via indenização, pelo direito obrigacional, se faz necessário o manejo de ação própria, o que os autores citados ignoram.[612]

5.3.2 Ação de manutenção de posse

A ação de manutenção de posse está prevista no Art. 1.210 do Código Civil de 2002 (e Art. 499 do Código Civil de 1916), sendo que, pelo Código de Processo Civil de 2015, é tratada pelo Art. 560 e, pelo Código de Processo Civil de 1973, é tratada no Art. 926 (que se acham devidamente transcritos em nota de rodapé alusiva à ação de reintegração de posse, tópico 5.3.1, retro).

A ação de manutenção de posse também é chamada de ação de força nova turbativa — que corresponde ao interdito *retinandae possessionis* dos romanos. É o meio jurídico de o possuidor

---

I – deixe de se manifestar sobre tese firmada em julgamento de casos repetitivos ou em incidente de assunção de competência aplicável ao caso sob julgamento;

II – incorra em qualquer das condutas descritas no Art. 489, § 1º.

[610] ALVIM, Arruda. *Manual de direito processual civil.* 9. ed. São Paulo: Revista dos Tribunais, 2005. p. 551. O autor lembra, por outro lado, que "a jurisprudência corretamente tem admitido a interposição de embargos de declaração de todas as decisões, *inclusive decisões interlocutórias*, desde que presentes seus pressupostos específicos".

[611] Os autores Cristiano Chaves de Farias e Nelson Rosenvald sustentam seus posicionamentos com base na seguinte ponderação: "Em suma, o direito de retenção se assemelha a uma espécie de obrigação *propter rem* pela qual as sucessivas mutações subjetivas na titularidade não exoneram o proprietário atual da obrigação de indenizar aquele que realizou benfeitorias necessárias e úteis. De fato, caso predominasse entendimento contrário 'o direito de retenção estaria sujeito a fraudes inevitáveis, desnaturando seu principal objetivo que é o de fornecer uma garantia àquele que houver realizado obras ou suportado despesas indispensáveis à conservação da coisa'" (FARIAS, Cristiano Chaves de; ROSENVALD, Nelson. *Direitos reais.* 4. ed. Rio de Janeiro: Lumen Juris, 2007. p. 105).

[612] O Tribunal de Justiça de Minas Gerais, ao apreciar o Agravo de Instrumento n.º 1.0657.07.000097-8-001, tendo como Relator o Desembargador Nicolau Masselli, firmou o seguinte entendimento: "Reintegração de posse – Natureza dúplice e executiva – Inaplicabilidade do disposto nos Arts. 621 e 744, Cpc – Benfeitorias – Pedido de retenção e indenização não formulado na contestação – Embargos de retenção – Impossibilidade – Preclusão. Nas ações possessórias, dada a sua natureza executiva, a POSSE é mantida ou restituída de plano ao vencedor da demanda, mediante simples expedição e cumprimento de mandado, sendo inaplicável, em tais casos, o disposto nos artigos 621 e 744 do Código de Processo Civil. O pleito de retenção do imóvel por benfeitoria deve ser formulado pelo interessado na contestação da ação possessória, movida em seu desfavor, sob pena de preclusão, descabendo tal discussão em sede de embargos de retenção. Relator ELIAS CAMILO Processo 1.0313.05.182670-6/001.

ser resguardado na posse, em face de estar sofrendo uma agressão de ordem material, atual e efetiva. Não chega, o possuidor, a perder a posse da coisa, todavia sofre um cerceamento no seu exercício de possuidor. É a turbação uma agressão efetiva e atual ao direito do possuidor de não ser ofendido em sua posse.[613]

A turbação pode ocorrer de forma direta e indireta e, ainda, positiva e negativa. Melhor explicando, na esteira do lecionado por Carlos Roberto Gonçalves, posse "direta é a comum, a que se exerce imediatamente sobre o bem; indireta é a praticada externamente, mas que repercute sobre a coisa possuída, como, por exemplo, se, em virtude de manobras do turbador, o possuidor não consegue inquilino para o prédio. Positiva é a turbação que resulta da prática de atos materiais sobre a coisa (passagem pela propriedade alheia ou ingresso para retirar água); negativa é a que apenas dificulta ou embaraça o livre exercício da posse, pelo possuidor".[614]

5.3.2.1. Contagem do tempo quando continuada a turbação, ou pela prática de reiterados atos turbativos

A turbação da posse, como já verificamos anteriormente (**tópico 5.3.2**), não significa o despojamento da posse do autor, pois a agressão — que é atual e efetiva — não leva o possuidor a perder a posse. No entanto, pode ocorrer que os atos de turbação deem-se de forma continuada, ou, então, que os atos turbativos sejam reiterados. Em tais situações, há pontos de divergência doutrinária sobre qual o ato de natureza turbativa deve ser considerado para fins da contagem do prazo, isto é, do ano e dia da ocorrência do fato relativo à turbação, o que pode resultar em posse nova (com possibilidade de concessão de liminar) ou em posse velha (em que a concessão de liminar, por via estritamente possessória, fica prejudicada).

A solução mais adequada é, em conformidade com o ato praticado, contarmos os prazos pelo último ato turbativo, isto se entre eles não houver nexo de causalidade, isto é, o ato praticado é meramente preparatório para o ato que redundará efetivamente na turbação; e, por último, se há, entre os atos praticados pelo turbador, nexo de causalidade, o prazo de ano e dia deve ser contado a partir do dia de cada ato turbativo.

Necessário, para identificar o início do prazo, para o ano e dia, é sempre verificar a existência, ou não, de nexo de causalidade entre os atos praticados pelo turbador. A solução, como bem acentua Washington de Barros Monteiro, é verificar

> [...] as circunstâncias: a) se existem diversos atos sucessivos, sendo os primeiros, todavia, meramente preparatórios, claro que estes não constituem turbação e só do último ato integrativo da *vis inquietativa*, na linguagem dos glosadores, começará a correr o prazo; b) os vários atos turbativos são distintos e nenhum nexo de causalidade existe entre eles. Nesse caso, sendo distintas as turbações, a cada uma corresponde a ação, correndo o prazo do dia em que se verifica o respectivo ato turbativo.[615]

---

[613] Caio Mário da Silva Pereira (*Instituições de direito civil*. 12. ed. Rio de Janeiro: Forense, 1997. 4 v. em 6.. p. 51), registra: "o possuidor, sofrendo embaraço no exercício de sua condição, mas sem perdê-la, postula ao juiz que lhe expeça mandado de manutenção, provando a existência da posse, e a moléstia. Não se vai discutir a qualidade do direito do turbador, nem a natureza ou profundidade do dano, porém o fato em si, perturbador da posse. Por isso é que o *interdito retinendae*, tais sejam as circunstâncias, pode ser concedido contra o malfeitor, contra o que se supõe fundado em direito, e até mesmo contra o proprietário da coisa".

[614] GONÇALVES, Carlos Roberto. *Direito das coisas*. São Paulo: Saraiva, 2003. p. 44-45.

[615] MONTEIRO, Washington de Barros. *Curso de direito civil*: direito das coisas. 37. ed. Atualizado por Carlos Alberto Dabus Maluf. São Paulo: Saraiva, 2003. p. 45. Para corroborar seu ponto de vista o doutrinador dá exemplos elucidativos sobre o tema, tomando por base o ensinamento de Vicente Ráo. Por sua vez, Caio Mário da Silva Pereira acentua, com relação à conexão, ou não, dos atos turbativos: "Melhor será distinguir:

A questão é de relevância, pois, se o possuidor não deixar escoar o prazo de ano em dia tem a possibilidade de obter a liminar prevista no Art. 562, do Código de Processo Civil de 2015 (e Art. 928 do Código de Processo Civil de 1973), tendo em vista que a ação é de força nova; caso contrário, após o escoamento do prazo de ano e dia, a ação passará a ser de força velha, o que afasta a possibilidade da concessão *in limine litis*, considerando que a ação passa a correr pelo rito ordinário. O prazo de ano e dia é decadencial e, em assim sendo, se torna fatal e peremptório.

5.3.2.2. Ocorrência de novo esbulho ou turbação à posse que, após sentença — envolvendo a mesma matéria e as mesmas partes — foi apreciada de forma favorável

Quando ocorre novo esbulho ou nova turbação, não resta à parte, vencedora na anterior demanda possessória, senão a possibilidade de ingresso de nova ação objetivando a proteção da posse, que, novamente, foi violada. E isso é assim em decorrência de que pode vir a ocorrer que, após todo o trâmite e discussões processuais em ação envolvendo matéria possessória proveniente de esbulho, ou turbação, tenha sido prolatada sentença favorável, e, após ela, venha ocorrer novo esbulho, ou turbação envolvendo a mesma coisa e as mesmas partes.

Acontecendo tal situação — novo esbulho ou nova turbação —, pode ser proposta nova ação. Em lapidar explicação, e brilhante síntese de pensamento, faz ver Pontes de Miranda, em relação à matéria em foco, que, em caso de novo esbulho ou turbação, "a sentença favorável na ação de turbação ou de esbulho não impede que se proponha nova ação, por outra turbação, outro esbulho". Arrematando: "'O fato de ter sido o possuidor reintegrado não impede proponha nova ação, versando sobre a mesma coisa, com queixa de novo esbulho ou turbação, pois ao possuidor é lícito propor tantas vezes ação em defesa de sua posse quantas forem as agressões a ela feitas.' A pretensão é outra, embora a mesma posse e o mesmo ofensor".[616]

Na nova ação de esbulho, ou de nova turbação, a parte vencedora da primeira demanda poderá, se assim quiser, requerer tudo o que já havia requerido na primeira demanda, pois a atual demanda é ação nova, na qual todas as possibilidades jurídicas legalmente previstas poderão compor (a nova) pretensão do demandante.

O que não pode é requer o demandante, na nova demanda — ainda que o objeto e as partes sejam as mesmas da anterior demanda possessória —, cumprimento de obrigações concernentes à anterior demanda, pois, se não foram atendidas no tempo oportuno, somente poderão ser feitas por meio executivo,[617] se não preclusos, nos autos do processo relativos àquela (a anterior) ação possessória.

Na nova demanda, o que pode ocorrer é a obrigação do demandado, caso tenha ficado (na anterior demanda) sujeito à pena pecuniária, em razão da prática de novo esbulho ou turbação, de

---

se, na cadeia de fatos, um houver que importe em privação da posse, daí correrá o prazo; se houver vários atos distintos, sem nenhuma relação de causalidade, cada um constitui turbação autônoma para efeito de contagem; se, ao contrário, forem ligados entre si pela mesma causação, formará toda a cadeira [na verdade, pensamos nós, o autor quer dizer cadeia] uma só moléstia, e do último deles contar-se-á o lapso para efeito de ser admitido o rito sumário".

[616] MIRANDA, Pontes de. *Tratado das ações*: ações mandamentais. Atualizado por Vilson Rodrigues Alves. Campinas: Bookseller, 1999. v. 7, t. VI. p. 84.

[617] A execução, no caso das ações possessórias, é feita de forma direta e simples, sem as formalidades da execução tradicional. Aliás, sobre o assunto, leciona sinteticamente Washington de Barros Monteiro (*Curso de direito civil*: direito das coisas. 37. ed. atual. Carlos Alberto Dabus Maluf. São Paulo: Saraiva, 2003. 3 v. em 6. p. 43): "A execução, nas ações possessórias, processa-se de plano, sem as delongas e as formalidades da execução comum. É imediata e dispensa citação do executado".

arcar com a pena que lhe fora imposta, consoante Art. 555, do Código de Processo Civil de 2015[618] (e *Art. 921, inc. II*, do Código de Processo Civil de 1973), que manda que se aplique, se requerido pelo autor em sua inicial (e, também, a *contrario sensu*, pelo réu em sua contestação, em face do caráter dúplice das ações possessórias), *cominação de pena para o caso de nova turbação ou esbulho*. Mas, assim mesmo, o requerimento deve ser explicitado pelo demandante, considerando que o "juiz não pode ordenar a indenização de perdas e danos passados, presentes ou futuros, sem que o autor ou o réu o tenha pedido".

5.3.3. Ação de interdito proibitório

O interdito proibitório é previsto pelo Art. 1.210 do Código Civil de 2002 (e Art. 499 do Código Civil de 1916), sendo que, pelo Código de Processo Civil de 2015, a matéria recebe tratamento pelo Art. 567, com aplicação do Art. 568 (e pelo Código de Processo Civil de 1973. Art. 932,[619] com aplicação do contido no Art. 933.[620]

O interdito proibitório também é denominado de preceito cominatório, ação de força iminente, ou, ainda, embargos à primeira. É o meio pelo qual o possuidor protege a sua posse que está sendo ameaçada. Trata-se de uma proteção preventiva da posse, em face de uma agressão iminente, a qual ainda não se consumou, nem se iniciou, mas que suscita justo receio da ocorrência da violência, isto é, que a ameaça venha a ocorrer e que o possuidor tenha sua posse esbulhada ou turbada.[621]

É o interdito proibitório, como acentua de forma coerente Marco Aurelio S. Viana, "remédio de caráter preventivo, concedido ao possuidor que tem justo receio de ser molestado em sua posse, assegurando-o contra a violência iminente. Ao contrário do que se dá com a turbação e o esbulho, não há a lesão efetiva à posse, mas justo receio da moléstia, alicerçada em elementos

---

[618] Art.555. É lícito ao autor cumular ao pedido possessório o de:
I – condenação em perdas e danos;
II – indenização dos frutos.
Parágrafo único. Pode o autor requerer, ainda, imposição de medida necessária e adequada para:
I – evitar nova turbação ou esbulho;
II – cumprir-se a tutela provisória ou final.

[619] O Código de Processo Civil de 2015 disciplina, pelo Art. 567. O possuidor direto ou indireto que tenha justo receio de ser molestado na posse poderá requerer ao juiz que o segure da turbação ou esbulho iminente, mediante mandado proibitório em que se comine ao réu determinada pena pecuniária caso transgrida o preceito. (Pelo CPC de 1973, tinha a seguinte redação: Art. 932: O possuidor direto ou indireto, que tenha justo receio de ser molestado na posse, poderá impetrar ao juiz que o segure da turbação ou esbulho iminente, mediante mandado proibitório, em que se comine ao réu determinada pena pecuniária, caso transgrida o preceito).

[620] O Código de Processo Civil de 2015 disciplina pelo Art. 568. Aplica-se ao interdito proibitório o disposto na Seção II deste Capítulo. (Pelo CPC de 1973, tinha a seguinte redação: Art. 933: Aplica-se ao interdito proibitório o disposto na seção anterior.
NOTA: A seção anterior, a que se refere o CPC de 2015, bem como o CPC de 1973, diz respeito ao tratamento das ações de manutenção e da reintegração de posse, cujas regras se aplicam, portanto, ao interdito proibitório.

[621] A proteção interdital é alcançada tão somente a quem é possuidor, neste sentido, para ilustrar, com base na jurisprudência do Tribunal de Justiça de Santa Catarina. Ementa: "Reintegração de posse. Interdito proibitório. Autor sem posse. Proteção interdital descabida. Recurso provido. Não se pode discutir domínio em sede possessória, do direito romano ao nosso sistema codificado, pela adoção da teoria de Ihering. Também por tradição em nosso país: as Ordenações já continham a proibição — 'posto que albergue, que lhe seja senhor da coisa, ou lhe pertence nela algum direito, não lhe seja recebida tal razão, mas sem embargo dela logo constrangido a restituí-la' (Liv. IV, tít. 58); CARLOS CARVALHO também segue a mesma orientação — 'não é cabível a exceção de domínio, ainda que provada incontinenti' ('Nova Consolidação', Art. 353). Não são admissíveis interditos proibitórios evocados por quem não tem posse, uma vez que não pode haver justo receio de violação por quem não a detém, nem tão pouco se admite a sua conversão em reintegratória fundada em domínio, haja vista que, com base nele, a posse não é disputada" (Fonte: AC n.º 98.016352-8, da Capital, do TJSC, Rel. Des. Anselmo Cerello, *DJE*, 3 mar. 2000).

objetivos. A nota de destaque desse interdito é o justo receio da lesão. É fundamental a justiça do receio, mas esse fundado receio requer a iminência da violência".

Ainda, conforme o autor em referência: "A lei não se contenta com a probabilidade da violência. Ela reclama que ela seja certa, traduza perigo instante, sobranceiro, que se manifeste em atos que encarnem aos menos indícios veementes. A iminência da violência é de ser considerada no sentido relativo de proximidade no tempo. Reclama-se atos positivos, concretos, que refoguem do âmbito apenas subjetivo, mas que se manifestem objetivamente, aos olhos de todos. A ameaça deverá ser séria".[622]

Em determinadas circunstâncias, todavia, tal rigorismo, conforme apregoado, fica mitigado, e isso dependerá do caso concreto e da demonstração de que o perigo efetivamente existe, e, caso não concedida a segurança, desde logo, o possuidor poderá vir a sofrer a violência da turbação ou do esbulho de sua posse.[623]

A lição de Pontes de Miranda sobre a "previsibilidade" que deve advir para a interposição do interdito proibitório é lapidar, e por isso mesmo merece, até mesmo como fonte de suporte para a matéria interdital, ser reproduzida, o que, aliás, como poderá ser verificado em nota de rodapé, teve total ressonância em decisão proferida pelo Tribunal de Justiça de Santa Catarina.[624]

Escreveu, no que comungamos integralmente, Pontes de Miranda: "Para que seja exercida ação de interdito proibitório, não é preciso que se preveja o que há de acontecer, mas apenas que se tema que aconteça. Basta que se receie e haja fundamento para esse receio. Daí falar-se de 'justo receio'. Não se exige a inevitabilidade, tanto assim que se quer o evitamento. Nem que se diga quando pode ocorrer, tanto assim que só se alude à iminência, que resulta de ser justo o receio. Aliás, a iminência não é, aí, nem o é no étimo, sinônimo de imediatidade. O que é *imminens* é ameaçante, sem que tenha de ser logo após, ou em breve tempo. Por isso fez bem a jurisprudência em abstrair o tempo em que se pode dar o que se teme. O pressuposto é o justo receio. Por outro lado, tanto se pode recear o que vai acontecer como o que pode acontecer".

"Justo receio" — ainda de conformidade com Pontes de Miranda — "é o receio que se não reduz a simples suspeita, a simples temor subjetivo. É preciso que exista alguma fundamentação nele".[625]

---

[622] VIANA, Marco Aurelio da Silva. *Curso de direito civil*: direito das coisas. Belo Horizonte: Del Rey, 1993. 3 v. em 3. p. 82.

[623] José Ernani de Carvalho Pacheco (*Interditos possessórios*. 8. ed. Curitiba: Juruá, 1999. p. 40), destaca: "Para caber a ação é necessário que o receio seja fundado em fatos concretos e não em simples temor de ordem subjetiva. Claro está que também não se pode aplicar com todo o rigor esta regra, sob pena de ficar sem significado o objetivo da ação. Assim, diante de cada caso real, deve o juiz verificar com todo o cuidado as circunstâncias de fato, especialmente quando o réu negar a prática de ato que possa molestar a posse do autor".

[624] Decidiu o Tribunal de Justiça de Santa Catarina, em matéria envolvendo interdito proibitório: Ementa: "Apelação Cível. O possuidor, que tenha justo receio de ser molestado na posse, poderá postular ao juiz que o segure da violência iminente, cominando pena a quem lhe transgredir o preceito (Art. 516 do CC [no caso era o Código Civil de 1916, agora corresponde ao Art. 1.210, do Código Civil de 2002]. O justo receio, requisito básico do interdito proibitório, caracteriza-se pelo temor baseado em fatos e circunstâncias os quais evidenciam que o molestador consumará a agressão possessória a qualquer momento. Se assim for, deve o interdito proibitório ser acolhido integralmente, a fim de atribuir a proteção jurisdicional invocada" (Fonte: AC n.º 88.051872-4, Santo Amaro da Imperatriz, Rel. Des. Eládio Torret Rocha, decisão publicado no *DJ-SC*, em 14.04.97. (ROSA, Alexandre Morais da. *Código de Processo Civil anotado*: segundo a jurisprudência do Tribunal de Justiça de Santa Catarina. 2. ed. Florianópolis: Terceiro Milênio, 1998. p. 571).

[625] MIRANDA, Pontes de. *Tratado das ações*: ações condenatórias. Atualizado por Vilson Rodrigues Alves. Campinas: Bookseller, 1999. v. 7, t. V. p. 179-180.

A situação do caso enfocado é que dirá, efetivamente, se poderá, ou não, ser concedido o interdito proibitório[626][627] em prol do postulante, após circunstanciada análise pelo ordenamento material (Código Civil) e processual (Código de Processo Civil) da matéria.

A ação de interdito proibitório está afeta à apreciação da Justiça Estadual, quando a demanda não envolver nenhum dos entes públicos albergados pelo comando do Art. 109, inc. I, da CF/1988, e quando envolver a competência é da Justiça Federal.[628] Em determinadas situações, todavia, a matéria poderá ficar afeta à Justiça Especializada do Trabalho, quando a matéria decorrer, por exemplo, de movimento grevista,[629] independentemente de se tratar de matéria envolvendo a participação de algum dos entes relacionados pelo inc. I da CF/1988.

Embora a situação em que a matéria relativa a interdito proibitório esteja afeta à apreciação da Justiça Especializada do Trabalho não seja muito usual, ela encontra, constitucionalmente, possibilidade de ser manejada, como apontado anteriormente. Encontra amparo legal e, do mesmo modo, ressonância em julgados.[630] Inclusive é de esclarecer que o entendimento do STF está assim expresso: **Súmula Vinculante 23** – *A Justiça do Trabalho é competente para processar e julgar ação possessória ajuizada em decorrência do exercício do direito de greve pelos trabalhadores da iniciativa privada.*

---

[626] Ementa: *APELAÇÃO CÍVEL. POSSE (BENS IMÓVEIS). INTERDITO PROIBITÓRIO. MANUTENÇÃO DE POSSE. NOS TERMOS DO ART. 567, DO CÓDIGO DE PROCESSO CIVIL DE 2015, A AÇÃO DE INTERDITO PROIBITÓRIO GARANTE AO POSSUIDOR DIRETO OU INDIRETO, QUE TENHA JUSTO RECEIO DE SER MOLESTADO NA POSSE, A FACULDADE DE POSTULAR AO JUIZ QUE O SEGURE DA TURBAÇÃO OU ESBULHO IMINENTE, MEDIANTE MANDADO PROIBITÓRIO EM QUE SE COMINE AO RÉU DETERMINADA PENA PECUNIÁRIA CASO TRANSGRIDA O PRECEITO. É FUNDAMENTAL, NAS DEMANDAS POSSESSÓRIAS, QUE O OBJETO DA AÇÃO SEJA PERFEITAMENTE INDIVIDUALIZADO E DELIMITADO. DO CONTRÁRIO, A SENTENÇA QUE EVENTUALMENTE ACOLHER O PEDIDO NÃO PODERÁ SER EXECUTADA. A POSSE QUE SE PROTEGE NA AÇÃO POSSESSÓRIA É A CERTA E LOCALIZADA. TENDO EM VISTA QUE A DISCUSSÃO DECORRE DO LIMITE DE CADA IMÓVEL, EFETIVAMENTE, A VIA ELEITA É INADEQUADA, SENDO A IMPROCEDÊNCIA DA DEMANDA A MEDIDA QUE SE IMPÕE. NEGARAM PROVIMENTO À APELAÇÃO. UNÂNIME. (Apelação Cível, Nº 50006037420188210073, Vigésima Câmara Cível, Tribunal de Justiça do RS, Relator: Walda Maria Melo Pierro, Julgado em: 16-08-2023)[0]*

[627] *APELAÇÃO CÍVEL – AÇÃO DE INTERDITO PROIBITÓRIO – ACOLHIMENTO DO PEDIDO – POSSE COMPROVADA PELA PARTE AUTORA – REQUISITOS DEMONSTRADOS -A finalidade do interdito proibitório é proteger o possuidor do justo receio de ser molestado em sua posse, mediante mandado proibitório, em que se comine à parte ré determinada pena pecuniária para a hipótese de transgressão ao preceito cominatório. – Deve ser julgado procedente o pedido feito pelo autor na ação de interdito proibitório quando comprovar ser o possuidor da área em litígio. (TJ-MG – Apelação Cível 1.0000.21.109796-9/002, Relator(a): Des.(a)Evandro Lopes da Costa Teixeira, julgamento em 17/05/2023, publicação da súmula em 18/05/2023).*

[628] *Constituição da República Federativa do Brasil (1988), Art. 109. "Aos juízes federais compete processar e julgar:*
[...]
I – as causas em que a União, entidade autárquica ou empresa pública federal forem interessadas na condição de autoras, réus, assistentes ou oponentes, exceto as de falência, as de acidentes de trabalho e as sujeitas à Justiça Eleitoral e à Justiça do Trabalho".

[629] Constituição da República Federativa do Brasil (1988), Art. 114. "*Compete à Justiça do Trabalho processar e julgar*:
[...].
II – *as ações que envolvam exercício do direito de greve*".

[630] "Justiça do Trabalho: Ação de Interdito Proibitório e Greve. É da competência da Justiça do Trabalho o julgamento de interdito proibitório em que se busca garantir o livre acesso de funcionários e de clientes a agências bancárias sob o risco de serem interditadas em decorrência de movimento grevista. Com base nesse entendimento, o Tribunal, por maioria, proveu recurso extraordinário interposto pelo Sindicato dos Empregados em Estabelecimentos Bancários de Belo Horizonte contra acórdão do Tribunal de Justiça do Estado de Minas Gerais que entendera ser da competência da Justiça Comum o julgamento de ação

5.4. As ações possessórias típicas e seu caráter dúplice

As demandas possessórias[631] — manutenção de posse, reintegração de posse e interdito proibitório — são de caráter dúplice[632], pois admitem cumulação no próprio pedido (Art. 555. CPC de 2015 e Art. 921, CPC de 1973), no qual, além do pedido propriamente dito, pode o autor inserir, quando o caso, a condenação do réu em perdas e danos; a cominação, ao réu, de uma pena para o caso de transgressão do direito do autor de ser manutenido, reintegrado ou de não sofrer violência em sua posse, e que haja o desfazimento de construção ou plantação que o réu tenha feito em detrimento da posse dele, isto é, do autor.[633]

Como o caráter das ações possessórias é dúplice, como dito esclarecemos anteriormente, é que também ao réu Art. 556, do CPC de 2015 (e Art. 922 do CPC de 1973) é lícito, quando da apresentação de sua contestação à ação possessória interposta pelo autor, postular a proteção possessória, desde que tenha sido ofendido em sua posse pelo autor da demanda, com a cominação, ainda, que o autor seja condenado a lhe indenizar dos prejuízos advindos da turbação, ou do esbulho praticado por ele, no caso, o autor da demanda possessória.[634] [635].

Em face do caráter dúplice das ações possessórias típicas é que não há necessidade de o réu, quando de sua contestação, apresentar pedido reconvencional, pois pode requerer na própria contestação "os pedidos que tiver contra o autor". E isso se dá, como bem destaca Carlos Roberto Gonçalves, em razão de que: "Estabelecida *ex lege* a duplicidade da ação, facultam-se ao réu as mesmas cumulações permitidas ao autor pelo [...] estatuto processual" [Art. 555. CPC de 2015 e Art. 921, CPC de 1973].[636]

---

[631] Para a propositura de qualquer das ações possessórias, pois fundadas em direito real, é necessário que seja observado o foro competente quando se tratar de bem imóvel, em face do disciplinado pelo Código de Processo Civil de 2015, Art. 47. Para as ações fundadas em direito real sobre imóveis é competente o foro de situação da coisa.
§ 1º O autor pode optar pelo foro de domicílio do réu ou pelo foro de eleição se o litígio não recair sobre direito de propriedade, vizinhança, servidão, divisão e demarcação de terras e de nunciação de obra nova.
§ 2º A ação possessória imobiliária será proposta no foro de situação da coisa, cujo juízo tem competência absoluta.
Nota: Pelo CPC de 1973 a matéria encontrava disciplinamento pelo Art. 95 (CPC/1973): Nas ações fundadas em direito real sobre imóveis é competente o foro da situação da coisa. Pode o autor, entretanto, optar pelo foro do domicílio ou de eleição, não recaindo o litígio sobre direito de propriedade, vizinhança, servidão, posse, divisão e demarcação de terras e nunciação de obra nova.

[632] "As ações dúplices são as ações (pretensões de direito material) em que a condição dos litigantes é a mesma, não se podendo falar em autor e réu, pois ambos assumem concomitantemente as duas posições".

[633] Doutrina Sergio Sahione Fadel: "Os interditos possessórios têm tratamento especial do Código, conducente a imediatizar a proteção à posse, sendo de boa política a permissão de cumulação de pedidos, isto é, cumulação objetiva, adicionando-se ao pedido possessório um outro, sempre que isso seja aconselhável, buscando a reparação completa aos direitos violados" (FADEL, Sergio Fahione. *Código de Processo Civil comentado*. Rio de Janeiro: José Konfino, 1974. t. V. p. 49. Art. 890 a 1220).

[634] NOTA: Os artigos 921 e 922 do Código de Processo Civil de 1973 (e congêneres do CPC de 2015), e todos os demais que figurarem no tópico em estudo, podem ser vistos, na íntegra, no ANEXO C, no tópico: "Destaques de artigos do código de processo civil em matéria de ações possessórias".

[635] Vale destacar a abalizada opinião de Pontes de Miranda: "Diante do Art. 922 do Código de 1973 [Art. 556, do CPC de 2015] temos de pensar em reconvenção, que, inserta na contestação, se faz contra-ação, ação contrária à que se propusera, e, em vez de apenas ser no mesmo processo (Art. 315)[Art. 343, do CPC de 2015] e ser julgada na mesma sentença, se mete na própria contestação (Art. 922)[Art. 556, do CPC/2015]. Não se trata, portanto, de oferecimento simultâneo em peças autônomas, como se daria com a contestação e a reconvenção (Art. 299)" [Art. 355, do CPC de 2015] (MIRANDA, Pontes de. *Tratado das ações*: ações mandamentais. Atualizado por Vilson Rodrigues Alves. Campinas: Bookseller, 1999. v. 7, t. VI. p. 160).

[636] GONÇALVES, Carlos Roberto. *Direito das coisas*. São Paulo: Saraiva, 2003. p. 37. Aduz, ainda, o autor (p. 37-38): "Como o réu pode formular tais pedidos na contestação, não se admite reconvenção em ação possessória (RT, 618: 128; JTACSP, 105: 249). Nem por isso deve-se concluir pela absoluta e geral inadmissibilidade dessa forma de resposta do réu em ação possessória, adverte Adroaldo Furtado Fabrício. Ela 'cabe para veicular outras pretensões, que não são contempladas no artigo. Nem mesmo é de excluir-se reconvenção, com a forma e o procedimento que lhe são próprios, para formular pedidos de conteúdo possessório, se referentes, por exemplo, a outro bem, ou a outra parte do mesmo bem'. A ação possessória somente é dúplice se o réu também demandar, na contestação, proteção possessória (RT, 615: 187)".

Outro ponto que cabe ser destacado é que o juiz, quando da sentença, não poderá deixar de apreciar o alegado pelo réu, embora o processo, em que é pretendida proteção possessória, seja extinto, o que, em outras palavras, significa extinção em razão da não apreciação do pedido do autor. Caso o juiz deixe de apreciar o alegado pelo réu, ignorará o princípio do caráter dúplice que guardam as ações possessórias e a sentença, no caso, será infra ou *citra petita*,[637] o que redundará, por certo, em recurso pelo réu, e o Tribunal competente mandará o juiz analisar a pretensão que ele formulou, ainda que só por meio de contestação, sem que a tenha feita por reconvenção específica.

De maneira didática e ao mesmo tempo com maestria na análise da matéria, leciona, em perfeita síntese do que aludimos acima, Arruda Alvim: "Pode ser tida como infra *petita*, já se decidiu, a sentença que se omite quanto à apreciação da lide. Também será caso de julgamento infra *petita* se o juiz declara extinto o processo de possessória, deixando de examinar o pedido de proteção da mesma natureza, formulado pelo réu, embora sem ter reconvindo, por ser a possessória, como já posto em destaque, *ação dúplice*. [638] A proteção possessória, no entanto, pedida em sede própria (= contestação), ainda que extinto o – processo principal, haveria de prosseguir para julgamento dessa pretensão remanescente, que é do réu".[639]

5.4.1. Liminares nas ações possessórias típicas e seus desdobramentos jurídicos

Para melhor acentuar a matéria relativa à concessão de liminares nas ações possessórias típicas é que destacamos os tópicos infra.

5.4.1.1. Turbação e esbulho, desde que se trate de força nova

Nas ações possessórias típicas, no caso de turbação e esbulho da posse, o autor pode pugnar que a manutenção ou a reintegração de posse dê-se *in limine litis* — desde que se trate de ação de força nova [640] —, em face do que preceitua o Art. 562, primeira parte, do Código de Processo Civil

---

[637] Sentença *infra petita* ou *citra petita* é, e quanto a isto não custa esclarecer (lembrando ou relembrando!), aquela em que todos os pedidos não são devidamente apreciados pelo juiz.

[638] **Ação dúplice nada mais é do que uma ação de ordem cumulativa, onde figuram como parte, de forma simultânea, autor e réu. A ação deverá, todavia, ser processada pelo rito sumário, e se funda nos mesmos "fatos articulados pelo autor na petição inicial". A ação dúplice independente, portanto, de reconvenção. Tem, no geral, as mesmas características do pedido contraposto (pretensão do réu articulada na contestação da ação movida pelo autor e que tem como base os mesmos fatos que foram articulados na inicial) dos juizados especiais cíveis, contudo, não se confunde com as consequências do pedido dúplice, pois neste último, mesmo sendo julgada procedente a pretensão formulada pelo autor na inicial, também poderá ser julgado procedente o pedido feito pelo réu na contestação; enquanto que no pedido contraposto o julgamento procedente de um dos pedidos (do autor e do réu) leva, por via de consequência, à improcedência do outro pedido formulado. Em linhas gerais: na ação dúplice, tanto autor e réu podem ter suas pretensões, de forma simultânea, acolhidas pela decisão judicial; já no pedido contraposto o acolhimento de uma das pretensões formuladas (quer pelo autor, quer pelo réu) exclui a procedência de outra, ou seja, se acolhe a do autor, não acolhe a do réu, ou, então, se acolhe a do réu não acolhe a do autor.**

[639] ALVIM, Arruda. *Manual de direito processual civil*. 9. ed. São Paulo: Revista dos Tribunais, 2005. p. 552.

[640] Pelo Código de Processo Civil de Portugal, o possuidor, em razão dos procedimentos cautelares específicos, somente pode ser restituído provisoriamente, de imediato, na posse que foi objeto de esbulho violento. Diz o Código de Processo Civil de Portugal:
"Artigo 393º
(*Em que casos tem lugar a restituição provisória de posse*)
No caso de esbulho violento, pode o possuidor pedir que seja restituído provisoriamente à sua posse, alegando os fatos que constituem a posse, o esbulho e a violência.
Artigo 394.º
(*Termos em que a restituição é ordenada*)
Se o juiz reconhecer, pelo exame das provas, que o requerente tinha a posse e foi esbulhado dela violentamente, ordenará a restituição, sem citação nem audiência do esbulhador.

de 2015 (e Art. 928, primeira parte, do Código de Processo Civil de 1973). Entretanto, a petição inicial tem de se cingir aos parâmetros indicados pelo Art. 319, do CPC de 2015 (e Art. 282 do Código de Processo Civil de 1973) e, ainda, estar devidamente instruída com farta prova que comprove a posse de autor e a ocorrência da turbação ou do esbulho praticados pelo réu, desde que tais fatos datem de menos de ano e dia, observado o Art. 561, inc. III, e Art. 568, primeira parte do CPC de 2015 (e Art. 927, inc. III, combinado com o Art. 924, primeira parte, do CPC de 1973).[641]

5.4.1.2. Contagem do prazo

A contagem do prazo de ano e dia, para fixar a data da turbação ou do esbulho, é objeto de acentuada discordância doutrinária, pois determinada corrente entende que o prazo deve iniciar no dia seguinte ao evento, ou seja, excluindo o dia de início e incluindo o dia final do prazo;[642] enquanto outra corrente sustenta que o primeiro dia, aquele do início do evento, é que deve ser o marco da contagem do prazo do ano e dia. A primeira corrente privilegia o prazo processual, enquanto a segunda adota o prazo material.

Para os que se batem pelo início da contagem do tempo da turbação ou do esbulho com a exclusão do dia de início e a inclusão do dia final do prazo, a posição decorre da secular regra em que *dies aquo non computatur in termino, dies ad quem computatur*. No entanto, pelo nosso direito

---

Artigo 395.º

(*Defesa da posse mediante providência não especificada*)

Ao possuidor que seja esbulhado ou perturbado no exercício do seu direito, sem que ocorram as circunstâncias previstas no artigo 393.º, é facultado, nos termos gerais, o procedimento cautelar comum.

Nota 1: Sobre o esbulho violento diz o Código Civil de Portugal:

Artigo 1279.º

(*Esbulho violento*)

Sem prejuízo do disposto nos artigos anteriores, o possuidor que for esbulhado com violência tem o direito de ser restituído provisoriamente à sua posse, sem audiência do esbulhador.

Nota 2: **Não sendo o caso de esbulho violento é de ser aplicado o procedimento cautelar comum, como previsto nos artigos 381º a 387º.**

Nota 3: Sobre o esbulho violento também disciplina o Código Civil de Macau (China):

Artigo 1204.º

(*Esbulho violento*)

Sem prejuízo do disposto nos artigos anteriores, o possuidor que for esbulhado com violência tem o direito de ser restituído provisoriamente à sua posse, sem audiência do esbulhador, por meio de providência cautelar".

[641] No Código de Processo Civil de Portugal a matéria é tratada nos procedimentos cautelares específicos, na parte referente à restituição da posse, conforme dispõe (na redação original):

"Artigo 393.º

(*Em que casos tem lugar a restituição provisória de posse*)

No caso de esbulho violento, pode o possuidor pedir que seja restituído provisoriamente à sua posse, alegando os fatos que constituem a posse, o esbulho e a violência.

Artigo 394.º

(*Termos em que a restituição é ordenada*)

Se o juiz reconhecer, pelo exame das provas, que o requerente tinha a posse e foi esbulhado dela violentamente, ordenará a restituição, sem citação nem audiência do esbulhador.

Artigo 395.º

(*Defesa da posse mediante providência não especificada*)

Ao possuidor que seja esbulhado ou perturbado no exercício do seu direito, sem que ocorram as circunstâncias previstas no artigo 393.º, é facultado, nos termos gerais, o procedimento cautelar comum".

[642] Vicente Greco Filho é da corrente que manda excluir o primeiro dia da turbação ou do esbulho, e só aceita quanto se trata de lesão continuada. Diz ele que se deve contar o prazo "da seguinte maneira: o primeiro dia (dia da violação ou turbação) não se conta; no caso de lesão continuada permanente, conta-se do início da lesão; se a lesão é repetida, conta-se do último ato; não se conta do período em que o possuidor retomou a posse plenamente; neste último caso, nova violação desencadeia novo prazo" (GRECO FILHO, Vicente. *Direito processual civil brasileiro*. São Paulo: Saraiva, 2000. p. 221).

material civil, o prazo inicial que deve ser levado em conta é aquele em que se deu a moléstia da posse, o que quer dizer que deve ser incluído o dia de início, então, na verdade, *dies aquo computatur*.

É com a contagem do dia de início da lesão à posse que a doutrina, com forte respaldo na jurisprudência, tem adotado como sendo correto, posição na qual nos perfilhamos, pois é indubitável que, na questão da violência praticada contra a posse, a data de início deve ser levada em conta, mesmo que da violência não tenha, ainda, conhecimento o molestado, salvo, como determina o próprio Código Civil (Art. 1.224 do CC de 2002, e Art. 522 do CC de 1916), se ausente, quando o prazo começa a contar da data da ciência da moléstia.

Pela corrente material, na qual o dia de início é computado, em se tratando de violência praticada contra a posse, diz Tito Lívio Pontes que — ao contrário da regra processual que manda excluir o dia de início e incluir o dia final do prazo — "[...] o nosso código enveredou para outra solução e segundo, ele, o prazo inicial será fixado a partir da turbação ou esbulho, tenha disso conhecimento ou não o molestado. E isto para evitar questões intermináveis, em assuntos onde as divergências pululam e se multiplicam indefinidamente".[643]

Pontes de Miranda[644] também já asseverava que o prazo devia levar em conta o dia de início do ato de violência praticado contra a posse, para caracterizar o tempo de ano e dia.

A jurisprudência, via de regra, tem adotado o posicionamento, que é, no nosso modo de ver, o aplicável e correto, que adota a contagem do prazo do início da violência praticada, em razão de turbação ou esbulho, contra a posse. Da jurisprudência, destacamos, em compilação e transcrição apresentada por Humberto Theodoro Júnior: "A data a ser considerada como sendo de turbação ou do esbulho, para autorizar a liminar de manutenção de posse, há de ser aquela em que se consuma e caracteriza a ofensa à posse. A Antiguidade da posse, para os efeitos do Art. 924, do CPC[de 1973 e Art. 558, do CPC de 2015], deve ser considerada a partir da ofensa a posse. Assim, na 'ação de força nova', 'força' significa ofensa à posse e o prazo se conta a partir da turbação ou esbulho para que seja permitido a manutenção ou reintegração liminar".[645]

Cabe, finalmente, destacar que, se o possuidor estiver ausente, conforme dicção do Art. 1.224 do Código Civil de 2002 (e Art. 522 do Código Civil de 1916), o prazo somente começará a contar a partir do momento que ele tomar conhecimento do ato praticado pelo transgressor da sua posse e se abstém de retomar a coisa, ou, tentando-se recuperá-la, é violentamente repelido. "Este dispositivo é importante porque mostra que o prazo de ano e dia, no caso do ausente, corre da data em que ele teve ciência do esbulho ou da turbação, e não propriamente da data em que a ocupação se efetivou."[646]

---

[643] PONTES, Tito Lívio. *Da posse no direito civil brasileiro*. São Paulo: Juscrédi, [1961?]. p. 246. Com relação à questão da turbação ocorrida de modo sucessivo, o autor pontua: "Há também a questão não despicienda de turbações sucessivas, ou em certo espaço de tempo, e no caso, o que se deve entender como a melhor doutrina é que o primeiro ato turbativo ou espoliativo identifique o começo da turbação ou esbulho, e não em absoluto o dia que os trabalhos e tratativas que o estruturaram tiveram fim".

[644] MIRANDA, Pontes de. *Tratado das ações*: ações mandamentais. Atualizado por Vilson Rodrigues Alves. Campinas: Bookseller, 1999. v. 7, t. VI. p. 121. Disse Pontes de Miranda: "A lei processual regula a forma de processo da ação de manutenção, ou da ação de reintegração, se proposto dentro do prazo legal, a contar da turbação, incluindo o dia *a quo*. É isso que significa 'se a turbação datar de menos e dia'. É a força nova, a violência ainda recente".

[645] THEODORO JÚNIOR, Humberto. *Código de Processo Civil anotado*. 9. ed. Rio de Janeiro: Forense, 2005. p. 622. A citação feita no corpo do texto tem como fonte jurisprudencial, segundo o autor: TAPR, 2ª. Câm., Agr. n.º 761/88, Rel. juiz Gilney Leal, em 09.03.89.

[646] GONÇALVES, Marcus Vinícius Rios. *Procedimentos especiais*. 4. ed. São Paulo: Saraiva, *2005. p. 69. (Coleção Sinopses Jurídicas, v. 13).

5.4.1.3. Liminar *initio litis* ou após justificação prévia

Não fazendo o autor a prova de forma convincente, ou de que dela não se convença desde logo o juiz, ele determinará a realização de audiência de justificação prévia (Art. 562, do CPC de 2015 e Art. 928, *caput, in fine*, do CPC de 1973), em que o autor deverá comprovar aquilo que previamente (quando da interposição da competente ação) havia alegado, sendo o réu citado para comparecer à audiência que for designada.

Nesta fase do processo, em que o juiz está buscando elementos para a concessão, ou não, de liminar, o réu, embora citado para comparecer à audiência, não pode apresentar contestação nem arrolar testemunhas, ou, ainda, apresentar documentos, pois "nessa fase procedimental ainda não há contraditório pleno".[647]

Uma vez realizada a audiência de justificação, o juiz concederá, ou não, a liminar. Quando a liminar é concedida *in limine litis*, o autor deverá promover a citação do réu, o que deverá ocorrer nos cinco dias subsequentes à concessão (Art. 564, do CPC de 2015 e Art. 930, *caput*, do CPC de 1973); caso tenha ocorrido justificação prévia, o réu será meramente intimado do despacho que deferiu ou não a medida liminar (Art. 564, parágrafo único, de CPC de 2015 e Art. 930, parágrafo único, do CPC de 1973), pois já havia sido citado para comparecer à audiência de justificação, tendo o prazo de cinco dias para contestar, se quiser (com suporte nos Arts. 336 e seguintes do CPC/2015 e Arts. 300 e seguintes, do CPC de 1973).

Concedida, ou não, a liminar, em ação possessória de manutenção ou de reintegração, o processo passará a correr pelo rito comum (Art. 566, do CPC/2015, pelo CPC/1973 o rito é o ordinário, consoante o disposto no Art. 931), devendo prosseguir cumprindo todos os seus trâmites lógicos e necessários, sob pena de ineficácia dos atos processuais praticados. Embora a demanda passe a transitar pelo rito comum, não significa, em hipótese alguma, que a matéria deixe de ser de ordem possessória, o que significa dizer que a defesa deverá continuar sendo fundada em matéria de ordem fática, e não de direito.

Com relação ao apontado no parágrafo anterior, é de gizar que não se admite em matéria de ordem possessória discussão de direito, pois, se tal fosse possível, a matéria sairia do campo possessório para o campo de matéria dominial.[648] Registra, sobre o que apontamos, Ovídio Baptista da Silva: "As ações possessórias são especiais, sob o ponto de vista formal, em oposição às ações ordinárias, mas são igualmente sumárias, sob o ponto de vista material,

---

[647] WAMBIER, Luiz Rodrigues; ALMEIDA, Flávio Renato Correia de; TALAMINI, Eduardo. *Curso avançado de processo civil*. 3. ed. 2. tir. São Paulo: Revista dos Tribunais, 2000. 3 v. p. 195. Como não há contraditório, na fase processual onde o juiz busca elementos de convencimento para a concessão, ou não, de liminar, por meio de justificação prévia, é que o réu fica impossibilitado de agir com maior desenvoltura, inclusive sem poder arrolar testemunhas, todavia, como alertam os autores, "pode, entretanto, participar ativamente da audiência, fazendo-se representar por advogado, formulando reperguntas e contraditando as testemunhas arroladas".

[648] Discorrendo sobre a continuação de ação em matéria possessória (rito especial) ainda quando ela passa a correr pelo rito ordinário, anota Luiz Guilherme Marinoni: "Os limites da discussão das partes — ou da cognição do juiz — na ação de reintegração de posse não sofrem qualquer alteração diante do procedimento aplicável (especial ou ordinário).

Isso é óbvio, pois a ação possessória não pode passar a permitir defesa fundada em domínio — e assim deixar de ser ação verdadeiramente possessória — apenas por não ter sido proposta dentro de ano e dia do esbulho. [...].

Como está claro, não é pelo fato de ter passado ano e dia que a ação de reintegração de posse passará a admitir defesa fundada em direito. Se fosse possível discutir domínio após ter passado ano e dia, o decurso desse prazo não mais viabilizaria a defesa possessória. Portanto, o que muda, após ter passado ano e dia, é o fato de que não será mais possível o uso do procedimento especial estabelecido a partir do Art. 926 do CPC que [de 1973 e Art. 560, do CPC de 2015] " (MARINONI, Luiz Guilherme. Ações para obtenção de coisa: Art. 461-a do CPC [de 1973 e 488, do CPC de 2015]. *Jus Navigandi*, Teresina, ano 11, n. 1188, 2 out. 2006. Disponível em: http://jus2.uol.com.br/doutrina/texto.asp?id=8844. Acesso em: 13 set. 2007. Pode, ainda, ser consultado por meio de: Ações para obtenção de coisa (art. 461-a do CPC) - Jus.com.br | Jus Navigandi. Acesso em: 14 nov. 2024.

quer se processem pelo rito especial, quer se submetam ao rito ordinário[comum]. Daí a alusão feita pelo legislador de que a ordinariedade não lhes retira o caráter de ações exclusivamente possessórias, nas quais as alegações e defesas devem referir-se exclusivamente à posse e não ao 'direito de possuir'. Isto significa dizer que nas ações possessórias, mesmo quando sejam propostas depois de ultrapassado o prazo de ano e dia da consumação da agressão à posse, o demandando não poderá valer-se de qualquer defesa fundada em direito, permanecendo, portanto, limitado o campo de cognição do juiz exclusivamente às questões de natureza possessória. A transformação procedimental não causa nenhuma alteração na extensão da matéria que o demandado poderá defender-se, nem permite que o demandante se apóie em qualquer fundamento que não seja, exclusivamente, a sua posse e agressão contra a mesma praticada pelo réu. Teremos então, neste caso, um procedimento ordinário[comum] a veicular uma ação (materialmente) sumária".[649]

A forma de execução da medida liminar, *initio litis*, ou após justificação prévia, dá-se por meio de mandado de reintegração de posse ou de manutenção de posse, conforme for o caso, e será efetuada por meio de oficial de justiça, que fará a lavratura de auto de forma pormenorizada – isto de bom alvitre –, mencionando o estado em que se encontrava a coisa no momento da entrega ao autor.

Mesmo após concedida a liminar e devidamente cumprida pelos oficiais de justiça, pode ocorrer que o réu pratique novo esbulho ou turbação à posse do autor, em tal situação "não há necessidade de novo pedido de liminar, ou de ajuizamento de nova ação. Basta que o autor peça ao juiz o revigoramento do mandado liminar desobedecido".[650]

Quando a ação (de manutenção ou de reintegração de posse) for dirigida contra pessoas jurídicas de direito público,[651] não haverá, na forma do Art. 563, parágrafo único do CPC de 2015 e Art. 928, parágrafo único, do CPC de 1973, a concessão de liminar sem a ocorrência de prévia audiência de seus respectivos representantes judiciais, que serão aqueles preconizados pelo Art. 75, do CPC de 2015 (e Art. 12 e incisos correspondentes do CPC de 1973).

Em relação, ainda, à concessão e suspensão de liminar contra o Poder Público, deverá ser observada a Lei n.º 8.437, de 30 de junho de 1992, cujo Art. 1º dispõe: "Não será cabível medida liminar contra atos do Poder Público, no procedimento cautelar ou em quaisquer outras ações de natureza cautelar ou preventiva, toda vez que providência semelhante não puder ser concedida em ações de mandado de segurança, em virtude de vedação legal". E, como visto, o interdito proibitório encontra óbice à sua concessão sem a prévia audiência dos representantes judiciais do Poder Público, o que não significa que, após a audiência, a medida liminar não possa ser concedida.

5.4.1.4. Agravo de instrumento contra a concessão de liminar

Para atacar a concessão, ou não, de liminar, concedida, ou negada, de plano, ou após justificação prévia, o autor ou o réu, conforme se trate de concessão ou não, poderá valer-se do agravo

---

[649] SILVA, Ovídio Baptista da. *Comentários ao Código de Processo Civil*. São Paulo: Revista dos Tribunais, 2000. v. 3. p. 232.

[650] HAENDCHEN, Paulo Tadeu. *Ação de reintegração e de manutenção de posse*. São Paulo: Saraiva, 1985. p. 37. (Coleção Saraiva de Prática do Direito). O ponto de visto adotado pelo autor é extraído de: RT, 474: 99.

[651] Pelo Art. 41 do CC de 2002 (e Art. 14 do CC de 1916, à exceção das autarquias, inc. IV, e as demais entidades de caráter público, criadas por lei, inc. V, que não eram tratadas pelo CC de 1916), são relacionadas as pessoas jurídicas de direito público interno; enquanto as pessoas jurídicas de direito público externo são tratadas pelo Art. 42 do CC de 2002 (pelo CC de 1916, não havia tratamento idêntico).

de instrumento (Art. 1.015, do CPC de 2015 e Art. 522, do CPC de 1973),[652] haja vista que o ataque é dirigido contra decisão interlocutória proferida pelo juiz.

Tendo em vista que é possível — quando da interposição de agravo de instrumento, em relação à concessão, ou não, de liminar em demanda possessória que verse sobre manutenção ou reintegração de posse — o relator conceder efeito suspensivo ao agravo é que ficou impróprio o manejo de mandado de segurança, que visava, basicamente, à concessão de efeito suspensivo ao recurso de agravo interposto. Aduz, neste sentido, Humberto Theodoro Júnior: "A Lei nº 9.139, de 30.11.95, ao alterar a redação dos arts. 527[CPC de 1973 e Art. 1.019, do CPC de 2015 e Art. 558 do Código de Processo Civil[de 1973 e Art. 1.019 e respectivos incs., do CPC de 2015], permitiu ao relator conferir efeito suspensivo ao agravo de instrumento, em todos os casos em que haja risco de lesão grave e de difícil reparação, desde que relevante a fundamentação do recurso. Com isso eliminou-se a inconveniente praxe de utilizar o mandado de segurança como complemento do agravo manejado contra as liminares possessórias".[653]

Merece registro que a Lei n.º 9.139, de 30.11.95, que alterou o Art. 527, do CPC[de 1973 e Art. 1.019 e respectivos incs. do CPC de 2015], com relação ao agravo de instrumento, deu lugar à Lei n.º 10.352, de 26 de dezembro de 2001, em que ficou possibilitado que o relator, segundo o texto legal (Art. 527, inc. III[CPC de 1973 e Art. 1.019, e respectivos incs., do CPC de 2015]: "Poderá atribuir efeito suspensivo ao recurso (Art. 558 [CPC de 1973 e Art. 1.021, do CPC de 2015]), ou deferir a antecipação de tutela, total ou parcialmente, a pretensão recursal, comunicando ao juiz sua decisão".

Pela mesma Lei n.º 10.352/2001, quando a matéria objeto do agravo de instrumento não for suscetível de causar lesão de grave e difícil reparação, ou sendo passível de recurso, ou, ainda, se recebida nos seus efeitos (devolutivo e suspensivo), o relator converterá o agravo de instrumento em agravo retido. É o que se sobressai, pela interpretação do inc. II do Art. 527 do CPC de 1973 e Art.. do CPC de 2015, sistemática que se mantém pela redação dada pela Lei n.º 11.187, de 19 de outubro de 2005.[654]

Mesmo nas decisões interlocutórias (como concessão ou não de liminar de manutenção ou de reintegração de posse), o agravo retido somente terá lugar quando não houver lesão grave e de difícil reparação, ou desde que não passível de apelação (e isto, em matéria possessória, é pouco provável de ocorrer) e, ainda, com relação aos efeitos (devolutivo e suspensivo), como a apelação

---

[652] É, inegavelmente, o agravo de instrumento o meio legal para que a parte interessada, quer seja ela o autor, ou, por outro lado, quer seja ela o réu, conforme o caso posto em questão de ordem prática, busque a reforma da decisão que concedeu, ou não, a liminar, no que não assiste razão ao doutrinador Caio Mário da Silva Pereira, quando o mesmo afirma que "concedido o mandado liminar, contra o qual não dá o Código de Processo Civil, o recurso específico, o réu apresentará defesa e, correndo a ação seus trâmites regulares, a sentença final decidirá pela cassação ou pela confirmação definitiva da medida", conforme Caio Mário da Silva Pereira (*Instituições de direito civil*: direitos reais. 18. ed. Rio de Janeiro: Forense, 2003. 4 v. em 6. p. 67). Não resta dúvida de que a sentença pode, inclusive, vir a revogar liminar concedida, quer tenha sido concedida *in limine litis*, quer tenha sido no curso do processo, o que não procede é a alegação de que contra a concessão da liminar em ação possessória de manutenção ou de reintegração de posse não haja, pelo Código de Processo Civil, previsão legal de recurso específico.

[653] THEODORO JÚNIOR, Humberto. *Curso de direito processual civil*: procedimentos especiais. 28. ed. Rio de Janeiro: Forense, 2002. 3 v. p. 141. Antes das modificações introduzidas por meio da Lei n.º 9.139/1995, o mesmo autor (THEODORO JÚNIOR, Humberto. *Código de Processo Civil anotado*. 9. ed. Rio de Janeiro: Forense, 2005. p. 627) anotava: "O ato judicial concessivo de liminar em reintegração de posse desafia agravo de instrumento — Arts. 522, 504 e 162, do CPC — admitindo-se, porém, ação de segurança quando o recurso se apresenta inócuo ou excessivamente tardio para impedir, de pronto, os malefícios da ilegalidade evidente ou de imperdoável abuso de poder". Fonte: 3ª. Câm. do TACiv.RJ de 16.10.86, no MS n.º 3.081, Rel. juiz Hudson Lourenço, ac. unân., Adcoas, 1987, n.º 111.969. Sendo que a matéria não era pacífica, pois os entendimentos jurisprudenciais nem sempre admitiam o mandado de segurança. Presentemente, como registrado no corpo do texto, o agravo de instrumento é, por si próprio, o meio eficaz para a garantia da pretensão recursal.

[654] Sobre o poder concedido ao relator, estabelece o inc. II do Art. 527 do CPC, com a redação dada pela Lei n.º 11.187/2005: "converterá o agravo de instrumento em agravo retido, salvo quando se tratar de decisão suscetível de causar à parte lesão grave e de difícil reparação, bem como nos casos de inadmissão da apelação e nos relativos aos efeitos em que a apelação é recebida, mandando remeter os autos ao juiz da causa".

é admitida. É a interpretação que desponta do Art. 522 do CPC de 1973 (e Art. 1.015. do CPC de 2015) em face da nova redação decorrente da Lei n.º 11.187/2005.

Em face da Lei n.º 11.187/2005, não há mais campo para a interposição de agravo interno perante o órgão *ad quem*, o que era antes possível quando a parte não se sentia satisfeita com a decisão do relator de converter o agravo de instrumento em agravo retido. Caso o relator entenda em converter o agravo de instrumento em agravo retido (Art. 527, inc. II, do CPC[de1973 e Art. 1.019 e respectivos incs. do CPC de 2015), não haverá para a parte outra alternativa jurídica que não seja se socorrer do mandado de segurança, para possibilitar o seu recebimento, no caso, exemplificativamente, de demanda possessória não recebida pelo efeito devolutivo, pois, segundo o parágrafo único do Art. 527 [CPC de 1973 e Art. 1.019, do CPC de 2015] (na redação da Lei n.º 11.187/2005): "A decisão liminar, proferida nos casos dos incisos II e II do *caput* deste artigo, somente é passível de reforma no momento do julgamento do agravo, salvo se o próprio relator a reconsiderar".

A parte que se sentir prejudicada pela decisão do relator não tem uma alternativa, presentemente, caso o relator não reconsidere antes do julgamento, a não ser interposição de mandado de segurança, para evitar prejuízo irreparável. Saber ou não se o relator reconsiderará antes do julgamento é matéria "revestida de incerteza jurídica e de autoritarismo".[655] Continuará, portanto, em "aberto" a possibilidade do manejo de mandado de segurança em agravo de instrumento, quando o relator convertê-lo em agravo retido.

5.4.1.5. Possibilidade de o juiz rever, fora do juízo de retratação, a liminar concedida

Discute-se, tanto no campo doutrinário como no campo jurisprudencial, se o juiz poderá vir a mudar de posição após ter concedido liminar de ação de manutenção ou de reintegração de posse. A mudança se daria não pelo juízo de retratação — quando da interposição de agravo de instrumento contra a decisão que concedeu, ou não concedeu, a liminar —, e sim por convencimento dele (juiz) no curso do processo, que está tramitando, por força legal, pelo rito ordinário.

Ora, por ser a posse a representação de uma situação fática, muito embora com engendramentos jurídicos, não há de se negar possibilidade de o juiz revogar a liminar concedida se a situação fática se modificou, após a concessão da liminar, pois, como já asseverava Pontes de Miranda, "não é à justiça ou injustiça que se dá atenção, mas ao fato nu da posse ('*Nec attenditur iustitia, vel injustitia, sed nudum possessionis factum*')".[656]

A prudência do juiz e o caso concreto em análise é que serão primordiais para a revogação de liminar anteriormente concedida, no que se encaixa perfeitamente decisão do Tribunal de Justiça de Santa Catarina, em que ficou reconhecido que "a manutenção liminar baseia-se em convicção provisória, decorrente de cognição sumária. Surgindo fatos novos, capazes de convencerem da

---

[655] CORRÊA, Carina Milioli. A nova sistemática do agravo de instrumento retido. *Revista da Ordem dos Advogados do Brasil – OAB*, Florianópolis, n. 121. p. 22-23, dez. 2005. Em face da eliminação de interposição de gravo interno, junto ao órgão *ad quem*, e considerando a redação do parágrafo único do Art. 527 do CPC, dada pela Lei n.º 11.187/2005, aponta a autora: "Ocorre que diante da negativa de interposição de agravo interno, ora confirmado pelo novo manejo processual, quando dita que a decisão liminar proferida pelo relator nos incisos II e III do caput do artigo 527, somente poderá ser reformada no momento do julgamento do agravo, ou seja, quando apreciado o mérito do recurso pelo colegiado, salvo, se o próprio relator reconsiderar, ao meu ver, é totalmente revestida de incerteza jurídica e de autoritarismo".
Concluindo a autora, o que também entendemos como totalmente pertinente: "Nessa premissa, renasce a necessidade da impetração do mandado de segurança, com o escopo da manutenção do efeito suspensivo para o agravo de instrumento, sendo o único remédio capaz de ilidir o ato judicial ilegal e contrário aos princípios constitucionais vigentes".

[656] MIRANDA, Pontes de. *Tratado das ações*: ações mandamentais. Atualizado por Vilson Rodrigues Alves. Campinas: Bookseller, 1999. v. 7, t. VI. p. 125.

necessidade do restabelecimento da situação atingida pela liminar, nada obsta que o Magistrado revogue o despacho anterior".[657] **Não é, no entanto, como já declinamos, ponto de vista pacífico na doutrina e na jurisprudência.**[658]

A decisão de o juiz conceder liminar de reintegração de posse decorre de decisão interlocutória, e não de sentença; a primeira é mutável, pois não definitiva; a segunda, ao contrário, é permanente, pois de mérito (ou não, não interessa) e encerra a atividade jurisdicional do juiz, conforme estabelece o Art. 463 do Código de Processo Civil. Não há, pois, razão pela qual o juiz não possa rever a primeira situação, haja vista que a decisão lá proferida tem caráter de transitoriedade. As decisões interlocutórias, como acentua Arruda Alvim, "não solucionam a controvérsia".[659]

É bem verdade, e isto é imprescindível para a garantia da ordem jurídica, que a mudança de posição do juiz deve vir cercada de toda a prudência. Pois, de regra, não se tratando de juízo de retratação, é pela sentença final que o juiz poderá vir a confirmar ou a cassar a liminar anteriormente concedida, haja vista que é por meio dela que "a cognição judicial é completa, razão pela qual, já que se trata de novo momento decisório, poderá o juiz revogar a liminar, se julgar o pedido improcedente",[660] devendo, contudo, a revogação se dar de modo expresso, pois, do contrário, a sentença de improcedência não surtirá efeito de imediato em caso de apelação, desde que ela tenha sido recebida pelo seu efeito suspensivo.

5.4.1.6. Prestação de caução

Outra questão que merece ser vista, em matéria de liminar em ação possessória típica, é a que diz respeito a ter o autor, quando requerido pelo réu, de prestar caução para que fique assegurada a continuidade da liminar obtida, *in limine litis*, ou mesmo no curso do processo. Tal possibilidade jurídica decorre do Art. 925 do Código de Processo Civil.

O réu deverá fazer prova cabal do alegado, ou seja, da falta de idoneidade financeira do autor para responder por perdas e danos, caso venha a decair da ação. A alegação do réu deverá ser tomada por termo, via de regra, nos autos do processo, não havendo, contudo, impedimento

---

[657] Fonte: AI n.º 8.663, Capital, Rel. Des. Amaral e Silva. (ROSA, Alexandre Morais da. *Código de Processo Civil anotado*: segundo a jurisprudência do Tribunal de Justiça de Santa Catarina. 2. ed. Florianópolis: Terceiro Milênio, 1998. p. 567).

[658] Sobre a matéria, como alertado no corpo do texto, há divergências doutrinárias e jurisprudenciais, no entanto somos pela possibilidade legal da revogação da liminar, dependendo da situação fática e do caso em concreto. Para fins de comparação, destacamos pontos de vista contrários ao nosso. Desse modo: pela doutrina, Pontes de Miranda, em posição contrária: "Os juízes são adstritos às regras jurídicas processuais. Têm momentos para a cognição ou para as cognições. Não podem dar e desdar à vontade, nem tem arbítrio para revogar no momento *x* em que se convenceram" (MIRANDA, Pontes de. *Tratado das ações*: ações mandamentais. Atualizado por Vilson Rodrigues Alves. Campinas: Bookseller, 1999. v. 7, t. VI. p. 136). Pela jurisprudência, destacamos: "Liminar. Revogabilidade. Não é lícito ao Juiz, na ausência de agravo — que lhe proporcionaria o juízo da retratação —, reconsiderar a decisão liminarmente proferida: embora com algumas vacilações e dissonâncias, essa já era a opinião dominante antes de 1973. Com efeito, o mecanismo todo da proteção possessória orienta-se pelo interesse público na estabilidade da situação de fato. Um sistema que permitisse ao juiz dar e retirar sucessivamente a posse, segundo as variantes que a seu espírito oferecesse a evolução da prova ao longo do processo, negaria a base mesma desse mecanismo. Para decidir sobre a posse, tem o julgador duas oportunidades definidas: a apreciação do pedido liminar e a sentença definitiva, que confirma ou modifica provimento inicial". Fonte: 3ª. Câm. do TACiv.SP de 28.5.86, no Agr. n.º 357.605, Rel. juiz Toledo Silva, ac. unân., Adcoas, 1986, n.º 108.817 (THEODORO JÚNIOR, Humberto. *Código de processo civil anotado*. 9. ed. Rio de Janeiro: Forense, 2005. p. 826-827).

[659] ALVIM, Arruda. *Manual de direito processual civil*. 9. ed. São Paulo: Revista dos Tribunais, 2005. p. 536. Este autor, ao aludir sobre a natureza jurídica da sentença, comenta: "Não se confunde a sentença de mérito, e nem as que não sejam, com as decisões interlocutórias, proferidas no curso do procedimento. Tais decisões não solucionam a controvérsia; apenas decidem questões que, uma vez suscitadas pelas partes (e, eventualmente, pelo juiz), necessariamente têm de ser solucionadas antes da *questão fundamental básica*, que é o mérito (as que não sejam de mérito, encerram o processo em virtude de ausência de um ou mais de um dos pressupostos de admissibilidade de julgamento de mérito, ou, tenha-se presente, ainda, da *presença* de um ou mais de um pressuposto processual negativo). Desta forma, pode-se dizer que as interlocutórias preparam o processo (e solucionam questões que tenha surgido, *v.g.*, sobre condições da ação e outras mais) para receber a sentença final".

[660] SANTOS, Ernane Fidélis dos. *Manual de direito processual civil*. São Paulo: Saraiva, 1996. v. 3. p. 48.

para que o juiz determine que a apuração se dê por meio incidental, para evitar que o processo seja tumultuado. Se o juiz se convencer de que procede a alegação do réu, assinalará ao autor o prazo de cinco dias para que ele preste caução; se não prestada a caução, a coisa, objeto do litígio, poderá vir ser depositada como forma de garantia.

O autor terá, depois de devidamente intimado para prestar caução, de fazê-la no prazo de cinco dias; a caução poderá ser real ou fidejussória;[661] se real, a caução deverá "ser em dinheiro ou espécie, com força suficiente para suportar prejuízos ocasionados pelo uso e gozo da coisa durante o período de subsistência da liminar".[662] Não há óbice legal algum a que o autor possa prestar caução por intermédio de interposta pessoa,[663] caso em que o garantidor ficará obrigado solidariamente[664] com autor, caso venha ele a decair da ação possessória, objeto da liminar concedida.

Portanto, uma vez intimado de que deverá prestar caução, afiguram-se ao autor duas possibilidades: a) primeiro, concorda com a imposição, em face do pedido e da prova produzida pelo réu, e presta a caução; e b) segundo, não aceita a imposição e, então, terá que buscar a modificação da decisão do juiz por meio de agravo de instrumento.

Havendo interposição de agravo de instrumento, por parte do autor, a caução determinada judicialmente subsiste, e o autor terá que prestá-la, ou, então, a própria coisa objeto do litígio ficará caucionada, isto até que haja o julgamento do agravo de instrumento (desde que aceito, pois o relator pode indeferi-lo liminarmente, com base no Art. 527, inc. I, combinado com o Art. 557, ambos do Código de Processo Civil). O relator poderá conceder, sendo o caso, em favor do autor, antecipação de tutela, o que fará com que a caução seja afastada. E isso prevalecerá até o julgamento final do agravo de instrumento, quando a decisão liminar do relator será mantida ou a decisão final será pelo não acolhimento do agravo, o que fará com que a caução volte a ter eficácia.

Importante, por outro lado, destacar que também ao réu assiste o direito de interposição de agravo de instrumento, caso não concorde com a caução prestada pelo autor e que o juiz entendeu como subsistente. Havendo agravo de instrumento por parte do réu, a situação, *mutatis mudandis*, será a mesma referente às considerações em caso de agravo de instrumento do autor. Quando a caução for prestada e devidamente aceita pelo réu, o incidente, como pondera Orlando de Assis Correa, "termina aí". Contudo, como registra o autor, "querendo o autor fazer prova de que tem idoneidade, ou não aceitando o réu a caução oferecida, o juiz examina a documentação apresentada, e, sendo necessário, designa audiência para inquirição de testemunhas, decidindo a seguir. Desta decisão cabe agravo de instrumento".[665]

Pode ocorrer que, quando o réu formular o pedido para que o autor, beneficiário da liminar possessória, preste caução, o processo já esteja no tribunal, situação esta que fará, para evitar que haja supressão de grau de jurisdição, com que "o processamento do incidente" se dê ante "juiz do primeiro grau, embora interposto perante o relator, se já houve distribuição, ou presidência do pretório, em caso contrário".[666]

---

[661] Art. 826, do CPC: "A caução pode ser real ou fidejussória".

[662] VENOSA, Sílvio de Salvo. Direito civil: direitos reais. 3. ed. São Paulo: Atlas, 2003.v. 5. p. 137-138.

[663] Art. 828, do CPC: "A caução pode ser prestada pelo interessado ou por terceiro".

[664] Art. 828 do CC de 2002 (e Art. 896, parágrafo único do CC de 1916): "Há solidariedade, quando na mesma obrigação concorre mais de um credor, ou mais de um devedor, cada um com direito, ou obrigado, à dívida toda".

[665] CORREA, Orlando de Assis. *Posse e ações possessórias*: teoria e prática. 2. ed. Porto Alegre: Síntese, 1979. p. 90.

[666] VENOSA, Sílvio de Salvo. *Direito civil: direitos reais*. 3. ed. São Paulo: Atlas, 2003.v. 5. p. 138.. O autor faz ver — e isto é fundamental — que o entendimento de que o pedido do réu seja apreciado pelo juiz de primeiro grau decorre da mesma regra aplicada para o caso da caução relativa

5.4.1.7. Liminar no interdito proibitório

Releva notar que a liminar, *in limine litis*, ou após justificação prévia (na manutenção ou reintegração de posse, quando de força nova), também alcança o instituto do interdito proibitório, muito embora haja ponto de vista doutrinário em contrário, como é o caso de Washington de Barros Monteiro, que prega pela improcedência, considerando que ele somente "começa a produzir efeitos depois de julgado por sentença".[667] Embora reconhecendo a excelência do conhecimento doutrinário do autor, não comungamos com tal assertiva.

Entendemos que, da mesma forma que é possível concessão de liminar em caso de turbação e de esbulho, também é cabível a concessão de liminar em caso de interdito proibitório, pois, como registra coerentemente Marcus Vinícius Rios Gonçalves, "o procedimento do interdito proibitório é igual aos das demais ações possessórias. É cabível, portanto, a concessão de liminar, que consistirá na expedição de mandado proibitório e na fixação da pena para o descumprimento do preceito *initio litis*. Se isso ocorrer, e a ameaça concretizar-se depois da concessão da liminar, o réu incorrerá na multa, sem prejuízo de a sentença determinar a manutenção ou a reintegração do autor da posse".[668] Por outro lado, como pontua Sálvio de Figueiredo Teixeira, "a imposição da pena pecuniária não afasta a condenação nas perdas e danos".[669]

Perfeitamente, desta maneira, correta é a aplicação de liminar *initio litis* em matéria de interdito proibitório, pois entendimento em contrário agride o próprio comando do Art. 933, do CPC, que manda aplicar, ao interdito proibitório, o disposto na seção que trata das ações possessórias, e, por demais óbvio, no rol das ações possessórias típicas estão a manutenção, a reintegração e o próprio interdito proibitório.[670] O que não é cabível, por expressa disposição legal, é a concessão de liminar *initio litis* em interdito proibitório (como também em manutenção e reintegração de posse) contra pessoa jurídica de direito público, o que somente pode ocorrer após audiência prévia dos respectivos representantes, e isto é assim por força do disciplinado pelo parágrafo único do Art. 562, do CPC de 2015 (e parágrafo único do Art. 928 do CPC de 1973).

5.4.1.8. Resumo relativo à tutela cautelar

à nunciação de obra nova, em face do disciplinado pelo Art. 940, §1º, do CPC[1973] [Lembrando: a matéria não é tratada pelo CPC/2015, sobre o assunto já nos manifestamos ao longo desta obra, o interessado consultar o contido no tópico 5.10].

[667] MONTEIRO, Washington de Barros. *Curso de direito civil*: direito das coisas. 37. ed. Atualizado por Carlos Alberto Dabus Maluf. São Paulo: Saraiva, 2003. p 48. Expressa, integralmente, o autor, em ponto de vista que discordamos, como acentuado no corpo do texto: "No interdito proibitório, ao contrário do que sucede nas demais ações de força nova, inexiste concessão de mandado *initio litis* tuitivo da posse. Ao inverso, o interdito proibitório só começa a produzir efeito depois de julgado por sentença. Então sim, tendo por procedente a ação, proibirá o juiz o réu de praticar o ato, sob pena de pagar a pena pecuniária cominada pelo autor, cujo *quantum*, todavia, poderá reduzir".

[668] GONÇALVES, Marcus Vinícius Rios. *Procedimentos especiais*. 4. ed. São Paulo: Saraiva, 2005. p. 80. (Coleção Sinopses Jurídicas, v. 13).

[669] TEIXEIRA, Sálvio de Figueiredo. *Código de Processo Civil anotado*. 7. ed. São Paulo: Saraiva, 2003. p. 655-656. Registra, por outro lado, o autor: "Se a pena não constar da inicial, deve o juiz intimar o autor para que complete a petição (Art. 284)". E, por fim, ainda com sustentação na doutrina do autor em comento, merece registro o alerta de que "se a turbação ou esbulho ocorrer no curso da demanda, autorizada estará a fungibilidade, com fulcro nos Arts. 462 e 929. E sem prejuízo da pena pecuniária, que pode ser reduzida pelo juiz, em qualquer hipótese". De modo que se no curso da ação de interdito proibitório vier ocorrer turbação ou esbulho, é possível a conversão da ação, em razão do princípio da fungibilidade prevista no Art. 920 do CPC como também do CPC (d e 1973) são os artigos antes apontados.

[670] Ao comentar o Art. 933 do CPC[de 1973, sendo no CPC de 2015, Art. 568] registra Sergio Sahione Fadel: "No que tange à concessibilidade da liminar, isto é, aquela fase preambular, de cognição sumária e provisória, que o juiz enfrenta, para firmar seu convencimento acerca da viabilidade ou não do deferimento inicial da proteção reclamada, também tem lugar" (FADEL, Sergio Fahione. *Código de Processo Civil comentado*. Rio de Janeiro: José Konfino, 1974. t. V. p. 68. Art. 890 a 1220).[NOTA: Referente ao CPC de 1973].

Procedendo num resumo doutrinário da matéria alusiva à tutela cautelar, esclarecemos, tomando por parâmetro a lição do jurista José Herval Sampaio Júnior,[671] que a mesma se qualifica pelo fato de ser útil à proteção do processo e, por conseguinte, ao direito material a ser certificado ou realizado. Embora útil ao fim visado no processo, não há coincidência entre a tutela cautevallar deferida e o direito substancial pretendido. O que há é referibilidade ao conteúdo do direito substancial pretendido. O arresto e o protesto contra alienação de bens, por exemplo, distinguem-se da quantia que se pretende receber por meio do processo cujo resultado útil pretende-se acautelar. Mas o arresto tem por fim assegurar o recebimento do crédito.

Na tutela antecipada, a situação é diferente. Nessa modalidade de tutela provisória, o direito material está intimamente ligado com a medida jurisdicional concedida. Em outras palavras, o que se pede e o que se concede ao requerente da tutela antecipada coincide, no todo ou em parte, com o que está sendo postulado como tutela final. Aponta de forma coerente José Herval Sampaio Júnior, " a antecipação dos efeitos práticos ou externos da tutela jurisdicional tem por escopo concretizar, desde logo, os resultados perseguidos no processo, garantindo a satisfação do direito da parte mesmo antes do momento que seria próprio, a prolação da sentença definitiva, tudo como forma de homenagear os postulados da celeridade e da efetividade do direito via processo".

Prosseguindo, é "importante não confundir satisfatividade com definitividade. A tutela antecipada é concedida com base num juízo provisório, formado a partir de fatos muitas vezes unilateralmente narrados. Pode ser que na decisão final, em razão do contraditório e das provas apresentadas pela parte adversa, o juiz mude seu convencimento e decida contrariamente aos interesses daquele que foi beneficiado com a antecipação. Nas palavras de Luiz Guilherme Marinoni:

'[...] a tutela somente é definitiva, dispensando a 'ação principal', quando a cognição é exauriente. A tutela satisfativa, quando de cognição sumária, exige o prosseguimento do contraditório, não só porque não pode haver coisa julgada material sem cognição exauriente (carga declaratória suficiente) como, também, porque o réu somente pode sofrer um prejuízo definitivo (que não mais pode ser questionado) em razão de uma sentença fundada em coisa julgada material'.".

Consolidando o exposto retro, aponta José Herval Sampaio Júnior: "A diferença fundamental entre a tutela antecipada e a tutela cautelar é que naquela o juiz vai satisfazer no todo ou em parte o direito do postulante, de forma a lhe permitir que desse direito usufrua, recaindo o ônus da demora sobre a parte adversa. Na tutela cautelar, ao contrário, não há satisfatividade do direito substancial postulado; a tutela se restringe ao acautelamento desse direito ou enquanto for útil à realização dele. Não se olvida que, em certos casos, a linha entre a satisfação e o acautelamento é tênue, razão por que se admite a fungibilidade, em mão dupla, entre tutela cautelar e tutela satisfativa. O que importa é o pedido e o fundamento. Joaquim pediu em sede de tutela cautelar antecedente que o juiz determine a retirada do seu nome do SPC. O juiz entendeu que não se tratava de tutela de natureza cautelar, e sim antecipada. Em razão disso, determinou a intimação do autor para emendar a inicial, adequando-a aos termos dos Arts. 303 e 304. No caso, a emenda é necessária em face de requisitos especiais que devem constar na petição que requer

---

[671] Tendo como base das referências consultadas: O Instituto da Tutela Provisória do Código de Processo Civil desse ainda, desconhecido: a apresentação de seu panorama geral e de temas problemáticos no seu sistema, de Guilherme Christen Möller, disponível em: https://ambitojuridico.com.br/o-instituto-da-tutela-provisoria-do-codigo-de-processo-civil-de-esse-ainda-desconhecido-a-apresentacao-de-seu-panorama-geral-e-de-temas-problematicos-no-seu-sistema/ Acesso em 16 nov. 2024. E Recentes alterações no CPC, de José Herval Sampaio Júnior, disponível em: https://bdjur.stj.jus.br/jspui/bitstream/2011/103135/recentes_alteracoes_cpc_sampaio.pdf:

tutela antecipada em caráter antecedente (o do Art. 303, § 5º). Na maior parte dos casos, nem há necessidade de aditamento ou emenda. Estamos na fase do instrumentalismo."

5.4.1.8.1. Prazo para formulação do pedido principal em cautelar antecedente

Considerando que, na tutela antecedente, o autor tem 30 dias para apresentar petição com a ação correspondente, isso acarretou o surgimento de duas correntes interpretativas de como proceder na contagem do prazo. A divergência, inclusive, pairava no entendimento do STJ, em que uma corrente entendia como sendo o prazo corrido, enquanto outra entendia que a contagem de prazo seria em dias úteis. Ao apreciar a matéria, em julgamento de embargos de divergência – EREsp 2.066.868 –, a Corte Especial do Superior Tribunal de Justiça estabeleceu que o prazo de 30 dias para a formulação do pedido principal, após a efetivação da tutela cautelar antecedente (artigo 308 do Código de Processo Civil), tem natureza processual e, portanto, deve ser contado em dias úteis, nos termos do artigo 219 do CPC.

"Com essa decisão, o colegiado pacificou entendimentos divergentes entre a 3ª Turma (que entendia que o prazo seria processual e deveria ser contado em dias úteis) e a 1ª Turma (segundo a qual o prazo seria decadencial e deveria ser contado em dias corridos)." O entendimento tomou por base o seguinte entendimento:

O relator dos embargos de divergência foi o ministro Sebastião Reis Junior. Para ele, a regulação da tutela cautelar antecedente sofreu alterações importantes entre o CPC/1973 e o CPC/2015, especialmente porque o pedido principal, após a efetivação da tutela cautelar, deixou de ser apresentado em ação autônoma e passou a integrar o mesmo processo do requerimento cautelar.

Citando doutrina, ele explicou que o prazo material (prescricional ou decadencial) diz respeito ao momento para a parte praticar determinado ato fora do processo, enquanto o prazo processual se relaciona ao momento para praticar atos que geram efeitos no processo.

Nesse sentido, reforçou o ministro, as normas processuais operam exclusivamente dentro do processo, disciplinando as relações inerentes a ele. Segundo Sebastião Reis Junior, com o novo CPC, existe apenas um processo, com uma etapa inicial relativa à tutela cautelar antecedente e uma etapa posterior de apresentação do pedido principal, com possibilidade de ampliação da abrangência da ação."

Concluindo: "Resta claro que o prazo de 30 dias previsto no artigo 308 do CPC é para a prática de ato no mesmo processo. A consequência para a não formulação do pedido principal no prazo de 30 dias é a perda da eficácia da medida concedida (artigo 309, inciso II, do CPC/2015), sem afetar o direito material".

5.5. Perdas e danos nas ações possessórias típicas

Pelo comando do Art. 555, do CPC de 2015 (e Art. 921 do Código de Processo Civil de 1973), o autor poderá cumular, com o pedido inicial nas ações possessórias típicas, que haja condenação do réu em perdas e danos, além de ser compelido a desfazer construções ou plantações que tenha feito na posse. Como o juízo possessório é dúplice, como já aludimos retro (tópico 5.4), é que também ao réu é possível requerer o contido no Art. 555, CPC de 2015 (e Art. 921 do CPC de

1973), em face do comando do Art. 556, do CPC de 2015 (e Art. 922 do CPC de 1973), que retrata de forma clara a natureza dúplice das ações possessórias.[672]

Para requerer perdas e danos, não há necessidade de o autor, ou o réu, quando o caso, manejar ação própria, pois o pedido, devidamente justificado e fundamentado, deverá ser feito por meio da petição inicial apresentada pelo autor e, quando o caso, por meio da contestação apresentada pelo réu, isto ocorre em razão da instrumentalidade processual das ações possessórias que têm caráter dúplice, de modo que a condenação de perdas e danos, inclusive lucros cessantes, quando for o caso, dá-se na própria sentença que julgar a demanda possessória típica (esbulho, turbação e interdito proibitório).[673]

O pedido de perdas e danos (e lucros cessantes, quando o caso) deve ser certo e preciso, pois necessitam cabal prova na fase de conhecimento; enquanto o *quantum debeatur* — na ação possessória — é que pode ficar para ser apreciado pela sentença, levando em conta que poderá ser objeto de execução.[674] [675] Então, como acertadamente destaca Sílvio de Salvo Venosa, "no processo possessório, impõe-se não somente que o agente peça expressamente a indenização, como também que comprove o prejuízo. Com freqüência, as partes preocupam-se em demonstrar a turbação e o esbulho no curso da instrução, não fazendo prova quanto a perdas e danos. Ainda que liquidado o valor na fase executória, o prejuízo alegado deve ser provado [...], porque pode ocorrer que o atentado contra a posse não tenha acarretado qualquer prejuízo. Sem prejuízo, não há o que indenizar. Não se presume o prejuízo. Essa indenização deve ter como padrão a natureza dos lucros cessantes e dos danos emergentes".[676]

---

[672] Com relação à forma dúplice das ações possessórias, em razão do Art. 922 do Código de Processo Civil (de 1973), leciona Renata Esser: "Proposta a ação e pretendendo o réu, mais que simplesmente se defender por meio de contestação, também deduzir pretensão em face do autor, deverá valer-se da reconvenção, quando cabível. No entanto, a lei abre a possibilidade de vir o réu a obter tutela jurisdicional ativa favorável, sem necessidade de valer-se da reconvenção. É o que ocorre quando ele formula, na própria contestação, pedido contraposto ao do autor, fundando-o nos mesmos fatos por este deduzidos; e nas chamadas ações dúplices, nas quais autor e réu ocupam simultaneamente ambas as posições subjetivas na base da relação jurídica processual, podendo o último obter, independentemente de pedido expresso, o bem da vida disputado, como consequência direta da rejeição do pedido do autor.
A situação jurídica se apresenta de tal modo que qualquer dos sujeitos pode ajuizar a ação contra o outro. Quando isso acontece, diz-se que a ação é de natureza dúplice. Assim, este artigo torna dúplice a ação possessória, permitindo que o juiz, independentemente de reconvenção do réu, confira-lhe proteção possessória, se a requerer na contestação e provar ser o legítimo possuidor, independente de reconvenção. A proteção possessória só é conferida ao réu se ele a requerer na contestação e provar os requisitos que normalmente se exigiriam do autor. Ademais, está limitada aos pedidos autorizados pelo Art. 922 [(de 1973 e Art. 567, CPC de 2015]. Pedidos de natureza diversa só poderão ser veiculados por meio de reconvenção". Acrescentando, ainda: "Diferença de pedido contraposto e natureza dúplice — no pedido contraposto o réu deve pedir, na contestação, a condenação do autor. Na natureza dúplice, o juiz pode conceder o direito ao réu, de ofício". ESSER, Renata. *Ações possessórias.* Disponível em: reesser.wordpress.com/2010/04/09/acoes-possessorias/. Acesso em: 22 out. 2023.

[673] Além de perdas e danos, poderá a violação à posse dar margem à ocorrência de lucros cessantes, o que, quando ocorrer e for devidamente provado (pelo autor, no pedido inicial, ou pelo réu, na contestação), será objeto da sentença condenatória. O imperioso é que o *lucrum cessans* decorra de forma direta e imediata do próprio dano que foi causado. Neste sentido doutrina, também, Marco Aurelio Viana, ao afirmar: "As perdas e danos atenderão a todos os prejuízos sofridos, inclusive as vantagens que o autor deixou de auferir por força do esbulho ou turbação. Atende-se, portanto, aos lucros cessantes. A vítima será indenizada integralmente" (VIANA, Marco Aurelio da Silva. *Curso de direito civil*: direito das coisas. Belo Horizonte: Del Rey, 1993. 3 v. em 3. p. 87).

[674] Decidiu — em matéria envolvendo perdas e danos — o Tribunal de Justiça do Rio de Janeiro: "Não há necessidade de o autor optar pelo rito ordinário para cumular os pedidos possessórios e de perdas e danos, como se exigia outrora. As perdas e danos devem ser provados na fase de conhecimento, ficando para a execução apenas a apuração do seu quantum" (Fonte: 5ª. Câm. do TACiv.RJ de 1.7.85, na Apel. n.º 20.463, Rel. juiz Antônio Lindberg Montenegro, ac. unân., Arqs. TARJ 5/177).

[675] As perdas e danos, mais lucros cessantes, constam dos Arts. 402 e 403 do CC de 2002 (sendo que no CC de 1916, constavam dos Arts. 1.059 e 1.060, respectivamente). Reza o Art. 402 (CC de 2002): "Salvo as exceções expressamente previstas em lei, as perdas e danos devidas ao credor abrangem, além do que ele efetivamente perdeu, o que razoavelmente deixou de lucrar".
Enquanto o Art. 403 (CC de 2002) estabelece: "Ainda que a inexecução resulte de dolo do devedor, as perdas e danos só incluem os prejuízos efetivos e os lucros cessantes por efeito dela direto e imediato, sem prejuízo do disposto na lei processual".

[676] VENOSA, Sílvio de Salvo. *Direito civil: direitos reais.* 3. ed. São Paulo: Atlas, 2003. v.5. p. 114. O autor, em razão do comando do Art. 402 do CC de 2002 (e Art. 1.059 do CC de 1916), dá dois exemplos. Desse modo, "assim, por exemplo, na hipótese de comodato, a partir do esbulho, o comodante

Não pode, pois, ser meramente declinado o pedido de condenação em perdas e danos, pois o que não necessita de prova específica é a condenação que a reintegração se faça às custas do que praticou o esbulho. Assim é em razão de que "a reintegração à custa do vencido, na ação possessória, é elemento da executividade. Não se confunde com a indenização de perdas e danos que não são elementos da reintegração. Daí aquela não precisar ser explicitamente pedida: o pedido contém-na".[677]

Vale ressaltar que a indenização levada a cabo no próprio processo possessório é exclusivamente aquela referente aos danos cometidos contra a própria posse, ou consoante leciona Gleydson Kleber Lopes de Oliveira: "A possibilidade de pleitear indenização em perdas e danos cinge-se, exclusivamente, aos prejuízos decorrentes da ofensa à posse. Caso o autor queira pleitear prejuízos outros, não decorrentes ou relacionados com os atos ofensivos à posse, a mencionada pretensão não poderá ser susceptível de cumulação em sede de procedimento especial".[678]

Se não houver, por parte do autor, com a inicial, ou do réu, com a contestação, pedido expresso de perdas e danos, o juiz não poderá sentenciar deferindo-os, pois, se tal acontecer, o julgamento será *ultra petita*.[679] O que o juiz decide, independentemente de pedido expresso, como dito no parágrafo anterior, é a condenação de que a reintegração se dê à custa do vencido.

Na condenação, em demanda possessória, são devidos honorários advocatícios (sendo que alguns autores entendem — erroneamente, pensamos nós — ser descabido o pagamento[680]), pois, indubitavelmente, estes constituem um verdadeiro complemento da indenização, salvo, se o caso, tratar-se de ação possessória por meio de Juizado Especial Cível – Estadual ou Federal. Pondera, nesse sentido, Caio Mário da Silva Pereira, que "os honorários de advogado [...] devem constituir natural complemento da indenização, de vez que, não sendo lícito à vítima ingressar em Juízo sem o patrocínio de profissional legalmente habilitado o pagamento a este, pela defesa da posse, seria, em qualquer hipótese, um ônus, a pesar sobre os ombros do possuidor, desfalcando-lhe o patrimônio. A recomposição deste não se reputará perfeita sem a inclusão dos horários na verba de reparação".[681]

Os honorários advocatícios deverão ser fixados com a prudência necessária por parte do juiz, devendo o balizamento do valor deles ter como referência o disciplinado pelo Art. 85, do CPC de 2015 (e Art. 20, do Código de Processo Civil de 1973).

5.6. Proteção das servidões por meio das ações possessórias típicas

As servidões, instituto integrante dos direitos reais limitados, podem ser objeto de proteção possessória com supedâneo nas ações típicas de proteção da posse.

---

deve ser indenizado pela indisponibilidade da coisa: justo que se fixe o equivalente ao aluguel que a coisa teria propiciado no período. Na hipótese de desapossamento de um veículo, em outro exemplo, justo que a indenização repare os gastos com locomoção no período de posse indevida. No entanto, o prejuízo deve ser descrito e pedido na inicial ou na contestação".

[677] MIRANDA, Pontes de. *Tratado das ações*: ações condenatórias. Atualizado por Vilson Rodrigues Alves. Campinas: Bookseller, 1999. v. 7, t. V. p. 78.

[678] OLIVEIRA, Gleydson Kleber Lopes de. *Ações possessórias*: enfoque sobre a cognição. São Paulo: Juarez de Oliveira, 2001. p. 75.

[679] Sentença *ultra petita* é, e quanto a isto não custa esclarecer (lembrando, ou relembrando!), aquela que vai além do pedido, ou porque concede mais do que foi pedido, ou porque concede mais do que não foi pedido.

[680] Dentre os autores que entendem que os honorários advocatícios são indevidos em ações possessórias típicas, destacamos Marco Aurelio da Silva Viana, que diz: "Com pertinência aos honorários advocatícios, não tem caráter indenizatório, sendo estranho à lide o contrato entre o demandante e seu advogado, que não se considera como conseqüência necessária da lesão" (VIANA, Marco Aurelio da Silva. *Curso de direito civil*: direito das coisas. Belo Horizonte: Del Rey, 1993. 3 v. em 3. p. 87).

[681] PEREIRA, Caio Mário da Silva. *Instituições de direito civil*: direitos reais. 18. ed., Rio de Janeiro: Forense, 2003. 4 v. em 6. p. 74.

Há de se ponderar, todavia, que somente as servidões aparentes gozam de tal proteção, e tal entendimento decorre, a *contrario sensu*, do comando do Art. 1.213 do Código Civil de 2002 (e Art. 509 do CC de 1916, no qual constava que tanto as servidões contínuas não aparentes, assim como as servidões descontínuas, não gozavam de proteção possessória, salvo se os respectivos títulos proviessem do possuidor do prédio serviente, ou daqueles de que este o houve). Também o Art. 1.213 do CC de 2002 ressalva que, embora não sendo aparente, também goza de proteção possessória a servidão em que os títulos dela provierem do possuidor do prédio serviente, ou daqueles que este o houve.[682]

A servidão, aparente ou não aparente, "é o direito real constituído em favor de um prédio sobre outro, de dono diverso. O prédio beneficiado denomina-se dominante. O prédio onerado denomina-se serviente".[683] Este *conceito de servidão* pode ser vislumbrado pelo próprio Art. 1.378 do Código Civil de 2002, que estatui: "A servidão proporciona utilidade para o prédio dominante, e grava o prédio serviente, que pertence a diverso dono, e constitui-se mediante declaração expressa dos proprietários, ou por testamento, e subsequente registro no Cartório de Registro de Imóveis".[684]

Em comentário doutrinário, relativo ao Art. 1.213 do Código Civil de 2002, encontramos a alusão de que "a nova redação conferida ao Art. 509 do CC de 1916 suprime as hipóteses de servidões *contínuas* e *descontínuas*. De fato, na redação do Art. 1.213 do Código Civil de 2002, verificamos que o legislador de 2002 preferiu (acertadamente) simplificar o problema decorrente da tutela inter-dital das servidões fazendo referência à questão efetiva que reside na falta de aparência (*servidões não aparentes*), pouco importando se elas são contínuas ou descontínuas, tendo-se em conta que o cerne do enleio sempre foi a falta de sinais exteriores capazes de identificá-las, salvo se os títulos respectivos se originassem do possuidor do prédio serviente, ou daqueles de quem e este os houvera, rechaçando, assim, qualquer possibilidade de confundir-se com os atos de permissão ou tolerância".

Com a conclusão, em razão da matéria tratada, de que: "Nenhuma dúvida resta quanto à tutela interdital que o sistema confere às servidões aparentes, diante de sua fácil constatação (materialização)".[685]

---

[682] Na legislação estrangeira encontramos ponto de vista convergente com o disciplinado pelo Direito Civil do Brasil, assim é que, exemplifica-tivamente, destacamos do Código Civil de Macau (China) o Artigo 1205.º, que estabelece:
"(*Exclusão das servidões não aparentes*)
1. As ações mencionadas nos artigos antecedentes não são aplicáveis à defesa das servidões não aparentes, salvo quando a posse seja titulada, fundando-se em título provindo do proprietário do prédio serviente ou de quem lhe transmitiu.
2. Para efeitos do número anterior, é equiparado ao proprietário o titular de outro direito real passível de ser onerado com a servidão".
Nota 1: As ações referidas, conforme n.º 1, retro, são, no Código Civil de Macau: Ação de prevenção – artigo 1201º (no direito civil brasileiro: interdito proibitório); autotutela e defesa judicial – artigo 1202º (no direito civil brasileiro: desforço pessoal) e manutenção e restituição da posse – artigo 1203º (no direito civil brasileiro: manutenção de posse e reintegração de posse).
Nota 2: O Código Civil de Portugal (Atualizado de acordo com: Lei n.º 10/2024, de 8 de janeiro), do qual o Código Civil de Macau deriva, trata a matéria de forma praticamente idêntica, consoante artigos 1280.º (sobre servidão); 1276.º (sobre ação de prevenção); 1277.º (sobre ação direta e defesa judicial) e 1278.º (sobre manutenção e restituição da posse).

[683] Faz ver, ainda, o autor, à p. 149, que "as servidões podem ser aparentes e não aparentes, sendo que estas são as que não se revelam por sinais visíveis (por exemplo, a servidão de não construir mais alto). Podem também ser contínuas e descontínuas. Estas exigem a atividade de seus titulares, a qual não é contínua (por exemplo, a servidão de retirada de água)".

[684] Em análise ao Art. 1.378, diz Hamilton Elliot Akel: "Da análise do dispositivo temos, em primeiro lugar, que por meio da servidão impõe-se a um prédio — que se denomina serviente — em favor de outro prédio — o dominante —, um ônus ou gravame, vale dizer, uma restrição ao exercício do domínio do titular". Continuando, diz o autor: "Em segundo lugar, esse ônus impõe-se a um prédio (serviente) em favor do outro (dominante), e não a uma pessoa em favor de outra. Vale dizer, é uma relação que se estabelece entre prédios, daí decorrendo sua natureza de direito real, porque incide sobre a própria coisa". Arrematando: "Em terceiro lugar, é mister que os dois prédios, o serviente e o dominante, per-tençam a diferentes donos" (AKEL, Hamilton Elliot. Das servidões prediais. *In*: NETTO, Domingos Franciulli; MENDES, Gilmar Ferreira; MARTINS FILHO, Ives Gandra (coord.). *O novo Código Civil*: estudos em homenagem ao prof. Miguel Reale. São Paulo: Revista dos Tribunais, 2003. p. 1039).

[685] FIGUEIRA JÚNIOR, Joel Dias. *Novo Código Civil comentado*. Coordenação de Ricardo Fiúza. 9. tir. São Paulo: Saraiva, 2003. p. 1083.

A matéria relativa às servidões não aparentes e sem titulação, mas que passaram à condição de permanentes, e as obras realizadas que lhe deram o caráter de aparência já gozavam de proteção interdital, consoante entendimento sufragado pelo Supremo Tribunal Federal.[686]

5.7. Proteção possessória, nas ações típicas, dos direitos imateriais ou incorpóreos

Os direitos imateriais, ou incorpóreos, também estão devidamente protegidos pelas ações típicas de defesa da posse, conforme expusemos no **Capítulo II, tópico 2.2.1**. A doutrina e a jurisprudência agasalham tal entendimento, sendo que os entendimentos em contrário não chegam a causar qualquer sobressalto em relação à faculdade concedida ao ofendido de manejar ação possessória para fins de proteger direito imaterial.

Pontes de Miranda, ao tratar da questão dos direitos incorpóreos, afirma, de forma peremptória, que "a propriedade intelectual (artística, científica) e a industrial são direitos sobre bens incorpóreos. Tais bens são, pelo princípio da coextensão da posse e da propriedade, suscetíveis de posse e de tutela possessória. O bem industrial, bem incorpóreo, como o bem intelectual, é suscetível de posse. As pretensões e ações possessórias podem ser exercidas. Tais ações somente nascem com a patenteação da invenção".

Ainda, conforme lição de Pontes de Miranda: "Não se confunda a ação possessória do titular da patente com a que tem o pré-utente antes de se exercer o direito formativo gerador. É ação possessória oriunda de outro direito — o direito de propriedade intelectual ou o direito sobre a coisa. Com o registro, nascem as pretensões e ações possessórias quanto aos sinais distintivos. As ações possessórias nascem a qualquer pessoa que tem poder sobre a indicação de procedência. Qualquer fato que o exprima basta".[687]

Como as questões que envolvem posse são puramente de ordem fática, como já visto, é que não há razão alguma para que as questões provenientes da posse relativa aos direitos imateriais, ou incorpóreos, não gozem da proteção possessória prevista na legislação material e processual civil.

A proteção possessória, proveniente dos chamados bens imateriais, ou incorpóreos, que são, para fins de proteção legal, considerados móveis — o que os torna possíveis de proteção possessória (ação de reintegração de posse, ação de manutenção de posse e interdito proibitório) —, tem amparo no Código Civil, em face do comando do Art. 83,[688] *caput*, do Código Civil de 2002, situação que, também, era prevista pelo Art. 48,[689] *caput* do Código Civil de 1916. Em algumas legislações estrangeiras, os direitos imateriais também figuram como bens móveis, por exemplo, pelo Código Civil do México (no vernáculo de origem: *Código Civil para el Distrito Federal en matéria*

---

[686] Súmula n.º 415, do STF: "Servidão de trânsito não titulada, mas tornada permanente, sobretudo pela natureza das obras realizadas, considera-se aparente, conferindo direito à proteção possessória".

[687] MIRANDA, Pontes de. *Tratado das ações*: ações mandamentais. Atualizado por Vilson Rodrigues Alves. Campinas: Bookseller, 1999. v. 7, t. VI. p. 105-106.

[688] Dispõe o Art. 83 (CC de 2002) "Consideram-se móveis para os efeitos legais:
I – as energias que tenham valor econômico;
II – os direitos reais sobre objetos móveis e ações correspondentes;
III – os direitos pessoais de caráter patrimonial e respectivas ações".

[689] Disciplinava o Art. 48 (CC de 1916) "Consideram-se móveis para os efeitos legais:
I – os direitos reais sobre objetos móveis e as ações correspondentes;
II – os direitos de obrigação e as ações respectivas;
III – os direitos de autor".

comum y para toda la República en materia federal), que disciplina: "Artículo 758. Los derechos de autor se consideran bienes muebles".

Não paira dúvida de que tanto os direitos autorais[690] como os direitos de propriedade industrial (marcas e patentes),[691] inclusive os cultivares,[692] gozam de proteção possessória, em razão de expressa disposição de ordem legal, haja vista suas inserções no campo dos direitos reais, como bens de natureza móvel.

Não obstante os esclarecimentos doutrinários colhidos na lição de Pontes de Miranda e que foram, em parte, reproduzidos anteriormente, valemo-nos — para espraiar mais o entendimento sobre o objetivo legal da proteção da obra de direito autoral e do direito de proteção da obra industrial — do que aduzem Carlos Alberto Bittar e Eduardo Bittar, no sentido de que "na regulamentação dos direitos sobre a obra intelectual, o objetivo básico é proteger o autor e possibilitar-lhe, de um lado, a defesa da paternidade e da integridade de sua criação e, de outro, a fruição dos proventos econômicos, resultantes de sua utilização, dentro da linha dos mecanismos de tutela dos direitos individuais. Por isso é que se relaciona mais a interesses de personalidade (caráter subjetivista e privatista do Direito de Autor)".

Complementando: "Na regulamentação dos direitos sobre a obra industrial, a proteção fixada objetivou a aplicação do produto final na consecução de utilidades, ou na solução de problemas técnicos, relacionando-se ao processo de produção e de expansão da economia, sob a égide de um regime de concorrência desleal. Vincula-se, pois, mais a interesses técnicos, econômicos e políticos, amparando, de um lado, o produto industrial (como nos inventos), e impedindo, de outro, a concorrência desleal (como sinais distintivos) (caráter objetivista do Direito Industrial)".[693]

No próprio comando da legislação extravagante — no tratamento específico sobre proteção de direito de autor e da proteção de direito de propriedade industrial —, defluem mecanismos de proteção na órbita do Direito Civil (como, de resto, no campo do direito penal), todavia é nas ações de proteção da posse que a fluidez de tal proteção melhor faz-se sentir.

A mesma proteção possessória que se alcança ao possuidor (por meios das ações possessórias típicas) para resguardo de sua posse sobre bens móveis e sobre bens imóveis, também se alcança em matéria de proteção de direitos imateriais, haja vista que "pode o titular servir-se, dentre outros, dos instrumentos de defesa de posse, como o interdito proibitório",[694] que, aliás,

---

[690] Dispõe a Lei n.º 9.610, de 19 de fevereiro de 1998, que trata sobre os direitos autorais, em seu Art. 3º. "Os direitos autorais reputam-se, para os efeitos legais, bens móveis".

[691] Dispõe a Lei n.º 9.279, de 14 de maio de 1996, que trata da proteção da propriedade industrial, pelo Art. 5º. "Consideram-se bens móveis, para os efeitos legais, os direitos de propriedade industrial".

[692] Dispõe a Lei n.º 9.456, de 25 de abril de 1997, que trata sobre a proteção de cultivares (que fica contido no campo da propriedade intelectual), no Art. 2º. "A proteção dos direitos relativos à propriedade intelectual referente a cultivar se efetua mediante a concessão de Certificado de Proteção de Cultivar, considerado bem móvel para todos os efeitos legais e única forma de proteção de cultivares e de direito que poderá obstar a livre utilização de plantas ou de suas partes de reprodução ou de multiplicação vegetativa, no País".

[693] BITTAR, Carlos Alberto; BITTAR, Eduardo C. B. *Direito de autor*. 3. ed. Rio de Janeiro: Forense Universitária, 2000. p. 4-5. Ainda sobre proteção de direito de autor e proteção de direito de propriedade industrial, aduzem os autores: "Assim, na obra intelectual resguardam-se mais os interesses do autor, com reflexos econômicos e sociais daí decorrentes, enquanto na obra industrial o objetivo último é o aproveitamento, pela coletividade, da utilidade resultante — através de sua multiplicação ou de inserção no processo produtivo — ou o impedimento da prática da concorrência desleal".

[694] BITTAR, Carlos Alberto; BITTAR, Eduardo C. B. *Direito de autor*. 3. ed. Rio de Janeiro: Forense Universitária, 2000. p. 138. Embora o Interdito Proibitório também esteja à disposição do titular do direito autoral e do titular do direito de propriedade industrial, não é de ignorar-se que o STJ tem posicionamento, quanto à proteção do direito de autor, contrário, tanto assim é que foi editada súmula. Diz a Súmula (STJ) n.º 228: "É inadmissível o interdito proibitório para a proteção do direito autoral". A proteção, entretanto, em situações particularíssimas, tem sido possível, embora a posição contrária resultante do entendimento do STJ.

faz parte dos meios de tutela civil, até mesmo em razão de que "a tutela civil é plena, porque se realiza através de todas as espécies de ações civis".[695]

Em matéria de direito imaterial, o que se caracteriza como meio mais eficaz de proteção é o interdito proibitório, considerando que, "se, porém, o pedido de manutenção e reintegração, na prática, é ineficaz para impedir a reprodução de obra artística, por exemplo, o interdito a evita".[696]

5.8. Aplicação das ações possessórias típicas em relação às coisas de natureza móvel

Em se tratando de proteção possessória, não há, presentemente, qualquer distinção se os bens (coisas) são imóveis ou móveis, pois todos eles gozam de proteção possessória.

A matéria foi objeto de divergências interpretativas no passado, pois o Código de Processo Civil, em redação primitiva, condicionava, em face do Art. 275, inc. II, alínea "a", que se aplicava o procedimento sumaríssimo (sumário??) às causas que versassem sobre a posse ou o domínio de coisas móveis e de semoventes. Então, por longos anos e com posicionamentos ora favoráveis, ora desfavoráveis, a matéria foi sendo palco de disputas interpretativas, e isto tanto no âmbito acadêmico como no judicial.

Pois bem, presentemente, não há mais espaço para discussão, em função de que o Art. 275 do Código de Processo Civil excluiu, na sua atual redação, a alusão a móveis e semoventes, contrariamente ao que era disposto anteriormente, em decorrência da redação do inc. I, alínea "a". Com relação ao assunto, leciona Carlos Roberto Gonçalves: "A Lei nº 9.245, de 26 de dezembro de 1995, excluiu do procedimento sumário as ações que versem sobre posse e domínio de coisas móveis". Complementa o autor dizendo que "o procedimento das ações possessórias, quer versem sobre bens móveis, quer sobre bens imóveis, sendo ação de força velha, será sempre ordinário. Se for ação de força nova, seguirá o especial dos arts. 926 e s. do Código de Processo Civil, que prevêem a possibilidade de se conceder liminar".[697]

Vale, por oportuno, ressaltar que, sendo a ação possessória típica de força nova (menos de ano e dia), o autor tem mais vantagem em se assegurar do rito especial, haja vista a possibilidade da obtenção de liminar, *inaudita altera pars*, ou após justificação prévia; já na ação possessória de força velha (mais de ano e dia), o autor não tem escolha, pois a ação tramita, desde logo, pelo rito ordinário, em face do Art. 924 do CPC, em que poderá, se preenchidos os requisitos necessários, obter antecipação de tutela, em face do Art. 273 do CPC. Sobre a antecipação de tutela, voltaremos, com mais ênfase, ao assunto no **Capítulo V (tópico 5.18).**

---

[695] BITTAR, Carlos Alberto; BITTAR FILHO, Carlos Alberto. *Tutela dos direitos de personalidade e dos direitos autorais nas atividades empresariais.* 2. ed. São Paulo: Revista dos Tribunais, 2002. p. 25. Ainda sobre a tutela civil, acrescem os autores: "Nota-se, assim, que, por meio da tutela civil, se pode conseguir a cessação das práticas atentatórias, a condenação à integral reparação dos prejuízos materiais e morais, bem como, eventualmente, a execução forçada (por descumprimento da condenação referida). Enfim, através da tutela civil, podem ser eliminados tanto o ilícito quanto todos os seus efeitos, restaurando-se, totalmente, a harmonia e o equilíbrio da ordem jurídica".

[696] SANTOS, Ernane Fidélis dos. *Manual de direito processual civil.* São Paulo: Saraiva, 1996. v. 3. p. 51.

[697] GONÇALVES, Carlos Roberto. *Direito das coisas.* São Paulo: Saraiva, 2003. p. 41.

5.8.1. NOTA ESPECIAL: Aplicação do procedimento comum como regra pelo Código de Processo Civil de 2015

O procedimento comum é ordinário ou sumário, assim pelo disposto no Art. 272 do CPC de 1973. Contudo, agora, como norma processual, consta do Código de Processo Civil de 2015, que ele passou a ser **comum** em razão do contido de expressa disposição no CPC/2015, que expões:

Art. 318. Aplica-se a **todas as causas** o procedimento comum, salvo disposição em contrário deste Código ou de lei.

Parágrafo único. O **procedimento comum aplica-se subsidiariamente aos demais procedimentos especiais e ao processo de execução.**

"Importa destacar que, o Código de Processo Civil de 2015 não revogou a ação, mas, tão somente o procedimento especial ao qual ela se submetia, sendo certo que, de igual modo que aos demais procedimentos especiais, possui índole cautelar, antecipatória e executiva, mas se desenvolvendo em um processo de conhecimento.

Atualmente a Ação de Nunciação de Obra Nova tem o seu procedimento respaldado na previsão disposta nos Arts. 554 a 558 do Código de Processo Civil Brasileiro de 2015, permitindo a qualquer vizinho propor a ação caso a obra cause diminuição do valor do seu imóvel, privação do gozo e uso de parte dele, ou seja realizada sem as devidas precauções.

A Ação de Nunciação de Obra Nova poderá ser pleiteada quando (a) a obra em imóvel vizinho possa prejudicar a sua propriedade, (b) o condômino que executa obra gera prejuízo ou alteração do bem comum e (c) a obra é realizada em afronta à lei, regulamento ou código de postura municipal".[698]

Cabe apontar que, pelo Art. 1.302, em combinação com o Art. 1.312 do Código Civil de 2002 (e Art. 573, combinado com o Art. 586 do Código Civil de 1916), existe, também, a possibilidade de ser manejada a ação de nunciação de obra nova no capítulo atinente aos Direitos de Vizinhança (*jus vicinatis*), na Seção do Direito de Construir. Só que, em- Aponta de forma coerente José Herval Sampaio Júnior, " a antecipação dos efeitos práticos ou externos da tutela jurisdicional tem por escopo concretizar, desde logo, os resultados perseguidos no processo, garantindo a satisfação do direito da parte mesmo antes do momento que seria próprio, a prolação da sentença definitiva, tudo como forma de homenagear os postulados da celeridade e da efetividade do direito via processo".

Prosseguindo, é "importante não confundir satisfatividade com definitividade. A tutela antecipada é concedida com base num juízo provisório, formado a partir de fatos muitas vezes unilateralmente narrados. Pode ser que na decisão final, em razão do contraditório e das provas apresentadas pela parte adversa, o juiz mude seu convencimento e decida contrariamente aos interesses daquele que foi beneficiado com a antecipação. tais situações, somente quem pode manejá-la, por força dos dispositivos em referência, é o proprietário, o que afasta a figura do possuidor (pelo menos enquanto tão só possuidor)". Registra-se, por oportuno, que, mesmo não mais recebendo tratamento pelo Código de Processo Civil de 2015, assim como não tem referência, pelo nome de ação de obra nova, pelo Código Civil de 2002 (assim como também não tinha no Código Civil de 1916), é matéria que encontra escudo nas ações que resguardam o direito de vizinhança

---

[698] Disponível em: https://www.jusbrasil.com.br/artigos/acao-de-nunciacao-de-obra-nova/1138791211 – Ação de Nunciação de Obra Nova. Publicado por MAURÍCIO EJCHEL. Acesso em: 27 fev. 2024.

no que diz respeito às garantias possessórias em face dos Arts. 554 a 558, do Código Civil/ 2002, dando margem também para a aplicação do Art. 565[699] do mesmo diploma legal.

Aponta, em comentário ao Art. 1.302 do Código Civil de 2002, Maria Helena Diniz: "*Direito de propor ação de nunciação de obra nova*. O proprietário confinante que, presumidamente, anuiu na construção, uma vez que a ela não se opôs, poderá mover ação de nunciação de obra nova (CPC, Art. 934 [Art. do CPC/1973, **apontando:** a matéria não é tratada pelo CPC/2015]), que somente poderá ser deferida durante a construção para obstar que na edificação levantada no prédio vizinho se abra janela a menos de metro e meio da linha divisória ou se faça beiral que deite água nos eu terreno, dentro do prazo decadencial de ano e dia".

Ainda, segundo Maria Helena Diniz, ao comentar o Art. 1.302 do Código Civil de 2002: "*Consequências da violação dos arts. 1.199 a 1.313 do Código Civil*. Todo aquele que infringir as normas atinentes ao direito de construir, contidas no Código Civil, será obrigado a demolir as construções ilicitamente feitas, respondendo, ainda, pelas perdas e danos. O lesado poderá ingressar em juízo com ação demolitória, dentro do prazo decadencial de ano e dia (CC, Art. 1.302). Todavia o magistrado apenas ordenará a demolição da obra quando for impossível a sua conservação ou adaptação aos regulamentos administrativos e quando contiver vício insanável. Se a obra ainda estiver em fase de construção, a ação cabível será a de nunciação de obra nova (CPC, Art. 934[CPC de 1973, não mais inserida no CPC de 2015]). De qualquer modo o infrator deverá pagar a indenização por perdas e danos (CC, arts. 402 a 404), pedido esse que poderá ser cumulado a qualquer daquelas ações".[700]

<u>LEMBRANDO PARA FINS DE MANTER REGISTRO HISTÓRICO:</u> A ação de nunciação de obra nova era de caráter amplo, pois tanto podia ser intentada pelo possuidor, como de resto pelo proprietário, para obstaculizar, legalmente, que determinada obra feita em prédio vizinho afeta-lhe em seus direitos. Tratava-se de ação destinada a impedir a ocorrência de prejuízo em razão da obra nova construída em prédio vizinho.[701]

Dizia respeito, pois, a uma ação, e isto registra Arnoldo Wald, "intentada pelo proprietário ou pelo possuidor para impedir que o prédio que lhe pertence ou que possui seja prejudicado por obra nova realizada em prédio vizinho, bem como pelo condômino, para impedir a ocorrência de prejuízo ou a alteração da coisa comum, por qualquer obra que execute o coproprietário; bem,

---

[699] Art. 565. No litígio coletivo pela posse de imóvel, quando o esbulho ou a turbação afirmado na petição inicial houver ocorrido há mais de ano e dia, o juiz, antes de apreciar o pedido de concessão da medida liminar, deverá designar audiência de mediação, a realizar-se em até 30 (trinta) dias, que observará o disposto nos §§ 2º e 4º.*

§ 1º Concedida a liminar, se essa não for executada no prazo de 1 (um) ano, a contar da data de distribuição, caberá ao juiz designar audiência de mediação, nos termos dos §§ 2º a 4º deste artigo.

§ 2º O Ministério Público será intimado para comparecer à audiência, e a Defensoria Pública será intimada sempre que houver parte beneficiária de gratuidade da justiça.

§ 3º O juiz poderá comparecer à área objeto do litígio quando sua presença se fizer necessária à efetivação da tutela jurisdicional.

§ 4º Os órgãos responsáveis pela política agrária e pela política urbana da União, de Estado ou do Distrito Federal e de Município onde se situe a área objeto do litígio poderão ser intimados para a audiência, a fim de se manifestarem sobre seu interesse no processo e sobre a existência de possibilidade de solução para o conflito possessório.

§ 5º Aplica-se o disposto neste artigo ao litígio sobre propriedade de imóvel.

[700] DINIZ, Maria Helena. *Código Civil anotado*. 8. ed. São Paulo: Saraiva, 2002. p. 799, 804-805.

[701] Em razão do doutrinado por Adroaldo Futado Fabrício (Comentários do Código de Processo Civil. Rio de Janeiro: Forense, 1980. v. 8. p. 593), temos que "a 'liberação', ou proteção do livre e pacífico exercício do domínio, faz-se necessária em razão de obra empreendida em prédio vizinho e que ocasiona iminência de um prejuízo ao prédio. Não se trata de dano a pessoa em sua saúde ou bem-estar, donde promanam ações outras de direito de vizinhança, mas ao prédio mesmo, visto como bem imóvel e não necessariamente como edifício ou casa: esse, aliás, o conceito invariavelmente adotado pelo Código Civil".

como, ainda, pelo Município, para impedir a construção por qualquer particular, contrariamente ao que dispõe a lei, o regulamento ou a postura".[702] [703]

Deve, e isto é primordial, a obra ser realizada em imóvel que seja contíguo àquele que será afetado por ela, pois, se a obra adentrar terreno de outrem, não será a ação de obra nova a proteção jurídica adequada, e sim a correspondente ação possessória típica (manutenção ou reintegração de posse, conforme for o caso).

Por outro lado, como constava do Art. 936, incs. I, II e III, do Código de Processo Civil de 1973, o nunciante poderá não mais poder impedir a continuidade da obra nova, em razão de que, no curso da ação, ela foi concluída, caso em que a ação continuará a fluir para que ocorra demolição do que foi feito.[704]

A jurisprudência predominante, calcada na melhor doutrina sobre a matéria, acolhe a possibilidade jurídica de que, se no curso do processo a obra findou, a ação não deve ser extinta, e sim feita a convolação em demolitória, em face do Art. 936, inc. I, do Código de Processo Civil [CPC de 1973, não mais inserida no CPC de 2015]. Doutrina, no mesmo sentido, Humberto Theodoro Júnior, ao asseverar, com amparo em decisão jurisprudencial: "Obra concluída no interregno entre a propositura da ação e a citação do nunciado. Conversão em demolitória. Possibilidade. Orientação doutrinária e precedentes jurisprudenciais. Na linha da jurisprudência emanada dos Tribunais, inclusive o egrégio Superior Tribunal de Justiça, e em conformidade com a melhor doutrina, admite-se a convolação da ação de obra nova em demolitória se a obra concluiu-se na pendência daquela. Embora inviável o embargo, subsiste íntegra a pretensão demolitória, que passa a assumir caráter autônomo. Não obstante, a conversão das ações não deve ser automática, devendo ser declarados nulos os atos praticados de forma incompatível com o rito da ação demolitória (ordinário) [art. 250, do CPC de 1973 e art. 283, do CPC de 2015[705]]. Outrossim, deve ser cassada a sentença e anulados os atos processuais praticados a partir do embargo, inclusive, devendo-se ainda reabrir à requerida o prazo para defesa, que passa a ser de 15 dias".[706]

---

[702] WALD, Arnoldo. *Curso de direito civil brasileiro*: direito das coisas. 11. ed. São Paulo: Saraiva, 2002. p. 98-99.

[703] Praticamente no mesmo sentido da doutrina de Arnaldo Wald é, também, a lição de Solon Angelim de Alencar Ferreira, quando o mesmo escreve: "A ação de nunciação de obra nova é ação que compete ao proprietário, possuidor, condômino e ao município contra aquele confinante que constrói ilicitamente seja violando as normas do direito de vizinhança contidas no Código Civil, seja violando as normas municipais, seja o coproprietário que execute obra com prejuízo/modificação da coisa comum, seja o particular que construa contra a lei, regulamento ou código de postura (Art. 934, incisos I a III, do CPC [CPC de 1973, não mais inserida no CPC de 2015]), ou seja, a ação de nunciação pode fundamentar-se no direito de propriedade, no '*jus possessionis*', do condomínio e da quebra de regras até mesmo municipais de obras, motivo pelo qual está situada entre as ações possessórias '*lato sensu*'" (FERREIRA, Solon Angelim de Alencar. Outros meios processuais de defesa da posse. *Jus Navigandi*, Teresina, ano 5, n. 47, 1 nov. 2000. Disponível em: http://jus2.uol.com.br/doutrina/texto.asp?id=591. Acesso em: 10 jan. 2012.

[704] Decidiu o Tribunal de Justiça de Santa Catarina, em agravo de instrumento, em matéria envolvendo obra nova: "O reconhecimento de que a obra está concluída não impede a tramitação da actio que abriga os demais pedidos constantes do Art. 936, incisos I, II e III, do Código de Processo Civil {de 1973, revogado], tais como, desfazimento da construção, cominação de pena para o caso de inobservância do preceito e condenação em perdas e danos" (Fonte: AI n.º 10.413, Balneário Camboriú, Rel. Des. Francisco Oliveira Filho, decisão publicado no *DJ-SC*, em 09.07.96). (ROSA, Alexandre Morais da. *Código de Processo Civil anotado*: segundo a jurisprudência do Tribunal de Justiça de Santa Catarina. 2. ed. Florianópolis: Terceiro Milênio, 1998. p. 577).

[705] Em colocação fora do texto do autor, destacamos a redação do Art. 283, do CPC de 2015 (e Art. 250 do Código de Processo Civil de 1973):
Art. 283. O erro de forma do processo acarreta unicamente a anulação dos atos que não possam ser aproveitados, devendo ser praticados os que forem necessários a fim de se observarem as prescrições legais.
Parágrafo único. Dar-se-á o aproveitamento dos atos praticados desde que não resulte prejuízo à defesa de qualquer parte.
Nota; No CPC de 1973 tinha a seguinte redação: Art. 250. "O erro de forma do processo acarreta unicamente a anulação dos atos que não possam ser aproveitados, devendo praticar-se os que forem necessários, a fim de se observarem, quanto possível, as prescrições legais.
Parágrafo único – Dar-se-á o aproveitamento dos atos praticados, desde que não resulte prejuízo à defesa".

[706] THEODORO JÚNIOR, Humberto. *Código de processo civil anotado*. 9. ed. Rio de Janeiro: Forense, 2005. p. 632. A citação feita no corpo do texto tem como fonte jurisprudencial, segundo o autor: TAMG, 5ª. CC., Apelação n.º 342940-5, Rel. juiz Brandão Teixeira, ac. 05.09.2001, não publicado.

Pelas colocações *supra,* desponta que o autor não necessita ingressar com ação específica para pleitear a demolição da obra concluída, pois ela **só** findou no curso da ação de nunciação de obra nova que estava em curso e que tinha sido manejada corretamente pelo autor. O que não é admissível é que, quando do ingresso da ação, por parte do autor, a obra já esteja acabada, caso em que a ação será julgada improcedente, pois, neste caso, o certo seria, desde logo, a interposição da competente ação ordinária demolitória. Portanto: "Se a obra já está concluída, na oportunidade em que é interposta a nunciatória, o caminho é a extinção do processo por carência da ação. O *nuntiatio novi operis* tem por finalidade impedir a edificação. Estando esta já feita ou pouco faltando para findar-se, é evidente a impropriedade da ação, que se resolve pela carência do direito à propositura da mesma."

5.9 Modalidades de ações possessórias atípicas

As ações possessórias atípicas também podem ser manejadas para a proteção da posse, muito embora não sejam específicas, conforme já alertamos anteriormente.

Para um estudo particularizado é que elencamos às ações que, embora não exclusivas, também possibilitam à proteção possessória. Como tais ações, a seguir tratadas, não se destinam de forma exclusiva à proteção da posse é que as denominamos de atípicas, nomen juris este que adotamos para diferenciar das ações possessórias típicas.

À guisa de esclarecimento, se há (como de fato há), ações típicas para defesa da posse, não é incorreto denominarmos de atípicas àquelas que também podem ser manejadas para o mesmo fim. A atipicidade se refere tão-somente ao fato de que tais ações não são exclusivas para a defesa da posse, e não que elas não tenham previsão legal no ordenamento processual civil brasileiro.

Dito isto, vejamos as ações atípicas, que podem ser manejadas para defesa da posse.

5.9.1 Ação de nunciação de obra nova

Ação de nunciação de obra nova, também denominada de embargos à primeira (também, em terminologia adotada pela doutrina e pela jurisprudência, embargos de obra nova) é matéria que encontrava, como apontado por meio do tópico 5.8.1., amparo tanto material, como processual, pelo Código de Processo Civil de 1973, em razão do contido nos arts. 934 a 940, não mais se apoia exclusivamente na lei processual civil, mas continua a possibilitar seu manejo em conformidade com as anotações que apontamos em relação ao tópico 5.8.1, para o qual encaminhamos o consulente.

5.9.2. Ação de dano infecto

Ação de dano infecto (*damnum infectum*), que é de preceito cominatório, está prevista no Art. 1.277, caput, do Código Civil de 2002 (e Art. 554 do Código Civil de 1916). Tem, também, sua aplicação em razão do Art. 325, do CPC de 2015 (e Art. 287, do Código de Processo Civil de 1973), pois se trata de ação de preceito cominatório. Embora não tenha por fim último, e exclusivo, a defesa da posse, é inegável que a ação poderá ser manejada com tal finalidade.

Apesar da alta carga de preceito cominatório que se insere na ação de dano infecto, é reconhecida pela doutrina, e pela jurisprudência, como meio de defesa da posse. Assevera, neste sentido,

Maria Helena Diniz, tomando por base as lições de Orlando Gomes e Caio Mário da Silva Pereira: "Essa ação não é propriamente uma ação possessória, mas sim cominatória, ante sua finalidade puramente acautelatória. Apesar disso é tida, pelos autores, como medida possessória, haja vista que compreende a proteção do possuidor".

A ação de dano infecto é "medida preventiva como o interdito proibitório, é dá-se quando o possuidor tenha fundado receio de que a ruína de prédio vizinho ao seu, ou vício na sua construção, possa vir a causar-lhe prejuízo", e no caso de mau uso do prédio vizinho que venha a comprometer a saúde e o sossego do possuidor ou proprietário do prédio afetado.

Destaca, com acerto e prudência, Waldir de Arruda Miranda Carneiro, o que entendemos como correto: "Por fim, é de frisar que quando a lei faz referência ao proprietário ou inquilino como pessoas sujeitas à insegurança, desassossego ou insalubridade, quer indicar o titular do domínio e todas as pessoas que ocupem ou frequentem legalmente o prédio, a título permanente ou transitório, gratuito ou oneroso".

A ação de dano infecto, ou de preceito cominatório, é interposta pelo proprietário ou, então, se o caso, pelo possuidor, desde que se afigure, como aponta Arnoldo Wald, "o justo receio de sofrer algum dano proveniente das obras, do uso nocivo e da ruína de prédio vizinho, para que o proprietário dê as garantias necessárias para a indenização dos prejuízos eventuais.

Por oportuno, vale lembrar que, pelo CPC de 1973, a matéria se achava inserida no procedimento sumário (art. 275, II, c), na hipótese de ressarcimento por danos em prédio urbano ou rústico, ou, nos demais casos, no rito ordinário (arts. 282 e s.). O pedido cominatório art. 287 do Código de Processo Civil". Agora, em razão do CPC de 2015, a matéria deverá ser vista sob o procedimento comum. Pela relevância do tema, destacamos os apontamentos a seguir: "A grande alteração está no que se entende por procedimento comum, pois, enquanto o CPC/1973 previa, em seu art. 272, que o procedimento comum poderia ser ordinário ou sumário, regendo-se este último pelas disposições que lhe eram próprias, o CPC/2015 deixou de dispor sobre o procedimento sumário. O Código de Processo Civil de 2015, indo no sentido da fungibilidade, acabou com a dicotomia entre procedimento ordinário e procedimento sumário, dado que previu apenas um único procedimento comum, que é flexível e pode ser adaptado pelo juiz e pelas partes quando o processo versar sobre direitos que admitam transação (art. 190)". Ainda: O § 1º do art. 1.046 do novo CPC prevê que as disposições do CPC/1973 relativas ao procedimento sumário e aos procedimentos especiais que forem revogadas aplicar-se-ão às ações propostas e não sentenciadas até o início da vigência deste Código, ou seja, a Lei nº 13.105/2015 revogou o procedimento sumário e também alguns procedimentos especiais".

Assim, nos casos pendentes que ainda não foram sentenciados até o início de vigência da lei nova, o procedimento será conservado nos moldes do CPC anterior (1973), até a prolação da sentença. Quer dizer que, mesmo que ainda o processo não tenha sido sentenciado com entrada em vigor da nova lei processual, fica o juiz vedado de converter tais processos àquele procedimento previsto na nova lei.

Pelo comando do Art. 1.277, caput, do Código Civil de 2002 (com o mesmo alcance do Art. 554 do revogado Código Civil de 1916), vê-se que o uso do imóvel deve não ser só normal, mas que tenha uma tolerabilidade normal, a qual tem a ver com o vizinho, e não com o proprietário ou possuidor do imóvel.

A tolerabilidade do uso do imóvel tem, para o vizinho que se sinta prejudicado, alcance bem mais elástico do que o considerado uso normal do imóvel por parte do proprietário ou possuidor, pois, exemplificativamente, se determinado imóvel apresenta falhas construtivas, é possível que ele possa ser considerado como de uso inconveniente e, portanto, não legítimo, haja vista que sua utilização traz risco para o vizinho.

O que deve ficar claro, no que tange ao denominado uso normal do imóvel, é que a normalidade para o proprietário, ou possuidor, não quer significar que também para o vizinho a mesma se caracterize, pois "a ninguém é dado utilizar seu imóvel de modo nocivo, ainda que não ultrapasse os limites do que possa, de ordinário, ser considerado normal".

Para cada situação que se apresente, tendo como objeto a existência de dano infecto, faz-se necessária criteriosa análise por parte do julgador para resolver o conflito. Nesse sentido pondera, inclusive, Luiz Edson Fachin, ao dizer que "da observação dos fatos e ponderações de direitos e de deveres deflui o equilíbrio, que sugere ausência de perturbação de desassossego".

Estando presente a nocividade para o vizinho, afigura-se como correta a utilização da ação de dano infecto, para coibir que ele sofra perturbação em seu sossego, sua segurança ou mesmo em sua saúde.

5.9.3. Ação de embargos de terceiros

Trata a ação de embargos de terceiro da possibilidade jurídica de o senhor (que é o proprietário) e possuidor, ou tão somente possuidor,[707] se rebelar contra ato decorrente de constrição judicial. Diz, neste sentido, Solon Angelim de Alencar Ferreira, "que os embargos de terceiro são o remédio contra ato jurisdicional típico de -constrição da posse de bens sofrido por aquele que não é parte da relação jurídica principal, mas é atingido por uma decisão de efeitos extra lide e fica privado de sua propriedade ou posse".[708] [709]

Tal modalidade de ação é prevista, com total exclusividade, pelos Arts. 674 a 680, do CPC de 2015 (e Arts. 1.046 a 1.054,[710] do Código de Processo Civil de 1973).[711] [712] [713]

---

[707] Disciplina a **Súmula n.º 52**, de 3 de setembro de 2010, da **AGU**: *É cabível a utilização de embargos de terceiros fundados na posse decorrente do compromisso de compra e venda, mesmo que desprovido de registro.*

[708] FERREIRA, Solon Angelim de Alencar. Outros meios processuais de defesa da posse. *Jus Navigandi*, Teresina, ano 5, n. 47, 1 nov. 2000. Disponível em: https://jus.com.br/artigos/591/outros-meios-processuais-de-defesa-da-posse Acesso em: 18 nov. 2024.

[709] Sobre os embargos de terceiro, anota Betina Rizzato Lara, a qual toma por base o lecionado por Hamilton de Moraes Barros: "A diferença entre os embargos de terceiro e as possessórias, porém, está no fato de que nestas, a turbação ou esbulho é praticado por um particular enquanto naqueles, a moléstia à posse decorre de um ato judicial" (LARA, Betina Rizzato. *Liminares no processo civil*. 2. ed. atual. São Paulo: Revista dos Tribunais, 1994. p. 175).

[710] Nota: No ANEXO C, no tópico: "Destaques de artigos do código de processo civil em matéria de ações possessórias", estão transcritos todos os artigos sobre a ação de embargos de terceiro.

[711] Pelo Código Civil de Macau, em face do artigo 1210º, os embargos de terceiro também são considerados como ações possessórias. Estabelece o artigo em comento: "O possuidor cuja posse for ofendida por diligência ordenada judicialmente pode defender a sua posse mediante embargos de terceiro, nos termos definidos na lei de processo".

[712] O Código Civil de Portugal também insere os embargos de terceiro como meio de defesa da posse, desse modo:
"ARTIGO 1285.º
(*Embargos de terceiro*)
O possuidor cuja posse for ofendida por diligência ordenada judicialmente pode defender a sua posse mediante embargos de terceiro, nos termos definidos na lei de processo".

[713] O Código de Processo Civil de Portugal disciplina sobre os embargos de terceiro:
"ARTIGO 351.º
(*Fundamento dos embargos de terceiro*)

Embargos de terceiro é, consoante leciona Roberto Senise Lisboa, "o nome que se dá à demanda ajuizada pelo interessado que não é parte na relação jurídica processual existente, em face de decisão judicial que causa qualquer constrangimento ao exercício de seu poder sobre determinada coisa".[714]

Ainda, doutrinariamente, os embargos de terceiro, com suporte na doutrina de Carlos Alberto Bittar, "representam ação do possuidor ou do proprietário contra ato de constrição judicial que atinja seus direitos. Não obstante se não restrinja à posse, pois inserido pelo estatuto processual dentre os procedimentos de jurisdição contenciosa (arts. 1.046 e segs.[CPC de 1973 e arts. 674, do CPC de 2015]), é útil no plano possessório, em hipótese como apreensão, penhora, seqüestro, arrecadação, depósito e atos restritivos desse direito".[715]

Como a matéria recebe específico tratamento pelo Código de Processo Civil é que tem uma conotação híbrida, isto é, trata-se de matéria tanto de natureza processual, como material. Quanto a isso, não paira qualquer tipo de divergência doutrinária, e assim a jurisprudência[716] vem reiteradamente decidindo. Arrematando, colhe-se do pronunciamento doutrinário:

"Os **embargos de terceiro** consistem em ação de conhecimento autônoma, embora pressuponham a existência de um processo dito principal, do qual emanou a decisão que acarreta prejuízos ao embargante. **Sua finalidade**, como já destacado, é a de invalidar o que a doutrina chama de **esbulho judicial**, uma vez que servem para a proteção da posse ou de um outro direito real qualquer do embargante sobre o bem objeto da constrição. Entretanto – destaque-se desde logo – os embargos de terceiro não se prestam a decidir-se quem seja efetivamente o proprietário do bem objeto da constrição, mas apenas acerca da validade do ato judicial constritivo. Os embargos de terceiro possuem características semelhantes ao incidente de oposição, regulado pelos artigos 56 a 61, do CPC. Distinguem-se, todavia, num ponto em especial. Na oposição, o opoente afirma ser ele, e não autor e réu do processo principal, o titular do direito objeto da disputa, de modo que ele, opoente, veicula uma pretensão contra ambos. Nos embargos de terceiro, a disputa não gravita em torno de direito sobre o próprio bem, o qual, entretanto, é objeto de constrição judicial que se pretende invalidar. Por isso mesmo [...] figura no polo passivo, via de regra, apenas a parte beneficiada pela constrição. Os embargos de terceiro consistem em ação de conhecimento autônoma, embora pressuponham a existência de um processo dito principal, do qual emanou a decisão que acarreta prejuízos ao embargante. Sua finalidade, como já destacado, é a de invalidar o que a doutrina chama de esbulho judicial, uma vez que servem para a proteção

---

1. Se qualquer ato, judicialmente ordenado, de apreensão ou entrega de bens ofender a posse ou qualquer direito incompatível com a realização ou o âmbito da diligência, de que seja titular quem não é parte na causa, pode o lesado fazê-lo valer, deduzindo embargos de terceiro.

2. Não é admitida a dedução de embargos de terceiro relativamente à apreensão de bens realizada no processo especial de recuperação da empresa e de falência".

[714] LISBOA, Roberto Senise. *Manual elementar de direito civil*: direitos reais e direitos intelectuais. 2. ed. São Paulo: Revista dos Tribunais, 2003. 4 v. em 5. p. 72. Esclarece, ainda, em relação ao que é admissível pelos embargos de terceiro, que são "opostos em face de decisão judicial que determina:
a) o sequestro de bem sobre o qual o interessado exerce poder,
b) o depósito de bem sobre o qual o interessado exerce poder, e
c) a penhora de bem sobre o qual o interessado exerce poder.
A penhora judicial retira a detenção física da coisa que se encontrava em poder do possuidor, porém não acarreta, de imediato, a perda da posse do bem, o que somente se verificará no caso de eventual submissão da coisa a leilão ou hasta pública".

[715] BITTAR, Carlos Alberto. *Direitos reais*. Rio de Janeiro: Forense Universitária, 1991. p. 49.

[716] Para ilustrar, decidiu o Tribunal de Justiça do Estado do Rio Grande do Sul: *Ementa: Embargos de terceiro. Promessa de compra e venda sem registro. Súmula 84 do STJ. São legitimados aos embargos de terceiro o senhor e possuidor, ou somente possuidor, forte no Art. 1046 do Código de Processo Civil. De acordo com a Súmula 84 do e. STJ é admissível a oposição de embargos de terceiro fundados em alegação de posse advinda do compromisso de compra e venda de imóvel, ainda que desprovido do registro. Apelo não provido. Fonte: AC n.º 70010595502, Décima Sexta Câmara Cível, TJRS, Rel. Des. Claudir Fidélis Faccenda, decisão em 9.3.2005.*

da posse ou de um outro direito real qualquer do embargante sobre o bem objeto da constrição. Entretanto – destaque-se desde logo – os embargos de terceiro não se prestam a decidir-se quem seja efetivamente o proprietário do bem objeto da constrição, mas apenas acerca da validade do ato judicial constritivo. Os embargos de terceiro possuem características semelhantes ao incidente de oposição, regulado pelos artigos 56 a 61, do CPC. Distinguem-se, todavia, num ponto em especial. <u>Na **oposição**, o opoente afirma ser ele, e não autor e réu do processo principal, o titular do direito objeto da disputa</u>, de modo que ele, opoente, veicula uma pretensão contra ambos. <u>**Nos embargos de terceiro**, a disputa não gravita em torno de direito sobre o próprio bem</u>, o qual, entretanto, é objeto de constrição judicial que se pretende invalidar. Por isso mesmo [...], figura no polo passivo, via de regra, apenas a parte beneficiada pela constrição."[717]

5.9.3.1. Ação de embargos de terceiro e sua aplicação contra os atos de apreensão determinados pelo juiz criminal

Na esfera criminal, pode dar-se a apreensão de coisas móveis ou imóveis, em razão de que seriam (conforme indicam os fatos ou indícios) objetos do crime praticado pelo indiciado, sem que tais coisas sejam efetivamente da posse (legítima) ou da propriedade dele. Havendo a apreensão e não sendo o indiciado possuidor efetivo e nem proprietário da coisa apreendida, o verdadeiro possuidor ou proprietário terá como buscar a recuperação do bem por meio de embargos de terceiro. Assim se dá para as coisas de natureza imóvel.

Acontece, no entanto, que, para as coisas de natureza móvel, não há espaço para o juiz criminal apreciar os embargos de terceiro, pois estes somente podem ser manejados no juiz civil, o que não possibilita ao juiz criminal apreciar (até mesmo porque incabível) a ação de embargos de terceiros para restituição da coisa apreendida com o indiciado. Quando se tratar de apreensão de coisa móvel, o verdadeiro possuidor ou proprietário do bem apreendido com o indiciado poderá vir a ter a coisa de volta, mediante termo nos próprios autos, conforme Art. 120, caput, do Código de Processo Penal, *in verbis*: "A restituição, quando cabível, poderá ser ordenada pela autoridade policial ou juiz, mediante termo nos autos, desde que não exista dúvida quanto ao direito do reclamante".

Para cada caso, em concreto, em caso de apreensão de coisa móvel e que terceiro busque a sua restituição, deverão ser observados os parágrafos do aludido Art. 120, do CPP, sendo merecedor de registro o fato de que, não havendo convencimento do juiz criminal de quem seja o verdadeiro possuidor ou proprietário, remeterá as partes para o juiz cível, a fim de ser resolvida a questão, sendo que a coisa ficará em mãos do depositário judicial ou do próprio terceiro que a detinha de boa-fé, desde que se trate de pessoa idônea,[718] o que é previsto pelo § 4º do Art. 120 do CPP, isto até a decisão final no juízo cível.

---

[717] Disponível em: https://www.emerj.tjrj.jus.br/serieaperfeicoamentodemagistrados/paginas/series/10/processociv35.pdf. Acesso em: 27 fev. 2024.

[718] Os casos de alta indagação, como anota Eduardo Espíndola Filho, "serão remetidos para o juízo cível". Aduzindo, ainda, o autor: "Quando, no processo sumário, não se tiver esclarecido suficientemente a propriedade, ou posse legítima das pessoas, que reclamam a coisa apreendida, o juiz criminal não decidira a questão, porque, envolvendo alta indagação, terá de ser submetida ao juízo cível, para o qual remeterá as partes, ordenando o depósito de tal coisa".
Por fim, ainda, segundo o autor em comento: "O depositário poderá ser o próprio terceiro de boa-fé, em cujo poder foi feita a apreensão do objeto, desde que, no entender do juiz, seja pessoa idônea. O depositário assinará, sempre, o termo do depósito, cuja responsabilidade assume" (ESPÍNDOLA, Eduardo. *Código de Processo Penal anotado*. Atualizado por José Geraldo da Silva e Wilson Lavorenti. Campinas: Bookseller, 2000. p. 417).

Quando não pairar dúvida sobre quem seja efetivamente o dono da coisa apreendida, a restituição poderá ocorrer em razão de pedido formulado à autoridade policial ou ao juiz criminal que determinou a apreensão, e a restituição, quando ocorrer, se dará por termo nos autos.

Sobre a restituição, por termos nos autos, deve ser vista a competência da autoridade policial durante o inquérito policial e do juiz durante o próprio inquérito policial, ou durante a ação penal, pois as situações diferem. Esclarece, em relação à matéria, Julio Fabbrini Mirabete: "A coisa apreendida deve ser restituída quando não interessa ao processo, não é confiscável e não foi apreendida em poder de terceiro, não havendo dúvida quanto ao direito do reclamante. A restituição é deferida pela autoridade policial durante o inquérito, ou pelo juiz, sempre após vista ao Ministério Público, mediante simples termo nos autos. Essa restituição pelo juiz criminal só é permitida quando estiver entrelaçada com algum inquérito policial ou ação penal que visem apurar a prática de uma infração penal e não simplesmente quando a apreensão foi realizada apenas pelo poder de polícia. Nesse caso a competência é do Juízo Cível. Sem que alguém se apresente como dono não são restituíveis as coisas apreendidas, ainda que proferida sentença absolutória".[719]

Caso o verdadeiro dono da coisa apreendida não logre êxito na pretensão de liberá-la por meio de termo nos autos, poderá valer-se, para ver seu direito assegurado, de mandado de segurança contra o ato da autoridade que lhe negou a pretensão de restituição. Sobre o cabimento do mandado de segurança para liberação do bem apreendido, a matéria é controvertida na jurisprudência, que, em algumas decisões, entende que somente o recurso de apelação é cabível, vezes outras, no entanto, entende que não há óbice ao manejo do *mandamus*.

O mandado de segurança, embora, como apontado, não seja acolhido de forma unânime pela corrente jurisprudencial, pode ser manejado com sucesso, independentemente de interposição de recurso de apelação, sendo que cada caso em concreto dirá do cabimento ou não, principalmente em razão da ocorrência de dano irreparável para o requerente, em razão da demora do julgamento do recurso de apelação.

Para o caso de sequestro de bens imóveis, que foram adquiridos pelo indiciado com os proventos da infração, a matéria terá tratamento diferente dos bens móveis. Isso é assim em decorrência de que o próprio juiz criminal terá como acatar e julgar os embargos de terceiro, em face da previsibilidade do Art. 129, do CPP, em que consta: "O sequestro autuar-se-á em apartado e admitirá embargos de terceiro".

No caso de sequestro de imóveis, os embargos de terceiro são admissíveis em decorrência de que há disposição legal que os admite (no caso em razão do Código de Processo Civil, haja vista que o Código de Processo Penal não diz, exatamente, qual o procedimento a ser seguido)[720] e, além

---

[719] MIRABETE, Julio Fabbrini. *Código de Processo Penal interpretado*: referências doutrinárias, indicações legais, resenha jurisprudencial: atualizado até dezembro de 2001. 9. ed. São Paulo: Atlas, 2002. p. 410.

[720] Registra Julio Fabbrini Mirabete: "Procedimento do seqüestro. Sendo processo incidente, o pedido de seqüestro é autuado em apartado e, como não é indicado na lei qual o procedimento a ser seguido, a doutrina preconiza o previsto para a penhora. Admite-se embargos de terceiro (Arts. 1.046 ss do CPC)".

Sobre a possibilidade de embargos, o autor destaca, tomando por base jurisprudência do Superior Tribunal de Justiça, tendo com fonte RT n.º 738/578: "O CPP, por sua natureza jurídica, promoveu revogação das normas processuais penais, recepcionando, porém, as que não colidirem com o diploma legal. No capítulo 'Das Medidas Assecuratórias' trata do sequestro de bens. Consequentemente, ofertou disciplina orgânica ao instituto. Em outras palavras, superou a anterior norma específica. Admissíveis embargos, como fonte de defesa. Além disso, a Constituição reclama contraditório amplo. Não faz sentido a propriedade ser assegurada e impedir a sua defesa" (MIRABETE, Julio Fabbrini. *Código de Processo Penal interpretado*: referências doutrinárias, indicações legais, resenha jurisprudencial: atualizado até dezembro de 2001. 9. ed. São Paulo: Atlas, 2002. p. 422).

Nota: Embora haja referência, específica, à defesa da propriedade, não significa que não se aplique o mesmo raciocínio para a posse, mesmo porque os embargos de terceiro tanto podem ser manejados pelo senhor e possuidor, como só pelo possuidor.

de admitir, permite que o próprio juiz criminal os julgue, em conformidade com o Código de Processo Penal, sem necessidade de remeter a pretensão do terceiro para ser apreciada pelo juiz civil.

5.10. Exceção de domínio (*exceptio proprietatis*) considerando o Art. 505 do Código Civil de 1916 e o Art. 923 do Código de Processo Civil

A disputa da posse em decorrência de domínio alegado por ambos os contendores deu margem a incontáveis controvérsias jurídicas, tanto no campo doutrinário como no campo jurisprudencial. A polêmica toda decorreu de expressão contida no Código Civil de 1916 (*Art. 505*, segunda parte), que dizia: "Não se deve, entretanto, julgar a posse em favor daquele a quem evidentemente não pertencer o domínio". E, por outro lado, aumentou mais a polêmica em face da redação originária do Art. 923, do Código de Processo Civil de 1973, que dispunha: "Na pendência do processo possessório é defeso, assim ao autor, como ao réu, intentar ação de reconhecimento de domínio. Não obsta, porém, à manutenção ou à reintegração na posse, a alegação de domínio ou de outro direito sobre a coisa; caso em que a posse será julgada em favor daquele a quem evidentemente pertencer o domínio".

Em face dos dispositivos anteriormente citados, o **Supremo Tribunal Federal editou a Súmula n.º 487**, no sentido de que: "Será deferida a posse a quem, evidentemente, tiver o domínio, se com base neste for disputada". Então, claramente, percebemos que a posse seria deferida a quem efetivamente tivesse o domínio caso a disputa possessória se desse em razão dele. Não seria deferida, pura e simplesmente, a posse a quem tivesse domínio se a disputa tivesse a própria posse como objeto da contenta, pois aí o deferimento da posse decorreria da posse em si mesma, não prevalecendo, no caso, a questão de ordem dominial.

A Súmula n.º 487 do STF retirou do âmbito da discussão possessória a questão da posse disputada em razão de propriedade e a colocou no campo da disputa petitória, via manejo de ação petitória,[721] ou, como leciona Humberto Theodoro Júnior: "**É bom lembrar que deixa de ser ação aquela em que o pedido da posse se faz em função do domínio, porque a essência do interdito é justamente a defesa da posse como posse (fato). A ação em que se reclama direito à posse com base em domínio é ação petitória e não possessória. Logo, a Súmula nº 487, em última análise, acabou por excluir das verdadeiras ações possessórias as possibilidades da exceção de domínio**".[722]

Os pontos de vista, doutrinários e jurisprudenciais, não restaram de todo pacificados, contudo o legislador suprimiu, em face da Lei n.º 6.820, de 16 de setembro de 1980, a segunda parte do Art. 923, do CPC/1973, que passou a vigorar somente com o texto da primeira parte, que dispõe: "Na pendência do processo possessório é defeso, assim ao autor como ao réu, intentar ação de

---

[721] onsiderados como ações possessórias. Estabelece o artigo em comento: "O possuidor cuja posse for ofendida por diligência ordenada judicialmente pode defender a sua posse mediante embargos de terceiro, nos termos definidos na lei de processo".
O Código Civil de Portugal também insere os embargos de terceiro como meio de defesa da posse, desse modo:
"ARTIGO 1285.º
(*Embargos de terceiro*)
O possuidor cuja posse for ofendida por diligência ordenada judicialmente pode defender a sua posse mediante embargos de terceiro, nos termos definidos na lei de processo".
O Código de Processo Civil de Portugal disciplina sobre os embargos de terceiro:
"ARTIGO 351.º
(*Fundamento dos embargos de terceiro*)
1. Se qualquer ato, judicialmente ordenado, de apreensão ou entrega de bens ofender a posse ou qualquer direito incompatível com a realização ou o âmbito da diligência, de que seja titular quem não é parte na causa, pode o lesado fazê-lo valer, deduzindo embargos de terceiro.
[722] 2. Não é admitida a dedução de embargos de terceiro relativamente à apreensão de bens

reconhecimento de domínio". Isso, conforme entendimento majoritário de ordem doutrinária, revogou o Art. 505 do Código Civil de 1916, fazendo com que prevalecesse, unicamente, a regra, na redação do **Art. 557**, do CPC/2015, que estabelece: *Na pendência de ação possessória é vedado, tanto ao autor quanto ao réu, propor ação de reconhecimento do domínio, exceto se a pretensão for deduzida em face de terceira pessoa.* **Parágrafo único.** *Não obsta à manutenção ou à reintegração de posse a alegação de propriedade ou de outro direito sobre a coisa.* [723]

A jurisprudência, exceto mínimas oscilações interpretativas, também acabou por se posicionar pela não discussão em sede de ação possessória de matéria envolvendo domínio, exceto se sobre ele versar a contenda. Desse modo, no entendimento jurisprudencial: "Não cabe, em sede possessória, a discussão de domínio, salvo se ambos os litigantes disputam a posse alegando propriedade ou quando duvidosas ambas as posses alegadas".[724]

5.11. Exceção de domínio (*exceptio proprietatis*) em face do Art. 1.210, §2º, do Código Civil de 2002

O legislador do Código Civil de 2002 não reproduziu o que constava da segunda parte do Art. 505 do Código Civil de 1916, consoante redação do Art. 1.210, §2º, e com isso põe, de uma vez por todas, fim às discussões intermináveis de ordem interpretativa de inclusão de matéria petitória (domínio) em sede de ação possessória.

Não deixará, contudo, a matéria de ser objeto, ainda por algum tempo, de questionamentos. Contudo, as opiniões doutrinárias e as decisões jurisprudenciais haverão, por certo, de adotar a aplicação da redação do § 2º do Art. 1.210 do Código Civil de 2002, haja vista que ele não possibilita a continuação das variantes interpretativas que dava margem o Art. 505 do Código Civil de 1916.

Dispõe o *§2º*, do **Art. 1.210** do Código Civil de 2002: *Não obsta à manutenção ou reintegração na posse alegação de propriedade, ou de outro direito sobre a cois*a. Diz, sobre esse dispositivo, o doutrinador Misael Montenegro Filho, tomando por parâmetro a doutrina perfilhada por Joel Dias Figueira Júnior: "A novidade insculpida no Art. 1.210, §2º, do NCC[CPC/2015] modifica radicalmente o panorama sobre o tema apresentado, considerando-se a supressão da segunda parte do Art. 505 do CC de 1916, que, em outros termos, significa a não-recepção do instituto jurídico da *exceptio proprietatis*. Doravante, os julgamentos em sede possessória haverão de pautar-se, tão somente, com base na pureza dos interditos, isto é, levando-se em conta, para a tomada de decisão, apenas as questões pertencentes ao mundo dos fatos".[725]

---

[723] realizada no processo especial de recuperação da empresa e de falência".

LISBOA, Roberto Senise. *Manual elementar de direito civil*: direitos reais e direitos intelectuais. 2. ed. São Paulo: Revista dos Tribunais, 2003. 4 v. em 5. p. 72. Esclarece, ainda, em relação ao que é admissível pelos embargos de terceiro, que são "opostos em face de decisão judicial que determina:

a) o seqüestro de bem sobre o qual o interessado exerce poder,

b) o depósito de bem sobre o qual o interessado exerce poder, e

c) a penhora de bem sobre o qual o interessado exerce poder.

A penhora judicial retira a detenção física da coisa que se encontrava em poder do possuidor, porém não acarreta, de imediato, a perda da posse do bem, o que somente se verificará no caso de eventual submissão da coisa a leilão ou hasta pública".

BITTAR, Carlos Alberto. *Direitos reais*. Rio de Janeiro: Forense

[724] Universitária, 1991. p. 49.

 Para ilustrar, decidiu o Tribunal de Justiça do Estado do Rio Grande do Sul: Ementa: "Embargos de terceiro. Promessa de compra e venda sem registro. Súmula 84 do STJ. São legitimados aos embargos de terceiro

[725] o senhor e possuidor, ou somente possuidor, forte no Art. 1046 do Código de Pro

Em sede, pois, de ação possessória, fica, definitivamente, eliminada qualquer discussão envolvendo domínio (que é matéria petitória). Desse modo, não há mais campo para invocar, em demanda possessória, matéria estranha à posse, ficando clareado, por outro lado, o dispositivo do Art. 273 do CPC, em razão da redação que lhe deu a Lei n.º 6.820/1980.[726] Não há, em face da redação do § 2º do Art. 1.210 do Código Civil de 2002, mais campo para a invocação da exceção de propriedade (*excepetio proprietatis*),[727] pois, havendo qualquer discussão de domínio, a demanda deve correr pelo juízo petitório.

Acentua, doutrinariamente, Maria Helena Diniz: "Assim, comentando o Art. 1.210, pode-se afirmar que, se o réu esbulhador se defender alegando ser dono da coisa esbulhada (*exceptio dominii*), seu argumento não será levado em conta porque não lhe assiste, ainda que sob alegação de propriedade, molestar posse alheia. Cabe ao proprietário do bem defender seu domínio contra quem, injustamente, o possua mediante ação de reivindicação. A posse, por sua vez, merece proteção legal por si mesma, independentemente da alegação de domínio. O juízo possessório independe do petitório. Não se deve cogitar, em regra, em matéria de *ius possessionis*, que é um instituto jurídico autônomo, protegido por ações especiais, com a defesa de domínio, que é objeto de outra defesa processual".[728] [729]

5.12. Partes, foro competente, ação rescisória, juizado especial e valor da causa nas ações possessórias típicas e atípicas

Para o desenvolvimento válido de pretensão posta em grau de decisão judicial, há necessidade de que determinados requisitos sejam observados processualmente, tanto em relação às partes, quer aquelas que figuram no polo ativo, quer aquelas do polo passivo, como também em relação ao foro competente, onde a ação deve correr, e, por último, o valor da causa. Cada uma das situações será objeto de estudo por meio dos tópicos apontados a seguir.

5.12.1. Partes (polos ativo e passivo)

No que diz respeito às partes, o Código de Processo Civil/2015 (e CPC/1973, Art. 7º) dispõe no **Art. 70**. *Toda pessoa que se encontre no exercício de seus direitos tem capacidade para estar em juízo.*

---

[726] cesso Civil. De acordo com a Súmula 84 do e. STJ é admissível a oposição de embargos de terceiro fundados em alegação de posse advinda do compromisso de compra e venda de imóvel, ainda que desprovido do registro. Apelo não provido". Fonte: AC n.º 70010595502, Décima Sexta Câmara Cível, TJRS, Rel. Des. Claudir Fidélis Faccenda, decisão em 9.3.2005.

Disponível em: https://www.emerj.tjrj.jus.br/serieaperfeicoamentodemagistrados/paginas/series/10/processocivil 35.p. Acesso em: 27 fev. 2024.

Os casos de alta indagação, como anota Eduardo Espíndola Filho, "serão remetidos para o juízo cível". Aduzindo, ainda, o autor: "Quando, no processo sumário, não se tiver esclarecido suficientemente a propriedade, ou posse legítima das pessoas, que reclamam a coisa apreendida, o juiz criminal não decidira a questão, porque, envolvendo alta indagação, terá de ser submetida ao juízo cível, para o qual remeterá as partes, ordenando o depósito de tal coisa".

[727] Por fim, ainda, segundo o autor em comento: "O depositário poderá ser o próprio terceiro de boa-fé, em cujo poder foi feita a apreensão do objeto, desde que, no entender do juiz, seja pessoa idônea. O depositário assinará, sempre, o termo do depósito, cuja responsabilidade assume" (ESPÍNDOLA, Eduardo. *Código de Processo Penal anotado*. Atualizado por José Geraldo da Silva e Wilson Lavorenti. Campinas: Bookseller, 2000. p. 417). Juízos possessório e petitório'" (NEGRÃO, Theotonio; GOUVÊA, José Roberto Ferreira. *Código Civil e legislação em vigor*. 22. ed. São Paulo: Saraiva, 2003. p. 217).

[728] DINIZ, Maria Helena. *Código Civil anotado*. 8. ed. São Paulo: Saraiva, 2002. p. 713-714.

[729] Anota, por sua vez Ricardo Luís Maia Loureiro: "Com a promulgação do novo Código, restou superado tal problema, pois a nova legislação não repetiu o confuso artigo que gerou acaloradas discussões, sepultando de forma definitiva a exceção de domínio e separando de uma vez por todas o juízo possessório do dominial" (LOUREIRO, Ricardo Luiz Maia. *Posse e ações possessórias*. São Paulo: Livraria e Editora Universitária de Direito, 2006. p. 78).

Mesmo os incapazes têm o direito assegurado de estarem em juízo para garantir os seus direitos, e isto desponta do comando do Art. 71. O incapaz será representado ou assistido por seus pais, por tutor ou por curador, na forma da lei. No CPC/1973, o disciplinamento se dava por meio do Art. *8º*.

Pelos dispositivos apontados do Código de Processo Civil (tanto o de 1973, revogado, como pelo de 2015, em vigor), aflora que não há, em absoluto, exclusão da prestação jurisdicional, que é dever do Estado. Aliás, a própria Constituição Federal de 1988 é taxativa no sentido de solidificar isso, assim sendo é que consta do **Art. 5º**, inc. XXXV: *a lei não excluirá da apreciação do Poder Judiciário lesão ou ameaça a direito*. No entanto, em razão de ordem processual, e com escopo de evitar o caos jurídico, é de ser observado comando do **Art. 17**, do CPC/2015 (e Art. **3º, do CPC/1973), que disciplina:** *Para postular em juízo é necessário ter interesse e legitimidade*. Tal assertiva, descrita pelo citado artigo, trata da verdadeira igualdade jurídica entre as partes (autor e réu) no processo, o que se encaixa na mesma vertente do apontado Ihering.[730]

Em relação ao Art. 17, do CPC/2015, havendo falta, comprovada, de interesse e legitimidade do autor, a petição inicial será tida como inepta, pois, no caso, o autor será carecedor de interesse processual, aplicando-se o Art. 330, inc. II, do CPC/2015 (e Art. 295, inc. III, do CPC/1973); na mesma situação, se a ilegitimidade para figurar como parte for do réu, estará caracterizada a falta de legitimidade processual dele, aplicando-se o Art. 330, inc. II, do CPC/2015 (e Art. 295, inc. II, do CPC/1973). No caso, ainda, de não ser possível o desenvolvimento válido e regular do processo, ele será extinto, ainda que sem julgamento de mérito, conforme dispõe o Art. 485. Do CPC/2015 (e Art. 267, do CPC/1973), com a aplicação subsidiária, em relação à extinção do processo do Art. 354, do CPC/2015[731] (e Art. 329, do CPC/1973).

Em determinadas situações jurídicas, a parte, autor ou réu, embora nominada e devidamente qualificada pela inicial ou pela contestação, se fará representar, obrigatoriamente, em juízo, sendo que o Código de Processo Civil de 2015, por meio do Art. 75, incs. I a XI, mais §§ 1º, 2º, 3º e 4º (e Art. 12, incs. I a IX, mais §§1º, 2º e 3º, do CPC/1973), arrola cada uma das situações em que as partes serão representadas em juízo, tanto na forma ativa, como na forma passiva.

Em relação à regra do Art. 75, do CPC/2015 (e Art. 12, do CPC/1973), há exceção, pois, como bem acentua Humberto Theodoro Júnior, "a posse sobre bens públicos de uso comum, como estradas e pontes, tanto pode ser defendida em juízo pelo

Poder Público como pelos particulares que habitualmente se valem de ditos bens. A legitimidade, na espécie, é tanto para agir isoladamente como em litisconsórcio".[732] Importante destacar que, neste específico caso, o particular não está questionando posse própria, mas, sim, da coletividade como um todo, pois não é possível a existência de titularidade de posse por parte de particular sobre bem comum de uso do povo.[733]

---

[730] Registrou de forma magistral Ihering: "A relação mútua das partes no processo é de igualdade jurídica.

As armas com que se combatem mutuamente devem ter a mesma medida: luz e sombra hão de repartir-se igualitariamente. Esse é o primeiro de todos os requisitos que a organização do procedimento processual tem de observar. Trata-se da justiça processual que coincide, aqui, por sua vez, com a igualdade. Todos os outros requisitos passam a segundo plano diante deste, tendo por objeto apenas a conveniência" (IHERING, Rudolf von. *A finalidade do direito*. Trad. José Antonio Faria Correa. Rio de Janeiro: Ed. Rio, 1979. v. 1. p. 213).

[731] Art. 354. Ocorrendo qualquer das hipóteses previstas nos Arts. 485 e 487, incisos II e III, o juiz proferirá sentença.

Parágrafo único. A decisão a que se refere o *caput* pode dizer respeito a apenas parcela do processo, caso em que será impugnável por agravo de instrumento.

[732] THEODORO JÚNIOR, Humberto. *Curso de direito processual civil*: procedimentos especiais. 28. ed. Rio de Janeiro: Forense, 2002. 3 v.. p. 121.

[733] Neste sentido, da Jurisprudência do Tribunal de Justiça do Rio de Janeiro: inexiste titularidade de posse do particular sobre bem de uso comum do povo. Se este não exerce a posse, não lhe assiste o direito de vê-la mantida, por faltar-lhe o pressuposto à ação possessória, qual seja, posse

Nem sempre é possível a identificação precisa da parte que praticou a violência contra a posse, o que leva o autor a requerer a proteção possessória contra pessoas determináveis (mas não determinadas, objetivamente), e isso não leva ao indeferimento da inicial, pois a não qualificação precisa do demandado, ou demandados, não foi possível para o autor no momento em que busca a proteção judicial à sua posse que foi violada. Lecionam, neste sentido, Nelson Nery Junior e Rosa Maria Andrade Nery: "Qualificação do réu na possessória. Se o autor menciona que houve esbulho de sua posse por uma pessoa, ou pessoas, determináveis, ainda que não dê a qualificação e o nome completo, a inicial não poderá ser indeferida. A sentença será dada entre o autor e essas pessoas determináveis, nada havendo de anormal nestas circunstâncias".[734]

A questão da legitimidade das partes é de transcendental importância para que o processo tenha seu desiderato, sendo que, mesmo após toda a instrução processual, ainda é possível ao juiz verificar, tanto de ofício como a requerimento de qualquer das partes, se, depois de proposta a ação, não surgiu algum fato que possa até mesmo interferir na sentença. Para o total resguardo de que a ação se desenvolva entre as partes legitimadas é que o CPC/2015 alude em seu Art. 493 (e Art. 462, do CPC/1973): Se, depois da propositura da ação, algum fato constitutivo, modificativo ou extintivo do direito influir no julgamento do mérito, caberá ao juiz tomá-lo em consideração, de ofício ou a requerimento da parte, no momento de proferir a decisão.

Parágrafo único. Se constatar de ofício o fato novo, o juiz ouvirá as partes sobre ele antes de decidir.

Em relação ao foro, deve ser observado, no que diz respeito às demandas possessórias, o que é determinado pelo Código de Processo Civil (tanto o de 1973, revogado, como o de 2015, em vigor), não sendo possível a aplicação do foro de eleição. O Código de Processo Civil tem dispositivos orientadores em relação ao foro competente para a propositura de ação possessória, quer de bens móveis (Art. 46, do CPC/2015 e Art. 94, CPC/1973), quer de bens imóveis (Art. 47, §§ 1º e 2º, e Art. 95, CPC/1973).

5.12.2. Litisconsórcio (ativo e passivo), participação de ambos os cônjuges nas ações possessórias típicas, substituição processual, oposição, nomeação à autoria, denunciação à lide, assistência e intervenção do Ministério Público

Dependendo de cada caso em concreto, em conformidade com que estiver versando a demanda de natureza possessória, é possível que haja a participação no processo de uma das figuras processuais descritas anteriormente. Não há, no Código de Processo Civil, qualquer óbice que impeça a participação delas em ações possessórias.

Em razão da particularidade de cada situação é que faremos, embora de forma sucinta, o estudo de cada uma *de per si*, a saber:

5.12.2.1. Litisconsórcio (ativo e passivo)

O litisconsórcio, ativo e passivo, decorre da participação de mais de uma parte num dos polos da ação. Se o litisconsórcio se dá com o autor da demanda, temos o litisconsórcio ativo; quando o litisconsórcio se dá com o réu, temos o chamado litisconsórcio passivo.

---

anterior, já que bem público é insuscetível de domínio por posse. Noutro polo, não se legitima, mesmo com o decurso dos anos, a restrição imposta pelo particular ao livre acesso à praia, bem de uso comum da coletividade (TJ/RJ, DJ 26/10/2000-Ap.11.684/99, Rel. Des. José Pimentel Marques).

[734] NERY JUNIOR, Nelson; NERY, Rosa Maria Andrade. *Código de Processo Civil comentado*. 5. ed. São Paulo: Revista dos Tribunais, 2001. p. 920).

A previsão legal do litisconsórcio está contida nos Arts. 113 e 114, do CPC/2015 (e Arts. 46 e 47, CPC/1973).

Via de regra, os litisconsortes são considerados como partes distintas no processo, como estabelece o Art. 117, do (e Art. 48 do CPC/1973). Com isso, a desistência de um deles (como parte) no processo não prejudica o outro (litisconsorte).

Nas ações possessórias, o litisconsórcio, quando existente, se dá, com mais frequência, pela forma facultativa, ou pela forma de litisconsórcio necessário. O litisconsórcio facultativo é aquele que, para sua formação, há necessidade de vontade da parte, por exemplo, no caso de uma ação reintegratória; já no litisconsórcio necessário, há disposição que determina a sua formação, portanto independe da vontade das partes, como acontece, por exemplo, nas ações reais imobiliárias.[735]

5.12.2.2. Participação de ambos os cônjuges nas ações possessórias (típicas) de natureza imobiliárias

A obrigatoriedade, ou não, da participação de ambos os cônjuges nas ações possessórias típicas é matéria altamente controvertida, haja vista que uma corrente doutrinária, ainda que minoritária, defende que a participação de ambos os cônjuges só se torna obrigatória em caso de composse exercida por ambos sobre a coisa em litígio, ou, ainda, caso se trate de ato por ambos praticado; outra corrente doutrinária entende que a participação de ambos os cônjuges é sempre obrigatória, independentemente de existência de composse, em razão da natureza real da posse.

No campo jurisprudencial, a matéria também sofre as mesmas variações, só que, ao contrário do entendimento doutrinário dominante, a jurisprudência predominante é no sentido de que, nas ações possessórias, só se torna obrigatória a participação de ambos os cônjuges em caso de a demanda envolver bem que seja da composse de ambos, ou, então, que envolva ato por ambos praticado.

A corrente que não vislumbra a necessidade da participação do cônjuge nas demandas possessórias típicas adota o entendimento de que, como fato, a posse não é efetivamente matéria de natureza real, pois não consta da taxatividade dos direitos reais e, ainda, não tem os requisitos relativos à oponibilidade *erga omnes*. Para a corrente que defende a participação obrigatória do cônjuge nas ações possessórias típicas, o entendimento predominante é que a posse é matéria de direito real e, como tal, deve ser protegida.

Embora não desconhecendo os argumentos defendidos pela corrente que apoia a não participação do cônjuge, tanto do autor como do réu, nas ações possessórias típicas, salvo nos casos de composse de ambos, ou de ato por ambos praticado, não comungamos com tal entendimento, pois nos perfilhamos com a corrente que entende que a posse é, como de fato é, direito real — e isso deixamos registrado em várias passagens desta obra —, o que demanda a participação, de forma obrigatória, de ambos os cônjuges nas ações possessórias típicas.

A polêmica toda, doutrinária e jurisprudencial, decorria da redação do Art. 10, § 2º, do CPC/1973, parágrafo este acrescentado pela Lei n.º 8.952, de 13 de dezembro de 1994, considerando sua redação, a seguir transcrita:

---

[735] O Tribunal de Justiça do Distrito Federal e Territórios já deixou assentado, em aresto: *Processual civil – Agravo de instrumento – Rescisão de contrato c/c reintegração de posse – Possuidor – Litisconsórcio necessário – Nas ações em que se pretende a reintegração de posse é necessária a citação do possuidor como litisconsorte para que a sentença surta efeitos contra este. Inteligência do Art. 47, caput, do CPC. Recurso provido para determinar a citação da atual possuidora do imóvel como litisconsorte necessário. (TJDF – AGI n.º 20020020008079, DF, 3ª T.Cív., Rel. Des. Jeronymo de Souza, DJU. p. 62, 04 set. 2002).*

Art. 10. *O cônjuge somente necessitará do consentimento do outro para propor ações que versem sobre direitos reais imobiliários.*

§1º. Ambos os cônjuges serão necessariamente citados para as ações:

I.   *que versem sobre direitos reais imobiliários;*
II. *resultantes de fatos que digam respeito a ambos os cônjuges ou de atos praticados por eles;*
III. *fundadas em dívidas contraídas pelo marido a bem da família, mas cuja execução tenha de recair sobre o produto do trabalho da mulher ou os seus bens reservados;*
IV. *que tenham por objeto o reconhecimento, a constituição ou a extinção de ônus sobre imóveis de um ou de ambos os cônjuges.*

§2º. Nas ações possessórias, a participação do cônjuge do autor ou do réu somente é indispensável nos casos de composse ou de ato por ambos praticado.

A redação do Art. 10, § 2º, do CPC/1973 (que agora deve ser analisado à luz do Art. 73, do CPC/2015), não pode levar o intérprete a deduzir que a matéria relativa à proteção da posse, nas demandas possessórias típicas, fora extirpada do campo de proteção dos direitos reais, o que é uma inverdade, e disso dava conta o próprio CPC/1973, quando disciplina, pelo **Art. 95** *(CPC de 1973 e Art. 47, CPC de 2012): Nas ações fundadas em direito real sobre imóveis é competente o foro da situação da coisa. Pode o autor, entretanto, optar pelo foro do domicílio ou de eleição, não recaindo o litígio sobre direito de propriedade, vizinhança, servidão, posse, divisão e demarcação de terras e nunciação de obra nova.* <u>Inegável, pois, que continuava a posse a ser tratada, pelo próprio CPC/1973, como matéria de direito real.</u>

Com referência ao Art. 47, do CPC/2015 (em comparação ao Art. 95, do CPC/1973): Para as ações fundadas em direito real sobre imóveis é competente o foro de situação da coisa.

§ 1º O autor pode optar pelo foro de domicílio do réu ou pelo foro de eleição se o litígio não recair sobre direito de propriedade, vizinhança, servidão, divisão e demarcação de terras e de nunciação de obra nova.

§ 2º A ação possessória imobiliária será proposta no foro de situação da coisa, cujo juízo tem competência absoluta.

Fazendo uma interpretação paralela com o disciplinamento do Código de Processo Civil de 2015, apontamos os artigos que são comparados àqueles tratados pelo CPC/1973 e anteriormente transcritos. Vejamos: <u>Art. 73, do CPC/2015 (em comparação ao Art. 10, do CPC/1973)</u>: **Art. 73**. *O cônjuge necessitará do consentimento do outro para propor ação que verse sobre direito real imobiliário, salvo quando casados sob o regime de separação absoluta de bens.*

§ 1º Ambos os cônjuges serão necessariamente citados para a ação:

I.   *que verse sobre direito real imobiliário, salvo quando casados sob o regime de separação absoluta de bens;*
II. *resultante de fato que diga respeito a ambos os cônjuges ou de ato praticado por eles;*
III. *fundada em dívida contraída por um dos cônjuges a bem da família;*
IV. *que tenha por objeto o reconhecimento, a constituição ou a extinção de ônus sobre imóvel de um ou de ambos os cônjuges.*

§ 2º Nas ações possessórias, a participação do cônjuge do autor ou do réu somente é indispensável nas hipóteses de composse ou de ato por ambos praticado.

§ 3º Aplica-se o disposto neste artigo à união estável comprovada nos * *autos*.

NOTA(1): Sobre o § 2º, apontamos, em conformidade com o constante do CPC/2015. Comentários Juruá, de autoria de Renê Hellman[736]: "Tratando-se de ação possessória relativa a bem imóvel, em regra, não há necessidade de participação dos dois cônjuges num dos polos processuais. A exceção fica por conta daqueles casos em que haja composse ou de ato praticado por ambos os cônjuges.

Composse significa «convergência de direitos possessórios sobre um só objeto», quando «duas ou mais pessoas tenham posse sobre a mesma coisa» (MONTEIRO, 2007 p. 74-75). A previsão legal consta do CCB/2002, Art. 1.199".

NOTA(2): Sobre este § 3º, apontamos, em conformidade com o constante do CPC/2015. Comentários Juruá, de autoria de: **Renê Hellman[737], CPC/2015. Comentários Juruá (disponibilizado de forma eletrônica pela OAB – Conselho Federal.** "Embora seja instituto diverso do casamento, para os fins a que se destina o CPC/2015, Art. 73, é perfeitamente possível a extensão das exigências também à união estável, eis que se trata da proteção do patrimônio imobiliário do casal e da segurança jurídica nas relações de Direito Material".

Pelo comando do Art. 73, do CPC/2015 (sendo que pelo CPC/1973 a matéria recebia tratamento pelo Art. 10), o que ocorre é que, em determinadas situações, há, para ambos os cônjuges, a obrigatoriedade de litisconsórcio necessário, enquanto, em outras situações, tal não se faz obrigatório, podendo dar-se por meio de representação processual. Aduz, Humberto Theodoro Júnior, em relação ao § 2º do Art. 10 do CPC/1973, revogado, que deve ser interpretado, presentemente, pelo Art. 73, do CPC/2015, em vigor) "que, em se tratando de composse dos dois cônjuges, ou de ato possessório praticado por ambos, basta o consentimento de um deles, para que o outro proponha a ação, não se verificando litisconsórcio necessário ativo, pois o autor litigará sozinho, sem que o consorte integre a relação processual, o que seria indispensável para que ele alcançasse a qualidade de parte, adquirida pela presença no processo. A hipótese, aqui, será de representação do cônjuge ausente do processo, mas anuente, pelo seu consorte, ficando aquele sujeito aos efeitos da sentença".

Complementa o autor: "Se, todavia, a ação possessória for proposta para a tutela de pretensão, contrária à composse, ou do ato de posse praticado pelos dois cônjuges, ocorrerá litisconsórcio passivo, pois se torna indispensável a citação de ambos, aplicando-se o inc. II do §1º"[738][Art. 10, do CPC/1973, revogado, e inc. II, § 1º, Art. 73, do CPC/2015, em vigor].

Quando a ação possessória disser respeito a imóveis, mas decorrentes de direito obrigacional, por exemplo, locação, não haverá necessidade da participação do cônjuge na sua propositura, haja vista que um dos cônjuges pode propô-la sem que haja o consentimento do outro. A presença do casal somente será obrigatória quando se tratar de questão imobiliária em que a matéria versada diga respeito à posse não decorrente de direito puramente obrigacional.

Para evitar qualquer tipo de prejuízo de ordem prática, em razão, principalmente, da discrepância jurisprudencial, relativa à participação, ou não, do cônjuge nas ações possessórias (típicas) imobiliárias (sendo que a corrente jurisprudencial predominante é pela não obrigatoriedade), **é de bom alvitre que ocorra a presença do cônjuge na demanda possessória**

---

[736] HELLMAN, Renê, CPC/2015. Comentários Juruá (disponibilizado de forma eletrônica pela OAB – Conselho Federal.

[737] HELLMAN, Renê, CPC/2015. Comentários Juruá (disponibilizado de forma eletrônica pela OAB – Conselho Federal.

[738] THEODORO JÚNIOR, Humberto. *Curso de direito processual civil*: procedimentos especiais. 28. ed. Rio de Janeiro: Forense, 2002. 3 v.. p. 12.

imobiliária,[739] isto tanto no polo ativo como no polo passivo, inclusive em razão de que ambos (com base no Art.73, do CPC/2015) integrarão a lide no polo ativo (como autores, p. ex., ação de Usucapião) e serão citados (como réus, p. ex., dívida contraída por um deles, ou ambos, a bem da família).

Apontamos **três destaques da Jurisprudência**[740]. Para fins de reforçar a necessidade da participação do cônjuge nas demandas concernentes aos direitos reais (podendo ou não tratar-se de matéria possessória ou de Usucapião), é que procedemos em destaques jurisprudenciais (as reproduções não guardam, necessariamente, a mesma disposição dos textos citados).

DESTAQUE 1:

__REINTEGRAÇÃO DE POSSE. SENTENÇA DE PROCEDÊNCIA. NULIDADE PROCESSUAL.__

Alegação de litisconsórcio ativo necessário entre o autor e sua ex-esposa, que se presume coproprietária do bem, adquirido na constância do casamento sob o regime da comunhão universal de bens, sem informações sobre a partilha no divórcio. Irrelevância. __A defesa da posse pode ser realizada por qualquer dos possuidores, independentemente da ciência ou anuência dos demais. Inteligência do Art. 1.314 do CC. Nas ações possessórias, a participação do cônjuge só é indispensável nas hipóteses de composse ou ato por ambos praticado. Art. 73, §2º, do CPC.__ Nulidade não configurada. Preliminar repelida. Reintegração de posse. Prova do exercício da posse pelo autor bem produzida, demonstrando o exercício de posse lícita no imóvel, mediante a comprovação da licitude de sua cadeia de transmissão. Ocupação do lote do autor pelos réus de forma clandestina, injusta e precária, caracterizando o esbulho possessório. Requisitos do Art. 561 do NCPC e Art. 1210 do CC preenchidos, autorizando a reintegração do autor na posse do imóvel. Sentença mantida. Recurso negado. Recurso negado. (TJSP; AC 1001143-08.2018.8.26.0315; Ac. 15314764; Laranjal Paulista; Décima Terceira Câmara de Direito Privado; Rel. Des. Francisco Giaquinto; Julg. 12/01/2022; DJESP 26/01/2022; Pág. 4529)

DESTAQUE 2:

APELAÇÃO. CIVIL E PROCESSO CIVIL. __REINTEGRAÇÃO DE POSSE__. PROGRAMA DE ARRENDAMENTO RESIDENCIAL. PAR. CESSÃO DO IMÓVEL A TERCEIROS. LITISCONSÓRCIO PASSIVO NECESSÁRIO. AUSÊNCIA DE CITAÇÃO DO CÔNJUGE. NULIDADE DA SENTENÇA. REVOGAÇÃO DA LIMINAR. APELO PROVIDO. JULGAMENTO NÃO UNÂNIME. SUBMISSÃO AO ART. 942 DO CPC/15.

1. Diante do resultado não unânime, o julgamento teve prosseguimento conforme o disposto no Art. 942 do CPC/15. 2. O ocupante do imóvel é litisconsorte necessário na ação em que se pretende a reintegração na posse do bem, por repercutir também na sua esfera jurídica. 3. __Nos termos do artigo 73, § 2º do CPC determina a obrigatoriedade de citação do cônjuge nas ações possessórias, quando se tratar de ato por ambos praticado ou composse, como é o caso dos autos, em que__

---

[739] Anota Sílvio de Salvo Venosa: "Evidentemente que a natureza da posse é, como afirmamos, o tema mais controvertido em direito. Desse modo, para finalidade prática, porque longe estão doutrina e os tribunais de uma conclusão, é sempre conveniente a presença do cônjuge nas ações possessórias. Evita-se, com isso, uma discussão paralela e estéril no processo possessório" (VENOSA, Sílvio de Salvo. *Direito civil*: direitos reais. 3. ed. São Paulo: Atlas, 2003. V. 5. p. 129).

[740] https://www.peticoesonline.com.br/art-73-cpc. Acesso em: 25 fev. 2024.

ambos os apelantes, casados, são os verdadeiros ocupantes do imóvel, o que configura, indu-bitavelmente, litisconsórcio passivo necessário. 4. Precedentes do C. STJ. 5. Sendo os atuais ocupantes do bem parte legítima passiva ad causam, deve-se anular a sentença proferida para que ocorra a citação da cônjuge não citada, bem como para que se proceda a instrução do feito, ocasião em que os requeridos poderão comprovar a adimplência a todas as parcelas do contrato de financiamento, ou, ainda, tentar composição com a instituição financeira autora para regularização da ocupação do imóvel. 6. Recurso de apelação a que se dá provimento para anular a sentença e determinar o retorno dos autos à vara de origem, a fim de que seja dado regular prosseguimento da ação, com a citação pessoal da litisconsorte passiva, restando revogada a liminar de reintegração de posse. (TRF 3ª R.; ApCiv 5000596-80.2018.4.03.6002; MS; Primeira Turma; Rel. Des. Fed. Wilson Zauhy Filho; Julg. 12/04/2021; DEJF 19/04/2021)

DESTAQUE 3:

RECURSO DE APELAÇÃO. USUCAPIÃO EXTRAORDINÁRIO. AUSÊNCIA DE CITAÇÃO DA CÔNJUGE DO RÉU. VIOLAÇÃO DO ARTIGO 10, § 1º, DO CÓDIGO DE PROCESSO CIVIL. NULIDADE PROCESSUAL INTRANSPONÍVEL. SENTENÇA ANULADA. RECURSO PROVIDO.

1. Nos termos do artigo 73, § 1º, inciso I, do Código de Processo Civil, é imprescindível a citação do cônjuge do réu nas demandas sobre direito real imobiliário, a exemplo da Usucapião. 2. Não promovida a citação do cônjuge, por se tratar de litisconsórcio passivo necessário, é nula a sentença proferida, especialmente quando o pedido é julgado procedente. Nulidade declarada de ofício. (TJMS; AC 0803588-45.2019.8.12.0021; Primeira Câmara Cível; Rel. Des. Geraldo de Almeida Santiago; DJMS 06/12/2021; Pág. 158)

5.12.2.3. Substituição processual

A substituição processual, também denominada de legitimação extraordinária, se dá quando alguém participa do processo em nome próprio, tanto na condição de autor, como na condição de réu, pois, como faz ver Ricardo de Oliveira Paes Barreto, "o substituto processual tem legitimidade para a propositura da ação, ou para figurar no pólo passivo, como réu, sem que lhe falte condição essencial para tanto".[741]

O substituto processual atua, portanto, em nome próprio, só que em defesa de direito alheio. A substituição processual é possível em razão da previsão do Art. 18, do CPC/2015[742] (e Art. 6º do CPC/1973), que admite, de forma excepcional, que alguém defenda como autor ou como réu direito de outrem, como exemplo de substituição temos o caso do Escritório Central de Arrecadação e Distribuição (ECAD), que procede na defesa dos direitos dos seus filiados, independentemente de autorização deles, pois goza da legitimidade ad causam.

5.12.2.4. Oposição

Pode ocorrer que terceiro tenha interesse de participar do processo, de forma voluntária e facultativa, para buscar a coisa, ou então em razão de direito controverso, que pode ser no todo

---

[741] BARRETO, Ricardo de Oliveira Paes. *Curso de direito processual civil*: conforme a jurisprudência. 2. ed. Rio de Janeiro: Renovar, 2003. p. 181.

[742] Art. 18. Ninguém poderá pleitear direito alheio em nome próprio, salvo quando autorizado pelo ordenamento jurídico.
Parágrafo único. Havendo substituição processual, o substituído poderá intervir como assistente litisconsorcial.

ou em parte. A oposição[743] é feita contra o autor e contra o réu, em face do Art. 682, do CPC/2015 (e Art. 56 do CPC/1973). Os Arts. 683 a 686, do CPC/2015 (e Arts. 57 a 61 do CPC/1973) também devem ser observados. O opoente deve observar na petição os mesmos requisitos exigidos para a inicial, devendo ater-se, pois, aos Arts. 319 e 320, do CPC/2015 (e Arts. 282 e 283 do CPC/1973). No caso de ação possessória, o opoente pode, por exemplo, refutar o direito alegado pelo autor (na inicial) e o pretenso direito alegado pelo réu (na contestação), pois se opõe a ambos os contendores (autor e réu), alegando e fazendo a competente prova, que sobre a coisa em litígio é ele que detém, de forma legítima, a posse. Prova, portanto, que ele é que efetivamente detém a posse, e não o autor ou o réu da demanda possessória em curso.

Por fim, "se a oposição tem por objeto o direito do autor, será julgada inicialmente a ação, e se procedente esta, procedente será a oposição, passando o direito reconhecido ao autor (oposto), para o opoente. Improcedente a ação, sem objeto restará a oposição. "Se a oposição tem por objeto o direito discutido pelas partes, será ela julgada inicialmente, e, caso procedente, restará sem objeto a ação originária, ao menos parcialmente. Improcedente a oposição, aí então se julga o mérito da ação originária".[744]

5.12.2.5. Nomeação à autoria

Na nomeação à autoria, o que se dá é que a pessoa contra quem foi interposta determinada ação faz a indicação de quem na verdade deve integrar a lide. O demandado, no caso, nada mais é do que um simples detentor da coisa. A nomeação à autoria deve observar o disciplinado pelos Arts. 338 e 339, do CPC/2015[745] (que não são substitutos dos Arts. 62 a 69, do CPC/1973, mas estão com eles correlacionados).

A ação é dirigida contra determinado réu, só que ele não é o possuidor efetivo da coisa, por exemplo, é mero fâmulo da posse, o que motiva que ele indique o verdadeiro possuidor, pois é contra ele que a ação deve correr. A indicação contra quem a demanda deve correr é da competência exclusiva do réu, que deve proceder à nomeação à autoria no prazo da contestação, que, uma vez apresentada, faz com que o processo fique suspenso.

Uma vez feita à nomeação à autoria, pode ser que nem o autor nem o nomeado aceite, contudo, se aceita pelo autor, é dado ao nomeado o direito de se manifestar, e se aceitar, contra

---

[743] Não cabe intervenção de terceiros na modalidade de oposição em ação de usucapião

A Terceira Turma do STJ definiu que não cabe intervenção de terceiros na modalidade de oposição em ações de usucapião. Com isso, foi confirmado acórdão do Tribunal de Justiça do Ceará (TJCE) que não permitiu a participação de um terceiro interessado em ação judicial.

No julgamento do REsp 1.726.292, o relator, ministro Ricardo Villas Bôas Cueva, explicou que a intervenção pretendida era desnecessária, pois a tutela buscada por meio da oposição poderia ser alcançada pela simples contestação à ação de usucapião.

"O opoente carece de interesse processual para o oferecimento de oposição na ação de usucapião porque, estando tal ação incluída nos chamados juízos universais (em que é convocada a integrar o polo passivo por meio de edital toda a universalidade de eventuais interessados), sua pretensão poderia ser deduzida por meio de contestação", afirmou. In: STJ: requisitos e limites da usucapião de imóvel urbano – Acesso: 14/11/2023.

[744] BARRETO, Ricardo de Oliveira Paes. *Curso de direito processual civil*: conforme a jurisprudência. 2. ed. Rio de Janeiro: Renovar, 2003. p. 185.

[745] Art. 338. Alegando o réu, na contestação, ser parte ilegítima ou não ser o responsável pelo prejuízo invocado, o juiz facultará ao autor, em 15 (quinze) dias, a alteração da petição inicial para substituição do réu.

Parágrafo único. Realizada a substituição, o autor reembolsará as despesas e pagará os honorários ao procurador do réu excluído, que serão fixados entre três e cinco por cento do valor da causa ou, sendo este irrisório, nos termos do Art. 85, § 8º.

Art. 339. Quando alegar sua ilegitimidade, incumbe ao réu indicar o sujeito passivo da relação jurídica discutida sempre que tiver conhecimento, sob pena de arcar com as despesas processuais e de indenizar o autor pelos prejuízos decorrentes da falta de indicação.

§ 1º O autor, ao aceitar a indicação, procederá, no prazo de 15 (quinze) dias, à alteração da petição inicial para a substituição do réu, observando-se, ainda, o parágrafo único do Art. 338.

§ 2º No prazo de 15 (quinze) dias, o autor pode optar por alterar a petição inicial para incluir, como litisconsorte passivo, o sujeito indicado pelo réu.

ele correrá o processo, e, caso não aceitar, o processo continuará correndo contra o réu indicado pelo autor. Quando aceita a nomeação à autoria, desaparece do processo a figura do até então réu, pois, a partir da aceitação, o réu passará a ser o nomeado.

Sobre o correlacionamento aludido retro, destacamos posição doutrinária sobre a matéria. Da doutrina: "Os arts. 338 e 339 [CPC/2015] trazem regras semelhantes à antiga intervenção de terceiro, denominada de nomeação à autoria. Por meio dela o mero detentor da coisa e o cumpridor de ordens, quando demandados, indicam o real proprietário ou o possuidor da coisa demandada, ou o terceiro cumpridor das ordens, como sujeito passivo da relação processual. Esse procedimento evita que a parte demandada erroneamente sofra os efeitos de uma demanda com a qual não tem qualquer relação.

O CPC/2015 não trata da nomeação como uma espécie de intervenção de terceiro, mas ainda possibilita que o réu indique o sujeito passivo da relação discutida em juízo, e que o autor, caso aceite a indicação, altere a petição inicial para substituir o réu ou incluir, como litisconsorte passivo, a pessoa indicada.

Diferentemente do que estava previsto no CPC/1973, a nova legislação também possibilita o autor, após tomar conhecimento das alegações formalizadas na contestação, alterar a petição inicial para substituir o réu. [...]

A grande novidade promovida pelo CPC/2015 se refere à desnecessidade de aceitação por parte do nomeado. É que, de acordo com o texto de 1973, somente se houver aceitação do nomeado o processo poderá prosseguir em seu desfavor. Na prática, o instituto tem pouca utilidade, afinal, é difícil imaginar que alguém tenha vontade de ser réu. O CPC/2015 corrige esse deslize e possibilita a alteração do polo passivo mediante aceitação por parte do autor".[746]

5.12.2.6. Denunciação à lide

A denunciação à lide decorre de expressa previsão processual e é obrigatória, conforme Art. 125, do CPC/2015 (e Art. 70, com a observância dos Arts. 71 a 76, todos do CPC/1973).

Em se tratando de uma demanda possessória, é de serem observados, especificamente, os incs. I e II, do Art. 125, do CPC/2015 [747](inc. II do Art. 70 do CPC/1973). Podemos exemplificar a obrigatoriedade da denunciação à lide numa ação em que o autor demanda o réu para conseguir a reintegração de determinado bem que está com ele, só que o réu está com o bem em razão de usufruto, ou em razão de crédito pignoratício,[748] portanto, sendo possuidor direto. Com isso, ele indica o possuidor indireto do bem, como denunciado, a fim de que ele se manifeste. Quando o

---

[746] DONIZETTI, Elpídio. Curso Didático de Direito Processual Civil. 19. ed. São Paulo: Atlas, 2016. p. 545-546.

[747] Art. 125. É admissível a denunciação da lide, promovida por qualquer das partes:

I – ao alienante imediato, no processo relativo à coisa cujo domínio foi transferido ao denunciante, a fim de que possa exercer os direitos que da evicção lhe resultam;

II – àquele que estiver obrigado, por lei ou pelo contrato, a indenizar, em ação regressiva, o prejuízo de quem for vencido no processo.

§ 1º O direito regressivo será exercido por ação autônoma quando a denunciação da lide for indeferida, deixar de ser promovida ou não for permitida.

§ 2º Admite-se uma única denunciação sucessiva, promovida pelo denunciado, contra seu antecessor imediato na cadeia dominial ou quem seja responsável por indenizá-lo, não podendo o denunciado sucessivo promover nova denunciação, hipótese em que eventual direito de regresso será exercido por ação autônoma.

[748] Art. 1.406 do CC de 2002 (sem igual disposição no CC de 1916). "O usufrutuário é obrigado a dar ciência ao dono de qualquer lesão produzida contra a posse da coisa, ou os direitos destes".

Nota: do mesmo modo, pelo CC de 2002 (sem igual disposição no CC de 1916), disciplina o Art. 1.435. "O credor pignoratício é obrigado: II. à defesa da posse da coisa empenhada e a dar ciência, ao dono dela, das circunstâncias que tornarem necessário o exercício de ação possessória".

denunciado aceita a nomeação, o processo passa a correr contra ele (denunciado) e contra o réu (denunciante), pois passam a figurar como litisconsortes passivos.

Para evitar "burla" ao sistema legal, com relação ao número de denunciação que o nunciante pode fazer, o Código de Processo Civil de 2015 limitou em uma única denunciação que pode ser feita, pois, do contrário, poderia fazer várias denunciações em relação – por exemplo, a uma ação de evicção, em que poderia retroagir até o início da cadeia dominial. Corretíssima, portanto, a regra esculpida pelo Art. 125, § 2°, do CPC/2015, conforme reprodução feita na nota de rodapé e realçada nestas considerações. Eis: **Art. 125** [...], § 2°. § 2° Admite-se uma única denunciação sucessiva, promovida pelo denunciado, contra seu antecessor imediato na cadeia dominial ou quem seja responsável por indenizá-lo, não podendo o denunciado sucessivo promover nova denunciação, hipótese em que eventual direito de regresso será exercido por ação autônoma.

5.12.2.7. Assistência

A assistência é disciplinada pelos Arts. 119 123. Do CPC/2015 (e Arts. 50 a 55 do CPC1973). Na assistência, determinada pessoa pode fazer uma adesão, o que seria uma intervenção adesiva, em favor de umas das partes, autor e réu. Na assistência, o interessado adere ao processo em razão de que tem interesse que a decisão final se dê em favor do aderido, ou seja, o autor ou réu, dependendo se a aderência se deu pelo polo ativo ou pelo polo passivo.

A assistência é ato de vontade do interessado, o que significa dizer que é voluntária e se dá em razão de manifesto interesse dele no sentido de que a ação seja favorável à parte a quem aderiu. A assistência pode dar-se em qualquer tipo de procedimento e em qualquer grau de jurisdição, só que o assistente (interessado) recebe o processo no estado em que se encontra.

Como exemplo de assistência, podemos tomar por parâmetro uma ação possessória em que o interessado tem interesse que o autor recupere a posse da coisa que foi esbulhada, haja vista, que uma vez recuperada, o assistente (interessado) adquirirá a posse dela, em razão de contrato a ser realizado com o autor da ação reintegratória.

De ordem geral, a assistência pode ser: a) simples – o assistente detém o exercício dos poderes que a parte principal tem, com algumas limitações, ou seja, exercerá os mesmos poderes da parte principal, e estará sujeito a ônus; b) litisconsorcial – o assistente litisconsorcial intervém de forma facultativa, passa a ser litisconsorte do assistido e atua com a mesma intensidade processual do assistido, e, como é um litisconsórcio facultativo unitário ulterior, a assistência litisconsorcial costuma dar-se no polo ativo, ambiente propício para o surgimento de litisconsórcio facultativo unitário.

5.12.2.8. Intervenção do Ministério Público em matéria possessória e Usucapião

A atuação do Ministério Público ocorre por disposição de ordem constitucional. Basicamente, ele atua em nome próprio para a proteção de tutela de interesse da coletividade (Art. 18, do CPC/2015[749]), também quando atua em juízo no próprio nome, mas em busca de proteção do direito indisponível de pessoa hipossuficiente. Nesta linha de atuação, o Ministério Público atua em razão da sua legitimidade extraordinária. Em breve anotação, o Código de Processo Civil de 1973 elencava os três tipos da ação, a saber: (a) Legitimidade das partes; (b) Interesse de agir; e (c)

---

[749] Art. 18. Ninguém poderá pleitear direito alheio em nome próprio, salvo quando autorizado pelo ordenamento jurídico.

Possibilidade do pedido. Por sua vez, o Código de Processo Civil de 2015 modificou as condições da ação, excluindo o elemento da possibilidade do pedido, que foi incluído no interesse de agir.

Muito embora o Ministério Público não tenha personalidade jurídica plena (demandar em causa própria), ele, por força da denominada "personalidade judiciária" (que é a capacidade de ser parte no processo), pode ingressar em juízo em nome próprio (para defesa do seu próprio direito, o que se coaduna como uma legitimidade ordinária), desde que a lesão ou ameaça digam respeito à sua autonomia funcional administrativa que lhe é assegurada pela Constituição (Art. 127, § 2º).

A linha de atuação do Ministério Público ganhou forma e amplitude em decorrência de suas garantias de ordem constitucional e de melhor sistematização decorrente do Código de Processo Civil de 1973, que elenca os três elementos da ação: Legitimidade das partes, Interesse de agir e Possibilidade do pedido. Já o Código de Processo Civil de 2015 alterou as condições da ação, retirando o elemento da possibilidade do pedido, que foi incluído no interesse de agir.

Considerando o relevantíssimo papel desempenhado pelo *Parquet*, em face de suas prerrogativas constitucionais e das decorrentes da lei, ampliamos mais o leque para tecer mais algumas considerações. Apontamos: **"Atribuições constitucionais do Ministério Público [com aplicação de dispositivos do Código de Processo Civil; Código Civil de 2015 e legislação]. A CF, Art. 129, traz rol com as funções institucionais do Ministério Público, que balizam o exercício do direito de ação pelo Parquet (CPC, Art. 177).** Merece destaque na seara cível o conteúdo dos seguintes incisos: zelar pelo respeito dos entes públicos aos direitos constitucionalmente assegurados (II); "promover o inquérito civil e a ação civil pública, para a proteção do patrimônio público e social, do meio ambiente e de outros interesses difusos e coletivos" (III); "promover a ação de inconstitucionalidade ou representação para fins de intervenção da União e dos Estados" (IV); tutelar os interesses das populações indígenas (V).

Destaque especial é reservado para o inciso IX do referido Art. 129: "exercer outras funções que lhe forem conferidas, desde que compatíveis com sua finalidade, sendo-lhe vedada a representação judicial e a consultoria jurídica de entidades públicas". Esse inciso IX funciona como uma norma de encerramento e coloca em evidência o caráter meramente exemplificativo do rol do Art. 129. Tudo o que se afinar com o disposto na CF, arts. 127 e 129, pode ser considerado dentro das atribuições do Parquet. A parte final do inciso IX traz importante diretriz: não pode o Ministério Público atuar juridicamente em favor de entes públicos, ou seja, é vedada a sua atuação em prol do interesse público secundário, cuja defesa fica a cargo da advocacia pública (CF, arts. 131 e 132). Assim, é o interesse público primário que legitima a ação do Ministério Público."[750]

Múltiplas são as situações em que se faz necessária a presença do *Parquet* na condição de fiscal da lei ou de *custos legis*. Arrematando: **"No Código de Processo Civil,** esta prevista a legitimidade para que o Ministério Público, como fiscal da lei, atue nas situações seguintes: requeira a abertura de inventário e partilha, quando da existência de herdeiros incapazes (Art. 616, inciso VII); peça a restauração de autos, se atuar no processo cujas peças desapareceram (Art. 712, caput); dê início a procedimentos de jurisdição voluntária (Art. 720); promova a interdição, desde que nos limites estabelecidos (Arts. 747, inciso IV, e 748); requeira o levantamento da curatela (Art. 756, § 1º); peça a remoção do tutor ou curador (Art. 761, parágrafo único); promova a extinção de fundação (Art. 765, em conjunto com o CC, Art. 69); promova a execução forçada, "nos casos

---

[750] **Código de Processo Civil Anotado – OAB-PR. Autor: Luis Guilherme Aidar Bondioli.** NOTA: A formatação do texto e destaques não seguem, necessariamente, o texto original.

previstos em lei" (Art. 778, § 1º, inciso I); proponha ação rescisória, em "casos em que se imponha sua atuação" (Art. 967, inciso III, especialmente alínea c).

No Código Civil, o direito de ação do Ministério Público é previsto para as seguintes hipóteses: declaração de ausência de pessoa desaparecida (Art. 22); abertura de sucessão provisória para transmissão dos bens do ausente (Art. 28, § 1º); liquidação da sociedade que perde autorização para funcionar (Arts. 1.033, inciso V, e 1.037); decretação de nulidade de casamento (Art. 1.549); suspensão do poder familiar (Art. 1.637).

Na legislação em vigor no país, é pertinente ainda fazer menção à legitimidade do Ministério Público para a tutela da criança e do adolescente (Lei n.º 8.069/1990, Art. 201, incisos III e IV), dos consumidores (Lei n.º 8.078/1990, Art. 82, inciso I), da probidade administrativa (Lei n.º 8.429/1992, Art. 17, caput), do filho havido fora do casamento que não tenha paternidade reconhecida (Lei n.º 8.560/1992, Art. 2º, § 4º) e do idoso (Lei n.º 10.741/2003, Art. 74, incisos II e III).

Menção especial merece a Lei n.º 7.347/1985, que reforça a legitimidade do Ministério Público para a tutela do meio ambiente, do consumidor, de "bens e direitos de valor artístico, estético, histórico, turístico e paisagístico", das ordens econômica e urbanística e de "qualquer outro interesse difuso ou coletivo" (Arts. 1º, caput, e 5º, caput e inciso I). Observe-se que, "em caso de desistência infundada ou abandono da ação por associação legitimada, o Ministério Público ou outro legitimado assumirá a titularidade ativa" da ação civil pública (Lei n.º 7.347/1985, Art. 5º, § 3º). Disposição similar a esta existe na Lei n.º 4.717/1965, Art. 9º, em matéria de ação popular.[751]

Por fim, destacamos, de forma bem pontual (mais para registro), **duas situações em que o <u>Ministério Público </u>também figurará no processo.**

Primeira situação: O Parquet <u>pode figurar no processo na condição de réu</u>, exemplificando tal situação em consonância com o Art. 745, § 4º, do CPC/2015. Conforme reprodução: Art. 745, § 4º – Regressando o ausente ou algum de seus descendentes ou ascendentes para requerer ao juiz a entrega de bens, serão citados para contestar o pedido os sucessores provisórios ou definitivos, o Ministério Público e o representante da Fazenda Pública, seguindo-se o procedimento comum.

Segunda situação: Esta tem maior relevância para o nosso estudo sobre posse e Usucapião, levando em consideração o Art. 178, inc, III, do CPC/2015, no seguinte sentido: Art. 178. O Ministério Público será intimado para, no prazo de 30 (trinta) dias, intervir como fiscal da ordem jurídica nas hipóteses previstas em lei ou na Constituição Federal e nos processos que envolvam:

[...].

III – litígios coletivos pela posse de terra rural ou urbana.

Apesar da amplitude do tema, considerando que litígios pela posse de terra podem englobar as questões possessórias típicas, tais como Reintegração de Posse; Manutenção de Posse e Interdito Proibitório, as quais podem descambar para a configuração de uma posse capaz de levar ao Usucapião (**NOTA:** Pelo CPC/2015, não consta qualquer obrigatoriedade de o *Parquet* atuar em ações de Usucapião, situação diferente da que dispunha o CPC/1973, conforme tratava o Art. 944; intervirá obrigatoriamente em todos os atos do processo o Ministério Público). Deste modo, não tem o Ministério Público, pelo comando do CPC/2015, de participar do processo de Usucapião. Numa leitura, com interpretação restrita, a não obrigatoriedade de o Ministério Público atuar em processo decorre da falta de previsão imposta pelo CPC/2015. Entretanto, numa interpretação

---

[751] Código de Processo Civil Anotado – OAB-PR. NOTA: A formatação do texto e destaques não seguem, necessariamente o texto original.

mais elástica, pode ficar abrandada, haja vista que em litígio, envolvendo posse de terra rural ou urbana, pode estar presente, por exemplo: a) interesse público envolvido ou de ordem social; b) configurar a existência de interesse de incapaz. Em tese, o *Parquet* atuaria no sentido de evitar que a situação acabe gerando uma tensão social, caso em que sua atuação se dará em razão de sua competência assegurada pela Constituição Federal.

Aliás, a participação do Ministério Público em tal situação, na forma exposta, recebe reforço (para fins de aplicação mesmo nos conflitos individuais) pelo contido nos seguintes dispositivos do CPC/2015, conforme transcrição: Art. 554. A propositura de uma ação possessória em vez de outra não obstará a que o juiz conheça do pedido e outorgue a proteção legal correspondente àquela cujos pressupostos estejam provados. § 1º. No caso de ação possessória em que figure no polo passivo grande número de pessoas, serão feitas a citação pessoal dos ocupantes que forem encontrados no local e a citação por edital dos demais, determinando-se, ainda, a intimação do Ministério Público e, **se envolver pessoas em situação de hipossuficiência econômica, da Defensoria Pública.**

Art. 565. No litígio coletivo pela posse de imóvel, quando o esbulho ou a turbação afirmado na petição inicial houver ocorrido há mais de ano e dia, o juiz, antes de apreciar o pedido de concessão da medida liminar, deverá designar audiência de mediação, a realizar-se em até 30 (trinta) dias, que observará o disposto nos §§ 2º e 4º. Estabelece o § 2º. O Ministério Público será intimado para comparecer à audiência, e a **Defensoria Pública será intimada sempre que houver parte beneficiária de gratuidade da justiça**.

Fechando, no sentido de que o *Parquet* continua tendo participação e nas ações de Usucapião envolvendo bens imóveis:

Art. 178. O Ministério Público será intimado para, no prazo de 30 (trinta) dias, intervir como fiscal da ordem jurídica nas hipóteses previstas em lei ou na Constituição Federal e nos processos que envolvam:

I.   interesse público ou social;

II. interesse de incapaz;

III. litígios coletivos pela posse de terra rural ou urbana.

Parágrafo único. A participação da Fazenda Pública não configura, por si só, hipótese de intervenção do Ministério Público.

A priori, portanto, tomando por base que o Usucapião é de interesse público, ou social, ou ambos de forma consolidada, não paira dúvida de que o *Parquet* continuará atuando como fiscal da lei nos processos de Usucapião, embora o CPC/2015 não exija de forma especifica, como fazia o CPC/1973.

NOTA ESPECIAL: Considerando que o CPC/2015, o que não ocorria pelo CPC/1973, atribui competências para atuação em matéria que diga respeito, objetivamente, posse e Usucapião, embora, logicamente não só nestas, destacamos, que pelo CPC também são apontados que a intervenção do Ministério Público em matéria possessória e Usucapião, embora essas não sejam únicas, como visto, não retira nem supre a necessidade de observância da participação e atuação das seguintes Instituições: a) Advocacia Pública, especialmente a AGU e a Defensoria Pública, ambas com atividades regulamentadas e com competências decorrentes de mandamento constitucional.

Alertamos, desde logo: Os prazos do Ministério Público, da Advocacia Pública e da Defensoria Pública são contados em dobro, a partir da intimação pessoal do membro da instituição (CPC, Art. 180, caput; Art. 183, caput; e Art. 186, caput). Por outro lado: o prazo para manifestação do Ministério Público, quando intervir como fiscal da ordem jurídica, será de 30 dias (CPC, Art. 178, *caput*).

Nos subtópicos *infra*, procedemos em alguns apontamentos sobre as instituições mencionadas.

5.12.2.9. Participação da Advocacia Pública em demandas possessórias e de Usucapião

A atuação da Advocacia Pública dá-se em defesa dos entes públicos que representa, podendo ser da administração direta, como indireta. Representa tanto os entes Federais, como Estaduais, do Distrito Federal, e, não obrigatoriamente, os entes Municipais. Consta do CPC, Art. 182. Incumbe à Advocacia Pública, na forma da lei, defender e promover os interesses públicos da União, dos Estados, do Distrito Federal e dos Municípios, por meio da representação judicial, em todos os âmbitos federativos, das pessoas jurídicas de direito público que integram a administração direta e indireta. Por sua vez, dispõe o Art. 183: A União, os Estados, o Distrito Federal, os Municípios e suas respectivas autarquias e fundações de direito público gozarão de prazo em dobro para todas as suas manifestações processuais, cuja contagem terá início a partir da intimação pessoal.

Dentre as inovações trazidas pelo Código de Processo Civil de 2015, está a instituição de um título específico na parte geral para tratar da Advocacia Pública.

É a Advocacia Pública a instituição criada por lei do ente federado para sua assessoria e consultoria na área jurídica, incluindo entre suas funções a representação judicial. O ente federado pode instituir que sua Procuradoria seja competente para defesa das demais pessoas jurídicas da Administração (autarquias e fundações) ou estabelecer carreira própria para a defesa destas instituições públicas.

A lei do ente federado é a competente para estabelecer as condições de ingresso, poderes e deveres do advogado público. O acesso deverá ser realizado, necessariamente, por concurso público de provas e títulos (CF, Arts. 37, inciso II, 131 e 132).[752]

Estabelece o regramento de ordem constitucional: DA ADVOCACIA PÚBLICA (Redação dada pela Emenda Constitucional n.º 19, de 1998).

Art. 131. **A Advocacia Geral da União** é a instituição que, diretamente ou através de órgão vinculado, representa a União, judicial e extrajudicialmente, cabendo-lhe, nos termos da lei complementar que dispuser sobre sua organização e funcionamento, as **atividades de consultoria e assessoramento jurídico do Poder Executivo.**[753]

Art. 132. Os Procuradores dos Estados e do Distrito Federal, organizados em carreira, [...], exercerão a representação judicial e a consultoria jurídica das respectivas unidades federadas. (Redação dada pela Emenda Constitucional nº 19, de 1998).

5.13.2.9.1. Advocacia Geral da União (AGU) em matéria possessória e de Usucapião

Em primeiro plano, apontamos a legislação de regência da AGU:

---

[752] **Código de Processo Civil Anotado – OAB-PR.**

[753] NOTA ESPECIAL: As atribuições/competências/deveres da AGU, este autor conhece bem, pois se aposentou, em março de 2013, no Cargo de Advogado da União, Classe Especial, tendo desenvolvido atividades, inclusive como Procurador (Chefe) Seccional da União para todo Extremo Sul de Santa Catarina, em matéria de natureza possessória e de usucapião, e desenvolveu atividades como Consultor da União com atuação no Estado de Santa Catarina.

a) Constituição Federal de 1988, foi o marco zero da criação da AGU, disciplinando:

Art. 131. A Advocacia Geral da União é a instituição que, diretamente ou através de órgão vinculado, representa a União, judicial e extrajudicialmente, cabendo-lhe, nos termos da lei complementar que dispuser sobre sua organização e funcionamento, as atividades de consultoria e assessoramento jurídico do Poder Executivo.

b) Uma vez criada a AGU foi editada a Lei Complementar n.º 73, de 10 de fevereiro de 1993, a qual é a lei de regência (Lei Orgânica), dispondo:

Art. 1º. A Advocacia Geral da União é a instituição que representa a União judicial e extrajudicialmente.

Parágrafo único. À Advocacia Geral da União cabem as atividades de consultoria e assessoramento jurídicos ao Poder Executivo, nos termos desta Lei Complementar.

c) Antes da implantação definitiva da AGU foi editada a Lei nº 9.028, de 12 de abril de 1995, que deu suporte ao exercício e atribuições da mesma, dispondo neste sentido:

Art. 1º. O exercício das atribuições institucionais previstas na Lei Complementar n.º 73, de 10 de fevereiro de 1993, dar-se-á, em caráter emergencial e provisório, até a criação e implantação da estrutura administrativa da Advocacia Geral da União (AGU), nos termos e condições previstos nesta lei.

A legislação apontada é fundamental para situar o patamar em que se acha a AGU. Para fins de registro e ampliar o conhecimento das atividades desenvolvidas pela AGU, apontamos/transcrevemos dois tópicos que dizem respeito ao assunto abordado nesta obra jurídica. O primeiro tópico trata de Súmula da AGU, e o segundo diz respeito à Portaria Conjunta relativa ao Usucapião extrajudicial.

Primeiro tópico:

SÚMULA Nº 4, DE 5 DE ABRIL DE 2000

Republicada no DOU, Seção I, de 26/07, 27/07 e 28/07/2004

Salvo para defender o seu domínio sobre imóveis que estejam afetados ao uso público federal, a União não reivindicará o domínio de terras situadas dentro dos perímetros dos antigos aldeamentos indígenas de São Miguel e de Guarulhos, localizados no Estado de São Paulo, e desistirá de reivindicações que tenham como objeto referido domínio.

REFERÊNCIAS: **Legislação:** Constituições de 1891 (Art. 64), de 1934 (Arts. 20, 21 e 129), de 1937 (Arts. 36 e 37), de 1946 (Arts. 34 e 35), de 1967 (Arts. 4º e 5º), Emenda Constitucional n.º 1, de 1969 (Arts. 4º e 5º) e Constituição de 1988 (Art. 20); Decreto-Lei n.º 9.760, de 18.9.1946 (Art. 1º) e Medida Provisória n.º 2.180-35, de 24.8.2001 (Art. 17).

Jurisprudência: Supremo Tribunal Federal: Súmula n.º 650; RE n.º 219983-3/SP (Plenário). Acórdãos: REs nos 212251, 226683, 220491, 226601, 219542, 231646, 231839, RE n.º 285098/SP etc. (Primeira Turma); REs nos 219983/SP, 197628/SP, 194929/SP, 170645/SP, 179541/SP, 215760/SP, 166934/SP, 222152/SP, 209197/SP etc. (Segunda Turma). Superior Tribunal de Justiça: RESP n.º 126784/SP (Terceira Turma).

Redação alterada pelo Ato de 19 de julho de 2004.

Segundo tópico:

PORTARIA CONJUNTA Nº 1, DE 15 DE FEVEREIRO DE 2017

Dispõe sobre procedimentos a serem adotados pelos órgãos de execução da Consultoria--Geral da União e pelas Superintendências do Patrimônio da União nos Estados e no Distrito Federal na representação da União relativamente à Usucapião extrajudicial de bens imóveis, e dá outras providências.

O CONSULTOR-GERAL DA UNIÃO E O SECRETÁRIO DO PATRIMÔNIO DA UNIÃO, no uso das atribuições que lhes conferem, respectivamente, os arts. 12, inciso III, e 39, inciso I, do Anexo I do Decreto nº 7.392, de 13 de dezembro de 2010, e os arts. 30, incisos I e II, e 56 do Anexo I do Decreto nº 8.818, de 21 de julho de 2016, combinado com o Art. 56, inciso XVI, do Regimento Interno da Secretaria do Patrimônio da União, aprovado pela Portaria nº 152, de 5 de maio de 2016, do Ministro de Estado do Planejamento, Desenvolvimento e Gestão, e tendo em vista o disposto no Art. 216-A da Lei nº 6.015, de 31 de dezembro de 1973 (Lei de Registros Públicos),

Resolvem:

Art. 1º A presente portaria estabelece procedimentos a serem adotados no âmbito dos órgãos de execução da Consultoria-Geral da União (CGU) e das Superintendências do Patrimônio da União nos Estados e no Distrito Federal para a representação da União no processo extrajudicial de Usucapião de bens imóveis, em observância ao disposto no § 3º do Art. 216-A da Lei n.º 6.015, de 31 de dezembro de 1973.

Art. 2º Os titulares dos cartórios de registro de imóveis, os oficiais de registro de títulos e documentos e as Corregedorias-gerais de Justiça devem ser orientados pelos órgãos de execução da CGU e pelas Superintendências do Patrimônio da União nos Estados e no Distrito Federal no sentido de serem dirigidas diretamente à respectiva Superintendência do Patrimônio da União em que estiver situado o imóvel usucapiendo as solicitações de manifestação sobre interesse da União sobre o referido imóvel de que trata o § 3º do Art. 216-A da Lei n.º 6.015, de 1973.

Parágrafo único. Os órgãos de execução da CGU e as Superintendências do Patrimônio da União devem informar às autoridades elencadas no caput que a apresentação de plantas e memoriais georreferenciados e quaisquer outros documentos e informações para a identificação do bem imóvel, acompanhando a solicitação de que trata o caput, é relevante para a Secretaria do Patrimônio da União por proporcionar maior rapidez e precisão na análise da documentação pela área técnica competente.

Art. 3º Quando não houver dúvida jurídica, a Superintendência do Patrimônio da União em que estiver situado o imóvel usucapiendo responderá à solicitação de que trata o Art. 1º diretamente ao titular do cartório de registro de imóveis solicitante.

Art. 4º No caso de haver dúvida jurídica, deverá a Superintendência do Patrimônio da União remeter a solicitação de que trata o Art. 1º ao órgão de execução da CGU em que estiver situado o imóvel usucapiendo, no prazo de até 5 (cinco) dias do recebimento da solicitação, acompanhada dos subsídios para fins de representação extrajudicial da União.

Parágrafo único. A comunicação objeto do caput deve ser feita à Consultoria Jurídica da União nos Estados e, no Distrito Federal, à Consultoria Jurídica junto ao Ministério do Planejamento, Desenvolvimento e Gestão, para as providências de cunho jurídico extrajudiciais, aplicando-se subsidiariamente o contido na Portaria n.º 13, de 24 de junho de 2015, do Consultor-Geral da União, aos procedimentos previstos nesta Portaria.

Art. 5º Os órgãos de execução da CGU observarão, quanto à resposta às solicitações objeto do § 3º do Art. 216-A da Lei n.º 6.015, de 1973, o prazo de até 15 (quinze) dias do recebimento da solicitação do cartório de registro de imóveis na Superintendência do Patrimônio da União em que estiver situado o imóvel usucapiendo, tomando-se os subsídios fornecidos por esta, bem como os demais elementos de direito aplicáveis ao caso concreto.

Art. 6º Os órgãos de execução da CGU deverão observar as orientações da Consultoria Geral da União para o registro no Sistema AGU de Inteligência Jurídica (SAPIENS) dos procedimentos previstos nesta Portaria, para fins de gestão da informação.

Art. 7º Em havendo judicialização da matéria, o órgão que estiver atuando no processo extrajudicial de Usucapião de bens imóveis informará ao órgão de execução da Procuradoria-Geral da União, que passará, a partir de então, a ter competência sobre o caso.

Art. 8º Esta Portaria entra em vigor na data de sua publicação.

MARCELO AUGUSTO CARMO DE VASCONCELLOS

Consultor-Geral da União

SIDRACK DE OLIVEIRA CORREIA NETO

Secretário do Patrimônio da União

5.12.2.10 Participação da Defensoria Pública em matéria possessória e de Usucapião

Inicialmente, destacamos três pontos do CPC/2015, nos quais estão contidos poderes/deveres afetos à Defensoria pública, que devem receber atenção, pois, do contrário, ignorância ou simples omissão na aplicação/observância deles podem levar a demanda a uma decisão recursal, em que se reconheça a falta de intimação para que o órgão fosse cientificado para participar do processo.

Primeiro ponto: "Art. 185 – A Defensoria Pública exercerá a orientação jurídica, a promoção dos direitos humanos e a defesa dos direitos individuais e coletivos dos necessitados, em todos os graus, de forma integral e gratuita".

Segundo ponto: Art. 186 – A Defensoria Pública gozará de prazo em dobro para todas as suas manifestações processuais.

§ 1º – O prazo tem início com a intimação pessoal do defensor público, nos termos do Art. 183, § 1º.

§ 2º – A requerimento da Defensoria Pública, o juiz determinará a intimação pessoal da parte patrocinada quando o ato processual depender de providência ou informação que somente por ela possa ser realizada ou prestada.

Terceiro ponto: Art. 565. No **litígio coletivo pela posse de imóvel**, quando o esbulho ou a turbação afirmado na petição inicial houver ocorrido há mais de ano e dia, o juiz, antes de apreciar o pedido de concessão da medida liminar, deverá designar audiência de mediação, a realizar-se em até 30 (trinta) dias, que observará o disposto nos §§ 2º e 4º.

Estabelece:

§ 2º. O Ministério Público será intimado para comparecer à audiência, e a Defensoria Pública será intimada sempre que houver parte beneficiária de gratuidade da justiça.

§ 3º – O disposto no caput aplica-se aos escritórios de prática jurídica das faculdades de Direito reconhecidas na forma da lei e às entidades que prestam assistência jurídica gratuita em razão de convênios firmados com a Defensoria Pública.

§ 4º – Não se aplica o benefício da contagem em dobro quando a lei estabelecer, de forma expressa, prazo próprio para a Defensoria Pública.

Pois bem, como se trata de questão bem pontual, não nos aprofundaremos sobre o tema. Contudo, tratando-se de matéria de ordem possessória ou de Usucapião, haverá de estar presente a Defensoria Pública em decorrência de sua competência (promoção dos direitos humanos e defesa dos direitos individuais e coletivos dos necessitados em todos os graus), como preconizado pela Constituição Federal/1988, Arts. 5º, inciso LXXIV, e 134.

"O Art. 185 praticamente repete a redação contida na CF/1988, com a redação que lhe foi dada pela Emenda Constitucional nº 80/2014, que por sua vez espelha o que já estava previsto no Art. 1º da Lei Complementar nº 80/1994, com a redação que lhe foi dada pela Lei Complementar nº 132/2009. Em ambos os dispositivos mencionados fica clara a possibilidade de a Defensoria Pública exercer também a defesa dos direitos coletivos dos necessitados, exercitando a legitimidade que lhe foi outorgada pelo Art. 5º, inciso II, da Lei nº 7.374/1983."

Concluindo, em duas vertentes: a) a obrigatória designação de audiências de mediação com a imprescindível participação da Defensoria Pública nas ações possessórias pretende pôr fim a reintegrações precipitadas e injustas, que em nada contribuem para o enfrentamento das causas da pobreza e da falta de moradia digna no país[754]; b) desde a Emenda Constitucional n.º 45/2004, as Defensorias Públicas Estaduais passaram a contar com autonomia administrativa e funcional (Art. 134, §2º da Constituição Federal), bem como financeira (Art. 168, CF), estando fora, portanto, da estrutura do Poder Executivo. A Defensoria Pública presta atendimento jurídico em sentido amplo, de natureza judicial e extrajudicial e de educação em direitos e tem legitimidade para atuar não só individualmente, mas também por meio da tutela coletiva[755].

5.12.3. Foro competente

Sobre o foro competente para questão envolvendo bens móveis, disciplina o Art. 46, do CPC/2015 (e Art. 94, do CPC/1973): A ação fundada em direito pessoal ou em direito real sobre bens móveis será proposta, em regra, no foro de domicílio do réu. Não quer dizer que a expressão em regra signifique que é dado o direito de as partes escolherem o foro, o que seria foro de eleição, e sim de que a própria lei pode abrir exceção sobre o foro e competência para apreciar. Tanto assim é que, pelo 53, do CPC/2015 (e Art. 100, do CPC/1973), há abertura de várias exceções em relação ao foro, o que deverá ser observado quando de cada situação em concreto.

O Código de Processo Civil determina, sem qualquer exceção, que o foro competente para apreciar demanda relativa a imóvel é o da situação do imóvel (*forum rei sitae*). Não deixa dúvida a redação do **Art. 47**, § 1º, do CPC/2015 (e Art. 95, do CPC/1973), ao estabelecer: § 1º *O autor pode optar pelo foro de domicílio do réu ou pelo foro de eleição se o litígio não recair sobre direito de propriedade, vizinhança, servidão, divisão e demarcação de terras e de nunciação de obra nova.*

Das ações possessórias típicas e atípicas de que tratamos, a única que pode entrar no rol de escolha do foro, por parte do autor, seria a de embargos de terceiro (senhor e possuidor, ou só senhor, ou só possuidor). No entanto, ele não vai ter como fazer a escolha do foro, pois terá que

---

[754] Disponível em: https://www.jusbrasil.com.br/artigos/da-intervencao-obrigatoria-da-defensoria-publica-nas-acoes-possessorias-art--554-1-do-ncpc/177526029 -Acesso em: 17 mar. 2024.

[755] Disponível em: https://www.defensoriapublica.pr.def.br/Pagina/O-que-e-Defensoria-Publica#:~:text=A%20Defensoria%20P%C3%BAblica%20presta%20atendimento,por%20meio%20da%20tutela%20coletiva. Acesso em: 17 mar. 2024.

interpor embargos no juízo em que já estiver correndo o processo, ou seja, onde o bem que está a defender foi constritado judicialmente.

Quando o imóvel se achar localizado em mais de um Estado, ou comarca, a ação possessória poderá ser ajuizada em qualquer uma das comarcas, sendo que o juiz competente para dirimir a demanda será determinado pela prevenção, que se entenderá por todo o imóvel, em face do contido no Art. 60, do CPC/2015 (e Art. 107, do CPC/1973). Assim, o juiz que primeiro conhecer a causa e determinou citação válida do demandado será competente para todo o imóvel e será ele quem proferirá a sentença e julgará todos os incidentes processuais, inclusive, logicamente, podendo conceder, ou não, conforme o caso, liminar *initio litis*, ou após justificação prévia.

A prevenção, em face do Art. 60, do CPC/2015 (e Art. 107 do CPC/1973), é indeclinável, e todo e qualquer incidente envolvendo o imóvel em litígio ficará a cargo do juiz prevento. Asseveram, a esse respeito, Nelson Nery Júnior e Rosa Maria Andrade Nery: "Havendo duas ações de reintegração de posse em comarcas diversas, sobre imóvel que se situa em ambas as comarcas, é competente para decidir a lide sobre a totalidade do imóvel o juízo prevento, assim entendido aquele em que primeiro foi feita a citação válida em uma das demandas".[756]

Caso na ação de Usucapião especial, em que haja a participação da União ou de qualquer ente federal, a competência, como apontado supra, não muda, aplicando-se, no caso a **Súmula n.º 11 do STJ**, que preconiza: *A presença da União ou qualquer de seus entes, na ação de Usucapião especial, não afasta a competência do foro da situação do imóvel.*

5.12.4. Ação rescisória em relação às demandas possessórias (típicas e atípicas)

Após o transcurso em julgado de sentença (quando não mais existe qualquer tipo de recurso a ser manejado) relativa à demanda possessória (quer seja típica, quer seja atípica), poderá, uma vez preenchidos os requisitos legais, ocorrer interposição de ação rescisória. É a ação rescisória, como acentua didaticamente Ricardo de Oliveira Paes Barreto, "mais um dos processos originários dos tribunais, onde se processa, sendo a ação pela qual se pede a anulação de sentença, ou decisão interlocutória negativa de questão de mérito, como na hipótese de apreciação de decadência, ou acórdão transitado em julgado, mesmo em se tratando de acórdão decorrente de agravo de instrumento, quando este adentrar no mérito da questão posta, para que se proceda com novo julgado, perante o próprio tribunal, ou perante o juízo originário cuja decisão material se pretenda rescindir".[757][758]

A ação rescisória é disciplinada pelos Arts. 966 a 975, do CPC/2015 (e Arts, 485 *usque* 495 do CPC/1973).[759] Pelos dispositivos legais, a ação rescisória pode ser interposta contra decisão, em que o mérito foi apreciado, desde que ela tenha transitado em julgado. A ação rescisória deve ser

---

[756] NERY JUNIOR, Nelson; NERY, Rosa Maria Andrade. *Código de Processo Civil comentado*. 5. ed. São Paulo: Revista dos Tribunais, 2001. p. 508.

[757] BARRETO, Ricardo de Oliveira Paes. *Curso de direito processual civil*: conforme a jurisprudência. 2. ed. Rio de Janeiro: Renovar, 2003. p. 535.

[758] Anota Antenor Batista: "Os fundamentos mais substanciosos do instituto da Ação Rescisória devem ser inseridos na petição inicial ou na contestação, consoante pretensão do autor ou do réu. Em ambos os casos, requer-se meticulosa valoração fática e hermenêutica jurídica do postulante, pois, a rigor, tal espécie de lide nem sempre se cinge às partes (autores e réus), podendo, se for o caso, invocar erronia ou responsabilidade do juiz. Em tal hipótese, tanto em relação à petição inicial como na contestação, todo cuidado e ética são bem-vindos" (BATISTA, Antenor. *Posse, possessória e ação rescisória*: manual teórico e prático. 2. ed. São Paulo: Juarez de Oliveira, 2004. p. 95).

[759] NOTAS: (1) em face do Art. 59 da Lei n.º 9.099/1995, não é cabível ação rescisória nos juizados especiais cíveis. A matéria, entretanto, tem apreciação favorável pelo STF, que no RE 586.068, com repercussão geral reconhecida (Tema 100), entendeu cabível ação rescisória nos julgados dos JEFs – Juizados Especiais Federais fundada em norma posteriormente declarada inconstitucional pelo Supremo. (2). Sobre esta Decisão do STF a matéria tem tratamento mais amplo e esclarecedor no tópico 5.13.5.5, para onde remetemos o consulente.

interposta no prazo, após o trânsito em julgado da decisão originária, dois anos, que é decadencial, portanto peremptório, e com isso não é passível de suspensão nem de interrupção em razão de feriados ou de **férias forenses.** (Aqui cabe um breve **ESCLARECIMENTO:** O prazo de contagem para interpor AÇÃO RESCISÓRIA é contínuo e não pode ser confundido com a interrupção de prazo processual, portanto não tem aplicação o seguinte dispositivo: **CPC, Art. 220.** O curso do prazo processual fica suspenso nos dias compreendidos entre 20 de dezembro e 20 de janeiro, inclusive). Por força do § 2º, do Art. 966. Do CPC/2015 (e Art. 486, do CPC/1973), mesmo os atos judiciais que independem de sentença, ou quando ela for meramente homologatória, podem ser objeto de ação rescisória.

Em sede de ação rescisória, poderá, sendo o caso, ocorrer concessão de antecipação de tutela, entendimento esse defendido por parte da doutrina e da jurisprudência, o que comungamos plenamente, tendo em conta que a não concessão de antecipação de tutela, quando o caso justificar, pode acarretar grave dano para a parte requerente. O STJ, pela 3ª Turma, como aponta Antenor Batista, decidiu: "Em sede de Ação Rescisória, não obstante o óbice [do Art. 969, do CPC/2015] (e Art. 489 do Código de Processo Civil [de 1973], com o objetivo de suspender atos executórios, em casos que causem lesão grave, é possível a antecipação de tutela".[760] [761]

"No Processo Civil, as invalidades possuem tratamento diferenciado daquele previsto no Direito Civil. Aqui, mesmo as nulidades de natureza absoluta não operam efeitos de pleno direito. Toda nulidade precisa ser decretada pelo juiz após oportunizado o contraditório. As nulidades absolutas ferem normas cogentes e por esta razão podem ser alegadas a qualquer tempo e grau de jurisdição, não havendo preclusão. Há casos, inclusive, de nulidades que podem ser alegadas mesmo depois do trânsito em julgado da decisão, por meio de ação rescisória (CPC/2015, Art. 966, II), ou por ação anulatória ou em impugnação ao cumprimento de sentença (CPC/2015, Art. 525, § 1º, I), como ocorre com os vícios transrescissórios (falta ou nulidade de citação)."[762]

5.12.5. Juizado especial

Pelos juizados especiais cíveis, é possível que as ações possessórias, tanto envolvendo bens móveis como imóveis, tenham curso. O que dirimirá a questão, com relação a poder ou não ser utilizado o Juizado Especial Cível para fins de propositura da ação, é o valor da causa, que, nos juizados da justiça estadual, tem por patamar 40 salários mínimos; já nos juizados da justiça federal, o valor será de 60 salários mínimos.

Em relação às ações possessórias típicas, atinentes aos bens móveis, há posicionamentos doutrinários e jurisprudenciais que as excluem da apreciação dos juizados especiais cíveis, o que, no nosso modo de ver, não é correto, e sobre isso discorreremos *infra*, em tópico específico.

Os juizados especiais cíveis, estadual e federal, têm disciplina pelas Leis 9.099, de 26 de setembro de 1995, e 10.259, de 12 de julho de 2001, respectivamente, e eles têm competência para apreciar demandas possessórias que não excedam, no Juizado Especial Estadual Cível, 40 salá-

---

[760] BATISTA, Antenor. Posse, possessória e ação rescisória: manual teórico e prático. 2. ed. São Paulo: Juarez de Oliveira, 2004. p. 97.

[761] Anota, por sua vez, Ricardo de Oliveira Paes Barreto, decisão do STJ (AGRAR n.º 911/MG, Rel. Min. Nancy Andrighi), do seguinte teor: "Cabível a antecipação de tutela para conferir efeito suspensivo à ação rescisória, contudo, excepcionalmente, pode o magistrado deferir a suspensão requerida, dentro do seu poder geral de cautela, sempre que verifique a possibilidade de frustração do provimento judicial futuro da rescisória" (BARRETO, Ricardo de Oliveira Paes. *Curso de direito processual civil*: conforme a jurisprudência. 2. ed. Rio de Janeiro: Renovar, 2003. p. 563).

[762] Juruá – CPC comentado. Disponível para cópia. Acesso em: 18 mar. 2024.

rios mínimos, vigente à data da propositura da ação; e no Juizado Especial Federal Cível, o valor máximo de 60 salários mínimos, vigente à época da propositura da ação.

A posição que apontamos pelo parágrafo anterior não goza de consenso geral pela doutrina, pois há opinião no sentido de que o valor apontado é tão somente com relação ao de condenação, o que não entendemos como sendo procedente, pois, se assim fosse, não haveria um critério específico norteador da admissão da demanda por meio dos juizados especiais cíveis (estadual e federal) e, com isso, via de regra, toda e qualquer demanda, desde que entre aquelas da competência dos referidos juizados especiais cíveis, poderia ser ajuizada por meio deles, considerando que, embora sem conciliação, mediante sentença homologatória, a sentença condenatória somente seria arbitrada até o patamar máximo fixado em lei (40 salários mínimos no Juizado Especial Cível Estadual e 60 salários mínimos no Juizado Especial Cível Federal).[763] Se assim fosse entendido, estaria, *a priori*, desvirtuado por completo o verdadeiro objetivo do legislador em instituir os juizados especiais cíveis (estadual e federal).

Desse modo, reafirmamos, o que deverá balizar as demandas pelos juizados especiais civis (estadual e federal) é o valor de 40 salários mínimos, pelo Juizado Especial Cível Estadual, e o valor máximo de 60 salários mínimos, pelo Juizado Especial Cível Federal, valores esses constantes desde a época da propositura da ação.

Não poderá, no entanto, o Juizado Especial Estadual Cível apreciar matéria possessória típica (ou não) que envolva a União, suas autarquias, fundações e empresas públicas, em face do disciplinado pela Lei n.º 9.099/1995, Art. 8º, em que consta: "Não poderão ser partes, no processo instituído por esta Lei, o incapaz, o preso, as pessoas jurídicas de direito público, as empresas públicas da União, a massa falida e o insolvente civil".

A União, suas autarquias e fundações públicas federais estão inseridas no rol das competências da Justiça Federal, em face do Art. 109, inc. I, da Constituição Federal de 1988, e dos juizados especiais federais cíveis, em face da Lei n.º 10.259/2001.

A Lei n.º 9.099/1995, ao dizer que o Juizado Especial Estadual Cível é competente para conciliação, processo e julgamento das ações possessórias sobre bens imóveis (ações possessórias típicas), desde que o valor não exceda a 40 salários mínimos, vigentes por ocasião da propositura da ação, não veda a possibilidade de julgamento de ação atípica (ação de embargos de terceiro, ação de embargo de obra nova e a ação de dano infecto), haja vista que a proibição (Art. 10 da Lei n.º 9.099/1995) somente atinge a intervenção de terceiro[764] no processo, o que não é o caso dos autores das ações possessórias atípicas.

Pode, portanto, correr pelo Juizado Especial Cível, as ações possessórias atípicas, pois tais demandas ficam albergadas pelo comando do Art. 3º, inc. I, devendo ser, e tão somente isto, observado o valor da causa, que não pode exceder ao patamar de 40 salários mínimos, vigorante quando da propositura da ação.

---

[763] Doutrina, em sentido contrário ao nosso posicionamento, Liberato Bonadia Neto: "No tocante a essa competência genérica do Juizado, firmada pelo inciso I do Art. 3º da lei, o valor de alçada é considerado apenas para efeito de condenação, o que não obsta a propositura da ação mesmo quando o valor atribuído à causa for superior ao de alçada, sendo eficaz a sentença que homologar o acordo celebrado entre as partes em valor superior ao de alçada, tendo em vista os fins conciliatórios colimados pelo Juizado. Somente a sentença condenatória é ineficaz na parte que exceder a alçada estabelecida pela lei, mesmo porque a opção pelo procedimento das ações perante o Juizado Especial Cível importará em renúncia ao crédito excedente ao valor de alçada, excetuada a hipótese de conciliação, como ressalva o §3º do seu Art. 3º" (BONADIA NETO, Liberato. Disponível em: http://www.jurista.adv.br. Acesso em: 11 jan. 2011.

[764] Terceiro ou terceiros "são pessoas estranhas à relação processual originária", são os casos de oposição, nomeação à autoria, denunciação à lide e de chamamento ao processo.

A mesma coisa, como destacado no parágrafo anterior, se aplica ao Juizado Especial Federal Cível, pois a Lei n.º 10.259/2001, Art. 1º, estabelece: "São instituídos os Juizados Especiais Cíveis e Criminais da Justiça Federal, aos quais se aplica, no que não conflitar com esta Lei, o disposto na Lei n.º 9.099, de 26 de setembro de 1995". Só que, no Juizado Especial Federal Cível, o valor não deve exceder a 60 salários mínimos, vigente à época da propositura da ação, e com a observância da competência do referido juizado, o que será objeto de análise em tópico próprio (tópico 5.13.5.2).

5.12.5.1. Juizado Especial Estadual Cível

Em face da Lei n.º 9.099/1995, as ações possessórias típicas, relativas a bens imóveis, podem ter curso perante o Juizado Especial Estadual Cível. Dispõe o Art. 3º: O Juizado Especial Cível tem competência para conciliação, processo e julgamento das causas cíveis de menor complexidade, assim consideradas: I – as causas cujo valor não exceda a quarenta vezes o salário mínimo; II – as enumeradas no Art. 1.046 e §§, do Código de Processo Civil de 2015, em vigor (e Art. 275, inciso II, do Código de Processo Civil de 1973, revogado) IV – as ações possessórias sobre bens imóveis de valor não excedente ao fixado no inciso I deste artigo.

1. O Código de Processo Civil/2015 (em vigor), aboliu o procedimento sumário, e o que prevalece é procedimento comum. Todavia, é de se observar o contido no Art. 1.046, ao dispor: Ao entrar em vigor este Código, suas disposições se aplicarão desde logo aos processos pendentes, ficando revogada a Lei n.º 5.869, de 11 de janeiro de 1973.§ 1º – As disposições da Lei n.º 5.869, de 11 de janeiro de 1973, relativas ao procedimento sumário e aos procedimentos especiais que forem revogadas aplicar-se-ão às ações propostas e não sentenciadas até o início da vigência deste Código.§ 2º – Permanecem em vigor as disposições especiais dos procedimentos regulados em outras leis, aos quais se aplicará supletivamente este Código. § 3º – Os processos mencionados no Art. 1.218 da Lei n.º 5.869, de 11 de janeiro de 1973, cujo procedimento ainda não tenha sido incorporado por lei submetem-se ao procedimento comum previsto neste Código.§ 4º – As remissões a disposições do Código de Processo Civil revogado, existentes em outras leis, passam a referir-se às que lhes são correspondentes neste Código.§ 5º – A primeira lista de processos para julgamento em ordem cronológica observará a antiguidade da distribuição entre os já conclusos na data da entrada em vigor deste Código.

2. "Exceção quanto à aplicação imediata do Código de Processo Civil de 2015. Tendo em vista que o Código de Processo Civil de 2015 alterou significativamente o rol dos procedimentos especiais, bem como extinguiu o procedimento sumário elencado no Art. 275 do Código de Processo Civil de 1973, o § 1º do Art. 1.046 regulou expressamente a aplicação deste último diploma às demandas propostas sob os procedimentos especiais e sumário revogados que ainda não tenham sido sentenciadas até o início da vigência do novo diploma processual civil. Com a ulterior prolação da sentença, os atos processuais subsequentes, tais como a eventual interposição de recurso e o efetivo cumprimento de decisões, por exemplo, deverão obedecer às regras positivadas no Código de Processo Civil de 2015."[765]

---

[765] Juruá – CPC comentado. Disponível para cópia. Acesso em: 18 mar. 2024.

3. Art. 1.049 – Sempre que a lei remeter a procedimento previsto na lei processual sem especificá-lo, será observado o procedimento comum previsto neste Código.

4. Embora todos esses registros sejam necessários para a compreensão mais ampla da matéria, é de ser **OBSERVADO** o seguinte dispositivo do CPC/2015: **Art. 1.063 – *Até a edição de lei específica, os juizados especiais cíveis previstos na Lei n.º 9.099, de 26 de setembro de 1995, continuam competentes para o processamento e julgamento das causas previstas no Art. 275, inciso II, da Lei n.º 5.869, de 11 de janeiro de 1973.***

"Extinção do procedimento sumário e a competência dos Juizados Especiais. O Código de Processo Civil de 2015 extingue o procedimento sumário, previsto nos arts. 275 e seguintes do Código de Processo Civil de 1973. Assim, para que não haja dúvidas quanto à interpretação do Art. 3º, inciso II, da Lei n.º 9.099/1995, o Art. 1.063 em comento é expresso quanto à manutenção da competência dos Juizados Especiais para processar e julgar as causas previstas no Art. 275, inciso II, do Código de Processo Civil de 1973." [766]

Lembre-se, contudo, que submissão ou não de determinado litígio ao procedimento dos Juizados Especiais é facultativa (Lei n.º 9.099/1995, Art. 3º). Logo, as causas enumeradas no Art. 275, inciso II, do Código de Processo Civil de 1973 (revogado), com observância do que apontamos, também poderão ser propostas perante a Justiça Comum, submetendo-se ao procedimento ordinário.

Pelo teor do dispositivo legal, não paira qualquer dúvida de que o Juizado Especial Estadual Cível tenha competência para apreciar matéria relativa às ações possessórias típicas, devendo ser observado, no entanto, o valor da causa, que não poderá ultrapassar o patamar legal de 40 salários mínimos, em vigor à época da propositura da ação.

Nas demandas possessórias típicas, é de ser observado o valor da causa, que não deve ultrapassar o patamar fixado pela lei, que é de, no máximo, 40 salários mínimos, e o foro competente que deve ser, para melhor apreciação da matéria e até mesmo de coleta de provas, o do lugar onde se acha situada a coisa (Art. 95 do CPC/1973 e Art. 57 do CPC/2015), que é o *forum rei sitae*, o que afasta, em princípio, o foro determinado pelo Art. 4º, inc. I, da Lei n.º 9.099/1995,[767] mas não o foro em relação às ações possessórias típicas envolvendo bens móveis, em que o Art. 4º é que deverá ser aplicado.

5.12.5.2. Juizado Especial Federal Cível

No Juizado Especial Federal Cível não poderá correr ação possessória, por absoluta falta de competência deste, que verse sobre imóveis da União, em face do preconizado pelo Art. 3º, §1º, inc. II, da Lei n.º 10.259/2001. No entanto, é de registrar que, sendo a União, suas autarquias e fundações públicas federais, quem praticou o ato de turbação, esbulho, ou até mesmo em razão de ameaça, o que dá margem ao interdito proibitório, nada há que obstaculize que o lesado, pessoa

---

[766] Juruá – CPC comentado. Disponível para cópia. Acesso em: 18 mar. 2024.

[767] Lei n.º 9.099/1995, Art. 4º. "É competente, para as causas previstas nesta Lei, o Juizado do foro:
I – do domicílio do réu ou, a critério do autor, do local onde aquele exerça atividades profissionais ou econômicas ou mantenha estabelecimento, filial, agência, sucursal ou escritório;
II – do lugar onde a obrigação deva ser satisfeita;
III – do domicílio do autor ou do local do ato ou fato, nas ações para reparação de dano de qualquer natureza.
Parágrafo único. Em qualquer hipótese, poderá a ação ser proposta no foro previsto no inciso I deste artigo".

física ou jurídica, busque o amparo no Juizado Especial Cível Federal, desde que o valor da causa não exceda o limite de 60 salários mínimos, vigente quando da propositura da ação.

A possibilidade de o demandante, desde que lesado em sua posse, poder recorrer contra a União, suas autarquias e fundações públicas federais, no Juizado Especial Federal Cível não encontra esclarecimentos na doutrina, pois os doutrinadores ficam engessados só pela interpretação literal do Art. 3º, §1º, inc. II, da Lei n.º 10.259/2001, que veda que ação seja apreciada pelo Juizado Especial Federal Cível, quando o imóvel pertencer à União, às suas autarquias e fundações públicas federais, e não quando for uma delas que causar a lesão em imóvel do demandante.

Não há, de ordem legal, nada que impeça que o Juizado Especial Federal Cível venha a ser escolhido pelo lesado para acionar, via ação possessória típica, a União, suas autarquias e fundações públicas federais, desde que a causa não tenha valor superior a 60 salários mínimos, em vigência quando da propositura da ação.

Não poderá, no entanto, a demanda ser intentada por meio do Juizado Especial Federal Cível, caso a parte praticante da turbação, do esbulho, ou da ameaça, seja índio[768] (desde que amparado pela Lei n.º 6001, de 19 de dezembro de 1973, Estatuto do Índio), pois, no caso, a própria Lei n.º 10.259/2001 faz, por meio do Art. 3º, §1º, inc. I, a exclusão, em face do preconizado pelo Art. 109, inc. XI, da Constituição Federal de 1988, que determina que a Justiça Federal é competente para apreciar a matéria, o que faz com que ela não possa tramitar pelo Juizado Especial Federal Cível, independentemente do valor da causa, e sim por meio do juizado federal comum competente.

Não há, em reforço ao já, em parte, apontado supra, qualquer alusão na Lei n.º 10.259/2001 que impeça que o Juizado Especial Federal Cível aprecie matéria possessória em que a União, suas autarquias e fundações públicas federais figurem como rés, pois a competência só não se aplica quando a causa versar sobre bem imóvel delas. A matéria deve ficar adstrita ao comando legal, pois interpretação em contrário não encontra ressonância na Lei n.º 10.259/2001, nem na Constituição Federal de 1988.

Em reforço à competência do Juizado Especial Federal Cível para apreciar matéria em que figure como ré a União, suas autarquias e fundações públicas federais, destacamos, da Lei n.º 10.259/2001: Art. 3º. Compete ao Juizado Especial Federal Cível processar, conciliar e julgar causas de competência da Justiça Federal até o valor de sessenta salários mínimos, bem como executar as suas sentenças.

§1º. Não se incluem na competência do Juizado Especial Cível as causas:

I. referidas no Art. 109, incisos II, III e XI, da Constituição Federal, as ações de mandado de segurança, de desapropriação, de divisão e demarcação, populares, execuções fiscais e por improbidade administrativa e as demandas sobre direitos ou interesses difusos, coletivos ou individuais homogêneos;

II. sobre bens imóveis da União, autarquias e fundações públicas federais.

---

[768] Sobre o que efetivamente seja considerado índio, em razão da proteção dada pela CF/88, nada melhor do que tomar por parâmetro o que deixou dito o Ministro do STF, Ayres Brito, quando de apreciação de ação popular envolvendo a demarcação da Terra Indígena Raposa Serra do Sol, localizada no Estado de Roraima. Assim: "O significado do substantivo 'índios' na Constituição Federal. O substantivo 'índios' é usado pela Constituição Federal de 1988 por um modo invariavelmente plural, para exprimir a diferenciação dos aborígenes por numerosas etnias. Propósito constitucional de retratar uma diversidade indígena tanto interétnica quanto infra-étnica. Índios em processo de aculturação permanecem índios para o fim de proteção constitucional. Proteção constitucional que não se limita aos silvícolas, estes, sim, índios ainda em primitivo estádio de habitantes da selva." In: Informativo n.º 593, de 2010, do STF.

Por sua vez, a Constituição Federal de 1988 disciplina, pelo Art. 109. Aos juízes federais compete processar e julgar:

"I – as causas em que a União, entidades autárquicas ou empresa pública federal forem interessadas na condição de autoras, rés, assistentes ou oponentes, exceto as de falência, as de acidentes de trabalho e as sujeitas à Justiça Eleitoral e à Justiça do Trabalho".

Em caso de prática de ato turbativo, esbulhativo ou de ameaça, que justifique o manejo do interdito proibitório, se praticados pela União, suas autarquias ou fundações públicas federais, poderá o lesado buscar amparo pelo Juizado Especial Federal Cível, considerando que tal prática não colide com o Art. 109, inc. I, da Constituição Federal de 1988, e, ainda, se amolda à Lei n.º 10.259/2001, devendo, unicamente, ser respeitado o valor máximo de 60 salários mínimos, valor vigente à época da propositura da ação, e o foro, que será o da Justiça Federal, não se aplicando, no caso, o *forum rei sitae*, conforme consta do Art. 47, do CPC/2015 (e Art. 95, do CPC/1973).

Com a criação dos Juizados Especiais da Fazenda Pública no âmbito dos Estados, do Distrito Federal, dos Territórios e dos Municípios, instituído pela Lei n.º 12.153, de 22 de dezembro de 2009, não poderá a demanda versar sobre bens imóveis que estejam a eles vinculados, considerando o disposto pelo Art. 2º, §1º, inc. II, *verbis*:

Art. 2º. É de competência dos Juizados Especiais da Fazenda Pública processar, conciliar e julgar causas cíveis de interesse dos Estados, do Distrito Federal, dos Territórios e dos Municípios, até o valor de 60 (sessenta) salários mínimos.

§1º. Não se incluem na competência do Juizado Especial da Fazenda Pública:

II   as causas sobre bens imóveis dos Estados, Distrito Federal, Territórios e Municípios, autarquias e fundações públicas a eles vinculadas.

A matéria também fica condicionada ao valor de, no máximo, 60 salários mínimos, na forma do apontado pelo Art. 2º, com a seguinte redação: "É de competência dos Juizados Especiais da Fazenda Pública processar, conciliar e julgar causas cíveis de interesse dos Estados, do Distrito Federal, dos Territórios e dos Municípios, até o valor de 60 (sessenta) salários mínimos".

Pela legislação anterior, desponta de forma clara que a única vedação de acionamento do Juizado Especial da Fazenda Pública é que não se trate de bens imóveis vinculados aos entes públicos referidos, o que conduz à possibilidade de envolver bens móveis, desde que respeitado teto máximo de 60 salários mínimos.

A União, em razão do próprio comando legal, está excluída dos entes nominados anteriormente, desse modo, contra ela não é possível o manejo de qualquer ação por meio do Juizado Especial da Fazenda Pública,[769] continuando, entretanto, em aberto o que pontuamos anteriormente, com relação à aplicação da Lei n.º 10.259/2001.

5.12.5.3. Competência do Juizado Especial Estadual e Federal Cível em relação às demandas possessórias típicas sobre bens móveis

Tanto a Lei n.º 9.099/1995 como a Lei n.º 10.259/2001 não tratam da possibilidade de tramitar, pelos juizados especiais cíveis, estadual ou federal, as ações possessórias típicas que versem

---

[769] A Lei n.º 12.153, de 22 de dezembro de 2009, somente vigorará (Art. 28) após 6 (seis meses) da data de sua publicação, que ocorreu em 23.12.2009. O prazo de instalação dos Juizados Especiais da Fazenda Pública será de 2 (dois) anos, a contar da data de vigência da lei que o criou (Art. 22).

sobre bens móveis. A matéria é bastante controvertida no campo doutrinário e jurisprudencial, pois, para determinada corrente, podem os juizados especiais cíveis apreciar matéria possessória que envolva bens móveis, mesmo que não expressamente previsto em lei; para outra corrente, tal não é possível, pois os juizados especiais cíveis só podem apreciar matéria possessória que envolva bens imóveis, em razão de expressa previsão legal.

Temos que não há óbice algum que impeça que também as ações possessórias típicas que envolvam bens móveis sejam apreciadas pelos juizados especiais cíveis, pois tal possibilidade era prevista pelo Art. 275, inc. I, alínea "a", do CPC/1973, antes da atual redação dada pela Lei n.º 9.245, de 26 de dezembro de 1995. Presentemente, reiteramos, o procedimento padrão é o comum, em face do disciplinado pelo Art. 1.049, do CPC/2015, com observância do disciplinado pelo Art. 1.063, do CPC/2015.

Entendemos que, para as ações possessórias típicas relativas aos bens móveis, é aplicada, agora, a regra geral do Art. 3º, inc. I, da Lei n.º 9.099/1995, cuja observância se restringe ao valor, que não deve ultrapassar 40 salários mínimos, vigente à época da propositura da demanda, e pela Lei n.º 10.259/2001, Art. 3º, em que o valor é de no máximo 60 salários mínimos, vigentes por ocasião da propositura da ação.

Não seria coerente que quem pode o mais, isto é, apreciar as demandas possessórias típicas sobre imóveis, de regra, mais complexas, também não pudesse apreciar as demandas possessórias típicas que envolvam bens móveis, que, via de regra, envolve grau de menor complexidade, pensamento esse que encontra eco na doutrina de Joel Dias Figueira Júnior.[770] Também entende desse modo Misael Montenegro Filho, quando afirma: "Embora tenha a Lei nº 9.099/95 previsto o cabimento da ação possessória no âmbito dos Juizados Especiais Cíveis, exclusivamente na hipótese de a ação envolver bem imóvel, entendemos que a demanda também pode ser ajuizada quando o objeto do litígio for coisa móvel".[771] Outro não é o entendimento de Marisa Ferreira dos Santos e de Ricardo Cunha Chimenti, quando afirmam: "As ações possessórias sobre bens móveis também podem ser processadas nos Juizados Especiais Cíveis, nos termos da antiga redação da alínea *a* do inciso II do Art. 275 do CPC" [Art. 1.049, do CPC/2015, com observância do disciplinado pelo Art. 1.063, do CPC/2015].[772]

Poderão, assim, os Juizados Especiais Cíveis (estadual e federal) apreciar matérias possessórias típicas, quer a demanda verse sobre bens imóveis, quer sobre bens móveis, ficando a matéria adstrita à observância do valor, que não poderá ser superior a 40 salários mínimos, no Juizado Especial Estadual Cível, e a 60 salários mínimos, no Juizado Especial Federal Cível, valor vigente à época da propositura da ação.

---

[770] FIGUEIRA JÚNIOR, Joel Dias. *Da competência nos juizados especiais cíveis*. São Paulo: Revista dos Tribunais, 1996. p. 76. Registra o autor: "Um dos problemas emergentes reside na circunstância de que após o advento da Lei 9.245, de 26.12.1995, a qual instituiu o novo procedimento sumário, as demandas interditais que tivessem por objeto bens móveis e semoventes foram suprimidas daquele elenco de causas.

Disso resultou a incoerência no sentido de que as mobiliárias interditais foram suprimidas do rito sumário por apresentarem certa complexidade, enquanto as imobiliárias, curiosamente, foram inseridas no procedimento sumaríssimo, que é procedimento de natureza muito mais simplificado em relação àquele e orientado pelo princípio da oralidade em grau máximo.

A única forma que encontramos para resolver o impasse foi interpretar extensivamente em caráter excepcional o inc. IV do Art. 3º, a fim de incluir as ações interditais mobiliárias. Seria ilógico, como já dissemos, permitir o mais — no caso demanda mais complexa — e não admitir o menos — a possessória menos complexa".

Nota: O inc. IV do Art. 3º, mencionado pelo autor, é da Lei n.º 9.099/95.

[771] MONTENEGRO FILHO, Misael. *Ações possessórias*. São Paulo: Atlas, 2004. p. 106.

[772] SANTOS, Marisa Ferreira dos; CHIMENTI, Ricardo Cunha. Juizados especiais cíveis e criminais: federais e estaduais. (Coleção sinopses jurídicas). 3. ed. São Paulo: Saraiva, 2005. p. 23.

5.12.5.4. Possibilidade de opção do autor da demanda possessória pelo Juizado Especial Cível ou pelo juizado comum

O autor, ao propor ação possessória que se amolde naquelas que podem ser apreciadas por meio de Juizado Especial Cível, é que terá o direito de optar em ingressar pela forma especial destes juizados ou, então, na justiça comum, onde a matéria poderá melhor ser apreciada, em razão da complexidade que envolva e das provas a serem produzidas. Optando pela justiça comum, a demanda possessória tramitará pelo procedimento-padrão, qual seja, comum observando os dispositivos dos Arts. 1.049 e 1.063, do CPC/2015.[773]

A existência do Juizado Especial Cível não impossibilita, por si só, que o autor, quando possível e não havendo vedação legal em contrário, possa aquilatar se ingressará com ação de natureza possessória típica pelo Juizado Especial Cível ou pelo juizado comum, o que fará no momento da interposição da ação; e, uma vez escolhido ou outro, é por ele que correrá a demanda até decisão final.

A opção de foro — Juizado Especial Cível, ou justiça comum — para o ajuizamento da demanda possessória típica pelo autor não é matéria pacífica, pois, para determinados doutrinadores, não é dado o direito de o autor escolher o foro, porque entendem que a competência do Juizado Especial Cível, conforme a matéria e o valor, é absoluta. Entendemos que não se trata de competência absoluta, e sim relativa, o que deixa o autor livre para a escolha do foro (Juizado Especial Cível, ou justiça comum) para interpor a demanda.[774] [775]

A faculdade de o autor ingressar com a demanda possessória (típica) pelo juizado especial ou pela justiça comum, em opção própria, é, inclusive, garantia de ordem constitucional, que assegura o direito a ampla defesa. Os doutrinadores Nelson Nery Junior e Rosa Maria Andrade Nery registram, ao tratar sobre a finalidade dos juizados especiais: "É preciso não se perder de vista a finalidade da instituição dos juizados especiais pela CF 88 e pela LJE, que é a de oferecer ao jurisdicionado mais uma alternativa para que possa ter acesso à ordem jurídica justa. O autor pode dirigir sua pretensão tanto ao juizado especial quanto ao juízo comum, não se lhe podendo subtrair a possibilidade de ver essa pretensão examinada em toda a sua plenitude, com ampla defesa garantida pela CF 5º LV, o que só ocorre mediante o procedimento previsto no sistema do CPC".

Ainda, segundo os autores em comento: "Seria ofensivo ao princípio constitucional do direito de ação, bem como ao da ampla defesa (CF 5º XXXV e LV), impedir-se o autor de postular perante

---

[773] Aponta Vicente Greco Filho: "No caso das causas que versem sobre a posse de bens móveis, inclusive os incorpóreos, o procedimento era o sumaríssimo no texto original do Código (Art. 275, II, *a*). Tal alínea foi retirada pela nova redação dada ao dispositivo pela Lei nº 9.245/95, o que significa que poderá ser o procedimento sumário pelo valor (inciso I) ou será o ordinário, mas deverá ter as características da proteção civil da posse, tais como a liminar de tutela antecipada (Art. 273), natureza dúplice e proibição de concomitância com a ação declaratória de domínio"[Lembrando: Art. 1.049. *Sempre que a lei remeter a procedimento previsto na lei processual sem especificá-lo, será observado o procedimento comum previsto neste Código*]. (GRECO FILHO, Vicente. *Direito processual civil brasileiro*. São Paulo: Saraiva, 2000. p. 225).

[774] Registram Marisa Ferreira dos Santos e Ricardo Cunha Chimenti: "O Tribunal de Justiça de Rondônia também já se manifestou pela possibilidade do autor optar pelo Juizado Especial Cível ou pela Justiça comum, merecendo destaque a seguinte ementa: 'A escolha do Juizado Especial Cível é opção do autor, que mesmo nas causas de valor inferior pode preferir o rito do CPC' (TJRO, AgI 97.000.831-7 – Boletim dos Juizados Especiais Cíveis e Criminais, 135)" (SANTOS, Marisa Ferreira dos; CHIMENTI, Ricardo Cunha. *Juizados especiais cíveis e criminais*: federais e estaduais. 3. ed. São Paulo: Saraiva, 2005. p. 41. [Coleção Sinopses Jurídicas, v. 15]).

[775] Não desconhecemos, no entanto, que a Lei n.º 10.259/2001, disciplina, por meio do Art. 3º, §3º, que: "No foro onde estiver instalada vara do Juizado Especial, a sua competência é absoluta". Absoluta, entendemos, caso o autor da demanda prefira interpor a ação pelo Juizado Especial Federal Cível, pois se optar pela justiça federal comum não haverá qualquer óbice e nem haverá conflito de competência.

o juízo comum, com direito a ampla defesa, situação que não lhe é assegurada pelo procedimento expedido, sumário, restrito, incompleto, oral e informal dos juizados especiais".[776]

5.12.5.5. Litisconsórcio no Juizado Especial Cível em relação às demandas possessórias e o não cabimento de ação rescisória (sendo esta última com DECISÃO DO STF, que entendeu pelo cabimento)

Levando em conta que os juizados especiais cíveis (estadual e federal) têm como meta e fim a celeridade e maior simplicidade processual, a lei restringiu a participação de terceiro e a assistência, permitindo tão somente o litisconsórcio e a participação, nos casos especificados em lei, do Ministério Público.

Dispõe a Lei n.º 9.099/1995, "Art. 10. Não se admitirá, no processo, qualquer forma de intervenção de terceiro nem de assistência. Admitir-se-á o litisconsórcio". Por sua vez o Art. 11, disciplina: "O Ministério Público intervirá nos casos previstos em lei".

De conformidade com o comando legal disciplinador da matéria — juizados especiais cíveis —, é admitido somente o litisconsórcio, ativo ou passivo, porque é, na verdade, o litisconsorte verdadeira parte no processo, conforme Arts. 113 e 116, do CPC/2015 (e Arts. 46 e 47, do CPC/1973). Em face do rol *numerus clausus* do Art. 6º da Lei n.º 10.259/2001, só quem pode ser parte no processo do Juizado Especial Cível é que pode, também, ser litisconsorte.

Quando houver no processo mais de um procurador em representação de litisconsortes distintos, o prazo para contestar, recorrer e falar nos autos será computado em dobro, em face do Art. 229, do CPC/2015 (e Art. 191 do CPC/1973).[777] Também de registrar que, no caso de litisconsórcio simples, é de se aplicar o comando do Art. 117, do CPC/2015 (e Art. 48 do CPC/1973), em que cada litisconsorte, salvo disposição em contrário, é considerado como litigante distinto, o que significa dizer que o ato praticado por um dos litisconsortes não causa prejuízo aos demais. O mesmo não ocorre, no entanto, quando o litisconsorte for unitário, considerando que a lide deverá ser decidida de forma igual para todos, sendo que o ato praticado por um litisconsorte, por exemplo, renúncia, somente terá eficácia se for confirmada pelos demais litisconsortes. Para melhor compreensão da matéria, relativa ao litisconsórcio (ativo ou passivo), reportamo-nos ao que já foi dito retro (tópico 5.13.2.1).

Por fim, a Lei n.º 9.099/1995 não possibilita que haja o manejo de ação rescisória no Juizado Especial Cível. Disciplina *o Art. 59* da referida lei: "Não se admitirá ação rescisória nas causas sujeitas ao procedimento instituído por esta Lei".

---

[776] NERY JUNIOR, Nelson; NERY, Rosa Maria Andrade. *Código de Processo Civil comentado*. 5. ed. São Paulo: Revista dos Tribunais, 2001. p. 658.

[777] Aponta Nelson Nery Júnior: "Os litisconsortes, para que possam se beneficiar do prazo em dobro do Art. 191, do CPC, têm de ostentar o estado jurídico da diversidade de procuradores, no momento em que forem intimados da decisão que ensejaria a interposição eventual de recurso. Se, quando da intimação, tinham procurador comum, o prazo para recorrer será contado singelamente, ainda que seja constituído novo patrono, por um deles, na fluência do prazo de recurso. Do contrário, estar-se-ia ensejando a utilização de expediente procrastinatório, aliado ao fato de que, por coerência, dever-se-ia aguardar o dobro do prazo para que ocorresse o trânsito em julgado de decisões e sentença. Isto, em todos os casos onde houvesse pluralidade de partes, independentemente de haver um ou mais procuradores para os litisconsortes, o que não se nos afigura razoável nem está de acordo com o sentido finalístico da norma do Art. 191, do CPC" (NERY JÚNIOR, Nelson. *Princípios fundamentais*: teoria geral dos recursos. 2. ed. rev. e ampl. São Paulo: Revista dos Tribunais, 1990. p. 151-152). LEMBRETES: (1) Art. 1.049, do CPC/2015. Sempre que a lei remeter a procedimento previsto na lei processual sem especificá-lo, será observado o procedimento comum previsto neste Código. (2) Art. 229, do CPC/2015. Os litisconsortes que tiverem diferentes procuradores, de escritórios de advocacia distintos, terão prazos contados em dobro para todas as suas manifestações, em qualquer juízo ou tribunal, independentemente de requerimento.

A não admissibilidade de ação rescisória no Juizado Especial Cível decorre do próprio espírito de celeridade de que tais juizados gozam; e, se admitida ação rescisória, o caráter de celeridade desapareceria em grande parte, o que poderia redundar nas mesmas "mazelas" da justiça comum.[778]

Merece, contudo, registro de que existem, ainda que esparsas, considerações doutrinárias que entendem que poderá ser utilizada a ação rescisória. Mesmo assim, o que tem mais consistência, em razão da força normativa da lei (como apontado anteriormente), é a impossibilidade de manejo de ação rescisória no Juizado Especial Cível, quer pelo Estadual, quer pelo Federal. Assim é tratada a matéria na sua forma pura de disciplinamento, todavia, presentemente, deve ser levado em conta entendimento (ainda não consolidado) do Supremo Tribunal Federal (STF), no sentido de que pode ser manejada a ação rescisória no Juizado Especial.

Como o STF está tratando da matéria: **Ação rescisória:** O Código de Processo Civil (CPC) prevê essa possibilidade de invalidação por meio de ação rescisória, instrumento jurídico por meio do qual se pode anular uma decisão definitiva. Mas a Lei dos Juizados Especiais não traz previsão semelhante e veda o cabimento de ação rescisória aos processos sob seu rito. Pois bem, como dito antes, em <u>decisão adotada em 09 de novembro de 2023,</u> o Supremo Tribunal Federal deu novas luzes sobre a matéria, ao decidir sobre a possibilidade de ser manuseada a ação rescisória em matéria da alçada dos Juizados Especiais, considerando que "o princípio constitucional da coisa julgada deve ser atenuado quando a decisão, mesmo sendo definitiva, conflitar com aplicação ou interpretação constitucional definida pela Suprema Corte".

A decisão do STF deu-se em decorrência da apreciação feita no Recurso Extraordinário (RE) 586068, **<u>com repercussão geral (Tema 100), em que a tese de repercussão geral fixada foi a seguinte</u>**:

1. *É possível aplicar o artigo 741, parágrafo único, do CPC/73, atual Art. 535, § 5º, do CPC/2015, aos feitos submetidos ao procedimento sumaríssimo, desde que o trânsito em julgado da fase de conhecimento seja posterior a 27.8.2001;*

2. *É admissível a invocação como fundamento da inexigibilidade de ser o título judicial fundado em 'aplicação ou interpretação tida como incompatível com a Constituição' quando houver pronunciamento jurisdicional contrário ao decidido pelo Plenário do Supremo Tribunal Federal, seja no controle difuso, seja no controle concentrado de constitucionalidade;*

3. *O artigo 59 da Lei 9.099/1995 não impede a desconstituição da coisa julgada quando o título executivo judicial se amparar em contrariedade à interpretação ou sentido da norma conferida pela Suprema Corte, anterior ou posterior ao trânsito em julgado, admitindo, respectivamente, o manejo (i) de impugnação ao cumprimento de sentença ou (ii) de simples petição, a ser apresentada em prazo equivalente ao da ação rescisória.*

5.12.5.6. Intervenção do Ministério Público no Juizado Especial Cível em relação às demandas possessórias

Quanto ao Ministério Público, a sua intervenção no processo em Juizado Especial Cível é bastante restrita e dá-se no Juizado Especial Cível Estadual, como apontam Marisa Ferreira dos

---

[778] O entendimento, antes da DECISÃO DO STF, era que não sendo possível o manejo de ação rescisória, poderia ocorrer a possibilidade de <u>ação anulatória</u>, pois, como acentuam os doutrinadores Marisa Ferreira dos Santos e Ricardo Cunha Chimenti, "não há vedação expressa quanto à propositura de ação anulatória (Art. 486 do CPC[1973] [Art. 966, § 4º, do CPC/2015] em face das sentenças meramente homologatórias proferidas por órgãos do Juizado Especial Cível" SANTOS, Marisa Ferreira dos; CHIMENTI, Ricardo Cunha. *Juizados especiais cíveis e criminais*: federais e estaduais. 3. ed. São Paulo: Saraiva, 2005. p. 183. [Coleção Sinopses Jurídicas, v. 15]).

Santos e Ricardo Cunha Chimenti, "em quatro hipóteses: a) quando há revel citado com hora certa e no local onde se desenvolve o processo o Ministério Público seja o responsável pela curadoria especial (Art. 9º, II, do CPC[1973][Art. 72, Parag. Único, do CPC/2015. **NOTA:** Considerando o teor do Parag. Único, do Art. 72, esta atribuição não mais compete ao *Parquet* e sim a Defensoria Pública]; b) na hipótese de o demandado ser concordatário ou estar sob regime de liquidação extrajudicial; c) na hipótese de mandado de segurança impetrado junto ao Colégio Recursal contra ato do juiz do Sistema Especial, observado o Art. 10 da Lei n.º 1.533/51; e d) na hipótese de arresto e citação editalícia em execução fundada em título extrajudicial".

No âmbito do Juizado Especial Federal Cível, a intervenção do Ministério Público é diferente, haja vista que, conforme os autores anteriormente citados, o Ministério Público deve "intervir nas causas em que houver interesse de incapaz (podendo inclusive propor ação em nome deste) ou interesse público (Arts. 82 a 85 do CPC [1973])[Arts. 178 e 179, do CPC/2015]".[779] **Para melhor compreensão da matéria, relativa à intervenção do Ministério Público no processo, reportamo-nos ao que já foi dito retro (tópico 5.13.2.8).**

5.12.5.7. Agravo de instrumento no Juizado Especial Cível em relação às demandas possessórias

A possibilidade do manejo do agravo de instrumento em matéria relativa à competência e atribuição do Juizado Especial Cível é matéria altamente controvertida, haja vista que os Juizados Especiais Cíveis se destinam a apreciar demandas em que o processo goze de uma forma mais simples e célere. Daí o entendimento, majoritário, tanto doutrinário, como jurisprudencial, de que o agravo de instrumento não pode ser manejado pela parte que se sentir inconformada com a decisão interlocutória do juiz, o que somente poderá ocorrer após a sentença, com o recurso inominado interposto dela, levando em conta que as decisões interlocutórias não transitam em julgado.

Doutrinadores do quilate de Cândido Rangel Dinamarco e Nelson Nery Júnior entendem pelo não cabimento do agravo de instrumento nas decisões interlocutórias nos juizados especiais cíveis. Na jurisprudência, predominante, também o entendimento é pelo não cabimento do agravo de instrumento, considerando que "das decisões proferidas pelo juizado especial, somente são cabíveis os recursos previstos nos arts. 41 e 48 da Lei nº 9.099/95 (recurso inominado e embargos de declaração), não se admitindo o recurso de agravorso, instrumentalizado ou retido", conforme decisão do 1º Colégio Recursal de Pernambuco, em razão do Enunciado n.º 10.

Entendemos que, em determinadas situações, o agravo de instrumento far-se-á desde logo necessário em razão da decisão do juiz que possa representar risco de lesão ou até mesmo lesão irreparável, se não modificada de imediato a decisão, o que somente poderá ocorrer via agravo de instrumento, a ser apreciado pela Turma Recursal, tomando por parâmetro a aplicação subsidiária do Código de Processo Civil.

Embora não havendo a preclusão, no Juizado Especial Cível, da decisão interlocutória proferida pelo juiz, a demora para que a parte prejudicada recorra dela pode ser fatal, ainda que possa ser questionada por ocasião do recurso inominado. Assim também entendem os doutrinadores Marisa Ferreira dos Santos e Ricardo Cunha Chimenti, quando declinam que "o agravo

---

[779] SANTOS, Marisa Ferreira dos; CHIMENTI, Ricardo Cunha. *Juizados especiais cíveis e criminais*: federais e estaduais. 3. ed. São Paulo: Saraiva, 2005. p. 112. (Coleção Sinopses Jurídicas, v. 15).

de instrumento somente deve ter seguimento caso esteja evidenciado que a decisão pode causar dano irreparável ou de difícil reparação".

Concluem, os autores em comento, com suporte em Humberto Theodoro Júnior e Joel Dias Figueira Júnior, o que se amolda com o nosso entendimento pela possibilidade da interposição de agravo de instrumento de decisão interlocutória em Juizado Especial Cível: "A propósito das decisões interlocutórias, a Lei nº 9.099/95 silenciou. Isto não quer dizer que o agravo seja de todo incompatível com o Juizado Especial Civil. Em princípio, devendo o procedimento concentrar-se numa só audiência, todos os incidentes nela verificados e decididos poderiam ser revistos no recurso inominado ao final interposto. Mas nem sempre isso se dará de maneira tão singela. Questões preliminares poderão ser dirimidas antes da audiência ou no intervalo entre a de conciliação e a de instrução e julgamento. Havendo risco de configurar-se a preclusão em prejuízo de umas das partes, caberá o recurso de agravo, por invocação supletiva do Código de Processo Civil".[780]

Cada situação em concreto é que dará o norte para a matéria, pois, se não houver risco algum para a parte inconformada com a decisão interlocutória da decisão proferida pelo juiz do Juizado Especial Cível, a decisão somente poderá ser atacada quando da interposição de recurso inominado, em face da decisão final; caso, no entanto, haja risco de dano irreparável, ou de difícil reparação, o agravo de instrumento poderá ser manejado, com base na aplicação subsidiária do Código de Processo Civil, sendo encaminhado à Turma Recursal, considerando que as decisões oriundas dos Juizados Especiais Cíveis não ficam sujeitas à apreciação dos Tribunais de Justiça, nem dos Tribunais Regionais Federais.

5.12.5.8. Medidas cautelares e antecipação de tutela no Juizado Especial Cível em relação às demandas possessórias

A concessão de medida cautelar e de antecipação de tutela, tanto genérica como específica, é possível por meio do Juizado Especial Cível. Dá-se a concessão de medida cautelar ou de antecipação de tutela para evitar que a parte venha a sofrer dano de difícil reparação. A concessão de medida cautelar faculta ao juiz concedê-la, independentemente de pedido da parte interessada; o mesmo, entretanto, não se dá com a antecipação de tutela, haja vista que, para sua concessão, deve haver requerimento da parte interessada. A medida cautelar é possibilitada, no Juizado Especial Cível, pela Lei n.º 10.259/2001, estabelecendo o Art. 4º. O juiz poderá, de ofício ou a requerimento das partes, deferir medidas cautelares no curso do processo, para evitar dano de difícil reparação.

Pode ocorrer que a parte requeira antecipação de tutela e o caso seja de concessão de cautelar, o que não impedirá o juiz de concedê-la incidentalmente. Tal possibilidade é prevista pelo Art. 300, do CPC/2015 (e Art. 273, em razão do § 7º, do CPC/1973, acrescido pela Lei n.º 10.444, de 07 de julho de 2002, com vigência a partir de 08 de agosto de 2002), com a seguinte redação: "Se o autor, a título de antecipação de tutela, requerer providência de natureza cautelar, poderá o juiz, quando presentes os respectivos pressupostos, deferir a medida cautelar em caráter incidental do processo ajuizado". É caso típico de fungibilidade, em que "um pedido de liminar cautelar seja

---

[780] SANTOS, Marisa Ferreira dos; CHIMENTI, Ricardo Cunha. *Juizados especiais cíveis e criminais*: federais e estaduais. 3. ed. São Paulo: Saraiva, 2005. p. 97. (Coleção Sinopses Jurídicas, v. 15). Registram, por outro lado, os autores, decisão jurisprudencial com o seguinte teor: "As decisões interlocutórias proferidas nos processos dos Juizados Especiais não precluem e podem ser objeto de questionamento no Recurso Inominado. O Agravo de Instrumento somente deve ter seguimento caso esteja evidenciado que a decisão atacada pode causar dano irreparável ou de difícil reparação. Negativa de seguimento do recurso de agravo pelo relator. Aplicação subsidiária do Art. 557 do CPC[1973][Art. 932, do CPC/2015] (Rag 10.616, 1º. Colégio Recursal de São Paulo, Rel. juiz Ricardo Chimenti)".

acolhido como antecipação de tutela ou que um pedido de antecipação de tutela (liminar ou não) seja analisado como pedido de medida cautelar".[781]

Pois bem, na nova sistemática do CPC/2015, a situação passa, agora, a ser vista da seguinte forma: **"Fungibilidade de dupla via entre tutela cautelar e tutela antecipada.** O parágrafo único [Art. 305, do CPC/2015] assegura a fungibilidade entre tutela cautelar e tutela antecipada ao dar ao juiz a possibilidade de observar o disposto no Art. 303 (para as tutelas antecipadas) quando perceber que o pedido tem essa natureza. Nesse caso, deverá ser concedida à parte a possibilidade de emenda, para se adequar às exigências da tutela antecipada antecedente, inclusive no que tange ao benefício da estabilização, que é exclusivo a essa forma de tutela (Art. 303, § 5º, do CPC/2015). Observe-se que o CPC/2015 faz o caminho inverso ao que estabelecia o CPC/1973. Agora, a previsão legal é de conversão da tutela cautelar em antecipada, ao passo que, no sistema anterior, a lei previa a conversão da tutela antecipada em cautelar (Art. 273, § 7º, do CPC/1973). De qualquer forma, a tendência da jurisprudência será assegurar a fungibilidade de dupla via, ou seja, de um lado para o outro e vice-versa, independentemente da omissão legal. Era o que já vinha acontecendo anteriormente. Afinal, deve-se combater o formalismo excessivo e reconhecer que o objetivo do processo é a proteção do direito material". [782]

A tutela antecipada e a tutela cautelar não são institutos da mesma igualdade. Explicam tal diferença, de forma bastante didática, os doutrinadores Nelson Nery Júnior e Rosa Maria de Andrade, ao declinarem: "A tutela antecipada dos efeitos da sentença de mérito não é tutela cautelar, porque não se limita a assegurar o resultado prático do processo, nem a assegurar a viabilidade da realização do direito afirmado pelo autor, mas tem por objetivo conceder, de forma antecipada, o próprio provimento jurisdicional pleiteado ou de seus efeitos. Ainda que fundada na urgência (CPC 273, I [1973][Art. 311, do CPC/2015], não tem natureza cautelar, pois sua finalidade precípua é adiantar os efeitos da tutela de mérito, de sorte a propiciar sua mediata execução, objetivo que não se confunde com o da medida cautelar (assegurar o resultado útil do processo de conhecimento ou de execução ou, ainda, a viabilidade do direito informado pelo autor)".[783] [784]

Havendo motivo justificado e o risco de lesão, ou de difícil reparação, poderá o juiz conceder tutela antecipada ou medida cautelar, podendo isso ocorrer *inaudita altera pars*, portanto liminarmente, sem necessidade de audiência prévia para ouvir as partes e colher, se for o caso, provas (ainda que de forma reduzida). Caso não haja o convencimento do juiz de que a medida possa ser concedida liminarmente, ela poderá ocorrer no curso do processo, se os fatos comprovarem sua necessidade. Só não haverá concessão de liminar, que é sempre provisória, se a concessão dela

---

[781] SANTOS, Marisa Ferreira dos; CHIMENTI, Ricardo Cunha. *Juizados especiais cíveis e criminais*: federais e estaduais. 3. ed. São Paulo: Saraiva, 2005. p. 87.

[782] Código de Processo Civil Anotado – OABPR – 2019.

[783] NERY JUNIOR, Nelson; NERY, Rosa Maria Andrade. *Direito processual civil brasileiro*. 2. ed. São Paulo: Saraiva, 1986. v. 3. p. 165.

[784] Em relação à tutela cautelar, tutela antecipada e tutela específica, vale registrar a didática colocação de Ricardo de Oliveira Paes Barreto: "A tutela cautelar tem cunho preventivo, visa assegurar a efetividade do resultado final do processo principal, pode ser prevista (nominal) ou não (inominada), preparatória ou incidental, em autos apartados e de forma autônoma".

E sobre a tutela antecipada, diz: "A tutela antecipada tem cunho satisfativo, visa, em determinadas circunstâncias, antecipar de forma genérica e provisoriamente a própria solução definitiva esperado no processo de conhecimento, seja ele sumário, ordinário ou especial, quando não há previsão de tutela específica, pressupõe a existência do processo, podendo ser concedida no próprio corpo processual de conhecimento, no seu início ou no seu curso".

Por fim, com relação à tutela específica: "A tutela específica ora pode ter caráter preventivo, como no mandado de segurança, na ação popular, na ação civil pública e na ação direta de inconstitucionalidade, ora satisfativo, como nas ações possessórias, em alguns casos de locação, na ação de alimentos por ex., ou nas ações para cumprimento de obrigação de fazer ou não fazer, também no próprio corpo da ação, em forma liminar" (BARRETO, Ricardo de Oliveira Paes. *Curso de direito processual civil*. 2. ed. Rio de Janeiro: Renovar, 2003. p. 591-592).

representar perigo de irreversibilidade, isto é, que após sua concessão não haja como, uma vez cassada, a situação retornar ao status quo ante.

Como as ações possessórias típicas (ação de manutenção de posse, ação de reintegração de posse e interdito proibitório) são dúplices, o réu pode requerer, no juizado especial, a antecipação de tutela ou a concessão de medida cautelar, o que fará, na própria contestação, por meio de pedido contraposto, que, inclusive, pode dispensar, na forma do Art. 17, parágrafo único, da Lei n.º 9.099/1995, a contestação formal e levar ambos (contestação e pedido contraposto) a serem apreciados na mesma sentença. O pedido contraposto "tem por requisito essencial estar fundado nos mesmos fatos que embasam o pedido originário",[785] ou seja, tem por base o mesmo pedido formulado pelo autor.

5.13. Valor da causa

Quanto ao valor da causa, é necessário ser atribuído, e isso é obrigatório, embora não haja conteúdo de valor econômico imediato, em conformidade com o Art. 291, do CPC/2015 (e Art. 258, do CPC/1973). Na questão que envolve as ações possessórias típicas, doutrina e jurisprudência têm entendido, no geral, que o valor atribuído à causa deve ser lançado tomando por base o valor que é atribuído para pagamento de Imposto Predial Territorial Urbano (IPTU), quando se trate de imóvel urbano, e pelo valor do Imposto Territorial Rural (ITR), quando se trate de imóvel rústico. Aplica-se, de forma subsidiária, o disposto no Art. 292, inc. IV, do CPC/2015 (e Art. 259, inc. VII, do CPC/1973).[786]

Em matéria relativa à ação possessória, inexiste, no Código de Processo Civil, previsão específica para atribuição de valor à causa. Daí a razão pela qual o valor não é o mesmo do bem em si mesmo, pois tal situação somente é válida em se tratando de ação reivindicatória, o que, evidentemente, não é o caso das possessórias. **Na jurisprudência, há entendimento no sentido de que deve prevalecer, para atribuição do valor à causa, o proveito econômico que é perseguido pelo autor. Já foi decidido que "não há critério legal para a fixação do valor. O valor da possessória é o do proveito econômico perseguido pelo autor",[787] mas, em determinadas situações, o valor será lançado por estimativa, neste sentido: "[...] 2. A jurisprudência desta Corte Superior é firme no sentido de que o valor da causa deve corresponder, em princípio, ao do seu conteúdo econômico, considerado como tal o valor do benefício econômico que o autor pretende obter com a demanda. Contudo, admite-se a fixação do valor da causa por estimativa, quando constatada a incerteza do proveito econômico perseguido na demanda"**

---

[785] SANTOS, Marisa Ferreira dos; CHIMENTI, Ricardo Cunha. *Juizados especiais cíveis e criminais*: federais e estaduais. 3. ed. São Paulo: Saraiva, 2005. p. 156. (Coleção Sinopses Jurídicas, v. 15). Acrescentam os autores: "Não vemos óbice no prosseguimento do pedido contraposto mesmo que haja desistência quanto ao pedido principal, a exemplo do que prevê o Art. 317 do CPC[1973] [Art. 343, § 2º, do CPC/2015] para a reconvenção". Art. 303,§ 2º, do CPC/2015. A desistência da ação ou a ocorrência de causa extintiva que impeça o exame de seu mérito não obsta ao prosseguimento do processo quanto à reconvenção. Art. 303, § 6º, do CPC/2015. O réu pode propor reconvenção independentemente de oferecer contestação.
    Caso haja litisconsórcio unitário, a renúncia ao pedido principal deve ser corroborada por todos os litisconsortes, do contrário não terá eficácia.

[786] A jurisprudência, com ínfimas variações, adota entendimento idêntico ao referido no texto, conforme ementa: "Não há regra específica sobre o valor da causa nas ações possessórias, nada impedindo que se aplique, por analogia, o Art. 259, VII, do CPC[1973] [Art.292, inc. IV, do CPC/2015], apurando-se segundo o valor venal constante do lançamento do imposto predial". Humberto Theodoro Júnior (*Código de Processo Civil anotado*. 9. ed. Rio de Janeiro: Forense, 2005. p. 169) que indica como fonte: 6ª Câm, do 1º. TACiv.-SP, Agr. n.º 336.243, Rel. juiz Ernani de Paiva, em 05.03.1985, RT, 604/117; TACiv.-SP, 97/11.

[787] Fonte: RT 64/205, conforme transcrição feita por Gleydson Kleber Lopes de Oliveira, que ainda transcreve outra decisão (RT 653/184), onde consta: "O valor da causa em ação possessória é aquele que, segundo estimativa do autor, corresponder ao proveito econômico tirado pela posse do bem, eis que aquela não tem conteúdo econômico imediato" (OLIVEIRA, Gleydson Kleber Lopes de. *Ações possessórias*: enfoque sobre a cognição. São Paulo: Juarez de Oliveira, 2001. p. 71).

(STJ, 1ª T., AgRg no AREsp nº 331.238/PI, Rel. Min. Sergio Kukina, j. em 5/8/2014, DJe de 14/8/2014).

Nas ações possessórias atípicas, a situação não é a mesma das possessórias típicas, pois naquelas o valor deverá ser fixado em conformidade com o que foi pedido pelo autor, levando em conta o valor do próprio bem objeto da demanda e com a inclusão, quando o caso, de algum *plus*, de ordem legal, pretendido pelo autor, como perdas e danos e lucros cessantes.

Em qualquer tipo de ação (típica ou atípica), o valor deverá ser fixado; no entanto, caso o autor tenha atribuído valor menor, ou maior, do que lhe competia atribuir, é dado ao réu a possibilidade da impugnação, conforme Art. 293, do CPC/2015 (e Art. 261, do CPC/1973). O que deve ser destacado é que o processo continuará a fluir, e, uma vez improcedente a impugnação, fica valendo o valor atribuído pelo autor; se, no entanto, for julgada procedente a impugnação, o autor terá prazo para adequá-lo, conforme decidir o juiz, que poderá, se assim entender, requerer auxílio de perito para determiná-lo. Uma inovação trazida pelo CPC/2015 é que também é dado ao juiz a possibilidade de correção de ofício ou por meio de arbitramento do valor da causa, aplicando o comando do Art. 293, § 3º, que estabelece: *O juiz corrigirá, de ofício e por arbitramento, o valor da causa quando verificar que não corresponde ao conteúdo patrimonial em discussão ou ao proveito econômico perseguido pelo autor, caso em que se procederá ao recolhimento das custas correspondentes.*

Também para fins de fixação de competência (Juizados Especiais), deverá ser observado o valor da causa em até 40 salários mínimos, vigentes à época da propositura da ação, para fins de competência do Juizado Especial Cível dos Estados, conforme Art. 3º da Lei n.º 9.099, de 26 de setembro de 1995; enquanto, para os Juizados Especiais Federais Cíveis, o valor não poderá exceder a 60 vezes o salário mínimo vigente, também à época da propositura da ação, conforme Art. 3º da Lei n.º 10.259, de 12 de julho de 2001.

A fixação do valor da causa é tanto para bens móveis, como para imóveis, sendo que, quando se tratar de possessória envolvendo bem móvel, o valor será, via de regra, o do próprio bem, diferentemente, como apontado anteriormente, de quando a demanda envolver bem imóvel. O que não pode, por imperativo legal, é a causa — seja versando sobre móveis, seja sobre imóvel — não ter valor atribuído, pois toda a causa (mesmo as de procedimento voluntário) terá que ter um valor fixado (inclusive a fixação pode ocorrer pelo próprio juiz, em conformidade com o Art. 292, § 3º, do Código de Processo Civil de 2015, como mencionado e transcrito acima). "Este Art. 292, como visto, contém a disciplina geral relativa à fixação do valor da causa. Mas não esgota totalmente a matéria no âmbito do CPC/2015, certo de que há nele dois outros dispositivos que tratam da matéria: o do Art. 303, que se refere ao critério de valoração nos casos de tutela antecipada de caráter antecedente, e o do Art. 700, § 3º, referido às ações monitórias".[788]

5.14. Desforço pessoal

Por fim, encerrando o rol legal das ações de ordem processual para a defesa da posse, merece destaque o fato de que o Código Civil possibilita, por meio de ação física (desforço pessoal), que o próprio possuidor possa praticar os atos necessários para recuperar a posse perdida ou que está sendo turbada. O Art. 1.210, §1º, do Código Civil de 2002 (e Art. 502, parágrafo único do Código

---

[788] **Código de Processo Civil Anotado – OABPR – 2019.**

Civil de 1916), prevê a figura jurídica do denominado desforço pessoal, também conhecido como legítima defesa da posse,[789] defesa pessoal, ou, ainda, autodefesa da posse.

O desforço pessoal representa a defesa da posse pelas vias de fato[790], o que é permitido desde que ocorra imediatamente e de forma moderada (com a utilização dos meios necessários[791]). A legítima defesa é a faculdade que a lei confere à pessoa para defender sua posse e seus bens, quando injustamente agredidos, desde que não haja tempo de recorrer ao socorro da autoridade pública. É, portanto, uma resistência legal a uma agressão injusta; uma defesa individual e direta, sem as formalidades prescritas em lei. A título de comparação, no direito americano, embora decorrente do sistema **Common Law**, enquanto o nosso sistema é o do **Civil Law**, também se aplica a auto-tutela de defesa própria da posse de bens imóveis e móveis.[792]

Essa faculdade que a lei confere ao indivíduo, isto é, a defesa privada, para preservar a sua posse injustamente agredida, equivale, assim, à legítima defesa prevista e acolhida pelo Direito Penal, condicionada, de modo geral, aos mesmos requisitos ali previstos. É o que constatamos pelo comando do §1º do Art. 1.210 do Código Civil de 2002 (e parágrafo único do Art. 502 do Código Civil de 1916), em que fica condicionado que os atos de defesa não podem ir além do indispensável à manutenção ou restituição da posse.

Caso o desforçador venha a praticar excessos ou se utilizar de meios inadequados para a manutenção ou recuperação da posse, poderá responder no campo civil, por meio de ação de cunho indenizatório, e, no campo penal, responder pela violência que houver praticado. Desse modo, o desforço pessoal, para ter suporte legal e não extrapolar o desforçador, o que lhe é legal-

---

[789] Ao tratar desta modalidade excepcional de o próprio interessado usar de atribuições típicas de Estado, anota José Crettela Junior: "Na legítima defesa, [...], nos casos de turbação e esbulho, há como um prolongamento do *poder de polícia* do Estado, transferido, por instantes, às mãos do particular". Registrando que tais situações "são, no fundo, *vias de direito excepcionais, sui generis*, tanto que limitadas por princípios equilibrados de moderação e de proporcionalidade" (CRETELA JUNIOR, José. *Do ato administrativo*. 2. ed. São Paulo: José Bushatsky, 1977. p. 106-107).

[790] *EMENTA: APELAÇÃO CÍVEL – AÇÃO INDENIZATÓRIA – COMODATO DE IMÓVEL – CONTRATO VERBAL E SEM PRAZO CERTO – COLOCAÇÃO DE CERCA E CONSTRUÇÃO DE CASA PELO COMODATÁRIO SEM AUTORIZAÇÃO DO PROPRIETÁRIO – EXTRAPOLAÇÃO DOS LIMITES CONTRATUAIS DO DIREITO DE USO – REAÇÃO ARBITRÁRIA DO COMODANTE – DESFAZIMENTO DA CERCA E DEMOLIÇÃO DO IMÓVEL POR SUA PRÓPRIA FORÇA – AUSÊNCIA DOS REQUISITOS DO DESFORÇO IMEDIATO – DEVER DE INDENIZAR OS DANOS MATERIAIS CAUSADOS AO COMODATÁRIO – DANOS MORAIS – NÃO CARACTERIZAÇÃO –* Ainda que o comodatário de imóvel haja extrapolado os limites contratuais de seu direito de uso, colocando cerca e construindo casa sem autorização do comodante, a este não assiste o direito de desfazer a cerca e demolir a casa por seus próprios meios, ao largo de controle judicial e sem prévia interpelação formal do comodatário, pois a autodefesa da posse, embora prevista no artigo 1.210, §1º, do CPC – que também se aplica à defesa da posse indireta do comodatário –, não deixa de constituir uma exceção no Estado de Direito, tanto que a lei só a admite quando se trata de reação imediata e limitada ao estritamente necessário para a manutenção ou restituição da posse molestada. – Ainda que excessiva, a reação do comodante à ilicitude praticada pelo comodatário não gera danos morais indenizáveis, quando o desgosto e a insatisfação experimentados pelo segundo, avaliados a partir da perspectiva de que constituem desdobramentos de seu próprio comportamento antijurídico, não se mostram equiparáveis à violação de direito da personalidade. (Tribunal de Justiça de Minas Gerais Processo: 1.0704.11.002206-5/001 Relator: Des. (a) Fernando Lins Relator do Acordão: Des.(a) Fernando Lins Data do Julgamento: 21/10/2020. Data da Publicação: 26/10/2020.

[791] Enunciado 495 – Conselho da Justiça Federal: No desforço possessório, a expressão "contanto que o faça logo" deve ser entendida restritivamente, apenas como a reação imediata ao fato do esbulho ou da turbação, cabendo ao possuidor recorrer à via jurisdicional nas demais hipóteses.

[792] "[...] no ano de 2005 o estado da Flórida aprovou a lei *"Stand your ground"*, que significa não se retire ou, "mantenha sua posição". Esta lei autorizou o uso de força letal quando da simples sensação de ameaça à vida ou à propriedade, autorizando o proprietário a praticar a autodefesa sem o dever de se retirar, dever este conhecido como *'duty to retreat'* americano, que consiste no 'dever de se retirar' do invasor a um local seguro, não obedecendo tal, neste caso dos estados que adotaram a *Stand your ground*, permite-se o exercício legítimo da autotutela. Posto isto, à luz de comparação entre o ordenamento jurídico brasileiro e o ordenamento americano, resta evidente que a autotutela americana é mais volátil em alguns Estados como a exemplo da Flórida, neste permite-se a defesa imediata fatal de bem móvel e imóvel, por outro lado, no mesmo país, mas em outros estados, adota-se uma postura um pouco mais conservadora, onde a autodefesa só é admitida dentro dos limites da ameaça. Em contrapartida, no ordenamento brasileiro coloca-se em primeiro plano o âmbito social diferenciando legítima defesa de desforço imediato, impondo uma série de deveres à posse-propriedade e, concomitantemente, requisitos para a legítima defesa e autotutela da posse, seja ela judicial ou extrajudicial, ademais, por tratar-se de um sistema baseado no *civil law*, faz-se mister completa análise em prol da adequação dos direitos individuais e coletivos à nossa Constituição Federal de 1988."
Rafael Mariano Cortês (Monografia de Pós-graduação: OS LIMITES DO DESFORÇO DIRETO NO DIREITO BRASILEIRO). RafaelMarianoCortêsTCCLatoSensu2020.pdf
https://repositorio.ucb.br:9443/jspui/bitstream/123456789/13883/1/RafaelMarianoCort%C3%AAsTCCLatoSensu2020.pdf. Acesso em 15 nov. 2024.

mente permitido (tanto pelo Código Civil, como pelo Código Penal), necessita ficar dentro dos parâmetros da imediaticidade[793] e da moderação dos atos praticados pelo possuidor turbado, ou esbulhado em sua posse, em razão do atentado[794] sofrido.

Na doutrina, registrada pelo magistério de San Tiago Dantas, encontramos o esclarecimento de que "o desforço ou defesa pessoal vem a ser a defesa da posse pelas vias de fato, e esta se permite contando que se faça imediatamente, porque, então, o desforço nada mais é do que um caso de legítima defesa. O possuidor pode manter-se ou reintegrar-se pela força própria, repelindo com ela a agressão consumanda ou consumada. Está-se, portanto, nos domínios da legítima defesa, de modo que é muito fácil determinar quais são os requisitos para que essa defesa (desforço) seja legítima"[795].

Ainda, na mesma linha doutrinária de San Tiago Dantas — em relação à autotutela da posse —, verificamos, "para que não constitua, ela própria, uma violência, pode-se dizer que os requisitos são dois: em primeiro lugar, é preciso que seja imediata; em segundo, que seja moderada. Que seja imediata, isto é, que ela se faça logo que se consuma a turbação ou esbulho: deixando-se que passe algum tempo, deixando-se que se estabeleça uma solução de continuidade entre a agressão à posse e a reação, já não se está no campo do desforço imediato, está-se já recorrendo às vias de fato, que o direito não aprova".

Por fim: "O segundo requisito é que a defesa seja moderada. Não se precisa de outra compreensão para a palavra moderada, é o *moderamen inculpatae tutelae*, de que falam os penalistas e que se aplica tanto ao desforço pessoal, em benefício da posse, como à legítima defesa da própria pessoa. A regra é a mesma: há de ver-se, apenas, que a quantidade da reação seja proporcional à quantidade do ataque, o que, também, é algo que só o juiz, com o seu arbítrio, pode regular, verificando se houve ou não reação em excesso, que torne, depois, o desforçador passível de alguma reparação civil ou penal".[796]

---

[793] O Tribunal de Justiça de Santa Catarina, ao analisar matéria onde estava presente o desforço pessoal, ainda sob a égide do Art. 502 do Código Civil de 1916, que tem correspondência com o Art. 1.210, §1º, do Código Civil de 2002, acentuou, no acórdão, com o seguinte extrato: *[...]. Admite-se, quando o atentado é de natureza clandestina, que o desforço em defesa da posse se faça incontinenti ou logo em seguida à notícia que tenha o possuidor da violência sofrida. O que a lei não admite, pois, é o desforço posterior.*
Essa faculdade que a lei confere à pessoa para defender a sua posse e seus bens, quando injustamente agredidos, desde que não haja tempo de recorrer ao socorro da autoridade pública. É, portanto, uma resistência legal a uma agressão injusta. Contudo, segundo o parágrafo único, do Art. 502 do C.C., os atos de defesa ou de desforço, não podem ir além do indispensável à manutenção ou restituição da posse. A lei proíbe, portanto, o excesso da defesa ou do desforço, porque se houver excesso, este acarretará responsabilidade civil do possuidor pelas perdas e danos a que, por ele, vier a dar causa, além da responsabilidade criminal, se for o caso (Fonte: AC n.º 96.011404-1 do TJSC, Rel. Des. Cláudio Barreto Dutra, decisão em 23.6.1998).

[794] NOTA: sobre o atentado, registram os doutrinadores Carlos Alberto Alvaro de Oliveira e Galeno Lacerda: "O atentado pode resultar de ato positivo ou omissivo. Não o configuram, porém, os atos continuativos de situação anterior ao processo, salvo infração a mandado judicial superveniente. Assim, os do possuidor quanto à conservação e fruição normal da coisa. Da mesma forma, não há atentado se da inovação não advier algum prejuízo à parte contrária" (OLIVEIRA, Carlos Alberto Alvaro de; LACERDA, Galeno. *Comentários ao Código de Processo Civil*. Rio de Janeiro: Forense, 1988. v. 8, t. II. p. 573. Art. 813 a 889).

[795] DANTAS, San Tiago. *Programa de direito civil*: direito das coisas. 3. ed. Rio de Janeiro: Ed. Rio, 1984. 3 v. p. 80-81.

[796] DANTAS, San Tiago. *Programa de direito civil*: direito das coisas. 3. ed. Rio de Janeiro: Ed. Rio, 1984. 3 v.. p. 80-81.

Não pode, assim, o desforçador praticar atos, em defesa de sua posse, que extrapolem os parâmetros legais disciplinados pelo Código Civil[797] e, por outro lado, que violem a conduta tipificada como delituosa pelo Código Penal, em razão de exercício arbitrário das próprias razões.[798]

Caso o desforçador exceda nos atos de defesa da sua posse, poderá vir a ser responsabilizado pelos atos praticados, tanto no campo do Direito Civil, para fins de pagamento de indenização pelo excesso praticado, assim como no campo do Direito Penal, pelo delito praticado, considerando que, por esse último diploma legal, só não é passível de responsabilização quando age nos estritos limites da legítima defesa,[799] situação que, quando ocorre, se caracteriza em excludente de ilicitude, podendo, no entanto, vir o desforçador a responder pelo excesso praticado, quer ele se caracterize como excesso doloso ou culposo.[800]

Reconhecida a legítima defesa em prol do desforçador — no caso em que estamos tratando (desforço pessoal) para defesa da posse —, em razão de decisão do juízo criminal, a matéria repercute também no juízo cível, por se tratar de coisa julgada materialmente.[801] A coisa julgada, uma vez que a sentença tenha transitado em julgado, é garantia esculpida na Lei de Introdução às normas do Direito Brasileiro (Redação dada pela Lei n.º 12.376, de 2010)[802], além de se constituir em dogma de natureza constitucional em razão de cláusula pétrea.[803]

---

[797] Vejamos, neste sentido, o que dispõe o Art. 186 do CC de 2002 (e Art. 159, pelo CC de 1916): "Aquele que, por ação ou omissão voluntária, negligência, ou imprudência, violar direito e causar dano a outrem, ainda que exclusivamente moral, comete ato ilícito".

Enquanto o Art. 187 do CC de 2002 (sem correspondência pelo CC de 1916), estabelece: "Também comete ato ilícito o titular de um direito que, ao exercê-lo, excede manifestamente os limites impostos pelo seu fim econômico ou social, pela boa-fé ou pelos bons costumes".

Fica ressalvado, pelo próprio Código Civil, que determinados atos não são considerados como atos ilícitos, assim é que disciplina o Art. 188, do CC de 2002 (e Art. 160, do CC de 1916): Não constituem atos ilícitos:

I – Os praticados em legítima defesa ou no exercício regular de um direito reconhecido;

II – A deterioração ou destruição da coisa alheia, ou a lesão a pessoa, a fim de remover perigo iminente. Parágrafo único. No caso do inciso II, o ato será legítimo somente quando as circunstâncias o tornarem absolutamente necessário, não excedendo os limites do indispensável para a remoção do perigo.

Sobre o ato ilícito, reza o Art. 927 do CC de 2002 (e Art. 159 do CC de 1916): "Aquele que, por ato ilícito (artigos 186 e 187), causar dano a outrem, fica obrigado a repará-lo.

Parágrafo único. Haverá obrigação de reparar o dano, independentemente de culpa, nos casos especificados em lei, ou quando a atividade normalmente desenvolvida pelo autor do dano implicar, por sua natureza, risco para os direitos de outrem".

[798] Sobre o exercício arbitrário das próprias razões, estabelece o Art. 345 do Código Penal: "Fazer justiça pelas próprias mãos, para satisfazer pretensão, embora legítima, salvo quando a lei o permite:

Pena – detenção, de 15 (quinze) dias a 1 (um mês), ou multa, além da pena correspondente à violência.

Parágrafo único. Se não há emprego de violência, somente se procede mediante queixa".

[799] No que diz respeito a *legítima defesa*, disciplina o Código Penal, por meio do Art. 25. "Entende-se em legítima defesa quem, usando moderadamente dos meios necessários, repele injusta agressão, atual ou iminente, a direito seu ou de outrem".

[800] **Código Penal dispõe, em relação à** *exclusão de ilicitude*, pelo Art. 23. "Não há crime quando o agente pratica o fato:

I – em estado de necessidade;

II – em legítima defesa;

III – em estrito cumprimento de dever legal ou no exercício regular de direito.

Parágrafo único. O agente, em qualquer das hipóteses deste artigo, responderá pelo excesso doloso ou culposo".

Nota: Trata o parágrafo único do chamado *excesso punível*.

[801] No caso de reconhecimento da legítima defesa, por exemplo, na defesa do possuidor de sua posse, a sentença penal afasta qualquer possibilidade de o mesmo ser responsabilizado civilmente pelo mesmo fato, conforme disciplina o Código de Processo Penal, Art. 65, que dispõe: "Faz coisa julgada no cível a sentença penal que reconhecer ter sido o ato praticado em estado de necessidade, em legítima defesa, em estrito cumprimento de dever legal ou no exercício regular de direito".

[802] Decreto-Lei n.º 4.657, de 4 de setembro de 1942 – (Lei de Introdução ao Código Civil, que passou a ser denominada de Lei de Introdução às normas do Direito Brasileiro – redação dada pela Lei n.º 12.376 de 2010);), Art. 6º. "A lei em vigor terá efeito imediato e geral, respeitados o ato jurídico perfeito, o direito adquirido e a coisa julgada.[...]

§3º. Chama-se coisa julgada ou caso julgado a decisão judicial que já não caiba recurso".

NOTA: A redação do §3º, anteriormente transcrito, decorreu de disposição da Lei n.º 3.238, de 1º de agosto de 1957.

[803] Constituição da República Federativa do Brasil (1988), Art. 5º [...], inc. XXXVI: "a lei não prejudicará o direito adquirido, o ato jurídico perfeito e a coisa julgada".

5.15. A fungibilidade das ações possessórias

A legislação brasileira, conforme estabelece o Art. 554[804] do Código de Processo Civil, possibilita a conversão de uma ação, pelo princípio da fungibilidade, em outra, desde que guardada a possibilidade jurídica.

O princípio da fungibilidade nada mais é do que, em outros termos, dizer que, quando o autor ingressa com uma ação, por exemplo, de manutenção de posse, quando o correto seria de reintegração de posse, é possível o acolhimento pelo juiz como sendo uma ação de reintegração de posse. É feita, meramente, a conversibilidade da ação, isto sem necessidade de maiores formalidades processuais, pois a conversão ocorre por meio de mero despacho do juiz no processo.

Essa possibilidade, de conversibilidade de uma ação em outra, se dá pela complexidade que rege as situações decorrentes da posse. Assim é que, quando o autor ingressa com uma ação de manutenção, em razão de turbação de posse (que existia no momento que ingressou com a ação), pode ela, após o ajuizamento da ação, ter se transformado em esbulho, o que possibilita que a aludida ação seja encarada como sendo de reintegração (e não de manutenção), haja vista que cessou a turbação em decorrência de que ela se transformou num esbulho. Na mesma linha de raciocínio, também se dá quando, ao invés de esbulho, que existia quando da interposição da ação possessória, ele passou a ser configurado, após o ingresso da ação, como turbação.

Em qualquer dos casos, como aludido no anterior parágrafo, a violência continuará a existir, e seria muito temerário obrigar o autor a ter que entrar com outra ação para reintegração ou manutenção de posse, conforme o caso, pois ele já tem uma ação de natureza possessória em curso.

Em relação à fungibilidade das ações possessórias, doutrina Cláudia Simardi Aparecida: "A complexidade que se apresenta na escolha da ação adequada para cada situação concreta resulta, também, da rapidez com que as situações fáticas se alteram, haja vista que a posse, direito intrinsecamente relacionado ao fato, sofre constantes modificações no tempo e no espaço.

Diante dessas circunstâncias, é tradicional no Direito Brasileiro a regra segundo a qual pode o juiz outorgar a proteção possessória, mesmo quando requerida sob a denominação inadequada, ou se alterada a situação de fato apresentada quando da propositura de determinada ação possessória. Admite nosso sistema legal, por exemplo, uma ação de manutenção de posse ser julgada procedente, para reintegrar o autor à posse que, no curso do processo, veio a ser esbulhada pelo réu".

Válido, por oportuno, ressaltar que a possibilidade da aplicação do princípio da fungibilidade somente é possível em relação às ações possessórias típicas, que são, stricto sensu: a) ação de manutenção de posse; b) ação de reintegração de posse; e c) interdito proibitório.

Pode, desse modo, qualquer uma das ações possessórias típicas sofrer conversibilidade para outra, isto é, de manutenção para reintegração; de reintegração para manutenção, de interdito proibitório para manutenção ou reintegração e qualquer uma destas para aquele.

Não pode, como aponta de forma prudente Cláudia Simardi Aparecida, ocorrer "a conversibilidade de ação possessória *stricto sensu* em uma das possessórias *lato sensu*, ou vice-versa, por não ser possível a transformação do juízo possessório em juízo petitório, em nosso sistema

---

[804] Art. 554. *A propositura de uma ação possessória em vez de outra não obstará a que o juiz conheça do pedido e outorgue a proteção legal correspondente àquela cujos pressupostos estejam provados.* Lembrando que que o Art. citado encontra correspondência no Art. 920, do CPC de 1973, com a seguinte redação: *"A propositura de uma ação possessória em vez de outra não obstará a que o juiz conheça do pedido e outorgue a proteção legal correspondente àquela, cujos requisitos estejam provados".*

jurídico. É o que ressalta Teresa Celina de Arruda Alvim: 'A fungibilidade se limita as três possessórias propriamente ditas, isto é, não alcança, por exemplo, os embargos de terceiro ou a ação de nunciação de obra nova, e a correição pode ser dar a qualquer tempo e até de ofício. É neste sentido a opinião da doutrina e da jurisprudência dominante'"[805].

De esclarecer, por oportuno, que, como as ações atípicas para defesa da posse — como já tratamos alhures — também podem configurar-se no campo das petitórias, quando, por exemplo, digam respeito não à posse em si, e sim quanto ao domínio, elas ficam afastadas da possibilidade de aplicação do princípio da fungibilidade.

O objetivo da conversão de uma ação possessória em outra é, portanto, o de outorgar ao magistrado o poder de deferir prestação jurisdicional diferente daquela que foi pedida, possibilitando-lhe determinar *ex officio* a transformação. O ajuizamento de uma ação possessória não impede, assim, que o juiz conceda a proteção à posse, ainda que esta não corresponda àquela pleiteada.[806]

Oportuno, por outro lado, ressaltar que a jurisprudência pátria tem-se posicionado pela plausibilidade da conversibilidade de uma ação possessória em outra, tendo, por exemplo, o Tribunal de Justiça de Santa Catarina entendido, em determinado julgamento, que não há qualquer óbice que impeça a ocorrência da conversibilidade, em face do comando do Art. 920, do Código de Processo Civil de 1973, tendo, presentemente, o mesmo alcance em razão da redação do Art. 554, do CPC de 2015.[807]

5.16. A ação de imissão de posse e sua controvérsia de ordem doutrinária

A ação de imissão de posse figurou no Código de Processo Civil de 1939. Não tem, entretanto, atualmente, qualquer guarida na legislação processual civil, pois o Código de Processo Civil de 2015 (assim como o de 1973) não mais a arrolou em seu contexto. O uso dela não encontra disciplinamento de ordem processual especificamente, contudo é manejada e tem eficácia em demandas nas quais o autor, valendo-se de demanda petitória (e não especificamente possessória), busca entrar na posse de determinado bem do qual é o legítimo proprietário, embora sem ter ingressado, ainda, na posse dele.

Na ordem das discussões de natureza doutrinária e, por vezes, no campo jurisprudencial, a matéria se defronta com entendimentos destoantes, considerando não ter de forma específica disciplinamento pela legislação, quer na ordem material, quer na ordem processual, todavia ela continua sendo possível e encontra respaldo em posições doutrinárias e por meio da jurisprudência.

Embora a ação de imissão de posse não tenha sido acolhida pelo Código de Processo Civil (tanto o de 1973, como o de 2015), como apontado retro, não desconhecemos que existem acirradas controvérsias de ordem doutrinária sobre o cabimento, ou não, dela. As discussões de ordem

---

[805] ARRUDA ALVIM, teresa Celina. apud SIMARDI, Cláudia Aparecida. Proteção Processual da Posse. São Paulo: Editora Revista dos tribunais, 1997, p. 123.

[806] SIMARDI, Cláudia Aparecida. *Proteção processual da posse*. São Paulo: Revista dos Tribunais, 1997. p. 121-122

[807] Teor completo da decisão do Tribunal de Justiça de Santa Catarina. Ementa: Agravo de instrumento. Pedido de conversão da ação de manutenção em reintegração de posse. Desnecessidade. Princípio da fungibilidade das ações possessórias. Aplicação do Art. 920 do CPC. Liminar indeferida. Requisitos essenciais. Ausência. Reanálise do pedido liminar. Impossibilidade. Insurgência recursal parcialmente provida. O Art. 920 do CPC [lembrando: presentemente: Art. 554, do CPC de 2015] estabelece que 'a propositura de uma ação possessória em vez de outra não obstará a que o juiz conheça do pedido e outorgue a proteção legal correspondente àquela, cujos requisitos estejam provados'. Para a concessão da liminar possessória, deve haver, mesmo que de maneira superficial, a presença dos requisitos estabelecidos no Art. 927 do CPC [lembrando: presentemente: Art. 561, do CPC de 2015]. *Não restando demonstrados tais requisitos torna-se impossível o deferimento da medida liminar* (Fonte: AI n.º 2002.011561-0, da Capital, do TJSC, Rel. Des. José Volpato de Souza, decisão em 29.10.2002).

doutrinária afiguram-se como salutares, todavia o que deve imperar é a corrente predominante (na qual nos inserimos) – e não só por isso, e sim por ser a mais coerente – que não admite o uso de tal tipo de ação em matéria exclusivamente contida no campo das ações possessórias, levando em conta a natureza dela, o que a coloca no campo das ações petitórias.

Assim, quando possível, o manejo da ação de imissão de posse, em matéria de natureza exclusivamente possessória, somente poderá dizer respeito às demandas de natureza petitória, e nunca em relação às demandas possessórias (típicas, ou não, desde que, logicamente, não manejadas como petitórias). E, como não há campo para petitória em matéria de natureza possessória, é que, por total antagonismo de ordem processual, e até mesmo material, ela somente pode ser manejada quando se der no campo das ações petitórias. Nas ações possessórias típicas, o que se discute é – e tão somente isto – o *jus possessionis*, que nada mais é do que a garantia do possuidor de obter a devida proteção de ordem jurídica, em razão da própria posse, contra quem quer que a viole de forma indevida.[808, 809]

Mesmo não tendo sido contemplada pelo Código de Processo Civil de 2015 (assim como também não constava do CPC de 1973), alguns doutrinadores insistem que a ação de imissão de posse não foi abolida e sustentam, de várias formas, para comprovarem a sua atualidade e pertinência na legislação pátria, inclusive recorrendo a decisões de ordem jurisprudencial.

No rol dos autores que sustentam o cabimento e a eficácia da ação de imissão de posse, sobressai-se o doutrinador Ovídio A. Baptista da Silva, que se bate pela eficácia e existência no ordenamento jurídico brasileiro da aludida ação. Desponta, pela doutrina do referido autor, "que a ação de imissão de posse é uma história verdadeiramente singular, em que as mais acirradas divergências se dão, precisamente, a respeito da questão ligada à existência dessa ação, intermitentemente negada por juristas antigos e recentes. E o mais notável é que sua história no direito brasileiro registra uma controvérsia constante, quer a ação apareça em texto expresso de lei, como ocorreu na vigência de alguns Códigos Estaduais do Processo, pré-unitários, que a contemplavam, ou durante a vigência do Estatuto Federal de 1939, quer nos períodos legislativos em que se pretenda bani-la do sistema, como se supõe que o legislador de 73 haja pretendido". Fica, por oportuno, complementado a posição do autor, registrado que o CPC de 2015 também não contemplou esse instituto, de modo que continuam em aberto as interpretações, principalmente as de ordem doutrinária.

Ainda, segundo o autor em comento: "Qualquer que seja a solução legislativa encontrada, quer o legislador lhe reconheça a existência, ou, ao contrário, tente expulsá-la do sistema, a ação de imissão de posse, evidenciando uma inquebrantável vitalidade, continua presentemente nas

---

[808] THEODORO JÚNIOR, Humberto. Curso de direito processual civil: procedimentos especiais. III v., 28 ed., Rio de Janeiro: Forense, 2002. p. 127, destaca: "Para distinguir as ações que se fundam na posse, como exercício do *poder de fato*, das que se baseiam diretamente no direito de propriedade ou nos direitos reais limitados, usam-se as expressões 'ações petitórias' e 'ações possessórias', ou resumidamente 'petitório' e possessório'. Discute-se, portanto, no 'possessório' tão somente a *jus possessionis*, que vem a ser a garantia de obter proteção jurídica ao fato da *posse* contra atentados de terceiros praticados *ex própria auctoritate*. Exercitam-se, pois, no juízo possessório, faculdades jurídicas oriundas da posse em si mesma. No juízo 'petitório', a pretensão deduzida no processo tem por supedâneo o direito de propriedade, ou seus desmembramentos, do qual decorre 'o direito à posse do bem litigioso'.
Os dois juízos são, como se vê, totalmente diversos, já que a *causa petendi* de um e de outro são até mesmo irreconciliáveis".

[809] As expressões *jus possessionis* e *jus possidendi*, diferem a não podem ser utilizadas como sendo de sentido igual, pois, como adverte José Acir Lessa Giordani: "*Jus possidenti* é o direito a ter a posse em virtude de uma relação jurídica da qual faz parte o sujeito; *jus possessionis*, por sua vez, é o direito aos efeitos da posse, inclusive a sua proteção, a que faz jus o indivíduo que efetivamente a exerce, independentemente de ser ou não titular de outra relação jurídica que lhe atribua o direito a ela, ou seja, independentemente de ser ou não titular do *jus possidendi*". In: GIORDANI, José Acir Lessa. Curso básico de direito civil: direito das coisas, t. 1 (introdução e posse). 2. ed., Rio de Janeiro: Lumen Juris, 2005. p. 51.

controvérsias doutrinárias, insinuando-se quotidianamente no foro, a desmentir os que teimam em desconhecer-lhe utilidade prática".[810] Neste particular aspecto o ensinamento doutrinário defendido pelo autor conflita com outra passagem onde o mesmo aponta que "a ação de imissão de posse não é uma ação possessória",[811] o que leva o tema, embora não afirme expressamente, para o rol das demandas de natureza petitória. Incoerente e controvertido o pensamento do autor, o qual, *concessa máxima venia*, refutamos neste particular aspecto, embora também comungamos que, no campo petitório, é possível manejar a ação de imissão de posse.

No contexto de uma obra jurídica, é salutar que se aponte pontos de vista divergentes e, por assim entendermos, apontamos posição doutrinária que diverge, em parte, do nosso ponto de vista. Dito isto, vejamos: Antenor Batista defende a existência e o cabimento da ação de imissão de posse em matéria exclusivamente possessória. Diz ele: "A rigor, data vênia, é Possessória. Assim admitia o Art. 381[812], do Código de 1939, por estar relacionada a Posse, ou com a Posse das coisas". Continuando, acresce: "Mas a posse é a visibilidade do domínio, ainda que a Imissão de Posse não tenha sido contemplada pelo novo diploma processual, não nos parece razoável sua exclusão do elenco das Possessórias pelo direito atual, como ação autônoma, já que na prática continua intimamente vinculada à conquista ou reivindicação da posse, com base no domínio e, na forma executiva, para entrega de coisa certa, bem como no que se relaciona à posse de coisas móveis e semoventes".[813]

Reforçamos que o ponto de vista abordado não se confunde com o que pensamos e apontamos sobre a matéria, pois a ação de imissão de posse não é – e não pode ser interpretada como tal – ação de natureza possessória, e sim de natureza petitória (rito diferente da ação possessória[814]),

---

[810] SILVA, Ovídio A. Batista da. Ação de imissão de posse. 2. ed., São Paulo: Revista dos Tribunais, 1997. p. 95.

[811] SILVA, Ovídio A. Batista da. Procedimentos especiais. 2. ed., Rio de Janeiro: Aide, 1993. p. 194. Para fins de comparação e verificação da incoerência que atribuímos ao ponto de vista defendido pelo autor, vejamos o que diz ele: "O pressuposto fundamental para que a demanda seja considerada possessória é a circunstância de buscar-se com ela a tutela de um possuidor contra algum fato que ofenda a relação possessória existente. Ficam, pois, fora do campo das possessórias mesmo as ações que tenham por fim a aquisição ou a recuperação da posse de alguma coisa em que o demandante alegue – não uma ofensa à posse – mas a existência de alguma relação jurídica que lhe dê direito à posse. É por essa razão que a ação de imissão de posse não é uma ação possessória, assim como não será igualmente a ação de nunciação de obra nova que alguns escritores e certos sistemas jurídicos incluem nessa categoria". O que releva notar é que o autor não afasta a possibilidade do manejo da ação de imissão de posse em matéria de natureza petitória e tal, como fizemos ver no corpo do texto, embora a falta de previsão de ordem processual (e até mesmo material), é possível manejar a ação petitória para que o autor seja imitido na posse de determinado bem do qual é o legítimo proprietário, embora ainda não tenha entrado na posse do mesmo por questões alheias à sua vontade.

[812] O Código de Processo Civil de 1939 (Lei n.º 1.608, de 18 de setembro de 1939), dispunha no Art. 381. *Compete a ação de imissão de posse*:
I – *aos adquirentes de bens, para haverem a respectiva posse, contra os alienantes ou terceiros, que a detenham*;
II – *aos administradores e demais representantes das pessoas jurídicas de direito privado, para haverem dos seus antecessores a entrega dos bens pertencentes à pessoa representada*;
III – *aos mandatários, para receberem dos antecessores a posse dos bens do mandante.*
Pelo próprio dispositivo legal, conforme transcrito, observamos que na verdade a ação de imissão de posse já tinha por escopo o resguardo da propriedade, e com isto ela estaria no rol das petitórias e não das possessórias propriamente ditas, ou seja, as ações típicas de defesa da posse.

[813] BATISTA, Antenor. Posse, possessória e ação rescisória: manual teórico e prático. 2. ed., São Paulo: Juarez de Oliveira, 2004. p. 56-57. A linha seguida pelo autor é, a nosso ver, de total improcedência e quanto a isso registramos no corpo do texto. Apontamos, no entanto, o pensamento do autor em homenagem àqueles que continuam presos às amarras do passado e não vislumbraram, ou não querem ver, que o tempo presente difere do tempo passado...

[814] ***Ementa: APELAÇÃO CÍVEL. AÇÃO DE INTERDITO PROIBITÓRIO C/C PEDIDO DE DESFAZIMENTO DE CONSTRUÇÃO. DEMANDA QUE SE COADUNA COM A NATUREZA DE NUNCIAÇÃO DE OBRA NOVA. PROCEDÊNCIA.*** *Em verdade, a natureza da prestação jurisdicional visada pelo demandante coaduna-se com a ação de nunciação de obra nova, prevista no Art. 934, inc. I, do CPC [1973]* **[Lembrando: a Ação de Nunciação de Obra Nova não foi recepcionada pelo CPC/2015, como já apontamos em outras passagens desta obra e, se necessário, encaminhamos o consulente para o que apontamos no tópico 5.10],** *razão pela qual o magistrado assim a considerou, acertadamente, sob suficientes fundamentos. Conforme o citado artigo, o embargo de obra nova compete ao proprietário ou possuidor, a fim de impedir que a edificação de obra nova em imóvel vizinho lhe prejudique o prédio, suas servidões ou fins a que é destinado. In casu, restou constatado pela perícia técnica que a ré avançou sua edificação sobre a propriedade do autor, seu vizinho, invadindo o espaço de 0,7m por esse preservado à iluminação e ventilação de sua residência, bem como para fins de canalização hidráulica. Correta, portanto, a decisão de 1º grau que determinou à ré o não prosseguimento das obras, bem como a*

embora tenha por finalidade possibilitar que o proprietário ingresse na posse de determinado bem. Importante gizar que "ingressar" não é – nem se confunde – com "reintegrar".

5.16.1. Concluindo a posição adotada em relação à ação de imissão de posse

Amarrando tudo que dissemos alhures sobre a imissão de posse, destacamos dois abalizados pontos de vista doutrinários sobre a matéria. Assim: Ulderico Pires dos Santos: "[...] cabível é igualmente quando o comprador paga o preço da coisa adquirida e o vendedor se nega a entregá-la [...]. Não vale argüir, para ela, com a inexistência de previsão específica no Código de Processo Civil. Sem ela o adquirente do imóvel ou móvel, ou ainda o proprietário que rescindindo o contrato de compra e venda ficaria sem poder entrar na posse do que é seu"[815]. Por sua vez, dizem Cristiano Chaves de Farias e Nelson Rosenvald: "[...] é tipicamente uma ação petitória que, na maior parte das situações, deverá ser adotada por quem adquire a propriedade por meio de título registrado, mas não pode investir-se na posse pela primeira vez, pois o alienante, ou um terceiro (detentor) [...], resiste em entregá-la. [...]. O novo proprietário invocará o *jus possidendi*, pois pedirá a posse com fundamento na propriedade que lhe foi transmitida. [...]"[816].

As controvérsias sobre o cabimento ou não de ação de imissão de posse, considerando que não tem previsibilidade pelo Código de Processo Civil, são irrelevantes e não afastam o manejo dela, não como ação de natureza possessória, mas, sim, como ação de natureza petitória. A jurisprudência[817] também tem entendimento condizente com a abordagem que fizemos sobre a matéria.

---

*demolição da parcela de edificação que ultrapassou os limites de sua propriedade, motivo pelo qual merece ser preservada. **RECONVENÇÃO. PEDIDO DE USUCAPIÃO. IMPOSSÍBILIDADE. INEXISTÊNCIA DE CONEXÃO ENTRE AÇAO E RECONVENÇÃO. INCOMPATIBILIDADE ENTRE RITOS PROCEDIMENTAIS.** Embora admitida pela doutrina e jurisprudência a reconvenção nas ações de caráter dúplice (como o são as possessórias), sob a condição de que a pretensão visada na contra-ação não detenha cunho possessório ou indenizatório, outros pressupostos específicos, além das condições gerais da ação, devem se fazer presentes: a existência de conexão entre as causas, de processo pendente, mesma competência e, por fim identidade de procedimento entre uma e outra demanda. Na situação dos autos, enquanto o autor deduziu pretensão possessória, com vistas a proteger sua posse, na contra-ação a ré-reconvinte almejou pretensão petitória, objetivando a declaração de prescrição aquisitiva – usucapião – a seu favor. Assim, constatadas a inexistência dos requisitos de admissibilidade, atinentes à conexão e identidade de ritos entre a ação e reconvenção, dada a natureza de cada qual, de ser mantida a sentença exarada, que julgou extinta a contra-ação sem resolução de mérito, com base no Art. 267, VI do CPC[1973] [Art. 485. Inc. IV, do CPC/2015]. Mantida a decisão que julgou parcialmente procedentes os pedidos do autor e extinta, sem julgamento de mérito, a reconvenção. Sentença confirmada. NEGARAM PROVIMENTO AO APELO. UNÂNIME. (Apelação Cível, Nº 70038042628, Décima Oitava Câmara Cível, Tribunal de Justiça do RS, Relator: Nelson José Gonzaga, Julgado em: 31-03-2011).*

[815] SANTOS, Ulderico Pires dos. Ação cominatória e outras peculiares. Editora Paumape. 1. ed. São Paulo. p.237/238.

[816] FARIAS, Cristiano Chaves de e ROSENVALD, Nelson. Direitos Reais. Editora Lumen Juris. 4 ed. Rio de Janeiro, 2007. p. 148.

[817] *AGRAVO DE INSTRUMENTO. AÇÃO DE IMISSÃO NA POSSE. DECISÃO INTERLOCUTÓRIA QUE DEFERIU O PLEITO ANTECIPATÓRIO DE IMISSÃO NA POSSE DO IMÓVEL OBJETO DE ALIENAÇÃO PELO CREDOR FIDUCIÁRIO, CONCEDENDO O PRAZO DE 48 (QUARENTA E OITO) HORAS PARA DESOCUPAÇÃO. RECURSO DO REQUERIDO. PEDIDO DE REFORMA DA DECISÃO INTERLOCUTÓRIA AO ARGUMENTO DE NÃO RESTAREM PREENCHIDOS OS REQUISITOS AUTORIZADORES DO DEFERIMENTO DA MEDIDA. INSUBSISTÊNCIA. IMÓVEL ALIENADO FIDUCIARIAMENTE. INADIMPLEMENTO DO DEVEDOR E REALIZAÇÃO DOS PROCEDIMENTOS CABÍVEIS À ESPÉCIE. CONSOLIDAÇÃO DA PROPRIEDADE PERFECTIBILIZADA EM FAVOR DO CREDOR FIDUCIÁRIO. BEM ADQUIRIDO PELO AGRAVADO POR MEIO DE CONTRATO DE COMPRA E VENDA REGISTRADO NA MATRÍCULA DO IMÓVEL. DOMÍNIO DA PARTE AGRAVADA COMPROVADO. POSSIBILIDADE DE IMISSÃO LIMINAR DO ADQUIRENTE NA POSSE DO – IMÓVEL. INTELIGÊNCIA DO ARTIGO 30, DA LEI N. 9.514/1997. OUTROSSIM, INEXISTÊNCIA DE DECISÃO JUDICIAL SUSPENDENDO A EFICÁCIA DA ADJUDICAÇÃO. POSSE INJUSTA DO ANTIGO PROPRIETÁRIO DO IMÓVEL. REQUISITOS DA IMISSÃO DE POSSE CONFIGURADOS. DECISÃO MANTIDA NO PONTO. PRAZO PARA DESOCUPAÇÃO DO IMÓVEL. DESACERTO DA DECISÃO AO FIXAR PRAZO INFERIOR DO CONSTANTE NO ARTIGO 30 DA LEI 9.514/1997. DECISÃO REFORMADA NESTE TOCANTE. RECURSO CONHECIDO E PARCIALMENTE PROVIDO. (TJSC, Agravo de Instrumento n. 4025071-79.2018.8.24.0900, de Brusque, rel. Des. Denise Volpato, Sexta Câmara de Direito Civil, j. 30-04-2019).*

Para as ações possessórias, existem os mecanismos de proteção processual próprios (*jus possessionis*), conforme já expusemos alhures; por sua vez, a imissão de posse (*jus possidenti*.[818]) tem outro desiderato, o que também já vimos em passagens apontadas retro.

5.17. A antecipação de tutela e a questão da ação possessória de força velha[819]

Preliminarmente, apontamos: como a matéria tem praticamente o mesmo regramento disciplinado pelo Art. 373, do Código de Processo Civil de 1973 (revogado) e pelo Art. 300, do Código de Processo Civil de 2015 (em vigor), trataremos, para melhor compreensão do tema, com base em duas vertentes: a) análise relativa ao tratamento resultante da interpretação do Art. 273, do CPC/1973 (revogado); b) análise relativa ao tratamento resultante da interpretação do Art. 300, do CPC/2015 (em vigor).-

5.17.1. Análise relativa ao tratamento resultante da interpretação do Art. 273, do CPC/1973 (revogado, mas com efeitos práticos no CPC/2015)

Considerando a redação do Art. 273,[820] do Código de Processo Civil, decorrente de alteração proveniente da Lei n.º 8.952, de 13 de dezembro de 1994, poderá o juiz antecipar a tutela, de forma parcial ou total, desde que conste no pedido inicial[821] do autor e que, pela prova inequívoca, o juiz se convença da verossimilhança da alegação em razão do *periculum in mora*, ou,

---

[818] Numa demanda judicial de uma ação com o *nomen juris* de Ação de Imissão de Posse, a discussão será centrada em decorrência do domínio, o que, para ilustrar, aponta-se posicionamento referente a uma decisão onde o <u>Tribunal de Justiça de São Paulo</u>, deixou plasmado: *Ementa (n.º154914). Imissão. Título. Escritura pública. Inadmissibilidade. Ação petitória que requer o domínio para quem pleiteia. Propriedade que se prova com transcrição na matrícula do imóvel, ausente in casu. Carência decretada. Apelação desprovida. A ação de imissão na posse não é possessória; não discute a situação de fato da posse, eventuais esbulhos, turbações ou ameaças; visa-se à posse pelo domínio a se demonstrar, porque ação eminentemente petitória, de cunho reivindicatório, devendo ser amparada em título hábil à caracterização dos emitentes como donos do bem, cuja posse se requer. Fonte: TJSP, AC n.º 26.662-4 – São Paulo – 7ª. Câmara de Direito Privado, Rel. Des. Benini Cabral.*

[819] Lembrando, em relação à ação de força velha, que é aquela de mais de ano e dia e que já foi objeto de comentário, ainda que sucinto, no Capítulo III, nos tópicos 3.5 e 3.5.2, quando foi abordado o Art. 927, do Código de Processo Civil/1973.

[820] Art. 273, do Código de Processo Civil: *O juiz poderá, a requerimento da parte, antecipar, total ou parcialmente, os efeitos da tutela pretendida no pedido inicial, desde que, existindo prova inequívoca, se convença da verossimilhança da alegação e:*
I – *haja fundado receio de dano irreparável o de difícil reparação; ou*
II – *fique caracterizado o abuso de direito de defesa ou o manifesto propósito protelatório do réu.*
§ 1º. *Na decisão que antecipar a tutela, o juiz indicará, de modo claro e preciso, as razões do seu convencimento.*
§ 2º. *Não se concederá a antecipação de tutela quando houver perigo de irreversibilidade do provimento antecipado.*
§ 3º. *A efetivação da tutela antecipada observará, no que couber, e conforme sua natureza, as normas previstas nos Arts. 588, 461, §§ 4º e 5º, e 461-A.*
§ 4º. *A tutela antecipada poderá ser revogada ou modificada a qualquer tempo, em decisão fundamentada.*
§ 5º. *Concedida ou não a antecipação da tutela, prosseguirá o processo até final julgamento.*
§ 6º. **A tutela antecipada também poderá ser concedida quando um ou mais dos pedidos cumulados, ou parcela deles, mostrar-se incontroverso.**
§ 7º. **Se o autor, a título de antecipação de tutela, requerer providência de natureza cautelar, poderá o juiz, quando presentes os respectivos pressupostos, deferir a medida cautelar em caráter incidental do processo ajuizado.**

[821] Pela petição inicial, a ser formulada com amparo no Art. 282, do Código de Processo Civil, deve o autor requerer a antecipação de tutela, pois a mesma não pode ser deferida de *ex officio* pelo juiz e, além do mais, permite que o Tribunal, quando o caso, venha dela conhecer, como ilustra decisão do <u>Tribunal de Justiça do Estado do Rio Grande do Sul</u>. Ementa: *Processual civil. Antecipação de tutela. Revogação em sentença. Efeitos da apelação. Antecipação da tutela pelo Tribunal, quando em curso apelação. Possibilidade. Se o juiz, na própria sentença, decide pela revogação da antecipação de tutela, eventual apelação recebida no duplo efeito não terá o condão de suspender a revogação. Nada impede, contudo, que o Tribunal conceda a antecipação de tutela, já que esta poder ser deferida ou revogada a qualquer tempo, desde que presentes os requisitos do Art. 273 do CPC. Hipótese dos autos em que se verifica a presença da verossimilhança do direito alegado e o perigo de dano irreparável. Antecipação deferida na apelação. Agravo provido de plano.* Fonte: AI n.º 70011180023, Nona Câmara Cível, do TJRS, Rel. Des. Marilene Bonzanini Bernardi, decisão em 18.3.2005.

então, em razão da verossimilhança e do manifesto propósito protelatório do réu em razão de sua defesa abusiva.[822]

A antecipação de tutela é matéria que poderá, sem qualquer dúvida, ser utilizada em matéria de ordem possessória (que, quando se trata de força nova, tem amparo no rito especial (Art. 928, do CPC), que possibilita a concessão de liminar, e isto *initio litis*); também é possível a antecipação de tutela até mesmo em ação dominial, desde que o litígio envolva demanda petitória, por meio de ação reivindicatória.

Com relação a ser possível, ou não, a antecipação de tutela em ações possessórias de força velha, naquelas em que não é possível a aplicação da manutenção ou reintegração *in limine*, considerando a parte final do Art. 924, do Código de Processo Civil, a matéria encontra alguns pontos de vista dissonantes e outros sem um posicionamento claro a respeito do assunto.[823] Não obstante, e isto não custa reforçar, dúvida não paira que se aplica integralmente o Art. 273, do Código de Processo Civil, em matéria possessória, desde que em curso pelo procedimento comum (Art. 272, do CPC).

À primeira vista, pode parecer estranho que, não conseguindo ser reintegrado ou mantenido *in limine*, por se tratar de ação de posse velha, tenha o esbulhado ou turbado, que é o legítimo possuidor, possibilidade de ser beneficiado com o Art. 273, do Código de Processo Civil. Assim, todavia, não se afigura em razão da abrangência e finalidade do aludido artigo.

O Art. 273, do Código de Processo Civil, tem uma abrangência bastante extensa e pode ser aplicado para qualquer tipo de processo de conhecimento (sumário, ordinário e especial. **DESTAQUE: O rito pelo CPC/2015 É O COMUM**). Daí, então, a razão de sua aplicabilidade também às ações possessórias de força velha. Outro não é o ponto de vista defendido por Ricardo de Oliveira Paes Barreto, quando aduz que "a tutela antecipada tem cunho satisfativo, visa, em determinadas circunstâncias, antecipar de forma genérica e provisoriamente a própria solução definitiva esperada no processo de conhecimento, seja ele sumário, ordinário ou especial quando não há previsão de tutela específica, pressupõe a existência de processo, podendo se concedida no próprio corpo processual de conhecimento, no início ou no seu curso".[824] Evidentemente que, como já registramos retro, a ação possessória típica de força velha não mais está contida na regra do procedimento especial, e sim do comum (Art. 272, do CPC).

É, dessa forma, perfeitamente plausível ocorrer o contido no Art. 273, do Código de Processo Civil, e isso sempre que a ação estiver em situação que se encaixe no processo de conhecimento. O instituto da antecipação da tutela do Art. 273, do Código de Processo Civil, veio, conforme doutrina consistente de Cândido Rangel Dinamarco, "com o objetivo de ser uma arma poderosíssima contra os males corrosivos do tempo no processo. Inserindo-o no Livro I do Código de Processo Civil, que tem por objeto o processo de conhecimento, o legislador tomou posição quanto a uma questão

---

[822] MONTENEGRO FILHO, Misael. Ações possessórias. São Paulo: Atlas, 2004. p. 39-40, esclarece: "A antecipação de tutela, na realidade atual, faz às vezes de liminar, permitindo que o autor seja imitido na posse do bem no momento da propositura da demanda, desde que preencha os requisitos específicos, a saber: prova inequívoca da verossimilhança da alegação e do *periculum in mora* ou prova inequívoca da verossimilhança da alegação e do manifesto propósito protelatório do réu, correspondendo ao abuso do direito de defesa".

[823] Sem adotar posição definida a respeito da matéria, declina Arnoldo Wald: "Discute-se a possibilidade de concessão de tutela antecipada em ação possessória de força velha". In: WALD, Arnoldo. Curso de direito civil brasileiro: direito das coisas. 10. ed., São Paulo: Revista dos Tribunais, 1993. p. 94.

[824] BARRETO, Ricardo de Oliveira Paes. Curso de direito processual civil: conforme a jurisprudência. 2. ed., Rio de Janeiro/São Paulo: Renovar, 2003. p. 590. Ainda, segundo o autor: "A tutela específica ora pode ter caráter preventivo, como no mandado de segurança, na ação popular, na ação civil pública e na ação direta de inconstitucionalidade, ora satisfativo, como nas ações possessórias, em alguns casos de locação, na ação de alimentos por ex., ou nas ações para cumprimento de obrigação de fazer ou não fazer, também no próprio corpo da ação, em forma de liminar".

conceitual que já foi muito importante, que é a da possível natureza cautelar da antecipação da própria tutela pretendida no processo de conhecimento".

Anota, por outro lado, o autor anteriormente apontado: "No clássico compêndio de Calamandrei, a antecipação de provimentos decisórios comparece entre as figuras de medidas cautelares["no CPC/15 a ação cautelar foi extinta. O procedimento cautelar não é mais subsidiário visto que o pedido de medida cautelar será formulado no mesmo processo principal. Não há mais o processo cautelar subsidiário"]: através dela, disse 'decide-se provisoriamente uma relação controvertida, à espera de que através do processo ordinário se aperfeiçoe a decisão definitiva'. Sua finalidade é afastar situações de indefinição das quais, se fosse necessário esperar até que seja emitido o julgamento definitivo, *'potrebbero derivare a una delle parti irreparabili danni'*.[825][826]

Pelo próprio objetivo do Art. 273, do Código de Processo Civil, como visto supra, não há como não vislumbrarmos sua aplicação às demandas possessórias de força velha, pois o processo não pode prejudicar o autor que tem razão, ou, em outras palavras, como anota Luiz Guilherme Marinoni, "se o processo for compreendido como o procedimento ordinário ele certamente prejudicará o autor que desde logo tem um direito evidenciado. O procedimento ordinário, como se sabe, não admite a cisão da apreciação do mérito, ou o julgamento do mérito, através de decisão interlocutória, em momento anterior ao da sentença. É, portanto, um procedimento absolutamente incapaz de permitir que o autor não seja prejudicado pelo tempo e demora do processo".[827] Aliás, o mesmo autor referido entende que, mesmo passado ano em dia, é possível a aplicação, em favor do autor, do preconizado pelo Art. 461-A, do CPC.[828]

Que fique claro, o fato de a ação possessória ser de força velha não quer isso significar que o autor não possa ter razão em ser manutenido, ou reintegrado, conforme o caso, imediatamente na posse da coisa *sub judice*, o que, quando evidenciado, será garantido por meio da concessão de antecipação de tutela (que se insere no rito do processo de conhecimento – Art. 272, do CPC), considerando que não pode ser beneficiado pela reintegração ou manutenção *in limine*, do rito especial, em face do contido no Art. 924, do CPC.

Caso não fosse possível a aplicação da antecipação de tutela, em favor do autor, no caso da ação possessória de força velha, seria a negação do próprio instrumento de celeridade proces-

---

[825]   DINAMARCO, Cândido Rangel. A reforma do código de processo civil. 2. ed., São Paulo: Malheiros Editores, 1995, pp. 138-139.

[826]   É de ponderar-se, ainda, que os interditos possessórios, em razão da possibilidade da concessão de liminar (quando a ação for de força nova) serviu de fonte de inspiração para que o legislador pátrio inserisse antecipação de tutela na forma disciplinada pelo Art. 273, do CPC. No mesmo sentido a lição de Cândido Rangel Dinamarco: "Vê-se com clareza que os interditos possessórios representados pelas liminares em ações possessórias são os casos mais antigos de antecipação que o direito consagra em sua história mais que milenar. Antecipa-se algo, tanto cá como lá, diante da razoável previsão de que o autor virá a obter afinal a tutela definitiva que veio a juízo postular. Antecipa-se, cá como lá, mediante decisão revogável e reversível (por isso é que se exigem cauções idôneas). Antecipa-se, enfim, para que o autor não sofra extraordinariamente com a demora do processo". In: DINAMARCO, Cândido Rangel. Fundamentos do processo civil moderno. Revisão e atualização de Antonio Rulli Neto, 5. ed., São Paulo: Malheiros Editores, 2002. p. 1342.

[827]   MARINONI, Luiz Guilherme. Tutela antecipatória, julgamento antecipado e execução imediata da sentença. São Paulo: Revista dos Tribunais, 1997. p. 104.

[828]   MARINONI, Luiz Guilherme. Ações para obtenção de coisa (Art. 461-a do cpc). Disponível em: http://jus2.uol.com.br/doutrina/texto. asp?id=8844. Acesso em: 18 nov. 2024.

Diz o autor, sobre a possibilidade da aplicação do Art. 461-A, do CPC, em ação de reintegração de posse: "Passado ano e dia não mais é possível invocar o procedimento especial estabelecido em favor da ação possessória (Art. 926 e ss., CPC). Atualmente, porém, diante dos termos do Art. 461-A, a reintegração de posse pode se valer da técnica antecipatória e da sentença de executividade intrínseca. É possível dizer, assim, que a reintegração de posse, ainda que já passado ano e dia, encontra no Art. 461-A 'forma processual' capaz de conferir-lhe efetividade".

Acresce, ainda o autor em comento: "Diante do procedimento do Art. 461-A, será possível conceder tutela antecipatória se ficar evidenciada circunstância que conduzir à conclusão de urgência no deferimento da reintegração ou restar demonstrado motivo que tenha obstaculizado a propositura da ação no prazo de ano e dia".

sual colocado ao alcance do magistrado, pois, se o autor tiver que percorrer todos os caminhos da demanda ordinária, terá, com certeza, ao fim e ao cabo, prejuízo, e, por outro lado, a demora na solução da lide poderá vir a representar prejuízo irreparável em desfavor do autor. O mesmo raciocínio se aplica quando for o réu que pretenda, em face do caráter dúplice das ações possessórias típicas, a concessão de antecipação de tutela, em razão de pleito formulado na contestação com reconvenção ao pretendido pelo autor.

Aliás, sobre a questão de antecipação de tutela, que entendemos como perfeitamente possível em matéria possessória, acentua Cláudia Aparecida Simardi: "Tem-se com o instituto da antecipação da tutela novo instrumento de defesa da posse, o qual não conflita com a possibilidade de concessão liminar possessória. Isto porque os requisitos exigidos à liminar possessória, estão centrados na posse e no tempo de efetivação da violência contra ela. Os requisitos impostos à concessão da antecipação de tutela não se prendem aos elementos temporal".

"Assim na ação possessória que não comportar liminar por ter-se consumado a respectiva ofensa há mais de ano e dia, tem o autor (ou o réu que deduziu pedido contraposto) a oportunidade de requerer a antecipação de tutela com base nos incs. do Art. 273 do CPC. Não se cogita, nesta situação, do requisito tempo, mas, sim, dos pressupostos insertos em referido dispositivo legal".[829]

Esse é o entendimento mais coerente e está de acordo com o próprio pensamento do legislador[830][831][832] em dar maior segurança jurídica em prol daquele que tem, em face das condições processuais apresentadas e apreciadas, o direito buscado em juízo e cuja demora, se tiver de aguardar pela sentença de mérito em processo ordinário, poderá tornar ineficaz a sentença concedida, o que é evitado pela antecipação de tutela desde logo concedida, ou no curso do processo, ainda que não signifique isso, a antecipação de tutela concedida, que a matéria não comporte mudança de posicionamento quanto da decisão final da demanda.

Por fim, firme no posicionamento de Carlos Francisco Büttenbender: "Em resumo, podemos afirmar que a antecipação de tutela, ou de seus efeitos, não significa que a disputa sobre o bem jurídico esteja encerrada, ou que esteja este definitivamente alocado ao autor. Apenas, entenda-se, usufruirá o autor deste bem jurídico, de forma provisória, enquanto permanecer o litígio, efetivando-se de completo apenas no momento da prolação de final decisão, em que seja declarado vencedor da demanda".[833]

Registrando, finalmente, que, mesmo no curso do processo em ação possessória típica, onde esteja presente a antecipação de tutela, poderá o réu, nos caso de comprovar que o autor não carece de idoneidade financeira – caso venha a decair da ação – para responder com perdas

---

[829] SIMARDI, Cláudia Aparecida. Proteção processual da posse. São Paulo: Revista dos Tribunais, 1997. p. 254.

[830] VENOSA, Sílvio de Salvo. Direito civil: direitos reais. 3. ed., São Paulo: Atlas, 2003. p. 127, também comunga desta mesma opinião.

[831] Por outro lado, com amparo doutrinário em CASCONI, Francisco Antonio. Tutela antecipada nas ações possessórias. São Paulo: Juarez de Oliveira, 2001. p. 121, temos que: "A tutela antecipada, de inegável semelhança com os interditos possessórios, buscando emprestar ao processo segurança jurídica por certo não pretende deixar desabrigada da efetividade a posse de força velha, ou melhor, o ato atentatório que se prolongou no tempo por razões que apenas o possuidor destituído conhece".

[832] Também se enfileira nesta linha de pensar ARMELIN, Donaldo. A tutela da posse no novo Código Civil. In: NETTO, Domingos Franciulli, MENDES, Gilmar Ferreira e FILHO, Ives Gandra Martins (coord.)., O novo Código Civil: estudos em homenagem ao prof. Miguel Reale. São Paulo: Revista dos Tribunais, 2003. p. 971, ao dizer: "São, portanto, a antecipação de tutela e as liminares possessórias institutos que convergem para o mesmo 'fim, pois ambas propiciam a antecipação dos efeitos de uma eventual e futura sentença que acolhe o pedido do autor da ação. A antecipação pode ser mais restrita que a liminar possessória, porque pode versar apenas alguns dos efeitos do pedido, ao passo que a liminar possessória antecipa praticamente todos os efeitos da sentença que acolher o pedido".

[833] **BÜTTENBENDER, Carlos Francisco. A antecipação dos efeitos da tutela jurisdicional pretendida. Porto Alegre: Síntese, 1997. p. 24.**

e danos, requerer ao juiz que ele seja compelido a prestar caução, o que, se deferido, ocorrerá no prazo de cinco dias sob pena de a própria coisa em litígio ser depositada como garantia.[834]

Em linhas gerais, as denominadas tutelas de urgência têm por escopo minorar os chamados "males do processo" e "têm por fundamento uma situação de perigo. Nesse sentido, o Código de Processo Civil de 2015 positivou dois "perigos" que podem dar fundamento à concessão da tutela de urgência. São eles: o perigo de dano e o risco ao resultado útil do processo. Ambas as expressões, em verdade, representam igual fenômeno, qual seja, os males que o tempo pode trazer para o processo ou para direito nele postulado".[835]

Importante frisar: "O CPC/2015 estabelece a tutela provisória como gênero, a qual abrange a tutela de urgência e de evidência. A tutela de urgência, por sua vez, pode ter natureza cautelar ou satisfativa (antecipada, conforme designação da lei). Desde logo percebem-se duas sensíveis mudanças entre o sistema novo e aquele vigente ao tempo do CPC/1973: desaparece a necessidade de um processo autônomo para a tutela cautelar (a qual agora é concedida nos mesmos autos em que será processado o pedido principal) e adotam-se os mesmos requisitos para ambas (tanto a tutela cautelar como a tutela antecipada exigem, para sua concessão, a probabilidade do direito e o perigo de dano ou risco ao resultado útil do processo)".

A concessão da tutela de urgência deve levar em conta a presença de dois requisitos, a saber: probabilidade do direito (*fumus boni juris*) e perigo de dano ou de risco ao resultado útil do processo (periculum in mora), nos termos do CPC/2015, Art. 300. E ela subdivide-se em tutela de urgência cautelar e antecipada. Há semelhanças entre as duas formas de tutela de urgência e a diferenciação entre elas «é feita, no mais das vezes, tomando-se em conta o conteúdo preponderante da medida (conservativo ou antecipador) [...].[836] Resumindo tudo o que foi apontado neste tópico (com nítidos reflexos no **tópico 5.18.1**), destacamos:

Existem meios processuais denominados interditos possessórios para reestabelecer a posse do legítimo possuidor. Assim sendo, caso o esbulhado venha pleitear a tutela jurisdicional menos de ano e dia, poderá requerer a concessão da liminar para reaver a posse de maneira imediata. Esse prazo caracteriza a posse nova, conforme **Art. 558** do Novo Código de Processo Civil, *in verbis*: *Regem o procedimento de manutenção e de reintegração de posse as normas da seção II deste capítulo quando a ação for proposta dentro de ano e dia da turbação ou do esbulho afirmado na petição inicial.* **Parágrafo único:** *Passado o prazo referido no caput, será comum o procedimento, não perdendo, contudo, o caráter possessório.* Conquanto a posse nova possibilite a concessão da liminar, fazem-se necessárias as provas exigidas para comprovação da posse de força nova. No caso de inércia do legítimo possuidor e decorrido o ano e dia da data do esbulho, a posse será de força velha, não podendo o verdadeiro possuidor requerer, em regra, a concessão de liminar, bem como a ação tramitará pelo procedimento comum, segundo o parágrafo único do artigo supracitado.

Não obstante haja a impossibilidade da concessão de liminar no caso de posse de força velha, o possuidor legítimo poderá requer a tutela de urgência? Ao nosso modesto sentir, não há óbices para que o juízo possessório conceda a tutela de urgência desde que demonstrados os requisitos

---

[834] A matéria encontra previsibilidade legal no Art. 925, do Código de Processo Civil, quanto à pretensão do réu, e no Art. 826, do Código de Processo Civil, onde estão inseridos os meios legais de caução. Cabendo acentuar, por fim, como faz ver PACHECO, José Ernani de Carvalho. Interditos possessórios. 8. ed., Curitiba: Juruá, 1999. p. 61, que "a caução é uma garantia que a pessoa fica obrigada a prestar por imposição de contrato ou de lei. Poderá ser efetivada por meio de dinheiro, papéis de crédito, título da dívida pública etc., bem como na forma fidejussória, através de fiador".

[835] **Código de Processo Civil Anotado – OABPR – 2019.(André Luiz Bäuml Tesser e Rogéria Dotti.**

[836] CPC 2015 – Juruá – Comentários.

para medida cautelar requestadas, nos termos do Art. 300 do CPC/2015. Esse é o entendimento esposado pela nossa doutrina autorizada. Desse modo, vejamos:

"Não se pense [como destaca Humberto Theodoro Júnior[837]] que a liminar satisfativa seja exclusiva das possessórias de força nova. Também nas de força velha é possível a tutela de urgência. A diferença é que, nas turbações e esbulhos praticados a menos de ano e dia, a liminar é ato processual automático, parte integrante do procedimento especial respectivo (NCPC, Art. 562). Quando, porém, o atentado à posse for antigo, a liminar só terá cabimento se presentes os requisitos da tutela de urgência satisfativa (NCPC, Art. 300)."

Vejamos o dispositivo do digesto processual civil que aduz sobre a tutela de urgência, segue: **Art. 300.** *A tutela de urgência será concedida quando houver elementos que evidenciem a probabilidade do direito e o perigo de dano ou o risco ao resultado útil do processo.*

§ 1º Para a concessão da tutela de urgência, o juiz pode, conforme o em caso, exigir caução real ou fidejussória idônea para ressarcir os danos que a outra parte possa vir a sofrer, podendo a caução ser dispensada se a parte economicamente hipossuficiente não puder oferecê-la.

§ 2º A tutela de urgência pode ser concedida liminarmente ou após justificação prévia.

§ 3º A tutela de urgência de natureza antecipada não será concedida quando houver perigo de irreversibilidade dos efeitos da decisão.

Portanto, para que o juízo possessório conceda a medida cautelar em posse velha, mister se faz o preenchimento dos requisitos perigo de dano grave ou de difícil reparação que comprometa o resultado útil do processo (periculum in mora) e a plausibilidade do direito vindicado (fumus boni iuris) conjugado com a verossimilhança das alegações devidamente comprovado, conforme a discricionariedade do juízo, por analogia, ao vetusto Art. 273 do CPC/73, isto é, todas as alegações do autor devem estar devidamente comprovados na petição possessória.

"Ante todo exposto, constata-se que no nosso ordenamento jurídico não há vedações para que o juízo possessório possa conceder a tutela de urgência em posse de força velha, embora tenha que seguir procedimento comum, nos termos do parágrafo único do Art. 558 do CPC/2015. Com efeito, o autor da ação possessória deverá comprovar o preenchimento dos requisitos para concessão da medida cautelar liminar desde que atendidos o *periculum in mora* (risco de dano processual/assegurar o resultado útil do processo para evitar lesão grave ou dano irreparável) e o *fumus boni iuris* (plausibilidade/probabilidade do direito vindicado) conjugado com a verossimilhança das alegações do autor, devidamente comprovado com a inicial, respeitada a discricionariedade inerente ao Juízo possessório".[838]

5.17.1.1. Síntese sobre a liminar possessória

A depender do conteúdo da petição inicial, a ação possessória segue o procedimento especial, constituído por uma fase inicial que possibilita ao juiz a verificação do preenchimento dos requisitos legais para a concessão de decisão liminar de defesa da posse ao autor, ou o procedimento comum, se não requerida a concessão de liminar.

---

[837] THEODORO JÚNIOR, Humberto. Curso de direito processual civil. Procedimentos especiais – Vol. II. Rio de Janeiro, Forense, 2016. p. 118.

[838] Disponível em: https://www.jusbrasil.com.br/artigos/a-possibilidade-da-concessao-da-tutela-de-urgencia-na-posse-de-forca-velha/419083366. Acesso em: 20 mar. 2024.

Assim, se a petição inicial contiver a alegação de que foi intentada dentro de ano e dia da turbação ou do esbulho, e requerida a concessão de liminar, a ação possessória deve observar o procedimento especial, como determina o Art. 558, do Código de Processo Civil. Esta é a denominada *ação possessória de força nova* ("posse nova"), que se contrapõe à *ação de força velha*, na qual se tem por ultrapassado o ano e dia da violência apontada na petição inicial ("posse velha"). A ação possessória de *força velha* não adota o procedimento especial, mas não deixa de ter o caráter possessório, como indica o parágrafo único, do Art. 558, do Código de Processo Civil.

Em que pese esse dispositivo deixar de mencionar a violência de menor grau – a justa ameaça –, a ação que objetiva afastá-la, o interdito proibitório, também conta com o procedimento especial, como indicam os Arts. 568, e 560 a 566 do Código de Processo Civil.

O procedimento especial das ações possessórias comporta atos voltados ao conhecimento de situação fática que possibilita ao juiz expedir ordem liminar de defesa da posse, uma vez demonstrados os requisitos exigidos à sua concessão, indicados no Art. 561, do Código de Processo Civil, quais sejam:

– a posse (ainda que perdida por ato do réu);

– a violência praticada (esbulho/turbação/ameaça);

– a data da concretização da violência (que deve ser inferior a ano e dia).

Na análise do pedido de liminar, o juiz realiza exame não exauriente dos referidos requisitos, os quais se confundem com o próprio fundamento das ações possessórias (= mérito da ação), exceto o relacionado com o tempo da violência. Todavia, para proferir a decisão liminar, o grau de conhecimento do juiz quanto aos requisitos é <u>menor</u> e <u>menos profundo</u> do que aquele em que realiza a cognição exauriente para proferir a sentença.

Há duas oportunidades previstas no Art. 562, do Código de Processo Civil para que o juiz profira a decisão acerca do pedido de liminar possessória: ao receber a petição inicial (*inaudita altera parte*) e em audiência de justificação da posse.

O julgamento *inaudita altera parte* decorre da análise dos fatos demonstrados exclusivamente pela prova documental trazida pelo autor, com a petição inicial, antes de citado o réu. Se não estiverem demonstrados os requisitos para a concessão da liminar, deve o juiz designar audiência de justificação, quando se tem a segunda oportunidade prevista no *iter* procedimental especial das ações possessórias para o exame da tutela provisória possessória.

A *audiência de justificação* está prevista no Art. 562, *caput*, do Código de Processo Civil, como ato subsequente ao recebimento da petição inicial desprovida de demonstração suficiente para a concessão da liminar possessória. Para esse ato, deve o juiz determinar a citação do réu, para que compareça ao ato.

A audiência, porém, é exclusiva para o autor produzir as provas voltadas à concessão da liminar. O réu pode acompanhar os atos realizados nessa audiência, voltados à realização de prova testemunhal, contraditando as testemunhas e fazendo-lhes perguntas. Não é admitido que produza prova testemunhal, para oitiva de suas testemunhas, pois essa audiência é ato exclusivo para o autor se desincumbir do ônus de demonstrar os requisitos exigidos para a concessão da liminar.

Uma vez proferida a decisão liminar, não pode o juiz rever sua decisão, senão por ocasião da retratação no agravo de instrumento que interponha a parte prejudicada, com fundamento no Art. 1015, I, do Código de Processo Civil. Proferida a decisão acerca da liminar, ocorre a *<u>preclusão</u>*

pro judicato, o que impede que o juiz volte atrás em seu julgamento, quer de ofício, quer provocado em pedido de reconsideração.

Importante ressaltar que a previsão de concessão de liminar possessória, nesta fase do procedimento especial das ações possessórias, não afasta a admissibilidade de concessão de tutela provisória, com caráter cautelar, antecipatório ou da evidência, conforme Art. 294, do Código de Processo Civil, desde que preenchidos os respectivos requisitos específicos exigidos para tais medidas.

Se deferida a tutela liminar possessória, determina o Art. 563, do Código de Processo Civil, a expedição imediata do mandado de reintegração ou de manutenção de posse. Trata-se, pois, de produção de efeitos imediatos decorrentes da decisão, independentemente de posterior fase de cumprimento de sentença, pois o pronunciamento tem natureza executiva *lato sensu*.

Deferida ou não a liminar possessória, após os atos voltados ao julgamento do requerimento de sua concessão, o procedimento das ações possessórias passa a ser o comum, com o início do prazo para o réu oferecer contestação, seja a partir da intimação da decisão do pedido de liminar, após a audiência de justificação (Art. 564, parágrafo único, do Código de Processo Civil), seja a partir da citação (Art. 564, *caput*, do Código de Processo Civil).[839]

---

[839] Disponível em: https://enciclopediajuridica.pucsp.br/verbete/168/edicao-2/acoes-possessorias. Acesso: 27 maio 2024.

CAPÍTULO VI

> *[...] O processo é um instrumento de produção jurídica e uma forma incessante de realização do direito. Este se realiza, positivamente nas sentenças judiciais e a elas se chega apenas mediante o processo. Este, como tem se dito, mantém a lex continuitatis do direito.*
> *(Eduardo J. Couture)*

6. DIREITO PROCESSUAL CIVIL – PROCESSO DE CONHECIMENTO (= RITO)

Sumário: 6.1 Compilação de tópicos relativos à parte processual civil, considerando as disposições do Código de Processo Civil de 2015, em vigor (e, subsidiariamente, mais como matéria comparativa, pelo CPC de 1973, revogado) – **6.2** Outros esclarecimentos relativos a pontos de destaque do Código de Processo Civil de 2015 e da Petição Inicial (requisitos) – **6.3** Destaques especiais do Código de Processo Civil de 2015.

6.1. Compilação de tópicos relativos à parte processual civil, tomando por base as disposições do Código de Processo Civil de 2015 (em vigor) e, desde que pertinente, do Código de Processo Civil de 1973 (revogado)

Compilação relativa a questões processuais de ordem prática que se coadunam com a forma e a metodologia priorizada na presente obra jurídica. Vejamos:

"Direito processual civil – Processo de conhecimento (= RITO)

Conceito de processo: Processo é instrumento usado para tornar efetivo um direito material. O direito material gera direitos e obrigações, mas não se efetiva sozinho. Por isso, há uma relação de instrumentalidade (complementaridade), o direto material e o direito processual. É método pelo qual se opera a jurisdição, com isso, é meio para acionar o Poder Judiciário, com vistas à composição de litígios.

Escopo do processo: O escopo principal é aplicação da lei a um caso controvertido, não solucionado extraprocessualmente, e cuja solução é pedida pelo autor. Todo processo deve ser efetivo, ou seja, deve dar a quem tem direito tudo aquilo que tem direito de obter. Para Carnelutti e Chiovenda, a efetividade é a real finalidade do processo, o escopo do processo, assim, é a justa composição da lide (solução desta).

Normas processuais: Todas as normas de direito processual são de ordem pública, pois se destinam à regulamentação da prestação jurisdicional do Estado.

Procedimento: Assim, é uma sucessão de atos coordenados a partir da iniciativa da parte e direcionada a um provimento. É o modo como os atos processuais se manifestam e desenvolvem para revelar o processo. "Procedimento é o *modus operandi* do processo" (Carreira Alvim).

Espécies de procedimento: A natureza do conflito de interesse a ser solucionado é que define a espécie de procedimento. Pode ser comum ou especial. [Pelo CPC/2015, o padrão é o PROCEDIMENTO CUMUM].

Procedimento especial: É aquele disciplinado pela lei. Por exemplo: mandado de injunção, habeas data, ação civil pública.

Procedimento comum: É aquele que não há procedimento especial previsto em lei para que seja solucionado o conflito.

Veja-se no comando do CPC de 2015: Art. 318. Aplica-se a todas as causas o procedimento comum, salvo disposição em contrário deste código ou de lei.

Parágrafo único. O procedimento comum aplica-se subsidiariamente aos demais procedimentos especiais e ao processo de execução.

Art. 272. Parágrafo único: O procedimento especial e o procedimento sumário regem-se pelas disposições que lhe são próprias, aplicando-se subsidiariamente, as disposições gerais do procedimento ordinário.

Procedimento comum ordinário: É sempre residual, ou seja, se não for especial ou comum sumário, será ordinário.

Fases do procedimento comum – CPC/2015: O procedimento comum no novo CPC é **constituído de quatro fases**, dentro das quais são praticados os atos respectivos correspondentes a cada uma delas. O legislador pretendeu criar um procedimento comum mais célere que o ordinário para causas que ele entendeu menos complexas, não eliminando os atos próprios de cada fase, mas condensando em momentos únicos de forma a acelerar o procedimento comum. A vigência do CPC/2015 revogou o CPC/1973, mas os processos pendentes que adotaram o procedimento comum sumário e não tiveram sentença prolatada, que tenham regras revogadas, continuaram a serem aplicadas no novo código. **NOTA: No que tange ao procedimento comum, houve importante mudança do CPC/1973 para o CPC/2015. Pelo CPC/1973, o procedimento comum se dividia em rito sumário e ordinário; pelo CPC/2015, houve a extinção do rito sumario, assim não mais se justifica a existência do rito ordinário. Pelo CPC/2015, somente existe processo de conhecimento: processo de conhecimento comum (Art. 318 e seguintes) e especial (Art. 539 e seguintes)**

1. Postulatória: PROVIDÊNCIAS PRELIMINARES. Tem como referência e corresponde à petição inicial; a citação do réu e a resposta deste, que pode consistir em contestação, exceção ou reconvenção (Art. 297, CPC de 1973 e Art. 335 e respectivos incs. e §§, do CPC de 2015). A reconvenção é uma espécie de "contra-ataque", em que o réu reage ao ataque do autor no mesmo processo em questão conexa com a ação principal ou com o fundamento da defesa (Art. 315, CPC/1993 e Art. 343, CPC/2015). Normalmente, o juiz decide nesta fase as provas a produzir, determina exame pericial, caso pedido, e designa audiência de instrução e julgamento.

2. Saneadora: DESTINADA A VERIFICAR A REGULARIDADE DO PROCESSO. O juiz exerce durante o processo atividades de saneamento visando sempre à regularidade do processo, pois o objetivo é deixá-lo em perfeita ordem e, portanto, preparado para ser sentenciado (Art. 357, do CPC/2015).

3. Instrutórias: COLETA DO MATERIAL PROBATÓRIO. Constitui a coleta das provas, embora as partes já tenham feito a disposição de provas desde o início do processo, quando de suas primeiras manifestações. Compete à parte instruir a petição inicial, ou a resposta, com os documentos destinados a lhe provar as alegações. Nesta fase, normalmente, são colhidas as provas orais e periciais. Havendo revelia (se o réu não contestar a ação, reputar-se-ão verdadeiros os fatos afirmados pelo autor) e produzindo-se os efeitos, ou sendo a questão meramente de direito e não havendo a necessidade de novas provas, esta fase é *eliminada. Ocorrerá, então, o julgamento antecipado da lide. Estabelece o CPC/2015: **Art. 355.**O juiz julgará antecipadamente o pedido, proferindo sentença com resolução de mérito, quando:*

I.   *não houver necessidade de produção de outras provas;*

II. *o réu for revel, ocorrer o efeito previsto no Art. 344 e não houver requerimento de prova, na forma do Art. 349.* [V. Art. 356, relacionado]

4. Decisória: PROLAÇÃO DA SENTENÇA DE MÉRITO. Após a instrução do processo (coleta de provas), via de regra, de ordem pessoal, material e pericial, com a apresentação de ALEGAÇÕES FINAIS e/ou MEMORIAIS, a matéria fica concentrada no disposto pelo CPC/2015, Art. 364. Finda a instrução, o juiz dará a palavra ao advogado do autor e do réu, bem como ao membro do Ministério Público, se for o caso de sua intervenção, sucessivamente, pelo prazo de 20 minutos para cada um, prorrogável por 10 minutos, a critério do juiz.

§ 1º Havendo litisconsorte ou terceiro interveniente, o prazo, que formará com o da prorrogação um só todo, dividir-se-á entre os do mesmo grupo, se não convencionarem de modo diverso.

§ 2º Quando a causa apresentar questões complexas de fato ou de direito, o debate oral poderá ser substituído por RAZÕES FINAIS escritas, que serão apresentadas pelo autor e pelo réu, bem como pelo Ministério Público, se for o caso de sua intervenção, em prazos sucessivos de 15 (quinze) dias, assegurada vista dos autos.

Encerrado o debate ou oferecidas as ALEGAÇÕES FINAIS, o juiz proferirá sentença em audiência ou no prazo de 30 dias (Art. 366, do CPC/2015, pelo CPC de 1973, a matéria está contida no Art. 456). Para saber qual é o procedimento: primeiramente, distinguir se é rito comum ou especial.

Se não tiver lei especial, será rito processual comum. **(NOTA:** Pelo CPC/2015, o procedimento comum sumário foi extinto). No tocante à SENTENÇA DE MÉRITO (ou, quando o caso, pela que não faz exame, portanto, sendo uma SENTENÇA SEM APRECIAÇÃO DO MÉRITO), ela somente adquire eficácia após a publicação.

MERECE ESCLARECIMENTO o contido no Art. 367, §§ 4º, 5º e 6º, do CPC/2015, em relação à utilização de meios eletrônicos, para o que transcrevemos

§ 4º Tratando-se de autos eletrônicos, observar-se-á o disposto neste Código, em legislação específica e nas normas internas dos tribunais.

§ 5º A audiência poderá ser integralmente gravada em imagem e em áudio, em meio digital ou analógico, desde que assegure o rápido acesso das partes e dos órgãos julgadores, observada a legislação específica.

§ 6º A gravação a que se refere o § 5º também pode ser realizada diretamente por qualquer das partes, independentemente de autorização judicial.

Ação: Direito de ação é direito fundamental, representa o direito de poder de acessar ao Poder Judiciário e exigir dele uma tutela jurisdicional adequada, tempestiva e efetiva. O critério de diferenciação das ações dá-se pela pretensão deduzida em juízo, e não pelo resultado que se espera. A pretensão da parte, ao buscar amparo no Poder Judiciário, tem por fim exercitar o direito que lhe é assegurado constitucionalmente (Art. 5º, inc. XXXV, da Constituição Federal de 1988, que assevera: A lei não excluirá, da apreciação do Poder Judiciário, lesão ou ameaça de lesão a direito).

O processo civil se divide em três principais vertentes:

a. **Ação de Conhecimento:** Etapa em que se discute o direito de cada um dos litigantes e termina com a decisão do juiz, conhecida como Processo de Conhecimento. Pode ser meramente declaratória, constitutiva ou condenatória. Tem-se a certificação de um direito.

b. **Tutela cognitiva:** Provoca a instauração de um processo de conhecimento, quando o indivíduo afirma que é titular de um direito ameaçado, portanto precisa que o Estado-juiz certifique que ele é titular daquele direito e necessite de uma tutela jurisdicional cognitiva. Se a tutela depende dessa atuação do Estado-Juiz, é uma tutela cognitiva, portanto será um processo de conhecimento.

c. **Declaratória:** Ação que confirma ou não a existência de certa relação jurídica. A declaratória negativa declara a não existência da relação jurídica, e a positiva busca a declaração de existência dela.

Ação Cautelar: Pedido de providências urgente antes ou durante a tramitação do Processo de Conhecimento ou de execução. Proteger a efetivação de um direito. Conforme leciona Ovídio A. Baptista da Silva: "A medida cautelar não tem por função proteger a jurisdição ordinária, mas ao contrário, sua missão é dar proteção a um direito da parte, enquanto perdurar um estágio perigoso que o provocou".[840]**NOTA: No CPC/15, a ação cautelar foi extinta.** O procedimento cautelar não é mais subsidiário, **visto que o pedido de medida cautelar será formulado no mesmo processo principal. Não há mais o processo cautelar subsidiário.**

Tutela cautelatória: Obtida a tutela cautelatória, o autor tem o prazo de 30 dias para propor uma nova ação para conseguir alcançar o pedido. Nos termos do Art., 300, do CPC/2015, a tutela de urgência será concedida quando houver elementos que evidenciem a probabilidade do direito e o perigo de dano ou o risco ao resultado útil do processo (os referidos requisitos são o *fumus boni iuris* e o *periculum in mora* dos provimentos cautelares).

O CPC/2015 (em vigor) e o CPC/1973 (revogado) e a Tutela cautelatória e tutela antecipada: Estabelecia o CPC/1973 (revogado): "Art. 273. O juiz poderá, a requerimento da parte, antecipar, total ou parcialmente, os efeitos da tutela pretendida no pedido inicial, desde que, existindo prova inequívoca, se convença da verossimilhança da alegação". Por sua vez, o CPC/2015 (em vigor) adota um sistema muito mais simples. Ele unifica o regime, estabelecendo os mesmos requisitos para a concessão da tutela cautelar e da tutela satisfativa (probabilidade do direito e perigo de dano ou risco ao resultado útil do processo). Ou seja, ainda que permaneça a distinção entre as tutelas, na prática, os pressupostos serão iguais. Para efeitos práticos, a tutela de urgência é gênero, o qual inclui as duas espécies (tutela cautelar e tutela antecipada). Já o Art. 300 estabelece as mesmas exigências para autorizar a concessão de ambas. Assim: "Art. 300. A tutela de urgência será concedida quando houver elementos que evidenciem a probabilidade do direito e o perigo de dano ou o risco ao resultado útil do processo".

[V. Arts. 294, 295, 300, 301, 303, 304, 1.059, relacionados]

---

[840] SILVA, Ovídio A. Batista da. Ação de imissão de posse. 2. ed., São Paulo: Revista dos Tribunais, 1997. p. 95.

Elementos da ação:

a. **Partes:** Tanto será o autor como o réu os sujeitos da demanda. Precisam ter legitimidade (condição da ação para configurar como polo passivo e ativo. O sujeito subordinante tem legitimidade para configurar como polo ativo, e o sujeito subordinado, que resistiu, como polo passivo). A parte autora pode ter legitimidade ordinária (quando o sujeito que demanda é o próprio sujeito da relação jurídica material, a legitimidade é ordinária) e extraordinária (quando sujeito na demanda defende não interesse próprio, mas alheio). Qualquer pessoa pode ser parte, já que a capacidade de ser parte é a capacidade de ser sujeito da relação jurídica processual. Nem todas, porém, têm capacidade processual. A capacidade processual, só as pessoas que estão no exercício de seus direitos têm. Parte processual é aquela que está em uma relação jurídica processual, faz parte do contraditório, assumindo qualquer uma das situações jurídicas processuais, atuando com parcialidade e podendo sofrer alguma consequência com a decisão. **NOTA:** Terceiros não são considerados sujeitos da demanda, mas são considerados parte.

b. **Pedido:** É o objeto da ação, consiste na pretensão do autor, que é levada ao Estado-Juiz, o qual presta uma tutela jurisdicional sobre essa pretensão. Doutrinariamente, o pedido é divido em dois**: 1. Pedido Imediato:** É o desejo do autor de ter uma tutela jurisdicional. Pretensão dirigida para o próprio Estado-Juiz, retirando-o da inércia e forçando uma providência jurisdicional; **2) Pedido Mediato:** É o objeto da ação propriamente dito, o desejo do autor contra o réu, o desejo de submissão do réu à pretensão jurídico levada ao judiciário, ou seja, o desejo sobre o bem jurídico pretendido.

NOTA: CPC/2015 Destaca os princípios processuais, de modo que o pedido deve ser formulado com lealdade, apreciado à luz da conduta ética. O conjunto de postulação envolve não só o que é extraído do corpo da petição, mas pedidos que eventualmente se contradizem. Ou seja, se ele foi dúbio (for controverso), deverá ter uma interpretação do que realmente foi pedido. O pedido implícito é exceção à regra (Art. 323, CPC/2015), visto que a regra é o pedido certo. De regra, o pedido precisa ser certo e determinado (pode, contudo, ter exceções; Art. 324, do CPC/2015, possibilita **pedido alternativo**). O autor tem que declarar, no bojo da inicial, qual é o **pedido mediato** que ele formula expressamente e qual o **pedido imediato**, ou seja, qual é o provimento que ele quer alcançar para obter o bem da vida. O pedido certo abrange tanto o pedido mediato quanto o imediato. Dizer que o pedido precisa ser determinado é delimitar a sua quantidade e qualidade. É preciso dizer claramente o que se quer alcançar no que se refere à qualidade e quantidade, para que o pedido não seja genérico e o juiz consiga compreender o limite da sua decisão, além da garantia do contraditório do réu. Com esse princípio, o réu consegue saber o que ele precisa impugnar; de modo que pedido alternativo não quer dizer que haja dois pedidos. O autor formula um único pedido, que pode ser atendido mediante prestações diversas, a escolha do devedor, ou seja, pode cumprir a prestações de mais de um modo. O juiz deverá assegurar ao réu o direito à escolha.

Também é possível a formulação de **pedido cumulados (Art. 327, CPC/2015):** Tem-se soma de pedidos, o autor quer o provimento de todos. O juiz, por sua vez, pode acolher os dois pedidos, apenas um deles, negar os dois ou aceitar parcialmente um deles. Por exemplo, um para dano moral e outro para dano material. O fato de o autor renunciar ao procedimento especial para viabilizar a cumulação, adotando o procedimento comum, não impede que o juiz possa praticar os atos técnicos do procedimento especial que não foi adotado. Exemplificativamente: quero cumular pedidos de integração de posse, que envolve procedimento especial (ações possessórias).

No procedimento tem audiência de justificação, para ouvir o autor para conceder a liminar ou não. O autor, para poder cumular, renuncia ao procedimento especial para cumular no comum. O legislador diz que a audiência não será prejudicada, pois não conflita com o procedimento comum, o que significa que só será possível cumular pedidos renunciando ao procedimento especial; se o procedimento comum não conflitar com o procedimento especial, precisa poder haver uma adequação. Há, portanto, procedimento especial tão especifico que não dá para adequar ao procedimento comum. Por exemplo, prestação de contas não possibilita cumulação envolvendo o pedido imediato por não ser possível o procedimento comum.

Cumulação simples:

1. **Sucessiva:** Para acolhimento do segundo pedido, melhor que ocorra o acolhimento do primeiro.
2. **Identificada:** Na causa de pedir: o autor pode formular dois pedidos cumulados que convergem para o mesmo provimento.
3. **Superveniente:** Se dá quando os pedidos são formulados em momentos processuais diversos.
1. Por fim, cumpre salientar que o artigo 329, do CPC/2015, oportuniza ao autor o aditamento ou a alteração do pedido ou da causa de pedir até a citação, independentemente do consentimento do réu, ou até a fase de saneamento, com consentimento do réu e assegurado o contraditório, o que também é aplicável à reconvenção e à causa de pedir, nos termos do parágrafo único do artigo supracitado. O **pedido deve ser concludente**, portanto de acordo com o fato e o direito exposto pela parte autora. **Outras espécies de pedido: a)** Pedido Determinado; **b)** Pedido Genérico; **c)** Pedido Alternativo e Sucessivo; **d)** Pedido de Prestações Sucessivas; **e)** Pedidos Cumulados; **f)** Modificação do Pedido.
2. Tem um momento em que o processo precisa ser estabilizado, porque a fase seguinte será acolhida de provas (fase instrutória) ou uma decisão de mérito (fase decisória), julgado o conflito. O artigo diz que o autor poderá alterar o pedido ou a causa de pedir, aditando a petição inicial, independentemente do consentimento do réu, se ainda não citado. Se o réu já estiver sido citado, poderá o autor alterar a causa de pedir ou do pedido, mas com consentimento do réu. Se houver o saneamento do processo, não poderá haver mudança; o processo está regular, começará a colher provas. Se o legislador admitisse, depois do saneamento, a mudança, toda prova poderia ser desperdiçada. O legislador no CPC/2015 deixa expresso o direito ao contraditório. Se o autor altera o pedido ou a causa de pedir, o réu tem direito de se manifestar do que foi alterado, desde que tenha sido citado ou tenha se dado por citado.[841]

6.2. Outros esclarecimentos relativos a pontos de destaque do Código de Processo Civil de 2015 e da Petição Inicial (requisitos)

Nas considerações desenvolvidas a seguir, **DESTACAMOS como se dividem os PROCEDIMENTOS DOS 10 ATOS RELATIVOS AO RITO COMUM, CONTIDOS NO CÓDIGO DE PROCESSO CIVIL DE 2015**. Tais procedimento se **divide nas FASES:**

---

[841] Disponível em: https://www.jusbrasil.com.br/artigos/direito-processual-civil-processo-de-conhecimento/338601431. Acesso em: 18 nov. 2024. NOTA: Adequamos alguns tópicos copiados e fizemos algumas correções e mais acréscimos e supressões, no entanto mantivemos a essência dos assuntos abordados.

a. **Postulatória** (petição inicial até impugnação e é voltada à manifestação das partes);

b. **Saneatória** (providências preliminares até a definição das provas, quando o juiz verifica se há vícios na relação jurídica processual, bem como determina a produção das provas cabíveis.);

c. **Instrutória** (produção das provas são produzidas, por meio de audiência de instrução e julgamento ou não);

d. **Decisória** (prolação da sentença, com ou não, solução do mérito (CPC, Arts. 485 e 487).

Também podemos acrescentar, ainda que não seja de competência do juiz *ad quo*, a fase

e. <u>**Recursal**</u> (apelação para os Tribunais Superiores).

Buscando manter uma uniformidade das questões de ordem processual, considerando que também dizem respeito aos tópicos apresentados de direito material, destacamos, a seguir, à matéria pertinente, a saber: [842]

1. **PETIÇÃO:** O procedimento comum sempre se inicia com a petição inicial, que está disciplinada pelos artigos 319 e 320 do CPC.

1.1 Pela relevância da matéria, destacamos pontos nos os quais a Petição Inicial deve estar centrada. Vejamos:

"A petição inicial das ações possessórias deve preencher as exigências do Art. 319 do Código de Processo Civil e o que impõe o Art. 561, do mesmo Código, para que possam ser definidos a pretensão de defesa à posse deduzida e o procedimento a ser adotado, se o especial ou o comum.

Em cumprimento ao disposto no Art. 319, I, do Código de Processo Civil, o autor deve indicar o <u>juízo competente</u>. A ação possessória que versa sobre bens móveis tem como competente o foro do domicílio do réu, seguindo a regra estabelecida no Art. 46, do Código de Processo Civil. Se a ação versar sobre a posse de coisa imóvel, compete ao juízo do foro da situação em que ela se encontrar, sendo essa competência absoluta, nos termos do Art. 47, § 2º, do Código de Processo Civil.

O **legitimado ativo** – autor – da ação possessória é aquele que afirma ser possuidor e que sofreu ou está sofrendo alguma violência (turbação ou séria ameaça) ou ter sido possuidor, e ter perdido sua posse em virtude de atos praticados pelo <u>réu</u>. Sendo assim, <u>qualquer possuidor</u>, independentemente da qualificação de sua posse, está legitimado para as ações possessórias, pois pode deduzir a pretensão de tutela jurisdicional da sua posse (perdida ou ameaçada). Se o autor tem, ou não, melhor posse que o réu, esta é a questão de mérito a ser resolvida, levando-se em consideração a qualificação das posses e outros elementos de fato e de direito material que serão objeto da cognição do juiz.

Também podemos apontar sobre a **capacidade para usucapir,** [843]: "Sendo a Usucapião a aquisição pela posse prolongada pelo tempo legal, é evidente que só as pessoas capazes de possuir dela se podem socorrer, pouco importando que possuam por si mesmas ou por outros que as representem. E pessoas capazes de possuir são tanto as pessoas físicas como as morais, e entre estas mesmo uma comunidade hereditária ou uma pessoa jurídica de direito público (exceto os estados-membros da União, com respeito ao território das demais unidades da Federação). Mas também o são os incapazes por intermédio de seus representantes; basta que estes, realizando a

---

[842] Disponível em: https://www.jusbrasil.com.br/artigos/os-10-atos-do-rito-comum-do-cpc/615419713. Acesso em: 18 nov. 2024.

[843] **A citação foi coletada de um site que não está mais ativo e é atribuída ao jurista francês** <u>Robert-Joseph Pothier</u> (Traité de la prescription).

apreensão da coisa, o façam não com intenção de possuí-la para si, mas para aqueles. Aos bens de uso comum, tais como estradas, ruas e praças, legitima-se o povo para a prescrição aquisitiva. O uso permanente de uma estrada pelo público, sem oposição do proprietário, torna-a pública, não em favor de determinadas pessoas, mas de todos, indistintamente que possam nela transitar".

As ações possessórias não exigem a integração da capacidade processual, em caso de o autor ser casado ou manter união estável, mediante o consentimento do outro para a sua propositura, como determina o Art. 73, *caput* e § 3º, do Código de Processo Civil. Entretanto, nas hipóteses de composse, ambos os cônjuges (ou conviventes) devem estar no polo ativo, assim como ambos devem ser indicados como réus, se a agressão for por ambos praticada (Art. 73, § 2º, do Código de Processo Civil).

Deve ser apontado como legitimado passivo aquele que perpetrou os atos de agressão contra a posse do autor, por meio de qualquer espécie de moléstia, por iniciativa própria. Aquele que assim age em razão de subordinação para com outrem, como o serviçal, o empregado, o caseiro, que apenas cumprem ordens do patrão, não tem legitimidade para estar no polo passivo da ação. Caso seja assim indicado como réu da ação possessória, o subordinado pode alegar sua ilegitimidade e apontar o sujeito que tem legitimidade para estar no polo passivo da ação, nos termos do Art. 339, do Código de Processo Civil.

A causa de pedir das ações possessórias, como analisado no item anterior, é exclusivamente a posse, sendo admitidas alegações relativas ao direito que lhe dá guarida ad *colorandum possessionis*, ou seja, apenas para intensificar os argumentos voltados à situação possessória.

O pedido a ser formulado depende da violência desferida contra a posse. Observando-se a graduação da agressão, da mais leve à mais severa, a ação possessória comporta, para a justa ameaça, o pedido de cominação de multa pecuniária para o caso de concretização de violência mais grave; para a turbação, a pretensão de tutela destinada à manutenção na posse, fazendo cessar os atos molestadores; e, por fim, para o esbulho, a pretensão de restituição da posse.

Ademais, pode o autor da ação possessória cumular à pretensão de defesa da posse outros pedidos, sem que seja desfigurado o caráter de juízo possessório da ação. De acordo com o Art. 555, do Código de Processo Civil, cumulativamente ao pedido possessório, o autor pode formular os seguintes pedidos:

- condenação em perdas e danos (Arts. 402 a 404 do Código Civil);

- indenização dos frutos (Arts. 1214 a 1216, do Código de Processo Civil);

- imposição de medida necessária e adequada para evitar nova turbação ou novo esbulho, ou para cumprimento da tutela provisória ou final.

Observe-se, porém, que tais pedidos devem estar diretamente relacionados aos fatos relativos ao conflito possessório, com o que as perdas e os danos devem ser resultantes dos atos praticados pelo réu, sejam eles relacionados à agressão para que pudesse ser exercida a posse (por exemplo, retirando a cerca existente no terreno), ou resultantes da privação da coisa sentida pelo autor (por exemplo, lucros cessantes advindos da não locação do imóvel cuja posse foi esbulhada pelo réu)".[844]

2. **PROVIDÊNCIAS INICIAIS DO JUIZ:** Com o protocolo da inicial e o encaminhamento ao juízo competente pelo cartório de distribuição, o juiz se depara com três possibi-

---

[844] Disponível em: https://enciclopediajuridica.pucsp.br/verbete/168/edicao-2/acoes-possessorias. Acesso em: 26 maio 2024.

lidade diante da petição: emenda (Art. 321 do CPC), sentença (Arts. 321, parágrafo único, 330 e 332 do CPC) e citação (Arts. 239 e 334 do CPC).

3. **AUDIÊNCIA DE CONCILIAÇÃO OU DE MEDIAÇÃO:** Sendo possível a transação do direito debatido e não tendo ambas as partes manifestado desinteresse em conciliar, o próximo ato procedimental será a audiência de conciliação ou de mediação, conforme determina o Art. 334 do CPC.

4. **DEFESA DO RÉU:** Não sendo obtida a conciliação na audiência inicial, abrir-se-á o prazo para a apresentação de defesa do réu. Além da contestação (Arts. 335/342 do CPC) e da reconvenção (Art. 343 do CPC), a rigor, o réu também pode arguir a suspeição ou o impedimento (Arts. 144/148 do CPC), provocar o incidente de desconsideração da personalidade jurídica (Arts. 133/137 do CPC) e suscitar o conflito de competência (Arts. 951/959 do CPC).

5. **PROVIDÊNCIAS PRELIMINARES:** Findo o prazo de defesa, abrem-se três possibilidades dentro das providências preliminares: **[a]** intimação do autor para especificação de provas, quando a revelia não produzir seu efeito material (Art. 348 do CPC); **[b]** abertura de prazo para réplica (Arts. 437 e 350/351 do CPC); **[c]** designação de prazo para a sanabilidade de vícios (Art. 352 do CPC).

6. **JULGAMENTO CONFORME O ESTADO DO PROCESSO:** Findas as providências preliminares ou não havendo necessidade delas, o juiz deverá verificar se é possível sentenciar total ou parcialmente o processo (Arts. 354/356 do CPC): **[a]** ocorrendo causas de extinção imediata (Arts. 487 e 485, II e III, do CPC); **[b]** constatando que a revelia produziu seu efeito material (Art. 355, II, do CPC); **[c]** concluindo que a causa está madura para julgamento (Arts. 355, I, e 356, II, do CPC).

7. **SANEAMENTO:** Não sendo o caso de julgamento conforme o estado do processo, deverá ocorrer o saneamento (Art. 357 do CPC), isto é: resolução das questões processuais pendentes; delimitação das questões de fato e de direito; fixação do ônus da prova; ordenação da instrução probatória.

8. **PROVAS/INSTRUÇÃO:** Determinada a produção das provas pertinentes ao esclarecimento da causa, no saneamento, o processo será dedicado à instrução (Arts. 369/379 do CPC), podendo-se apontar como principais meios desta fase: a perícia (Arts. 464/480 do CPC), a inspeção judicial (Arts. 481/484 do CPC) e a exibição de documento ou coisa (Arts. 396/404 do CPC). Lembrando que a prova documental (vídeos, imagens, atas notariais, contratos, registros públicos ou particulares etc.), em regra, deverá acompanhar a petição inicial ou a contestação, e as provas orais serão colhidas em audiência.

9. **AUDIÊNCIA DE INSTRUÇÃO E JULGAMENTO:** Havendo necessidade de produção de prova oral (depoimento pessoal das partes, oitiva de peritos e assistentes técnicos e testemunhos), deve-se designar audiência de instrução e julgamento (Arts. 358/368 do CPC). Ato no qual se deve: **[a]** tentar fazer com que as partes concoliem; **[b]** realizar a colheita da prova oral; **[c]** colher as alegações finais; **[d]** sentenciar.

10. **SENTENÇA:** O último ato do procedimento comum é a sentença (Arts. 485/512 do CPC), por meio da qual se extingue o processo com ou sem resolução de mérito.

Destacamos que – embora dificílimo de ocorrer – o autor de uma demanda, possessória, de Usucapião, ou outra matéria qualquer, que der causa a extinção por três vezes do processo incidirá no que estabelece o CPC/2015 (sendo que o CPC/1973 também já tratava da matéria[845]) no Art. 486, § 3º, com a seguinte redação:

Art. 486. O pronunciamento judicial que não resolve o mérito não obsta a que a parte proponha de novo a ação.

§ 3º Se o autor der causa, por 3 (três) vezes, a sentença fundada em abandono da causa, não poderá propor nova ação contra o réu com o mesmo objeto, ficando-lhe ressalvada, entretanto, a possibilidade de alegar em defesa o seu direito.

6.3. Destaques especiais do Código de Processo Civil de 2015 e da Petição Inicial (requisitos)

Ainda, com relação ao entendimento geral do Código de Processo Civil de 2015, destacamos:

1. **Por se tratar de matérias que não faziam parte (pelo menos de ordem formal) do ordenamento processual civil do Direito Brasileiro, pontuamos sobre a questão NEGOCIAL em decorrência do preconizado pelo <u>Art. 190, do CPC/2015:</u>** Versando o processo sobre direitos que admitam autocomposição, é lícito às partes plenamente capazes estipular mudanças no procedimento para ajustá-lo às especificidades da causa e convencionar sobre os seus ônus, poderes, faculdades e deveres processuais, antes ou durante o processo.

Parágrafo único. De ofício ou a requerimento, o juiz controlará a validade das convenções previstas neste artigo, recusando-lhes aplicação somente nos casos de nulidade ou de inserção abusiva em contrato de adesão ou em que alguma parte se encontre em manifesta situação de vulnerabilidade.

2. **Pelo campo doutrinário destacamos:** "3 – Embora existissem negócios jurídicos processuais típicos no CPC/73, é correto afirmar que inova o CPC/15 ao prever uma cláusula geral de negociação por meio da qual se concedem às partes mais poderes para convencionar sobre matéria processual, modificando substancialmente a disciplina legal sobre o tema, especialmente porque se passa a admitir a celebração de negócios processuais não especificados na legislação, isto é, atípicos. 4 – O novo CPC, pois, pretende melhor equilibrar a constante e histórica tensão entre os antagônicos fenômenos do contratualismo e do publicismo processual, de modo a permitir uma maior participação e contribuição das partes para a obtenção da tutela jurisdicional efetiva, célere e justa, sem despir o juiz, todavia, de uma gama suficientemente ampla de poderes essenciais para que se atinja esse resultado, o que inclui, evidentemente, a possibilidade do controle de validade dos referidos acordos pelo Poder Judiciário, que poderá negar a sua aplicação, por exemplo, se houver nulidade. 5 – Dentre os poderes atribuídos ao juiz para o controle dos negócios jurídicos processuais celebrados entre as partes está o de delimitar precisamente o seu objeto e abrangência, cabendo-lhe decotar, quando necessário, as questões que

---

[845] Art. 268. Salvo o disposto no Art. 267, V, a extinção do processo não obsta a que o autor intente de novo a ação. A petição inicial, todavia, não será despachada sem a prova do pagamento ou do depósito das custas e dos honorários de advogado.

Parágrafo único. Se o autor der causa, por três vezes, à extinção do processo pelo fundamento previsto no n.º III do artigo anterior, não poderá intentar nova ação contra o réu com o mesmo objeto, ficando-lhe ressalvada, entretanto, a possibilidade de alegar em defesa o seu direito.

não foram expressamente pactuadas pelas partes e que, por isso mesmo, não podem ser subtraídas do exame do Poder Judiciário." (*REsp 1738656/RJ*).[846]

Tecendo considerações à aplicabilidade do Código Civil de 2002: "Aplicam-se aos negócios jurídicos processuais também às disposições do Código Civil que disciplinam os negócios jurídicos, especialmente no tocante aos elementos de sua formação (objeto lícito, partes capazes e formas não vedadas em lei), interpretação (arts. 113, 114, 423 entre outros do Código Civil) e desfazimento. Como consequência, o negócio jurídico processual é, em princípio, irrevogável".[847]

Por fim, apontamos e encerramos as considerações específicas sobre questões atinentes às normas processuais decorrentes do Código de Processo Civil de 2015 (e para buscar precedente ou justificativa, de aplicação de dispositivos do Código de Processo Civil de 1973). Desse modo:

1. **FASE RECURSAL, advém das DECISÕES (finais ou interlocutória) tomadas pelo juiz de Primeiro Grau; com a Sentença ou decisão, abre-se a possibilidade de RECURSO.** As disposições gerais sobre o sistema recursal estão dispostas no Código de Processo Civil, a partir do Art. 994 até o Art. 1.008.

2. **Para propiciar uma rápida visualização/consulta sobre as espécies de RECURSO, previstas pelo Código de Processo Civil de 2015, destacamos: QUADRO SOBRE ESPÉCIES DE RECURSOS PREVISTOS PELO CÓDIGO DE PROCESSO CIVIL DE 2015:**

TIPO DE RECURSO	ONDE SE ENCONTRA NO CPC DE 2015
Apelação	Art. 1.009 do CPC/15
Agravo de Instrumento	Art. 1.015 do CPC/15
Agravo Interno	Art. 1.021 do CPC/15
Embargos de Declaração	Art. 1.022 do CPC/15
Recurso Ordinário	Art. 1.027 do CPC/15
Recurso Especial (REsp)	Art. 1.029 do CPC/15
Recurso Extraordinário (RE)	Art. 1.029 do CPC/15
Agravo em REsp ou RE	Art. 1.042 do CPC/15
Embargos de Divergência	Art. 1.043 do CPC/15

---

[846] Também com grande destaque nos negócios típicos do CPC é possível mencionar o calendário processual, previsto no Art. 191 do referido código. Trata-se da possibilidade de as partes, em conjunto com o juiz e dele dependendo também a aprovação no que lhe couber, mesmo sem que se tenha em pauta direitos indisponíveis, fixar um calendário para a ocorrência dos atos do processo, atos estes que caso tenham sido expressamente agendados dispensam qualquer tipo de intimação posterior.

Acerca da infringência ao estabelecido no calendário processual, pontuam Marinoni, Arenhart e Mitidiero, que sua violação acarreta na perda do direito processual cujo exercício se encontrava agendado e expõe o infrator à possibilidade de punição com litigância de má-fé, porquanto houve a quebra na confiança dos demais integrantes do processo, ou mesmo algum outro tipo de sanção estabelecida na previamente na própria convenção, conforme Enunciado n.º 17 do Fórum Permanente de Processualistas Civis".

Disponível em: https://www.jusbrasil.com.br/artigos/os-negocios-juridicos-processuais-como-instrumento-que-pode-trazer-maior-eficiencia-na-tramitacao-processual-civil-hodierna/734288798. Acesso em: 24 fev. 2024.

[847] Disponível em: https://www.tjdft.jus.br/consultas/jurisprudencia/jurisprudencia-em-temas/novo-codigo-de-processo-civil/negocios-juridicos-processuais. Acesso em: 24 fev. 2024.

CONSIDERAÇÕES FINAIS

DO ESTUDO REALIZADO NESTA OBRA – Ao longo desta obra jurídica, desenvolvemos estudo pormenorizado sobre a POSSE e o USUCAPIÃO e seus variados efeitos, tanto no Direito Brasileiro como no Direito Comparado, este último envolvendo vários países, com destaque maior para: Portugal, Argentina, Honduras e México. Nesse rol em estudo, em menor escala, incluímos países da Europa, no caso: Espanha, Alemanha, Itália e França; países da América do Sul: Uruguai, Paraguai, Venezuela e Chile; país da América Central: Cuba (além de Honduras, onde aprofundamos o estudo); país da América do Norte: Estados Unidos (além do México, onde aprofundamos o estudo); países da Ásia (Macau, com estudo mais aprofundado, e Timor-Leste); e países da África: Cabo Verde e Moçambique. Por fim, de forma bem pontual, tecemos algumas considerações sobre o Código Canônico (Vaticano).

No estudo realizado para a concretização da presente obra jurídica, não medimos esforços no objetivo de primar pela didática a fim de facilitar o entendimento de todos os mecanismos, quer de ordem material, quer de ordem processual, que regem a POSSE e o USUCAPIÃO, que devem ser perfeitamente conhecidos e compreendidos para possibilitarem sua efetiva aplicação prática.

No que diz respeito exclusivamente ao tratamento da POSSE, procedemos uma análise ampla e minuciosa sobre ela, inclusive demonstrando seus pontos de sustentação de natureza jurídica, como, também, doutrinária, além do entendimento jurisprudencial; apontamos, por outro lado, alguns tópicos que são considerados como controvertidos em matéria possessória, tais como a questão da antecipação de tutela em ações de natureza possessória – quer referentes à posse velha, quer referentes à posse nova –, assim como a questão da função social que deve ter a posse; além de discorrer sobre a questão da utilização da Ação de Imissão de Posse (que colocamos, com o devido respaldo legal, no campo das Ações Petitórias e não Possessórias).

Noutro giro, no que se refere ao USUCAPIÃO, procedemos no arrolamento de várias modalidades, incluindo condições, tempo e, inclusive, sua aplicação nos institutos de Direitos Reais de Laje e Multipropriedade. Também tratamos, além da modalidade de USUCAPIÃO JUDICIAL, do USUCAPIÃO EXTRAJUDICIAL – Provimento n.º 65, do CNJ.

Estudar a POSSE e o USUCAPIÃO sempre representou um grande desafio para os que se dedicam ao entendimento e aprimoramento da compreensão dos Direitos Reais, de sorte que enfrentamos o desafio e desenvolvemos um estudo sobre as mais variadas formas que os aludidos mecanismos legais podem apresentar, tanto pelo prisma da aquisição de seus direitos, como na contrapartida, pelo prisma da perda de seu direito.

Quanto à POSSE e ao USUCAPIÃO, tratamos, além de seus efeitos e suas consequências, dos meios de garantia e de defesa; quanto à POSSE, a aplicação de: Ação de Manutenção de Posse; Ação de Reintegração de Posse; Ação de Interdito Proibitório e Desforço Pessoal). Ainda no campo possessório, abordamos, amparado na doutrina e na jurisprudência, o manejo de: Ação de Dano Infecto, Ação de Embargos de Terceiro e Ação de Nunciação de Obra Nova (esta última aplicando-se, presentemente, regras do direito de vizinhança e direito de construir), que, embora não sendo específicas para a defesa da posse – pois também são válidos para a defesa do direito de propriedade –, podem ter aplicação em matéria estritamente de ordem possessória. Quanto ao USUCAPIÃO, os meios e tipos possíveis para que o possuidor se torne proprietário do bem (móvel ou imóvel), valendo-se, para os bens imóveis, tanto do Usucapião Judicial, assim como do Extrajudicial.

DA REALIZAÇÃO DE ESTUDO COMPACTADO SOBRE A POSSE – Poderíamos, e quanto a isto não resta dúvida, discorrer mais sobre determinados tópicos. Se assim não procedemos, foi para não fugir do fim colimado nesta obra, que foi o de levar a cabo um estudo completo, ainda que de forma compactada, sobre a matéria possessória em razão do contido no Código Civil de 2002, com a devida correlação, quando possível, com o Código Civil de 1916.

O aprofundamento de determinados tópicos abordados nesta obra fica em aberto e no permanente desafio para todos os que se dedicarem ao estudo da posse. Não queremos, com isto, dizer que a matéria ficou comprometida, pelo contrário, foi feita uma abordagem geral e pormenorizada. No entanto, um ou outro tópico poderá, no futuro, vir a ser objeto de estudo mais particularizado e, com isso, possibilitar uma maior profundidade em sua abordagem.

O desenvolvimento da obra, conforme mencionamos nas considerações iniciais, deixa claro que o estudo da posse sempre foi (e ainda continua sendo) um dos assuntos de maior relevância e complexidade no campo dos direitos reais. Todo e qualquer estudo que envolver a posse será sempre objeto de muitas perquirições e respostas nem sempre totalmente satisfatórias. E assim é pela própria natureza da posse, pois ela nasce de uma situação fática, e, sabidamente, tudo que provêm do campo fático presta-se a intermináveis polêmicas.

DA REALIZAÇÃO DE ESTUDO COMPACTADO SOBRE O INSTITUTO DO USUCAPIÃO – Assim como nos referimos em relação ao estudo da POSSE, o tratamento sobre o estudo do Instituto do USUCAPIÃO também se apresenta complexo e com muitas variantes e modalidades, algumas vezes, com requisitos específicos e prazos distintos.

Resumidamente, como apontamos nas Considerações Iniciais: a amplitude e o real alcance do USUCAPIÃO toma por base a existência da posse, pois transforma originariamente, mediante o preenchimento de determinados requisitos, uma posse em propriedade, ou, como diz a doutrina italiana: "*L'usucapione è un istituto giuridico che consente a un individuo di acquisire la proprietà di un bene (solitamente un bene immobile o mobile) attraverso il possesso continuato e ininterrotto di quel bene per un periodo di tempo specifico, definito dalla legge*" (A Usucapião é uma instituição jurídica baseada na posse contínua e pacífica de bens alheios por determinado período de tempo, após o qual o possuidor adquire o direito de propriedade sobre esses bens).

Não paira dúvida alguma de que o "Usucapião é um elemento fundamental do direito imobiliário no Brasil, crucial na regularização de imóveis e na garantia da função social da propriedade. As recentes mudanças legislativas e decisões judiciais ilustram a complexidade e a dinâmica deste instituto"[848] Basicamente, procedemos num estudo bastante aprofundado do Instituto do Usucapião, por meio das várias modalidades, como se apresenta e, notadamente, considerações sobre a diferença entre as duas modalidades de obter o reconhecimento da propriedade em razão de USUCAPIÃO JUDICIAL E USUCAPIÃO EXTRAJUDICIAL, em que, na primeira situação, a matéria continua seguindo como um processo, no qual o juiz, em análise final, proferirá uma sentença (meramente DECLARATÓRIA) de mérito, reconhecendo que o usucapiente cumpriu todos os requisitos legais e pode registrar (se imóvel) o bem em seu nome; na segunda opção, denominada extrajudicial, o procedimento segue todo ele pela via

---

[848] Disponível em: https://cnbsp.org.br/2023/12/04/artigo-transformacoes-no-direito-de-usucapiao-por-igor-bortoluzzi-flores/. Acesso em: 3 abr. 2024.

administrativa perante o Cartório de Registro de Imóveis, e, uma vez procedente, será o bem (imóvel) registrado em nome do usucapiente.

DO SENTIMENTO DO DEVER CUMPRIDO – Com o primoroso e vasto trabalho desenvolvido nesta obra jurídica, esperamos, com toda a sinceridade e a devida humildade científica, ter emprestado valiosa contribuição para o elucidamento de questões complexas (e ao mesmo tempo instigantes) que envolvem o estudo da POSSE e do USUCAPIÃO, que se concentram no campo dos Direitos Reais. Desenvolvemos esta obra jurídica com enfoque metodológico vasto e "diferente", em muitos aspectos, de outras obras do gênero que se acham em circulação no mercado editorial, razão pela qual acreditamos que esta venha a ser útil à comunidade estudiosa do Direito, notadamente: juízes, desembargadores e demais integrantes de Tribunais Superiores, promotores e procuradores de justiça, advogados – privados e públicos – defensores públicos, doutrinadores e juristas, professores, pesquisadores, assessores jurídicos e estudantes, de qualquer nível).

Por fim, como já nos reportamos em outras obras jurídicas de nossa lavra, não custa repetir, novamente, que: como toda obra, esta também não é, em absoluto, a dona da verdade, pois não seríamos pretenciosos a ponto de julgarmos que elaboramos um trabalho derradeiro e final sobre os vários assuntos tratados ou que elucidamos todas as dúvidas pendentes sobre eles. Entretanto, sentimo-nos gratificados porque o primeiro passo foi dado, o que tornará, sem qualquer sombra de dúvida, mais seguros e coesos os passos futuros desta obra.[849] Fica o registro.

CONSIDERACIONES FINALES

DEL ESTUDIO REALIZADO EN ESTE TRABAJO – A lo largo de este trabajo jurídico desarrollamos un estudio detallado sobre POSESIÓN y USUCAPION y sus variados efectos tanto en el Derecho Brasileño como en el Derecho Comparado, este último involucrando a varios Países, con destaques para: Portugal, Argentina, Honduras y México; En esta lista, en un estudio de menor escala, incluimos países europeos, en este caso: España, Alemania, Italia y Francia; Países de América del Sur: Uruguay, Paraguay, Venezuela y Chile; País centroamericano: Cuba (además de Honduras, donde estudiamos en profundidad); País de Norteamérica: Estados Unidos – USA (además de México, donde estudiamos en profundidad); Países asiáticos (Macao, con un estudio más profundo, y Timor Oriental) y países africanos: Cabo Verde y Mozambique y, finalmente, de manera muy específica, hacemos algunas consideraciones sobre el Código Canónico (Vaticano).

En el estudio realizado para la implementación de este trabajo jurídico no escatimamos esfuerzos en el objetivo de sobresalir en la didáctica con el fin de facilitar la comprensión de todos los mecanismos, ya sean materiales o procesales, que rigen la POSESIÓN y la USUCAPION, los cuales deben ser perfectamente conocidos. y comprendidos para permitir su aplicación práctica efectiva.

En lo que respecta exclusivamente al tratamiento de la POSESIÓN, realizamos un análisis amplio y profundo de la misma, incluyendo demostrar sus fundamentos de carácter jurídico, así como doctrinal, además del entendimiento jurisprudencial; Señalamos, por otra parte, algunos temas que se consideran controvertidos en materia posesoria, como la cuestión de la anticipación de la protección en acciones de carácter posesorio –ya sea que se refieran a posesión antigua o se

---

[849] OLIVEIRA, Cláudio Teixeira de (coord.). Manual do servidor público do governo de Roraima. Boa Vista-RR: Gráfica do Departamento de Imprensa Oficial, 1986. p. 123-125; e OLIVEIRA, Cláudio Teixeira de. Direitos reais no Código Civil de 1916 e no Código Civil de 2002: anotações doutrinárias, textos legais e notas comparadas e remissivas. Criciúma-SC: Unesc, 2003. p. 375. e OLIVEIRA, Cláudio Teixeira de. Posse e ações protetivas: análise pelos códigos civis de 2002 e de 1916 e pelo código de processo civil. Belo Horizonte: Fórum, 2011.

refieran a posesión nueva; así como la cuestión de la función social que debe tener la posesión. Además de discutir el tema del uso de la Acción de Inmisión de Posesión (que ubicamos, con el debido sustento legal, en el ámbito de las Acciones Peticionarias y No Posesorias).

En otro turno, en lo que respecta a la USUCAPION, procedimos a enumerar varias modalidades, incluyendo condiciones, tiempo e, incluso, su aplicación en los institutos de Derechos Reales de Losa y Multipropiedad. También nos ocupamos, además del tipo de USUCAPION JUDICIAL, de la USUCAPION EXTRAJUDICIAL – Disposición n.º 65, de la CNJ. Estudiar la POSESIÓN y la USUCAPION siempre ha representado un gran desafío para quienes se dedican a comprender y mejorar la comprensión de los Derechos Reales, por lo que afrontamos el desafío y desarrollamos un estudio sobre las más variadas formas en que los mecanismos jurídicos antes mencionados y esto tanto desde la perspectiva de adquisición de sus derechos, así como, por otro lado, desde la perspectiva de la pérdida de sus derechos.

En cuanto a POSESIÓN y USUCAPION, nos ocupamos, además de sus efectos y consecuencias, de los medios de garantía y defensa; en materia de POSESIÓN, la aplicación de: Acción de Mantenimiento de Posesión; Acción de recuperación; Acción de Interdicto Prohibitorio y Acoso Personal). Aún en el ámbito posesorio, abordamos, apoyados en la doctrina y la jurisprudencia, la gestión de: Acción de Daños Infecciosos; Acción de Embargo de Terceros y Acción de Nunciación de Obra Nueva, esta última aplicando actualmente las normas del derecho de vecindad y del derecho de construir), que si bien no son específicas para la defensa de la posesión -porque también son válidas para la defensa del derecho – a la propiedad – puede aplicarse en cuestiones estrictamente posesorias; En cuanto a la USUCAPION, los posibles medios y modalidades para que el poseedor pueda convertirse en dueño del bien (mueble o inmueble), utilizando tanto la USUCAPION Judicial como la Extrajudicial para bienes inmuebles.

REALIZANDO UN ESTUDIO COMPACTO SOBRE LA POSESIÓN – Podríamos, y de ello no hay duda, hablar más sobre ciertos temas y si no lo hicimos fue para no escapar al objetivo planteado en este trabajo, que era realizar un estudio completo, aunque sea de forma comprimida, sobre la materia posesoria a tenor de lo contenido en el Código Civil de 2002, con la debida correlación, cuando sea posible, con el Código Civil de 1916.

La profundización de ciertos temas tratados en este trabajo permanece abierta y un desafío permanente para todos los que se dedican al estudio de la propiedad. Esto no quiere decir que se comprometió el asunto, al contrario, se adoptó un enfoque general y detallado, sin embargo, uno u otro tema puede, en el futuro, convertirse en objeto de un estudio más específico y así permitir una mayor profundidad en su estudio. acercarse.

El desarrollo del trabajo, como se mencionó en las consideraciones iniciales, deja claro que el estudio de la posesión siempre ha sido (y sigue siendo) uno de los temas más relevantes y complejos en el campo del derecho real. Todos y cada uno de los estudios que involucran la posesión serán siempre objeto de muchas indagaciones y respuestas que no siempre son del todo satisfactorias y esto se debe a la naturaleza misma de la posesión, que surge de una situación fáctica y, como se sabe, de todo lo que viene del campo fáctico se presta a interminables controversias.

REALIZACIÓN DE UN ESTUDIO COMPACTO SOBRE EL INSTITUTO DE USUCAPION – Así como mencionamos en relación al estudio de POSSE, el tratamiento del estudio del Instituto de USUCAPION también es complejo y con muchas variantes y modalidades, a veces con requisitos específicos y diferentes plazos.

En resumen, como señalamos en las Consideraciones Iniciales: La amplitud y alcance real de la USUCAPION se basa en la existencia de la posesión, ya que originalmente transforma, previo cumplimiento de ciertos requisitos, una posesión en propiedad, o como dice la doctrina italiana: "L'Usucapion es un instituto jurídico que permite a un individuo adquirir la propied-ad de un bien (solitamente un bene immobile o mobile) a través de la posesión continua e ininterrumpida de ese bien por un período de tiempo específico, definito dalla legge" (Usucapion es institución jurídica basada en la posesión continua y pacífica de bienes ajenos durante un período de tiempo determinado, transcurrido el cual el poseedor adquiere el derecho de propiedad sobre dichos bienes).

No hay duda de que "la usucapción es un elemento fundamental del derecho inmobiliario en Brasil, crucial para la regularización de propiedades y para garantizar la función social de la propiedad. Los recientes cambios legislativos y decisiones judiciales ilustran la complejidad y la dinámica de este instituto" Básicamente realizó un estudio muy profundo del Instituto de la USUCAPION, a través de las diversas modalidades que se presentan y, de manera notable, consideraciones sobre la diferencia entre las dos modalidades de obtención del reconocimiento de bienes por USUCAPION JUDICIAL Y USUCAPION EXTRAJUDICIAL, donde, en En la primera situación, el asunto continúa como un proceso, donde el juez, en última instancia, dictará sentencia (meramente DECLARATORIA) sobre el fondo reconociendo que el usucapiente ha cumplido con todos los requisitos legales y puede registrar (si es inmueble) el inmueble. a su nombre en la segunda opción, denominada extrajudicial, todo el procedimiento sigue la vía administrativa ante el Registro de la Propiedad y, una vez exitoso, el bien (propiedad) quedará registrado a nombre del usuario;

EL SENTIMIENTO DEL DEBER CUMPLIDO – Con el exquisito y vasto trabajo desarrollado en esta obra jurídica esperamos, con toda sinceridad y la debida humildad científica, haber hecho un valioso aporte al esclarecimiento de cuestiones complejas (y a la vez sugerentes) que involucran el estudio de POSSE y USUCAPION, que se centran en el campo de los Derechos Reales. Desarrollamos este trabajo jurídico con un enfoque metodológico amplio y "diferente", en muchos aspectos, a otras obras del género que se encuentran en circulación en el mercado editorial, por lo que creemos que será de utilidad para la comunidad jurídica, particularmente: Jueces, Magistrados y demás miembros de Tribunales Superiores, Fiscales y Ministerios Públicos, Abogados – privados y públicos – Defensores Públicos, Doctrinadores y Juristas, Profesores, Investigadores, Asesores Jurídicos y Estudiantes, de cualquier nivel).

Finalmente, como ya hemos informado en otras obras jurídicas de nuestra producción, vale la pena repetir nuevamente que: Como toda obra, ésta no es, de ninguna manera, dueña de la verdad, pues no seríamos pretenciosos al respecto. de pensar que hemos preparado un trabajo final y definitivo sobre los diversos temas tratados o que hemos aclarado todas las dudas pendientes sobre ellos, mientras tanto nos sentimos satisfechos porque se ha dado el primer paso que, sin duda, hará que el pasos más seguros y más cohesivos.

ADENDOS ESPECIAIS SOBRE O TRATAMENTO DO USUCAPIÃO PELO CÓDIGO DE PROCESSO CIVIL DE 1973 (revogado) E PELO CÓDIGO CIVIL DE 2002 (em vigor). <u>NOTA</u>: Os ADENDOS ESPECIAIS servem para fins de comparação e para destacar a matéria em vigência em face do Código Civil de 2002.

DA AÇÃO DE USUCAPIÃO DE TERRAS PARTICULARES (Tratada pelo CPC/1973, revogado)

Art. 941. Compete a ação de Usucapião ao possuidor para que se declare, nos termos da lei, o domínio do imóvel ou a servidão predial.

Art. 942. O autor, expondo na petição inicial o fundamento do pedido e juntando planta do imóvel, requererá a citação de USUCAPION JUDICIAL, de USUCAPION EXTRAJUDICIAL daquele em cujo nome estiver registrado o imóvel usucapiendo, bem como dos confinantes e, por edital, dos réus em lugar incerto e dos eventuais interessados, observado quanto ao prazo o disposto no inciso IV do Art. 232.

Art. 943. Serão intimados por via postal, para que manifestem interesse na causa, os representantes da Fazenda Pública da União, dos Estados, do Distrito Federal, dos Territórios e dos Municípios.

Art. 944. Intervirá obrigatoriamente em todos os atos do processo o Ministério Público.-

Art. 945. A sentença, que julgar procedente a ação, será transcrita, mediante mandado, no registro de imóveis, satisfeitas as obrigações fiscais.

NOTA: No Código de Processo Civil de 2015 a matéria está inserida dentro dos procedimentos comuns. Art. 246. § 3º Na ação de Usucapião de imóvel, os confinantes serão citados pessoalmente, exceto quando tiver por objeto unidade autônoma de prédio em condomínio, caso em que tal citação é dispensada.

TRATAMENTO DO INSTITUTO DO USUCAPIÃO PELO CÓDIGO CIVL DE 2002 (em vigor), consta:

CAPÍTULO II
Da Aquisição da Propriedade Imóvel

Seção I
Da Usucapião

Art. 1.238. Aquele que, por quinze anos, sem interrupção, nem oposição, possuir como seu um imóvel, adquire-lhe a propriedade, independentemente de título e boa-fé; podendo requerer ao juiz que assim o declare por sentença, a qual servirá de título para o registro no Cartório de Registro de Imóveis.

Parágrafo único. O prazo estabelecido neste artigo reduzir-se-á a dez anos se o possuidor houver estabelecido no imóvel a sua moradia habitual, ou nele realizado obras ou serviços de caráter produtivo.

Art. 1.239. Aquele que, não sendo proprietário de imóvel rural ou urbano, possua como sua, por cinco anos ininterruptos, sem oposição, área de terra em zona rural não superior a 50 hectares, tornando-a produtiva por seu trabalho ou de sua família, tendo nela sua moradia, adquirir-lhe-á a propriedade.

Art. 1.240. Aquele que possuir, como sua, área urbana de até duzentos e 50 metros quadrados, por cinco anos ininterruptamente e sem oposição, utilizando-a para sua moradia ou de sua família, adquirir-lhe-á o domínio, desde que não seja proprietário de outro imóvel urbano ou rural.

§ 1º O título de domínio e a concessão de uso serão conferidos ao homem ou à mulher, ou a ambos, independentemente do estado civil.

§ 2º O direito previsto no parágrafo antecedente não será reconhecido ao mesmo possuidor mais de uma vez.

Art. 1.240-A. Aquele que exercer, por 2 (dois) anos ininterruptamente e sem oposição, posse direta, com exclusividade, sobre imóvel urbano de até 250m² (duzentos e cinquenta metros quadrados) cuja propriedade divida com ex-cônjuge ou ex-companheiro que abandonou o lar, utilizando-o para sua moradia ou de sua família, adquirir-lhe-á o domínio integral, desde que não seja proprietário de outro imóvel urbano ou rural. (Incluído pela Lei n.º 12.424, de 2011)

§ 1º O direito previsto no caput não será reconhecido ao mesmo possuidor mais de uma vez.

§ 2º (VETADO). (Incluído pela Lei n.º 12.424, de 2011)

Art. 1.241. Poderá o possuidor requerer ao juiz seja declarada adquirida, mediante Usucapião, a propriedade imóvel.

Parágrafo único. A declaração obtida na forma deste artigo constituirá título hábil para o registro no Cartório de Registro de Imóveis.

Art. 1.242. Adquire também a propriedade do imóvel aquele que, contínua e incontestadamente, com justo título e boa-fé, o possuir por dez anos.

Parágrafo único. Será de cinco anos o prazo previsto neste artigo se o imóvel houver sido adquirido, onerosamente, com base no registro constante do respectivo cartório, cancelada posteriormente, desde que os possuidores nele tiverem estabelecido a sua moradia, ou realizado investimentos de interesse social e econômico.

Art. 1.243. O possuidor pode, para o fim de contar o tempo exigido pelos artigos antecedentes, acrescentar à sua posse a dos seus antecessores (Art. 1.207), contanto que todas sejam contínuas, pacíficas e, nos casos do Art. 1.242, com justo título e de boa-fé.

Art. 1.244. Estende-se ao possuidor o disposto quanto ao devedor acerca das causas que obstam, suspendem ou interrompem a prescrição, as quais também se aplicam à Usucapião.

CAPÍTULO III
Da Aquisição da Propriedade Móvel

Seção I
Da Usucapião

Art. 1.260. Aquele que possuir coisa móvel como sua, contínua e incontestadamente durante três anos, com justo título e boa-fé, adquirir-lhe-á a propriedade.

Art. 1.261. Se a posse da coisa móvel se prolongar por cinco anos, produzirá Usucapião, independentemente de título ou boa-fé.

Art. 1.262. Aplica-se à Usucapião das coisas móveis o disposto nos Arts. 1.243 e 1.244.

REFERÊNCIAS

AKEL, Hamilton Elliot. Das servidões prediais. *In*: NETTO, Domingos Franciulli; MENDES, Gilmar Ferreira; MARTINS FILHO, Ives Gandra (coord.). *O novo Código Civil*: estudos em homenagem ao prof. Miguel Reale. São Paulo: Revista dos Tribunais, 2003.

ALMEIDA, Francisco de Paula Lacerda. *Direito das cousas*. Rio de Janeiro: J. Ribeiro dos Santos, 1908.

ALVES, Heitor. *História das Américas*. Rio de Janeiro: Ed. do Brasil, 1954.

ALVES, José Carlos Moreira. *Posse*. 2. ed. Rio de Janeiro: Forense, 1997. v. 2, t. I.

ALVES, Vilson Rodrigues. *Uso nocivo da propriedade*. São Paulo: Revista dos Tribunais, 1992.

ALVIM, Arruda. *Manual de direito processual civil*. 9. ed. São Paulo: Revista dos Tribunais, 2005.

AMARAL, Ricardo Rodrigues do. *Direito das coisas*. Presidente Prudente: Data Juris, 1994.

ARMELIN, Donaldo. A tutela da posse no Novo Código Civil. *In*: NETTO, Domingos Franciulli; MENDES, Gilmar Ferreira; MARTINS FILHO, Ives Gandra (coord.). *O novo Código Civil*: estudos em homenagem ao prof. Miguel Reale. São Paulo: Revista dos Tribunais, 2003.

ARONNE, Ricardo. *Código Civil anotado*: direito das coisas: disposições finais e legislação especial selecionada. São Paulo: IOB Thomson, 2005.

ASCENSÃO, José de Oliveira. *Direito civil*: reais. 5. ed. Coimbra: Coimbra Ed., 1993.

AZEVEDO, Renan Falcão de. *Posse*: efeitos e proteção. 3. ed. Caxias do Sul: Universidade de Caxias do Sul – EDUCS, 1993.

BARBI, Celso Agrícola. *Comentários ao Código de Processo Civil*. 2. ed. Rio de Janeiro: Forense, 1981. 1 v.

BARRETO, Ricardo de Oliveira Paes. *Curso de direito processual civil*. 2. ed. Rio de Janeiro: Renovar, 2003.

BARRETO, Ricardo de Oliveira Paes. *Curso de direito processual civil*: conforme a jurisprudência. 2. ed. Rio de Janeiro: Renovar, 2003.

BASTONE, Francisco Jorge da Cunha. *A ação de Usucapião*. Rio de Janeiro: Pallas, 1976.

BASTOS, Celso Ribeiro; MARTINS, Ives Gandra. *Comentários à Constituição do Brasil*. São Paulo: Saraiva, 1989. v. 2. Art. 5º a 17.

BATISTA, Antenor. *Posse, possessória e ação rescisória*: manual teórico e prático. 2. ed. São Paulo: Juarez de Oliveira, 2004.

BESSONE, Darcy. *Da posse*. São Paulo: Saraiva, 1996.

BEVILÁQUA, Clóvis. *Direito das coisas*. 2. ed. Rio de Janeiro: Freitas Bastos, 1946. V. 1.

BEVILAQUA, Victor Matteus. *Legitimidade do direito penal contemporâneo:* contributo para um conceito material de crime constitucional fundado onto-antropologicamente. Bauru-SP: Editora Spessoto, 2023.

BITTAR, Carlos Alberto. *Direitos reais*. Rio de Janeiro: Forense Universitária, 1991.

BITTAR, Carlos Alberto; BITTAR FILHO, Carlos Alberto. *Tutela dos direitos de personalidade e dos direitos autorais nas atividades empresariais*. 2. ed. São Paulo: Revista dos Tribunais, 2002.

BITTAR, Carlos Alberto; BITTAR, Eduardo C. B. *Direito de autor*. 3. ed. Rio de Janeiro: Forense Universitária, 2000.

BONADIA NETO, Liberato (online). Disponível em: http://www.juris ta.adv.br. Acesso em: 11 jan. 2011.

BRANDELLI, Leonardo. A função notarial na atualidade. *Revista de Direito Imobiliário*, São Paulo (Ed. RT), ano 39, v. 80. p. 55-78, jan./jun. 2016.

BROGNOLI, Thales. *Das terras nas ilhas e do dos terrenos de marinha*. Florianópolis, 2001.

BÜTTENBENDER, Carlos Francisco. *A antecipação dos efeitos da tutela jurisdicional pretendida*. Porto Alegre: Síntese, 1997.

CARNEIRO, Waldir de Arruda Miranda. *Perturbações sonoras nas edificações urbanas*. 2. ed. São Paulo: Revista dos Tribunais, 2002.

CASCONI, Francisco Antonio. *Tutela antecipada nas ações possessórias*. São Paulo: Juarez de Oliveira, 2001.

CHAMOUN, Ebert. *Instituições de direito romano*. 4. ed. Rio de Janeiro: Forense, 1962.

COELHO, Fábio Ulhoa. *Curso de direito civil*. São Paulo: Saraiva, 2003. v. 1.

CORRÊA, Carina Milioli. A nova sistemática do agravo de instrumento retido. *Revista da Ordem dos Advogados do Brasil – OAB*, Florianópolis, n. 121, dez. 2005.

CORREA, Orlando de Assis. *Posse e ações possessórias*: teoria e prática. 2. ed. Porto Alegre: Síntese, 1979.

COSTA, Cásssia Celina Paulo Moreira da. *A constitucionalização do direito de propriedade privada*. Rio de Janeiro: América Jurídica, 2003.

CRETELLA JÚNIOR, José. *Comentários à Constituição brasileira de 1988*. Rio de Janeiro: Forense Universitária, 1993. v. 8. Art. 170 a 232.

CRETELLA JÚNIOR, José. *Curso de direito romano*: o direito romano e o direito civil brasileiro. 20. ed. Rio de Janeiro: Forense, 1996.

CRETELLA JÚNIOR, José. *Do ato administrativo*. 2. ed. São Paulo: José Bushatsky, 1977.

CUNHA JÚNIOR, Dirley da. Terras devolutas nas constituições republicanas. *Justiça Federal em Sergipe – JFSE*, [201-]. Disponível em: http://www.jfse.jus.br/obras%20mag/artigoterrasdevdirley.html. Acesso em: 5 fev. 2009.

DANTAS, San Tiago. *Programa de direito civil*: direito das coisas. 3. ed. Rio de Janeiro: Ed. Rio, 1984. 3 v.

DEAN, Warren. *A ferro e fogo*: a história e a devastação da mata atlântica brasileira: São Paulo: Companhia das Letras, 1996.

DECISÃO do Tribunal Pleno, na Representação n.º 1.100-AM. *Revista Trimestral de Jurisprudência do Supremo Tribunal Federal*, v. 115. p. 992, mar. 1986. Disponível em: http://www.notadez.com.br/content/noticias.asp?id=10130.

DINAMARCO, Cândido Rangel. *A reforma do Código de Processo Civil.* 2. ed. São Paulo: Malheiros, 1995.

DINAMARCO, Cândido Rangel. *Fundamentos do processo civil moderno.* 5. ed. rev. e atual. por Antonio Rulli Neto. São Paulo: Malheiros, 2002. t. II.

DINIZ, Maria Helena. *Código Civil anotado.* 8. ed. São Paulo: Saraiva, 2002.

DINIZ, Maria Helena. *Curso de direito civil brasileiro*: direito das coisas. 17. ed. São Paulo: Saraiva, 2002. 4 v. em 7.

ESPÍNDOLA, Eduardo. *Código de Processo Penal anotado.* Atualizado por José Geraldo da Silva e Wilson Lavorenti. Campinas: Bookseller, 2000.

ESPÍNDOLA, Eduardo. *Posse, propriedade, compropriedade ou condomínio, direitos autorais.* Atualizado por por Ricardo Rodrigues Gama. Campinas: Bookseller, 2002.

ESSER, Renata. Ações possessórias. 2010. Disponível em: reesser.wordpress.com/2010/04/09/acoes-pos-sessori/. Acesso em: set. 2010.

FABRÍCIO, Adroaldo Furtado. Comentários ao Código de Processo Civil. Rio de Janeiro: Forense, 1980. v. 8.

FACHIN, Luiz Edson. *Comentários ao Código Civil*: parte especial do direito das coisas. Coordenação de Antônio Junqueira de Azevedo. São Paulo: Saraiva, 2003. v. 15. Art. 1277 a 1368.

FADEL, Sergio Fahione. *Código de Processo Civil comentado.* Rio de Janeiro: José Konfino, 1974. t. V. Art. 890 a 1220.

FARIAS, Cristiano Chaves de; ROSENVALD, Nelson. *Direitos reais.* 4. ed. Rio de Janeiro: Lumen Juris, 2007.

FERREIRA, Pinto. *Curso de direito agrário.* 2. ed. São Paulo: Saraiva, 1995.

FERREIRA, Pinto. *Da ação de nunciação de obra nova.* São Paulo: Saraiva, 1986. (Coleção Saraiva de Prática Jurídica).

FERREIRA, Solon Angelim de Alencar. Outros meios processuais de defesa da posse. *Jus Navigandi*, Teresina, ano 5, n. 47, 1 nov. 2000. Disponível em: http://jus2.uol.com.br/doutrina/texto.asp?id=591. Acesso em: 13 set. 2007.

FERREIRA, Waldemar. *História do direito brasileiro*: as capitanias coloniais de juro e herdade. São Paulo: Saraiva, 1962.

FIGUEIRA JÚNIOR, Joel Dias. *Da competência nos juizados especais cíveis.* São Paulo: Revista dos Tribunais, 1996.

FIGUEIRA JÚNIOR, Joel Dias. *Liminares nas ações possessórias.* São Paulo: Revista dos Tribunais, 1995.

FIGUEIRA JÚNIOR, Joel Dias. *Novo Código Civil comentado.* Coordenação de Ricardo Fiúza. 9. tir. São Paulo: Saraiva, 2003.

FIGUEIREDO, Lúcia Valle. *Curso de direito administrativo.* 7. ed. São Paulo: Malheiros, 2004.

FRANÇA, R. Limongi. *A posse no Código Civil*: noções fundamentais. Rio de Janeiro: José Bushatski, 1964.

FRANCISCO, Caramuru Afonso. *Estatuto da cidade comentado.* São Paulo: Juarez de Oliveira, 2001.

FULGÊNCIO, Tito. *Da posse e das ações possessórias*. 5. ed. atual. por José de Aguiar Dias. Rio de Janeiro: Forense, 1978.

GAGLIANO, Pablo Stolze; PAMPLONA FILHO, Rodolfo. *Novo curso de direito civil*. 5. ed. São Paulo: Saraiva, 2004. v. 1. Parte geral.

GAGLIANO, Pablo Stolze; PAMPLONA FILHO, Rodolfo. *Novo curso de direito civil*. 3. ed. São Paulo: Saraiva, 2003. v. 2. Obrigações.

GAMA, Ricardo Rodrigues. *Direito das coisas*. Presidente Prudente: Data Juris, 1994.

GASPARINI, Diogenes. *Direito administrativo*. 3. ed. São Paulo: Saraiva, 1993.

GIORDANI, José Acir Lessa. *Curso básico de direito civil*: direito das coisas. 2. ed. Rio de Janeiro: Lumen Juris, 2005. t. I. Introdução e posse.

GODOY, Luciano de Souza. *Direito agrário constitucional*: o regime da propriedade. São Paulo: Atlas, 1998.

GOMES, Orlando. *Direitos reais*. 6. ed. Rio de Janeiro: Forense, 1978.

GONÇALVES, Carlos Roberto. *Direito das coisas*. São Paulo: Saraiva, 2003.

GONÇALVES, Marcus Vinícius Rios. *Dos vícios da posse*. São Paulo: Oliveira Mendes, 1998.

GONÇALVES, Marcus Vinícius Rios. *Procedimentos especiais*. 4. ed. São Paulo: Saraiva, 2005. (Coleção Sinopses Jurídicas, v. 13).

GOULART, Ney Rosa. *Direito das coisas*. Santa Maria: Universidade Federal de Santa Maria, 1979. v. 1.

GOULART, Ney Rosa; SEFFRIN, Paulo Eurides Ferreira. *Usufruto, uso e habitação*: teoria e prática. Rio de Janeiro: Forense, 1986.

GILLISSEN, John. Introdução histórica do direito. 2. ed., Lisboa-Portugal: Fundação Calouste Gulbenkian, 1995.

GRECO FILHO, Vicente. *Direito processual civil brasileiro*. São Paulo: Saraiva, 2000.

HAENDCHEN, Paulo Tadeu. *Ação de reintegração e de manutenção de posse*. São Paulo: Saraiva, 1985. (Coleção Saraiva de Prática do Direito).

HAENDCHEN, Paulo Tadeu; LETTERIELLO, Rêmolo. *Ação reivindicatória*. 4. ed. São Paulo: Saraiva, 1988.

HENRIQUE, João. *Direito romano*. Porto Alegre: Livraria do Globo, 1938.

HENRIQUE, João. *Direito romano*. Porto Alegre: Livraria do Globo, 1938. t. II.

IHERING, Rudolf von. *A finalidade do direito*. Trad. José Antonio Faria Correa. Rio de Janeiro: Ed. Rio, 1979. v. 1.

IHERING, Rudolf von. *Posse e interditos possessórios*. Trad. Adherbal de Carvalho. Salvador: Livraria Progresso Ed., 1959.

IHERING, Rudolf von. *Teoria simplificada da posse*. Trad. Pinto Aguiar. 2. ed. Bauru: Edipro, 2002.

LARA, Betina Rizzato. *Liminares no processo civil*. 2. ed. atual. São Paulo: Revista dos Tribunais, 1994.

LEVENHAGEN, Antônio José de Souza. *Comentários didáticos*. 4. ed. São Paulo: Atlas, 1995.

LEVENHAGEN, Antônio José de Souza. *Posse, possessória e Usucapião*. 3. ed. São Paulo: Atlas, 1982.

LIMA, Getúlio Targino. *A posse agrária sobre bem imóvel*. São Paulo: Saraiva, 1992.

LISBOA, Roberto Senise. *Manual elementar de direito civil*: direitos reais e direitos intelectuais. 2. ed. São Paulo: Revista dos Tribunais, 2003. 4 v. em 5.

LOPES, Miguel Maria de Serpa. *Curso de direito civil*. 4. ed. Rio de Janeiro: Freitas Bastos, 1996. 6 v.

LOUREIRO, Ricardo Luiz Maia. *Posse e ações possessórias*. São Paulo: Livraria e Ed. Universitária de Direito, 2006.

MAIA, Altim de Souza. *Discriminação de terras*. Brasília: Fundação Petrônio Portela, 1982.

MARINONI, Luiz Guilherme. Ações para obtenção de coisa: Art. 461-a do CPC. *Jus Navigandi*, Teresina, ano 11, n. 1188, 2 out. 2006. Disponível em: http://jus2.uol.com.br/doutrina/texto.asp?id=8844. Acesso em: 13 set. 2007.

MARINONI, Luiz Guilherme. *Tutela antecipatória, julgamento antecipado e execução imediata da sentença*. São Paulo: Revista dos Tribunais, 1997.

MARQUESI, Roberto Wagner. *Direitos reais agrários e função social*. Curitiba: Juruá, 2001.

MEDAUAR, Odete. *Direito administrativo moderno*. 10. ed. São Paulo: Revista dos Tribunais, 2006.

MERÉJE, Rodrigues de. *Teorias jurídicas da posse*. São Paulo: Edições e Publicações Brasil, 1942.

MINISTÉRIO DA POLÍTICA FUNDIÁRIA E DO DESENVOLVIMENTO AGRÁRIO. Instituto Nacional de Colonização e Reforma Agrária *O livro branco da grilagem de terra no Brasil*. p. 12. Disponível em: http://www.mst.org.br/mst/pagina.php?cd=5700. Acesso em: 20 jan. 2009.

MIRABETE, Julio Fabbrini. *Código de Processo Penal interpretado*: referências doutrinárias, indicações legais, resenha jurisprudencial: atualizado até dezembro de 2001. 9. ed. São Paulo: Atlas, 2002.

MIRANDA, Pontes de. *Tratado das ações*: ações condenatórias. Atualizado por Vilson Rodrigues Alves. Campinas: Bookseller, 1999. v. 7, t. V.

MIRANDA, Pontes de. *Tratado das ações*: ações mandamentais. Atualizado por Vilson Rodrigues Alves. Campinas: Bookseller, 1999. v. 7, t. VI.

MIRANDA, Pontes de. *Tratado das ações*: ações mandamentais. Atualizado por Vilson Rodrigues Alves. Campinas: Bookseller, 1999. v. 7, t. V.

MONTEIRO, Washington de Barros. *Curso de direito civil*: direito das coisas. 32. ed. São Paulo: Saraiva, 1995. 3 v. em 6.

MONTEIRO, Washington de Barros. *Curso de direito civil*: direito das coisas. 37. ed. Atualizado por Carlos Alberto Dabus Maluf. São Paulo: Saraiva, 2003.

MONTENEGRO FILHO, Misael. *Ações possessórias*. São Paulo: Atlas, 2004.

MUJALLI. Walter Brasil. *A propriedade industrial nova lei de patentes*. Leme-SP: Editora de Direito, 1997.

NADER, Natal. *Usucapião de imóveis*. 5. ed. Rio de Janeiro: Forense, 1995.

NASCIMENTO, Tupinambá Miguel Castro do. *Posse e propriedade*. Rio de Janeiro: Aide, 1986.

NEGRÃO, Theotonio; GOUVÊA, José Roberto Ferreira. *Código Civil e legislação em vigor*. 22. ed. São Paulo: Saraiva, 2003.

NEQUETE, Lenine. *O poder judiciário no Brasil a partir da independência*. Livraria Sulina Ed., 1973. v. 1. Império.

NERY JÚNIOR, Nelson. *Princípios fundamentais*: teoria geral dos recursos. 2. ed. rev. e ampl. São Paulo: Revista dos Tribunais, 1990.

NERY JUNIOR, Nelson; NERY, Rosa Maria Andrade. *Código de Processo Civil comentado*. 5. ed. São Paulo: Revista dos Tribunais, 2001.

NERY JUNIOR, Nelson; NERY, Rosa Maria Andrade. *Direito processual civil brasileiro*. 2. ed. São Paulo: Saraiva, 1986. v. 3.

OLIVEIRA, Carlos Alberto Alvaro de; LACERDA, Galeno. *Comentários ao Código de Processo Civil*. Rio de Janeiro: Forense, 1988. v. 8, t. II. Art. 813 a 889.

OLIVEIRA, Cláudio Teixeira de. *Direitos reais no Código Civil de 1916 e no Código Civil de 2002*: anotações doutrinárias, textos legais e notas comparadas e remissivas. Criciúma: UNESC, 2003.

OLIVEIRA, Cláudio Teixeira de. *Manual do servidor público do governo de Roraima*. Boa Vista: Departamento de Imprensa Oficial, 1986.

OLIVEIRA, Cláudio Teixeira de. *Posse e ações protetivas*: análise pelos códigos civis de 2002 e de 1916 e pelo código de processo civil. Belo Horizonte: Fórum, 2011.

OLIVEIRA, Gleydson Kleber Lopes de. *Ações possessórias*: enfoque sobre a cognição. São Paulo: Juarez de Oliveira, 2001.

OLIVEIRA, José Lopes de. *Curso de direito civil*: direito das coisas. São Paulo: Sugestões Literárias, 1980. v. 4.

PACHECO, José Ernani de Carvalho. *Interditos possessórios*. 8. ed. Curitiba: Juruá, 1999.

PEREIRA, Caio Mário da Silva. *Instituições de direito civil*. 12. ed. Rio de Janeiro: Forense, 1997. v. 4.

PEREIRA, Caio Mário da Silva. *Instituições de direito civil*: direitos reais. 18. ed. Rio de Janeiro: Forense, 2003. v. 4.

PEREIRA, Rodrigues Lafayette. *Direito das coisas*. 5. ed. Rio de Janeiro: Freitas Bastos, 1943. v. 1.

PONTES, Tito Lívio. *Da posse no direito civil brasileiro*. São Paulo: Juscrédi, [1961?].

PORCHAT, Reynaldo. *Curso elementar de direito romano*. São Paulo: Duprat & Cia., 1909.

PUGLIESE, Roberto J. *Summa da posse*. São Paulo: Livraria e Ed. Universitária de Direito – LEUD, 1992.

REALE, Miguel. *Filosofia do direito*. 5. ed. São Paulo: Saraiva, 1969. v. 1.

REALE, Miguel. *O projeto do novo Código Civil*. 2. ed. refor. e atual. São Paulo: Saraiva, 1999.

RIBEIRO, Darcy. *O povo brasileiro*: a formação e o sentido do Brasil. São Paulo: Companhia das Letras, 1995.

RIZZARDO, Arnaldo. *Direito das coisas*. Rio de Janeiro: Aide, 1991. v. 1.

RODRIGUES, Marcelo Guimarães. *Direito civil*: questões dissertativas com respostas. Belo Horizonte: Inédita, 1999.

RODRIGUES, Silvio. *Direito civil*: direito das coisas. 22. ed. São Paulo: Saraiva, 1995. 5 v. em 7.

RODRIGUES, Silvio. *Direito civil*: direito das coisas. 27. ed. São Paulo: Saraiva, 2002.

ROSA, Alexandre Morais da. *Código de Processo Civil anotado*: segundo a jurisprudência do Tribunal de Justiça de Santa Catarina. 2. ed. Florianópolis: Terceiro Milênio, 1998.

SANTIAGO JÚNIOR, Aluísio. *Posse e ações possessórias*: doutrina, prática e jurisprudência. Belo Horizonte: Mandamentos, 1999.

SANTOS, Ernane Fidélis dos. *Manual de direito processual civil*. São Paulo: Saraiva, 1996. v. 3.

SANTOS, Marisa Ferreira dos; CHIMENTI, Ricardo Cunha. *Juizados especiais cíveis e criminais*: federais e estaduais. 3. ed. São Paulo: Saraiva, 2005. (Coleção Sinopses Jurídicas, v. 15).

SANTOS, Ulderico Pires dos. *Usucapião constitucional, especial e comum*: doutrina, jurisprudência e prática. 3. ed. São Paulo: Paumape, 1991.

SILVA, De Plácido e. *Vocabulário jurídico*. 26. ed. Atualizado por Nagib Slaibi Filho e Gláucia Carvalho. Rio de Janeiro: Forense, 2006.

SILVA, Ovídio A. Batista da. *Ação de imissão de posse*. 2. ed. São Paulo: Revista dos Tribunais, 1997.

SILVA, Ovídio A. Batista da. *Comentários ao Código de Processo Civil*. São Paulo: Revista dos Tribunais, 2000. v. 3.

SIMARDI, Cláudia Aparecida. *Proteção processual da posse*. São Paulo: Revista dos Tribunais, 1997.

SOUZA, José Luiz Ribeiro de. *Acções possessorias*: theoria e pratica. São Paulo: Typografia Condor, 1927.

TEIXEIRA, Sálvio de Figueiredo. *Código de Processo Civil anotado*. 7. ed. São Paulo: Saraiva, 2003.

THEODORO JÚNIOR, Humberto. *Código de processo civil anotado*. 9. ed. Rio de Janeiro: Forense, 2005.

THEODORO JÚNIOR, Humberto. *Curso de direito processual civil*: procedimentos especiais. 28. ed. Rio de Janeiro: Forense, 2002. 3 v.

TORRES, Marcos Alcino de Azevedo. *A propriedade e a posse*: um confronto em torno da função social. Rio da Janeiro: Lumen Juris, 2007.

UILTON, Arlindo de Oliveira. *Usucapião urbano e rural*: prática, jurisprudência, doutrina e legislação. 6. ed. São Paulo: Data Juris, 1997.

VENOSA, Sílvio de Salvo. Direito civil: direitos reais.3. ed. São Paulo: Atlas, 2003. v. 5.

VENOSA, Sílvio de Salvo. *Direito civil*: direitos reais. São Paulo: Atlas, 1995.

VENOSA, Sílvio de Salvo. Direito civil: parte geral. 3. ed. São Paulo: Atlas, 2003. v. 1.

VIANA, Marco Aurelio da Silva. *Curso de direito civil*: direito das coisas. Belo Horizonte: Del Rey, 1993. v. 3.

VIANA, Marco Aurelio da Silva. *Das ações possessórias*. São Paulo: Saraiva, 1985. (Coleção Saraiva de Prática Jurídica).

WALD, Arnoldo. *Curso de direito civil brasileiro*: direito das coisas. 10. ed. São Paulo: Revista dos Tribunais, 1993.

WALD, Arnoldo. *Curso de direito civil brasileiro*: direito das coisas. 11. ed. São Paulo: Saraiva, 2002.

WAMBIER, Luiz Rodrigues; ALMEIDA, Flávio Renato Correia de; TALAMINI, Eduardo. *Curso avançado de processo civil*. 3. ed. 2. tir. São Paulo: Revista dos Tribunais, 2000. 3 v.

WEBER, Max. *História agrária romana*. São Paulo: Martins Fontes, 1994.

ZAVASCKY, Teori Albino. *Antecipação da tutela*. São Paulo: Saraiva, 1997.

CÓDIGOS CIVIS e CÓDIGOS DE PROCESSO CIVIL e CONSTITUIÇÕES

Código Civil e Código de Processo Civil Brasileiro.

Código Penal Brasileiro.

Código de Processo Penal Brasileiro.

Código Civil e Código de Processo Civil da Argentina.

Código Civil e Código de Processo Civil da Espanha.

Código Civil da Venezuela.

Código Civil de Cuba.

Código Civil e Código de Processo Civil de Honduras.

Código Civil e Código de Processo Civil de Macau (China).

Código Civil e Código de Processo Civil de Portugal.

Código Civil do Chile.

Código Civil do Equador.

Código Civil e Código de Processo Civil do México (Código Federal de Procedimientos Civiles).

Código Civil do Paraguai.

Código Civil e Código de Processo Civil do Uruguai.

Código Civil Italiano.

Código Civil de Cabo Verde.

Código Civil de Angola.

Código Civil (e Comercial) e Código de Processo Civil (e Comercial) da Argentina.

Código Napoleão: ou Código Civil dos Franceses.

Comon Law Estados Unidos da América.

Constituição da República dos Estados Unidos do Brasil de 1891

SITES ACESSADOS (CONSTAM DAS NOTAS DE RODAPÉ)

https://www.jusbrasil.com.br/artigos/a-importancia-e-relevancia-da-criacao-do-direito-agrario-e-da-edicao-do-estatuto-da-terra/925433909. Acesso em: 8 abr. 2024.

https://www.jusbrasil.com.br/artigos/a-importancia-e-relevancia-da-criacao-do-direito-agrario-e-da-edicao-do-estatuto-da-terra/925433909. Acesso em: 8 abr. 2024.

https://www.jusbrasil.com.br/artigos/a-importancia-e-relevancia-da-criacao-do-direito-agrario-e-da-edicao-do-estatuto-da-terra/925433909. Acesso em: 8 abr. 2024.

file:///C:/Users/Cl%C3%A1udio%20Teixeira/Downloads/admin,+5+-+Usucapi%C3%A3o%20(2).pdf. Acesso em: 7 dez. 2023.

https://portal.stf.jus.br/jurisprudenciaRepercussao/verAndamentoProcesso.asp?incidente=5109720&numeroProcesso=1017365&classeProcesso=RE&numeroTema=1031. Acesso em: 19 out 2023.

https://www.jusbrasil.com.br/artigos/conceitos-e-diferencas-do-direito-real-direito-pessoal-e-obrigacao-ropter – em/183836722#:~:text=Pode%2Dse%20dizer%20que%2C%20de,dos%20sujeitos%20passivos%20e%20ativos. Acesso em: 22 jul. 2024.

https://www.jusbrasil.com.br/artigos/fundamentos-juridicos-da-propriedade/140562640. Acesso em: 11 dez. 2023.

https://www.jusbrasil.com.br/artigos/fundamentos-juridicos-da-propriedade/140562640. Acesso em: 11 dez. 2023.

https://portal.stf.jus.br/noticias/verNoticiaDetalhe.asp?idConteudo=513467&ori=1. Acesso em: 19 out. 2023.

https://www.emerj.tjrj.jus.br/serieaperfeicoamentodemagistrados/paginas/series/16/direitosreais_42.pdf. Acesso em: 2 jun. 2024.

https://www.emerj.tjrj.jus.br/serieaperfeicoamentodemagistrados/paginas/series/16/direitosreasi_42.pdf. Acesso em: 2 jun. 2024.

https://www.jusbrasil.com.br/artigos/diferenca-entre-liminar-possesoria-e-tutela-de-urgencia-possessoria/1812248921. Acesso em: 29 mar. 2024.

https://www.jusbrasil.com.br/artigos/origem-historica-da-usucapiao/364530591-Ennio H M Barbosa. Acesso em: 29 nov. 2023.

https://periodicos.fgv.br/rcp/article/download/60219 /58533/127025. Acesso em: 25 maio 2024.

www.univali.br/ricc – ISSN 2236-5044. – https://www.univali.br/graduacao/direito-itajai/publicacoes/revista-de-iniciacao-cientifica-ricc/edicoes/Lists/Artigos/Attachments/972/Arquivo%2044.pdf = Acesso em: 30 dez. 2023.

https://www.aurum.com.br/blog/usucapiao-rural/. Acesso em: 30 nov. 2023.

https://repositorio.ul.pt/bitstream/10451/37374/1/ulfd136512_tese.pdf. Acesso em:

STJ: requisitos e limites da Usucapião de imóvel urbano. Acesso: 14 nov. 2024.

Usucapião (2023) – Resumo de Direito Civil (direitonet.com.br). Acesso em: 29 nov. 2023.

Usucapião. Interrupção. Prazo – Tribunal da Relação de Coimbra (trc.pt). Acesso: 14 nov. 2023.

ttps://www.jusbrasil.com.br/artigos/consideracoes-sobre-o-principio-da-boa-fe-objetiva/1128907541. Acesso em: 8 abr. 2024.

.https://www.conjur.com.br/2017-jul-22/lei-altera-processo-regularizacao-propriedades/. Acesso em: 22 nov. 2023.

TIPOS DE USUCAPIÃO NO DIREITO BRASILEIRO: CONHEÇA AS MODALIDADES DE AQUISIÇÃO DA PROPRIEDADE – Disponível em: consultoria jurídica. Acesso em: 14 nov. 2023.

Você conhece a ata notarial? Saiba tudo sobre essa modalidade de escritura pública – Seu Portal de Notícias Disponível em: (webcartoriosobradinho.com.br) Acesso em: 9 nov. 2023.

/http://analicm.jusbrasil.com.br/artigos/516130054/usucapiao-extrajudicial-principais-duvidas-cerca--do-assunto. Acesso em: 21 ago. 2023

https://www.jusbrasil.com.br/artigos/usucapiao-na-modalidade-extrajudicial/645513264. Acesso em: 8 abr. 2024.

https://www.jusbrasil.com.br/artigos/usucapiao-urbana-modalidades-e-divergencias-doutrina-rias/1157639676. Acesso em: 26 nov. 2023.

https://www.migalhas.com.br/arquivos/2022/1/6A3B989D592646_UsucapiaoExtrajudicial-colunam.pdf. Acesso em: 28 nov. 2023.

https://www.pucrs.br/direito/wp-content/uploads/sites/11/2016/09/isadora_braga_2016_1.pdf. Acesso em 12 nov. 2024.

https://www.conjur.com.br/2011-jun-29/direito-economico-eua-dita-regras-direito – propriedade/ – Autor: Arnaldo Sampaio de Moraes Godoy. Acesso em: 23 nov. 2023.

https://diariodarepublica.pt/dr/lexionario/termo/usucapiao. Acesso em: 24 nov. 2023.

https://diariodarepublica.pt/dr/legislacao-consolidada/decreto-lei/1966-34509075. Acesso em: 11 jun. 2024.

https://www.conjur.com.br/2011-jun-29/direito-economico-eua-dita-regras-direito – propriedade/ – Autor: Arnaldo Sampaio de Moraes Godoy. Acesso em: 23 nov. 2023.

https://www.conteudojuridico.com.br/consulta/Artigos/45451/direito-comparado-brasil-e-argentina--usucapiao-e-prescricao-aquisitiva. In: Direito comparado: Brasil e Argentina – Usucapião e prescrição aquisitiva – MÁRCIA SCHERER. Acesso em: 26 nov. 2023.

https://repositorio.uniceub.br/jspui/bitstream/235/12085/1/61101099.pdf. Acesso em: 4 dez. 2023.

https://www.tribunalesagrarios.gob.mx/ta/?p=1454. Acesso em: 1 jun. 2024.

https://www2.senado.leg.br/bdsf/bitstream/handle/id/524/r143-25.PDF?sequence=4 – Usucapião: doutrina e jurisprudência – Dilvanir José da Costa. Acesso em: 8 dez. 2023.

https://www.unievangelica.edu.br/files/images/DISSERTA%C3%87%C3%83O%20RIVALDO.pdf – DA USUCAPIÃO: origens, evolução histórica e a sua função social no ordenamento jurídico brasileiro no Século XXI – Rivaldo Jesus Rodrigues. Acesso em: 9 dez. 2023.

https://diariodarepublica.pt/dr/lexionario/termo/principio-tipicidade-direitos-reais-numerus-clausus. Acesso em: 27 mar. 2024.

http://hdl.handle.net/11422/10781. Peterson do Nascimento Silva (Monografia: O DIREITO REAL DE LAJE NA ESTRUTURA DO MUNICÍPIO DO RIO DE JANEIRO). Acesso: 29 out. 2023.

https://www.conjur.com.br/2017-set-18/direito-civil-atual-direito-real-laje-luz-lei-134652017-parte.

https://www.jusbrasil.com.br/artigos/posso-usucapir-imovel-por-direito-de-laje-usucapiao-lajea-ria/1109401192. Acesso em: 08 nov. 2024 (29 out. 2023.)

https://www.jusbrasil.com.br/artigos/posso-usucapir-imovel-por-direito-de-laje-usucapiao – lajea-ria/1109401192#:~:text=Segundo%20os%20ilustres%20juristas%2C,com%20a%20express%C3%A3o%20USUCAPI%C3%83O%20LAJE%C3%81RIA. Acesso em: 9 out. 2023.

https://www.conjur.com.br/2021-out-17/entrevista-claudia-franco-advogada-professora-ufrj. Acesso em: 9 out. 2023.

https://www.jusbrasil.com.br/jur1isprudencia/busca?q=direito+de+laje Acesso em: 25 out. 2023.

http://www.marcoaurelioviana.com.br/artigos/direito-das-coisas/direito-civil-direito-de – propriedade--exercicio-segundo-suas-finalidades-economicas-e-social-direito-subjetivo-relativo-objeto-proprieda-des-especiais/ Acesso em: 25 out. 2023.

https://www.jusbrasil.com.br/artigos/voce-sabe-a-diferenca-entre-multipropriedade-e-time-sharin-g/1644222566#:~:text=Isso%20quer%20dizer%20que%20na,um%20tempo%20determinado%20o%20im%C3%B3vel. Acesso em: 23 out. 2023.

https://www.migalhas.com.br/depeso/295907/multipro priedade--time-sharing. Acesso em: 23 ago. 2023

https://www.jusbrasil.com.br/artigos/voce-sabe-a-diferenca-entre-multipropriedade-e-time-sharin-g/1644222566#:~:text=Isso%20quer%20dizer%20que%20na,um%20tempo%20determinado%20o%20im%C3%B3vel. Acesso: 09 out. 2023.

https://www.migalhas.com.br/depeso/295907/multipropriedade--time-sharing. Acesso em: 23 ago. 2023.

https://lageportilhojardim.com.br/blog/multipropriedade/. Acesso: 24 out. 2023.

http://infoecidade.blogspot.com/2011/04/outorga-onerosa-e-tributacao.html, acesso em: 12 set. 2012.

https://www.archdaily.com.br/br/986031/o-que-e-solo-criado-conceitos-e-exemplos-na-cidade – acesso: 04 out. 2023

https://gestaourbana.guarulhos.sp.gov.br/o-que-e-solo-criado. Acesso em: 4 out. 2023.

2006.009058-8 (Acórdão do Tribunal de Justiça de Santa Catarina). Julgado em: 25/05/2006.

https://diariodarepublica.pt/dr/lexionario/termo/restituicao-provisoria-posse-processo-civil. Acesso em: 13 maio 2024.

https://repositorio.ul.pt/bitstream/10451/52869/1/ulfd0150431_tese.pdf. Acesso em: 17 maio 2024.

https://diariodarepublica.pt/dr/lexionario/pesquisa/palavras-chave/posse. Acesso em: 14 maio 2024.

https://diariodarepublica.pt/dr/lexionario/termo/acao-possessoria – Acesso cesso 14 maio 2024.

https://repositorio.ul.pt/bitstream/10451/52869/1/ulfd0150431_tese.pdf. Acesso em: 17 maio 2024.

https://www.uniderecho.com/en-que-consiste-la-posesion-y-que-tipos-existen.html. Acesso em: 6 maio 2024.

https://leyes-mx.com/codigo_civil_federal/1o.htm. Acesso em: 7 jun. 2024.

https://www.court.gov.mo/sentence/pt-af5324c270e0c.pdf. Acesso em: 24 maio 2024.

https://revistajuridica.esa.oabpr.org.br/wp-content/uploads/2018/09/revista_esa_7_07.pdf. Acesso em:

https://www.jusbrasil.com.br/artigos/acao-de-nunciacao-de-obra-nova/1138791211 – Ação de Nunciação de Obra Nova. Publicado por DR. MAURÍCIO EJCHEL. Acesso em: 27 fev. 2024.

https://www.emerj.tjrj.jus.br/serieaperfeicoamentodemagistrados/paginas/series/10/processocivil_35.pdf. Acesso em: 27 fev. 2024.

https://www.emerj.tjrj.jus.br/serieaperfeicoamentodemagistrados/paginas/series/10/processocivil_35.pdf. Acesso em: 27 fev. 2024.

https://www.peticoesonline.com.br/art-73-cpc. Acesso em: 25 fev. 2024.

STJ: requisitos e limites da Usucapião de imóvel urbano – Acesso: 14 nov. 2023.

https://www.defensoriapublica.pr.def.br/Pagina/O-que-e-Defensoria-Publica#:~:text=A%20Defensoria%20P%C3%BAblica%20presta%20atendimento,por%20meio%20da%20tutela%20coletiva. Acesso em: 17 mar. 2024.

https://repositorio.ucb.br:9443/jspui/bitstream/123456789/13883/1/RafaelMarianoCort%C3%AAsTCCLatoSensu2020.pdf. Acesso: 01 nov. 2023.

https://www.jusbrasil.com.br/artigos/a-possibilidade-da-concessao-da-tutela-de-urgencia-na-posse--de-forca-velha/419083366 –). Acesso em: 20 mar. 2024.

https://enciclopediajuridica.pucsp.br/verbete/168/edicao-2/acoes-possessorias. Acesso em: 27 maio 2024.

https://www.jusbrasil.com.br/artigos/direito-processual-civil-processo-de-conhecimento/338601431. Acesso em: 19/02/2024.

https://www.jusbrasil.com.br/artigos/os-10-atos-do-rito-comum-do-cpc/615419713. Acesso em: 22 fev. 2024.

https://enciclopediajuridica.pucsp.br/verbete/168/edicao-2/acoes-possessorias. Acesso em: 26 maio 2024.

https://www.jusbrasil.com.br/artigos/os-negocios-juridicos-processuais-como-instrumento-que-pode--trazer-maior-eficiencia-na-tramitacao-processual-civil-hodierna/734288798. Acesso em: 24 fev. 2024.

https://www.tjdft.jus.br/consultas/jurisprudencia/jurisprudencia-em-temas/novo-codigo-de-processo--civil/negocios-juridicos-processuais. Acesso em: 24 fev. 2024.

https://cnbsp.org.br/2023/12/04/artigo-transformacoes-no-direito-de-usucapiao-por-igor-bortoluzzi – flores/ Acesso em: 3 abr. 2024.

ANEXO A

TEXTOS COMPARADOS, ALUSIVOS AOS ARTIGOS DO CÓDIGO CIVIL DE 2002 (EM VIGOR) E DO CÓDIGO CIVIL DE 1916 (REVOGADO), SOBRE A POSSE COMO MATÉRIA DE DIREITOS REAIS

Livro II – Do Direito das Coisas
Título I – Da Posse
Capítulo I – Da Posse e sua Classificação

Art. 1.196 do CC/2002. Considera-se possuidor todo aquele que tem de fato o exercício, pleno ou não, de algum dos poderes inerentes à propriedade.

Art. 485 do CC/1916. Considera-se possuidor todo aquele que tem de fato o exercício pleno, ou não, de algum dos poderes inerentes ao domínio, ou propriedade.

Art. 1.197 do CC/2002. A posse direta, de pessoa que tem a coisa em seu poder, temporariamente, em virtude de direito pessoal, ou real, não anula a indireta, de quem aquela foi havida, podendo o possuidor direto defender a sua posse contra o indireto.

Art. 486 do CC/1916. Quando, por força de obrigação, ou direito, em casos como o do usufrutuário, do credor pignoratício, do locatário, se exerce temporariamente a posse direta, não anula esta às pessoas, de quem eles a houve, a posse indireta.

Art. 1.198 do CC/2002. Considera-se detentor aquele que, achando-se em relação de dependência para com outro, conserva a posse em nome deste e em cumprimento de ordens ou instruções suas.

Parágrafo único. Aquele que começou a comportar-se do modo como prescreve este artigo, em relação ao bem e à outra pessoa, presume-se detentor, até que prove o contrário.

Art. 487 do CC/1916. Não é possuidor aquele que, achando-se em relação de dependência para com outro, conserva a posse em nome deste e em cumprimento de ordens ou instruções suas.

Art. 1.199 do CC/2002. Se duas ou mais pessoas possuírem coisa indivisa, poderá cada uma exercer sobre ela atos possessórios, contanto que não excluam os dos outros compossuidores.

Art. 488 do CC/1916. Se duas ou mais pessoas possuírem coisa indivisa, ou estiverem no gozo do mesmo direito, poderá cada uma exercer sobre o objeto comum atos possessórios, contanto que não excluam os dos outros compossuidores.

Art. 1.200 do CC/2002. É justa a posse que não for violenta, clandestina ou precária.

Art. 489 do CC/1916. É justa a posse que não for violenta, clandestina, ou precária.

Art. 1.201 do CC/2002. É de boa-fé a posse, se o possuidor ignora o vício, ou o obstáculo que impede a aquisição da coisa.

Parágrafo único do CC/2002. O possuidor com justo título tem por si a presunção de boa-fé, salvo prova em contrário, ou quando a lei expressamente não admite esta presunção.

Art. 490 do CC/1916. É de boa-fé a posse, se o possuidor ignora o vício, ou o obstáculo que lhe impede a aquisição da coisa, ou do direito, possuído.

Parágrafo único do CC/1916. O possuidor com justo título tem por si a presunção de boa-fé, salvo prova em contrário, ou quando a lei expressamente não admite esta presunção.

Art. 1.202 do CC/2002. A posse de boa-fé só perde este caráter no caso e desde o momento em que as circunstâncias façam presumir que o possuidor não ignora que possui indevidamente.

Art. 491 do CC/1916. A posse de boa-fé só perde este caráter no caso e desde o momento em que as circunstâncias façam presumir que o possuidor não ignora que possui indevidamente.

Art. 1.203 do CC/2002. Salvo prova em contrário, entende-se manter a posse o mesmo caráter com que foi adquirida.

Art. 492 do CC/1916. Salvo prova em contrário, entende-se manter a posse o mesmo caráter com que foi adquirida.

Capítulo II
Da Aquisição da Posse

Art. 1.204 do CC/2002. Adquire-se a posse desde o momento em que se torna possível o exercício, em nome próprio, de qualquer dos poderes inerentes à propriedade.

Art. 493 do CC/1916. Adquire-se a posse:

I. do CC/1916. pela apreensão da coisa, ou pelo exercício do direito;

Sem igual disposição no CC/2002.

II. do CC/1196. pelo fato de se dispor da coisa, ou do direito;

Sem igual disposição no CC/2002.

III. do CC/1916. por qualquer dos modos de aquisição em geral.

Sem igual disposição no CC/2002.

Parágrafo único do CC/1916. É aplicável à aquisição da posse o disposto neste Código, Arts. 81 a 85.

Sem igual disposição CC/2002.

Art. 1.205 do CC/2002. A posse pode ser adquirida:

I. do CC/2002. pela própria pessoa que a pretende ou por seu representante.
II. do CC/2002. por terceiro sem mandato, dependendo de ratificação.

Art. 494 do CC/1916. A posse pode ser adquirida:

I. do CC/1916. pela própria pessoa que a pretende;
II. do CC/1916. por seu representante, ou procurador;
III. do CC/1916. por terceiro sem mandato, dependendo de ratificação;

IV. do CC/1916. pelo constituto possessório.

Sem igual disposição no CC/2002.

Art. 1.206 do CC/2002. A posse transmite-se aos herdeiros ou legatários do possuidor com os mesmos caracteres.

Art. 495 do CC/1916. A posse transmite-se com os mesmos caracteres aos herdeiros e legatários do possuidor.

Art. 1.207 do CC/2002. O sucessor universal continua de direito à posse do seu antecessor; e ao sucessor singular é facultado unir sua posse à do antecessor, para os efeitos legais.

Art. 496 do CC/1916. O sucessor universal continua de direito à posse do seu antecessor; e ao sucessor singular é facultado unir sua posse à do antecessor, para os efeitos legais.

Art. 1.208 do CC/2002. Não induzem posse os atos de mera permissão ou tolerância assim como não autorizam a sua aquisição os atos violentos, ou clandestinos, senão depois de cessar a violência ou a clandestinidade.

Art. 497 do CC/1916. Não induzem posse os atos de mera permissão ou tolerância, assim como não autorizam a sua aquisição os atos violentos, ou clandestinos, senão depois de cessar a violência, ou a clandestinidade.

Art. 1.209 do CC/2002. A posse do imóvel faz presumir, até prova contrária, a das coisas móveis que nele estiverem.

Art. 498 do CC/1916. A posse do imóvel faz presumir, até prova contrária, a dos móveis e objetos que nele estiverem.

Capítulo III
Dos Efeitos da Posse

Art. 1.210 do CC/2002. O possuidor tem direito a ser mantido na posse em caso de turbação, restituído no de esbulho, e segurado de violência iminente, se tiver justo receio de ser molestado.

Art. 499 do CC/1916. O possuidor tem direito a ser mantido na posse, em caso de turbação, e restituído, no de esbulho.

§1º. – O possuidor turbado, ou esbulhado, poderá manter-se ou restituir-se por sua própria força, contanto que o faça logo; os atos de defesa, ou de desforço, não podem ir além do indispensável à manutenção, ou restituição da posse.

Art. 502 do CC/1916. O possuidor turbado, ou esbulhado, poderá manter-se, ou restituir-se por sua própria força, contanto que o faça logo.

Parágrafo único – Os atos de defesa, ou de desforço, não podem ir além do indispensável à manutenção ou restituição da posse.

§2º. – Não obsta à manutenção ou reintegração na posse a alegação de propriedade, ou de outro direito sobre a coisa.

Art. 505 do CC/1916. Não obsta à manutenção, ou reintegração na posse, a alegação de domínio, ou de outro direito sobre a coisa. Não se deve, entretanto, julgar a posse em favor daquele a quem evidentemente não pertencer o domínio.

Art. 1.211 do CC/2002. Quando mais de uma pessoa se disser possuidora, manter-se-á provisoriamente a que tiver a coisa, se não estiver manifesto que a obteve de alguma das outras por modo vicioso.

Art. 500 do CC/1916. Quando mais de uma pessoa se disser possuidora, manter-se-á provisoriamente a que detiver a coisa, não sendo manifesto que a obteve de alguma das outras por modo vicioso.

Art. 1.212 do CC/2002. O possuidor pode intentar a ação de esbulho, ou a de indenização, contra o terceiro, que recebeu a coisa esbulhada sabendo que o era.

Art. 504 do CC/1916. O possuidor pode intentar a ação de esbulho, ou a de indenização, contra o terceiro, que recebeu a coisa esbulhada, sabendo que o era.

Art. 1.213 do CC/2002. O disposto nos artigos antecedentes não se aplica às servidões não aparentes, salvo quando os respectivos títulos provierem do possuidor do prédio serviente, ou daqueles de quem este o houve.

Art. 509 do CC/1916. O disposto nos artigos antecedentes não se aplica às servidões contínuas não aparentes, nem às descontínuas, salvo quando os respectivos títulos provierem do possuidor do prédio serviente, ou daqueles de quem este o houve.

Art. 1.214 do CC/2002. O possuidor de boa-fé tem direito, enquanto ela durar, aos frutos percebidos.

Art. 510 – O possuidor de boa-fé tem direito, enquanto ela durar, aos frutos percebidos

Parágrafo único do CC/2002. Os frutos pendentes ao tempo em que cessar a boa-fé devem ser restituídos, depois de deduzidas as despesas da produção e custeio; devem ser também restituídos os frutos colhidos com antecipação.

Art. 511 do CC/1916. Os frutos pendentes ao tempo em que cessar a boa-fé devem ser restituídos, depois de deduzidas as despesas da produção e custeio. Devem ser também restituídos os frutos colhidos com antecipação.

Art. 1.215 do CC/2002. Os frutos naturais e industriais reputam-se colhidos e percebidos, logo que são separados; os civis reputam-se percebidos dia por dia.

Art. 512 do CC/1916. Os frutos naturais e industriais reputam-se colhidos e percebidos, logo que são separados. Os civis reputam-se percebidos dia por dia.

Art. 1.216 d*o CC/2002. O possuidor de má-fé responde por todos os frutos colhidos e percebidos, bem como pelos que, por culpa sua, deixou de perceber, desde o momento em que se constituiu de má-fé; tem direito às despesas da produção e custeio.

Art. 513 do CC/1916. O possuidor de má-fé responde por todos os frutos colhidos e percebidos, bem como pelos que, por culpa sua, deixou de perceber, desde o momento em que se constituiu de má-fé; tem direito, porém, às despesas da produção e custeio.

Art. 1.217 do CC/2002. O possuidor de boa-fé não responde pela perda ou deterioração da coisa, a que não der causa.

Art. 514 do CC/1916. O possuidor de boa-fé não responde pela perda ou deterioração da coisa, a que não der causa.

Art. 1.218 do CC/2002. O possuidor de má-fé responde pela perda, ou deterioração da coisa, ainda que acidentais, salvo se provar que de igual modo se teriam dado, estando ela na posse do reivindicante.

Art. 515 do CC/1916. O possuidor de má-fé responde pela perda, ou deterioração da coisa, ainda que acidentais, salvo se provar que do mesmo modo se teriam dado, estando ela na posse do reivindicante.

Art. 1.219 do CC/2002. O possuidor de boa-fé tem direito à indenização das benfeitorias necessárias e úteis, bem como, quanto às voluptuárias, se não lhe forem pagas, a levantá-las, quando o puder sem detrimento da coisa, e poderá exercer o direito de retenção pelo valor das benfeitorias necessárias e úteis.

Art. 516 do CC/1916. O possuidor de boa-fé tem direito à indenização das benfeitorias necessárias e úteis, bem como, quanto às voluptuárias, se lhe não forem pagas, a levantá-las, quando o puder sem detrimento da coisa. Pelo valor das benfeitorias necessárias e úteis, poderá exercer o direito de retenção.

Art. 1.220 do CC/2002. Ao possuidor de má-fé serão ressarcidas somente as benfeitorias necessárias; não lhe assiste o direito de retenção pela importância destas, nem o de levantar as voluptuárias.

Art. 517 do CC/1926. Ao possuidor de má-fé serão ressarcidas somente as benfeitorias necessárias; mas não lhe assiste o direito de retenção pela importância destas, nem o de levantar as voluptuárias.

Art. 1.221 do CC/2002. As benfeitorias compensam-se com os danos, e só obrigam ao ressarcimento se ao tempo da evicção ainda existirem.

Art. 518 do CC/1916. As benfeitorias compensam-se com os danos, e só obrigam ao ressarcimento, se ao tempo da evicção ainda existirem.

Art. 1.222 do CC/2002. O reivindicante, obrigado a indenizar as benfeitorias ao possuidor de má-fé, tem o direito de optar entre o seu valor atual e o seu custo; ao possuidor de boa-fé indenizará pelo valor atual.

Art. 519 do CC/1916. O reivindicante obrigado a indenizar as benfeitorias tem direito de optar entre o seu valor atual e o seu custo.

Capítulo IV
Da Perda da Posse

Art. 1.223 do CC/2002. Perde-se a posse quando cessa, embora contra a vontade do possuidor, o poder sobre o bem, ao qual se refere o Art. 1.196.

Art. 520 do CC/1916. Perde-se a posse das coisas:

I. pelo abandono;

Sem igual disposição no CC/2002.

II. pela tradição;

Sem igual disposição no CC/2002.

III. pela perda, ou destruição delas, ou por serem postas fora do comércio.

Sem igual disposição no CC/2002.

IV. pela posse de outrem, ainda contra a vontade do possuidor, se este não foi manutenido, ou reintegrado em tempo competente;

Sem igual disposição no novo Código Civil.

V. pelo constituto possessório.

Sem igual disposição no CC/2002.

Parágrafo único – Perde-se a posse dos direitos, em se tornando impossível exercê-los, ou não se exercendo por tempo que baste para prescreverem.

Sem igual disposição no CC/2002.

Art. 1.224 do CC/2002. Só se considera perdida a posse para quem não presenciou o esbulho, quando, tendo notícia dele, se abstém de retornar a coisa, ou, tentando recuperá-la, é violentamente repelido.

Art. 522 do CC/1916. Só se considera perdida a posse para o ausente, quando, tendo notícia da ocupação, se abstêm de retomar a coisa, ou, tentando recuperá-la, é violentamente repelido.

ANEXO B

DESTAQUES DE ARTIGOS DO CÓDIGO CIVIL DE 1916 NÃO REPETIDOS PELO CÓDIGO CIVIL DE 2002

ESCLARECIMENTOS PARA FINS DE CONSULTA HISTÓRICA: Pelo revogado Código Civil de 1916 **foram ignorados pelo Código Civil 2002**, os seguintes dispositivos legais, os quais transcrevemos como fonte de consulta histórica:

Art. 521 – Aquele que tiver perdido, ou a quem houverem sido furtados, coisa móvel, ou título, ao portador, pode reavê-los da pessoa que os detiver, salvo a esta o direito regressivo contra quem lhes transferiu.

Parágrafo único – Sendo o objeto comprado em leilão público, feira ou mercado, o dono, que pretender a restituição, é obrigado a pagar ao possuidor o preço pelo qual o comprou.

Art. 501 – O possuidor que tenha justo receio de ser molestado na posse, poderá impetrar ao juiz que o segure da violência iminente, cominando pena a quem lhe transgredir o preceito.

Art. 503 – O possuidor manutenido, ou reintegrado, na posse, tem direito à indenização dos prejuízos sofridos, operando-se a reintegração à custa do esbulhador, no mesmo lugar do esbulho.

Art. 506* – Quando o possuidor tiver sido esbulhado, será reintegrado na posse, desde que o requeira, sem ser ouvido o autor do esbulho antes da reintegração.

Art. 507* – Na posse de menos de ano e dia, nenhum possuidor será manutenido, ou reintegrado judicialmente, senão contra os que não tiverem melhor posse.

Parágrafo único – Entende-se melhor a posse que se fundar em justo título; na falta de título, ou sendo os títulos iguais, a mais antiga; se da mesma data, a posse atual. Mas, se todas forem duvidosas, será sequestrada a coisa, enquanto se não apurar a quem toque.

Art. 508* – Se a posse for de mais de ano e dia, o possuidor será mantido sumariamente, até ser convencido pelos meios ordinários.

Art. 523* – As ações de manutenção e as de esbulho serão sumárias, quando intentadas dentro em ano e dia da turbação ou esbulho; e, passado esse prazo, ordinárias, não perdendo, contudo, o caráter possessório.

Parágrafo único – O prazo de ano e dia não corre enquanto o possuidor defende a posse, restabelecendo a situação de fato anterior à turbação, ou ao esbulho.

<u>**NOTA:**</u> Os **artigos 506*, 507*, 508* e 523* do Código Civil de 1916,** conforme retratados acima, são exclusivamente de ordem processual e, por tal motivo, não foram repetidos pelo Código Civil de 2002, pois a disciplina legal da matéria se **encontra nos artigos 920 a 933, do Código de Processo Civil de 1973 (o mesmo, quando da entrada em vigência do Código Civil de 2002, estava em vigor, sendo que pelo Código de Processo Civil de 2015, em vigor, a matéria está contida CAPÍTULO III – DAS AÇÕES POSSESSÓRIAS –, os quais estão destacados no <u>ANEXO C.</u>**

ANEXO C

DESTAQUES DE ARTIGOS DO CÓDIGO DE PROCESSO CIVIL (2015, EM VIGOR, E 1973, REVOGADO) EM MATÉRIA DE AÇÕES POSSESSÓRIAS

NOTA: Objetivando facilitar a consulta do Código de Processo Civil, no que diz respeito às ações possessórias, transcrevemos os mesmos nesta obra. Com base nos artigos transcritos, o consulente poderá fazer o devido confrontamento da matéria com aqueles artigos correspondentes do Código de Processo Civil de 2015, bem como em relação ao Código Civil de 2002, e, para fins de estudos comparativos, com o revogado Código Civil de 1916.

CAPÍTULO III
DAS AÇÕES POSSESSÓRIAS

Seção I
Disposições Gerais

Art. 554. **CPC – 2015 –** A propositura de uma ação possessória em vez de outra não obstará a que o juiz conheça do pedido e outorgue a proteção legal correspondente àquela cujos pressupostos estejam provados.

§ 1º **CPC – 2015 –** No caso de ação possessória em que figure no polo passivo grande número de pessoas, serão feitas a citação pessoal dos ocupantes que forem encontrados no local e a citação por edital dos demais, determinando-se, ainda, a intimação do Ministério Público e, se envolver pessoas em situação de hipossuficiência econômica, da Defensoria Pública.

§ 2º **CPC – 2015 –** Para fim da citação pessoal prevista no § 1º, o oficial de justiça procurará os ocupantes no local por uma vez, citando-se por edital os que não forem encontrados.

§ 3º **CPC – 2015 –** O juiz deverá determinar que se dê ampla publicidade da existência da ação prevista no § 1º e dos respectivos prazos processuais, podendo, para tanto, valer-se de anúncios em jornal ou rádio locais, da publicação de cartazes na região do conflito e de outros meios.

Art. 555. **CPC – 2015 –** É lícito ao autor cumular ao pedido possessório o de:

I. **CPC – 2015 –** condenação em perdas e danos;

II. **CPC – 2015 –** indenização dos frutos.

Parágrafo único. **CPC – 2015 –** Pode o autor requerer, ainda, imposição de medida necessária e adequada para:

I. **CPC – 2015 –** evitar nova turbação ou esbulho;

II. **CPC – 2015 –** cumprir-se a tutela provisória ou final.

Art. 556. **CPC – 2015 –** É lícito ao réu, na contestação, alegando que foi o ofendido em sua posse, demandar a proteção possessória e a indenização pelos prejuízos resultantes da turbação ou do esbulho cometido pelo autor.

Art. 557. **CPC – 2015 –** Na pendência de ação possessória é vedado, tanto ao autor quanto ao réu, propor ação de reconhecimento do domínio, exceto se a pretensão for deduzida em face de terceira pessoa.

Parágrafo único. **CPC – 2015 –** Não obsta à manutenção ou à reintegração de posse a alegação de propriedade ou de outro direito sobre a coisa.

Art. 558. **CPC – 2015 –** Regem o procedimento de manutenção e de reintegração de posse as normas da Seção II deste Capítulo quando a ação for proposta dentro de ano e dia da turbação ou do esbulho afirmado na petição inicial.

Parágrafo único. **CPC – 2015 –** Passado o prazo referido no caput, será comum o procedimento, não perdendo, contudo, o caráter possessório.

Art. 559. **CPC – 2015 –** Se o réu provar, em qualquer tempo, que o autor provisoriamente mantido ou reintegrado na posse carece de idoneidade financeira para, no caso de sucumbência, responder por perdas e danos, o juiz designar-lhe-á o prazo de 5 (cinco) dias para requerer caução, real ou fidejussória, sob pena de ser depositada a coisa litigiosa, ressalvada a impossibilidade da parte economicamente hipossuficiente.

Seção II
Da Manutenção e da Reintegração de Posse

Art. 560. **CPC – 2015 –** O possuidor tem direito a ser mantido na posse em caso de turbação e reintegrado em caso de esbulho.

Art. 561. **CPC – 2015 –** Incumbe ao autor provar:

I. **CPC – 2015 –** a sua posse;

II. **CPC – 2015 –** a turbação ou o esbulho praticado pelo réu;

III. **CPC – 2015 –** a data da turbação ou do esbulho;

IV. **CPC – 2015 –** a continuação da posse, embora turbada, na ação de manutenção, ou a perda da posse, na ação de reintegração.

Art. 562. **CPC – 2015 –** Estando a petição inicial devidamente instruída, o juiz deferirá, sem ouvir o réu, a expedição do mandado liminar de manutenção ou de reintegração, caso contrário, determinará que o autor justifique previamente o alegado, citando-se o réu para comparecer à audiência que for designada.

Parágrafo único. **CPC – 2015 –** Contra as pessoas jurídicas de direito público não será deferida a manutenção ou a reintegração liminar sem prévia audiência dos respectivos representantes judiciais.

Art. 563. **CPC – 2015 –** Considerada suficiente a justificação, o juiz fará logo expedir mandado de manutenção ou de reintegração.

Art. 564. **CPC – 2015 –** Concedido ou não o mandado liminar de manutenção ou de reintegração, o autor promoverá, nos 5 (cinco) dias subsequentes, a citação do réu para, querendo, contestar a ação no prazo de 15 (quinze) dias.

Parágrafo único. **CPC – 2015 –** Quando for ordenada a justificação prévia, o prazo para contestar será contado da intimação da decisão que deferir ou não a medida liminar.

Art. 565. **CPC – 2015 –** No litígio coletivo pela posse de imóvel, quando o esbulho ou a turbação afirmado na petição inicial houver ocorrido há mais de ano e dia, o juiz, antes de apreciar o pedido de concessão da medida liminar, deverá designar audiência de mediação, a realizar-se em até 30 (trinta) dias, que observará o disposto nos §§ 2º e 4º.

§ 1º **CPC – 2015 –** Concedida a liminar, se essa não for executada no prazo de 1 (um) ano, a contar da data de distribuição, caberá ao juiz designar audiência de mediação, nos termos dos §§ 2º a 4º deste artigo.

§ 2º O Ministério Público será intimado para comparecer à audiência, e a Defensoria Pública será intimada sempre que houver parte beneficiária de gratuidade da justiça.

§ 3º **CPC – 2015 –** O juiz poderá comparecer à área objeto do litígio quando sua presença se fizer necessária à efetivação da tutela jurisdicional.

§ 4º **CPC – 2015 –** Os órgãos responsáveis pela política agrária e pela política urbana da União, de Estado ou do Distrito Federal e de Município onde se situe a área objeto do litígio poderão ser intimados para a audiência, a fim de se manifestarem sobre seu interesse no processo e sobre a existência de possibilidade de solução para o conflito possessório.

§ 5º **CPC – 2015 –** Aplica-se o disposto neste artigo ao litígio sobre propriedade de imóvel.

Art. 566. **CPC – 2015 –** Aplica-se, quanto ao mais, o procedimento comum.

Seção III
Do Interdito Proibitório

Art. 567. **CPC – 2015 –** O possuidor direto ou indireto que tenha justo receio de ser molestado na posse poderá requerer ao juiz que o segure da turbação ou esbulho iminente, mediante mandado proibitório em que se comine ao réu determinada pena pecuniária caso transgrida o preceito.

Art. 568. **CPC – 2015 –** Aplica-se ao interdito proibitório o disposto na Seção II deste Capítulo.

NOTA: NO ROL ABAIXO ESTÃO OS ARTS. RELATIVOS À MATÉRIA POSSESSÓRIA QUE ERAM DISCIPLINADOS PELO CÓDIGO DE PROCESSO CIVIL DE 1973 (revogado). NOTA: O CÓDIGO DE PROCESSO CIVIL DE 2015 (em vigor) não repete, como fazia o Código de Processo Civil de 1973 (revogado) o disciplinamento para a AÇÃO DE NUNCIAÇÃO DE OBRA NOVA.* Constava dos Arts. 934 ao 940, do CPC/1973 (revogado), era ação de procedimento especial e de jurisdição contenciosa, pelo CPC/2015 passou a se submeter ao procedimento comum.

CAPÍTULO V
DAS AÇÕES POSSESSÓRIAS

Seção I
Das Disposições Gerais

Art. 920. **CPC – 1973(REVOGADO)** A propositura de uma ação possessória em vez de outra não obstará a que o juiz conheça do pedido e outorgue a proteção legal correspondente àquela, cujos requisitos estejam provados.

Art. 921. **CPC – 1973(REVOGADO)** É lícito ao autor cumular ao pedido possessório o de:

I. **CPC – 1973(REVOGADO)** condenação em perdas e danos;

II. **CPC – 1973(REVOGADO)** cominação de pena para caso de nova turbação ou esbulho;

III. **CPC – 1973(REVOGADO)** desfazimento de construção ou plantação feita em detrimento de sua posse.

Art. 922. **CPC – 1973(REVOGADO)** É lícito ao réu, na contestação, alegando que foi o ofendido em sua posse, demandar a proteção possessória e a indenização pelos prejuízos resultantes da turbação ou do esbulho cometido pelo autor.

Art. 923. **CPC – 1973(REVOGADO)** Na pendência do processo possessório, é defeso, assim ao autor como ao réu, intentar a ação de reconhecimento do domínio. (Redação dada pela Lei n.º 6.820, de 16.9.1980)

Art. 924. **CPC – 1973(REVOGADO)** Regem o procedimento de manutenção e de reintegração de posse as normas da seção seguinte, quando intentado dentro de ano e dia da turbação ou do esbulho; passado esse prazo, será ordinário, não perdendo, contudo, o caráter possessório.

Art. 925. **CPC – 1973(REVOGADO)** Se o réu provar, em qualquer tempo, que o autor provisoriamente mantido ou reintegrado na posse carece de idoneidade financeira para, no caso de decair da ação, responder por perdas e danos, o juiz assinar-lhe-á o prazo de 5 (cinco) dias para requerer caução sob pena de ser depositada a coisa litigiosa.

Seção II
Da Manutenção e da Reintegração de Posse

Art. 926. **CPC – 1973(REVOGADO)** O possuidor tem direito a ser mantido na posse em caso de turbação e reintegrado no de esbulho.

Art. 927. **CPC – 1973(REVOGADO)** Incumbe ao autor provar:

I. **CPC – 1973(REVOGADO)** a sua posse;

II. **CPC – 1973(REVOGADO)** a turbação ou o esbulho praticado pelo réu;

III. **CPC – 1973(REVOGADO)** a data da turbação ou do esbulho;

IV. **CPC – 1973(REVOGADO)** a continuação da posse, embora turbada, na ação de manutenção; a perda da posse, na ação de reintegração.

Art. 928. **CPC – 1973(REVOGADO)** Estando a petição inicial devidamente instruída, o juiz deferirá, sem ouvir o réu, a expedição do mandado liminar de manutenção ou de reintegração; no caso contrário, determinará que o autor justifique previamente o alegado, citando-se o réu para comparecer à audiência que for designada.

Parágrafo único. **CPC – 1973(REVOGADO)** Contra as pessoas jurídicas de direito público não será deferida a manutenção ou a reintegração liminar sem prévia audiência dos respectivos representantes judiciais.

Art. 929. **CPC – 1973(REVOGADO)** Julgada procedente a justificação, o juiz fará logo expedir mandado de manutenção ou de reintegração.

Art. 930. **CPC – 1973(REVOGADO)** Concedido ou não o mandado liminar de manutenção ou de reintegração, o autor promoverá, nos 5 (cinco) dias subsequentes, a citação do réu para contestar a ação.

Parágrafo único. **CPC – 1973(REVOGADO)** Quando for ordenada a justificação prévia (Art. 928), o prazo para contestar contar-se-á da intimação do despacho que deferir ou não a medida liminar.

Art. 931. **CPC – 1973(REVOGADO)** Aplica-se, quanto ao mais, o procedimento ordinário.

Seção III
Do Interdito Proibitório

Art. 932. **CPC – 1973(REVOGADO)** O possuidor direto ou indireto, que tenha justo receio de ser molestado na posse, poderá impetrar ao juiz que o segure da turbação ou esbulho iminente, mediante mandado proibitório, em que se comine ao réu determinada pena pecuniária, caso transgrida o preceito.

Art. 933. **CPC – 1973(REVOGADO)** Aplica-se ao interdito proibitório o disposto na seção anterior.

CAPÍTULO VI
DA AÇÃO DE NUNCIAÇÃO DE OBRA NOVA (* Não inserida, como fazia o Código de Processo Civil de 1973, revogado, no rol do Capítulo das AÇÕES POSSESSÓRIAS.

Art. 934. **CPC – 1973(REVOGADO)** Compete esta ação:

I. **CPC – 1973(REVOGADO)** ao proprietário ou possuidor, a fim de impedir que a edificação de obra nova em imóvel vizinho lhe prejudique o prédio, suas servidões ou fins a que é destinado;

II. **CPC – 1973(REVOGADO)** ao condômino, para impedir que o coproprietário execute alguma obra com prejuízo ou alteração da coisa comum;

III. **CPC – 1973(REVOGADO)** ao Município, a fim de impedir que o particular construa em contravenção da lei, do regulamento ou de postura.

Art. 935 **CPC – 1973(REVOGADO)**. Ao prejudicado também é lícito, se o caso for urgente, fazer o embargo extrajudicial, notificando verbalmente, perante duas testemunhas, o proprietário ou, em sua falta, o construtor, para não continuar a obra.

Parágrafo único **CPC – 1973(REVOGADO)**. Dentro de 3 (três) dias requererá o nunciante a ratificação em juízo, sob pena de cessar o efeito do embargo.

Art. 936. **CPC – 1973(REVOGADO)** Na petição inicial, elaborada com observância dos requisitos do Art. 282, requererá o nunciante:

I. **CPC – 1973(REVOGADO)** o embargo para que fique suspensa a obra e se mande afinal reconstituir, modificar ou demolir o que estiver feito em seu detrimento;

II. **CPC – 1973(REVOGADO)** a cominação de pena para o caso de inobservância do preceito;

III. **CPC – 1973(REVOGADO)** a condenação em perdas e danos.

Parágrafo único. **CPC – 1973(REVOGADO)** Tratando-se de demolição, colheita, corte de madeiras, extração de minérios e obras semelhantes, pode incluir-se o pedido de apreensão e depósito dos materiais e produtos já retirados.

Art. 937. **CPC – 1973(REVOGADO)** É lícito ao juiz conceder o embargo liminarmente ou após justificação prévia.

Art. 938. **CPC – 1973(REVOGADO)** Deferido o embargo, o oficial de justiça, encarregado de seu cumprimento, lavrará auto circunstanciado, descrevendo o estado em que se encontra a obra; e, ato contínuo, intimará o construtor e os operários a que não continuem a obra sob pena de desobediência e citará o proprietário a contestar em 5 (cinco) dias a ação.

Art. 939. **CPC – 1973(REVOGADO)** Aplica-se a esta ação o disposto no Art. 803.

Art. 940. **CPC – 1973(REVOGADO)** O nunciado poderá, a qualquer tempo e em qualquer grau de jurisdição, requerer o prosseguimento da obra, desde que preste caução e demonstre prejuízo resultante da suspensão dela.

§ 1º **CPC – 1973(REVOGADO)** A caução será prestada no juízo de origem, embora a causa se encontre no tribunal.

§ 2º **CPC – 1973(REVOGADO)** Em nenhuma hipótese terá lugar o prosseguimento, tratando-se de obra nova levantada contra determinação de regulamentos administrativos.

ANEXO D

DESTAQUES DE ARTIGOS DO CÓDIGO CIVIL (2002, EM VIGOR), QUE FORAM ACRESCENTADOS POR MEIO DA LEI N.º 13.777, DE 20 DE DEZEMBRO DE 2018, SOBRE A PROPRIEDADE COMPARTILHADA (MULTIPROPRIEDADEDE) E SOBRE TIME-SHARING (TIMESHARE – LEI N.º 11.771, DE 17 DE DEZEMBRO DE 2008 (VER: ART. 23, § 2°) REGULAMENTADA PELO DECRETO N.º 7.381, DE 2 DE DEZEMBRO DE 2010 (VER: ART. 28, § 2º).

ROL DOS ARTIGOS DO CÓDIGO CIVIL SOBRE PROPRIEDADE COMPARTILHADA (MULTIPROPRIEDADE):

CAPÍTULO VII-A (Incluído pela Lei n.º 13.777, de 2018) (Vigência)

DO CONDOMÍNIO EM MULTIPROPRIEDADE

Seção I
(Incluído pela Lei n.º 13.777, de 2018) (Vigência)

Disposições Gerais

Art. 1.358-B. A multipropriedade reger-se-á pelo disposto neste Capítulo e, de forma supletiva e subsidiária, pelas demais disposições deste Código e pelas disposições das Leis n.º 4.591, de 16 de dezembro de 1964, e 8.078, de 11 de setembro de 1990 (Código de Defesa do Consumidor). (Incluído pela Lei n.º 13.777, de 2018) (Vigência)-

Art. 1.358-C. Multipropriedade é o regime de condomínio em que cada um dos proprietários de um mesmo imóvel é titular de uma fração de tempo, à qual corresponde a faculdade de uso e gozo, com exclusividade, da totalidade do imóvel, a ser exercida pelos proprietários de forma alternada. (Incluído pela Lei n.º 13.777, de 2018) (Vigência)

Parágrafo único. A multipropriedade não se extinguirá automaticamente se todas as frações de tempo forem do mesmo multiproprietário. (Incluído pela Lei n.º 13.777, de 2018) (Vigência)

Art. 1.358-D. O imóvel objeto da multipropriedade: (Incluído pela Lei n.º 13.777, de 2018) (Vigência)

I. é indivisível, não se sujeitando a ação de divisão ou de extinção de condomínio; (Incluído pela Lei n.º 13.777, de 2018) (Vigência)

II. inclui as instalações, os equipamentos e o mobiliário destinados a seu uso e gozo. (Incluído pela Lei n.º 13.777, de 2018) (Vigência)

Art. 1.358-E. Cada fração de tempo é indivisível. (Incluído pela Lei n.º 13.777, de 2018) (Vigência)

§ 1º O período correspondente a cada fração de tempo será de, no mínimo, 7 (sete) dias, seguidos ou intercalados, e poderá ser: (Incluído pela Lei n.º 13.777, de 2018) (Vigência)

I. fixo e determinado, no mesmo período de cada ano; (Incluído pela Lei n.º 13.777, de 2018) (Vigência)

II. flutuante, caso em que a determinação do período será realizada de forma periódica, mediante procedimento objetivo que respeite, em relação a todos os multiproprietários, o princípio da isonomia, devendo ser previamente divulgado; ou (Incluído pela Lei n.º 13.777, de 2018) (Vigência)

III. misto, combinando os sistemas fixo e flutuante. (Incluído pela Lei n.º 13.777, de 2018) (Vigência)

§ 2º Todos os multiproprietários terão direito a uma mesma quantidade mínima de dias seguidos durante o ano, podendo haver a aquisição de frações maiores que a mínima, com o correspondente direito ao uso por períodos também maiores. (Incluído pela Lei n.º 13.777, de 2018) (Vigência)

Seção II
(Incluído pela Lei n.º 13.777, de 2018) (Vigência)

Da Instituição da Multipropriedade

Art. 1.358-F. Institui-se a multipropriedade por ato entre vivos ou testamento, registrado no competente cartório de registro de imóveis, devendo constar daquele ato a duração dos períodos correspondentes a cada fração de tempo. (Incluído pela Lei n.º 13.777, de 2018) (Vigência)

Art. 1.358-G. Além das cláusulas que os multiproprietários decidirem estipular, a convenção de condomínio em multipropriedade determinará: (Incluído pela Lei n.º 13.777, de 2018) (Vigência)

I. os poderes e deveres dos multiproprietários, especialmente em matéria de instalações, equipamentos e mobiliário do imóvel, de manutenção ordinária e extraordinária, de conservação e limpeza e de pagamento da contribuição condominial; (Incluído pela Lei n.º 13.777, de 2018) (Vigência)

II. o número máximo de pessoas que podem ocupar simultaneamente o imóvel no período correspondente a cada fração de tempo; (Incluído pela Lei n.º 13.777, de 2018) (Vigência)

III. as regras de acesso do administrador condominial ao imóvel para cumprimento do dever de manutenção, conservação e limpeza; (Incluído pela Lei n.º 13.777, de 2018) (Vigência)

IV. a criação de fundo de reserva para reposição e manutenção dos equipamentos, instalações e mobiliário; (Incluído pela Lei n.º 13.777, de 2018) (Vigência)

V. o regime aplicável em caso de perda ou destruição parcial ou total do imóvel, inclusive para efeitos de participação no risco ou no valor do seguro, da indenização ou da parte restante; (Incluído pela Lei n.º 13.777, de 2018) (Vigência)

VI. as multas aplicáveis ao multiproprietário nas hipóteses de descumprimento de deveres. (Incluído pela Lei n.º 13.777, de 2018) (Vigência)

Art. 1.358-H. O instrumento de instituição da multipropriedade ou a convenção de condomínio em multipropriedade poderá estabelecer o limite máximo de frações de tempo no mesmo imóvel que poderão ser detidas pela mesma pessoa natural ou jurídica. (Incluído pela Lei n.º 13.777, de 2018) (Vigência)

Parágrafo único. Em caso de instituição da multipropriedade para posterior venda das frações de tempo a terceiros, o atendimento a eventual limite de frações de tempo por titular estabelecido no instrumento de instituição será obrigatório somente após a venda das frações. (Incluído pela Lei n.º 13.777, de 2018) (Vigência)

Seção III
(Incluído pela Lei n.º 13.777, de 2018) (Vigência)

Dos Direitos e das Obrigações do Multiproprietário

Art. 1.358-I. São direitos do multiproprietário, além daqueles previstos no instrumento de instituição e na convenção de condomínio em multipropriedade: (Incluído pela Lei n.º 13.777, de 2018) (Vigência)

I. usar e gozar, durante o período correspondente à sua fração de tempo, do imóvel e de suas instalações, equipamentos e mobiliário; (Incluído pela Lei n.º 13.777, de 2018) (Vigência)

II. ceder a fração de tempo em locação ou comodato; (Incluído pela Lei n.º 13.777, de 2018) (Vigência)

III. alienar a fração de tempo, por ato entre vivos ou por causa de morte, a título oneroso ou gratuito, ou onerá-la, devendo a alienação e a qualificação do sucessor, ou a oneração, ser informadas ao administrador; (Incluído pela Lei n.º 13.777, de 2018) (Vigência)

IV. participar e votar, pessoalmente ou por intermédio de representante ou procurador, desde que esteja quite com as obrigações condominiais, em: (Incluído pela Lei n.º 13.777, de 2018) (Vigência)

a. assembleia geral do condomínio em multipropriedade, e o voto do multiproprietário corresponderá à quota de sua fração de tempo no imóvel; (Incluído pela Lei n.º 13.777, de 2018) (Vigência)

b. assembleia geral do condomínio edilício, quando for o caso, e o voto do multiproprietário corresponderá à quota de sua fração de tempo em relação à quota de poder político atribuído à unidade autônoma na respectiva convenção de condomínio edilício. (Incluído pela Lei n.º 13.777, de 2018) (Vigência)

Art. 1.358-J. São obrigações do multiproprietário, além daquelas previstas no instrumento de instituição e na convenção de condomínio em multipropriedade: (Incluído pela Lei n.º 13.777, de 2018) (Vigência)

I. pagar a contribuição condominial do condomínio em multipropriedade e, quando for o caso, do condomínio edilício, ainda que renuncie ao uso e gozo, total ou parcial, do imóvel, das áreas comuns ou das respectivas instalações, equipamentos e mobiliário; (Incluído pela Lei n.º 13.777, de 2018) (Vigência)

II. responder por danos causados ao imóvel, às instalações, aos equipamentos e ao mobiliário por si, por qualquer de seus acompanhantes, convidados ou prepostos ou por pessoas por ele autorizadas; (Incluído pela Lei n.º 13.777, de 2018) (Vigência)

III. comunicar imediatamente ao administrador os defeitos, avarias e vícios no imóvel dos quais tiver ciência durante a utilização; (Incluído pela Lei n.º 13.777, de 2018) (Vigência)

IV. não modificar, alterar ou substituir o mobiliário, os equipamentos e as instalações do imóvel; (Incluído pela Lei n.º 13.777, de 2018) (Vigência)

V. manter o imóvel em estado de conservação e limpeza condizente com os fins a que se destina e com a natureza da respectiva construção; (Incluído pela Lei n.º 13.777, de 2018) (Vigência)

VI. usar o imóvel, bem como suas instalações, equipamentos e mobiliário, conforme seu destino e natureza; (Incluído pela Lei n.º 13.777, de 2018) (Vigência)

VII. usar o imóvel exclusivamente durante o período correspondente à sua fração de tempo; (Incluído pela Lei n.º 13.777, de 2018) (Vigência)

VIII. desocupar o imóvel, impreterivelmente, até o dia e hora fixados no instrumento de instituição ou na convenção de condomínio em multipropriedade, sob pena de multa diária, conforme convencionado no instrumento pertinente; (Incluído pela Lei n.º 13.777, de 2018) (Vigência)

IX. permitir a realização de obras ou reparos urgentes. (Incluído pela Lei n.º 13.777, de 2018) (Vigência)

§ 1º Conforme previsão que deverá constar da respectiva convenção de condomínio em multipropriedade, o multiproprietário estará sujeito a: (Incluído pela Lei n.º 13.777, de 2018) (Vigência)

I. multa, no caso de descumprimento de qualquer de seus deveres; (Incluído pela Lei n.º 13.777, de 2018) (Vigência)

II. multa progressiva e perda temporária do direito de utilização do imóvel no período correspondente à sua fração de tempo, no caso de descumprimento reiterado de deveres. (Incluído pela Lei n.º 13.777, de 2018) (Vigência)

§ 2º A responsabilidade pelas despesas referentes a reparos no imóvel, bem como suas instalações, equipamentos e mobiliário, será: (Incluído pela Lei n.º 13.777, de 2018) (Vigência)

I. de todos os multiproprietários, quando decorrentes do uso normal e do desgaste natural do imóvel; (Incluído pela Lei n.º 13.777, de 2018) (Vigência)

II. exclusivamente do multiproprietário responsável pelo uso anormal, sem prejuízo de multa, quando decorrentes de uso anormal do imóvel. (Incluído pela Lei n.º 13.777, de 2018) (Vigência)

[...].

Art. 1.358-K. Para os efeitos do disposto nesta Seção, são equiparados aos multiproprietários os promitentes compradores e os cessionários de direitos relativos a cada fração de tempo. (Incluído pela Lei n.º 13.777, de 2018) (Vigência)

Seção IV
(Incluído pela Lei n.º 13.777, de 2018) (Vigência)

Da Transferência da Multipropriedade

Art. 1.358-L. A transferência do direito de multipropriedade e a sua produção de efeitos perante terceiros dar-se-ão na forma da lei civil e não dependerão da anuência ou cientificação dos demais multiproprietários. (Incluído pela Lei n.º 13.777, de 2018) (Vigência)

§ 1º Não haverá direito de preferência na alienação de fração de tempo, salvo se estabelecido no instrumento de instituição ou na convenção do condomínio em multipropriedade em favor dos demais multiproprietários ou do instituidor do condomínio em multipropriedade. (Incluído pela Lei n.º 13.777, de 2018) (Vigência)

§ 2º O adquirente será solidariamente responsável com o alienante pelas obrigações de que trata o § 5º do Art. 1.358-J deste Código caso não obtenha a declaração de inexistência de débitos referente à fração de tempo no momento de sua aquisição. (Incluído pela Lei n.º 13.777, de 2018) (Vigência)

Seção V
(Incluído pela Lei n.º 13.777, de 2018)

Da Administração da Multipropriedade

Art. 1.358-M. A administração do imóvel e de suas instalações, equipamentos e mobiliário será de responsabilidade da pessoa indicada no instrumento de instituição ou na convenção de condomínio em multipropriedade, ou, na falta de indicação, de pessoa escolhida em assembleia geral dos condôminos. (Incluído pela Lei n.º 13.777, de 2018) (Vigência)

§ 1º O administrador exercerá, além daquelas previstas no instrumento de instituição e na convenção de condomínio em multipropriedade, as seguintes atribuições: (Incluído pela Lei n.º 13.777, de 2018) (Vigência)

I. coordenação da utilização do imóvel pelos multiproprietários durante o período correspondente a suas respectivas frações de tempo; (Incluído pela Lei n.º 13.777, de 2018) (Vigência)

II. determinação, no caso dos sistemas flutuante ou misto, dos períodos concretos de uso e gozo exclusivos de cada multiproprietário em cada ano; (Incluído pela Lei n.º 13.777, de 2018) (Vigência)

III. manutenção, conservação e limpeza do imóvel; (Incluído pela Lei n.º 13.777, de 2018) (Vigência)

IV. troca ou substituição de instalações, equipamentos ou mobiliário, inclusive: (Incluído pela Lei n.º 13.777, de 2018) (Vigência)

a. determinar a necessidade da troca ou substituição; (Incluído pela Lei n.º 13.777, de 2018) (Vigência)

b. providenciar os orçamentos necessários para a troca ou substituição; (Incluído pela Lei n.º 13.777, de 2018) (Vigência)

c. submeter os orçamentos à aprovação pela maioria simples dos condôminos em assembleia; (Incluído pela Lei n.º 13.777, de 2018) (Vigência)

V. elaboração do orçamento anual, com previsão das receitas e despesas; (Incluído pela Lei n.º 13.777, de 2018) (Vigência)

VI. cobrança das quotas de custeio de responsabilidade dos multiproprietários; (Incluído pela Lei n.º 13.777, de 2018) (Vigência)

VII. pagamento, por conta do condomínio edilício ou voluntário, com os fundos comuns arrecadados, de todas as despesas comuns. (Incluído pela Lei n.º 13.777, de 2018) (Vigência)

§ 2º A convenção de condomínio em multipropriedade poderá regrar de forma diversa a atribuição prevista no inciso IV do § 1º deste artigo. (Incluído pela Lei n.º 13.777, de 2018) (Vigência)

Art. 1.358-N. O instrumento de instituição poderá prever fração de tempo destinada à realização, no imóvel e em suas instalações, em seus equipamentos e em seu mobiliário, de reparos indispensáveis ao exercício normal do direito de multipropriedade. (Incluído pela Lei n.º 13.777, de 2018) (Vigência)

§ 1º A fração de tempo de que trata o **caput** deste artigo poderá ser atribuída: (Incluído pela Lei n.º 13.777, de 2018) (Vigência)

I. ao instituidor da multipropriedade; ou (Incluído pela Lei n.º 13.777, de 2018) (Vigência)

II. aos multiproprietários, proporcionalmente às respectivas frações. (Incluído pela Lei n.º 13.777, de 2018) (Vigência)

§ 2º Em caso de emergência, os reparos de que trata o **caput** deste artigo poderão ser feitos durante o período correspondente à fração de tempo de um dos multiproprietários. (Incluído pela Lei n.º 13.777, de 2018) (Vigência)

Seção VI
(Incluído pela Lei n.º 13.777, de 2018) (Vigência)

Disposições Específicas Relativas às Unidades Autônomas de Condomínios Edilícios

Art. 1.358-O. O condomínio edilício poderá adotar o regime de multipropriedade em parte ou na totalidade de suas unidades autônomas, mediante: (Incluído pela Lei n.º 13.777, de 2018) (Vigência)

I. previsão no instrumento de instituição; ou (Incluído pela Lei n.º 13.777, de 2018) (Vigência)

II. deliberação da maioria absoluta dos condôminos. (Incluído pela Lei n.º 13.777, de 2018) (Vigência)

Parágrafo único. No caso previsto no inciso I do **caput** deste artigo, a iniciativa e a responsabilidade para a instituição do regime da multipropriedade serão atribuídas às mesmas pessoas e observarão os mesmos requisitos indicados nas alíneas *a, b* e *c* e no § 1º do Art. 31 da Lei n.º 4.591, de 16 de dezembro de 1964. (Incluído pela Lei n.º 13.777, de 2018) (Vigência)

Art. 1.358-P. Na hipótese do Art. 1.358-O, a convenção de condomínio edilício deve prever, além das matérias elencadas nos Arts. 1.332, 1.334 e, se for o caso, 1.358-G deste Código: (Incluído pela Lei n.º 13.777, de 2018) (Vigência)

I.   a identificação das unidades sujeitas ao regime da multipropriedade, no caso de empreendimentos mistos; (Incluído pela Lei n.º 13.777, de 2018) (Vigência)

II. a indicação da duração das frações de tempo de cada unidade autônoma sujeita ao regime da multipropriedade; (Incluído pela Lei n.º 13.777, de 2018) (Vigência)

III. a forma de rateio, entre os multiproprietários de uma mesma unidade autônoma, das contribuições condominiais relativas à unidade, que, salvo se disciplinada de forma diversa no instrumento de instituição ou na convenção de condomínio em multipropriedade, será proporcional à fração de tempo de cada multiproprietário; (Incluído pela Lei n.º 13.777, de 2018) (Vigência)

IV. a especificação das despesas ordinárias, cujo custeio será obrigatório, independentemente do uso e gozo do imóvel e das áreas comuns; (Incluído pela Lei n.º 13.777, de 2018) (Vigência)

V.   os órgãos de administração da multipropriedade; (Incluído pela Lei n.º 13.777, de 2018) (Vigência)

VI. a indicação, se for o caso, de que o empreendimento conta com sistema de administração de intercâmbio, na forma prevista no § 2º do Art. 23 da Lei n.º 11.771, de 17 de setembro de 2008, seja do período de fruição da fração de tempo, seja do local de fruição, caso em que a responsabilidade e as obrigações da companhia de intercâmbio limitam-se ao contido na documentação de sua contratação; (Incluído pela Lei n.º 13.777, de 2018) (Vigência)

VII. a competência para a imposição de sanções e o respectivo procedimento, especialmente nos casos de mora no cumprimento das obrigações de custeio e nos casos de descumprimento da obrigação de desocupar o imóvel até o dia e hora previstos; (Incluído pela Lei n.º 13.777, de 2018) (Vigência)

VIII.   o quórum exigido para a deliberação de adjudicação da fração de tempo na hipótese de inadimplemento do respectivo multiproprietário; (Incluído pela Lei n.º 13.777, de 2018) (Vigência)

IX. o quórum exigido para a deliberação de alienação, pelo condomínio edilício, da fração de tempo adjudicada em virtude do inadimplemento do respectivo multiproprietário. (Incluído pela Lei n.º 13.777, de 2018) (Vigência)

Art. 1.358-Q. Na hipótese do Art. 1.358-O deste Código, o regimento interno do condomínio edilício deve prever: (Incluído pela Lei n.º 13.777, de 2018) (Vigência)

I.   os direitos dos multiproprietários sobre as partes comuns do condomínio edilício; (Incluído pela Lei n.º 13.777, de 2018) (Vigência)

II. os direitos e obrigações do administrador, inclusive quanto ao acesso ao imóvel para cumprimento do dever de manutenção, conservação e limpeza; (Incluído pela Lei n.º 13.777, de 2018) (Vigência)

III. as condições e regras para uso das áreas comuns; (Incluído pela Lei n.º 13.777, de 2018) (Vigência)

IV. os procedimentos a serem observados para uso e gozo dos imóveis e das instalações, equipamentos e mobiliário destinados ao regime da multipropriedade; (Incluído pela Lei n.º 13.777, de 2018) (Vigência)

V. o número máximo de pessoas que podem ocupar simultaneamente o imóvel no período correspondente a cada fração de tempo; (Incluído pela Lei n.º 13.777, de 2018) (Vigência)

VI. as regras de convivência entre os multiproprietários e os ocupantes de unidades autônomas não sujeitas ao regime da multipropriedade, quando se tratar de empreendimentos mistos; (Incluído pela Lei n.º 13.777, de 2018) (Vigência)

VII. a forma de contribuição, destinação e gestão do fundo de reserva específico para cada imóvel, para reposição e manutenção dos equipamentos, instalações e mobiliário, sem prejuízo do fundo de reserva do condomínio edilício; (Incluído pela Lei n.º 13.777, de 2018) (Vigência)

VIII. a possibilidade de realização de assembleias não presenciais, inclusive por meio eletrônico; (Incluído pela Lei n.º 13.777, de 2018) (Vigência)

IX. os mecanismos de participação e representação dos titulares; (Incluído pela Lei n.º 13.777, de 2018) (Vigência)

X. o funcionamento do sistema de reserva, os meios de confirmação e os requisitos a serem cumpridos pelo multiproprietário quando não exercer diretamente sua faculdade de uso; (Incluído pela Lei n.º 13.777, de 2018) (Vigência)

XI. a descrição dos serviços adicionais, se existentes, e as regras para seu uso e custeio. (Incluído pela Lei n.º 13.777, de 2018) (Vigência)

Parágrafo único. O regimento interno poderá ser instituído por escritura pública ou por instrumento particular. (Incluído pela Lei n.º 13.777, de 2018) (Vigência)

Art. 1.358-R. O condomínio edilício em que tenha sido instituído o regime de multipropriedade em parte ou na totalidade de suas unidades autônomas terá necessariamente um administrador profissional. (Incluído pela Lei n.º 13.777, de 2018) (Vigência)

§ 1º O prazo de duração do contrato de administração será livremente convencionado. (Incluído pela Lei n.º 13.777, de 2018) (Vigência)

§ 2º O administrador do condomínio referido no **caput** deste artigo será também o administrador de todos os condomínios em multipropriedade de suas unidades autônomas. (Incluído pela Lei n.º 13.777, de 2018) (Vigência)

§ 3º O administrador será mandatário legal de todos os multiproprietários, exclusivamente para a realização dos atos de gestão ordinária da multipropriedade, incluindo manutenção, conservação e limpeza do imóvel e de suas instalações, equipamentos e mobiliário. (Incluído pela Lei n.º 13.777, de 2018) (Vigência)

§ 4º O administrador poderá modificar o regimento interno quanto aos aspectos estritamente operacionais da gestão da multipropriedade no condomínio edilício. (Incluído pela Lei n.º 13.777, de 2018) (Vigência)

§ 5º O administrador pode ser ou não um prestador de serviços de hospedagem. (Incluído pela Lei n.º 13.777, de 2018) (Vigência)

Art. 1.358-S. Na hipótese de inadimplemento, por parte do multiproprietário, da obrigação de custeio das despesas ordinárias ou extraordinárias, é cabível, na forma da lei processual civil, a adjudicação ao condomínio edilício da fração de tempo correspondente. (Incluído pela Lei n.º 13.777, de 2018) (Vigência)

Parágrafo único. Na hipótese de o imóvel objeto da multipropriedade ser parte integrante de empreendimento em que haja sistema de locação das frações de tempo no qual os titulares possam ou sejam obrigados a locar suas frações de tempo exclusivamente por meio de uma administração única, repartindo entre si as receitas das locações independentemente da efetiva ocupação de cada unidade autônoma, poderá a convenção do condomínio edilício regrar que em caso de inadimplência: (Incluído pela Lei n.º 13.777, de 2018) (Vigência)

I. o inadimplente fique proibido de utilizar o imóvel até a integral quitação da dívida; (Incluído pela Lei n.º 13.777, de 2018) (Vigência)

II. a fração de tempo do inadimplente passe a integrar o **pool** da administradora; (Incluído pela Lei n.º 13.777, de 2018) (Vigência)

III. a administradora do sistema de locação fique automaticamente munida de poderes e obrigada a, por conta e ordem do inadimplente, utilizar a integralidade dos valores líquidos a que o inadimplente tiver direito para amortizar suas dívidas condominiais, seja do condomínio edilício, seja do condomínio em multipropriedade, até sua integral quitação, devendo eventual saldo ser imediatamente repassado ao multiproprietário. (Incluído pela Lei n.º 13.777, de 2018) (Vigência)

Art. 1.358-T. O multiproprietário somente poderá renunciar de forma translativa a seu direito de multipropriedade em favor do condomínio edilício. (Incluído pela Lei n.º 13.777, de 2018) (Vigência)

Parágrafo único. A renúncia de que trata o **caput** deste artigo só é admitida se o multiproprietário estiver em dia com as contribuições condominiais, com os tributos imobiliários e, se houver, com o foro ou a taxa de ocupação. (Incluído pela Lei n.º 13.777, de 2018) (Vigência)

Art. 1.358-U. As convenções dos condomínios edilícios, os memoriais de loteamentos e os instrumentos de venda dos lotes em loteamentos urbanos poderão limitar ou impedir a instituição da multipropriedade nos respectivos imóveis, vedação que somente poderá ser alterada no mínimo pela maioria absoluta dos condôminos. (Incluído pela Lei n.º 13.777, de 2018) (Vigência)

(AINDA COM RELAÇÃO AO ANEXO C) – DESTAQUES DO INSTITUTO DO TIME-SHARING (TIMESHARE – LEI N.º 11.771, DE 17 DE DEZEMBRO DE 2008, REGULAMENTADA PELO DECRETO Nº 7.381, DE 2 DE DEZEMBRO DE 2010:

Lei n.º 11.771/2008:

Art. 23. Consideram-se meios de hospedagem os empreendimentos ou estabelecimentos, independentemente de sua forma de constituição, destinados a prestar serviços de alojamento temporário, ofertados em unidades de frequência individual e de uso exclusivo do hóspede, bem como outros serviços necessários aos usuários, denominados de serviços de hospedagem, mediante adoção de instrumento contratual, tácito ou expresso, e cobrança de diária.

[...].

§ 2º Considera-se prestação de serviços de hospedagem em tempo compartilhado a administração de intercâmbio, entendida como organização e permuta de períodos de ocupação entre cessionários de unidades habitacionais de distintos meios de hospedagem.

[...]

Decreto n.º 7.381/2010 (Regulamentou a Lei n.º11.771/2008):

Art. 28. Considera-se hospedagem por sistema de tempo compartilhado a relação em que o prestador de serviço de hotelaria cede a terceiro o direito de uso de unidades habitacionais por determinados períodos de ocupação, compreendidos dentro de intervalo de tempo ajustado contratualmente.

[...];

§ 2º Os períodos de ocupação das unidades habitacionais poderão ser utilizados pelo próprio cessionário ou por terceiro por ele indicado, conforme disposto contratualmente.

[...].

ANEXO E

PROVIMENTO DA CORREGEDORIA NACIONAL DE JUSTIÇA – CNJ N.º 65, DE 14.12.2017

Ementa: **Estabelece diretrizes para o procedimento da Usucapião extrajudicial nos serviços notariais e de registro de imóveis.**

O CORREGEDOR NACIONAL DE JUSTIÇA, usando de suas atribuições legais e regimentais e

CONSIDERANDO o poder de fiscalização e de normatização do Poder Judiciário dos atos praticados por seus órgãos (Art. 103-B, § 4º, I, II e III, da Constituição Federal);

CONSIDERANDO a competência do Poder Judiciário de fiscalizar os serviços notariais e de registro (Arts. 103-B, § 4º, I e III, e 236, § 1º, da Constituição Federal);

CONSIDERANDO a obrigação de os notários e registradores cumprirem as normas técnicas estabelecidas pelo Poder Judiciário (Arts. 30, XIV, e 38 da Lei n. 8.935, de 18 de novembro de 1994);

CONSIDERANDO a competência da Corregedoria Nacional de Justiça de expedir provimentos e outros atos normativos destinados ao aperfeiçoamento das atividades dos serviços notariais e de registro (Art. 8º, X, do Regimento Interno do Conselho Nacional de Justiça);

CONSIDERANDO a previsão de que, sem prejuízo da via jurisdicional, o pedido de reconhecimento extrajudicial da Usucapião será processado diretamente no ofício de registro de imóveis (Art. 216-A da Lei n. 6.015, de 31 de dezembro de 1973, Lei de Registros Públicos – LRP);

CONSIDERANDO a necessidade de regulamentação e padronização do procedimento para a admissão da Usucapião extrajudicial até que as unidades da Federação adotem norma própria acerca dos emolumentos (Lei n. 10.169, de 29 de dezembro de 2000);

CONSIDERANDO a maior celeridade, redução de custos e de demandas no Poder Judiciário mediante a desjudicialização de procedimentos;

CONSIDERANDO a necessidade de uniformização, em todo o território nacional, dos procedimentos relativos à Usucapião extrajudicial;

CONSIDERANDO as sugestões colhidas no âmbito da consulta pública realizada pela Corregedoria Nacional de Justiça e nos autos do Pedido de Providência n. 0007015-88.2016.2.00.0000, em trâmite no Conselho Nacional de Justiça,

RESOLVE:

Art. 1º Estabelecer diretrizes para o procedimento da Usucapião extrajudicial no âmbito dos serviços notariais e de registro de imóveis, nos termos do Art. 216-A da LRP.

Art. 2º Sem prejuízo da via jurisdicional, é admitido o pedido de reconhecimento extrajudicial da Usucapião formulado pelo requerente – representado por advogado ou por defensor público, nos termos do disposto no Art. 216-A da LRP (aqui apontamos, fora do texto do Provimento, o disposto Art. 1.071, do Código de Processo Civil, conforme nota de rodapé[850]) –, que será processado diretamente no ofício de registro de imóveis da circunscrição em que estiver localizado o imóvel usucapiendo ou a maior parte dele.

§ 1º O procedimento de que trata o caput poderá abranger a propriedade e demais direitos reais passíveis da Usucapião.

§ 2º Será facultada aos interessados a opção pela via judicial ou pela extrajudicial; podendo ser solicitada, a qualquer momento, a suspensão do procedimento pelo prazo de trinta dias ou a desistência da via judicial para promoção da via extrajudicial.

§ 3º Homologada a desistência ou deferida a suspensão, poderão ser utilizadas as provas produzidas na via judicial.

§ 4º Não se admitirá o reconhecimento extrajudicial da Usucapião de bens públicos, nos termos da lei.

Art. 3º O requerimento de reconhecimento extrajudicial da Usucapião atenderá, no que couber, aos requisitos da petição inicial, estabelecidos pelo Art. 319 do Código de Processo Civil – CPC, bem como indicará:

I.   a modalidade de Usucapião requerida e sua base legal ou constitucional;

---

[850]   Art. 1.071. O Capítulo III do Título V da Lei n.º 6.015, de 31 de dezembro de 1973 (Lei de Registros Públicos), passa a vigorar acrescida do seguinte Art. 216-A: (Vigência)

"Art. 216-A. Sem prejuízo da via jurisdicional, é admitido o pedido de reconhecimento extrajudicial de usucapião, que será processado diretamente perante o cartório do registro de imóveis da comarca em que estiver situado o imóvel usucapiendo, a requerimento do interessado, representado por advogado, instruído com:

I – ata notarial lavrada pelo tabelião, atestando o tempo de posse do requerente e seus antecessores, conforme o caso e suas circunstâncias;

II – planta e memorial descritivo assinado por profissional legalmente habilitado, com prova de anotação de responsabilidade técnica no respectivo conselho de fiscalização profissional, e pelos titulares de direitos reais e de outros direitos registrados ou averbados na matrícula do imóvel usucapiendo e na matrícula dos imóveis confinantes;

III – certidões negativas dos distribuidores da comarca da situação do imóvel e do domicílio do requerente;

IV – justo título ou quaisquer outros documentos que demonstrem a origem, a continuidade, a natureza e o tempo da posse, tais como o pagamento dos impostos e das taxas que incidirem sobre o imóvel.

§ 1º O pedido será autuado pelo registrador, prorrogando-se o prazo da prenotação até o acolhimento ou a rejeição do pedido.

§ 2º Se a planta não contiver a assinatura de qualquer um dos titulares de direitos reais e de outros direitos registrados ou averbados na matrícula do imóvel usucapiendo e na matrícula dos imóveis confinantes, esse será notificado pelo registrador competente, pessoalmente ou pelo correio com aviso de recebimento, para manifestar seu consentimento expresso em 15 (quinze) dias, interpretado o seu silêncio como discordância.

§ 3º O oficial de registro de imóveis dará ciência à União, ao Estado, ao Distrito Federal e ao Município, pessoalmente, por intermédio do oficial de registro de títulos e documentos, ou pelo correio com aviso de recebimento, para que se manifestem, em 15 (quinze) dias, sobre o pedido.

§ 4º O oficial de registro de imóveis promoverá a publicação de edital em jornal de grande circulação, onde houver, para a ciência de terceiros eventualmente interessados, que poderão se manifestar em 15 (quinze) dias.

§ 5º Para a elucidação de qualquer ponto de dúvida, poderão ser solicitadas ou realizadas diligências pelo oficial de registro de imóveis.

§ 6º Transcorrido o prazo de que trata o § 4º deste artigo, sem pendência de diligências na forma do § 5º deste artigo e achando-se em ordem a documentação, com inclusão da concordância expressa dos titulares de direitos reais e de outros direitos registrados ou averbados na matrícula do imóvel usucapiendo e na matrícula dos imóveis confinantes, o oficial de registro de imóveis registrará a aquisição do imóvel com as descrições apresentadas, sendo permitida a abertura de matrícula, se for o caso.

§ 7º Em qualquer caso, é lícito ao interessado suscitar o procedimento de dúvida, nos termos desta Lei.

§ 8º Ao final das diligências, se a documentação não estiver em ordem, o oficial de registro de imóveis rejeitará o pedido.

§ 9º A rejeição do pedido extrajudicial não impede o ajuizamento de ação de usucapião.

§ 10. Em caso de impugnação do pedido de reconhecimento extrajudicial de usucapião, apresentada por qualquer um dos titulares de direito reais e de outros direitos registrados ou averbados na matrícula do imóvel usucapiendo e na matrícula dos imóveis confinantes, por algum dos entes públicos ou por algum terceiro interessado, o oficial de registro de imóveis remeterá os autos ao juízo competente da comarca da situação do imóvel, cabendo ao requerente emendar a petição inicial para adequá-la ao procedimento comum."

II. a origem e as características da posse, a existência de edificação, de benfeitoria ou de qualquer acessão no imóvel usucapiendo, com a referência às respectivas datas de ocorrência;

III. o nome e estado civil de todos os possuidores anteriores cujo tempo0 de posse foi somado ao do requerente para completar o período aquisitivo;

IV. o número da matrícula ou transcrição da área onde se encontra inserido o imóvel usucapiendo ou a informação de que não se encontra matriculado ou transcrito;

V. o valor atribuído ao imóvel usucapiendo.

Art. 4º O requerimento será assinado por advogado ou por defensor público constituído pelo requerente e instruído com os seguintes documentos:

I. I – ata notarial com a qualificação, endereço eletrônico, domicílio e residência do requerente e respectivo cônjuge ou companheiro, se houver, e do titular do imóvel lançado na matrícula objeto da Usucapião que ateste:

a. a descrição do imóvel conforme consta na matrícula do registro em caso de bem individualizado ou a descrição da área em caso de não individualização, devendo ainda constar as características do imóvel, tais como a existência de edificação, de benfeitoria ou de qualquer acessão no imóvel usucapiendo;

b. o tempo e as características da posse do requerente e de seus antecessores;

c. a forma de aquisição da posse do imóvel usucapiendo pela parte requerente;

d. a modalidade de Usucapião pretendida e sua base legal ou constitucional;

e. o número de imóveis atingidos pela pretensão aquisitiva e a localização: se estão situados em uma ou em mais circunscrições;

f. o valor do imóvel;

g. outras informações que o tabelião de notas considere necessárias à instrução do procedimento, tais como depoimentos de testemunhas ou partes confrontantes;

II. planta e memorial descritivo assinados por profissional legalmente habilitado e com prova da Anotação da Responsabilidade Técnica – ART ou do Registro de Responsabilidade Técnica – RTT no respectivo conselho de fiscalização profissional e pelos titulares dos direitos registrados ou averbados na matrícula do imóvel usucapiendo ou na matrícula dos imóveis confinantes ou pelos ocupantes a qualquer título;

III. justo título ou quaisquer outros documentos que demonstrem a origem, a continuidade, a cadeia possessória e o tempo de posse;

IV. certidões negativas dos distribuidores da Justiça Estadual e da Justiça Federal do local da situação do imóvel usucapiendo expedidas nos últimos trinta dias, demonstrando a inexistência de ações que caracterizem oposição à posse do imóvel, em nome das seguintes pessoas:

a. do requerente e respectivo cônjuge ou companheiro, se houver;/

b. do proprietário do imóvel usucapiendo e respectivo cônjuge ou companheiro, se houver;

c. de todos os demais possuidores e respectivos cônjuges ou companheiros, se houver, em caso de sucessão de posse, que é somada à do requerente para completar o período aquisitivo da Usucapião;

V. descrição georreferenciada nas hipóteses previstas na Lei n. 10.267, de 28 de agosto de 2001, e nos decretos regulamentadores;

VI. instrumento de mandato, público ou particular, com poderes especiais e com firma reconhecida, por semelhança ou autenticidade, outorgado ao advogado pelo requerente e por seu cônjuge ou companheiro;

VII. declaração do requerente, do seu cônjuge ou companheiro que outorgue ao defensor público a capacidade postulatória da Usucapião;

VIII. certidão dos órgãos municipais e/ou federais que demonstre a natureza urbana ou rural do imóvel usucapiendo, nos termos da Instrução Normativa Incra n. 82/2015 e da Nota Técnica Incra/DF/DFC n. 2/2016, expedida até trinta dias antes do requerimento.

§ 1º Os documentos a que se refere o caput deste artigo serão apresentados no original.

§ 2º O requerimento será instruído com tantas cópias quantas forem os titulares de direitos reais ou de outros direitos registrados sobre o imóvel usucapiendo e os proprietários confinantes ou ocupantes cujas assinaturas não constem da planta nem do memorial descritivo referidos no inciso II deste artigo.

§ 3º O documento oferecido em cópia poderá, no requerimento, ser declarado autêntico pelo advogado ou pelo defensor público, sob sua responsabilidade pessoal, sendo dispensada a apresentação de cópias autenticadas.

§ 4º Será dispensado o consentimento do cônjuge do requerente se estiverem casados sob o regime de separação absoluta de bens.

§ 5º Será dispensada a apresentação de planta e memorial descritivo se o imóvel usucapiendo for unidade autônoma – de condomínio edilício ou loteamento regularmente instituído, bastando que o requerimento faça menção à descrição constante da respectiva matrícula.

§ 6º Será exigido o reconhecimento de firma, por semelhança ou autenticidade, das assinaturas lançadas na planta e no memorial mencionados no inciso II do caput deste artigo.

§ 7º O requerimento poderá ser instruído com mais de uma ata notarial, por ata notarial complementar ou por escrituras declaratórias lavradas pelo mesmo ou por diversos notários, ainda que de diferentes municípios, as quais descreverão os fatos conforme sucederem no tempo.

§ 8º O valor do imóvel declarado pelo requerente será seu valor venal relativo ao último lançamento do imposto predial e territorial urbano ou do imposto territorial rural incidente ou, quando não estipulado, o valor de mercado aproximado.

§ 9º Na hipótese de já existir procedimento de reconhecimento extrajudicial da Usucapião acerca do mesmo imóvel, a prenotação do procedimento permanecerá sobrestada até o acolhimento ou rejeição do procedimento anterior.

§ 10. Existindo procedimento de reconhecimento extrajudicial da Usucapião referente a parcela do imóvel usucapiendo, o procedimento prosseguirá em relação à parte incontroversa do imóvel, permanecendo sobrestada a prenotação quanto à parcela controversa.

§ 11. Se o pedido da Usucapião extrajudicial abranger mais de um imóvel, ainda que de titularidade diversa, o procedimento poderá ser realizado por meio de único requerimento e ata notarial, se contíguas as áreas.

Art. 5º A ata notarial mencionada no Art. 4º deste provimento será lavrada pelo tabelião de notas do município em que estiver localizado o imóvel usucapiendo ou a maior parte dele, a quem caberá alertar o requerente e as testemunhas de que a prestação de declaração falsa no referido instrumento configurará crime de falsidade, sujeito às penas da lei.

§ 1º O tabelião de notas poderá comparecer pessoalmente ao imóvel usucapiendo para realizar diligências necessárias à lavratura da ata notarial.

§ 2º Podem constar da ata notarial imagens, documentos, sons gravados em arquivos eletrônicos, além do depoimento de testemunhas, não podendo basear-se apenas em declarações do requerente.

§ 3º Finalizada a lavratura da ata notarial, o tabelião deve cientificar o requerente e consignar no ato que a ata notarial não tem valor como confirmação ou estabelecimento de propriedade, servindo apenas para a instrução de requerimento extrajudicial de Usucapião para processamento perante o registrador de imóveis.

Art. 6º Para o reconhecimento extrajudicial da Usucapião de unidade autônoma integrante de condomínio edilício regularmente constituído e com construção averbada, bastará a anuência do síndico do condomínio.

Art. 7º Na hipótese de a unidade usucapienda localizar-se em condomínio edilício constituído de fato, ou seja, sem o respectivo registro do ato de incorporação ou sem a devida averbação de construção, será exigida a anuência de todos os titulares de direito constantes da matrícula.

Art. 8º O reconhecimento extrajudicial da Usucapião pleiteado por mais de um requerente será admitido nos casos de exercício comum da posse.

Art. 9º O requerimento, juntamente com todos os documentos que o instruírem, será autuado pelo oficial do registro de imóveis competente, prorrogando-se os efeitos da prenotação até o acolhimento ou rejeição do pedido.

§ 1º Todas as notificações destinadas ao requerente serão efetivadas na pessoa do seu advogado ou do defensor público, por e-mail.

§ 2º A desídia do requerente poderá acarretar o arquivamento do pedido com base no Art. 205 da LRP, bem como o cancelamento da prenotação.

Art. 10. Se a planta mencionada no inciso II do caput do Art. 4º deste provimento não estiver assinada pelos titulares dos direitos registrados ou averbados na matrícula do imóvel usucapiendo ou na matrícula dos imóveis confinantes ou ocupantes a qualquer título e não for apresentado documento autônomo de anuência expressa, eles serão notificados pelo oficial de registro de imóveis ou por intermédio do oficial de registro de títulos e documentos para que manifestem consentimento no prazo de quinze dias, considerando-se sua inércia como concordância.

§ 1º A notificação poderá ser feita pessoalmente pelo oficial de registro de imóveis ou por escrevente habilitado se a parte notificanda comparecer em cartório.

§ 2º Se o notificando residir em outra comarca ou circunscrição, a notificação deverá ser realizada pelo oficial de registro de títulos e documentos da outra comarca ou circunscrição, adiantando o requerente as despesas.

§ 3º A notificação poderá ser realizada por carta com aviso de recebimento, devendo vir acompanhada de cópia do requerimento inicial e da ata notarial, bem como de cópia da planta e do memorial descritivo e dos demais documentos que a instruíram.

§ 4º Se os notificandos forem casados ou conviverem em união estável, também serão notificados, em ato separado, os respectivos cônjuges ou companheiros.

§ 5º Deverá constar expressamente na notificação a informação de que o transcurso do prazo previsto no caput sem manifestação do titular do direito sobre o imóvel consistirá em anuência ao pedido de reconhecimento extrajudicial da Usucapião do bem imóvel.

§ 6º Se a planta não estiver assinada por algum confrontante, este será notificado pelo oficial de registro de imóveis mediante carta com aviso de recebimento, para manifestar-se no prazo de quinze dias, aplicando-se ao que couber o disposto nos §§ 2º e seguintes do Art. 213 e seguintes da LRP.

§ 7º O consentimento expresso poderá ser manifestado pelos confrontantes e titulares de direitos reais a qualquer momento, por documento particular com firma reconhecida ou por instrumento público, sendo prescindível a assistência de advogado ou defensor público.

§ 8º A concordância poderá ser manifestada ao escrevente encarregado da intimação mediante assinatura de certidão específica de concordância lavrada no ato pelo preposto.

§ 9º Tratando-se de pessoa jurídica, a notificação deverá ser entregue a pessoa com poderes de representação legal.

§ 10. Se o imóvel usucapiendo for matriculado com descrição precisa e houver perfeita identidade entre a descrição tabular e a área objeto do requerimento da Usucapião extrajudicial, fica dispensada a intimação dos confrontantes do imóvel, devendo o registro da aquisição originária ser realizado na matrícula existente.

(NOTA ESCLARECEDORA): Fora do contexto do **PROVIMENTO N.º 65 – CNJ**, destacamos: "A anuência dispensada é prevista no **artigo 10 § 10 do Provimento 65/2017 do Conselho Nacional de Justiça** com relação aos confrontantes na hipótese de imóvel usucapiendo matriculado com descrição precisa idêntica ao imóvel objeto do Usucapião ou ainda o caso referido no artigo 13 § 1º, inciso VIII que se refere a Usucapião com base em documento judicial que transmite imóvel, porém não pode ser objeto de registro. Por fim a anuência é incabível quando não houver titulares de direito a quem notificar, conforme Francisco José Barbosa Nobre (In.: https://www.jusbrasil.com.br/artigos/usucapiao-na-modalidade-extrajudicial/645513264. Acesso em: 8 abr. 2024.

Art. 11. Infrutíferas as notificações mencionadas neste provimento, estando o notificando em lugar incerto, não sabido ou inacessível, o oficial de registro de imóveis certificará o ocorrido e promoverá a notificação por edital publicado, por duas vezes, em jornal local de grande circulação, pelo prazo de quinze dias cada um, interpretando o silêncio do notificando como concordância.

Parágrafo único. A notificação por edital poderá ser publicada em meio eletrônico, desde que o procedimento esteja regulamentado pelo tribunal.

Art. 12. Na hipótese de algum titular de direitos reais e de outros direitos registrados na matrícula do imóvel usucapiendo e na matrícula do imóvel confinante ter falecido, poderão assinar a planta e memorial descritivo os herdeiros legais, desde que apresentem escritura pública declaratória de únicos herdeiros com nomeação do inventariante.

Art. 13. Considera-se outorgado o consentimento mencionado no caput do Art. 10 deste provimento, dispensada a notificação, quando for apresentado pelo requerente justo título ou instrumento que demonstre a existência de relação jurídica com o titular registral, acompanhado de prova da quitação das obrigações e de certidão do distribuidor cível expedida até trinta dias antes do requerimento que demonstre a inexistência de ação judicial contra o requerente ou contra seus cessionários envolvendo o imóvel usucapiendo.

§ 1º São exemplos de títulos ou instrumentos a que se refere o caput:

I.   compromisso ou recibo de compra e venda;

II.   cessão de direitos e promessa de cessão;

III. pré-contrato;

IV.   proposta de compra;

V.   reserva de lote ou outro instrumento no qual conste a manifestação de vontade das partes, contendo a indicação da fração ideal, do lote ou unidade, o preço, o modo de pagamento e a promessa de contratar;

VI.   procuração pública com poderes de alienação para si ou para outrem, especificando o imóvel;

VII. escritura de cessão de direitos hereditários, especificando o imóvel;

VIII. documentos judiciais de partilha, arrematação ou adjudicação.

§ 2º Em qualquer dos casos, deverá ser justificado o óbice à correta escrituração das transações para evitar o uso da Usucapião como meio de burla dos requisitos legais do sistema notarial e registral e da tributação dos impostos de transmissão incidentes sobre os negócios imobiliários, devendo registrador alertar o requerente e as testemunhas de que a prestação de declaração falsa na referida justificação configurará crime de falsidade, sujeito às penas da lei.

§ 3º A prova de quitação será feita por meio de declaração escrita ou da apresentação da quitação da última parcela do preço avençado ou de recibo assinado pelo proprietário com firma reconhecida.

§ 4º A análise dos documentos citados neste artigo e em seus parágrafos será realizada pelo oficial de registro de imóveis, que proferirá nota fundamentada, conforme seu livre convencimento, acerca da veracidade e idoneidade do conteúdo e da inexistência de lide relativa ao negócio objeto de regularização pela Usucapião.

Art. 14. A existência de ônus real ou de gravame na matrícula do imóvel usucapiendo não impedirá o reconhecimento extrajudicial da Usucapião.

Parágrafo único. A impugnação do titular do direito previsto no caput poderá ser objeto de conciliação ou mediação pelo registrador. Não sendo frutífera, a impugnação impedirá o reconhecimento da Usucapião pela via extrajudicial.

Art. 15. Estando o requerimento regularmente instruído com todos os documentos exigidos, o oficial de registro de imóveis dará ciência à União, ao Estado, ao Distrito Federal ou ao Município pessoalmente, por intermédio do oficial de registro de títulos e documentos ou pelo correio com aviso de recebimento, para manifestação sobre o pedido no prazo de quinze dias.

§ 1º A inércia dos órgãos públicos diante da notificação de que trata este artigo não impedirá o regular andamento do procedimento nem o eventual reconhecimento extrajudicial da Usucapião.

§ 2º Será admitida a manifestação do Poder Público em qualquer fase do procedimento.

§ 3º Apresentada qualquer ressalva, óbice ou oposição dos entes públicos mencionados, o procedimento extrajudicial deverá ser encerrado e enviado ao juízo competente para o rito judicial da Usucapião.

Art. 16. Após a notificação prevista no caput do Art. 15 deste provimento, o oficial de registro de imóveis expedirá edital, que será publicado pelo requerente e às expensas dele, na forma do Art. 257, III, do CPC, para ciência de terceiros eventualmente interessados, que poderão manifestar-se nos quinze dias subsequentes ao da publicação.

§ 1º O edital de que trata o caput conterá:

I.   o nome e a qualificação completa do requerente;

II. a identificação do imóvel usucapiendo com o número da matrícula, quando houver, sua área superficial e eventuais acessões ou benfeitorias nele existentes;

III. os nomes dos titulares de direitos reais e de outros direitos registrados e averbados na matrícula do imóvel usucapiendo e na matrícula dos imóveis confinantes ou confrontantes de fato com expectativa de domínio;

IV. a modalidade de Usucapião e o tempo de posse alegado pelo requerente;

V.   a advertência de que a não apresentação de impugnação no prazo previsto neste artigo implicará anuência ao pedido de reconhecimento extrajudicial da Usucapião.

§ 2º Os terceiros eventualmente interessados poderão manifestar-se no prazo de quinze dias após o decurso do prazo do edital publicado.

§ 3º Estando o imóvel usucapiendo localizado em duas ou mais circunscrições ou em circunscrição que abranja mais de um município, o edital de que trata o caput deste artigo deverá ser publicado em jornal de todas as localidades.

§ 4º O edital poderá ser publicado em meio eletrônico, desde que o procedimento esteja regulamentado pelo órgão jurisdicional local, dispensada a publicação em jornais de grande circulação.

Art. 17. Para a elucidação de quaisquer dúvidas, imprecisões ou incertezas, poderão ser solicitadas ou realizadas diligências pelo oficial de registro de imóveis ou por escrevente habilitado.

§ 1º No caso de ausência ou insuficiência dos documentos de que trata o inciso IV do caput do Art. 216-A da LRP, a posse e os demais dados necessários poderão ser comprovados em procedimento de justificação administrativa perante o oficial de registro do imóvel, que obedecerá, no que couber, ao disposto no § 5º do Art. 381 e ao rito previsto nos Arts. 382 e 383, todos do CPC.

§ 2º Se, ao final das diligências, ainda persistirem dúvidas, imprecisões ou incertezas, bem como a ausência ou insuficiência de documentos, o oficial de registro de imóveis rejeitará o pedido mediante nota de devolução fundamentada.

§ 3º A rejeição do pedido extrajudicial não impedirá o ajuizamento de ação de Usucapião no foro competente.

4º Com a rejeição do pedido extrajudicial e a devolução de nota fundamentada, cessarão os efeitos da prenotação e da preferência dos direitos reais determinada pela prioridade, salvo suscitação de dúvida.

§ 5º A rejeição do requerimento poderá ser impugnada pelo requerente no prazo de quinze dias, perante o oficial de registro de imóveis, que poderá reanalisar o pedido e reconsiderar a nota de rejeição no mesmo prazo ou suscitará dúvida registral nos moldes dos Art. 198 e seguintes da LRP.

Art. 18. Em caso de impugnação do pedido de reconhecimento extrajudicial da Usucapião apresentada por qualquer dos titulares de direitos reais e de outros direitos registrados ou averbados na matrícula do imóvel usucapiendo ou na matrícula dos imóveis confinantes, por ente público ou por terceiro interessado, o oficial de registro de imóveis tentará promover a conciliação ou a mediação entre as partes interessadas.

§ 1º Sendo infrutífera a conciliação ou a mediação mencionada no caput deste artigo, persistindo a impugnação, o oficial de registro de imóveis lavrará relatório circunstanciado de todo o processamento da Usucapião.

§ 2º O oficial de registro de imóveis entregará os autos do pedido da Usucapião ao requerente, acompanhados do relatório circunstanciado, mediante recibo.

§ 3º A parte requerente poderá emendar a petição inicial, adequando-a ao procedimento judicial e apresentá-la ao juízo competente da comarca de localização do imóvel usucapiendo.

Art. 19. O registro do reconhecimento extrajudicial da Usucapião de imóvel rural somente será realizado após a apresentação:

I.   do recibo de inscrição do imóvel rural no Cadastro Ambiental Rural – CAR, de que trata o Art. 29 da Lei n. 12.651, de 25 de maio de 2012, emitido por órgão ambiental competente, esteja ou não a reserva legal averbada na matrícula imobiliária, fazendo-se expressa referência, na matrícula, ao número de registro e à data de cadastro constantes daquele documento;

II. do Certificado de Cadastro de Imóvel Rural – CCIR mais recente, emitido pelo Instituto Nacional de Colonização e Reforma Agrária – Incra, devidamente quitado;

III. de certificação do Incra que ateste que o poligonal objeto do memorial descritivo não se sobrepõe a nenhum outro constante do seu cadastro georreferenciado e que o memorial atende às exigências técnicas, conforme as áreas e os prazos previstos na Lei n. 10.267/2001 e nos decretos regulamentadores.

Art. 20. O registro do reconhecimento extrajudicial da Usucapião de imóvel implica abertura de nova matrícula.

§ 1º Na hipótese de o imóvel usucapiendo encontrar-se matriculado e o pedido referir-se à totalidade do bem, o registro do reconhecimento extrajudicial de Usucapião será averbado na própria matrícula existente.

§ 2º Caso o reconhecimento extrajudicial da Usucapião atinja fração de imóvel matriculado ou imóveis referentes, total ou parcialmente, a duas ou mais matrículas, será aberta nova matrícula para o imóvel usucapiendo, devendo as matrículas atingidas, conforme o caso, ser encerradas ou receber as averbações dos respectivos desfalques ou destaques, dispensada, para esse fim, a apuração da área remanescente.

§ 3º A abertura de matrícula de imóvel edificado independerá da apresentação de habite-se.

§ 4º Tratando-se de Usucapião de unidade autônoma localizada em condomínio edilício objeto de incorporação, mas ainda não instituído ou sem a devida averbação de construção, a matrícula será aberta para a respectiva fração ideal, mencionando-se a unidade a que se refere.

§ 5º O ato de abertura de matrícula decorrente de Usucapião conterá, sempre que possível, para fins de coordenação e histórico, a indicação do registro anterior desfalcado e, no campo destinado à indicação dos proprietários, a expressão "adquirido por Usucapião".

Art. 21. O reconhecimento extrajudicial da Usucapião de imóvel matriculado não extinguirá eventuais restrições administrativas nem gravames judiciais regularmente inscritos.

§ 1º A parte requerente deverá formular pedido de cancelamento dos gravames e restrições diretamente à autoridade que emitiu a ordem.

§ 2º Os entes públicos ou credores podem anuir expressamente à extinção dos gravames no procedimento da Usucapião.

Art. 22. Estando em ordem a documentação e não havendo impugnação, o oficial de registro de imóveis emitirá nota fundamentada de deferimento e efetuará o registro da Usucapião.

Art. 23. Em qualquer caso, o legítimo interessado poderá suscitar o procedimento de dúvida, observado o disposto nos Art. 198 e seguintes da LRP.3

Art. 24. O oficial do registro de imóveis não exigirá, para o ato de registro da Usucapião, o pagamento do Imposto de Transmissão de Bens Imóveis – ITBI, pois trata-se de aquisição originária de domínio.

Art. 25. Em virtude da consolidação temporal da posse e do caráter originário da aquisição da propriedade, o registro declaratório da Usucapião não se confunde com as condutas previstas no Capítulo IX da Lei n. 6.766, de 19 de dezembro de 1979, nem delas deriva.

Art. 26. Enquanto não for editada, no âmbito dos Estados e do Distrito Federal, legislação específica acerca da fixação de emolumentos para o procedimento da Usucapião extrajudicial, serão adotadas as seguintes regras:

I. no tabelionato de notas, a ata notarial será considerada ato de conteúdo econômico, devendo-se tomar por base para a cobrança de emolumentos o valor venal do imóvel relativo ao último lançamento do imposto predial e territorial urbano ou ao imposto territorial rural ou, quando não estipulado, o valor de mercado aproximado;

II. no registro de imóveis, pelo processamento da Usucapião, serão devidos emolumentos equivalentes a 50% do valor previsto na tabela de emolumentos para o registro e, caso o pedido seja deferido, também serão devidos emolumentos pela aquisição da propriedade equivalentes a 50% do valor previsto na tabela de emolumentos para o registro, tomando-se por base o valor venal do imóvel relativo ao último lançamento do imposto predial e territorial urbano ou ao imposto territorial rural ou, quando não estipulado, o valor de mercado aproximado.

Parágrafo único. Diligências, reconhecimento de firmas, escrituras declaratórias, notificações e atos preparatórios e instrutórios para a lavratura da ata notarial, certidões, buscas, averbações, notificações e editais relacionados ao processamento do pedido da Usucapião serão considerados atos autônomos para efeito de cobrança de emolumentos nos termos da legislação local, devendo as despesas ser adiantadas pelo requerente.

Art. 27. Este provimento entra em vigor na data da sua publicação, [851]

---

[851] Publicado no D.J.E-CNJ de 15.12.2017.

ANEXO F

CONSIDERAÇÕES VIA LEGISLAÇÃO DE REGÊNCIA: CÓDIGO CIVIL E PONTOS DE DESTAQUE DO DECRETO N.º 9.310/2018 (QUE REGULAMENTOU A LEI N.º 13.465/2017).

Art. 55. A Lei n.º 10.406, de 10 de janeiro de 2002 (Código Civil), passa a vigorar com as seguintes alterações:

Art. 1.225 ().

[...]; e

XIII – a laje. (NR)

[...].

LIVRO II – TÍTULO XI – DA LAJE

Art. 1.510-A. O proprietário de uma construção-base poderá ceder a superfície superior ou inferior de sua construção a fim de que o titular da laje mantenha unidade distinta daquela originalmente construída sobre o solo.

§ 1º O direito real de laje contempla o espaço aéreo ou o subsolo de terrenos públicos ou privados, tomados em projeção vertical, como unidade imobiliária autônoma, não contemplando as demais áreas edificadas ou não pertencentes ao proprietário da construção-base.

§ 2º O titular do direito real de laje responderá pelos encargos e tributos que incidirem sobre a sua unidade.

§ 3º Os titulares da laje, unidade imobiliária autônoma constituída em matrícula própria, poderão dela usa, gozar e dispor.

§ 4º A instituição do direito real de laje não implica a atribuição de fração ideal de terreno ao titular da laje ou a participação proporcional em áreas já edificadas.

§ 5º Os Municípios e o Distrito Federal poderão dispor sobre posturas edilícias e urbanísticas associadas ao direito real de laje.

§ 6º O titular da laje poderá ceder a superfície de sua construção para a instituição de um sucessivo direito real de laje, desde que haja autorização expressa dos titulares da construção-base e das demais lajes, respeitadas as posturas edilícias e urbanísticas vigentes.'

Art. 1.510-B. É expressamente vedado ao titular da laje prejudicar com obras novas ou com falta de reparação a segurança, a linha arquitetônica ou o arranjo estético do edifício, observadas as posturas previstas em legislação local.

Art. 1.510-C. Sem prejuízo, no que couber, das normas aplicáveis aos condomínios edilícios, para fins do direito real de laje, as despesas necessárias à conservação e fruição das partes que sirvam a todo o edifício e ao pagamento de serviços de interesse comum serão partilhadas entre o proprietário da construção-base e o titular da laje, na proporção que venha a ser estipulada em contrato.

§ 1º São partes que servem a todo o edifício:

I. os alicerces, colunas, pilares, paredes-mestras e todas as partes restantes que constituam a estrutura do prédio;

II. o telhado ou os terraços de cobertura, ainda que destinados ao uso exclusivo do titular da laje;

III. as instalações gerais de água, esgoto, eletricidade, aquecimento, ar condicionado, gás, comunicações e semelhantes que sirvam a todo o edifício; e

IV. em geral, as coisas que sejam afetadas ao uso de todo o edifício.

§ 2º É assegurado, em qualquer caso, o direito de qualquer interessado em promover reparações urgentes na construção na forma do parágrafo único do Art. 249 deste Código.'

Art. 1.510-D. Em caso de alienação de qualquer das unidades sobrepostas, terão direito de preferência, em igualdade de condições com terceiros, os titulares da construção-base e da laje, nessa ordem, que serão cientificados por escrito para que se manifestem no prazo de trinta dias, salvo se o contrato dispuser de modo diverso.

§ 1º O titular da construção-base ou da laje a quem não se der conhecimento da alienação poderá, mediante depósito do respectivo preço, haver para si a parte alienada a terceiros, se o requerer no prazo decadencial de cento e oitenta dias, contado da data de alienação.

§ 2º Se houver mais de uma laje, terá preferência, sucessivamente, o titular das lajes ascendentes e o titular das lajes descendentes, assegurada a prioridade para a laje mais próxima à unidade sobreposta a ser alienada.'

Art. 1.510-E. A ruína da construção-base implica extinção do direito real de laje, salvo:

I. se este tiver sido instituído sobre o subsolo;

II. se a construção-base não for reconstruída no prazo de cinco anos.

Parágrafo único. O disposto neste artigo não afasta o direito a eventual reparação civil contra o culpado pela ruína.

Art. 56. A Lei n.º 6.015, de 31 de dezembro de 1973, passa a vigorar com as seguintes alterações:

Art. 167.

[...]

Art. 176*..

§ 9º A instituição do direito real de laje ocorrerá por meio da abertura de uma matrícula própria no registro de imóveis e por meio da averbação desse fato na matrícula da construção-base e nas matrículas de lajes anteriores, com remissão recíproca. (NR)

Art. 57. O **caput** do Art. 799 da Lei n.º 13.105, de 16 de março de 2015 (Código de Processo Civil), passa a vigorar acrescido dos seguintes incisos X e XI:

Art. 799.

X requerer a intimação do titular da construção-base, bem como, se for o caso, do titular de lajes anteriores, quando a penhora recair sobre o direito real de laje;

XI requerer a intimação do titular das lajes, quando a penhora recair sobre a construção-base. (NR)

Pontos de destaque do Decreto n.º 9.310/2018 (que regulamentou a Lei n.º 13.465/2017).

CAPÍTULO VI
DO DIREITO REAL DE LAJE

Art. 58. O proprietário de uma construção-base poderá ceder a superfície superior ou inferior de sua construção a fim de que o titular da laje mantenha unidade distinta daquela originalmente construída sobre o solo.

§ 1º O direito real de laje contempla o espaço aéreo ou o subsolo de terrenos públicos ou privados, tomados em projeção vertical como unidade imobiliária autônoma, não contempladas as demais áreas, edificadas ou não, pertencentes ao proprietário da construção-base.

§ 2º O titular do direito real de laje responderá pelos encargos e tributos que incidirem sobre a sua unidade.

§ 3º Os titulares da laje, unidade imobiliária autônoma constituída em matrícula própria, poderão dela usar, gozar e dispor.

§ 4º A instituição do direito real de laje não implica a atribuição de fração ideal de terreno ao titular da laje ou a participação proporcional em áreas já edificadas.

§ 5º Os Municípios e o Distrito Federal poderão dispor sobre as posturas edilícias e urbanísticas associadas ao direito real de laje.

§ 6º O titular da laje poderá ceder a superfície de sua construção para a instituição de um sucessivo direito real de laje, desde que haja autorização expressa dos titulares da construção-base e das demais lajes, respeitadas as posturas edilícias e urbanísticas vigentes.

§ 7º A constituição do direito real de laje na superfície superior ou inferior da construção-base, como unidade imobiliária autônoma, somente poderá ser admitida quando as unidades imobiliárias tiverem acessos independentes.

Art. 59. É expressamente vedado ao titular da laje prejudicar com obras novas ou com falta de reparação a segurança, a linha arquitetônica ou o arranjo estético do edifício, observadas as posturas previstas em legislação local.

Art. 60. Sem prejuízo, no que couber, da aplicação das normas relativas ao condomínio edilício, para fins do direto real de laje, as despesas necessárias à conservação e à fruição das partes que sirvam a todo o edifício e ao pagamento de serviços de interesse comum serão partilhadas entre o proprietário da construção-base e o titular da laje, na proporção estipulada em contrato.

§ 1º São partes que servem a todo o edifício:

I. os alicerces, as colunas, os pilares, as paredes mestras e todas as partes restantes que constituam a estrutura do prédio;

II. o telhado ou os terraços de cobertura, ainda que destinados ao uso exclusivo do titular da laje;

III. as instalações gerais de água, esgoto, eletricidade, aquecimento, ar condicionado, gás, comunicações e similares; e

IV. as coisas que sejam afetadas ao uso de todo o edifício.

§ 2º – É assegurado o direito de qualquer interessado em promover reparações urgentes na construção na forma estabelecida no parágrafo único do Art. 249 da Lei n.º 10.406, de 2002 – Código Civil.

Art. 61. Na hipótese de alienação de quaisquer das unidades sobrepostas, terão direito de preferência, em igualdade de condições com terceiros, os titulares da construção-base e da laje, nessa ordem, que serão cientificados por escrito para que se manifestem no prazo de trinta dias, exceto se o contrato dispuser de modo diverso.

§ 1º O titular da construção-base ou da laje a quem não se der conhecimento da alienação poderá, mediante depósito do preço, haver para si a parte alienada a terceiro, se o requerer no prazo decadencial de cento e oitenta dias, contado da data da alienação.

§ 2º Na hipótese de haver mais de uma laje, terão preferência, sucessivamente, os titulares das lajes ascendentes e os titulares das lajes descendentes, assegurada a prioridade para a laje mais próxima à unidade sobreposta a ser alienada.

Art. 62. A ruína da construção-base implica extinção do direito real de laje, exceto:

I. se este tiver sido instituído sobre o subsolo; ou

II. se a construção-base for reconstruída no prazo de cinco anos.

Parágrafo único. O disposto neste artigo não afasta o direito à reparação civil pelo culpado pela ruína.

Art. 63. Para fins de Reurb,[852] o direito real de laje dependerá da comprovação de que a unidade imobiliária é estável.

§ 1º A estabilidade da unidade imobiliária depende das condições da edificação para o uso a que se propõe dentro da realidade em que se situa o imóvel.

§ 2º Na Reurb-S, caberá ao Poder Público municipal ou distrital a comprovação da estabilidade das unidades imobiliárias de que trata o caput.

§ 3º Para aprovação e registro do direito real de laje em unidades imobiliárias que compõem a Reurb, fica dispensada a apresentação do habite-se e, na Reurb-S, das certidões negativas de tributos e de contribuições previdenciárias.

---

[852] Regularização Fundiária Urbana. Modalidade de REURB. O procedimento de regularização fundiária urbana depende da definição de uma entre duas modalidades possíveis:

Aplica-se aos núcleos urbanos informais ocupados predominantemente por

REURB-S: Regularização fundiária de Interesse Social população de baixa renda, assim declarados em ato do Poder Executivo municipal. Estas pessoas receberão gratuitamente o registro do imóvel e toda a infraestrutura básica por conta do Poder Público.

REURB-E: Regularização Fundiária de Interesse Específico

É aplicável aos núcleos urbanos informais ocupados por população não qualificada na hipótese da Reurb-S. Neste caso, o particular deverá custear toda a infraestrutura a ser definida no projeto de regularização da região.